中国煤炭工业志

● 事业单位志系列

中国煤矿工人北戴河疗养院志

(1950—2020)

《中国煤矿工人北戴河疗养院志》编纂委员会

应急管理出版社

·北京·

《中国煤炭工业志》编纂委员会

顾　　　问	王森浩　韩　英　张宝明　范维唐　濮洪九　赵铁锤
	赵岸青
主　　　任	王显政
常务副主任	梁嘉琨　李万疆
副　主　任	彭建勋　姜智敏　田　会　解宏绪　刘　峰　王虹桥
	张　宏　孙守仁　吕　英　孙之鹏　吴晓煜
委　　　员	（以姓氏笔画为序）
	丁雄军　于秀忠　王启瑞　王祥喜　王端武　石文怀
	卢连宁　田　洪　田光雄　田学起　冯广存　刘中军
	刘银志　刘德忠　许胜铭　孙成坤　李　义　李　毛
	李　勇　李　峰　李　理　李延江　李希勇　李建民
	李增全　杨树勇　杨显峰　杨照乾　吴卫龙　何树国
	邹维纲　辛广龙　沈天良　张传江　张建公　张绍强
	张瑞庭　陆宁安　陈　华　陈养才　林金本　周寅生
	周德昶　庞崇娅　赵　平　赵元放　赵永鑫　郝竹山
	胡善亭　段毅君　贺佑国　贺德安　崔　涛　商登莹
	程国珍　鲁宇清　童亚辉　曾昭和　廖建湘　阚　兴
	戴璐强
总　　　纂	吴晓煜
副　总　纂	陈　昌
编纂办公室	陈　昌　刘新建　于海宏　张素红

《中国煤矿工人北戴河疗养院志》编纂委员会

主　　　任　王海泉
副 主 任　王　蕾　陈　刚
委　　　员　冯星辰　薛景春　王　成　杨正国　袁　扬
　　　　　　张　辉　张桂丽　丛乃霞
主　　　编　王海泉　李玉环　张振国　郭玉梅
总　　　纂　王　蕾
副 总 纂　肖　托
参 编 人 员　张海朋　王保山　靳　军　冯星辰　王　成
　　　　　　杨正国　张桂丽　丛乃霞　马国宣　黄月秀
　　　　　　段建勇　张洪文　迟　荔　杨海东　曹　兴
摄　　　影　贺强威　匡利军　黄京慧
制图及配文　肖　托

谨以此志献礼
中国煤矿工人北戴河疗养院建院 70 周年

历史钩沉　时代回响

　　这一刻,历史的胶卷重现过去的风雨历程,我们共同回忆往昔点滴,走进中国煤矿工人北戴河疗养院,一幅五彩缤纷的画卷即将展开……

　　海天一色的蓝,
　　煤炭质地的黑,
　　矿工疗养的红,
　　苍松劲柏的绿,
　　康复医疗的白,

　　还有那色彩斑斓的未来,照耀着一代又一代的煤疗人。
　　一段岁月,波澜壮阔,刻骨铭心。一种精神,穿越历史,辉映未来。
　　七十年,时光荏苒,岁月变迁。我们永远忘不了那些事、那些人,把她们深藏在心里,陪伴着我们成长,默默地追忆,静静地聆听,从青年到暮年。
　　七十年,弹指一挥,栉风沐雨。我们一起走过,再回首,是耕耘后的收获,是奔跑后的成长,在时代的潮流下,我们脚步不停,浩荡向前。
　　七十年,大浪淘沙,斗转星移。历史与岁月埋藏的都将在这里一一展现,今天与未来守望的都将在这里绵延回响!

岁月流转，记忆难忘

从同福饭店木头楼
到如今建筑林立的院区
这座新中国第一家煤矿
工人的疗养院
坐落于夏都北戴河海滨
最繁华之地
她历经了无数磨难
在曲折中艰难前行
书写着自强不息

岁月在这里更迭
光阴在这里流转
青春在这里绽放
梦想在这里起航
你我，在这里守望

数着云烟往事
守着土地变迁
望着粉墙红瓦
不语的时光里
待岁月静好
嘴角上扬

第二次翻改建前南门远景

①②：20世纪初，建同福饭店（木头楼）（现已拆除）

20世纪50年代，俱乐部正门（现已拆除）

20世纪初，建7号楼（老别墅，现已拆除）

20世纪初，建8号楼（老别墅，现已拆除）

20世纪初，建9号楼（老别墅，现已拆除）

20世纪初，建10号楼（老别墅，现已拆除）

瑞士楼（老别墅，现11号楼）

20世纪初，建12号楼（老别墅，现已拆除）

20世纪初，建13号楼（老别墅，现已拆除）

20世纪初，建14号楼（现已拆除）

20世纪初，建15号楼（现已拆除）

20世纪80年代，东门（现已改建）

20世纪80年代，锅炉房（现已改建）

中国煤矿工人北戴河疗养院志　■ 历程·变迁

20世纪50年代，汽车库（现已拆除）

20世纪50年代，浴池（现已拆除）

20世纪50年代，清真餐厅（现已拆除）

20世纪50年代，中餐厅（现已拆除）

1984年第二次翻改建前院区平面图

2010年以前院区平面图

2010年以后院区平面图

2004年，建成的安全培训楼

2010年，建成的粉尘楼

亲切关怀，情深谊长

从五零年到二零年
从燃料部到应急部
变化的是时间
流转的是岁月
永驻的是恩情
感恩有您，无私帮助
感恩有您，支持付出
感恩有您，一路相伴

七十年很长
你们来了又去
往返于戴河之滨
教导我们成长
一辈子，恩重如山
七十年很短
我们在大浪淘沙中成长
青春正好
却来不及说一声"谢谢您"
三个字，满怀真情
书不成字，感恩情长
这一路走来，庆幸有您！

1952年，燃料工业部部长陈郁看望休养员

1952年，燃料工业部部长陈郁给休养员讲话

1990年5月，原煤炭工业部部长高扬文为建院四十周年题字

2003年7月，原煤炭工业部部长高扬文（右一）会见越南尘肺病患者

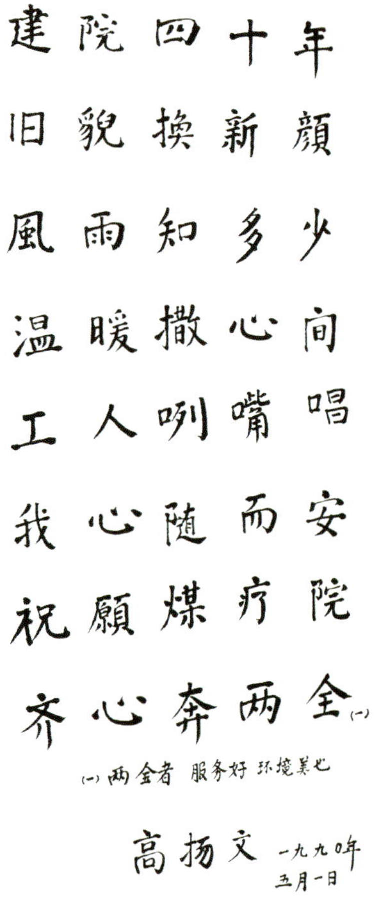

十年颜少间唱安疗院全（一）
四换新多心
建院旧貌风雨温工我祝
换知撒人心愿煤奔心
（一）两全者 服务好 环境美也

高扬文 一九九〇年 五月一日

1990年5月，原煤炭工业部部长高扬文为院庆四十周年题词

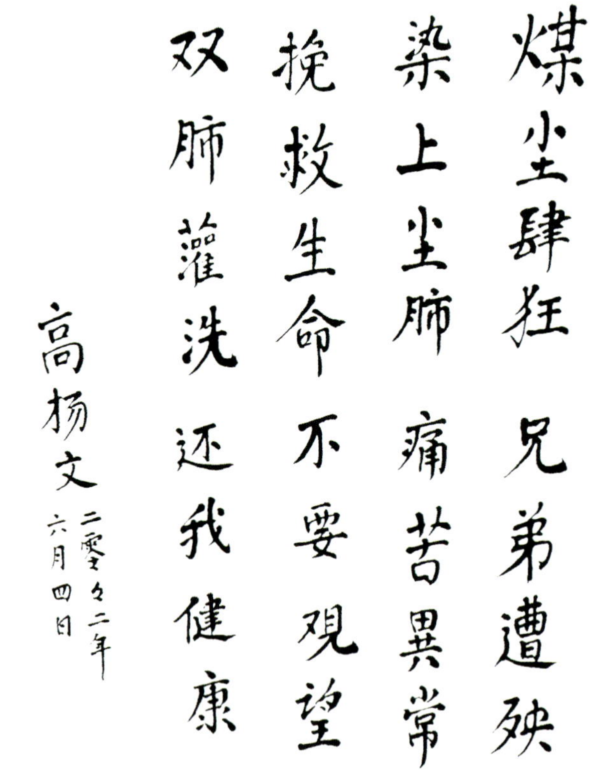

煤尘肆狂 兄弟遭殃
染上尘肺 痛苦异常
挽救生命 不要观望
双肺灌洗 还我健康

高扬文 二〇〇二年 六月四日

2002年6月，原煤炭工业部部长高扬文为尘肺病灌洗治疗题词

1987年6月,煤炭工业部部长于洪恩(右二)听取院长贺钧汇报工作

1992年8月,国家能源部副部长、中国统配煤矿总公司总经理胡富国(前左二)在北戴河疗养院看望老部长们并与其合影

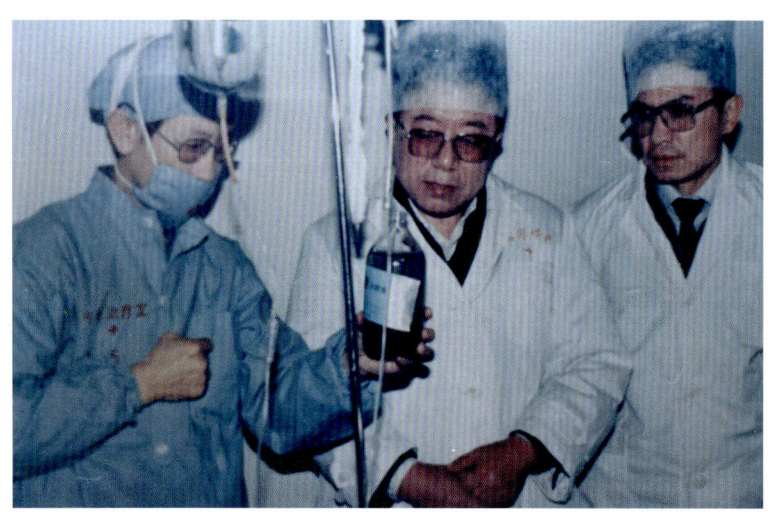

1992年,中国统配煤矿总公司副总经理张宝明(中)参观肺灌洗手术

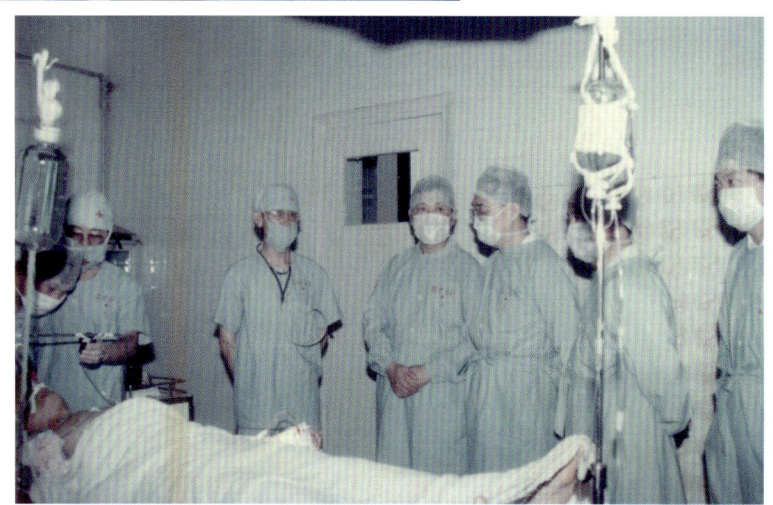

1992年,中国统配煤矿总公司副总经理范维唐(右三)参观肺灌洗手术

1992年,中国统配煤矿总公司副总经理韩英(左二)、机关服务中心主任董哲(左一)参观肺灌洗手术

1992年6月,国务院副秘书长王书明(前左三)、国务院生产办公室副主任王忠禹(前右四)在中国统配煤矿总公司总经理胡富国(前右二)陪同下到院调研指导工作

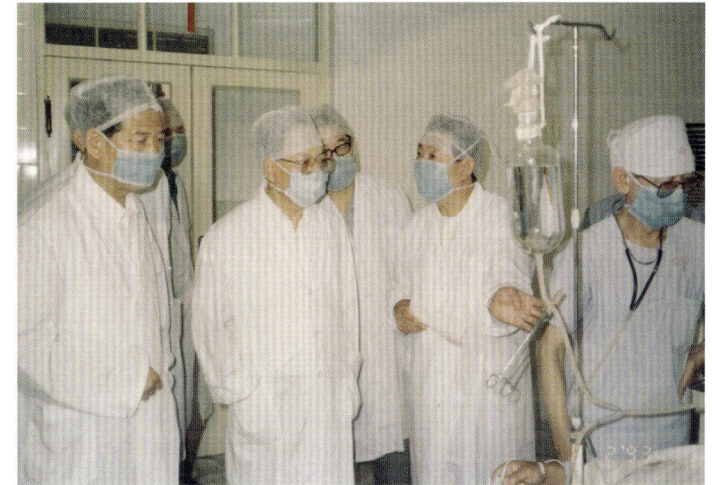

1993年,煤炭工业部部长王森浩(左二)参观肺灌洗手术

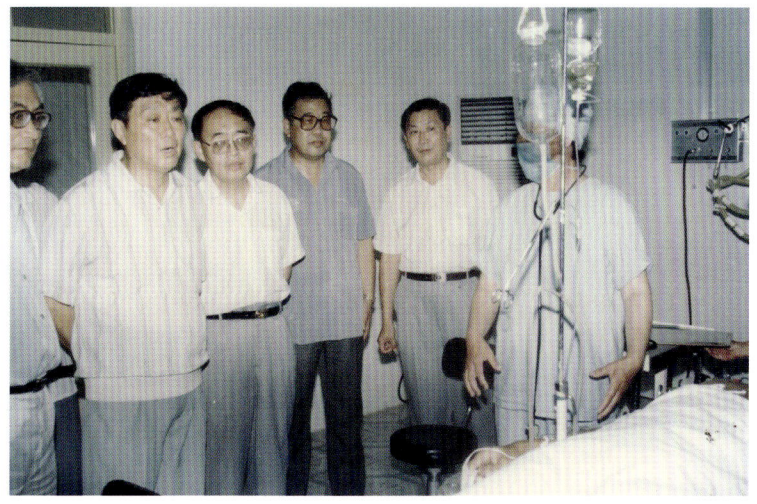

1994年7月,煤炭工业部副部长范维唐(左三)、濮洪九(左二)看望肺灌洗手术病人

■ 领导·关怀　　　　　　　　中国煤矿工人北戴河疗养院志

1994年8月，原煤炭工业部副部长陈钝（左三）考察疗养院

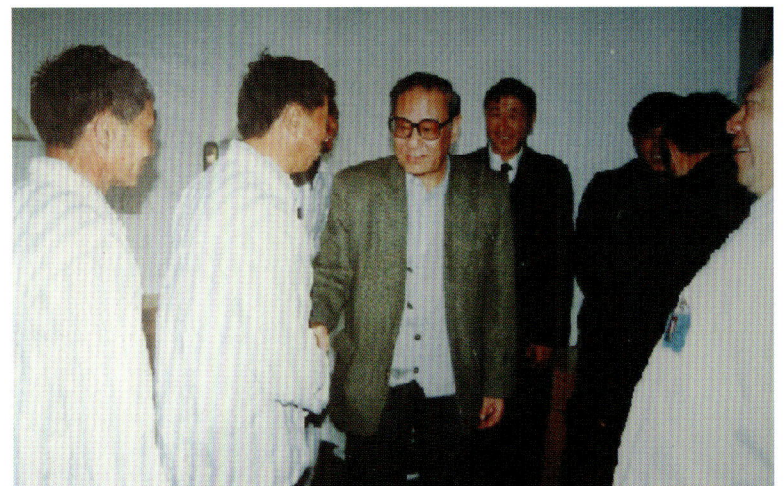

2001年，前民革中央副主席胡敏（左三）看望术后病人

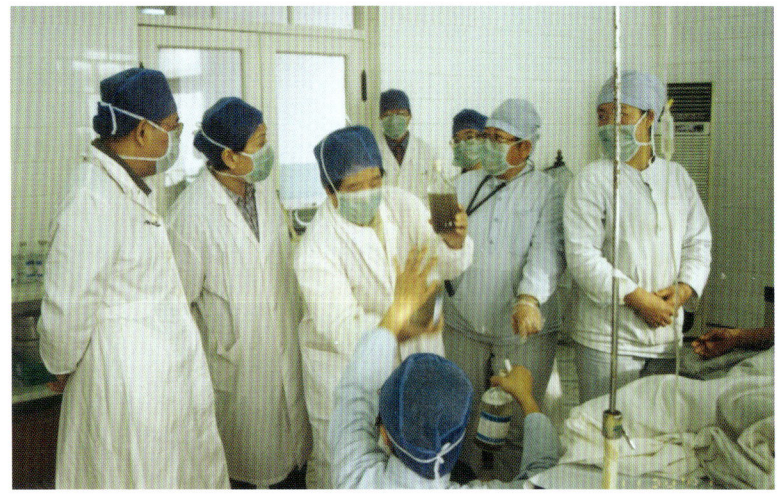

2001年11月，毛主席纪念堂管理局原局长徐静（左三）参观肺灌洗手术

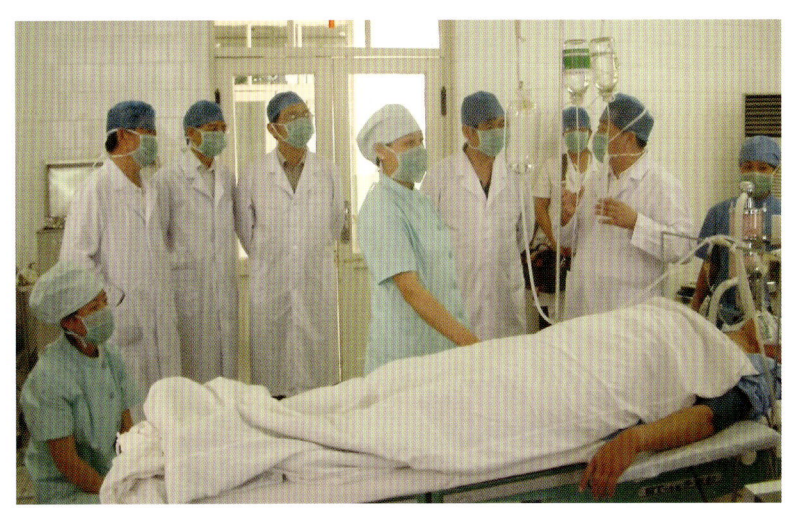

2003年7月,国家煤矿安全监察局监察司司长付建华(右四)视察手术

2004年7月17日,国家安全生产监督管理局局长王显政(右三)与疗养院领导班子合影

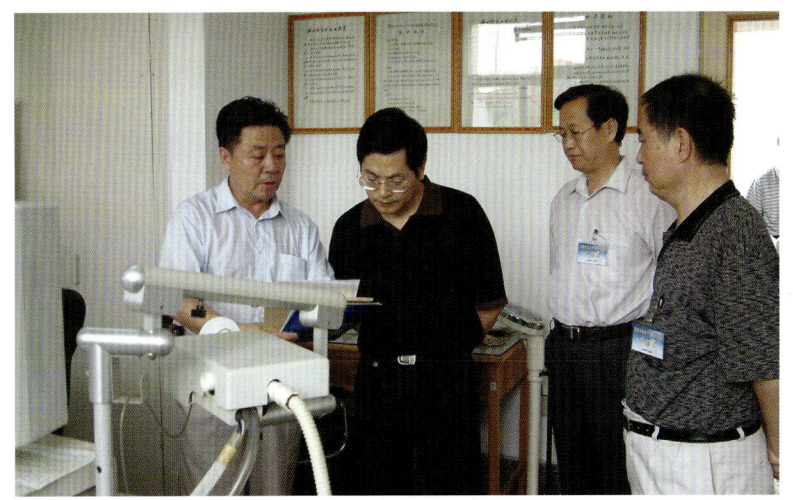

2004年7月,国家安全生产监督管理局副局长孙华山(左二)参观肺功能室

■ 领导·关怀　　　　　　　　　　中国煤矿工人北戴河疗养院志

2005年，中国煤矿尘肺病治疗基金会常务副理事长吴晓煜（左一）与尘肺患者座谈

2005年6月，国家煤矿安全监察局副局长赵铁锤（右二）看望尘肺病人

2005年7月，国家安全生产监督管理总局局长李毅中（左二）、副局长王德学（左三）、纪检组长赵岸青（左一）等领导视察尘肺科并观看肺灌洗回收液

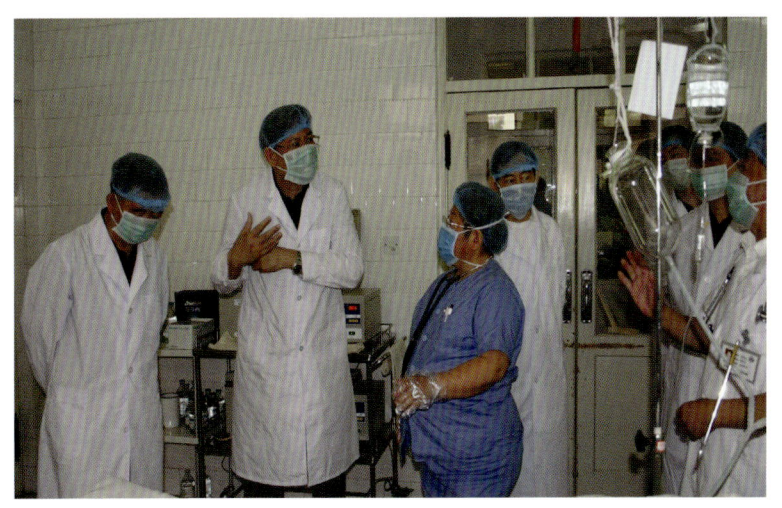

2005年7月，国家安全生产监督管理总局副局长梁嘉琨（左二）参观手术室

2005年7月，国家安全生产监督管理总局纪检组长赵岸青（左一）、国家煤矿安全监察局副局长王树鹤（左二）看望尘肺病人

2005年8月，中国煤矿尘肺病治疗基金会理事长濮洪九（左五）、常务副理事长吴晓煜（左三）等参观院尘肺科

■ 领导·关怀　　　　　　　　　　　中国煤矿工人北戴河疗养院志

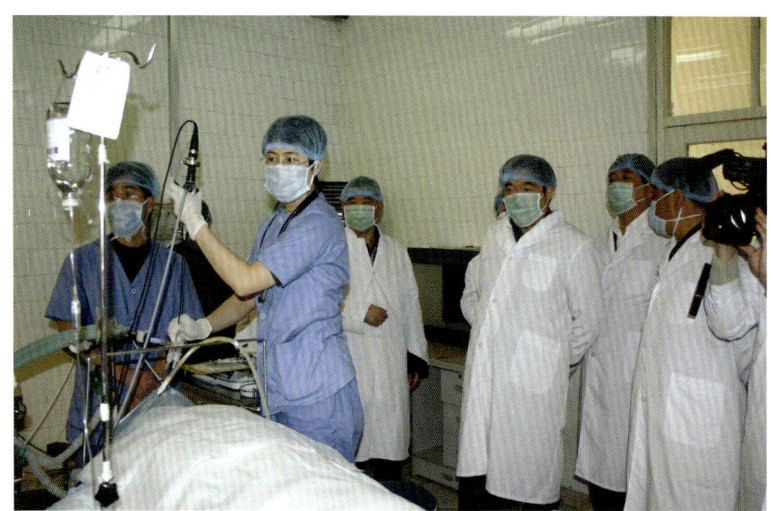

2006年4月，开滦集团董事长杨中（左四）参观肺灌洗手术

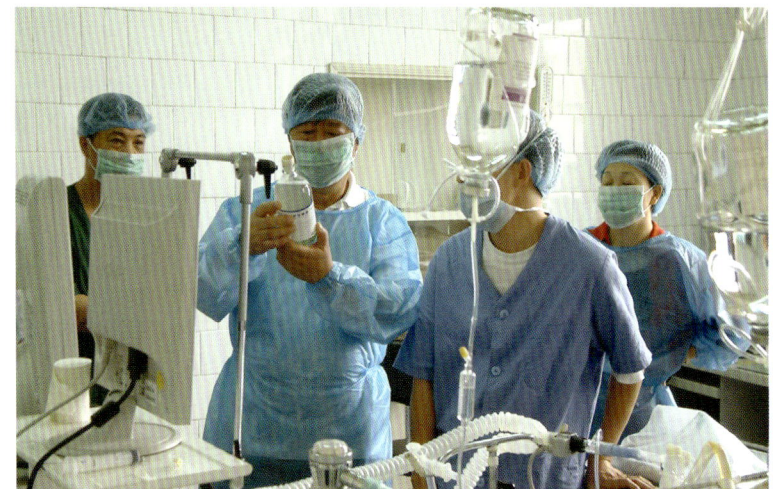

2006年7月，国家安全生产监督管理总局副局长王显政（左二）参观肺灌洗手术

2008年5月，国家安全生产监督管理总局副局长杨元元（左五）参观疗养院并与工作人员合影

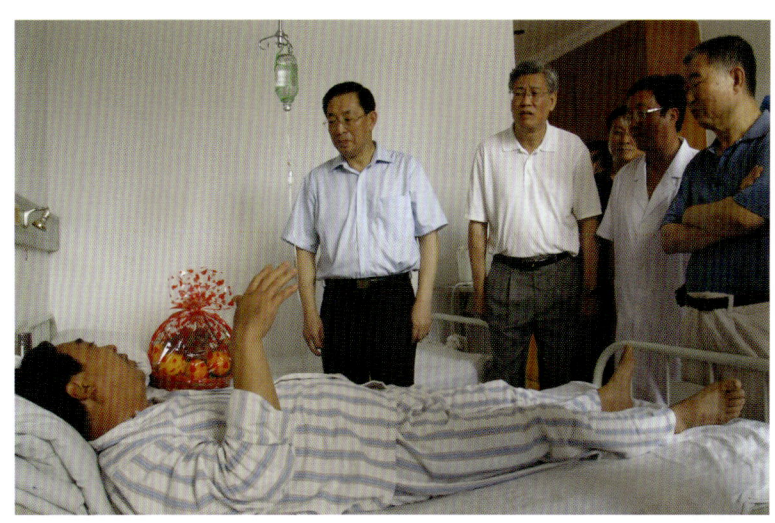

2009年7月,国家安全生产监督管理总局局长骆琳(左一)和副局长梁嘉琨(左二)看望尘肺病人

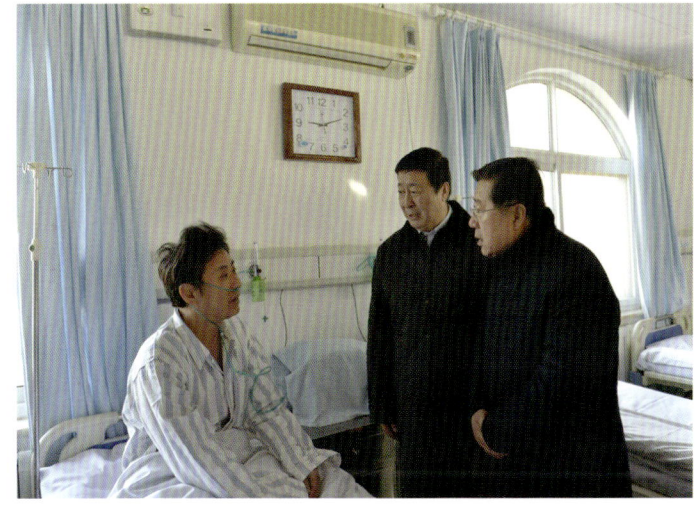

2014年3月,中国煤炭工业协会会长王显政(右一)和国家安全生产监督管理总局副局长杨元元(右二)看望尘肺病人

2015年7月,中国煤矿尘肺病防治基金会理事长黄毅(右二)看望尘肺病人

2015年8月,全国政协原副主席周铁农(右二)赠书法

2017年7月,秦皇岛市委书记孟祥伟(前右一)视察疗养院

2017年8月,国家安全生产监督管理总局副局长徐绍川(左一)考察疗养院

2019年6月,应急管理部政治部主任许尔锋(前右二)在疗养院调研

2020年9月15日,应急管理部副部长孙华山(主席台正中间)来疗养院宣布新班子任命

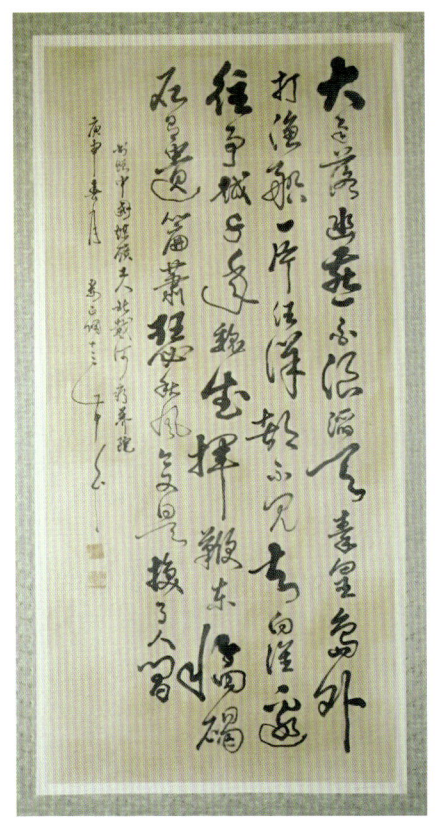 

1980年，书法家娄正纲书赠我院《浪淘沙 北戴河》书法

1988年，金鸡奖评委会签字留念图

1991年，最高人民法院院长任建新（前排右三）来疗养院休养与工作人员合影

1996年7月,民革中央副主席彭清源(前右三)参观疗养院

2015年5月,联合国考察团参观疗养院并与工作人员合影

疗养院历任行政正职领导

薪火相承，幸福守望

时光流逝
岁月如歌
随着年岁渐长
过去的故事如同陈年老酒
萦绕在心头
愈久弥香
让我们都沉醉在记忆里

青春啊，你如同这渤海涛浪
一波向前
誓言永远
何时才能再次响起
你动人的声音
和那纤细苗条的身影

发黄的照片诉说着往事
回眸的瞬间
把美好定格成永远
历经岁月变迁
印象中的你们
都将在这里呈现

申守银
1950.7—1964.12
院长（第一任）

刘硕人
1962.9—1965.4
第一副院长、代院长
（第二任）

邢志钧
1965.4—1969.5
院长（第三任）

李 润
1972.8—1974.9
院长（第四任）

李子彬
1974.9—1977.10
院长（第五任）

卢 章
1977.10—1981
院长（第六任）

于佩江
1982.6—1984.10
院长（第七任）

贺 钧
1984.10—1991.8
院长（第八任）

梁云鹏
1991.11—2001.9
院长（第九任）

李玉环
2001.9—2010.5
院长（第十任）

张振国
2010.5—2016.5
院长（第十一任）

郭玉梅
2016.5-2020.9
院长（第十二任）

王海泉
2020.9—至今
院长（第十三任）

疗养院历任党组织正职领导

申守银
1950—1952.9、
1954.4—1963.6
党支部书记、党总支书记

郝泽远
1952.9—1954.4
党支部书记

韩义山
1963.6—1965.5
党总支书记

刘硕人
1965.5—1967.8
党总支书记、党委书记

（缺）

杨景芳
1973.3—1974.8
临时支部书记

李子彬
1974.9—1977.10
临时支部书记

王友三
1978.5—1982.7
党委书记

于佩江
1982.7—1984.10
党委书记

贺　钧
1984.10—1990.1
党委书记

贺宏记
1990.1—1997.5、
1998.1—2006.6
党委书记

柴久茂
1997.5—1998.1
党委书记

张振国
2006.6—2010.5
党委书记

于陆军
2010.5—2014.3
党委书记

高寿峰
2016.5—2020.5
党委书记

■ 身影·面容　　　　　　　　中国煤矿工人北戴河疗养院志

第十三任院班子成员
（左：副院长 陈刚，中：院长 王海泉，右：纪委书记 王蕾）

梁云鹏
享受 2000 年政府
特殊津贴

陈志远
享受 2001 年政府
特殊津贴

车审言
享受 2002 年政府
特殊津贴

1950年建院时，全院职工及家属合影，职工从左至右：乔中元、刘大夫、申守银、张继中、冯科长、杨管工、王奇公、胡兆玉、高师傅、张志林、田勇仁、白玉海，家属名略

1951年，全院职工合影

1952 年 10 月，全院职工合影

1953 年 8 月，医务工作者合影

1957年12月，欢送"下乡上山"同志并合影留念

1965年春节，第三疗委疗养员与医务人员合影

■ 身影·面容　　　　　　　　　中国煤矿工人北戴河疗养院志

1983年，疗养院首届一次职工代表大会

纪念疗养院建院四十周年合影留念

1990年，学雷锋学石圪节优质服务知识竞赛

1996年，煤炭部机关服务局首届职工运动会

1996年，迎五一联欢会

2003年10月，职工工间操比赛

安康杯技能竞赛1

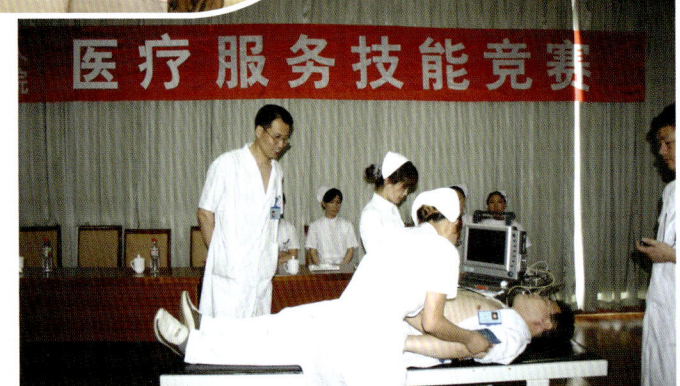

安康杯技能竞赛2

向四川灾区捐款仪式

职工参观北京奥运场馆

2009年3月，职工代表大会

2011年6月,职工代表大会

医务人员继续教育培训

消防演练

爱心捐赠
救助尘肺病矿工

工会活动

创建无烟头疗养院启动仪式

庆十一向国旗行注目礼

复转军人座谈会

99公益日捐款

庆祝中华人民共和国成立七十周年

2020年11月，新调整班子后第一次全院职工大会

职工拓展培训

庆祝建院七十周年全体职工合影

凝心聚力，砥砺前行

在潮起潮落间
我们守候了七十年
那些艰难的过去
都成了我们发展的注脚
任凭大浪滔天
你我自是徐徐向前

风雨兼程的岁月
携手并行的队友
还有那在光阴里老去的汽车
仿佛都在见证着
沧桑的过往

那些事儿
记录着旖旎的旧时光
在岁月的流转里
又奏响了时代新的乐章
你我的相聚与离别
慢慢的都成了历史的绝唱

1951年，护士闫秀珍给疗养员读报

1983—1994年，车队小轿车

1987—1997年，车队大客车

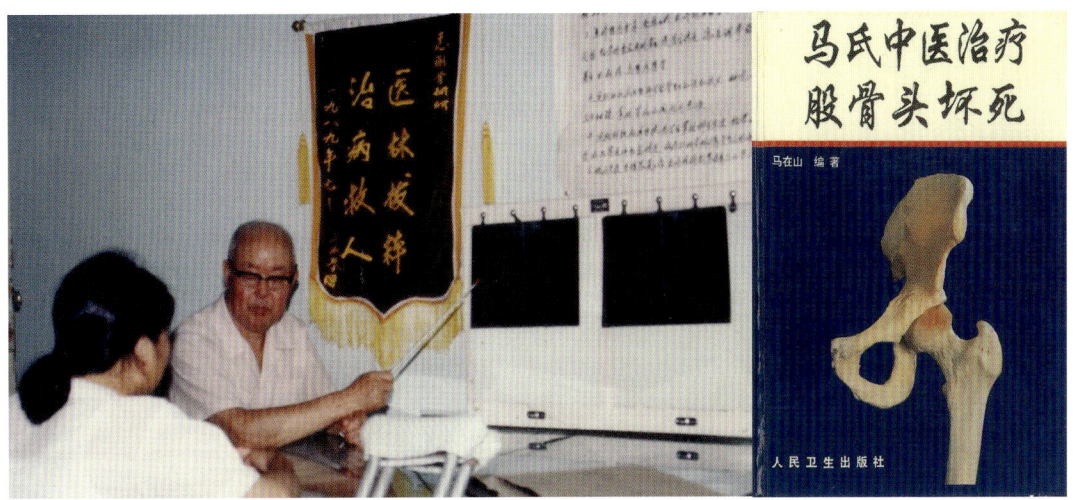

1991年，著名中医骨病专家马在山来疗养院坐诊

1992年，全国煤炭劳模疗养欢迎会

1992年，医生为疗养员普及医学常识

1992年9月，疗养工作座谈会

1994年7月，煤炭疗养工作研讨会

2006年3月，疗养院与满洲里国际旅行社签字仪式

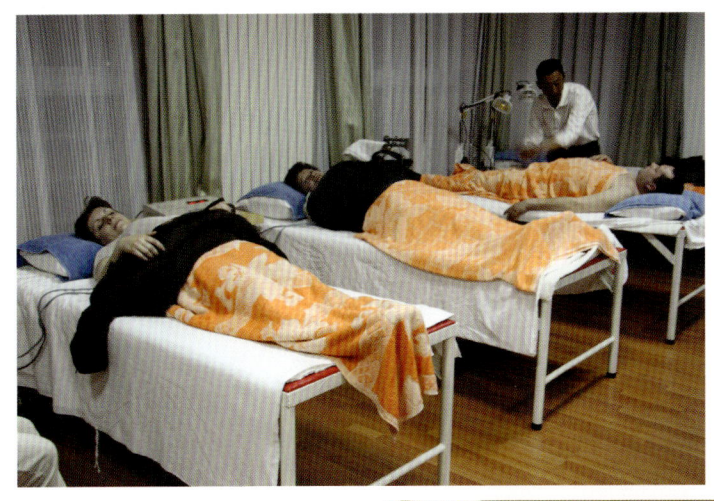

2009年4月，在院里做理疗的俄罗斯游客

2010年4月，满洲里国旅及俄罗斯考察团来院考察

2017年8月，全行业职工休疗养计划洽谈会

2018年8月，来院休养的应急管理部英模及遗属

2019年1月，疗养院更名揭牌全院职工合影留念

2019年7月,铁能集团劳模生产骨干欢迎会

2019年7月,应急管理部英模劳模及森林消防部队优秀指战员与疗养院党员联谊会

2019年10月，国家煤矿安全监察局处级干部任职培训班

2020年8月，森林消防部队官兵康复疗养

2020年8月,中国煤炭科工集团劳模休养代表团合影留念

2020年10月,新疆维吾尔自治区厅局级领导干部应急管理专题培训班

护士带领疗养员做导引保健功

护士带领病人做呼吸操

医生给患者讲课

职业卫生检测评价人员做实验

赴企业开展职业健康体检

拔火罐治疗

患者理疗

■ 过去·发展　　　　　　　　　　　　　　　　　　　　中国煤矿工人北戴河疗养院志

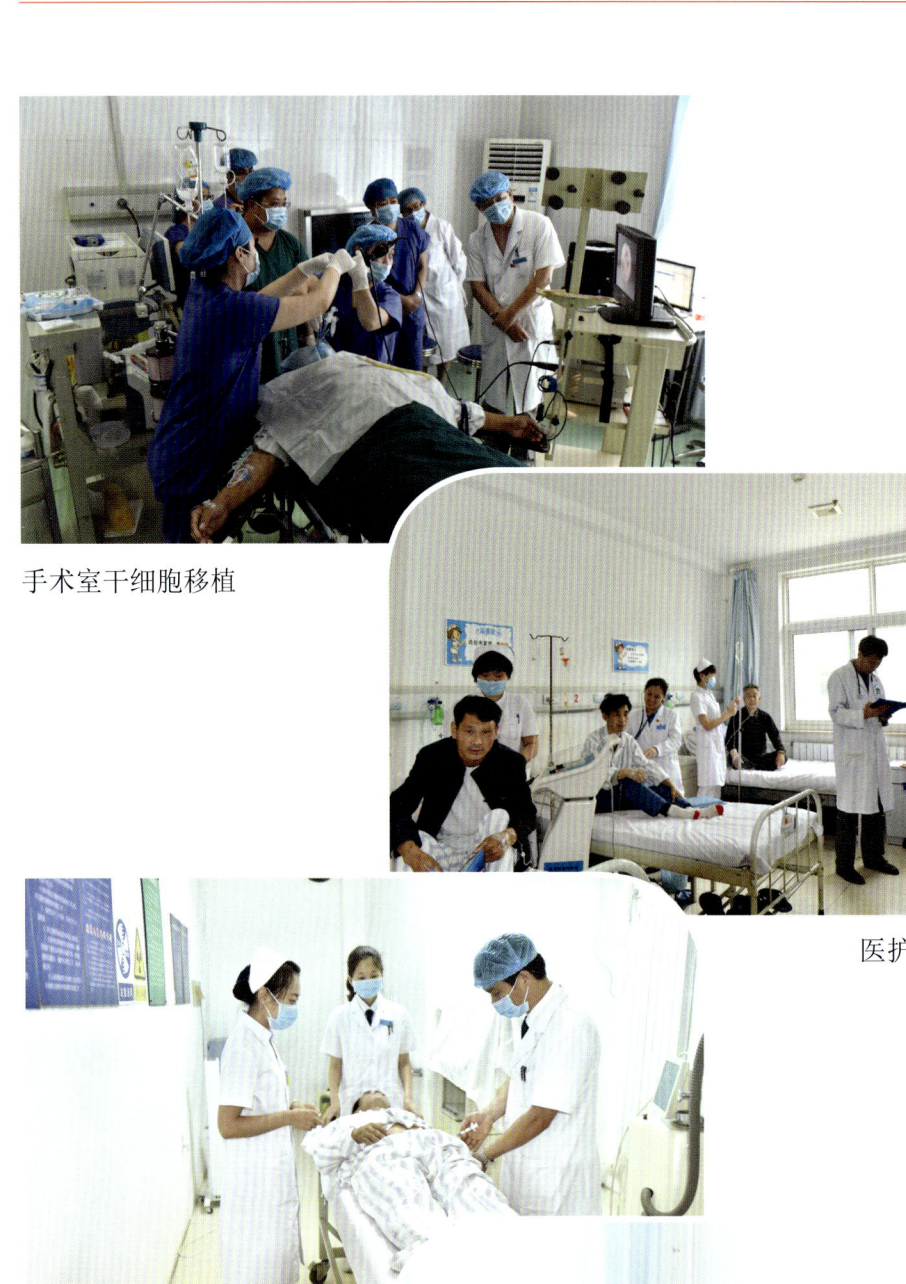

手术室干细胞移植

医护人员查房问诊

骨科注射治疗

机械辅助排痰

岩盐气溶胶治疗患者

指导患者功能锻炼

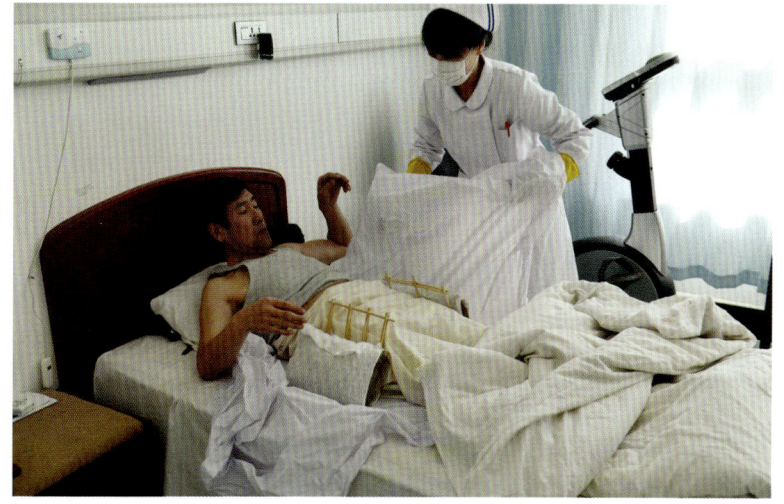

中草药熏熿

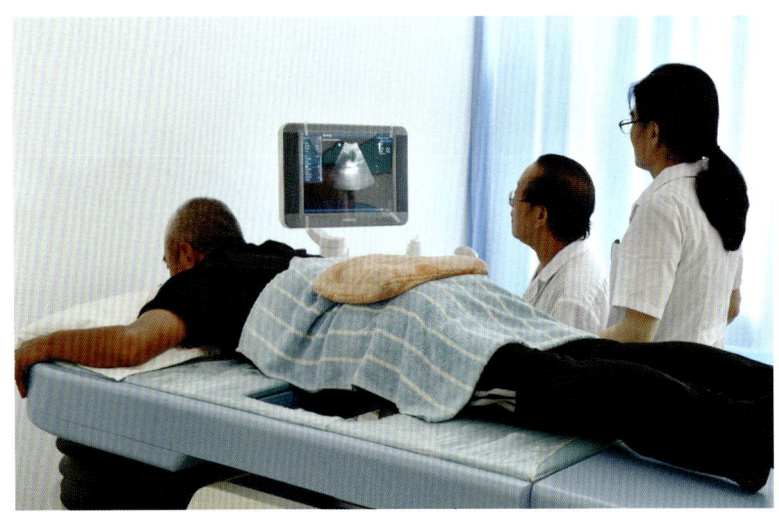

体外冲击波碎石

体检车

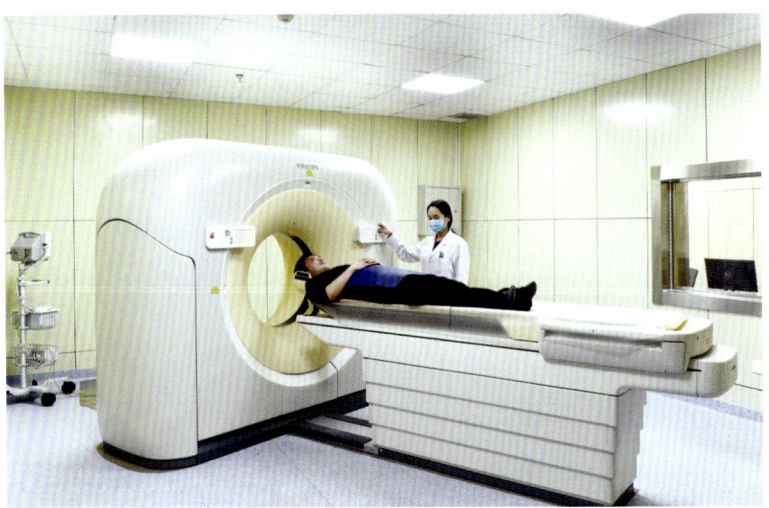

飞利浦 64 排螺旋 CT

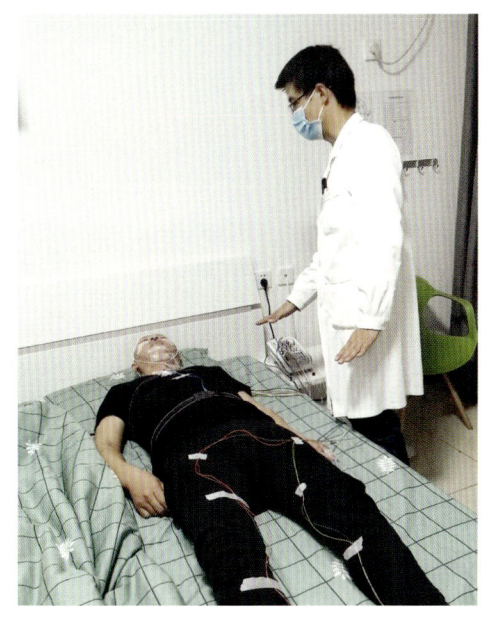
多导睡眠监测

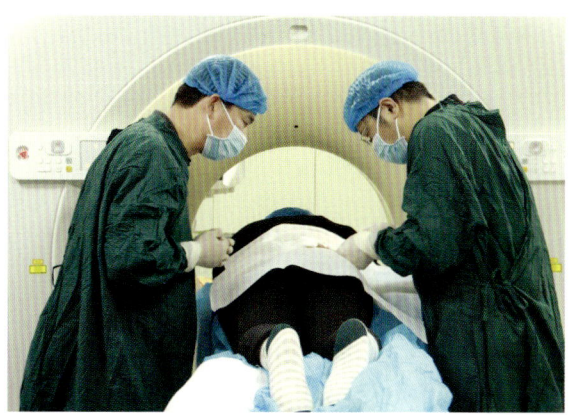
射频消融

专科医疗挂牌

大爱为医，守护健康

守护健康是我们的职责
祛除疾病是我们的使命
当煤尘肆虐时
我们拿起武器
用双肺灌洗
还矿工兄弟顺畅呼吸

守护健康是我们的职责
祛除疾病是我们的使命
当职业病来袭时
我们满怀慈善
用爱心守护
还患者健康

守护健康是我们的职责
祛除疾病是我们的使命
心中有爱，眼里有光
情系患者，大爱无疆
我们用白色身影
演绎着世间的纯真与善良
愿你们永远的安康

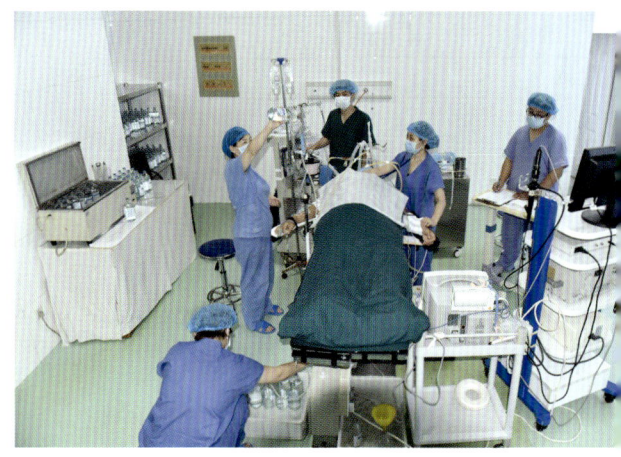

肺灌洗手术现场

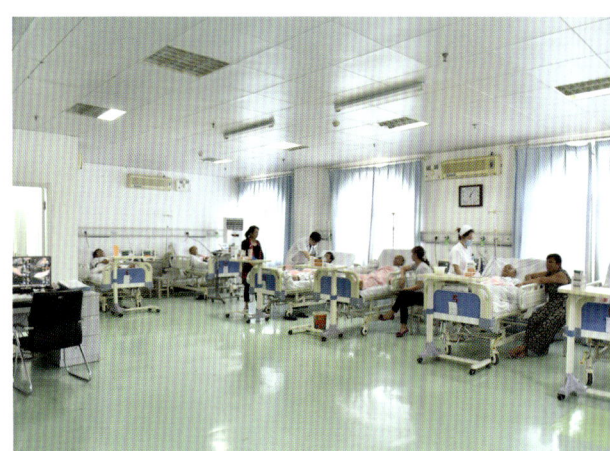

肺灌洗术后病人在观察室

1991年，大容量同期双肺灌洗治疗煤工尘肺技术鉴定会

1991年，疗养院第一例行肺灌洗的患者——申乃北（左二）

1992年7月，中美举行肺灌洗学术报告会

1993年3月，全肺灌洗两周年随访座谈会

1996年5月,香港华侨总会古宣辉(右二)参观肺灌洗治疗

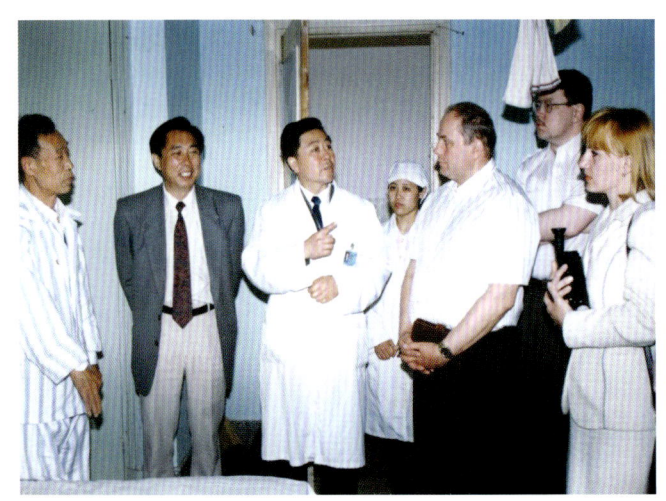

1996年5月,俄罗斯国家矿工健康保护科学临床中心副主任(副院长)尤里·费德罗夫(右三)带队来访

1997年12月,俄罗斯能源委员会煤炭总公司协调局局长尼古拉耶维奇(右二)在疗养院接受肺灌洗治疗

2002年4月,疗养院副院长陈志远(前右一)和我院部分医疗专家参加中央电视台《健康之路》"不容忽视的职业病——尘肺病"节目录制

2003年6月,第二批在疗养院行肺灌洗的越南尘肺病人

2004年2月,大容量全肺灌洗术医疗护理常规及操作规程科技成果鉴定会

2005年4月，越南医务人员培训结业典礼

2005年6月，晋城煤业集团医务人员结业答辩会

2005年，参加第十届国际职业病与呼吸系统疾病大会

2006年5月，中国煤矿尘肺病治疗基金会和疗养院共同召开工伤保险尘肺病肺灌洗现场会

2009年9月，全国劳模肺灌洗治疗与康复座谈会

2011年4月，外国专家座谈会

2014年3月，大容量全肺灌洗治疗尘肺病10000例座谈会

2014年3月，大容量全肺灌洗治疗尘肺病10000例座谈会参会人员合影

2014年3月,中越技术交流会

2015年8月,劳模尘肺病人赠送锦旗

2018年6月，尘肺病科研课题启动会

2018年9月，澜湄合作项目越南尘肺病人与工作人员合影

1993年，获煤炭工业部科技进步二等奖

1995年，获国家科技进步三等奖

2004年，获省部级科技成果一等奖

大容量全肺灌洗术医疗护理
常规及操作规程（第2版）

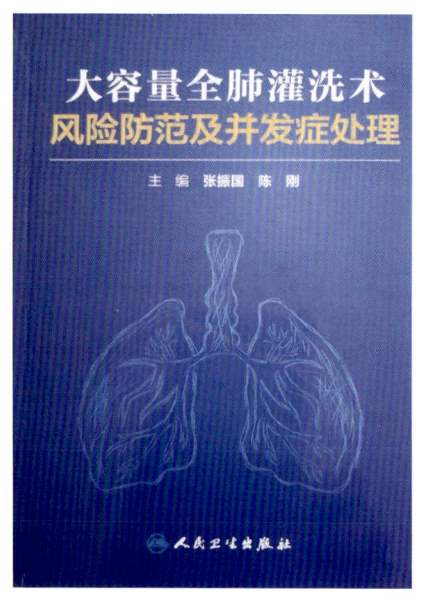

大容量全肺灌洗术风险防范
及并发症处理

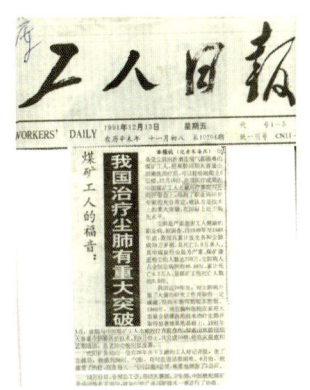

1991年12月，《工人日报》《我国治疗尘肺有重大突破》

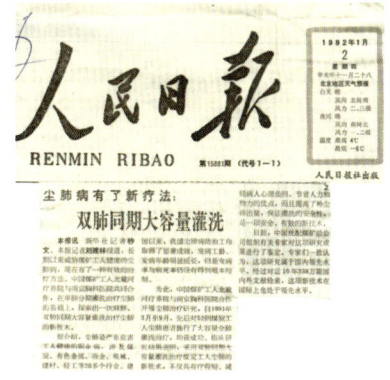

1992年1月，《人民日报》《尘肺病有了新疗法：双肺同期大容量灌洗》

1992年6月，《中国煤炭报》《并非平常的一段歌》

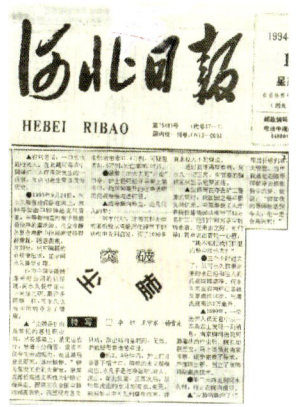

1994年，《河北日报》《突破尘肺》

1995年7月，《人民日报》《尘肺病治疗新技术造福矿工》

1997年5月，《人民日报》《双肺灌洗治疗取得成效 尘肺患者重返生产岗位》

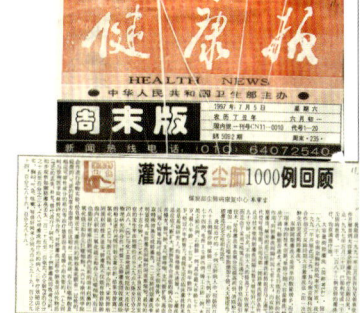

1997年7月，《健康报》《灌洗治疗尘肺1000例回顾》

1997年9月，《安全生产报》《洗去一份儿沉重》

2001年8月，《中国煤炭报》《尘肺之苦 灌洗缓解》

党建引领，文明弘扬

鲜红的党旗迎风飘扬
优秀的共产党员走在前方
在党的领导下
我们高举新时代思想旗帜
服从组织号召
战必胜、攻必克
在先锋模范的岗位迎难而上

撒播精神文脉的种子
在全心全意为煤矿工人服务中
我们掀起了"五四文化"的
学习高潮
在烟头革命促创城的氛围里
营造和谐共处的煤疗文化
把周围的一切都清扫干净
跟着党的步伐，阔步向前

从安康争流，到踏春拓展
从爱国教育，到登山寻宝
工会和团委
在活动中不断丰富职工生活
创建和谐集体、绽放彼此快乐
构建煤疗人的幸福之家

1957年，二疗科党团员与工作人员合影

1992年，疗养院第二次团员大会

1994年5月，疗养院第三次团员大会

1991年10月，疗养院第一次党员大会

1996—2009年，疗养院连续多年被评为秦皇岛市、北戴河区先进基层党组织

2005年，新春团拜会

2005年3月，党员植树

2008年7月，党员到抚宁县英武山村参观学习

2009年5月，离退休职工参观北京奥运场馆

2009年6月，离退休老同志参加红歌献给党歌咏比赛

2009年6月，红歌献给党歌咏比赛

2009年7月，团总支换届大会

2010年7月，休疗工委组织义诊

2013年4月，离退休职工趣味运动会

2013年6月,举办学习党的十八大知识竞赛

2014年6月,离退休职工趣味运动会

2014年8月,党员捐资帮扶高庄村五保户

2015年6月30日,庆祝建党94周年暨表彰大会重温入党誓词

2016年7月,离退休党支部开展"两学一做"学习活动

2017年3月21日，疗养院党委换届党员大会

2017年5月4日，纪念五四运动98周年全院职工合影

2017年5月，纪念五四青年节演讲比赛

2017年6月,离退休老同志参加庆七一唱红歌比赛

2017年7月,团员青年捡拾烟头垃圾促创文明城

2017年10月18日,全院职工观看党的十九大开幕式

2017年12月,青年团员为小松鼠做房子

2017年12月,党员参观天安门、毛主席纪念堂

2018年3月,党员干部植树

2018年5月,党员理论知识考试

2018年7月，应急管理部第二巡视组动员会

2018年10月，重阳节离退休老同志座谈会

2019年6月,"不忘初心、牢记使命"主题教育部署会

2019年6月,庆七一表彰大会离退休党支部获奖优秀党员

2020年9月,双节前院领导看望退休老同志

2020年11月,党员警示教育大会

时代新颜，征程远航

一步两步三步
一抹绿色
一片生机
一段故事
绿荫覆盖，满庭芳香
在草木繁茂与参天古树里
带着欢声与笑语
迈着轻盈的步伐
我们走进了新时代

沙滩边栖息的海鸥
偶尔驻足的喜鹊
惹人喜爱的松鼠精灵
还有不负韶华的我们
都在这里放飞梦想
在新的征程中顽强拼搏
迎着朝阳
奔涌向前……

疗养院南门远景

疗养院鸟瞰图

院景——静心园-荷花池

院景——院内小路

院景——龙爪槐

院景——12号楼前绿地

■ 新绿·变化　　　　　　　　　　　　　　　中国煤矿工人北戴河疗养院志

院景——樱花

1号楼——海景套房

儿童游乐场

会议中心

国际报告厅

中餐厅

大酒楼包间

新绿·变化　　　　　　　　　　　　　　　中国煤矿工人北戴河疗养院志

小会议室　　　　　　　　　　乒乓球室

台球室

室外健身器材　　　　　　　　健身房

2020年康复客房改造效果图

2020年康复餐厅改造效果图

2020年，规划建设1号、2号、6号楼外立面效果图

2020年，南门效果图

迎着朝阳展翅高飞

总　　序

　　志书是中华民族文化宝库中具有独特光彩的瑰宝。修志则是中华民族所特有的历史传承活动，是推动中华文明不断前进的一个重要手段，是文化建设事业中的一个重要组成部分。

　　新中国成立后，党和国家重视志书编纂工作，推动了修志事业的发展。党的十八大以后，修志工作进入新的阶段。2014年2月，习近平总书记在北京市视察时指出，要"高度重视修史修志""把历史的智慧告诉人们，激发我们的民族自豪感和自信心，坚定全体人民振兴中华、实现中国梦的信心和决心"。2014年4月，李克强总理也作出批示："地方志是传承中华文明、发掘历史智慧的重要载体，存史、育人、资政，做好编修工作十分重要。"要"秉持崇高信念，以更加饱满的热情，以求真存实的作风，进一步做好地方志编纂、管理和开发利用工作，为弘扬优秀传统文化，服务经济社会发展作出新的贡献。"

　　全国煤炭行业第一轮修志工作始于1989年。当时的能源部、中国统配煤矿总公司及后来的煤炭工业部、国家煤炭工业局持续组织了修志工作，历时十年，编纂出版了《中国煤炭志》，共30卷，凡3000万字。填补了空白，推动了全国煤矿的文化建设。

　　在国家作出第二轮修志的工作部署之后，中国煤炭工业协会根据《地方志工作条例》的法定要求，在煤炭工业管理体制发生重大变化的情况下，从改革发展的大局出发，主动担当责任，牵头组织协调全国煤炭行业的第二轮修志工作。2012年组建了煤炭工业文献工作委员会；协商组成了《中国煤炭工业志》编纂委员会和编纂办公室。2012年6月印发了《关于续修〈中国煤炭志〉有关工作的通知》，明确了第二轮修志工作的指导思想、组织领导、编纂原则、基本内容、工作方案和措施。先后于2012年10月、2013年11月、2014年12月召开全国煤炭工业文献史志工作年会，对第二轮修志工作予以部署和推动。国家安全生产监督管理总局、国家煤矿安全监察局等有关部门对煤炭行业修志工作给予了大力支持。煤炭行业修志工作得到全面、有序、有效推进。

煤炭行业在第二轮修志中，坚持与时俱进、积极探索、锐意创新，在一些方面取得了新的成果。

一是，在修志过程中认真贯彻党的十八大精神。始终坚持坚定正确的政治方向，沿着正确的轨道前进。

二是，修志规模扩大，形成《中国煤炭工业志》的志书体系。这一志书体系分为三个系列：省级《煤炭工业志》系列（含《新疆生产建设兵团煤炭工业志》）；煤炭专业志系列；煤炭企事业单位志系列。这是煤炭行业第二轮修志的新突破，《中国煤炭工业志》体系更为完整，布局更为科学。

三是，在内容上，突出了改革开放以来煤炭工业的新成就和时代特点。比如，对煤炭工业体制改革、安全生产、环境保护、煤矿关闭破产、兼并重组、文化建设、相关产业等重要内容在编纂中予以重视，时代特色鲜明。这对于总结历史经验教训、促进煤炭工业发展，必将发挥重大作用。

四是，从实际出发，做了一些必要的调整与改进：

志名。第一轮修志时志名为《中国煤炭志》，这次改为《中国煤炭工业志》。省级志由各省区卷改为各省区煤炭工业志，如《中国煤炭志·山西卷》改为《山西煤炭工业志》。

上下限。省级《煤炭工业志》上限自1991年起；专业志、企事业单位志上限起于单位成立。志书下限一般止于2010年底，但可延至2011—2015年的某一年底。

编写大纲。改变了第一轮修志时各省卷一律用全国统一的编写大纲的做法。由各志编委会根据实际自行研究拟定编写大纲，并经《中国煤炭工业志》编委会办公室组织评审，以突出地方特色。

其他有关技术性问题也从实际出发，做了相应变动，有所突破。

五是，依法修志、规范编纂，坚持质量第一。把全部修志工作纳入规范化轨道，坚持依法修志，建立一套较完整的修志工作制度。先后印发了《关于煤炭行业第二轮修志工作的指导意见》《煤炭志书审稿规定》等十余份规范性文件；召开了两次研讨会，以研讨成果指导工作；多次进行培训，提高业务能力；通过评审进行交流，把有关业务资料汇编成册，印发了《修志指要》。这些对提高编纂工作水平、确保志书质量，发挥了很好的作用。

尽管修志工作遇到了较大困难，但全国煤炭行业修志的意志、决心是坚定的，态度积极向上，行动果断有力。各级煤炭管理部门、煤矿安全监察机构、煤炭社团组织、煤炭企事业单位的负责同志从煤炭工业改革发展的大局出发，从对历史负责、对子孙后代负责的高度出发，主动协调，担当责任；加强领导，组织队伍；悉心筹划，精准部署；筹措资金，保证经费；克难求进，狠抓落实。基本上做到了思想、领导、队伍、经费、工作五到位，使全行业的修志工作稳步推进，效果明显。

特别令人感动的是，修志工作人员，包括一些老同志，能够以高度的政治责任心、对煤炭事业和矿工深厚的感情，不怕苦累、甘于奉献、默默无闻、潜心做事、苦心钻研。在困难重重的情况下，心无旁骛修志，专心致志写史。他们这种精神，正是煤炭职工所特有的特别能战斗的精神，反映了煤炭行业的光荣传统与矿工本色。其精神境界令人起敬，其贡献必将载于青史，成为发展煤炭工业的正能量。在此，向所有为煤炭行业修志工作做出贡献、付出心血的同志表示衷心感谢！

修志是一项传承古今、意义深远的神圣事业，其功至伟，其用甚巨。我们坚信，在党的十八大精神指引下，举全国煤炭行业之力，通过广大煤炭史志工作者的共同奋斗，一套体系完整的高质量的《中国煤炭工业志》必将以其独特风采立于志书之林。

王显政

2015 年 3 月 6 日

序

岁序更替，华章日新，70年岁月弹指一挥。步入新时代以来，疗养院各项事业蒸蒸日上，百业兴旺，政通人和。古人云："盛世修志、志载盛世"。修志是一项功在当下、惠及后人的文化基础事业。2019年，疗养院决定再次将院志编修工作提上日程，并在2019年9月16日正式启动院志编纂工作，成立了院志办公室。

"存史、资治、育人"是修志应有之义，也是修志的目的。本次志书修订是新时代疗养院精神文明建设的重要内容，也是疗养院对社会主义核心价值观的实践，全面真实地反映了疗养院的历史与现状、成就与经验及教训。存真求实、通鉴后世，修志能为疗养院的事业改革、经济建设、业务开展提供历史借鉴和现实依据，为全方位了解、理性科学认识、精心管理建设疗养院提供动力支撑；同时，也为宣传疗养院提供了基本的蓝本佐证；未来，还将对疗养院竞争能力、生存能力、发展能力的提升产生不可低估的作用。

"观古宜鉴今、无古不成今"。中国煤矿工人北戴河疗养院的发展史是一部艰苦创业、造福煤矿工人的奋斗史。新中国成立仅八个月之后，作为新中国成立后的第一家煤矿工人疗养院，在党和政府的关怀下诞生，它的建立和发展是中国煤矿工人福利事业的体现与象征，它的步履脚印是新中国发展史的缩影和印迹。七十年的兴衰起伏、曲折发展，在纷繁复杂的时代背景下，尤其是改革开放以来不平凡的发展历程，乃至今天的翻天覆地变化，期间凝聚了几代煤疗人的艰辛汗水，倾注了几代煤疗人的毕生心血，同时也浓缩着上级领导的深切关怀和鼎力支持。今天的疗养院已成为煤炭疗养史上不可不记载的重要一页。

艰难困苦、玉汝于成，修志问道，以启未来。编写院志既是艰巨任务，更是历史责任与神圣使命。做好经验总结、历史回顾、前景瞻望，记录疗养院每一个发展阶段的历史，无疑是一笔珍贵财富。新时代，我们坚持以习近平新时代中国特色社会主义思想为指导，坚持辩证唯物主义与历史唯物主义，坚持质量第一、树立精品意识、突出创新精神，力求做到思想性、科学性和资料性的统一，力争完整性、准确性、系统性、实践性的统一，使院志成为可信、可用、可读、可看的珍品。

为使志书内容分类科学、归属得当，纵横结合、排列有序，层次分明、标题鲜明，院志办公室在反复论证推敲的基础上，先行编制了"院志目录"，确定了基本框架，学习了《方志的编纂》和《修志的基本知识及写作要求》，并根据编写大纲落实写作人员，责任到人。为了尽可能多而广泛收集资料，全面、科学、真实、准确反映半个多世纪以来疗养院事业发展综录、全史，本次院志修订抽调了两名专职人员进行收集资料、查档核实、复印历史资料、编撰志书内容等工作。安排人员联系走访相关单位、相关领导、当事人、本院健在的离退休老同志，了解史实、拾遗补缺，收集部分个人收藏的照片、实物及回忆材料等，充实完善内容，尽量不留或少留缺憾。

由于疗养院上级隶属部门的变化，单位名称也变更了多次，但1953年至2018年12月"中国煤矿工人北戴河疗养院"一直作为第一名称长达66年，广为人知。2018年12月，根据应急管理部办公厅通知，疗养院将第一名称变更为"应急管理部北戴河康复院"，"中国煤矿工人北戴河疗养院"作为第二名称继续使用。如何准确表述本单位名称，客观反映历史，经过编纂委员会反复研究和讨论，最终确定统一使用"疗养院"来泛称志书记述中本单位名称。

因为修志的专业性较强，对本次参编人员而言是新课题，加之编者能力水平所限，以及部分资料的遗缺，难免出现遗漏，留下遗憾。敬请广大读者勘误考证。

值此，向提供了珍贵资料、史实、实物与宝贵意见的同志们，向关心、鼓励、支持、指导编纂工作的领导们一并致谢。

《中国煤矿工人北戴河疗养院志》编委会主任

2020年12月

凡 例

一、《中国煤矿工人北戴河疗养院志》（简称本志）是《中国煤炭工业志》事业单位志系列之一，也是中国煤矿工人疗养志书系列的重要组成部分。

二、本志的编纂以马克思列宁主义、毛泽东思想、邓小平理论、"三个代表"重要思想、科学发展观和习近平新时代中国特色社会主义思想为指导，深入学习贯彻党的十八大、十九大重要精神，实事求是，全面客观地记述疗养院的历史和现状。

三、本志上限为1950年5月，部分内容有上溯，下限为2020年12月。

四、本志结构采用章节体，设篇、章、节、目等层次，篇目设置按照"以类系事、事以类从、纵不断线、横不缺项"的原则。

五、本志体裁采用述、记、志、图、表、录六种形式，以志为主，互为补充。

六、本志图照集中排置于序前，表格随文插置。文中计量单位使用按国家现行有关规定。

七、记述采用第三人称，规范的语体文记述体。

八、文中的机构、社会团体、会议名称等，第一次出现时，一律用全称，以后出现时用简称。

九、本志采用公元纪年，全文执行中国地方志指导小组印发的《地方志书质量规定》（中指组字〔2008〕3号）。

十、本志所用资料主要来源于疗养院现存档案，辅以查访应急管理部档案馆（煤炭工业档案馆）、中央新闻制片厂及部分记录的史实，还有经过考证的口碑资料，在行文中不一一注明出处。

目 录

总序	I
序	V
凡例	VII
概述	1
大事记	17

第一篇 环境与建制

第一章 环境 …………………………… 57
    第一节 自然环境 …………………… 57
    第二节 社会环境 …………………… 58
    第三节 院区环境 …………………… 60
第二章 体制与机构 …………………… 64
    第一节 建院沿革 …………………… 64
    第二节 组织机构 …………………… 74

第三章 院区条件 ……………………… 79
    第一节 院区形成 …………………… 79
    第二节 房地产购置 ………………… 80
    第三节 政府划拨 …………………… 83
    第四节 产权置换 …………………… 84
    第五节 公产房、公产地
            确权 …………………………… 85

第二篇 基本建设

第一章 规划与建设 …………………… 91
    第一节 规划与设计 ………………… 91
    第二节 疗养用房建设 ……………… 95
第二章 配套工程 ……………………… 109

    第一节 道路与供水 ………………… 109
    第二节 供电与供热 ………………… 111
    第三节 通信与互联网 ……………… 113

第三篇 疗 休 养

第一章 组织与接待 …………………… 119
    第一节 疗休养组织 ………………… 119
    第二节 疗休养接待 ………………… 124
第二章 疗休养项目 …………………… 130
    第一节 疗养项目 …………………… 130

    第二节 休养项目 …………………… 132
    第三节 文体活动 …………………… 133
第三章 服务与管理 …………………… 135
    第一节 医疗服务 …………………… 135
    第二节 疗休养管理 ………………… 138

第四篇 专科医疗

第一章 医疗机构和服务 ……………… 145
    第一节 医疗专科 …………………… 145
    第二节 医疗卫生专业技术

            人员 …………………………… 148
    第三节 医疗设备设施 ……………… 148
    第四节 医疗资质 …………………… 162

第五节　公益性医疗服务……… 163
第二章　肺灌洗技术与治疗……… 166
　　第一节　技术…………………… 166
　　第二节　治疗…………………… 172
第三章　专科医疗………………… 179
　　第一节　尘肺病综合治疗……… 179
　　第二节　骨病专科治疗………… 180
　　第三节　结石专科治疗………… 187
　　第四节　其他专科项目………… 188
第四章　行政与辅助科室………… 191
　　第一节　医疗行政……………… 191
　　第二节　医疗辅助……………… 195

　　第三节　药剂科………………… 200
　　第四节　职业卫生技术服务
　　　　　　中心…………………… 200
第五章　科研与学术交流………… 202
　　第一节　科研…………………… 202
　　第二节　学术交流……………… 217
　　第三节　人才培养……………… 218
第六章　《中国疗养医学》杂志… 219
　　第一节　杂志创办……………… 219
　　第二节　杂志沿革……………… 221
　　第三节　杂志编委会与出版…… 222

第五篇　旅　游　与　接　待

第一章　旅游……………………… 233
　　第一节　旅游开发……………… 233
　　第二节　旅游经营……………… 234
第二章　会议培训与接待………… 240

　　第一节　会议接待……………… 240
　　第二节　培训业务……………… 242
　　第三节　人员接待……………… 244

第六篇　综　合　管　理

第一章　制度建设与改革………… 251
　　第一节　制度建设……………… 251
　　第二节　人事制度改革………… 255
　　第三节　经营管理改革………… 256
　　第四节　社会保障制度改革…… 260
第二章　财务管理………………… 262
　　第一节　经费来源……………… 262
　　第二节　收支…………………… 266
第三章　劳动人事………………… 270
　　第一节　编制…………………… 270

　　第二节　工资…………………… 273
　　第三节　劳动管理……………… 281
　　第四节　干部管理……………… 281
　　第五节　职称及工人等级
　　　　　　管理…………………… 283
　　第六节　培训与考核…………… 287
第四章　文明单位创建…………… 291
　　第一节　文明规范……………… 291
　　第二节　社会综合治理………… 292

第七篇　后勤保障与多种经营

第一章　后勤科室………………… 299
　　第一节　科室设置……………… 299
　　第二节　工作职责……………… 300
第二章　后勤保障………………… 301
　　第一节　餐饮…………………… 301
　　第二节　爱国卫生运动………… 306
　　第三节　修缮与洗涤…………… 309

　　第四节　锅炉及供热…………… 311
　　第五节　车辆与电气设备……… 312
第三章　多种经营………………… 320
　　第一节　经营管理……………… 320
　　第二节　商贸经营……………… 321
　　第三节　小加工厂……………… 322
　　第四节　商业房租赁…………… 323

第五节　自营业务…………… 324　　　　第六节　小型工程…………… 325

第八篇　职　工　生　活

第一章　生活福利………………… 329
　　第一节　职工住宅…………… 329
　　第二节　职工医疗…………… 331
　　第三节　职工福利…………… 335
　　第四节　职工离退休管理…… 340
　　第五节　计划生育…………… 342
第二章　文化生活………………… 344
　　第一节　精神文明…………… 344
　　第二节　文体生活…………… 347
　　第三节　荣誉………………… 349

第九篇　党　群　组　织

第一章　中国共产党组织………… 355
　　第一节　组织建设…………… 355
　　第二节　宣传教育…………… 361
　　第三节　纪律检查…………… 368
　　第四节　活动与荣誉………… 369
第二章　群团组织………………… 373
　　第一节　工会………………… 373
　　第二节　共青团……………… 378

第十篇　申办中国煤矿尘肺病防治基金会工作

第一章　申报建立基金会………… 383
　　第一节　设立基金会的背景…… 383
　　第二节　基金会的发起……… 384
第二章　承办秘书处工作………… 388
　　第一节　基金会成立前筹备
　　　　　　工作………………… 388
　　第二节　基金会捐赠款免税
　　　　　　申请………………… 391
　　第三节　秘书处组织机构和
　　　　　　制度建设…………… 392
　　第四节　理事会议组织和
　　　　　　服务………………… 393
　　第五节　媒体网络宣传和
　　　　　　资金募集…………… 395
　　第六节　科研工作…………… 397
　　第七节　财务管理与年度
　　　　　　审计………………… 398
　　第八节　年审及社会组织
　　　　　　评估申报…………… 401
第三章　协助基金会实施尘肺病
　　　　康复工程………………… 403
　　第一节　尘肺病康复工程
　　　　　　项目定义…………… 403
　　第二节　疗养院协助开展的尘肺病
　　　　　　康复工程项目……… 403
第四章　协助开展专项救助……… 418
　　第一节　申请国家农民工洗肺
　　　　　　清尘救助项目……… 418
　　第二节　专项救治项目……… 420

编后记……………………………………………………………………… 423

中国煤矿工人北戴河疗养院志

概　　述

中国煤矿工人北戴河疗养院成立于1950年5月，2004年加挂"国家安全生产监督管理局（国家煤矿安全监察局）职业安全技术培训中心北戴河中心"、2005年加挂"国家安全生产监督管理总局培训中心北戴河中心"、2012年加挂"国家安全生产监督管理总局北戴河职业病防治院"。2018年11月15日，根据《中央编办关于应急管理部所属事业单位机构编制的批复》，划归应急管理部，主名称变更为"应急管理部北戴河康复院"，第二名称为"中国煤矿工人北戴河疗养院"。

疗养院建院伊始就是政府主管部门批准的非营利性医疗卫生事业单位，是集康复疗养、专科治疗、会议培训及旅游接待为一体的综合性疗养院，同时还是《中国疗养医学》杂志主办单位，"中国煤矿尘肺病治疗基金会"注册地和部分机构所在地；除内设机构外，还有一个金海旅行社下属法人单位。

疗养院坐落于北戴河海滨最繁华地段——中海滩，南部紧邻大海，东连保二路商业区，西望莲蓬山景区，占据保一路至保二路，中海滩路至西经路大部分区域，占地面积102.97亩，建筑面积47000平方米；现有客房楼18座，客房800间（套）；院内餐厅3座，餐位1200个；医疗门诊与住院楼1座，治疗床位441张；会议中心楼设有大、中、小会议室11个，国际报告厅1个，健身娱乐设施18件（套）。

疗养院当前行政级别为副局级，在册职工有265人，其中在岗职工114人、离退休职工151人，不在册聘用人员70人，具有高级技术职务29人，中级技术职务27人，享受国务院政府特殊津贴专家3人。

一

中国煤矿工人北戴河疗养院的建设和发展史，充分体现了党和政府对煤矿工人疗养事业的高度重视，以及疗养院几代人的不懈奋斗。

旅游胜地北戴河，因其清新秀美的景色、沙软潮平的海滩而蜚声中外，1890年，当勘探津榆铁路的英国工程师金达发现北戴河这块避暑宝地后，外国人蜂拥而至，置地建别墅，至1898年，清政府宣告北戴河海滨为各国人士避暑地，北戴河由此成为中国历史上第一个由国家确定的中外人士相杂居住的避暑区，是中国近代史上四大别墅建筑群之一，其中三分之二为外国人所有。1948年11月北戴河海滨解放后，全国工会系统、中央的一些部委及北京市、天津市与河北省的一些机关单位学习苏联，为广大工人干部谋健康福利，在北戴河利用中外别墅楼房，纷纷建起了劳模休养所和疗养院，兴办起人民的休养疗养事业。

1950年4月，在当时的燃料工业部部长陈郁指示下，燃料工业部煤炭管理总局决定在北戴河选址筹备建立疗养院。5月1日，王树林、刘静周两位到达北戴河，对开滦矿务局、秦皇岛长城煤矿提供的几处房屋进行考察，但因地理位置或面积过小而放弃。后二人在海边发现了预出兑的同福饭店，遂返京向煤炭总局汇报。同福饭店原系英国人所建，是一座有111间客房和餐室的二层木质楼，主要是为来北戴河的旅游者解决食宿需求的。1931年7月30日，天津《益世报》"海滨专页"曾做过这样的描述"同福饭店股东是中国人，经理是西方人，规模较大，设备较周，位临海边，凉风飒飒，住于是者，飘飘欲仙矣。"煤矿工人常年工作在井下，环境恶劣艰苦，将这样的房子作为全国煤炭职工的疗休养场所很快得到大家的共识。经与房屋产权人、北京东安市场一个商铺老板谈判，用3370匹红五福布购买了同福饭店全部产权，成立了国营煤矿职工疗养院，经过简单修缮，辟出床位50张，于1951年5月正式开始接收疗养员。1951年底，床位达到120张，1952年6月开始同时接待劳模休养。1953年2月，国营煤矿职工疗养院更名为中国煤矿工人北戴河疗养院，为了发展煤矿工人的疗养事业。1953年3月，经燃料工业部煤炭管理总局和中国煤矿工会全国委员会批准，开始第一次大规模改扩建，投资210万元新建了5612平方米的疗养工字楼、1297平方米俱乐部、947平方米办公楼和889平方米疗养餐厅，后来疗养院又陆续购买或由政府拨给周边美、英、日、俄、比利时、瑞士、印度等国人建的11栋别墅楼（政府拨给的别墅楼80年代后确定为北戴河区公产房、公产地），到1956年时，床位增加到500张，疗养院基本形成了当前的占地格局。

20世纪50年代中期，北戴河海滨已开始成为中央主要休养地，每年暑期中央都要在此办公、开会、休假。1956年9月，中央城市建设部根据国务院1954年11月关于北戴河休养区今后主要是为中央暑期办公服务的使用方针和进行休养区域划分的规定，历时一年零三个月，于1957年12月完成了北戴河休养区的总体规划。根据此规划，各产业工会休养区设置在草厂村西北，对已建的、分散在其他规划区的产业工会系统的各疗养单位，采取"暂时维持现状一律不许发展，不得扩建，采取逐步淘汰迁移的办法"。疗养院系产业工会下属疗养院，当时也面临迁址的危险，在院长申守银多方工作和努力下，甚至惊动了中央主要领导，疗养院得以保了一个毗邻海边最好的位置。

1955年7月底，燃料工业部撤销，疗养院划归新成立的煤炭工业部管辖。

1969年5月28日，由于"文化大革命"的原因，疗养院被批为"封资修"产物，被迫停院，人员、设备迁到湖南涟源，帮助组建湖南省涟邵矿务局煤炭医院。

1970年1月，石油、煤炭、化工三部合并，成立燃料化学工业部。1972年8月，燃料化学工业部决定恢复北戴河疗养院，并委托北京矿务局代管并筹备疗养院重新开院。经过一年多的整修，于1974年6月9日疗养院开院接收疗养员。

1975年1月，煤炭工业部恢复，疗养院重归煤炭工业部管辖。

20世纪80年代，疗养院的疗养设施已远远不能满足全国煤炭疗养事业发展的需要。经煤炭工业部党组决定，从1983年10月开始至1985年6月，疗养院停院，开始进行第二次大规模翻修建，拆除了已在1976年唐山地震中损坏的原同福饭店和10幢老旧别墅，并投资1483万元，翻建了1、2、3、4、5、7、10、12、13、14号楼等10栋疗养楼及北餐厅等设施，全院床位达到688张。

20世纪90年代，煤炭疗休养工作进入低谷，为适应市场变化，疗养院由单纯的主营疗休养业务向医疗专科、疗休养、旅游会议接待三大主营业务转变。在上级支持下，疗养院陆续新建专项用于肺灌洗治疗和骨坏死治疗的手术治疗室，用于旅游接待的金海酒楼、美都饭店、8号客房楼，为做好会议配套，完善疗养院服务功能。2003年9月至2004年6月，完成了旧俱乐部翻改建任务，建成了3200平方米具有会议（含同声传译）、教学和健身娱乐功能的安全培训楼，并对原有疗养楼进行加层改造与装修，使之更适用于不同层次接待服务和不同消费者的需求。

随着疗养院首创的肺灌洗技术不断提升、专科医疗业务不断扩大，同时也为进一步承担国家安全生产监督管理总局职业健康监管支撑保障职责。2008年9月至2010年11月，在疗养院东部新建了粉尘危害监测治疗中心楼，内设门诊楼、病房区、手术室，陆续购置国内外最先进医疗设备，至2020年8月在用医疗设备有555台（套），为疗养院医疗专科专业化、规范化，业务开展步入快车道奠定了坚实基础。

2019年，各疗养楼因建设年代久远、设施破损严重，难以满足为应急管理系统和国家综合性消防救援队伍提供康复医疗、疗养休养、会议及教育培训后勤服务支撑保障需要，经应急管理部批准，疗养院开始启动康复病房及配套设施改造项目，第一期改造疗养院1、2、6号楼，改造面积6741平方米，投资2930万元（2020年5月因新冠肺炎疫情有所调减）。该项目工程正在筹建中。

随着国家机关机构改革，疗养院行政隶属随之发生的变迁：1988年煤炭工业部撤销，疗养院隶属于新成立的中国统配煤矿总公司；1993年中国统配煤矿总公司撤销，疗养院复归恢复的煤炭工业部领导；1998年，煤炭工业部再次撤销，在国家经济贸易委员会下设主管煤炭行业的国家煤炭工业局，疗养院转隶至国家煤炭工业局；1999年12月，国家煤矿安全监察局成立，与国家煤炭工业局一个机构、两块牌子，2001年撤销国家煤炭工业局，在原国家煤炭工业局和国家经贸委安全生产局的基础上，成立国家安全生产监督管理局，与国家煤矿安全监察局合署办公，疗养院转隶至国家安全生产监督管理局（国家煤矿安全监察局）；2005年，国家安全生产监督管理局升格为国家安全生产监督管理总局，疗养院直属国家安全生产监督管理总局领导；2018年，国家机构改革，国家安全生产监督管理总局撤销，组建应急管理部，疗养院划归应急管理部管理；2019年7月26日，应急管理部党组授权机关服务中心管理疗养院。

二

建院70年来，疗休养、专科医疗、会议培训三项主要业务在不同时期构成了疗养院的重要经济基础。

疗养工作是疗养院贯穿始终的一项重要工作，"全心全意为煤矿工人服务"是我们长期坚持的办院宗旨。北戴河环境幽静清新、日照充足；受海陆风调节，冬无严寒、夏无酷暑，7月平均气温24.6摄氏度，负氧离子密度高于一般城市10~20倍；海域宽阔、水质洁净、海况良好，是理想的海水浴场。这种条件下极适宜疾病的康复。疗养院建院之初的疗养对象主要以肺结核治疗康复为主，这是因为肺结核是矿工尘肺病最多见的并发症，矿区患病率较高，另外也兼有其他疾病的疗养。1953年3月，政务院明令秦皇岛海滨区不允许接待传染病患者，疗养院遂改为一般慢性病疗养。疗养接待对象为20世纪五六十年代为华北、东北、西北等地40个局矿和煤炭总局机关职工，70年代恢复建院后开始接收全国煤炭系统疗养员。康复治疗病种及治疗方针：主要是神经系统、非结核性呼吸系统、消化系统、高血压、风湿及骨关节病症。治疗方针则是在充分利用当地环境、气候、海滩等疗养资源和科学安排疗养员生活的基础上，坚持以理疗、体疗、气功为主，药物治疗为辅。疗期：20世纪50年代到80年代中期，疗养院全年接待疗养员,在五六十年代包括春节都有疗养员,疗养天数30~90天/期不等,80年代末至90年代末,每年3—10月接待,每期30天。自我管理:疗区建立疗养员管理委员会,配合院方对疗养员在疗养期间的医疗、生活、文娱活动进行组织管理。

休养工作是疗养院暑期接待的一项重要政治任务。它主要接待对象为劳动模范、劳动英雄、先进生产(工作)者。每期休养7~15天,一般不采取治疗手段,只是充分利用北戴河海滨幽静环境和丰富的疗养资源,调解神经、消除疲劳、增强肌体。同时,休养员在休养期间还要进行学习和劳动(工作)经验交流,为此各单位每次都安排同一工种人员来北戴河休养。为了加强休养管理,每年中国煤矿工会都要派一部分人员到疗养院领导此项工作,成立休养办公室,下设总务、文娱、交流经验三个组。全国著名劳模,创造多孔道循环掘进工作法的马六孩以及连万禄、张子富等其他全国劳模都曾到院休养。1952年8月,陈云副总理来疗养院看望了劳模。劳模在院的休养生活是丰富多彩的,中国煤矿文工团曾多次到院慰问演出,疗养院文艺宣传队每期都要进行精彩的表演、舞会、电影、联欢、球类比赛、棋类比赛,每天活动不断。

新中国成立初,依照苏联的模式兴起的疗休养事业是一个时代的产物,作为公益福利性事业,它曾为社会主义建设作出了突出贡献。20世纪50年代至80年代后期,煤炭战线很多职工以能到北戴河疗养休息为荣,那时每年煤炭工业部办公厅都要召开专项的疗养床位计划分配会议,以解决疗养床位不足引发的争议,来院疗休养的人员也多为生产一线的劳模和先进。20世纪80年代中后期,煤炭行业的许多企业开始在国内的一些风景区自建疗(休)养所,直接冲击了疗养院的疗(休)养员接待。90年代开始,固定期疗养作为计划经济产物的疗养院开始面临市场经济的冲击,疗休养业务日渐萎缩,进入90年代后,年接待人数陆续由6000余人下降到不足百人。进入21世纪,疗养院为适应形势变化,调整了疗养模式,采用灵活菜单式疗休养模式,而不再统一制定疗期和疗养内容,积极联系煤炭企业集团开展短期疗养和健康疗养,精心组织游览、海浴等疗养生活,疗休养工作陆续恢复性增长,特别是2011年山西焦煤服务融资模式的运用,开辟了一条解决发展资金紧缺困境之路。

2018年应急管理部成立后,赋予疗养院为应急管理人员及两支队伍提供疗休养服务职能,2018—2020年接待753名应急管理系统功勋荣誉表彰奖励获得者和60名应急救援战士康复疗养。

1950—2020年,疗养院共接待了煤炭系统疗休养员20余万人次,为我国的煤炭疗休养事业作出了突出贡献。未来我们将在履行应急管理系统服务支撑保障工作职责的同时,继续做好煤炭系统职工疗休养工作。

(一)医疗专科的引进、探索与发展

20世纪90年代以前,疗(休)养工作始终是作为疗养院唯一的主业,随着市场经济下疗(休)养业务的大幅下滑,促使疗养院适时地调整经营策略,在激烈的市场竞争环境中增强和突出自己核心竞争的能力。20世纪90年代初期开始,疗养院利用长期以来的医疗优势开展医疗专科治疗。

骨病专科作为疗养院第一个医疗专科项目,同时也是医疗专科在国内疗养院较早出现的一家,在疗养院专科医疗发展史上留下了浓墨重彩的一笔。1988年,疗养院引入北京鼓楼中医院主任医师马在山"马氏综合疗法"治疗骨坏死技术,并在此基础上成立了骨病研究所，对骨科疑难病症股骨头坏死采用内服马氏骨丸，患处中药熏樋、洗浴，佐以理疗、按摩、运动治疗等治疗方法，后又不断完善，引进介入、骨生长因子注射、内固定取出治疗、小针刀治疗、三氧注射治疗及三氧自体血回输疗法等，形成了"3+3"中西医综合保守疗法，取得良好的治疗效果。截至2020年底，已完成5200余位住院病人治疗和60000余门诊病人治疗。

"双肺同期大容量灌洗治疗尘肺"是疗养院开展的第二个专科项目，该项目的开展和取得的成果，使疗养院专科医疗事业达到历史的巅峰。尘肺病是一种在煤炭、冶金、建筑等行业高发的职业病，长期以来没有直接有效的治疗方法。1991年3月开始，疗养院与南京胸科医院共同开展"双肺同期大容量灌洗治疗煤工尘肺"的科研工作并取得突破进展，在上级的大力支持下，疗养院加大肺灌洗设备设施、人员、资金等投入。从1991年开始至2020年底，疗养院采用大容量肺灌洗术治疗尘肺病及其他肺部疾病患者15113人，灌洗例次16448例次，"双肺同期大容量灌洗治疗尘肺"专科的开展和取得的成果使疗养院专科医疗事业达到历史的巅峰。

尘肺病综合治疗是灌洗治疗尘肺技术的补充，2012年，疗养院针对因不符合肺灌洗手术适应症而导致病源流失的现状，专门成立尘肺综合治疗科室，对不能行肺灌洗手术的患者进行综合治疗，包括健康宣教、自然因子疗法（气候疗法、日光浴、景观疗法）、呼吸功能锻炼、氧疗、对症治疗（抗炎、平喘、祛痰）、抗纤维化治疗、改善肺循环治疗、物理治疗（超短波、激光、微波、震动排痰）、中医定向透药治疗、岩盐气溶胶疗法、无创呼吸、中医中药及尘肺病并发症的治疗等。自成立起，尘肺病综合治疗专科共收治住院患者2500人次，取得了一定的经济效益和社会效益。

结石治疗专科是疗养院开展的第三个专科项目，于1998年正式成立，主要利用电磁波源碎石机碎石，辅以中药，专项治疗胆囊和泌尿系统结石。截至2019年底，治疗1万余例，该专科治疗效果较好，受到当地病人的欢迎。

2011年，因对外接待业务发展需要，同时为挖掘疗养院新的经济增长点，成立中医康复理疗科，主要开展理疗、按摩、针灸、拔火罐、火疗、中草药熏蒸、口服中草药及中医诊脉等治疗项目。截至2020年底，为门诊患者、应急管理部英模、国家森林消防队伍、各煤炭矿业集团疗养员、住院患者康复理疗超45万人次。

20世纪90年代末以来，疗养院还陆续开展了神经康复科、塑身减肥等专科医疗的探索与实践，并配套购置了部分医疗设备，但因种种原因，两科室在分别开办8年和2年后停办。

专科医疗的特点在于医疗某一领域技术上的"专"，进而达到诊治等方面的"精"与"优"。疗养院充分利用自身优势在专科医疗方面取得的成绩，为疗养院多渠道开展业务，解决北戴河淡季不淡探索了一条成功的路子，也为疗养院经济发展奠定了坚实的基础。1996年煤炭工业部为疗养院增挂"中国煤矿工人北戴河专科医院""煤炭工业部尘肺病康复中心"。2000年，疗养院第一批被河北省授予医疗机构执业许可。

职业卫生技术服务。2012年，疗养院因在职业病治疗方面成绩突出，中央机构编制委员会办公室（简称中编办）为疗养院加挂"国家安全生产监督管理总局北戴河职业病防治院"，为更好地服务国家安全生产监督管理总局职业健康监管工作，疗养院改造9号楼，建立了职业卫生技术评价与检测中心，购置设备144台（套），价值367.9

万元，招聘包括预防医学、采矿工程、材料工程、化学工程、安全工程等专业在内的专业技术人员11名。2016年12月，取得河北省检验检测机构资质认定证书；2017年2月，取得河北省安全监管局职业卫生技术服务机构乙级资质证书，8月取得河北煤矿安监局职业卫生技术服务乙级资质证书。

（二）会议培训，为安全生产监管做好服务

自2001年开始，根据国家安全生产监督管理局安排，疗养院开始承担部分系统内安全生产培训任务；当年8月，国家煤矿安全监察局为疗养院增挂"国家煤矿安全监察局北戴河安全培训中心"。2005年8月，中编办〔2005〕91号文件批复同意。

承办安监系统北戴河培训服务工作。2001—2010年，每年都要接待安监系统及国家安全生产监督管理总局机关理论学习培训班。近年还协助国家煤矿安监局和有关省局开展教学培训业务；2009年起，疗养院走访了东北、西南、西北、华北和华中地区的16个省市80多个省、地市级安全监管局、应急厅，了解培训需求，推广相关培训业务，效果良好。

（三）旅游，事业发展的补充

20世纪90年代开始，疗（休）养业务的萎缩，带来了疗养院大量床位的闲置浪费，此时随着国民经济总量的上升，个人收入水平的不断提高，国内旅游已逐渐成为一种时尚的追求。地处北戴河海滨众多海滩中最佳位置的疗养院，具有得天独厚的旅游优势，推窗可观海，卧榻能听涛，院内环境优美，数千棵名木古树与花坛、假山、池塘、草坪汇集交错。1994年6月，疗养院取得河北省旅游定点饭店资格，标志着疗养院旅游接待的全面启动。1994年4月，疗养院经申报批准，成立了金海旅行社，为疗养院开展旅游和会议接待又辟出一条新路。为了改变陈旧的疗养接待条件，自1993年开始，疗养院自筹资金将疗养房间更新改造为客房，装修了卫生间、购置了室内家具、大屏幕彩电、铺设地毯或木地板等。2004年，疗养院借助秦皇岛市促进发展对外旅游事业的东风，开始接待俄罗斯游客。2006年经请示河北省旅游局，同意疗养院以"中国煤矿工人北戴河疗养院（金海楼、金沙楼、安培楼、金海酒楼、12号楼）"作为上星宾馆名称，通过了"三星级"宾馆验收，并揭牌营业。到2020年底，疗养院先后接待国内外游客超42.6万人次，其中国内游客37.4万余人次、俄罗斯游客5.2万余人次。

三

疗养院作为新中国第一家煤矿工人疗养院，具备优越的地理位置、幽静的花园式庭院及完善的设施，使疗养院还承担了中央、国务院、国家机关各部委、全国煤炭系统、当地秦皇岛市和北戴河区许多重要会议、重要活动和重要外事接待工作。

（一）重要会议接待

1953年3月全国煤矿第一次卫生工作会议、同年6月全国煤矿干部会议、1956年7月中央工作会议、1978年全国煤炭工业计划工作座谈会、1987年6月全国煤炭工业首次总工程师会议、同年12月全国煤炭工作会议、1988年7月黄淮海农业综合开发专家座谈会，还接待了煤炭工业部安排的国际采矿会议等。1993年7月全国煤炭工作会议、1997年全国煤炭系统两院院士、拔尖人才座谈会在疗养院召开。自2001年开始至2007

年，国家安全生产监督管理局（国家煤矿安全监察局）及后来的国家安全生产监督管理总局，每年暑期都要在北戴河召开局党组中心组学习扩大会暨全国安全生产工作座谈会，同时机关党委还要举办局机关处级以上干部夏训班。近年来，疗养院开始接待中国煤炭工业协会、中国安全生产协会、中国煤矿尘肺病防治基金会、中国职业健康协会的培训会议，同时还接待和承办了国务院安委会专家咨询委员会 2017 年年中工作会议暨专题学习培训、国家煤矿安全监察局处级干部任职培训、部属事业单位养老保险工资管理培训、新疆厅局级领导干部应急管理专题培训等培训任务。到 2020 年底，疗养院累计接待会议团队达 2200 余个，参会人数 8 万余人次。旅游与会议接待逐渐发展成疗养院重要的支柱产业。

（二）党和国家领导人在疗养院的活动

1952 年 8 月、12 月，陈云副总理、朱德总司令分别到院看望劳模并视察疗养工作。1956 年，邓小平曾乘车到疗养院 12 号楼看望陈郁部长。1958 年 8 月，中央政治局扩大会议——北戴河会议在疗养院俱乐部举行，中央政治局成员和各省、市、自治区党委第一书记及政府各有关部门党组的负责人参加了会议，毛泽东主席在会上作了讲话。1961 年，贺龙元帅在疗养院观看河北省男女篮球队和全国煤矿工人青年男女篮球队篮球比赛。1988 年 7 月，国务委员陈俊生、全国人大常委会副委员长陈慕华视察疗养院。1990 年 11 月，最高人民检察院检察长刘复之，中国共产党中央顾问委员会（简称中顾委）秘书长李力安及中顾委委员李运昌来疗养院参观。1991 年 4 月，最高人民法院院长任建新偕夫人来疗养院进行为期 10 天的休假疗养。1991 年 8 月，中顾委副主任宋任穷在疗养院参加全国劳教系统贯彻教育感化、挽救方针座谈会暨表彰大会。

疗养院还接待了一些重要度假团。1985 年 7 月，接待全国煤炭系统优秀教师、共青团干部度假团；1988 年 7 月，接待黄淮海农业综合开发专家座谈及度假团；2001—2004 年全国煤监系统和国家安全生产监督管理总局公务员度假等。

凡重要会议和人物接待，疗养院都作为重要的政治任务去完成，成立院领导挂帅的专门服务班子。北戴河在暑期是一年中最繁忙和创收的季节，但全院不讲代价、不计报酬，全力以赴做好食宿接待、会议服务、海浴和治安安全等工作，确保高质量完成接待服务工作。

（三）对外国际交往

疗养院 1950 年建院后，很快形成规模，并作为对国际宣传的窗口单位。1959 年下半年，中央明确规定北戴河区接待外国人参观访问，为此，秦皇岛市人民政府在确定北戴河区参观开放单位时，疗养院作为休疗卫生方面两家定点单位之一。1980 年，秦皇岛市委进一步明确疗养院为对国（境）外宣传长期开放单位。自 1953 年始，每年暑期都有外宾来院参观访问，其中包括 1953 年 7 月的日中友好协会的工会代表和红十字会代表团、1956 年 10 月的蒙古国参观访问代表团等，直到 1966 年"文化大革命"时停止。1980 年恢复接待，当年 5 月 29—31 日，分三批接待了秦皇岛市委安排的日本富山市民友好之船，100 名日本朋友对疗养院进行了参观访问，以后又接待了日本、美国、澳大利亚外宾 15 次 535 人次的参观访问。自 1985 年起，疗养院还接待了在煤炭系统帮助工作、讲学和技术交流的外国专家及友好人士，如加拿大专家安·玛里一行 24 人；英国国际能源局研究所负责人贝克（BaKer）和多伊尔（Doyle）博士等 4 人；澳大利亚资源能源部副部长希尔等4人。1989年，接待了波兰烟煤总公司副总经理丁·考兹特拉希为团长的煤矿职工生活福利事务代表团；波兰采矿动力部副部长鲍雅科夫斯基为团长的波兰代表团一行7人；捷克燃料动力部人事局局长洛杰塞克·波乌未勒，社会福利司司长安东尼·贝拉呼塔，驻华经济参赞耶历·希尔洪涅克等3人；著名生物学家遗传工程专家美籍华人牛满江教授一行10人。1986年、1987年，根据中国波兰两国煤炭工业部部长达成的中波两国互换矿工休假协议，共两批波兰矿工休假组22人，来院度假休养。1990年，接待了两批捷克斯洛伐克矿工休假团24人。

四

中国煤矿尘肺病治疗基金会于2003年10月在民政部正式注册，疗养院作为基金会的发起单位，为基金会的成立作出了重要贡献，同时在基金会的支持下疗养院也得以跨越式快速发展。

（1）申办基金会。疗养院自建院始，广大医务人员接触了太多患煤矿职业病的尘肺病人，他们受疾病折磨痛苦不堪，最后呼吸衰竭跪着死亡，其状很惨。"双肺同期大容量灌洗治疗煤工尘肺"项目于1991年在疗养院首获成功，通过技术鉴定并获国家科技进步奖后，这样一种深受尘肺病人欢迎的有效方法本来可以大量用于尘肺病人的治疗，但当时煤炭经济状况不好，很多煤炭企业拿不出经费用于矿工治疗，原煤炭工业部曾每年划拨20万元用于困难煤矿企业尘肺病人在疗养院进行肺灌洗治疗。煤炭工业部撤销后，煤炭企业下放地方，受资金等各种因素困扰，很多企业再难拿出经费用于尘肺病人的肺灌洗治疗。因此，虽然肺灌洗治疗尘肺病很受患尘肺病矿工的欢迎，但前来疗养院治疗的人数逐年减少，最少时一年只有二三十例患者。原煤炭工业部部长高扬文获知此情况，于1997年首次提出成立一个专门的基金会，以解决困难企业尘肺病患者肺灌洗治疗经费问题。

进入21世纪，全国煤炭经济陆续开始好转，疗养院开始启动基金会申报工作。

邀请专家到疗养院考察肺灌洗，取得卫生主管部门的支持和肯定。"双肺同期大容量肺灌洗治疗尘肺病"项目作为基金会的技术支撑，虽然获国家奖项，但在学术界尚有一定的争议，疗养院多次向卫生部有关部门领导及专家汇报，2002年7月15日，卫生部职业卫生与中毒研究所在组织专家到疗养院现场调研后，主持召开了"肺灌洗治疗尘肺病研讨会"，后又经过部分专家多次论证，2002年10月卫生部上报国务院《卫生部关于肺灌洗治疗尘肺病方法有关情况的报告》，报告对肺灌洗技术提出三条肯定性结论，至此，因肺灌洗技术而建立一个基金会，在技术层面上得到卫生部认可。

全国"两会"代表对尘肺病人以及基金会建立的关注，由时任全国人大常委会委员、民革中央副主席、原北京煤矿设计院院长胡敏协助组织全国人大教科文卫委员会部分专家到疗养院调研，在充分肯定肺灌洗治疗基础上，在2002年3月全国"两会"上，68名人大代表和10位政协委员分别提交了建议案和提案，呼吁创立尘肺病治疗基金会。

争取媒体支持，宣传推广基金会。在基金会申报过程中，疗养院组织邀请新华社、《人民日报》《工人日报》《健康报》、中央电视台等部分国家级媒体对尘肺病危害和肺灌洗技术以及基金会建立的必要性给予20余次报道，特别是《人民日报》的内参引起了国家领导人的高度重视。

高扬文部长于2003年1月和4月分别给朱镕基、温家宝两任总理致函，再次呼吁成立基金会，解决尘肺病人治疗难问题。高扬文部长的呼吁，得到了原国家安全监管局（国家煤矿安监局）局长王显政的高度重视和大力推动，2003年6月4日，中共国家安全生产监督管理局党组会议专题研究决定成立"中国煤矿尘肺病治疗基金会"筹备组，原煤炭部副部长濮洪九任筹备组组长，赵铁锤任副组长，办事机构设在疗养院；国家安全生产监督管理局还安排300万元预算外资金，专项用于煤矿尘肺病治疗项目。

2003年10月31日，民政部正式颁发中国煤矿尘肺病治疗基金会法人登记证书（民函〔2003〕231号）。

承担秘书处工作。根据国家安全监管局党组会决定，作为基金会发起单位，基金会注册地和办事机构就设在疗养院，这是国家安全监管局（国家煤矿安监局）领导对疗养院工作的肯定和信任。基金会理事长濮洪九、基金会常务副理事长吴晓煜在北京主持基金会全面工作，疗养院在北戴河设立了基金会秘书处，院长李玉环任秘书长，两名副院级领导任副秘书长，下设综合部、资产财务部、治疗研发部，各部主任均由疗养院中层干部兼任。除两名专职在基金会工作的外，疗养院所有在基金会兼职人员不领取任何报酬。

（2）争取国家对基金会捐赠所得税优惠政策。当时国家对基金会免税申请严格控制，像这样的行业基金会，难度似乎更大，2003年12月中旬至2004年4月中旬，李玉环院长（基金会秘书长）、陈志远副院长多次拜访国家税务总局所得税司、财政部税政司，就基金会免税事宜进行协商。为再次呼吁社会各界更多了解尘肺病人的发病现状和疾苦，疗养院策划了新华社的重量级报道。2004年3月21日至4月22日，新华社记者屈维英在疗养院领导的陪同下，历时31天，走访了山西大同、阳泉、陕西韩城、铜川，河南郑州，河北峰峰，北京门头沟等五省市的局、矿、医院和职业病防治机构以及尘肺病矿工家庭，撰写了《大量煤矿工人受到尘肺病的威胁》，胡锦涛总书记、温家宝总理、黄菊副总理、吴仪副总理分别作出批示；在申请基金会捐款免税中，王显政局长、濮洪九理事长分别致函国家税务总局和财政部有关领导，2004年10月15日，经国务院批准，财政部、国家税务总局联合发文（财税〔2004〕172号），批准企业、事业单位、社会团体和个人等社会力量向中国煤矿尘肺病治疗基金会的捐赠，准予在缴纳企业所得税和个人所得税前全额扣除。

（3）筹备组织基金会一届理事会的召开。基金会新建伊始，知名度较低，为宣传推介基金会，由时任院长李玉环领队，历时29天，行程一万三千多公里，走访了山西、河南、河北、辽宁、黑龙江、内蒙古东部、安徽、江苏、山东42个煤炭企业，宣传中国煤矿尘肺病治疗基金会宗旨，募集资金，为第一届理事会的召开做前期准备工作。秘书处还分别安排两批走访中国残疾人福利基金会等9家基金会，学习借鉴办会经验。通过媒体、网络征集基金会会徽；经过精心会务准备，基金会一届一次理事会顺利召开，国家安全监管局局长王显政、副局长赵铁锤、基金会理事长濮洪九出席会议，与会煤炭企业领导在了解了煤矿尘肺病矿工所面临的治病难问题后，慷慨解囊，当场捐赠资金3500万元。

（4）启动煤矿尘肺病康复工程。根据基金会章程，募集的善款60%要用于尘肺病人的治疗。2005年3月，基金会确定中国煤矿工人北戴河疗养院为基金会首家定点医院和肺灌洗技术推广培训基地。委托中国煤矿工人北戴河疗养院对申请成为定点医院的单位进行肺灌洗技术培训。

疗养院对接受肺灌洗治疗的基金会病人收取每名1万元的治疗成本价（正常收费病人1.5万~2万元），至2019年底，疗养院通过基金会善款补贴，共治疗27省（市、自治区）7373名煤矿尘肺病人；为了在全国更好地开展尘肺病康复工程，让肺灌洗这一技术应用于更多病人，在基金会安排下，将肺灌洗技术无偿推广至16家煤矿企业医院。

秘书处移至北京后，北戴河办公室继续做好科研、财务管理和年度审计工作以及社会组织评估申报，基金会在民政部组织的全国性社会组织评估等级中评为4A级；2014年至2017年，成功申报了中央财政支持的基金会农民工洗肺清尘项目。

（5）疗养院以大容量肺灌洗技术申办了基金会，反过来基金会的建立也使得该项技术得以更高提升，疗养院事业发展也进入快车道。一是在基金会基金的支持下，疗养院购置了医疗设备装备了第三个手术室，增加了灌洗治疗手术台，治疗能力得到较大提升。二是受基金会基金资助，疗养院共为7373名煤矿企业尘肺病人和患病农民进行了治疗（截至2019年底）。三是疗养院承担基金会科研课题8项，基金会资助科研经费97.5万元。四是基金会助力疗养院人才培养，疗养院主编的学术期刊《中国疗养医学》，作为行业重要学术交流平台，为人才培养发挥重要作用，2005年3月，基金会与疗养院共同签订了关于合作办刊协议书，中国煤矿尘肺病治疗基金会成为《中国疗养医学》杂志首家协办单位。基金会还与疗养院共同合作组织一些会议和活动，扩大尘肺病灌洗治疗的国际和社会知名度。在基金会的大力支持下，疗养院肺灌洗技术日臻成熟，医疗设备更加完备，医疗学术地位不断提高，每年接待尘肺病人的治疗量大幅提升。

五

科技创新、改革发展，是疗养院永恒的主题。

"双肺同期大容量灌洗治疗煤工尘肺"的科研工作。1991年3月开始，疗养院与南京胸科医院共同开展"双肺同期大容量灌洗治疗煤工尘肺"的科研工作并取得突破进展。1991年12月10日，由中国统配煤矿总公司技术发展局主持召开专家鉴定会，主任委员由中国著名呼吸内科专家冯致英主持，包括中国著名呼吸内科专家、职业病专家13人参加，鉴定意见："该项技术居国内领先"，"该项技术在技术方法上处于国际领先水平"。1993年6月，该项成果获煤炭工业部第十一次科技进步二等奖；1996年4月，又获国家科技进步三等奖。编著的《大容量全肺灌洗术医疗护理常规及操作规程》于2004年获国家安全生产监督管理局安全科技一等奖。疗养院医务人员长期致力于疑难复杂肺灌洗的研究实践，2015年7月，《大容量全肺灌洗术风险防范及并发症处理》，经由人民卫生出版社出版第一版。这是集1991年至2015年开展大容量全肺灌洗术24年的经验总结；多数由疗养院医务人员参编的《马氏综合疗法》获北京科技进步二等奖。

肺灌洗基础研究。1991—1992 年，开展了肺灌洗回收液成分的检测和分析；1994—1996 年，和浙江医科大学预防医学系教授张琪凤等合作，开展了对肺灌洗治疗尘肺有效性的基础研究。1994—1996 年，与徐州医学院麻醉医学研究所教授曾因明、胡国昌合作开展肺灌洗安全性研究；1995 年以来，完成从人羊水、猪肺和人肺灌洗回收液中采用梯度离心、化学萃取两种方法提取肺表面活性物质工作。与广州珠江医院、厦门世达膜公司合作，采用透析袋和膜分离技术，在肺灌洗回收液浓缩、磷脂和蛋白提取方面取得了进展。

治疗随访工作。为了准确掌握肺灌洗治疗疗效，疗养院对肺灌洗治疗 10 年、8 年、5 年后病人进行了疗效随访工作，掌握大量一手资料。1993 年 4 月，疗养院邀请了潞安、峰峰矿务局肺灌洗术后 2 年患者来院复查，完成了《45 例大容量全肺灌洗术后 2 年随访》科研项目。2002 年 1 月 12—14 日，由医疗副院长带队，尘肺科等科室参加的走访小组一行 6 人，分别前往潞安、峰峰两个矿业集团，走访 10 年前肺灌洗矿工。

科研立项。29 年来，疗养院共主持或参与尘肺病发病机理、肺灌洗有效性、安全性等科研项目 18 项。疗养院医务人员撰写论文 214 篇，其中登载核心期刊 98 篇，疗养院主办的《中国疗养医学》杂志，较好地发挥了学术交流平台的作用。

对外交流。1992 年 7 月，美国西弗吉尼亚大学教授班克斯一行 3 人在时任国家疾控中心劳卫所所长邹昌淇、副所长李德鸿的带领下，到院考察了肺灌洗治疗技术，1997 年成功地为俄罗斯煤炭总公司协调局局长尼古拉也维奇（煤工尘肺期合并冠心病）进行了肺灌洗治疗；2004 年，完成越南病人治疗和对越南煤炭总公司肺灌洗治疗技术转让；2018 年，完成澜湄合作专项基金尘肺病洗肺清尘防治项目，对越南 50 位病人进行了治疗、对老挝 10 名医务人员开展了大容量全肺灌洗技术转让培训。

人才培养。疗养院 1950 年建院时，人员主要来自长城煤矿和煤炭总局机关，后陆续从北戴河当地录用和一些矿区选调，专业技术人员较少，为了提高护理质量，解决护理人员不足，举办了 1 期护训班，由各矿区选派了 29 名学员，经过 2 年培训，大部分留院工作，加强了医疗护理力量。1973 年重新恢复建院时，人员基本由全国煤炭系统抽调，来源广泛，专业不一。至 1984 年选调的 86 名职工分别来自全国 32 个矿区，疗养院加强对他们的培养，鼓励职工参加高中课程、护理专业学习，还选送 1 名进入大学学习，20 世纪 80 年代后，疗养院陆续有大、中专毕业生分配来院，逐步充实了医疗、护理队伍。为了适应不断增长的业务需求，疗养院自己培养了放射、按摩、化验等有关专业人员，并送外地医院培训。随着疗养院"双肺同期大容量肺灌洗"项目获国家科技进步奖并全面开展后，需要更高层次专业人才，经与华北煤炭医学院联系，疗养院建立了华北煤炭医学院硕士教学点，为疗养院培养了 7 名硕士研究生。2006 年以后，全面实行人才公开招聘制度。2014 年开始，由国家安全监管总局人事司统一组织发布招聘信息、组织理论考试、进行公示等。近年来，疗养院每年都利用冬季淡季时间选派各科室优秀人才外出进修或聘请高水平专家前来疗养院讲座，进修部门涉及医疗各科室、客房、餐厅等，进修地点主要是北京煤炭总医院、北京中医康复医院、秦皇岛市第一医院、秦皇岛市第三医院、西郊宾馆等。

制度建设及改革。建院以来，始终注重制度建设。一是基本制度的建立。自 1950 年疗养院学习制度、考勤制度、会议制度、请假制度、医生护士值班制度等第一批制度出台后，70年来，各项制度建设不断完善，1959年6月第一次将制度汇集成册《医疗、行政工作规章制度》，标志疗养院步入规范化管理。1995年，第四次编修《工作制度及岗位职责》一书。二是以改革发展推动各项管理制度、经营机制、分配机制的完善。1987年，根据当时的上级主管煤炭部机关服务局与疗养院签订的承包协议书，疗养院即在院内也开始对所有科室经过综合测算后进行层层发包，一直延续到1997年。随着市场的变化，疗养业务的萎缩，旅游收入在疗养院整体收入中所占比例越来越重，1998年开始，除一部分科室保留原有的目标管理责任制外，疗养院开始尝试新的经营方式改革，首次引入院外人员参与部分客房楼承包经营，这种承包方式不仅吸收了社会资金参与经营，使国有资产产生最大效益，而且由于有部分职工参与其中，很快了解掌握了对外揽客的经营诀窍，锻炼了职工队伍；两年后，疗养院将客房楼、餐厅通过招投标交予若干自由组合的职工小组经营，实行"包死基数，一次缴清，超额归己，亏损自负"的经营办法。为了解决职工经营的资金困难，改过去经营前一次交清承包款为部分风险股份抵押，财务部监督收款的模式。2004年起，根据形势变化，疗养院开始改革新的经营模式，成立客房经营一科、二科，对金海宾馆和金沙宾馆实行统一管理、分区经营、全程收费、确保上缴、超缴分成。2019年，原客房一科、二科、北区、美都宾馆统一整合为客房管理中心，取消原分区承包经营方式，成立房务部、前厅部、销售部，统一对全院客房进行管理。根据发展需要，疗养院不断改革完善经营方式，较好地保障了疗养院和全体职工的收益。三是劳动人事制度改革发展。1988年，疗养院开始人事制度改革，制定职工离退休办法。1993年，制定了《关于劳动人事制度改革的暂行规定》，开始实行中层领导干部聘用制，职工上岗合同制，打破干部和工人的界限，被聘用为院管副科以上管理岗位及技术岗位的人员可以是干部，也可以是工人，干部也可以聘用到工人岗位工作。1998年3月，制定了《劳动人事制度改革方案》，在定编、定岗、定员上，本着精干高效的原则，确定适合疗养院发展，结构合理的二、三级机构和编制定员，切实解决部分岗位工作量不饱和，人浮于事的问题，通过减员提效来实现满负荷工作，实现用工合理、改善劳动关系、优化劳动组织。在机制上引入竞争机制和风险机制，实行逐级聘任、双向选择、优化上岗、转岗分流，促进全院劳动力合理流动和干部人才的脱颖而出。四是住房制度改革。为了建立与社会主义市场经济体制相适应的新的城镇住房制度，实现住房商品化、社会化，加快住房建设，满足疗养院职工不断增长的住房需求，疗养院从1993年开始实行住房制度改革，并以"售租结合、先售后租、分调结合、先分后调"为原则，向职工出售东、西家属院住宅楼。到1998年4号家属楼建成后，疗养院累计向职工出售住房192套，户均住房面积达到75平方米，彻底结束了无房户。五是职工社会保障制度改革。随着全国社会保障制度的改革，疗养院职工的医疗保险、养老保险和职业年金、工伤保险、失业保险、生育保险和住房公积金社保制度也随之不断改革完善。1983年以前，职工门诊和住院医疗费全额报销；1983年后，职工每年所提医药费42元，其中25元归个人使用，不足时按所超数额自付一部分，其余部分由院里统一掌握使用；1993年，对公费医疗制度进行初步改革；2001年，正式参加秦皇岛市医疗体制改革，除离休干部外，其余职工医疗费报销全部进入社会医疗保险机构。根据国家和河北省有关政策，疗养院为全体职工办理相关社保，为全体职工办理相关社保，1999年开始参加失业保险和住房公积金，2001年参加生育保险，2013年参加秦皇岛市工伤保险，2014年10月起参加河北省机关事业单位养老保险和职业年金。

疗养院通过不断的改革创新，在北戴河稳稳站住了康复疗养市场、医疗市场、旅游市场，成为北戴河区自主创收最多的疗养院。经营收入逐年递增，1990年总收入200万元，1995年总收入500万元，2002年总收入1000万元，2013年总收入5000万元。到2019年底，疗养院总收入突破9000万元。

疗养院清醒地认识到，今天各项事业取得的成就，倾注了原燃料工业部煤炭总局、原燃料化学部、原煤炭工业部、原中国统配煤矿总公司、原国家煤炭工业局、原国家安全生产监督管理局（国家煤矿安全监察局）、原国家安全生产监督管理总局（国家煤矿安全监察局）和现在的应急管理部等上级领导机关和许多老领导深切关怀和鼎力的支持，倾注了地方政府和相关部门无私热情的支持。

六

建院以来，疗养院始终坚持中国共产党的领导，坚持党的基本路线，坚持解放思想、实事求是、与时俱进、求真务实，坚持全心全意为煤矿工人服务，坚持民主集中制，坚持从严管党治党。党的十八大以来，疗养院把坚决做到"两个维护"作为根本政治任务，牢固树立"四个意识"，坚定"四个自信"，不断涵养政治生态，提高全院党员干部职工的政治站位，打造风清气正的疗养院。注重党员宣传教育工作，党委中心组、各支部、党小组的学习把深入学习贯彻习近平新时代中国特色社会主义思想和应急管理重要论述精神作为党员学习必备科目，通过开展"党的群众路线教育活动""三严三实专题教育""两学一做学习教育""不忘初心、牢记使命主题教育""庆七一主题党日活动""红色教育党建活动"等，将新时代新思想内化于心、外化于行，不断践行"对党忠诚、纪律严明、赴汤蹈火、竭诚为民"的训词精神。严格纪律监察，强化党风廉政建设，每年都与各部门签订《党风廉政责任状》，开展廉政风险排查。2014年、2018年，原国家安全监管总局、应急管理部党组对疗养院党委进行政治巡视，给疗养院党建工作进行了一次全面体检，进一步提高了全院全体党员和干部职工的政治意识和政治站位。

兴替荣辱、史镜诫告、彰往昭来。疗养院过去七十年的发展历程充满了艰难曲折和机遇挑战，我们的先辈在纷繁复杂的时代背景下坚定信念，勇于担当，勤于奋斗，打下了扎实的基础，才有了我们今天的成绩。2018年12月4日应急厅〔2018〕26号文件通知，疗养院第一名称变更为"应急管理部北戴河康复院"，开始康复转型发展，承担为应急管理系统和国家综合性消防救援队伍做好后勤服务保障职责。我们坚信在应急管理部党委的坚强领导和部机关服务中心的管理下，疗养院将进一步提高政治站位，切实践行"对党忠诚、纪律严明、赴汤蹈火、竭诚为民"训词精神，以建院70年发展史为不竭动力，继续砥砺前行，为新时代应急事业发展作出应有的贡献。

中国煤矿工人北戴河疗养院志

大 事 记

1950 年

5月1日 燃料工业部煤炭管理总局行政处王树林、刘静周二人受总局委托到达北戴河选址，开始筹建国营煤矿职工疗养院。

7月28日 申守银任疗养院第一任院长。

12月27日 疗养院召开第一次院务会议，筹备建院具体事宜。

1951 年

9月12日 中国煤矿工会全国委员会劳保部批复疗养院在保四路购买85号、87号二幢别墅楼。

9月 燃料工业部煤炭管理总局从淮南矿务局给疗养院调拨了1台皮尔来斯X射线机。

11月 疗养院购入化验设备及药品，设立了临床检验业务。

12月3日 燃料工业部煤炭管理总局批复疗养院代管长城煤矿。

12月26日 疗养院选举产生了精简节约检查委员会。

是年 疗养院第一批制度出台，包括学习制度、考勤制度、会议制度、请假制度、医生护士值班制度及守则、病人入出院制度。

是年 疗养院接收建院后的第一批疗养员，以肺结核患者为主，全年共接待40名疗养员。

1952 年

4月10日 中国人民志愿军归国代表团一等功臣马玉华、朝鲜功臣年松纳来疗养院作报告。同月，中国煤矿工会委派多名干部来院，与院有关领导协商成立休养办公室，下设总务、文娱、交流经验三个组，专门负责劳动模范休养工作。

5月28日 第一批101名劳模到疗养院休养，疗期半月一期，到10月底止，共接九期900人。

7月初 卫生部部长由河北省卫生厅厅长陪同到疗养院检查卫生工作。

7月5日 全国著名劳模马六孩、连万禄、张子富、刘九学、施玉海来疗养院休养。

7月 《人民日报》《人民画报》《工人日报》相继报导了劳模在疗养院休养情况。在第三期休养员休养期间，中央新闻电影制片厂来疗养院拍摄了反映新中国成立后煤矿工人在疗养院疗休养情况的新闻纪录片。纪录片中有燃料工业部部长陈郁看望劳模，以及全国著名劳动模范马六孩、施玉海、张子富、刘九学在内的休养员生活、学习的镜头。

8月1日 经河北省秦皇岛市总工会批准中国煤矿工会秦皇岛市海滨疗养院委员会即疗养院工会成立。

8月 副总理陈云来疗养院看望劳模。

10月8日 燃料工业部煤炭管理总局任命郝泽远为疗养院副院长。

12月 总司令朱德来疗养院视察工作。

是年 全国卫生工作会议在疗养院召开。

是年 著名教育家吴玉章在疗养院休养，副总理陈云、王光美前来探视看望。

是年 先后租、借、购买房屋12所，疗养床位达100张，休养床位230张。

1953 年

2月23日 中国煤矿工会全委会通知疗养院由"国营煤矿职工疗养院"更名为"中国煤矿工人北戴河疗养院"。疗养院由燃料工业部煤炭管理总局和中国煤矿工会共同领导,中国煤矿工会劳保部负责领导疗养院行政及日常事务,医务工作由燃料工业部煤炭管理总局卫生处指导。

2月 郝泽远任疗养院党支部书记。

2月 燃料工业部煤炭管理总局投入100亿元(旧币)建设资金,由开滦矿务局施工,开始建设疗、休养楼(工字楼)、办公楼(9号楼)、俱乐部、食堂、锅炉房、西门卫、花房、变电室、汽车库、水塔。1954年6月陆续建成。

3月初 全国煤矿第一次卫生工作会议在疗养院召开。

3月4日 政务院将北戴河海滨区划为休养区及非传染性慢性病疗养区,明令秦皇岛市海滨区不允许再接待传染病患者。疗养院停止接纳肺结核患者疗养。

3月15日 最后一批11名肺结核患者动员离院。

3月17日 中国煤矿工会主席陈庚夫到院,并召开职工大会就更名和管理体制变更进行说明。

3月22日 全国煤矿安全生产会议在疗养院召开。

4月1日 燃料工业部煤炭管理总局、中国煤矿工会全委会任命徐调元、王志远为疗养院副院长。

5月29日 3名归国中国人民志愿军来疗养院做报告。

6月18日 全国煤炭系统高干会议名为生产保安会议在疗养院召开,各矿务局党委书记、局长、工会主席参加,到会302人,6月29日结束会议。

7月2日 日本工会、红十字会、中日协会代表组成的日本代表团来疗养院参观。

7月25日 全国煤炭系统第一次由500人参加的劳模大会在疗养院召开。

1954 年

4月12—14日 北戴河区首届人民代表大会在疗养院召开,出席代表45名。

4月28日 召开疗养院建院竣工典礼大会,燃料工业部煤炭管理总局、中国煤矿工会及当地市、区有关领导参会。

4月 上级调拨疗养院的第一台汽车到院。

4月 上级任命申守银为疗养院党支部书记。

8月12日 全国钻井会议在疗养院召开。

10月25日至11月10日 疗养院根据上级要求开展整党运动。

是年 购牙科设备一套。

1955 年

1月17日 疗养院代管京西北戴河休养所,并进行了财产交接。

3月15—17日 中共北戴河区第一次代表大会在疗养院小礼堂召开,出席代表58人。

7月 疗养院根据上级要求开展"肃反"运动。1956年4月15日结束。

9月9日 中华全国总工会书记处任命谢力强为疗养院副院长。

10月11日 中华全国总工会设立北戴河集体劳动保险事业管理处,疗养院院长申守银为该处第二处长。

11月8日 中华全国总工会中国煤矿工会下达正式通知,任命谢立强为疗养院副院长。副院长徐调元调回燃料工业部煤炭管理总局卫生处。

1956 年

1月20日 中国煤矿工会事业管理处将开滦土木建筑工程公司移交疗养院代管。

夏 公安部部长罗瑞卿来北戴河看望院长申守银。

7月 按中华全国总工会指示，停止疗休养任务。

8月 中央北戴河工作会议在疗养院俱乐部召开，周恩来、刘少奇、朱德、李富春等中央领导参加了会议。王鹤寿、滕代远、李富春住在黄楼并在黄楼进行讨论，朱德参加了讨论。

9月 新中国刚刚组建的中国登山队一行30人来疗养院休养，登山队队长史占春，副队长许竞分别在北戴河区劳动人民文化宫作报告，并放映了纪录影片。

11月16日 中国煤矿工会组织部任命王文铎为疗养院副院长。

12月 蒙古国代表团来疗养院参观访问。

是年 中央钢铁会议在疗养院召开，煤炭工业部部长陈郁住疗养院，邓小平曾乘车到疗养院12号楼看望陈郁。

1957 年

3月1日 中国煤矿工会全国委员会集体劳动保险事业管理处批准北戴河京西休养所由疗养院直接领导。

3月5日 院务会研究利用京西休养所开训练班。

4月5日 首次建立疗养员临时党支部。

4月 选举出席秦皇岛市党代会代表。

10月 疗养院开展整风运动，"反右"运动。1958年8月结束。

是年 世界性甲型流感席卷全国，波及北戴河。3月5日至4月17日，全区共有1386人发病，疗养院有近百名疗养员发病。

1958 年

1月13日 中共中华全国总工会北戴河事业处委员会调沙金生来疗养院负责专职党务工作。3月任支部副书记。

5月26日 疗养院成立党总支委员会，选举产生第一届总支委员，6月5日报请中华全国总工会北戴河事业管理处党委批准，申守银为疗养院党总支第一任总支书记。沙金生为总支副书记。

8月12日 副院长王文铎调任中华全国总工会北戴河事业处办公室主任。

8月17—30日 中央政治局扩大会议北戴河会议在疗养院俱乐部举行，中央政治局成员和各省、市、自治区党委第一书记及政府各有关部门党组的负责人参加会议，毛泽东主席在会上讲话。为保障参会人员饮食安全，疗养院专门成立了会议生活组，老院长申守银任组长。

10月24日 疗养院上级隶属单位改为煤炭工业部，并交由河北省煤矿管理局直接领导。

12月1日 北戴河区委决定，电业工会北戴河疗养院合并到煤矿疗养院办公。

是年 退职下放47名职工。

是年 因"大跃进"运动，停办休养，只接收疗养员。

1959 年

1月17日 经煤炭工业部与河北省

委、省工会联系，疗养院交由煤炭工业部直接领导。

6月23日 建立疗养院团支部，胡兆玉任书记，曾彦华、师德旺为委员。

是年 疗养院被评为河北省卫生模范单位。

是年 全国煤炭工作会议在疗养院召开。

是年 疗养院组织人员去临潼、兴城疗养院参观，并走访大同、宁夏、徐州、安徽客户，历时32天。

1960年

2月 疗养院成立技术革新委员会。

4月8日 临近的国务院休养所需建设礼堂，用银行、外交部休养空地，与疗养院对换土地。

4月至1961年10月 根据煤炭工业部安排，疗养院举办中级护士训练班，首批29名学员，分别来自太原、潞安、焦作、开滦、淮南、阜新、抚顺、鹤岗、平顶山、晋城、汾西单位。

7月16日 煤炭工业部任命孙云钊为疗养院副院长。

12月9日 煤炭工业部调给疗养院一辆价值6826.08元的华沙牌载重汽车。

是年 煤炭工业部在疗养院召开各大矿务局党委书记会议。

是年 完成国务院在北戴河召开会议的招待任务和煤炭工业部煤矿学校男女篮球队的集训任务，以及煤炭工业部幼儿园120名孩子暑期休假任务。

是年 为北戴河区完成1500人预防注射，农村沙眼、子宫脱垂等体检工作及西片8个单位300多名职工家属浮肿检查。

是年 暑期北戴河区工程二处发生食物中毒，疗养院组织大批医疗人员前往抢救，经过两天的治疗，使101名患者脱险。

是年 北戴河发生苍耳中毒，疗养院抽调12名人员前往支援，并将护训班停班，全力以赴投入抢救工作，胜利完成任务，受到区委的表扬。

是年 疗养院文工团乐队曾多次在国务院小礼堂为周恩来总理等中央领导进行舞会伴奏。

1961年

2月25日 开展整风社会主义教育活动。

6—9月 停止疗养，为中央和煤炭工业部开会服务。

7月11—12日 中共北戴河第三次代表大会在疗养院召开，出席代表211人。

暑期 国家计划委员会北戴河会议在疗养院召开。

9月4日 煤炭工业部任命刘硕人为疗养院副院长（列谢力强之前）。

是年 为解决食品困难，包草厂大队三小队地，同时开荒150余亩种粮食、10亩种秋菜，制两只舢板打鱼。

是年 贺龙元帅曾多次来疗养院观看河北省男女篮球队和全国煤矿工人青年男女篮球队篮球比赛。

1962年

9月13日 煤炭工业部任命刘硕人为疗养院第一副院长，代理院长职务。

是年 进行甄别工作，撤销4名人员处分，为8名人员平反。

是年 精减合同工和临时工43人。

1963年

4月15日至1964年1月 开展"五

反"（反行贿、反偷税漏税、反盗骗国家财产、反偷工减料、反盗窃国家经济情报）运动。

6月24日 河北省总工会北戴河事业管理处介绍韩义山来疗养院任党总支书记。

8月下旬 疗养院医生陈福根、护士赵毕忱抢救海浴被淹12岁小女孩转危为安，受到公安局表扬。

10月5日 煤炭工业部办公厅通知：疗养院自1963年7月1日起，改交全国总工会统一领导，全国总工会委托中国煤矿工会同煤炭工业部共同管理，疗养院的经费开支自7月1日起由全国总工会负担。

1964 年

4月1日 中华全国总工会北戴河事业管理处撤销，疗养院党的关系转北戴河区委。

12月15日 煤炭工业部决定免去申守银疗养院院长的职务。

1965 年

4月8日 煤炭工业部任命邢志钧为疗养院院长，免去刘硕人副院长职务。

5月 刘硕人任疗养院党总支书记。

9月17日 煤炭工业部党委批复疗养院成立党委和政治工作机关。

12月11日 北戴河区委组织部批复，同意党委人员分工，刘硕人为疗养院首任党委书记。

1966 年

9月5日 疗养院停止接收休疗养员，集中搞"文化大革命"，疗养员全部返回单位。

是年 为加强战备，疗养院建防空洞4个（院内3个，家属院1个）。

1967 年

3月23日 疗养院民兵连对俱乐部有线广播实行管制。

1968 年

12月7日 北戴河区革命委员会批准疗养院由邢志钧、王景隆、曹梦日、王明经、徐盛春组成整党领导小组，负责疗养院内的整党运动。

1969 年

5月28日 因"文化大革命"原因，疗养院停院。大部分职工连同医疗设备迁到湖南涟源，帮助组建湖南省涟邵矿务局煤炭医院，疗养房间家具调回部里，南迁人员走后，留下5位留守看院。

1969—1971 年

疗养院大部人员南迁期间，院内驻扎过为北戴河金山嘴施工的4709部队和4745部队，北京军区还在疗养院俱乐部召开了一等功臣杜治贤庆功会，政治局候补委员、北京军区第一政委李雪峰，北京军区副政委张南生到会。

此期间，秦皇岛市也在疗养院俱乐部召开了两次学习毛主席著作积极分子大会。

南迁职工除少数返回北戴河或留在当地外，大部分因不适应当地气候，1977年随唐山工程队迁移唐山开滦矿务局基建处。

1972年

年初 燃料化学工业部决定疗养院恢复建院。

8月 疗养院交由北京矿务局代管。北京矿务局安排北戴河京西疗养院院长李润兼任疗养院院长，党委书记杨景芳兼任疗养院支部书记。

1973年

10月16日 燃料化学工业部与北京矿务局组成工作小组，组织燃料化学工业部有关基建、设计、财务、卫生等技术人员到北戴河，进行恢复建院调查。

11月7日 燃料化学工业部致函秦皇岛市革委会和北戴河区革委会，恢复中国煤矿工人北戴河疗养院，组织机构设政工组、办公室、总务科、膳食科、医务科，全院编制130人。

1974年

5月22—24日 燃料化学工业部政工组、办事组在北戴河主持召开东北、华北、西北地区及河南省部分矿务局24个单位39人参加的恢复中国煤矿工人北戴河疗养院问题座谈会。

6月8日 燃料化学工业部同意疗养院建职工住宅2700平方米，投资控制在22万元内。

6月15日 正式恢复开院。

8月 成立疗养院临时党支部。李子彬为书记，朱昌武为副书记。

9月6日 燃料化学工业部关于疗养院机构设置、人员编制致函疗养院，指派李子彬、朱昌武二人负责领导。全院编制130人。

同日 燃料化学工业部调朱昌武来疗养院，和李子彬共同负责院里工作，后被任命为副院长。

11月1日 陆广声调入任疗养院副院长。

1975年

1月17—18日 燃料化学工业部在疗养院召开了有东北、西北、华北、河南省等矿务局、化工厂47个单位74名代表参加的座谈会议。对1975年的疗养工作和床位分配及经费等几个具体问题取得了一致意见。1975年开放床位为550张（其中400张分配给1974年送疗单位，150张分配给其他有统配煤矿的各省）。

11月 煤炭工业部调拨疗养院1台原民主德国产进口X射线机，价值8万余元。

12月 在抚宁县渤海公社圈里大队建立副食基地，至1977年停办。

是年 确定恢复建院后接收疗养员条件：70%为一线工人，入院需政审和身体检查，疗期为暑期一个月，非暑期一个半月，床位分配以煤矿企业为主，适当兼顾石化重点企业。

年底 疗养院床位已达617张。

1976年

1月 疗养院全年疗养床位分配原则确定，国家重点煤炭企业以每4000名煤矿工人分配一张疗养券的比例分配。

7月28日 唐山发生大地震，疗养院22人受轻伤，木头楼、5号、10号、14号楼不同程度损坏，疗养院停院。

7月31日至8月10日 接收46名唐山地震灾区伤员来院治疗，其中重伤14

人,轻伤32人。

1977年

3月10—12日 召开全国疗养工作座谈会,商议地震修复房屋经费,40万元摊入床费。

4月1日 震后恢复开院,首批接收黑龙江、吉林、辽宁、河北、山西等省矿务局300名土建、维修技术工人,边疗养、边施工,修缮地震损坏房屋。

10月12日 卢章调入疗养院任院长职务,刘茵调入疗养院任副院长职务。李子彬不再担任院长职务,调离疗养院,朱昌武、陆广声也不再担任副院长职务。

10月20日 经煤炭工业部政治部与秦皇岛市委共同商量,决定设立中国煤矿工人北戴河疗养院党委。

10月26日 选举党委委员3名,暂空留2名不选,卢章、刘茵为党委副书记,于长志为委员。

1978年

5月26日 王友三调入疗养院任党委书记职务。

10月7日 疗养院第一任院长申守银因病去世。

1979年

11月 李福任疗养院副院长。

1980年

7月 河北省武术队一行25人来北戴河训练,并在疗养院进行了表演。

暑期 煤炭工业部部长高扬文第一次来院视察,提出要抓紧疗养院翻(修)建工作。煤炭工业部劳动工资会议在疗养院召开。

是年 秦皇岛市和日本富山市结为友好城市,经市委研究决定疗养院为富山市友好之船接待单位。5月29日,接待了日本富山市的友好参观团。秦皇岛市委还决定疗养院除接待日本富山市友好之船外,今后长期对外开放。

1981年

2月3日 煤炭工业部党组任命于佩江为疗养院党委副书记、副院长(列刘茵之前)。

1982年

6月30日 于佩江任疗养院党委书记兼行政院长职务。朱子桥任医疗副院长。丁伟任党委副书记。张禹琦任副院长。

10月20日 疗养院西家属院开工建设,1983年底全部完工交付使用。征地6亩,建4500平方米住宅楼。

1983年

5月20—21日 疗养院首届一次职工代表大会召开。

暑期 疗养院召开疗养院工程建设"神仙会",由煤炭工业部办公厅孙勇、刘洪基召集,北京煤矿规划设计总院胡敏、清华大学王教授、煤炭工业部基建司麦总工程师、沈阳建筑设计院钟工程师和邯郸设计院有关人员会同地方政府有关部门共同研究疗养院翻修建总体规划设计。

11月8—9日 组织职工分两批到秦皇岛柳江煤矿体验生活。

1984 年

7月11日 煤炭工业部部长高扬文来院视察并作重要指示。

7月18日 煤炭工业部部长高扬文在京听取疗养院建设工程汇报并作重要指示。

7月28—31日 疗养院接待团中央少代会陕西、河北两个代表团70人。

9月15—25日 拆除原同福饭店（即木头楼）。

9月20日 疗养院停院进行翻修建。

10月17日 贺钧调入疗养院接替于佩江工作，担任疗养院党委书记和院长职务。

1985 年

4月2日 煤炭工业部办公厅决定将贺钧的任职调整为疗养院院长兼党委书记。

6月27—30日 加拿大专家安码里一行24人在疗养院参观考察。

7月之前 疗养院新建成了1号、2号、3号、4号、5号、12号、13号、14号、15号疗养楼及北餐厅、锅炉房、东变电室、维修车间。

7月 河北省武术队在疗养院集训并在劳动人民文化宫灯光球场进行三场表演。

8月17—26日 第一批波兰矿工12人休假组在疗养院度假。

9月4日 煤炭工业部第二批劳模等级队代表到疗养院休养。

1986 年

1月16日 经煤炭工业部副部长胡富国批准，拨40万元买下了老托儿所（3.5亩土地和386.21平方米建筑，现美都饭店的位置）。

5月14日 全国六届人大代表邢台矿务局高级工程师脱师禄、全国劳模汾西矿务局赵志芳、全国三八红旗手韩城矿务局孙兰英来疗养院疗养，并被疗养院聘为疗养工作委员会领导小组顾问。5月21日，脱师禄在疗养院作报告。

5月30日 煤炭工业部办公厅任命贺宏记为疗养院党委副书记。

7月9日 秦皇岛市人大视察团由人大常委会主任许斌率领一行30多人来疗养院检查工作。

7月15—20日 中国煤矿文工团受煤炭工业部党组和部领导委托来疗养院为第四期疗养员进行专场演出，著名相声演员石小杰、丁广泉和著名歌唱家李桂兰参加演出。19日晚，文工团为在北戴河办公避暑的中央领导及工作人员做了慰问演出。演出后，政治局候补委员、全国人大常委会副委员长陈慕华，常务委员荣高棠等上台接见了全体演员并一起合影留念。20日晚，为在北戴河办公休息的国务院领导及有关部门负责人员做了慰问演出，演出前，国务委员宋健和包尔汉、赛福鼎等领导在休息厅接见了演员并合影留念。

7月30日 香港青年教师参观团来疗养院参观。

8月6日 中国"工矿泰斗"孙越崎老先生（时年93岁高龄）和原煤炭工业部部长邹桐，以及刘辉、贾林放、陈一凡、郭钦安、魏心一、夏德义等省部级领导来院疗养。

9月1日 疗养院冬季供暖工作第一次以承包方式包给抚顺矿务局暖气片厂，疗养院供暖系统日常维修业务实行横向经济合作。

9月2—9日 第二批波兰矿工来疗养院度假疗养。

9月上旬 安装疗养院第一台程控交换机（加拿大产）。

11月1日 澳大利亚外宾来北戴河参观访问并到疗养院进行参观。

1987年

1月23日 秦皇岛市爱卫会在疗养院举行授匾仪式，将"市爱国卫生先进单位"的门匾镶挂在东大门。第一次成为市级爱国卫生先进单位。

6月20—27日 煤炭工业总工程师会议在疗养院召开，会议接待了350名会议代表，部长于洪恩、副部长胡富国出席了会议。

6月 煤炭工业部部长于洪恩在院听取疗养院院区规划的设想。

暑期 徐悲鸿夫人廖静文来北戴河住在疗养院，并为疗养院留下四幅书画，为餐厅题词"技艺超群"，并留下"闲步繁花伴，迎风海浪飞"的诗句。

9月17日 北戴河区政府在疗养院召开"全区庭院绿化美化现场会议"。

11月25日至12月10日 全国煤炭工业工作会议在疗养院召开（会议历时15天）。

12月31日 煤炭工业部发电报向疗养员和职工贺新年，大家深受鼓舞。

是年 10号部长疗养楼、车库、洗衣房竣工建成。

1988年

4月3日 北戴河召开绿化表彰会，疗养院被誉为"样板庭院"。

4月9日 煤炭工业部办公厅批准疗养院成立"中国煤矿工人北戴河康复中心"。康复中心与中国煤矿工人北戴河疗养院为一套机构两块牌子。

5月20日 疗养院召开穆斯林疗养员座谈会，共同欢度开斋节。

5月26日 第八届中国电影金鸡奖评选在疗养院举行，评委入住疗养院，留下由各评委签名组成的金鸡图作为纪念。谢晋、谢芳、张良等评委住疗养院15号楼。

5月31日 疗养院获北戴河区"文明单位"称号，并发了奖牌。

7月30日 黄淮海农业综合开发专家座谈会在疗养院召开，16位专家联名为疗养院题词："盛情难忘"。

7月 原煤炭工业部部长邹桐，以及贾林放、贺炳章、李建平、李奎生、赵子尚、范文彩、王新三、贾慧生、杨一夫等到疗养院休养。

7月 国务委员陈俊生视察疗养院。

7月 全国人大常委会副委员长陈慕华视察疗养院。

7月 河北省省长岳岐峰在副市长陈来立陪同下视察疗养院。

9月9日 在北戴河办公的中共中央顾问委员会常务副主任薄一波和其他中央领导黄华、倪志福到疗养院中海滩医疗救护点询问情况，给予关怀。

10月19日 河北省卫生检查团到疗养院参观指导。

10月20日 疗养院与北京市鼓楼中医医院签署了《"骨丸"治疗股骨头无菌坏死临床观察协议书》，开始了疗养院第一个专科——骨坏死治疗项目。

11月17日 老红军、疗养院原副院长朱昌武逝世。

是年 疗养院办公楼、冷库、热水泵房竣工建成。疗养院第二次翻改建工程全部完成。

1989年

4月18日 波兰代表团来疗养院参

观考察。

4月26日 贺宏记任疗养院党委副书记兼副院长。李玉环任副院长。

6月19日 中国煤矿工会组织新中国成立以来首批煤矿工人劳模偕夫人到疗养院度假。

7月21日 疗养院成立了第一支工人纠察队。

8月1日 煤炭系统高等院校优秀教师在疗养院疗养度假。

9月22日 疗养院进行革命传统教育，举办首届全院职工和临时工参加的"建国40周年革命歌曲演唱会"。

11月20日 煤炭系统劳模讲师团光临疗养院。

11月23日 澳门工会代表团来疗养院参观访问。

同日 中央电视台播出题为《太阳的儿女》的专题片，报道疗养院的康复疗养工作。

12月3日 捷克燃动代表团来疗养院参观考察。

12月11—15日 中国统配煤矿总公司总经理办公会在疗养院召开，总公司主要领导和总公司各司局长、各省公司经理、各大矿务局局长、书记参加会议。

12月31日 秦皇岛市市长丁文斌元旦前来疗养院慰问。

1990年

1月13日 贺宏记任疗养院党委书记。于陆军任副院长。叶鸿树任主任会计师（副处级）。

3月1日 中国煤矿文工团向疗养院赠送《天涯海角》录像片。

5月1日 疗养院举行建院40周年庆祝纪念活动，秦皇岛市市长丁文斌，副市长张玉书，副市长兼北戴河区委书记李书和，北戴河区区长周卫东出席。

5月19日 疗养院离休老干部、老红军、原院长卢章逝世，中国统配煤矿总公司副总经理陈钝参加遗体告别仪式。

6月5日 中国统配煤矿总公司致函北戴河区财政局、税务局，证明中国煤矿工人北戴河疗养院属医疗卫生事业单位性质，在税收方面应按国家医疗卫生事业单位的有关规定办理。

6月9日 捷克矿工休假团一行12人在疗养院休假疗养，6月22日离院。

6月17日 秦皇岛电视台绿化专题片《风光这边独好》专题介绍疗养院绿化美化的情况。

6月28日 秦皇岛市人大常委会副主任李丹忱、副市长张玉书带领各县区教育局局长和在秦高校领导40余人来疗养院参观指导。

7月26日 中国统配煤矿总公司总经理胡富国来疗养院接见煤炭系统优秀教师休养团，陪同接见的有副总经理范维唐。

同日 中国煤炭加工利用协会在疗养院开会，中国统配煤矿副总经理范维唐到会讲话。

9月19—27日 捷克矿工休假团第二批一行12人来疗养院疗养。

10月6日 疗养院与南京胸科医院签署《矽肺大容量全肺灌洗治疗项目合作协议书》。

10月23日 中国统配煤矿总公司事务局在京举办学石圪节、学雷锋知识竞赛活动，李玉环、任福春、董福山、刘军伟代表疗养院参赛，一举夺魁。

11月19日 世界著名生物学家美籍华人牛满江博士来疗养院参观。

同日 最高人民检察院检察长刘复之，中顾委秘书长李力安、中顾委委员李运昌及中华全国总工会三位副主席来疗养院参观。

11月20日 疗养院独本菊在秦皇岛市菊花展中获殊荣。独本菊"金田洗马""古佛普团"获秦皇岛市二等奖。"丹碧雄师""嫦娥舞"获秦皇岛市三等奖。

11月24日 全国煤炭财务会议在疗养院召开。

1991年

3月15日 疗养院为潞安矿务局王庄煤矿申乃北实施第一例单肺灌洗治疗煤工尘肺病获得成功。

3月17日 中国统配煤矿总公司副总经理张宝明亲自到疗养院肺灌洗手术室视察。

4月7日 疗养院为峰峰矿务局张庄煤矿张喜的实施首例一次麻醉双肺同期大容量灌洗治疗尘肺病获得成功。

4月16日 最高人民法院院长任建新偕夫人来疗养院进行为期10天的休假疗养。其间为疗养院亲笔题词二幅："景美人和"；"为煤矿工人造福，为祖国医学增辉，祝煤矿工人疗养院全肺灌洗治疗硅肺成功"。

5月6日 港澳工会参观团一行26人在秦皇岛市总工会赵主席陪同下来疗养院进行参观访问。

5月13日 中国统配煤矿总公司干部局局长张维昌带领"总公司优秀青年知识分子报告团"一行6人和正在北戴河召开思想政治工作研讨会的总公司政策研究室主任马德庆，以及开滦、大同、阳泉、西山、阜新、抚顺、北京矿务局的8位党委书记观看了疗养院大容量全肺灌洗治疗硅肺的录像片。看片后大家一致认为煤矿疗养院开展这个项目，方向正确，的确是造福矿工的好事，应尽快推广。

5月17日 工人日报社一行18人来疗养院采访参观，并观看了录像片《这里也是乐园》（硅肺治疗录像片）。

同日 澳门工会参观团一行10人来疗养院参观。

5月29日 中国统配煤矿总公司调梁云鹏到疗养院任正处级副院长。

8月9日 全国劳教系统贯彻教育感化、挽救方针座谈会暨表彰大会在疗养院召开，党和国家领导人宋任穷、任建新到会。

8月13—18日 波兰大使到疗养院休假。

10月1日 疗养院西家属院3745平方米的3号住宅楼开工建设，1992年10月27日竣工。

10月27日 疗养院第一次党员大会召开。选举产生疗养院党委、纪委，院党委首届委员会作出"关于加强党委建设"的决定。

10月30日 梁云鹏兼任疗养院党委副书记。

11月16日 梁云鹏任疗养院院长。

11月 中国统配煤矿总公司办公厅主任梁东为疗养院题词："为煤矿工人服务无尚光荣"。

12月10日 中国统配煤矿总公司技术发展局在疗养院主持召开大容量双肺同期灌洗治疗煤工尘肺临床研究技术鉴定会。鉴定意见："该项技术在技术方法上处于国际领先水平"。

12月12日 中国统配煤矿总公司副总经理濮洪九主持双肺同期灌洗技术推广会，提出将此技术3~5年普及到局级医院，5~8年普及到矿医院。

12月13日 新华社首次以新闻方式报道疗养院"双肺同期大容量灌洗治疗尘肺取得成果"。

12月21日 中国统配煤矿总公司召开总经理办公会议，参加会议的有总经理胡富国，副总经理韩英、范维唐，专题听取北戴河疗养院院长梁云鹏关于双肺同期大容量灌洗治疗煤工尘肺的基本情况及进一步做好这项工作意见的汇报，会议提出七条具体实施意见。

12月28日 中国统配煤矿总公司办公厅批复疗养院增挂"中国统配煤矿总公司尘肺病康复中心"牌子。

1992年

1月2日 《人民日报》报道疗养院"尘肺病有了新疗法、双肺同期大容量灌洗"。

1月21日 经中国统配煤矿总公司办公厅研究决定，聘请北京煤炭医学研究所教授邢国长为总公司尘肺病康复中心技术顾问。

3月23日 陈志远任疗养院副院长。

5月8日 同时为两名尘肺患者做灌洗治疗，实现了双台灌洗，效率翻番。

5月9日 召开庆祝国际护士节50周年暨优秀护士表彰大会，为8名优秀护士及30年以上护龄人员颁发证书。

5月12日 因开展肺灌洗治疗工作突出，中国统配煤矿总公司办公厅党委决定授予梁云鹏、陈志远、孙岩等11名先进科技工作者称号。在疗养院隆重召开"双肺同期大容量灌洗治疗煤工尘肺科技成果表彰大会"。

5月14日 省、市、区人大社会治安综合治理联合检查团来疗养院检查指导工作。

6月11日 中国统配煤矿总公司总经理胡富国陪同国务院副秘书长王书明，国务院生产办公室第一副主任王忠禹视察疗养院及改造后的保二路。

6月12日 中国统配煤矿总公司总经理胡富国与秦皇岛市委书记丁文斌，市委常委、秘书长周卫东，副市长胡德瑞等在疗养院进行友好会谈，达成总公司以1000万元购置3086平方米保二路商业用房协议。下午，总经理胡富国视察了尘肺病治疗。

6月13日 河北省副省长宋叔华等在中国统配煤矿总公司总经理胡富国陪同下来疗养院及保二路视察。

6月14日 经院长办公会研究决定，成立保二路商业用房开发办公室。

6月15日 中国统配煤矿总公司总经理胡富国视察了疗养院并对疗养院今后工作提出新要求：①改善肺灌洗条件，把为矿工服务的事办好；②增强商品意识，提高康复，形成自己的特色；③要向社会开放，向国外开放。

6月 中国统配煤矿总公司总经理胡富国3次视察保二路，拨款1010万元为疗养院买下一栋保二路3086.72平方米商业用房。

7月22日 美国西弗尼亚大学教授马国雄等3位学者在中国预防科学院劳卫所研究员邹昌其、副研究员李德鸿陪同下来疗养院访问，考察肺灌洗工作。访问期间开展了"中美肺灌洗学术交流会"。

7月25日 经煤炭工业部原部长高扬文给迟海滨写信，财政部为疗养院拨专款200万元，解决疗养院研究治疗尘肺病所需经费，并购买X射线机一台。

7月28日 中国统配煤矿总公司副总经理韩英与原煤炭工业部部长们共同视察疗养院肺灌洗。视察肺灌洗的原煤炭工业部部长有钟子云、贺炳章、徐达本以及上海市人大常委会副主任左英。

8月7日 中国统配煤矿总公司总经理胡富国专程来疗养院看望原煤炭工业部老部长们，向他们道别（胡富国调山西任省长）。

8月16日 原煤炭工业部部长高扬

文来疗养院视察工作。

8月 煤炭工业部副部长贾林放为疗养院题词二副。一副为"真心实意，造福矿工"。另一副为"深化改革，提高素质，勤奋前进，使煤矿工人的疗养事业更上一层楼"。

12月22日 《人民日报》第744期情况汇编："具有国际水平的治疗尘肺病新法难以推广"；副总理朱镕基、国务委员李铁映分别作了重要批示。

是年 全院安装完闭路电视网络。

1993年

1月6日 疗养院成立北戴河益通工贸总公司，成为疗养院第二个独立法人单位。

5月 "双肺同期大容量灌洗治疗煤工尘肺的临床研究"获煤炭工业部科技进步二等奖。

7月31日至8月2日 煤炭工作座谈会在疗养院召开，煤炭工业部部长王森浩在会上讲话。会后，与会的各矿务局局长参观了肺灌洗手术。

9月12日 河北电视台在河北新闻节目里以《中国煤矿工人北戴河疗养院成为煤矿工人之家》为题，介绍疗养院。

9月22日 河北省疗养学会经协商研究选举产生第二届疗养学会理事会；疗养院院长梁云鹏当选理事长；主任医师李国宾当选秘书长。

10月11日 煤炭工业部聘香港华闵有限公司董事长兼总经理张海森为北戴河、大连、泰山、南京、庐山、临潼、昆明、张家界等煤矿疗养院顾问。

是年 投资45万元对北区14号楼进行了装修改造。

是年 1100平方米的尘肺灌洗治疗楼建成投入使用。

1994年

2月5日 煤炭工业部副部长濮洪九在疗养院关于解决煤矿尘肺病人灌洗治疗经费补贴的请示中批示："为让更多的尘肺病患者得到治疗，使双肺灌洗新方法得到推广，今年从部长基金中拨出60万元加以补助，望制定细则加以落实，确保专款专用"。

3月29日 煤炭工业部办公厅通知："中国统配煤矿总公司尘肺病康复中心"更名为"煤炭工业部尘肺病康复中心"。

4月17日 疗养院成立北戴河金海旅行社。旅行社为企业法人单位，疗养院副院长李玉环兼总经理。

6月8日 煤炭高校党委书记暑期研讨会和煤炭高校学生经验交流会在疗养院召开。

6月27日 河北省旅游局批复疗养院12号、14号楼涉外定点接待。

7月27日 煤炭工业部副部长范维唐、濮洪九视察疗养院尘肺灌洗。

同日 全国劳动模范"五一"奖章获得者平朔煤炭公司采矿部王天润在疗养院进行了双肺灌洗治疗。平朔煤炭工业公司总经理马杰，副总经理石万富专程来院探望、慰问了在疗养院灌洗治疗的王天润等人。

8月27—30日 疗养工作座谈会召开。

1995年

2月5日 王新华任疗养院工会主席（副处级）。

7月29日 全国煤炭特等劳模事迹报告会在疗养院康乐部举行。鸡西矿务局李德作了题为《献身煤炭事业终生无悔》

的报告；焦作矿务局吕茂盛作了题为《为煤炭事业当好主人翁》的报告。

8月17日 疗养院获市级"园林化单位"称号。

8月 疗养院工作制度及岗位职责汇编成册，发放给全院在岗职工。

9月3日 "九五"亚洲铁人三项赛暨全国铁人三项锦标赛在北戴河举行，运动员提前进驻疗养院进行训练，疗养院承担了国内运动员和工作人员的接待工作，并在疗养院门诊部成立了运动员驻地保健站（A站配8人）。住在疗养院的领导有河北省副省长杨迁、国家体育运动委员会副主任张发强、省体育运动委员会副主任郑连第等。疗养院职工张惠才报名参加，荣获"九五"亚洲铁人三项赛铁人奖牌。

12月 疗养院"双肺同期大容量灌洗治疗煤工尘肺的临床研究"荣获国家科技进步三等奖。

是年 煤炭工业部科教司和科技成果办公室将《双肺同期灌洗治疗煤工尘肺的临床研究》推荐给国家科学技术委员会，参加国家科技进步奖评审。经过国家科学技术委员会组织专家评审、复查，该项成果荣获1995年国家科技进步三等奖，这是煤炭系统医疗卫生行业中首次获得国家奖的科研项目。

是年 下半年投资580万元新建金海酒楼，总面积3100平方米，年底完成主体工程，1996年暑期前投入使用。

1996年

1月26日 王炳奎任疗养院正处级副院长。

4月5日 房地产互换协议书：疗养院平水桥1.119亩土地和房屋换区房产在疗养院家属西院3号楼北的土地和一幢旧楼。

4月6日 疗养院荣获秦皇岛市"社会治安综合治理先进单位"称号。

5月10日 接待俄罗斯库兹涅茨克国家矿工健康保护科学临床中心主任瓦格诺维齐一行5人。

5月12日 香港华侨总会古宣辉、王修锦参观疗养院肺灌洗。

6月7日 疗养院荣获秦皇岛市"文明单位"称号。

7月3日 煤炭工业部批复在疗养院"设立煤炭工业部北戴河专科医院"。

8月6日 俄罗斯技术副经理马格德齐一行3人到疗养院进行考察。

9月7日 疗养院接待中央国家机关见义勇为青年标兵来疗养院疗养。

10月20日 尘肺灌洗治疗研究室（现8号楼）开工建设，计划面积2980平方米。实际建筑面积3084.5平方米。1997年暑期投入使用。

12月13日 疗养院专科团支部被区团委授予"青年文明号"荣誉称号。

1997年

2月23日 疗养院荣获市级"花园式疗养院"称号。

3月19日 李强任疗养院副院长。

5月2日 疗养院荣获河北省"园林式单位"称号。

5月22日 煤炭工业部党组决定：疗养院由处级升格为副局级，设立二级单位（副处）5个，分别是办公室（人事部）、党委办公室、财务部、医疗部、后勤部。

同日 煤炭工业部党组调柴久茂到疗养院任党委书记职务（副局级）。梁云鹏由正处级升格到副局级院长。贺宏记改任党委副书记。

5月23日 中共中央顾问委员会常

务副主任薄一波为疗养院金海酒楼落成亲自题名"金海大酒店"。

8月28日 疗养院圆满完成煤炭系统两院院士及拔尖人才度假团接待工作。

暑期 原煤炭工业部部长高扬文在院度假，其间针对广大尘肺病矿工无钱治病的情况，提出建议创建"中国煤矿尘肺病治疗基金会"。

12月9日 煤炭工业部首届烹饪大赛在京举办，疗养院派选手参赛并荣获银奖。

12月29日 疗养院副院长李玉环、于陆军、陈志远由副处级提为正处级。

同日 成功地完成了俄罗斯能源委员会煤炭总公司协调局局长尼古拉耶维奇（尘肺合并冠心病 RonT）右肺灌洗手术。

1998年

1月5日 成功地完成了俄罗斯能源委员会煤炭总公司协调局局长尼古拉耶维奇（尘肺合并冠心病 RonT）左肺灌洗手术。

1月27日 贺宏记由疗养院党委副书记提为党委书记（副局级）。

3月 煤炭工业部撤销，疗养院被划归国家煤炭工业局直属。

6月29日 国务院机关事务管理局财务管理司将疗养院核定为定向定额补贴事业单位；要求地方税务部门按规定为疗养院办理免税手续。

9月10日 国家煤炭工业局将疗养院交由美迪国际旅行社经营管理。

10月25日 国家煤炭工业局明确北戴河、大连、昆明疗养院为局属事业单位。

12月10日 西院新建4号住宅楼动工，1999年6月30日竣工，建筑面积3268平方米。按房改政策进行调售，有107户职工参与了调售房。

1999年

6月17日 中央机构编制委员会办公厅批复疗养院事业编制320名。

8月7日 团市委命名疗养院团总支专科支部为"青年文明号"荣誉称号。

年底 决定对6号楼南楼进行改造。2000年初动工，6月份完工，39套客房当年创收50多万元。

2000年

3月2日 河北省卫生厅对疗养院申请医疗机构职业登记注册给予批复，核准医疗机构名称为"中国煤矿工人北戴河疗养院，煤炭工业部北戴河专科医院，煤炭工业部尘肺康复中心"；于2000年4月6日核发了中华人民共和国医疗机构执业许可证。

6月1日 国家煤矿安全监察局办公室批复将"煤炭工业部尘肺病康复中心"更名为"国家煤矿安全监察局尘肺病康复中心"。

7月14日 中共中央政治局委员丁关根、邓小平的女儿邓楠在疗养院北餐厅楼上进行了桥牌比赛。

10月16日 院党政办公会作出决定，对2号、3号、4号、7号楼进行改坡改造。由原来的50套改造装修成98套客房，增加建筑面积1569.96平方米。2001年初动工，5月1日前完工。五一黄金周投入使用。

12月 美都饭店破土动工，建筑面积3555平方米。2001年7月10日竣工，7月18日正式开业。

是年 第二次对南大门进行改建，新建了门卫室和南门商店。

2001 年

5月6日 港澳工会参观团一行26人在秦皇岛职工交流中心副秘书长周二蒙、北戴河区总工会主席韩月萍陪同下来疗养院参观访问。

7月10—17日 国家安全生产监督管理局老干部局组织部分离休老干部共55人到疗养院短期休养。

7月26—30日 国家安全生产监督管理局学习江泽民"七一"讲话研讨会在疗养院召开,局长张宝明及全体局领导参加,会议代表60余人。

8月20—23日 疗养院煤炭企业职工疗养工作研讨会召开,九个矿务局的工会领导、职业病防治部门和社保部门领导参加了会议;中华全国总工会煤矿地质工会矿山工作部部长王凤杰出席并做了讲话;《国家安全生产报》首席记者俞晓东到会采访。

8月22日 国家煤矿安全监察局批复疗养院成立"北戴河安全培训中心"。

9月11日 国家安全生产监督管理局任命李玉环担任疗养院院长,张振国担任副院长。

11月24—26日 全国人大常委会委员胡敏,全国人大教科文卫委员徐静、李宏规,北京市职业病防治所研究员雍爱伦专程到疗养院视察肺灌洗工作,并对此项工作的开展和推广提出了非常重要的意见。

2002 年

1月12日至9月 开展大容量肺灌洗治疗尘肺病远期疗效随访工作。

3月5日 召开《大容量肺灌洗治疗尘肺病远期疗效随访方案》专家论证会。

3月5—10日 "两会"期间,胡敏等全国人大71位代表为推广疗养院尘肺治疗新技术在九届全国人民代表大会第五次会议上提出建议案《关于积极扶持推广尘肺病治疗新技术的建议》,全国政协10位委员提出提案,呼吁创立"中国煤矿尘肺病治疗基金会"。

4月10日 《人民日报》的《情况汇编》第190期《原煤炭工业部部长高扬文建议:创立"中国煤矿尘肺病治疗基金会"》,提出基金会"设在国家煤矿安全监察局尘肺病康复中心"隶属于国家煤矿安全监察局领导。

4月15日 原煤炭工业部部长高扬文就疗养院开展的肺灌洗治疗尘肺病和建立尘肺病治疗基金会致函国务院总理朱镕基,朱总理进行批示。

4月29日 10时30分,中央电视台二套《健康之路》栏目,以《不容忽视的职业病——尘肺病》为题直播疗养院开展双肺同期大容量灌洗治疗煤工尘肺临床治疗和科学研究情况,用时50分钟。疗养院专家陈志远、车审言和部分尘肺医师在演播厅直接回答主持人和全国电视观众所提出的有关尘肺病的诊断治疗和预防等有关问题。

6月20日 疗养院聘请了北戴河海滨律师事务所贾春林为法律顾问。

6月28日 国家安全生产监督管理局派金克宁、常枋、李书清来疗养院,与北戴河区政府就疗养院内公产房、公产地产权问题做最后洽谈,最终以480万元买下了院内公产房、公产地的产权,并办理了产权证。

7月15日 国家疾病预防控制中心职业卫生与中毒研究所主持的"肺灌洗治疗尘肺病研讨会",邀请十余位专家,专题听取疗养院汇报,形成了《对大容量肺灌洗治疗尘肺技术的评估》。

7月20日 国家安全生产监督管理局局长王显政在疗养院听取安培楼建设工作汇报。

7月 圆满完成了国家安全生产监督管理局召开的第三届国家安全生产专家组会议及72名代表和工作人员的接待服务工作。

8月8日 全国人大常委会常委胡敏、教科文卫委员会委员徐静、李宏规等三位人大代表在视察疗养院听取相关情况汇报后向卫生部提交《关于对2002年7月15日部分专家的对大容量肺灌洗术治疗尘肺技术的评估的质疑——关于积极扶持、推广尘肺病治疗新技术的再建议》。

8月 完成了国家安全生产监督管理局老干部局26名离休老干部到疗养院的短期休养接待。

9月19日 国家安全生产监督管理局副局长赵铁锤在疗养院主持召开了题为"全力抓好三件大事，积极推进工作创新"的工作汇报会。局办公室、人事司、政策法规司、监察局、机关党委和有关司局、事业单位负责人参加了会议，共有十家单位作了工作汇报，院长李玉环、党委书记贺宏记参加会议并汇报了疗养院工作。

9月28日 卫生部组织由40余位全国著名的尘肺病、呼吸内科专家研讨会，向全国人大常委会常委胡敏、教科文卫委员会委员徐静汇报，并再次论证"肺灌洗技术"。

10月29日 卫生部上报国务院《卫生部关于肺灌洗治疗尘肺病方法有关情况的报告》（卫报法监发〔2002〕132号），对疗养院肺灌洗治疗尘肺病方法予以总体肯定，并指出：大容量肺灌洗技术是成熟的，它是治疗尘肺的有效方法之一，建议成立一个专门的基金会，以帮助广大尘肺患者康复。

11月 国家安全生产监督管理局副局长赵铁锤批准拨款25万元作为开展大容量肺灌洗治疗尘肺病远期疗效随访的科研经费。

12月4—6日 越南煤炭总公司第一批病人阮金溧等6人来院接受肺灌洗治疗。国家安全生产监督管理局外事司司长于12月5日在北京接见并宴请了治疗后准备在京转机的第一批病人。

12月18日 疗养院决定对1号、5号楼进行"穿衣戴帽"改造装修工程（外立面欧式风情改造，平屋顶改建坡顶并藏屋于顶）。从职工手中筹集资金135万元，新增加客房43套，增加建筑面积1668平方米，2003年5月竣工投入使用，是疗养院又一个新的经济增长点。

12月 国家安全生产监督管理局技装司拨款95万元，用于装备肺灌洗手术室、ICU室。

是年 完成34户99人次局机关公务员度假、疗养接待工作。

是年 国家安全生产监督管理局批准疗养院《关于承办〈中国疗养医学〉杂志的请示》，并着手接办和申报变更工作。

2003年

1月11日 卫生部法监司副司长苏志，专家邹安寿、李德鸿等，以及全国人大常委会常委胡敏、教科文卫委员会委员徐静等领导在北京听取疗养院尘肺病康复中心汇报。

1月31日 原煤炭工业部部长高扬文再次致函总理朱镕基，呼吁成立中国煤矿尘肺病治疗基金会，并抄送国家安全生产监督管理局局长王显政。

1月底 完成《中国疗养医学》期刊经营要求全部手续，正式运营。

3月 疗养院李玉环、姬献平当选北戴河区第六届政治协商会议委员，王蕾当选北戴河区第十二届人民代表大会代表。

3月　疗养院通过"省级园林式单位"复查，复查是由河北省建设厅组织专家组，针对1996年以来的省级园林单位进行的，疗养院继续保持了这一荣誉。

4月3日　原煤炭工业部部长高扬文致函总理温家宝建议成立中国煤矿尘肺病治疗基金会；总理4月4日在致函上批示。

4月9日　国家安全生产监督管理局局长王显政在落实总理温家宝批示的文件上批示"工作中注意听取高部长意见"；在高扬文《我对成立"基金会"的几点意见》上，王显政批示"在充分考虑高部长意见的基础上，加快进度"；副局长赵铁锤批示"基金会的筹建由北戴河疗养院全面负责，将来机构可设在北戴河疗养院，要加快进度"。

4月14日　为防止传染性非典型肺炎，疗养院研究决定为每位职工免费发放10副预防"非典"的中药。

4月24日　疗养院印发了《预防控制传染性非典型肺炎实施方案及应急预案》。

4月25日　根据北戴河区停止接待游客的要求，疗养院决定关门停业。停业后全院积极参加院区、家属区和北戴河区抗击"非典"工作。

6月4日　国家安全生产监督管理局局长王显政主持国家安全监管局党组会议专题研究决定尽快成立"中国煤矿尘肺病治疗基金会"筹备组，濮洪九任筹备组组长，赵铁锤任副组长，办事机构设在北戴河疗养院（疗养院）；国家安全监管局安排300万元预算外资金用于基金会注册。

6月17日　总理温家宝在国家煤矿安全监察局局长王显政关于建立中国煤矿尘肺病治疗基金会的报告上作了批示。

6月18日　原"煤炭工业部北戴河专科医院"被国家安全生产监督管理局批准更名为"中国煤矿工人北戴河专科医院"。

6月22日　作为基金会发起单位，疗养院就基金会成立正式向国家安全生产监督管理局请示。6月24日，国家安全生产监督管理局上报民政部。7月4日，国家安全生产监督管理局致函卫生部，卫生部复函同意。

6月27日　越南煤炭总公司第二批病人阮国水等9人到疗养院治疗。原煤炭工业部部长高扬文接见了全体病人。正值国家安全生产监督管理局在此开会期间，受局长王显政委托，煤监一司、外事司、国际合作中心领导到病房看望了第二批病人。

6月　中旬恢复营业。因疗养院在"非典"时期表现突出，被北戴河区卫生系统评为抗击"非典"先进单位。疗养院爱卫会常务副主任和2名护师被评为北戴河抗击"非典"先进个人。

7—8月　疗养院圆满完成了国家安全生产监督管理局党组中心组（扩大）学习"三个代表"重要思想研讨会和三期学习"三个代表"重要思想培训班的接待工作。四次会议，共接待国家安全生产监督管理局处级以上干部和所属在京事业单位副司局以上干部240余人。

9月12日至11月30日　对疗养院留下的唯一被定为北戴河文物保护别墅式古建筑11号楼进行了大修和改造，本着修旧如旧的原则，由306平方米修改为400平方米。此建筑先后接待过蔡畅、李培芝（王若飞夫人）、部长陈郁（第一任中央燃料工业部部长）、副部长钟子云（朝鲜首相金日成的战友，金日成为司令员，钟子云为政委）在此疗养过。

9月28日 北戴河区政府批准疗养院为首批五星级容貌环境达标单位并给予挂牌和奖励。

9月30日 安全培训教学楼正式取得施工许可证，10月8日施工队进场开始施工，总建筑面积3343平方米，2004年6月底交付使用。

10月21日 根据6月4日国家安全监管总局局党组会议精神，疗养院成立"中国煤矿尘肺病治疗基金会筹备委员会"。

10月31日 民政部为中国煤矿尘肺病治疗基金会正式核发社会团体法人证书，中国煤矿尘肺病治疗基金会正式成立，国家安全生产监督管理局为主管部门，办公地点设在疗养院。

11月6日和7日 国家煤矿安全监察局副局长赵铁锤主持召开会议，听取北戴河疗养院尘肺病治疗基金会筹建情况的汇报。

12月25日 疗养院和越南煤炭总公司以50万美元签订了大容量肺灌洗治疗尘肺病技术转让和培训合同书。

12月29日 中国煤矿尘肺病治疗基金会向国家税务总局提出书面申请，申请基金会捐赠人免除捐赠款部分个人所得税。

2004年

2月20日 卫生部科技教育司对疗养院"大容量全肺灌洗术医疗护理常规及操作规程"进行会议鉴定，鉴定委员会认为：本课题研究处于国内领先，国际先进水平。

3月21日至4月22日 医疗部主任张志浩陪同新华社记者屈维英历时31天走访了山西大同、阳泉、汾西、陕西韩城、澄合、蒲白、铜川、河南郑州、河北峰峰，北京地区门头沟等五省市的局、矿、医院和职业病防治机构以及尘肺病矿工家庭，撰写了《大量煤矿工人受到尘肺病的威胁》，新华社在《国内动态清样》第1485期上报中央，得到总书记胡锦涛、总理温家宝及副总理黄菊、吴仪等中央领导的批示。

4月15日至5月31日 对北区12号楼进行装修和改造。增加建筑面积147平方米。

6月25日 中国首列入境旅游的俄罗斯专列抵达秦皇岛市，秦皇岛电台、电视台、秦皇岛日报等媒体都作了相关报导。疗养院在6月25日至7月2日接待了该专列的320人俄罗斯外宾，是建院以来一次性接待外宾最多的一次。

7月12—16日 国家安全生产监督管理局党组理论学习中心组（扩大）夏训班和全国安全生产工作座谈会在疗养院召开，疗养院共接待国家安全生产监督管理局司局级领导、各省安全生产监督管理局和煤矿安全监察局局长120余人。国家安全生产监督管理局党组书记、局长王显政，副局长王德学、孙华山、梁嘉琨，局党组成员赵岸青参加了会议。会议期间，副局长梁嘉琨和部分司局长还与在疗养院度假的安全监察系统公务员进行了座谈。

7月15日 煤矿文工团为参加全国安全生产工作座谈会的代表和度假公务员进行了慰问演出。

7月30日 疗养院原党委书记、离休老干部王友三病逝。

8月31日 国家安全生产监督管理局（国家煤矿安全监察局）任命李玉环为国家安全生产监督管理局（国家煤矿安全监察局）职业安全培训中心北戴河中心主任，张振国、于陆军、陈志远为中心副主任。

同日 中共国家安全生产监督管理局

党组、中共国家煤矿安全监察局党组任命贺宏记为中共国家安全生产监督管理局（国家煤矿安全监察局）职业安全技术培训中心北戴河中心委员会书记，免去其纪委书记职务。

同日 中共国家安全生产监督管理局党组、中共国家煤矿安全监察局党组任命王蕾为中共中国煤矿工人北戴河疗养院〔国家安全生产监督管理局（国家煤矿安全监察局）职业安全技术培训中心北戴河中心〕纪律检查委员会书记（试用期一年）。

8—9月 疗养院院长李玉环领队，历时29天，行程1.3万多公里，走访了山西、河南、河北、辽宁、黑龙江、内蒙古东部、安徽、江苏、山东42个煤炭企业，宣传中国煤矿尘肺病治疗基金会宗旨，募集资金，为第一届理事会的召开做前期准备工作。

9月 疗养院院长李玉环、副院长张振国前往俄罗斯赤塔州进行旅游宣传推介。

10月15日 财政部、国家税务总局联合行文对六家基金会批准免税，中国煤矿尘肺病治疗基金会名列其中。疗养院院长、基金会秘书长李玉环等秘书处人员多次到财政部、国家税务总局联系协调。

11月12日 中国煤矿尘肺病治疗基金会在北京召开第一届理事会，国家安监管总局局长王显政、副局长赵铁锤，中国煤炭工业协会会长濮洪九出席会议并做了重要讲话。当场募集资金3500万元。疗养院作为基金会秘书处，提供会议组织和服务工作。

同日 国家安全生产监督管理局（国家煤矿安全监察局）通知疗养院车审言被批准享受2002年度政府特殊津贴。至此，疗养院已有三名专家（梁云鹏、陈志远、车审言）享受政府特殊津贴。

11月21日至12月20日 疗养院副院长陈志远率医疗专家团赴越南煤炭总公司医院指导第一例肺灌洗手术的开展。

12月12日 疗养院"大容量全肺灌洗术医疗护理常规及操作规程"荣获国家安全生产监督管理局、国家煤矿安全监察局第二届安全生产科技成果一等奖。

12月12—20日 应越南煤炭总公司副总经理范裴发邀请，疗养院院长李玉环带队赴越，对中国向越南技术转让和培训合同落实情况进行验收并洽谈今后进一步合作事宜。院长李玉环等还被邀请参加越南煤炭总公司医疗中心肺灌洗治疗中心开业典礼。当时中国驻越南大使齐建国和首席记者黄海敏一同参加了开业庆典。

是年 根据国家安全生产监督管理局安排，第一次接待全国煤监系统公务员来疗养院度假，全年共接待111户。

2005年

2月6日至6月13日 历时4个多月为落实党中央关于在全党开展以实践"三个代表"重要思想为主要内容的保持共产党员先进性教育活动在疗养院举行。

4月19—21日 疗养院和基金会联手在北京参加了由国际劳工组织和中国卫生部共同主办的第十届职业性呼吸系统疾病国际会议展览会。

4月 疗养院对4号、8号、12号、15号楼以及办公楼安装了太阳能热水器，总投资近35万元，为节约能源奠定了良好的基础。

7月1日 疗养院与北戴河冰都工贸有限公司以46.9万元签订了为期一年的锅炉房燃煤托管合同（托管期为2005年7月5日至2006年7月5日）。

7月8日 晋城煤业集团总医院作为

中国煤矿尘肺病治疗基金会选定的第一家肺灌洗技术推广应用单位，在疗养院结束为期一个月的技术培训工作。

7月16日 同煤集团董事长、中国煤矿尘肺病治疗基金会副理事长彭建勋到疗养院尘肺病康复中心慰问、看望同煤集团正在治疗的尘肺病人，并与疗养院领导进行了座谈。

7月28日 国家安全生产监督管理总局局长李毅中在总局党组理论学习中心组学习培训班及安全生产工作座谈会期间，率总局党组成员、副局长王德学，党组成员、中纪委驻总局纪检组组长赵岸青和总局技装司等有关司局负责人到尘肺病康复中心看望尘肺病人及医务人员。

7—8月 疗养院接待了国家安全生产监督管理总局党组理论学习培训班暨全国安全生产工作座谈会、全国煤矿安全监察局局长座谈会和总局直属机关第一、二期夏训班，这是国家安全生产监督管理总局成立以来，举办的规格最高、人数最多的一次大型会议，疗养院圆满地完成了会议接待服务工作。

8月4日 全国政协委员、中央电视台《新闻联播》节目主持人李瑞英一行，在疗养院参观尘肺病康复中心手术室及病房。

8月13日 中国煤炭工业协会第一副会长、中国煤矿尘肺病治疗基金会理事长濮洪九，中国煤矿尘肺病治疗基金会副理事长吴晓煜、杨宝贺等到疗养院尘肺病康复中心看望正在接受肺灌洗治疗的尘肺病患者。

8月18日 中国煤矿工人北戴河疗养院（国家安全生产监督管理局职业安全技术培训中心北戴河中心）更名为中国煤矿工人北戴河疗养院（国家安全生产监督管理总局培训中心北戴河中心），事业编制仍为300名。

12月26日 为了全面、系统、完整地反映疗养院建院55年来的政治、经济、历史和现实发展状况，院决定进行疗养院院志的编撰工作。

12月 在国家安全生产监督管理总局支持下，以376万元购置了全数字化彩色多普勒超声诊断系统、肺功能机、监护仪、呼吸机、高频移动式C型臂X射线机、台式洗片机等大宗医疗设备。

是年 疗养院接待了来自全国煤矿安全监察系统的公务员疗养135户，并提供了良好的服务。

2006年

年初 经疗养院班子研究，决定利用肺灌洗技术对越南转让的50万美元转让费和疗养院历年节余，投入600万元左右，对部分楼房按三星级标准进行装修改造。经请示河北省旅游局同意，以"中国煤矿工人北戴河疗养院（金海楼、金沙楼、安培楼、金海酒楼、12号楼）"作为上星宾馆名称，并通过了三星级宾馆验收。7月29日上午，疗养院举行揭牌仪式，国务院安委会办公室主任、国家安全生产监督管理总局党组副书记、副局长王显政和秦皇岛市委常委、市政府常务副市长马誉峰为疗养院进行"三星"级宾馆揭牌。

年初 本年是疗养院实行支出预算制的第一年，各部门都制定了全年预算。

3月 疗养院院长李玉环、副院长张振国赴俄罗斯赤塔州、乌兰乌德自治共和国、伊尔库茨克州，就暑期接待俄罗斯旅游团有关食宿事宜进行洽谈。

5月16—17日 工伤保险尘肺病肺灌洗治疗及管理现场会在疗养院召开，吉林省及所属各市县、江苏省、河北省工伤保险部门领导及新华社等媒体记者参加了会议。疗养院同吉林省医保中心签订协议，将肺灌洗纳入工伤保险治疗项目目录，由工伤保险基金列支肺灌洗费用，这将是解决肺灌洗治疗经费的长效机制。

5月 中国煤矿尘肺病治疗基金会与福建煤炭公司合作，成立了第一支专项资金——福煤基金。

6月初 疗养院党委按照北戴河地方党委统一部署，组织开展了以"八荣八耻"为主要内容的社会主义荣辱观教育宣传活动。"七一"前夕，秦皇岛市委隆重举行庆祝中国共产党成立85周年暨保持共产党员先进性教育活动总结表彰大会，疗养院党委荣获秦皇岛市、北戴河区、休疗工委三级党委分别颁发的先进基层党组织称号，这是疗养院党委第一次获市级先进称号，同时疗养院还有6名获北戴河区及休疗工委优秀党员和优秀党务工作者光荣称号。

6月26—28日 疗养院举办第一届服务技能竞赛，进一步推行《精细化服务标准》。

7月23日至8月11日 国家安全生产监督管理总局在疗养院召开了三期理论学习培训班和一个座谈会（"三班一会"）。第一个培训班期间，国家安全监管总局和煤矿安监局主要领导全部到会，各省安全监管、煤矿安监局局长以及局机关司局长近200人参加。"三班一会"疗养院共接待参会人员450余人。

7月 疗养院主办的《中国疗养医学》杂志社在北戴河召开了第二届编委会（扩大）会议。大会审议了杂志社工作报告，通过了《编委会章程》。特申请将《中国疗养医学》杂志由双月刊变为单月刊，页码由原来的80页变为64页，杂志每期定价保持不变。

7月 国家安全生产监督管理总局对疗养院院班子进行了调整，任命张振国为党委书记，张志浩为副院长。

8月4日 吉林省中钢碳素厂尘肺职业病患者王广秀（男，43岁，石墨尘肺Ⅰ期）在疗养院接受双肺大容量灌洗治疗成功。这是吉林省医保中心与疗养院签订《关于吉林省尘肺职业病治疗定点医院设在中国煤矿工人北戴河疗养院》协议后首例来疗养院接受治疗的尘肺职业病患者，开创了尘肺病人肺灌洗治疗费用由工伤保险费列支的先例。

8月底 根据中央和上级有关要求，疗养院党委在全院范围组织开展学习《江泽民文选》和中央有关文件。

8月 根据疗养院党委统一部署，各支部进行了换届改选工作，每名党委委员联系一个支部，不再兼任支部委员。

9月13日 按照中央国家机关第三届接待服务技能比赛北戴河区协作组的安排，疗养院举行中央国家机关北戴河区第三届接待服务知识与技能比赛教学示范活动，主要内容为在紧急情况下对心脏骤停人员做规范、有效的心肺复苏急救。全国人大、全国政协、国务院和新华社等驻区疗养院有关部门负责和服务人员参加了示范教学活动。

是年 为加强各类专项工作的领导和管理，疗养院分别成立了医疗工作技术委员会、保密工作委员会和防汛抢险指挥部等常设机构，明确了各机构成员的职责和业务范围。通过这些机构的工作，有效地促进了相关专项工作的开展。

是年 为规范职工着装，疗养院投入近7万元为138位在岗职工订做了工作服。

2007年

2月12日 院组织医疗小组到疗养

院"驻访帮解"联系点，戴河镇苏庄村进行义诊活动，给村民送医送药，进行体检和诊疗。根据苏庄村委会请求，支援该村2万元用于道路修建。

2月23日至3月4日 疗养院纪委书记王蕾带领客房、餐厅4名工作人员首次赴俄罗斯伊尔库兹克参加俄罗斯远东旅交会进行旅游宣传推介。

3月 根据财政部政策，疗养院开始进行资产清查。成立了资产清查工作领导小组，制定了工作方案，经过两个多月的工作，按时完成了资产清查的主体工作，并通过了辽宁天健会计师事务所有限公司的资产清查专项审计。清查结果：截至2006年底，疗养院账面资产8588万元，其中固定资产7327万元。

3月 在秦皇岛市2006年"创建绿色小区，单位庭院绿化达标"竞赛活动中，疗养院荣获"单位庭院绿化改造活动"银杯奖，受到市委和市政府的表彰。

4月3日 秦皇岛市委、市政府联合发文，表彰2006年度旅游工作先进单位，疗养院因在对俄罗斯促销和接待方面取得突出成绩受到表彰，是宾馆类接待单位仅有的两家获奖单位之一。

4月9日 《中国疗养医学》杂志兰州军区临潼编委工作站成立，社长李玉环率团参加揭牌典礼表示祝贺。

5月11日 秦皇岛市人民政府授予疗养院卫生先进单位的牌匾，对疗养院2006年度的爱国卫生运动所取得显著成绩给予高度评价。

5月15—16日 15日，中国煤矿尘肺病治疗基金会在疗养院召开定点医院院长会议。16日，召开一届三次理事会议，常务副理事长吴晓煜主持，理事长濮洪九作重要讲话，秘书长李玉环、副秘书长王蕾分别作基金会工作报告和修改章程报告。

5月 根据秦皇岛市委和北戴河区委要求，疗养院党委组织全院党员群众开展了"学党章、守党规、做合格的好党员"，"学宪法、守法律、做合格好公民"活动。

6月20日 由疗养院发起的各煤业集团选送尘肺病人赴北戴河接受大容量双肺灌洗治疗工作座谈会在疗养院安全培训楼召开。来自非基金会定点医院的12家煤业集团职业卫生工作负责人出席了会议。

7月 中国煤矿工人昆明疗养院院长魏光宁率领肺灌洗考察团访问疗养院，双方围绕如何在国家安全生产监督管理总局领导和关怀下，贴近职业卫生与安全事业职能、加强自身建设的经验体会及市场经济和政事改革发展方向等方面进行了交流。

8月底至9月初 以俄罗斯联邦疗养院联盟主席拉祖莫夫·A院士为首的医疗代表团访问疗养院，双方就疗养和康复技术领域合作进行了广泛的讨论。

10月27日 疗养院党委中心组对在全院范围内开展学习和贯彻十七大精神活动进行部署，并集中学习了总书记胡锦涛在党的十七大上的报告。

是年 完成对西山煤电集团职工总医院等6家煤业集团医院的肺灌洗技术推广工作。疗养院与中国煤矿尘肺病治疗基金会一起在北戴河组织召开了一次基金会定点医院院长和专家会议，进行尘肺病防治及肺灌洗治疗学术交流，取得了较好效果。

2008年

3月18日 《中国疗养医学》杂志南京军区杭州编委工作站正式成立，杂志社社长李玉环率代表团参加揭牌仪式。

3月20日 疗养院尘肺病历数据库系统正式投入运行，在疗养院接受治疗的尘肺病人医疗信息实现了实时录入和计算机管理。

5月8日 国家安全生产监督管理总局党组成员、副局长杨元元率办公厅（财务司、国际合作司）、规划科技司有关领导到疗养院视察，疗养院党政班子成员集体向国家安全监管总局领导做了工作汇报，副局长杨元元对疗养院工作做了重要指示。

5月12日 疗养院全体医务人员和有关部门负责人共同学习了国务院新颁布的《护士条例》，4个医疗部门的护士代表进行了医疗护理和奥运等知识竞赛。

5月15日 为支援四川汶川地震灾区人民，疗养院举行向灾区捐款仪式，本次疗养院职工累计向灾区捐款4次，捐款金额共达6万多元。在各部委驻北戴河区单位中，捐款额两次排名第一。

7月30日 2008年北京奥运圣火在秦皇岛进行传递，疗养院派出26名党员参加了市委、市政府组织的安保执勤，并出色地完成任务。

8月12日至9月11日 根据国家安全生产监督管理总局统一部署，疗养院接待了总局抗震救灾、百日安全督查和赴灾区专家组来北戴河休整人员，共有891名人员分6批到疗养院休整。

9月22—24日 全国安全生产新闻宣传工作座谈会在疗养院召开。疗养院各部门积极配合会务组，认真做好客房、餐饮和会务服务。

11月17—20日 疗养院组织职工到北京参观奥运场馆，分两批进行，参加人数139人。

11月23日 中国疾病预防控制中心职业卫生与中毒控制所和疗养院共建"职业性肺病临床研究基地"签字暨揭牌仪式在疗养院举行。卫生部卫生监督局副局长陈锐和国家煤矿安全监察局事故调查司司长商登莹为研究基地揭牌并发表讲话，中国疾病预防控制中心副主任侯培森和职业卫生所所长李涛等参加了仪式。

12月 疗养院取得了大容量肺灌洗回收液中提取活性物质的膜分离方法（专利号ZL 2007 1 0061577.3）和大容量肺灌洗回收液中提取活性物质的分离设备（专利号ZL 2007 2 0100732.3）两项国家专利，国家知识产权局颁发了证书。

是年 对6号楼康复病房进行了改造。对2007年国家安全监管总局会议使用的5号楼进行了装修。完成了锅炉更换及配套工程。对专科病人和疗养员就餐的南餐厅进行了装修。

是年 疗养院通过了秦皇岛市医保验收，正式成为市医保住院定点单位，开辟了本地医保住院病人市场。

2009年

3月10日 疗养院首创并推广应用的大容量肺灌洗术正式得到了政府定价。河北省卫生厅、河北省物价局报请国务院主管部门批准，将大容量肺灌洗术正式列入医疗服务项目并得到政府定价，于当天开始执行。

3月25—26日 《中国疗养医学》杂志社在疗养院召开了第三届编委（扩大）会议。会议决定，以疗养院为主办单位，定期组织军地疗养工作者召开《中国疗养医学》杂志编委和相关的学术研讨会议。

3月 为响应北戴河区政府"三年大变样"的号召，开始对保二路及周边沿海沿街两侧涉及疗养院建筑外立面进行改造。并召开职工代表专题会议，专项研究部分改造建设项目向职工筹借资金问题，获与会人员一致通过，同意疗养院向本院正式职工借款550万元。

3月 疗养院作为第二起草单位参与并完成中华人民共和国职业卫生标准《尘肺病诊断标准》（GBZ 70—2009，代替GBZ 70—2002）起草，该标准自2009年11月1日实施。

3—9月 开展深入学习实践科学发展观活动。

5月13日 先行成立疗养院甲型H1N1流感防治工作小组，并制定了具体的工作方案和实施细则，按时向北戴河卫生局和疾病预防控制中心提交防控工作报告。

5月17日 尘肺科成功完成第5000例尘肺职业病的双肺同期大容量灌洗治疗。这是自1991年疗养院在上级主管机关的领导和全方位支持下，开展大容量全肺灌洗治疗尘肺职业病临床与科研项目以来所取得的标志性成果。

5月底 疗养院所属金海旅行社拿到国家旅游局批文，晋升为国际旅行社，从此可以直接接待入境团队。

暑期前 开展了安全培训市场走访调研活动，由班子成员带队，分四个小组分别走访了东北、西南、华北和华中地区的9省市63个地市级安监局，达成了多个培训与疗养协议。

6月29日 疗养院驾驶员协会举办首次集体活动，近60名会员参加了交通安全警示教育和节油技术交流，8位车主代表进行了车辆维护和驾驶技术比赛，活动取得圆满成功。

7月7—9日 承办了国家医学核心期刊《中华劳动卫生职业病》杂志第二届学术研讨会。第八、九届全国人大常委胡敏，第八届全国人大常委会委员、九届教科文卫委员徐静、委员李宏规等老领导，以及邹昌淇、胡天锡等多位我国资深职业卫生专家到会指导。

7月28日 在国家安全监管总局党组中心组（扩大）学习研讨班会议期间，副局长梁嘉琨等领导视察了疗养院肺灌洗工作开展情况，并到手术室和病房看望了在院治疗的尘肺病矿工和医护人员。

8月15日 越南煤炭与矿产工业集团董事长段文謇一行到访疗养院，院长李玉环等领导在疗养院安全培训楼会见并进行合作洽谈，双方就两地尘肺治疗楼的建设、培训越方医务人员和交流互访等事项达成共识，会谈取得重要成果。

8月 完成来自越南广宁省等煤矿的阮文貌等12名尘肺职业病工人双肺同期大容量灌洗治疗。

9月25日 疗养院举行主题为"回顾辉煌60年，展望未来发展"的座谈会，热烈庆祝新中国成立60周年。

9月 中华全国总工会安排5位患有尘肺职业病的全国劳模到疗养院接受肺灌洗治疗和康复疗养，有3位劳模进行了肺灌洗治疗。

9月 接待来自河南省新密市刘寨镇老寨村"开胸验肺"的28岁Ⅲ期尘肺职业病农民工张海超，经过疗养院20多天的自然与物理疗养因子综合康复疗养后，于10月15日和10月26日，张海超分别接受了左右两侧肺脏的大容量全肺灌洗治疗。

10月12—15日 疗养院工会组织职工到云台山、红石峡、龙门石窟、少林寺、开封府等景区参观考察。

11月8日 安排在岗人员到北戴河区人民医院集体注射甲型H1N1流感疫苗。实际注射人数超过110人。

12月 疗养院院长李玉环率疗养院医疗技术代表团参加了在北京大学第三人民医院召开的德国慕尼黑大学综合肺科中心主任Oliver Eichelberg教授主讲的学术

研讨会。

是年 按国家有关公益性捐赠税前扣除的文件要求，秘书处办理了基金会免税资格申报，并获民政部批准，成为第一批获得公益性捐赠税前扣除资格的公益性社会团体之一。

是年 完成了对四川芙蓉医院和青海大通医院的技术培训和现场指导。

2010 年

1月4日 疗养院向中编办申报加挂"国家安全生产监督管理总局职业病防治院"牌子。

1月13日 疗养院隆重举行粉尘危害监测治疗楼奠基仪式。该项目为国家发展改革委和国家安全监管总局批准立项，政府投资兴建的国内第一座专门用于肺灌洗治疗的医疗楼。秦皇岛市委常委、北戴河区委书记曹子玉代表驻地党政和人大、政协等领导在仪式上发表重要讲话，高度评价这座楼的建设。中国煤矿尘肺病治疗基金会为此发来贺电，新华社驻河北省记者站李俊义等一行来疗养院采访了治疗楼工程建设情况。

3月 疗养院被河北省爱国卫生运动委员会授予省级卫生单位称号。

5月 "五一"是疗养院建院60周年纪念日，疗养院在"五一"前举办了60年院庆系列纪念活动。

5月 国家安全生产监督管理总局任命张振国担任疗养院院长（主任），于陆军担任党委书记；同时，免去张振国党委书记职务，改任党委副书记，免去李玉环院长职务。

6月23日 张振国任《中国疗养医学》杂志社社长。

6月 深入学习贯彻党的十七大精神，在全院深入开展创建先进基层党组织、争当优秀共产党员活动，疗养院党委成立了创先争优活动领导小组，制定实施方案并召开动员大会对活动进行了动员部署。

7月28日 国家安全生产监督管理总局副局长杨元元视察疗养院粉尘危害监测治疗楼建设工地。

8月23日 印发《中国煤矿工人北戴河疗养院制度汇编》，涉及行政、党务、财务、后勤、医疗、客房等方面的共65项制度。

10月上旬 国家安全生产监督管理总局副局长梁嘉琨、驻总局纪检组组长赵岸青来疗养院检查工作。

12月20日 粉尘危害监测治疗楼项目经过近一年施工（暑期期间按地方政府要求停工），通过了工程验收。需配备的医疗设备也按程序进行了招标采购，疗养院所有医疗功能将搬入该楼。

12月 《中国疗养医学》在山东省煤炭临沂温泉疗养院设立编委工作站。

是年 医疗年度总收入达到1558万元，首次超过客房收入，成为疗养院第一产业。

2011 年

1月12—21日 北京网民"北京厨子"发起网上募捐，准备救助古浪尘肺病人到疗养院进行肺灌洗治疗，引起媒体广泛关注。古浪县政府选送了3名农民工尘肺病患者来疗养院治疗，顺利完成了肺灌洗手术。

2月18日 全院干部职工两天内将全部医疗设备和附属用品安全搬迁到粉尘危害监测治疗中心楼，新楼正式投入运行。

2月22日至3月16日 古浪县政府选送了16名农民工尘肺病患者来疗养院

治疗，除1人因身体不适应灌洗外，其他15人顺利完成了肺灌洗手术。鉴于古浪县为贫困县，疗养院对每名患者减免了手术治疗费1000元，中国煤矿尘肺病治疗基金会也为每名患者补贴治疗费1000元，同时疗养院还免去了3名带队领导的食宿费用。中央电视台《看见》栏目和秦皇岛电视台跟踪报道。

3月4日 中国煤矿尘肺病治疗基金会常务副理事长吴晓煜专程到北戴河疗养院看望正在接受肺灌洗治疗的16名甘肃省古浪县尘肺病矿工，并与陪同治疗的当地政府官员会谈，探讨共同救治古浪籍尘肺病矿工事宜。

4月8日 疗养院党政办公会议研究决定，院医疗部增设理疗康复科。

同日 疗养院与山西焦煤集团的汾西、霍州和西山矿业公司签订了预付款疗养协议，开始大规模接待煤矿工人疗养。成立疗养工作委员会，下设专职办公室，负责疗养员的接待、疗养活动组织和业务协调工作。

4月18日 河南省平煤集团尘肺病患者王选学在疗养院进行大容量双肺灌洗手术过程中出现意外心脏骤停，经心肺复苏抢救后转至外院治疗。

6月30日 疗养院党委在安全培训楼召开了庆祝建党90周年暨表彰大会，院党政班子成员、全体在职党员和职工以及部分离退休党员代表100多人参加了会议。会议回顾了中国共产党成立90周年的光辉历史，进一步激发了广大党员职工的爱党、爱国热情。表彰大会结束之后，举行了"红歌献给党"歌咏比赛。共有机关、后勤、医疗、客房保卫、离退休支部5支代表队参加了比赛。

7月 根据国家安全生产监督管理总局党组统一安排部署，组织党员干部认真开展了"警示教育周"活动。

12月8日 疗养院肺灌洗治疗人数年度达到1003例，这是自1991年开展肺灌洗手术以来，首次突破年治疗量1000例大关，标志着疗养院肺灌洗治疗能力达到了一个新的水平。

是年 针对肺灌洗技术泄密情况，疗养院召开职工代表专题大会，通过了保密工作决定，疗养院与从事相关工作人员签订技术和商业保密协议。

是年 进行了资产清查，进一步摸清了疗养院国有资产情况，规范管理、责任到人。

是年 对1号、2号、4号、7号、14号、15号楼的整体或局部装修改造，预收山西焦煤集团部分疗养款用于工程装修改造。全部在暑期前完工并投入使用。原医疗用房改造工程是疗养院在"三年大变样"活动实施的最后一年争取到的优惠政策，改造投资约1000万元，大部分由施工队垫资，疗养院分5年还清，按同期银行贷款计息。

是年 制订了疗养院"十二五"发展规划，这是疗养院历史上首次制定完整的五年规划，到2015年"十二五"结束圆满实现规划制定的各项目标。

是年 根据国家安全监管总局关于事业单位改革工作的通知要求，成立了事业单位改革领导小组，研究制定了疗养院的事业单位改革方案。

是年 根据业务开展需要，在经营范围的兼营项目中增加了生活美容和按摩两个项目。

2012年

3月 疗养院医疗部成立了尘肺综合治疗科。

6月 共青团河北省委青年文明号活动组委会命名疗养院团总支医疗支部为

2012年度省级"青年文明号"。

7月 秦皇岛市旅游发展委员会发文表彰了旅游饭店节能降耗示范和先进单位，疗养院获市旅游饭店节能降耗先进单位称号，全市旅游饭店行业共有10家单位获此殊荣。

8月3—4日 疗养院120余位职工为北戴河受第10号强热带风暴"达维"影响灾区进行捐款，捐款合计7530元。

10月 疗养院成功加挂"国家安全生产监督管理总局北戴河职业病防治院"牌子。

10月 秦皇岛市卫生局下发文件，批准疗养院为秦皇岛市新型农村合作定点医疗机构。同月，疗养院被河北省卫生厅批准为省职业病诊断机构。

10月 制定和修订了75项工作制度和岗位职责。

10月 在国家安全监管总局的指导下调整了内退政策，决定对已执行14年的疗养院职工内部退养政策进行调整，不再强制要求职工距法定退休年龄差两年时必须内退，同时满足不同职工需求，保留个人自愿可以申请的内退政策。

11月20日 为提高党员干部理论水平，贯彻宣传学习好党的十八大会议精神，疗养院党委举行中心组（扩大）专题会议，对十八大会议精神进行了传达学习，疗养院党政班子成员、各部门副科级以上中层干部参加学习。

2013年

1月 开展疗养院职能定位调研专项工作，成立了职能定位调研工作小组。

3月中旬至4月初 疗养院组成由院领导带队的4个市场调研小组，共计走访了省市级安全监管局（煤矿安监局）19家、煤炭企业15家，同时对这些地区的基金会代表处、定点医院和周边尘肺病多发地也进行了调研和宣传。

3月18日 按照中央八项规定精神和国家安全监管总局党组的实施办法，制定了疗养院《实施意见》，在全体党员干部中开展了学习活动，修订了相关制度，取消了2次例行的聚餐活动、取消了外出考察和对在职职工的节庆慰问。

4月8日 疗养院成立药事管理委员会。

5月 疗养院召开了专题职工大会，就进行事业单位类别申报一事进行集体表决，会议通过了申报疗养院为公益二类事业单位的决定。

6月 国家安全生产监督管理总局批准疗养院新的职责、机构和人员"三定"方案，明确疗养院职能为：主要承担职业病诊断治疗和康复疗养等职责，开展职业卫生技术服务、职业安全卫生培训教育等工作；批准疗养院设12个职能机构，其中职能部（室）6个、业务部门6个；核定疗养院财政补贴事业编制300名，领导班子正职为副司局级干部。

7月15日 疗养院召开了教育实践活动动员大会，在国家安全监管总局教育实践活动第一督导组的具体指导下，疗养院以为民务实清廉为主题，聚焦"四风"突出问题，完成了学习教育、听取意见、查摆问题、开展批评、整改落实、建章立制三个环节的工作任务。

7月 按照中央和国家安全生产监督管理总局党组关于开展党的群众路线教育实践活动的总要求部署，疗养院党委制定了《教育实践活动的实施方案》，成立了教育实践活动领导小组。

11月21日 疗养院召开了以"坚决反对'四风'，密切联系群众，转变工作作风"为主题的领导班子专题民主生活会。

是年 疗养院取得职业病体检资质并启动了体检业务。下半年共接待了3批体检。

2014年

3月13日 疗养院大容量全肺灌洗治疗尘肺病突破10000例,为此疗养院召开专题座谈会,全面总结回顾了肺灌洗工作20多年来的发展历程,并对下一步工作进行研讨和展望。国家安全生产监督管理总局副局长杨元元、中国煤矿尘肺病防治基金会理事长王显政,国家安全监管总局和煤矿安监局有关司局、基金会和中国煤炭工业协会领导到会祝贺。

5月 北戴河区总工会"幸福帮帮团"困难职工体检中心在疗养院正式挂牌成立,区总工会有关领导出席了揭牌仪式。

5月 根据中央教育实践活动领导小组《关于开展"四风"突出问题专项整治和加强制度建设的通知》(群组发〔2013〕23号)和国家安全生产监督管理总局教育实践活动领导小组办公室《关于反"四风"改作风加强制度建设的通知》要求,疗养院领导班子和教育实践活动领导小组对涉及"四风"方面的45项制度进行了一次全面梳理。对于不适应密切联系群众、加强作风建设要求的1项制度予以废止;对于与新形势新任务要求不相适应的18项制度,进行了修订完善;同时针对活动中查摆出的"四风"方面问题,对制度缺位或不适应新要求的,新建了12项相关制度。疗养院教育实践活动办公室对30项制度进行了集中印发,各部门分别组织职工进行了专题学习。

9月22日 在疗养院积极推动下,"中国(2014)国际职业病防治研讨会"在北京顺利召开,中国、美国、德国、日本、尼泊尔、孟加拉国、印度、巴基斯坦等国的150余人参会。

是年 在疗养院院长张振国主导下,疗养院完成《大容量肺灌洗医疗护理常规操作规程(第二版)》和《大容量肺灌洗风险防范》的编写和出版。

2015年

1月30日 疗养院被秦皇岛市公安局交通警察支队评为2014年度交通安全竞赛先进单位。

5月 共青团北戴河区召开"五四"表彰大会,团市委副书记董菲代表秦皇岛团市委赴会指导。大会表彰了2014年度优秀团组织和先进个人,疗养院团总支被授予"秦皇岛市五四红旗团支部"荣誉称号。

6月30日 召开"庆七一"表彰大会,疗养院全体党员参加,重温党的光辉历史、总结部署疗养院党建工作并进行优秀表彰。

7月1日 由医疗支部组织党员医务工作者到疗养院南门开展义诊活动,为北戴河广大游客和群众进行健康检查、提供医疗咨询服务。

7月 完成了《大容量肺灌洗风险防范及并发症处理》和《大容量肺灌洗医疗护理常规及操作规程(第二版)》两部专著的最后修订工作,先后由人民卫生出版社和北京科技出版社出版发行。

9月2日 疗养院荣获北戴河区暑期工作先进单位、暑期反恐防暴群防工作先进单位和秦皇岛市交通安全竞赛先进单位荣誉称号。经北戴河区精神文明委员会研究决定授予疗养院2名2015年度"为北戴河添光彩"先进个人荣誉称号。

9月15日 中国煤炭工业协会命名疗养院为煤炭行业首批教育培训基地。

12月6日 国家安全生产监督管理总局对疗养院职业病防治设备建设项目初步设计进行了批复，原则同意项目初步设计，核定项目投资概算802万元。

12月 疗养院承担的两项尘肺病基金会资助科研项目《大容量肺灌洗术中PS恢复与顺应性研究》和《采用复方电解质溶液（勃脉力A）进行肺灌洗的研究》顺利结题。

是年 根据秦皇岛市和北戴河区环保部门要求，疗养院原使用的两台燃煤锅炉予以取缔，在国家安全生产监督管理总局的支持下，确定采用高压固体谷电储能电锅炉替代，新锅炉于2015年底投入使用。

2016年

2月 疗养院党委按照国家安全监管总局安排，制定了疗养院《关于开展"学党章党规、学系列讲话，做合格党员"学习教育的通知》《"两学一做"学习安排具体方案》，成立了疗养院"两学一做"学习教育工作领导小组，召开了学习教育动员大会。

2月 疗养院被秦皇岛市节水办评为2015年度城市节约用水先进单位。

6月28日 国家安全生产监督管理总局副局长、国家煤矿安全监察局局长黄玉治到疗养院宣布院长郭玉梅和党委书记高寿峰的任命。

6月 郭玉梅担任《中国疗养医学》杂志社社长。

10月 国家安全生产监督管理总局巡视整改工作领导小组对疗养院进行了巡视整改，疗养院巡视整改工作领导小组按照疗养院《整改清单》确定的4个方面的13项整改任务，开展了各项整改工作。

11月 在收到中央关于培训疗养机构改革的文件和国家安全监管总局有关通知后，成立了改革工作领导小组。按通知要求，迅速对人员、资产、财务情况进行全面复核；通过多层面研讨，邀请有关领导和专家座谈等形式，研究提出了疗养院改革范围、方式和任务，以及改革中的职能定位和发展方向。

11月 应邀参加国家安全监管总局举办的"东盟国家企业安全生产标准化管理培训"，疗养院相关专家做了有关大容量肺灌洗术的专题报告。

12月26日 职业卫生技术服务中心通过资质评审，取得了检测检验机构资质认定证书。

12月 疗养院与中科院遗传发育所、北京大学医学部、华北理工大学等科研院所合作开展了《肺灌洗联合干细胞治疗尘肺病的研究》等三个科研课题，立项了《甘草酸和姜黄素在肺灌洗中的应用》两个项目。

是年 根据《中共中央办公厅 国务院办公厅关于党政机关和国有企事业单位培训疗养机构改革中事业单位机构编制调整的意见》和《关于做好总局系统培训疗养机构改革有关工作的通知》（厅函〔2016〕306号），疗养院启动改革工作，成立改革领导小组，中共中央办公厅和发展改革委多次就培训疗养机构改革来疗养院调研。

2017年

2月6日 职业卫生技术服务中心通过资质评审，取得了河北省安全生产监督管理局颁发的职业卫生技术服务机构乙级资质。

2月28日 秦皇岛市委副书记、北戴河区委书记田金昌，率区委区政府相关领导来疗养院视察。

3月8日 经工会民主推荐各分会分

别进行民主投票,产生了1个"三八红旗集体",2名"三八红旗手标兵",10名"三八红旗手",并进行了大会表彰,这是疗养院第一次对"三八红旗集体""三八红旗手标兵"和"三八红旗手"进行表彰。

3月21日 疗养院党委召开第二次委员会换届选举党员大会

4月5日 疗养院领导带队赴内蒙古满洲里拜访客户,为做好2017年对俄接待洽谈合作。本年疗养院接待俄罗斯游客数量恢复到3000人次以上。

5月18日 蒙古国旅行商到北戴河实地考察与疗养院友好洽谈达成共识,这是疗养院接待的第一批蒙古国旅行商,也是北戴河地区接待的第一批蒙古国旅行商。

5月 疗养院被中共北戴河区委、北戴河区人民政府评为2016年度平安建设先进单位。

6月 接待神华神东煤炭总医院11名医务人员为期3周的大容量肺灌洗技术转让培训,此次肺灌洗技术转让费为200万元。

7月16日 为配合秦皇岛市创建全国精神文明城市,疗养院隆重举行"创建无烟头疗养院"活动启动仪式,秦皇岛市和北戴河区领导现场观摩。

7月25日 秦皇岛市委书记孟祥伟到疗养院调研"烟头革命"促创城示范院工作。市委、区委主要领导陪同调研。

7月 为全院192名在编和合同制员工制作了西服等正装,为餐厅、客房、工程等部门制作了502套工服,投入资金102.4万元。这是疗养院建院以来为职工制作工作服装投入最大的一次。

8月2日 国家安全生产监督管理总局副局长徐少川来疗养院调研。

8月8—10日 为更好地服务煤炭系统职工、造福广大尘肺病患者,疗养院主持召开了"疗养与尘肺病治疗工作座谈会",会议邀请了国家煤矿安全监察局、山西煤矿安全监管局、山西省煤炭厅、山西省煤矿工会及华北、东北、西北地区等煤炭企业参会。

8月11日晚 北戴河区委副书记付顺义率区文联团队慰问疗养院全体职工。

8月16日 职业卫生技术服务中心通过资质评审,取得了河北省煤矿安全监察局颁发的职业卫生技术服务机构乙级资质。

8月25日 国家安全生产监督管理总局对疗养院报送的《大容量全肺灌洗技术治疗与科研装备建设项目初步设计》报告进行了批复,原则同意购置6464排螺旋CT、体检车、臭氧治疗仪、医学影像信息系统(PACS)、无创呼吸机、全胸多频震荡排痰机、电解质分析仪等尘肺病诊断及基础研究设备33台(套),核定项目投资概算1470万元,全部由中央预算内投资解决。

8月29日 中国煤矿尘肺病防治基金会理事长黄毅一行看望在疗养院治疗的省部级劳模尘肺患者。

暑期 原煤炭工业部部长、中管干部王森浩来疗养院休假。

9月21日 京津冀卫计委监督局到疗养院考察指导工作。

10月30日 中国煤矿尘肺病防治基金会与疗养院共同举办的"用好工伤保险政策 推进尘肺病防治工作"座谈会在疗养院会议中心召开。

10月31日 由秦皇岛市卫计委主办,市医学会、北戴河区卫计委和疗养院联合承办的尘肺病防治知识暨大容量肺灌洗技术培训班在疗养院国际会议中心正式开班。疗养院副院长陈刚等4位主任医师分别为学员们进行专题讲座,并组织学员们观摩手术活动。

12月4日 疗养院相关医护人员相继参加了中华预防医学会组织召开的健康中国国际工程科技发展战略高端论坛暨第五届学术年会、中国煤矿尘肺病防治基金会组织召开的《岩盐气溶胶疗法在尘肺病治疗康复中作用的临床研究》和《岩盐气溶胶疗法治疗职业性哮喘的临床观察研究》结题报告审查验收专家委员会议，并分别作学术和结题报告。

12月 组织全院党员领导干部前往国家安全生产监督管理总局党校进行党的十九大精神专题培训，并在全院党员中掀起了学习贯彻党的十九大精神高潮，为新时代疗养院高质量发展提供坚强政治保证。

2018年

3月27日 应急管理部副部长黄玉治在办公楼会议室接见北戴河区区长陈秋华，疗养院班子成员陪同。应急管理部领导与地方领导就疗养院发展规划、建设项目和发挥疗养院优势支持北戴河建设国家生命产业健康示范园区等事项交换了意见，双方均表示要全力支持疗养院建设发展。

3月28—30日 开展职工植树活动，栽种海棠、樱花、玉兰等花树数百棵。

3—12月 开展外交部和财政部批准的澜沧江—湄公河睦邻友好合作帮抚专项基金项目——尘肺病洗肺清尘防治项目，一是分2批完成了对于越南选派的50位尘肺患者的大容量双肺同期灌洗治疗，二是完成了老挝10名医务人员的大容量全肺灌洗技术培训工作。

4月8日 疗养院被北戴河区社会治安综合治理委员会评为2017年度平安建设先进单位。

4月13日 天津市卫健委副主任张铁军带领天津市中医药研究院、中医药大学第一附属医院、胸科医院、环湖医院和太山肿瘤医院等5家知名医院院长，以及市卫健委相关部门负责人来疗养院就京津冀医疗卫生协同发展进行调研。

5月4日 疗养院党委组织全院职工赴李大钊纪念馆、李大钊故居参观学习。

5月9日 举行大型医疗设备到疗养院装机仪式，中央投资近2000万元购置的CT、DR等设备开始安装，疗养院医疗设施条件进一步改善。

5月 根据2017年工作指标落实情况，疗养院在全院范围内评选出劳动模范5名、工作标兵5名，并进行了大会表彰，这是疗养院第一次对工作劳动模范和工作标兵进行表彰。

6月15日 疗养院向应急管理部报送了《关于发挥疗养院优势为应急管理部提供多方位服务的报告》，提出疗养院总体改革思路，书记黄明等部领导给予批示。

7月中旬至8月上旬 应急管理部党组第二巡视组对疗养院党委进行了为期近一个月的政治巡视，疗养院党委召开专题会议和民主生活会，对照问题深入剖析、深挖思想根源，严肃开展批评和自我批评，对问题整改认真进行研究部署，制定了《整改方案》及《整改清单》，并落实责任领导、责任部门和责任人、完成时限等。

7月13日 疗养院响应秦皇岛市卫计委号召，参加全市医疗机构老虎石公园义诊活动，市区领导田金昌、廉茹艳、赵溪等到现场检查指导。

7月18日 应急管理部办公厅发文安排2018年全系统功勋荣誉表彰奖励获得者疗养工作，疗养院承担总疗养人数一半的接待任务，完成了5批疗养员233人的疗养任务。这是应急管理部第一次向疗养院安排本系统功勋荣誉表彰奖励获得者疗养。

7月31日至8月8日 原国家安全生产监督管理局副局长闪淳昌来疗养院休假。

8月2—9日 中纪委驻国家民委纪检组长杜娟来疗养院休假。

8月4—10日 原国家煤矿安全监察局副局长王树鹤来疗养院休假。

8月18日 中国安全生产协会在疗养院召开会议，协会会长、原国家煤矿安全监察局局长赵铁锤来院参加会议。

8月21日 中国职业健康协会在疗养院召开会议，协会会长、原国家安全生产监督管理总局副局长王德学来院参加会议。

9月9日 组织"99公益日捐赠活动"，全院200余人参与，共向中国煤矿尘肺病防治基金会捐款19695.80元。

9月10日 国家地震局原副局长岳明生来疗养院休假。

9—10月 对《"三重一大"事项决策制度》《会议管理制度》《院党委会议事规则》《院长办公会议事规则》《贯彻落实中央八项规定精神实施细则》《党委理论学习中心组学习制度》《党支部学习制度》《干部选拔任用办法》《采购管理暂行办法》《网上阳光采购药品管理暂行办法》《公务接待管理规定（暂行）》等13项制度进行了新建修订，废止了《职工手机话费补贴办法》。并按照"三定规定"对部分二级机构进行调整，对办公室、党群工作部（纪检监察室）、人力资源部、医务部等职能部门进行独立设置和更名。加强了干部管理，规范了8名干部在中国煤矿尘肺病防治基金会任（兼）职的审批程序。

12月5日 在秦皇岛市参加全国煤炭交易会的国家煤矿安全监察局副局长宋元明应邀来疗养院调研，与疗养院领导和中层干部，以及在院进行学习肺灌洗术的老挝医务人员、带队来华治疗尘肺病的越南医务人员座谈。

12月7日 举行中国、老挝和越南医务人员的大容量肺灌洗学术交流活动。

是年 完成辽宁铁法能源集团的疗养员859人、汾西矿业集团疗养员121人、华亭煤业集团的疗养员114人疗养接待任务。

2019年

1月11日 上午，在疗养院东门进行"应急管理部北戴河康复院"挂牌，秦皇岛市政府、北戴河区政府相关领导，全院干部、职工代表，离退休老领导、老党员代表参加挂牌仪式。

3月8日 疗养院举办纪念"三八"妇女节系列活动，组织女职工进行美妆、面点制作、摄影等培训。

3月20日至4月12日 疗养院班子成员带队组成3个考察团，赴华北、东北、华东和西北地区，对西安第四军医大学西京医院理疗康复科、西安中医脑病康复医院、陕西省康复医院、西安工会医院、杭州空军特勤疗养中心全军创伤康复中心、无锡市康复医院、青岛海军特勤疗养中心、大连全军软组织伤病康复中心、大连全军神经系统疾病康复中心、大连大化烧伤医院、应急管理部大连康复中心、北京小汤山医院、解放军总医院第三医学中心、首都医科大学附属北京康复医院等14家部队和地方康复机构进行学习考察。

4月14日 应急管理部对疗养院报送的《应急救援人员康复治疗设备项目初步设计》进行了批复，原则同意购置呼吸系统损伤康复、骨关节及神经康复、健康管理、烧烫伤整形、化学中毒救治等5类康复治疗设备，共计104台（套），项目建设总投资1638万元，其中设备购置费用1606万元，其他费用11万元，预备费21万元。所需资金全部由中央预算内投资解决。

5月 工会组织全院职工开展宽城潘家口水库春游活动。

6月21日 中共中央对外联络部原部长助理（副部级），疗养院原院长、党委书记贺钧来院，与院领导班子和老职工座谈。

6月27日 应急管理部党组成员、政治部主任许尔锋带领部办公厅副主任薛渊博、人事司司长杨玉洲、规划财务司司长唐琮沅、机关党委副书记刘向东、机关服务中心主任王广湖、书记郝光宁一行来疗养院调研并指导工作。

6—9月 根据《中共中央关于在全党开展"不忘初心、牢记使命"主题教育的意见》和总书记习近平重要讲话精神、应急管理部党组关于开展"不忘初心、牢记使命"主题教育工作部署。6月11日，疗养院党委组织召开了"不忘初心、牢记使命"主题教育动员会，传达贯彻应急管理系统动员部署会议精神，在全院迅速掀起主题教育学习高潮。主题教育期间，疗养院党委班子按照学习教育、调查研究、检视问题、整改落实四个贯穿始终要求，共列出70条专项整治问题，制定整改措施73条，修订了《党支部学习制度（试行）》。

7月24日 毛主席纪念堂管理局原局长徐静来院，与疗养院领导和有关人员座谈。

7月26日 应急管理部党组授权机关服务中心管理疗养院。

8月3日 国家煤矿安全监察局原副局长王树鹤来疗养院疗养。

8月7日 原国家安全生产监督管理总局副局长梁嘉琨来疗养院参加煤炭工业协会教育协会会议。

8月12日 原国家安全生产监督管理总局副局长王德学来疗养院参加职业健康协会会议。

9月9日 在"99公益日"活动期间，组织全院187名职工向中国煤矿尘肺病防治基金会捐款18046.16元。

9月16日 为迎接建院70周年，客观反映疗养院各项工作成绩，疗养院决定启动院志编修工作，并成立院志办公室，抽调2名专职人员从事编纂工作。

9月17日 应急管理部机关服务中心到疗养院检查指导工作。

9月29日 组织全体职工开展"祝福祖国母亲70华诞活动"，并以"我和我的祖国"为主题拍摄快闪视频。

9月30日 应急管理部机关服务中心党委书记郝光宁一行来院考察，与疗养院班子和有关部门负责人座谈，传达机关服务中心关于3家疗养院的项目建设原则及北戴河康复院建设要求。

10月14日 河北省人社厅检查组来院，对疗养院申报康复定点医疗机构进行检查，最后评分75分。12月4日，获批河北省工伤康复试点医疗机构资质。

10月25—30日 承办国家煤矿安全监察局处级干部任职培训班。29日，原国家安全生产监督管理总局党组成员、总工程师、新闻发言人黄毅来院，为疗养院承办的全国煤监系统处级干部任职培训班讲课。

11月4日 应急管理部机关服务中心委托立信会计师事务所来疗养院审计。

11月6日 应急管理部对疗养院报送的《康复病房及配套设施改造项目可行性研究报告》进行了批复，原则同意康复病房改造项目可行性研究报告,项目主要内容包括:改造1号、2号、6号楼,购置更新电梯、空气源热泵和新风等设备设施,改造面积6741平方米。项目总投资2930万元,所需资金全部由中央预算内投资解决。

11月19—20日 疗养院邀请原国家安全生产监督管理总局机关局级干部,中国职业安全健康协会党建会建专家组专家来院为疗养院党员和干部职工上党课。

12月 疗养院以党支部为单位外出开展红色教育党建活动。

是年 疗养院班子成员带队,驱车一万余公里赴铁法能源集团、山东能源临沂矿业集团、枣庄矿业集团、同煤集团、中国平煤神马集团、山西焦煤集团、潞安集团、霍州煤电、晋城煤业集团等煤炭和电力系统大型国有企业商洽职工疗休养合作及尘肺职业病患者治疗事宜,经过洽谈与各集团公司均达成职工疗养合作意向,为本年度疗养员接待业务拓展、量价齐升打下了基础。

是年 完成4417人次疗养接待任务,其中2019年度应急管理部系统英模劳模功勋人员5批次340人、森林消防一线指战员2批次60个家庭150人,此外还接待了铁法能源集团疗养员999人、山东能源集团疗养员573人、同煤集团疗养员437人、汾西矿业集团疗养员338人及焦煤集团、宁煤集团职业病疗养员294人、西山煤电集团等煤炭和电力系统疗养员1286人。

2020年

1月1日 应急管理部党组以应急组发〔2020〕2号文件印发《康复疗养机构管理规定(试行)》,该文件为疗养院康复转型发展提供了基本遵循。

1月27日 新型冠状病毒肺炎(COVID–19)疫情肆虐,全国进入疫情防控紧急状态,疗养院根据应急管理部新型冠状病毒感染的肺炎疫情防控工作通知要求,启动重大突发公共卫生事件一级响应,成立新型冠状病毒感染疫情防控领导小组,部署院区和两个家属院疫情防控工作。

1—3月 疗养院充分发挥医疗力量,支援北戴河区新冠肺炎疫情防控工作,1月26日至2月22日派遣76名医务人员支援北戴河区南戴河高速口,2月27日至3月14日派遣30名医务人员支援北戴河高速口测温执勤工作,测量超2万人次。

2月10日 疗养院成立康复疗养机构相关制度起草专项工作小组,代拟《应急管理系统康复疗养机构相关制度(建议稿)》。经过几轮修改,7月17日正式成稿,由机关服务中心报应急管理部人事司。

2月11日 针对新冠肺炎疫情发出参加援鄂医疗队倡议书,并成立援鄂预备队,职工十分踊跃,共有60余人报名,第一阶段拟安排3名医务工作者参加援鄂(因武汉疫情得到有效控制,未实施)。

5月18—24日 疗养院纪委书记王蕾带队赴新疆乌鲁木齐和哈密两市,与新疆应急管理厅、新疆消防救援总队、新疆森林消防总队、新疆维吾尔自治区发展改革委、新疆生产建设兵团等17家单位和部门进行服务供需调研和相关业务合作洽谈,参加座谈会15场,并与12家单位达成合作意向。

5月 先后派遣5名医务工作者支援北戴河区一中、王庄中学等学校复课疫情防控工作。

6月2日 森林消防局航空支队8名飞行员来疗养院进行为期一周的疗养。

6月11日 国家能源集团新疆能源公司应邀派遣工会副主席带队来疗养院考察和交流学习。

6月12日 疗养院机关从医疗楼四层搬到会议中心楼三层。

7月20—23日 院长郭玉梅、纪委书记王蕾一行4人带队赴河南能源化工集团公司、郑州煤炭工业（集团）公司、平煤神马集团、平煤神马集团、汾西矿业集团、山西焦煤集团、同煤集团、西山煤电集团走访，征求到北戴河疗休养、举办会议培训和尘肺职业病治疗的意见建议，了解服务需求，商谈接待合作事项。

7月27—28日 应急管理部党委委员、副部长孙华山来疗养院视察。

7月 根据疗养院院区规划设计，实施电力设施改造和消防监控系统消除安全隐患项目（总控中心）、2018年粉尘危害治疗中心楼维修项目、2019年安排骨关节软组织损伤康复中心药浴室维修项目、会议中心危楼改造室内条件提升项目、自来水管线（主干线）改造项目。

8月13—18日 山西汾西矿业集团党委常委、董事、工会主席沙立杰一行9人来疗养院考察。

8月22日 中国煤炭科工集团劳模休养代表团26人来疗养院疗养。

8月31日 国家发展改革委北戴河区培训休疗养机构改革工作组到疗养院调研考察，确定疗养院下一步改革方向。

9月15日 应急管理部党委委员、副部长孙华山，机关服务中心主任王广湖到疗养院宣布王海泉任疗养院院长、党委副书记；免去郭玉梅院长、党委副书记职务。

9月25日 确定对花房进行改造，拆除花房西侧圆形部分和部分临时建筑，保留中部主体部分，增加部分面积，更换中空玻璃，采用谷电加热供暖。

9月26日 《中国疗养医学》杂志社社长变更为王海泉。

10月12—16日 承办新疆维吾尔自治区厅局级领导干部应急管理专题培训班，这是疗养院近年来承办职级最高的一期培训班。

10月25日 应急管理部副部长孙华山、机关服务中心主任王广湖、书记郝光宁在应急管理部本部听取了疗养院院长王海泉关于项目改造情况的汇报，重点报告了疗养院当前中央预算内项目、自筹资金项目及财政补助项目工程进度情况。

11月2日 疗养院院长王海泉任职后第一次召开全院职工大会，贯彻落实应急管理部党委和机关服务中心指示要求，并提出转变观念、转变作风、转变方式"三个转变"工作要求，树立热心、真心、耐心、尽心"四心"服务理念，落实用心、专心、细心、恒心"四心"工作要求。

是年 接待森林消防局大庆航空救援支队、森林消防局（北京、内蒙古、黑龙江、四川总队、秦皇岛支队）、辽宁铁法能源集团、中国平煤神马集团、山能集团、新疆能源公司疗养员1244名。

中国煤矿工人北戴河疗养院志

第一篇
环境与建制

本篇主要介绍1950年建院以来，疗养院院区环境变迁、体制机构沿革及房产地产购置、政府划拨、产权置换、公产房公产地确权等内容。

第一章 环 境

第一节 自然环境

应急管理部北戴河康复院（中国煤矿工人北戴河疗养院）位于河北省秦皇岛市北戴河区保二路13号，地理坐标为东经119°29′14.71″，北纬39°48′51.66″。距北戴河火车站12公里，距京沈高速公路入口3公里，距秦皇岛市区17公里，距秦皇岛机场29.4公里，距秦皇岛港22公里。院区位于北戴河海滨沿海岸线中心位置，南邻渤海湾，与北戴河象征与标志意义的老虎石浴场（公园）一路之隔，南大门门牌号为中海滩路7号，东面为北戴河最具代表性的近海商业街保二路；西邻具有国际现代水平与风格的平水桥公园、碣石园和莲蓬山公园；北倚著名的小工艺品集散地、商业中心石塘路市场。

一、自然条件

北戴河南临渤海，北倚联峰山，面积70.14平方公里。疗养院地处北戴河海岸线，北依燕山，南临渤海，自然环境优异。

1. 地质状况

北戴河地质构造复杂，地表露出形态各异的混合花岗岩，形成奇特的地貌。疗养院院区位于北戴河海岸线中心位置，地面自然标高为海拔0～2米，地表1～2米为黄沙土，下面为沙石板，土壤承载力为300千克/平方米。

2. 海滩、潮汐和水温

北戴河区海岸线全长15公里，漫长曲折、滩面平缓、沙软潮平，海水清澈。疗养院位于其中部最繁华地段，出门即是北戴河中海滩（老虎石）浴场，这里海底沙细柔软，无陡坡深沟，无礁石碎块；潮汐稳静，海水最高潮位248厘米，最低潮位-143厘米，平均潮差74厘米左右，平均波高0.5米；年平均表层水温12.0摄氏度，8月份最高达26.1摄氏度，1月份最低达-1.3摄氏度，不结冰。

3. 物产资源

北戴河及其附近地区盛产苹果、梨、桃、葡萄、山楂、枣、板栗、核桃等数十种干鲜水果，以及各种海产品、农产品；当地还有丰富的水泥、玻璃、铝材等物产资源。这里还是东北和华北的物资集散地，丰富齐全的物资完全可满足生产和生活需要。

二、气候特点

北戴河属大陆性暖温带半湿润季风气候，又因属于中国东部沿海季风环流区，受海洋的调节，具有夏无酷暑，冬无严寒，日照充足，雨量适中，湿润多风，气压稳定，气候宜人的海洋性气候特点。年平均气温8.8～11.3摄氏度，年平均降水

650~750毫米，6—8月降水量占全年总降水量的74%；空气湿度较大，年平均空气相对湿度63%左右；全区无霜期180天，结冰期107天。

春季（3—5月）为全年风力最大的季节。季平均气温9~12摄氏度。日照长，回暖快，风速大，蒸发多，降水少是本季的气候特点，此期间是春游踏青的好季节。

夏季（6—8月）气温相对较低，平均气温22~25摄氏度之间，相对湿度在80%，加之海风习习，最热天也无炎热之感。凉爽宜人的气候，是北戴河成为驰名中外的避暑胜地的重要因素之一。

秋季（9—11月）持续时间短，平均气温9~13摄氏度，昼夜温差小。天高气爽，能见度极佳，是观日出的最好时节。

冬季（12—2月）气候寒冷干燥，季平均气温-3~8摄氏度，日间气温多在0摄氏度上下，最大积雪厚度13厘米。

三、疗养因子

疗养院所在海滨地区具有得天独厚的康复疗休养因子。

一是绿化率高、噪声低，幽静、清新的环境对神经系统有很好的调节作用。北戴河避暑区绿化覆盖率达到58.5%；远离工业区，噪声低，中值44.9分贝。

二是阳光充足、空气中负氧离子含量高、海沙富含矿物质，日光浴、空气浴、热沙浴治疗效果显著。北戴河年均日照时数2700~2850小时；空气中除含有氧、碘、氯化钠等化合物外，负氧离子密度达到4000个/立方厘米，高于一般城市10~20倍；北戴河海沙中还含有丰富的钠盐和镁盐，吸湿性强，干燥缓慢。

三是温湿度适宜，气压稳定，有利于提高机体的抗病能力，促进对早期高血压和神经系统疾病的康复。由于海陆风的调节，夏季一日中高温的时间十分短暂，年平均相对湿度65%左右，气压稳定，年平均为1016.6百帕。

四、疗养主要适应症

神经系统疾病：神经衰弱、周围神经系统疾病、神经炎、植物神经功能紊乱及各种神经痛等。

呼吸系统疾病：非结核性呼吸系统疾病慢性气管炎、支气管哮喘、轻度肺气肿（无并发肺心病者）；Ⅰ、Ⅱ期硅肺。

消化系统疾病：弥漫性和局限性胃炎、慢性胃肠炎、十二指肠炎、非急性恶化期的胃及十二指肠球部溃疡（但必须处于静止期，无出血倾向，无幽门狭窄患者）、胃下垂、便秘、腹泻、胃黏膜脱垂。

风湿性和类风湿性关节炎：以非急性期或急性期发作数日内为宜，风湿性肌痛、腰肌劳损。

其他疾病：高血压但无脑、心、肾等器质病变及血管硬化者（血压一般在180/100毫米汞柱以下）；术后或伤后恢复期及外伤后遗症、营养不良性贫血、糖尿病。

第二节 社会环境

一、北戴河区基本概况

避暑胜地北戴河，位于河北省东北部，距北京正东279公里，属秦皇岛市辖区，行政区面积112.45平方千米，京山、京秦、津秦、大秦铁路和102国道、205国道、京哈高速公路、沿海高速公路横贯境内，是连接东北和华北的交通要冲。北戴河区下辖戴河镇、海滨镇、牛头崖镇和东山街道、西山街道，截至2018年末，北戴河区常住人口121950人。

北戴河区于1898年被清政府辟为"允中外人士杂居"的避暑区，是闻名中外的旅游度假胜地，还是英雄模范人物和外国专家休疗养区。拥有海洋、森林、湿地三个主要的生态系统，有联峰山、鸽子窝、中海滩三大风景群组等40余处景观，还有各级各类驻区休疗养院、培训中心159家，是中国规模最大的休养疗养基地和会议培训中心。自20世纪50年代起，党和国家领导人暑期在北戴河办公、休息。同时，北戴河还是中国四大别墅区之一，存有百年老别墅135栋。

北戴河经济以旅游业为主，2017年，北戴河区生产总值完成58.54亿元，增长7.6%；全部财政收入完成12.85亿元，增长57.7%；城镇居民人均可支配收入完成37981元，增长8.2%，农村居民人均可支配收入完成17853元，增长8%。

二、解放前的北戴河

清光绪十九年（1893），建筑津榆铁路的英籍工程师金达在测量路线时，看到这里风光秀丽，沙软潮平，气候宜人，是海浴和避暑的好地方。经过他在天津的广泛宣传，英、美等国传教士、使馆人员及中国的达官贵族接踵而来。最先在海滨建楼房别墅的是英传教士甘林；中国官僚资本家也闻风而动，争先在这里购地。光绪二十四年（1898）三月，清政府划定戴河以东至金山嘴（实为鸽子窝）向内3华里，为避暑地，准中外人士杂居。

光绪二十六年（1900）以后，一些国家的公使每逢夏季都前来避暑。民国元年（1912）开始，北洋政府的一些上层人士每年来北戴河消夏，并在这里大兴土木。

民国6年（1917），津榆铁路支线（北戴河站至海滨）通车，中外人士来海滨避暑者随之增多。民国7年（1918），公益会成立，筹措款项，规划市政，修筑道路，开辟公园，整修古迹，设立医院，兴办教育。民国10年（1921），赤土山机场投入营运，有飞机往返北平—海滨之间，至民国11年（1922），海滨的金融、邮电、商业饮食服务业已初具规模。民国13年（1924），避暑房舍增至526幢，其中四分之一为中国人所建。前来避暑的中外人士越来越多，据统计，外国游人来自64个国家。当时，北戴河海滨已成为华北胜境。到民国24年（1935），来这里避暑的中外人士达18313人。

民国25年（1936），林伯铸任北戴河风景区管理局局长，林伯铸勾结日本人和朝鲜人及中国社会闲散人员，盗伐树木，挖沙卖地，几年间，把避暑区破坏得面目全非。民国29年（1940），日本改铁路宾馆为华北交通株式会社社员休养所，暑期接待日、中高级职员休养。1941年太平洋战争爆发后，英、美侨民被遣返回国，596幢中外房产被日本霸占，避暑者锐减。民国34年（1945）日本投降，国民党接收后，以检查房产为名，查封楼房，搜刮财物，大量盗伐树木，避暑区遭到空前的洗劫。来这里避暑者寥寥无几。

三、新中国成立后的休疗养事业

1948年11月，北戴河解放，避暑区获得新生。1949年，人民政府接管中外别墅719幢，总建筑面积29.57万平方米。其中，外国人别墅483幢，建筑面积21万平方米，涉及美、英、法、意、德、日、比利时、希腊等26个国籍379户；中国人172户，别墅236幢，建筑面积8.5万平方米。人民政府利用接收的中外避暑楼房，兴办起人民的休养、疗养事业。

1949年6月，在铁路宾馆旧址建起了第一家工人疗养院——中国铁路总工会北戴河肺结核疗养院（1952年迁往外地），有床位100张。1950年，中国煤矿工人北戴河疗养院、北戴河外交人员休养所、共青团中央机关北戴河休养所、天津干部北戴河休养所、北京军区北戴河疗养院开办，共有床位450张，接待休养人员2160人次（其中外国人160人）。从1951年开始，承接疗养任务，实行休养、疗养并举。1960年，休养、疗养院（所）发展到35所，其中有中央10所，军事系统4所，地方（外省市）9所，工会系统12所。新建楼房面积20万平方米，床位增至8198张。年接待23717人次，其中休养员11425人次（有外国人1550人次），疗养员12292人次。1960年前，接待的主要对象为劳动模范、战斗英雄和先进生产（工作）者。1960年以后，部分休养、疗养院（所）开始接待患有慢性病的干部职工，进行系统医疗。"文化大革命"期间，休养、疗养事业遭到错误批判，1968年全部院（所）关闭停办，工作人员大部分到"五七"干校劳动锻炼。昔日幽雅的休养、疗养院（所）杂草丛生，一片荒凉。到1977年5月，原有院（所）全部复办。

1979年，北戴河的休、疗养事业进入发展的新时期，扩建和开辟了新的疗养区，新建了一批休、疗养院（所）。各院（所）加强了医务人员，更新了医疗器械，增置了文化娱乐设施。

四、改革开放后旅游业的发展

1979年，国务院决定北戴河对外开放。1984年，秦皇岛被确定为进一步对外开放的沿海14个城市之一。1986年，国家旅游局把北戴河列入重点发展的北京旅游范围。此后，北戴河的别墅、宾馆、饭店、商店如雨后春笋般矗立起来。旅游景观形成鸽子窝景区、碧螺塔景区、中海滩景区和联峰山景区四大群组，以及辐射至山海关、南戴河、黄金海岸等风景名胜区。2018年，北戴河全年接待中外游客达920.43万人次，辖区景点门票收入16208万元。

2019年底，全区共有休、疗养院（所）约159个，总占地面积达5.6431平方公里，占城市区面积的38.28%。

第三节 院区环境

一、名木古树

疗养院内的树木，有原始野生的，也有人工种植的。新中国成立前，这里住的是英、美、俄、德、日等国资本家，当时就种植了很多名贵树木。疗养院建院后，历届领导都十分重视绿化工作，带领全院职工种植了大量的松树、柏树，以及成亩的苹果、桃、柿子、核桃等树木。几十年后，松柏成林，四季常青，绿地覆盖率占应绿化面积的100%，院区环境更加优雅。

截至2019年底，院内有油松、黑松、马尾松、虎皮松、铅笔松、雪松、刺柏等常绿乔木533棵，五角枫、洋槐、红花洋槐、法桐、青桐、杨树、柳树、柞树、榆树、木槿、合欢、美国火炬、麻栎等28种落叶乔木151棵，其中百年树龄的比比皆是；有丁香、榆叶梅、紫莉、紫薇、猕猴桃等常绿落叶灌木17种260株；紫藤、猕猴桃、啤酒花等灌木植物8种198株。

1. 龙爪槐

院区一株200年以上树龄的龙爪槐，冠高4米，远望犹如一个绿色蘑菇叩于地面，走到近前可见其枝蔓蜿蜒相蟠，群龙共聚有腑有昂，撑起了半球状叶冠，身居其下，仿佛是一把巨大的太阳伞，坐卧在

10号楼东。

2. 银杏树

紧邻龙爪槐一棵120年树龄的银杏树，它从不结果，却在身下长出一棵小银杏树，专家考证称是百年大树产子，它们是"父子树"，堪称一绝，被秦皇岛载入史册，记为"母子树"。院内还散落有5棵近百年的银杏树，它们年年结下红澄澄的银杏果实。

3. 柏树

安全培训楼门前两棵大柏树，树龄也在100年以上，苍劲挺拔，历尽春夏秋冬，总是翠绿叶茂。

4. 白绢梅

安培楼东一株白绢梅已有百年历史，可它纤弱柔美，树干直径只有15.6厘米，每年"五一"都盛开5.6厘米大的5瓣洁白梅花，显示出那圣洁与高雅。它是北戴河区唯一的一棵白绢梅，被市、区列为重点保护的名贵树木之珍品。

为保护这些古树，在1985年翻改建时，建筑躲让树木，北餐厅避开百年以上油松、丁香进行建筑设计，北区14号楼则围树而建。

2002年12月20日，疗养院取得北戴河区人民政府颁发的1026株风景林木的所有权和使用权证，区有关部门制作名木古树标牌30多块。

二、草坪花卉

疗养院建院时就有很多花卉和大面积草坪，有花工专门负责维护和养育。

1984年，成立了绿化组，进行养花、种草和树木修剪维护。

1985年，疗养院第二次全面翻改建后，提出黄土不露天，全面立体绿化工作目标，当时全院职工齐上阵，清除建筑垃圾，平整土地，种植草坪。

1986年，疗养院开始养育菊花，并进行大量培育。1987年在院内首次向疗养员及来客举办了菊花展。1990年11月5—15日，参加秦皇岛市举办的首届菊花展，疗养院100余盆优良品种菊花参加了展出；经专家评选，疗养院"金田洗马""古佛普团"独本菊荣获秦皇岛市二等奖，"丹碧雄狮""嫦娥舞"获秦皇岛市三等奖。秦皇岛市绿化办在11月14日为疗养院颁发了奖状和荣誉证书。

1987年，疗养院内育有各种花卉100多种17300多盆，有草坪26000平方米。

2001年，植草坪8000多平方米。

2002年，种植、补栽草坪25000多平方米，养花16000盆，地面植灌木、花草26处。每年都要对草坪进行修剪补种、更新，不断繁殖花草，修补绿篱、补栽树木。

2011年，新植草坪4000余平方米、种花卉近万盆。

2015年，全年栽种各种草花万余盆，补种草坪3600多平方米，修剪树木150棵，移栽树木18棵，栽种藤本月季、蔷薇550棵，栽种嫁接月季、桂花树16棵，养护修剪草坪27000平方米，修剪绿篱2400延长米，全院树木病虫害消杀防治5次。

2018年5月，栽植草坪4900平方米；6月，栽植草坪1455平方米。并对院区进行了专业绿化养护，实现了全院绿地、花木全覆盖。

1987年起至2019年底，年均繁殖草本花卉15000盆左右。

每年除养护和种植树木、花卉和草坪外，还在园林小品上栽种葡萄、布藤萝架，在池塘养鱼、林间养鸟。

三、环境美化

建院初期，疗养院由大小十几栋别墅组成，每一栋别墅周围都留下了大小不

一、风格各异的绿化区，为疗养院的庭院美化工作打下了很好的基础。

1954年，疗养院第一次扩建后，进行了大规模的绿化，新植松树145棵；在北区、10号楼东侧，以及北花窖前建造了池塘、凉亭，供休疗人员休闲观赏。

1983—1988年，第二次翻改建时，在建筑规划上坚持以不影响绿化为原则，为保住古树，有几座建筑都是围着树木而建（如北餐厅、14号楼）；将北区池塘与凉亭改为假山和草坪，在北餐厅西侧建设休闲长廊和鱼池，在南区5号楼西侧建设园林景观静心园，建有假山、鱼池、凉亭、葡萄架和长廊；又从南方引进了一批雪松、紫荆等名木花树，补栽在新建筑物周围；在空地上栽种草坪，做到黄土不见天。改建完工后，院内绿树常青，季季有花。

1991年，购置了形象逼真的汉白玉子母鹿、山羊，分布在北区草坪。

2000年，利用基建拆下的水泥杆整修了藤萝架，南大门改造时，1号楼东的两棵松树移栽到8号楼门前。

2003年，为了迎接秦皇岛市绿化、美化、净化、亮化"五星级"单位的评比，疗养院先后对全院的花草树木、绿篱草坪再一次规划，改变了过去满院到处摆盆花、草花的做法，投资1万元从凤城县购买了10个欧式大花盆摆到东、南大门、办公楼、酒楼、北区主要路口，按季节更换花草，提高了疗养院的绿化档次。为"五星级"绿化园林单位验收顺利通过打下了基础，受到区、市领导的好评。

2004年，安培楼建成后，重新布置了周边的绿化，在南、西、北侧修建了花池、种草坪，对东侧树林清除杂草，用生态砖硬化。安装铁艺休闲椅子6把，花岗岩桌子2张。同时在藤萝架下也安装了6把铁艺休闲椅，1张花岗岩桌子。与原10号楼旧址相应形成了一个天然林园，供客人休闲，投资10余万元。

2005年，院内道路改造，同时对绿化进行了认真的布局，将原网球场东部的大黄杨球，分布到8号楼东3棵油松、2棵黄杨球，栽种了小黄杨绿篱、紫色小菠、金叶女珍、紫叶桃、月季花等草木本植物。西侧保留了3棵古松、1棵白（虎）皮松，北部借小林园的风采使疗养院的整体绿化再上档次。

2018年3月，在院主干道路两侧栽植西府海棠86株，北美海棠21株，樱花46株；安培楼门前种植白玉兰2株；12号楼前坪种植红玉兰2株；院南门种植黄玉兰2株；6月，栽植紫玉粘28400株，金娃娃23700株，花玉粘2000株，八宝10500株，三七27200株，绣线菊1000株。

2018年7月7日起，疗养院园林绿化养护工作外包给秦皇岛开发区太荣苗木种植基地。

四、绿化成果

疗养院的绿化历史历经百年沧桑，从北戴河被辟为避暑胜地起，英、美、法、日、俄等国家商人就开始在这块土地上修筑别墅、栽花、种草、植树，留下了一批名木古树、奇花异草。新中国成立后，疗养院70年来，每年除了养护好遗留的珍贵树木，还适时不断补充增添新的花草树木，保持绿化的旺盛。

1986年，被评为北戴河区绿化先进单位。

1987年，被树为北戴河区绿化"样板庭院"。

1988年、1989年，被评为北戴河区绿化、美化先进单位。

1990年，"七五"期间被评为秦皇岛市绿化先进单位。秦皇岛电视台录制绿化专题片《风光这边独好》，是一部专题介绍疗养院绿化的片子。

1991年、1992年，被评为秦皇岛市绿化先进单位。

1993—1996年，被评为秦皇岛市"园林式单位"。

1996年，在秦皇岛市菊花比赛中获专项品种二、三等奖各1个，特殊品种奖1个。

1997年，被评为省级"园林式单位"。

1998—2005年，一直保持省级"园林式单位"。

2004年，评为秦皇岛市绿化、美化、净化、亮化"五星级"达标单位。

2005年，获市级庭院绿化"银杯奖"。

2006年，获秦皇岛市"单位庭院绿化改造活动"银杯奖。

2007年，被评为秦皇岛市创建全国绿化模范城市先进单位。

2008年，被评为秦皇岛市"全国绿化模范城市"先进单位、北戴河区美国白蛾防治和垂直绿化工作先进单位。

2010年，被评为北戴河区绿化先进单位。

2011年，被评为河北省省级卫生单位。

2012年，被评为北戴河区绿化先进单位。

至2019年底，有常绿乔木10种534棵，落叶乔木28种148棵，落叶花灌木5种52棵，常绿灌木6种79棵，常绿植物9种298株。绿篱2500米、草坪35000平方米、花坛300平方米、花带350米、水面150平方米。应绿化面积100%，绿化覆盖率61%。截至2019年底疗养院内树木统计见表1-1-1。

表1-1-1 截至2019年底疗养院内树木统计表

序号	名称	属类	数量（棵/株）	序号	名称	属类	数量（棵/株）
1	油松	常绿乔木	219	17	核桃树	落叶乔木	3
2	黑松	常绿乔木	18	18	龙爪槐	落叶乔木	15
3	松柏	常绿乔木	18	19	国槐	落叶乔木	3
4	侧柏	常绿乔木	166	20	柳树	落叶乔木	6
5	龙柏	常绿乔木	86	21	麻栎	落叶乔木	2
6	马尾松	常绿乔木	1	22	柞树	落叶乔木	2
7	白皮松	常绿乔木	15	23	青桐	落叶乔木	1
8	铅笔柏	常绿乔木	2	24	山楂树	落叶乔木	2
9	雪松	常绿乔木	8	25	柿子树	落叶乔木	1
10	刺柏	常绿乔木	1	26	黑枣树	落叶乔木	1
11	银杏	落叶乔木	6	27	榆树	落叶乔木	3
12	亚角枫	落叶乔木	6	28	红花洋槐	落叶乔木	2
13	洋槐树	落叶乔木	40	29	杏树	落叶乔木	1
14	臭椿	落叶乔木	1	30	桃树	落叶乔木	3
15	法桐	落叶乔木	2	31	合欢	落叶乔木	3
16	板栗树	落叶乔木	6	32	木槿	落叶乔木	8

表 1-1-1（续）

序号	名 称	属类	数量（棵/株）	序号	名 称	属类	数量（棵/株）
33	美国火炬	落叶乔木	6	52	连翘	连翘灌木	4
34	杜栗子树	落叶乔木	1	53	剑麻	常绿灌木	5
35	杨树	落叶乔木	3	54	竹子	常绿灌木	100
36	海棠	落叶乔木	6	55	石楠	常绿灌木	2
37	蓉花树	落叶乔木	10	56	葡萄	灌木植物	8
38	石榴树	落叶乔木	4	57	凌霄	灌木植物	16
39	丁香	落叶灌木	15	58	紫藤	灌木植物	6
40	碧桃	落叶灌木	6	59	中国地莓	灌木植物	6
41	香椿	落叶灌木	1	60	美国地莓	灌木植物	50
42	榆叶梅	落叶灌木	1	61	蔷薇	灌木植物	100
43	侧柏球	常绿灌木	3	62	猕猴桃	灌木植物	2
44	刺柏球	常绿灌木	1	63	啤酒花	灌木植物	10
45	大叶黄杨球	常绿灌木	25	64	白绢梅	灌木植物	1
46	小叶黄杨球	常绿灌木	35	65	西府海棠	小乔木	86
47	紫莉	落叶灌木	30	66	北美海棠	落叶小乔木	21
48	紫薇	落叶灌木	20	67	白玉兰	常绿乔木	2
49	金银花	落叶灌木	1	68	红玉兰（紫玉兰）	落叶灌木	2
50	爬地柏	常绿灌木	10	69	黄玉兰（金玉兰）	常绿乔木	2
51	紫叶李	常绿灌木	1	70	樱花	乔木	46

第二章 体制与机构

第一节 建院沿革

一、疗养院的建立

1. 背景

解放前的北戴河建有大片别墅楼，是外国资本家和中国封建官僚等奢侈享乐的天堂。1948 年 11 月 23 日，辽沈战役取得决定性胜利后，11 月 26 日北戴河迎来新生。很快，一些对革命有过贡献的病老残者由当时中共中央所在地河北平山县小米峪组织部招待所，迁往环境气候更有利于养病休息的北戴河。

1949 年 6 月，中央组织部疗养院组建，开始他们住在同福饭店，后在东联峰山接受和买下 100 多栋别墅，并迁往别墅区。与此同时，全国工会系统，中央的一些部委和北京市、天津市与河北省的一些机关单位，在学习苏联，为广大工人干部谋健康福利的形势下，纷纷在北戴河建立劳模休养所和疗养院。1949 年 6 月，中国铁路总工会接受"华北交通株式会社社员休养所"（建于民国22年的原铁路宾馆），成立了北戴河解放后第一个行业疗养院——中国铁路总工会北戴河肺结核疗养院。

2. 建院

根据煤炭工业的特点，矿工由于长期在井下高粉尘环境下作业，许多矿工患有煤工尘肺，后期往往伴有肺结核，而且由于常年得不到充足的阳光，井下潮湿，患其他职业病的也较多。中华人民共和国成立后，党和政府对煤矿工人十分关心，决定为煤矿工人在北戴河成立专门的疗养院。

1950年4月，在中央燃料工业部部长陈郁指示下，中央燃料工业部煤炭管理总局决定在北戴河选址筹备建立疗养院。中央燃料工业部指示煤炭管理总局到北戴河选址建疗养院。煤炭管理总局联系了开滦矿务局和秦皇岛市长城煤矿，拟从上述两单位在北戴河海滨的房产中进行选择。

1950年5月1日，当时的煤炭管理总局行政处王树林和刘静周二人受总局委派，乘坐1天火车，于傍晚到达北戴河。他们首先查看了开滦矿务局和秦皇岛市长城煤矿提供的房产，不是房屋小而分散，就是地理位置和环境不好。一天清晨，二人在沿海的小路散步时，在紧邻老虎石的海滩边，发现了同福饭店。这是一座有111间客房和餐室的二层楼房，系由英国商人槟士、铁落二人于1884年建造，以后他们将房屋及周边的1.65亩土地，售予天津同福公司用于旅游接待。

1931年7月30日，天津《益世报》"海滨专页"曾做过这样的描述："同福饭店股东是中国人，经理是西方人，规模较大，设备较周，位临海边，凉风飒飒，住于是者，飘飘欲仙矣"。1947年，同福公司又将此处转让给天津华兴公司代表冯学文。

王树林二人查看了房屋并从看门人了解，同福饭店因战乱年久失修，破败不堪，已无人居住，完全没有了往日的喧闹，房主人现居天津，在北京东安市场经营商铺，欲将此处转让。王树林等返回北京后，很快将情况向煤炭管理总局做了汇报。不久，王树林受煤炭管理总局委托，与同福饭店的产权人天津华兴公司代表冯学文进行房产转让谈判。由于当时全国刚解放，币值上下波动较大，因此用布匹做中间价，将同福饭店作价为楼房、下房价值2500匹，屋内家具及一切设备价值870匹，合计3370匹。按《人民日报》登载的牌价折合交付现金后，煤炭管理总局购买了同福饭店全部产权。

房产购入后，煤炭管理总局安排两人看守房屋，并制定了维修计划。

1950年7月底，筹建人员来到北戴河，与从秦皇岛长城煤矿抽调的部分人员一起，经过10个月的房屋简单修缮和人、财、物等方面的准备，辟出床位50张，成立了国营煤矿职工疗养院。申守银为第一任院长，职工44人，其中医务人员23人。

1951年5月，正式开始接待疗养人员，疗养对象主要是患有肺结核及一般慢性病的煤炭管理总局机关及煤矿一线的职工。

1951年，燃料工业部煤炭管理总局以〔1951〕煤人字第1739号文件转发中央燃料工业部〔1951〕燃人字第1042号文件，对《国营煤矿职工疗养院组织规程》做了批复，就疗养院隶属关系、办院宗旨、机构设置和人员配备等做了规定。明确："中央燃料工业部煤炭管理总局依据各室处组分科规程第二条之规定，设立国营煤矿职工疗养院（以下简称本院）"，"本院设院长一人，受总局及总工会之领导综理全院事物"。

1953年，国营煤矿职工疗养院更名为中国煤矿工人北戴河疗养院。

1958年北戴河会议后，国务院要在北戴河建立办公基地，想收回疗养院，院长申守银到北京中央找朱德总司令进行汇报，后经朱德总司令和周恩来总理商量，同意留下疗养院，供煤矿职工疗养。

3. 疗养院南迁

从1950年建院至1965年，疗养院规模逐渐扩大，接待人数从1951年的40人上升到1965年的3100余人，15年共接待煤炭系统的疗休养员41000余人，其中休养16000多人。

1965年，煤炭工业部给疗养院任命了新院长，结束了行政工作由副院长代理负责时期；疗养院党总支被批准升级为党委，新任命了党委书记；疗养院职工人数也由1951年的41人增加到114人。

1966年5月16日，正当新一届疗养院领导班子带领职工阔步前进，疗养事业蒸蒸日上之时，中央下发了关于开展"无产阶级文化大革命"的通知，随即"文化大革命"运动在全国轰轰烈烈开展起来。这场运动的暴发，对疗养院的事业发展产生了重大的影响。

一是疗养工作受到批判。"文化大革命"运动的开展，受"极左"思潮的影响，疗养院和疗养工作遭到无情批判，疗养院被说成是"修正主义大染缸""封资修的温床"，职工疗养"越养越修"……疗养工作受到冲击，疗养院的办院方向也被扭转，1966年11月10日，有关方面提出要把疗养院办成"毛泽东思想大学校"。

二是各局矿因开展运动不能派出疗养员。"文化大革命"期间，全国所有煤矿都实行"军管"，以保证"原地闹革命"和"抓革命、促生产"，各矿务局和煤矿外派疗养员的难度增加，多数单位都不能按时选派疗养员。

三是疗养院内部因运动造成混乱，无暇接待疗养。1966年8月，"文化大革命"运动波及疗养院，职工队伍分成两种不同观点的群众组织，党委基本瘫痪，行政指挥相对失灵。受职工影响，疗养员也分为两派。1967年，疗养院成立了"革命委员会"，院长邢志钧任主任，王景隆和曹梦日任副主任。1967年2月23日，疗养院民兵连对俱乐部有线广播实行了管制；5月5日，发生了疗养员失踪9天的事件。

为集中精力搞好运动，疗养院于1966年8月31日以〔1966〕北煤院字第11号文件向当时的上级机关煤炭工业部办公厅上报了《关于立即停止收容疗养员的报告》。在征得上级和地方党委同意后，疗养院电报通知各有关单位，从9月5日起停止接收疗养员，在院疗养人员9月15日前陆续回矿。

四是响应号召支援"三线"建设。1969年5月28日，为响应中央"抓革命、促生产，备战备荒为人民"的号召，支援"三线"建设，煤炭工业部决定将疗养院成建制搬迁到湖南涟源，组建湖南省涟邵矿务局煤炭医院。"文化大革命"期间，全国887处疗养院（所），98000多张床位几乎全部停办；特别是总工会疗休养事业遭破坏最为严重，改变性质、改变所有权和改做其他用途现象十分普遍，大部分疗休养房屋被占用，设备被运走，人员调出或下放。

疗养院停办后，煤炭工业部办公厅将疗养院革命委员会主任等人调往北京具体商议疗养院人员去向安排，当时提出两个方案：一是就地疏散到当地农村参加农业劳动；二是整建制迁往湖南涟源，组建湖南省涟邵矿务局煤炭医院。最终确定了第二套方案。疗养院的大部分人员都搬迁到湖南，所有医疗设备和部分床铺、被褥等也必须带到新单位。为做好搬迁工作,煤炭工业部办公厅派行政处孙勇到北戴河进行分配,疗养院革命委员会负责具体工作。当时全院有职工117名,除29名因特殊原因不能随迁和5名留守人员外,其余83名职工和设备分两批搬迁到了湖南省涟邵矿务局煤炭医院。

4. 留守

疗养院主体南迁后,安排5名人员负责留守,分别是负责人郭进明,会计胡兆铭,电工李玉岩,管道工杨树发和木工张进。留守期间,根据工作需要又调入园艺师姚维群到疗养院,后张进因病去世,留守人员仍为5人。此期间,留守人员先是隶属于煤炭工业部办公厅领导,煤炭工业部撤销后,又隶属到燃料化学工业部办事组。同时,上级又安排了北京矿务局代管疗养院。留守期间的工作任务,主要是负责院区和东山所的安全保卫、果园管理和种地,以及设施、设备的平时维护维修等。

留守期间,疗养院内还先后驻扎过两支解放军部队,分别是北京军区工程兵115团番号4709部和北京军区工程兵4745部队。

1969年1月27日,中苏发生珍宝岛之战,全国战备形势紧张,毛泽东主席发出了"深挖洞、广积粮、不称霸"的号召。为响应毛主席号召,4709部于1970年奉中央军委命令开赴北戴河,在金山嘴执行军事施工一期任务,其一线连队入驻东山,团部则从3月至11月进驻疗养院。该部队在施工中,班长杜治贤为营救新战士王太平壮烈牺牲,被部队追记一等功,为表彰英雄事迹,部队在疗养院俱乐部召开了向杜治贤英雄学习大会,中共中央政治局候补委员、北京军区政委李雪峰、副政委张南生参加了大会。

1971年3—11月,4745部在执行金山嘴军事施工后续任务时,团部也驻扎在疗养院。部队驻防期间,维修、供暖服务由疗养院留守负责,部队派员协助,所需材料、燃料等由部队提供。

此外,留守期间秦皇岛市还在疗养院俱乐部召开过两次学习毛主席著作积极分子大会。

疗养院南迁到湖南涟源后,因多数为北方人,生活不习惯,提出返回北戴河未果,经多渠道努力后,一小部分陆续回到北戴河的一些单位。1977年,"三线"建设基本告一段落,煤炭建设重点向北转移至山东、唐山开滦等地,为解决水土不服,余下的多数随基建队开往唐山,组建开滦基建工程处。

5. 恢复建院

1972年春,燃料化学工业部办公厅孙勇因身体原因到北戴河小住休养,来后看到了破败不堪的疗养院,甚至很难找到一扇完整的门窗。已退养休息的老院长申守银对他痛心地说:"再这样下去,这个煤矿工人的疗养院就完了!"他希望孙勇能在部里帮助呼吁,尽快重建疗养院。

孙勇回京后,积极帮忙协调疗养院恢复建院事宜,首先将情况向部办事组领导及部党组成员主任刘祺瑞汇报,经部党组研究后同意恢复建院,并指派行政处孙勇具体负责疗养院的恢复重建工作。

1972年8月,京西疗养院院长李润兼任疗养院院长,书记杨景芳兼任疗养院支部书记,他们向燃料化学工业部申请拨款,拟筹备疗养院重新开院。随后,燃料化学工业部和北京矿务局分别成立了疗养院恢复建院办理组和工作组,负责维修和筹备重新开院事宜。

1973年10月16日,燃料化学工业部与北京矿务局组成工作小组,组织燃料化学工业部有关基建、设计、财务、卫生等技术人员到北戴河,进行恢复开院调查。

1973年11月，经过一年多的建设，疗养院已基本具备开院条件，11月7日，燃料化学工业部致函秦皇岛市革命委员会和北戴河区革命委员会，正式恢复中国煤矿工人疗养院。

重新开院后的疗养院于1974年开展接待疗养，疗养对象主要为各企业先进生产者和部分体弱的领导干部，尤以煤矿工人居多，不接待传染病患者和重病号。由于当时疗养餐厅尚未正式竣工，按上级"边疗养、边建设"的指示精神，到北戴河疗养的煤矿职工还要参加疗养院的建设劳动。

恢复建院后，疗养院经过1984—1988年第二次翻改建及以后多年不断的建设，形成了设施优良、服务完善、功能齐全的康复疗养机构。

2015年开始，根据中央休疗培训机构改革精神，北戴河休疗养培训机构列为改革范畴，疗养院作为北戴河休疗机构代表也在改革范畴中。

二、行政隶属沿革

1950年建院时，疗养院隶属于中央人民政府燃料工业部煤炭管理总局，主要接收患结核及一般性慢性病的人员疗养。

1952年，疗养院开始接待煤炭系统劳模休养，在休养工作方面，受中国煤矿工会全国委员会领导，主管部门为劳保部。

1953年3月4日，政务院明令秦皇岛市海滨区不允许接待传染病患者，疗养院主要接待慢性病疗养和劳模健康休养，归燃料工业部煤炭管理总局和中国煤矿工会全国委员会共同管理。

1955年7月，燃料工业部撤销，国家设立煤炭工业部、电力工业部、石油工业部，疗养院隶属于刚成立的煤炭工业部。休养工作仍归中国煤矿工会全国委员会领导。

1955年10月11日，中华全国总工会设立北戴河集体劳动保险事业管理处，负责北戴河产业工会疗养院的管理，为疗养院的属地管理机构，疗养院受煤炭工业部和北戴河集体劳动保险事业管理处共同管理，疗养院院长申守银兼任管理处第二处长。

1958年，中国煤矿工会全国委员会以〔1958〕煤会财产第93号和〔1958〕煤会财字第104号文件通知，将疗养院移交河北省工会联合会接管。疗养院院长申守银就此事向煤炭工业部办公厅汇报，部有关领导口头指示疗养院仍由煤炭工业部直接领导，但由于没有文字批示，疗养院受地方（河北省工会联合会）和中央（煤炭工业部）双重领导。

1961年4月27日，煤炭工业部行政司致函疗养院，表示不同意疗养院交地方领导，今后仍由煤炭工业部管理，主管部门为办公厅。

1970年1月，煤炭工业部撤销，石油、煤炭、化工三部合并成立燃料化学工业部，疗养院隶属于新成立的燃料化学工业部。

1972年8月，燃料化学工业部将疗养院划归北京矿务局代管，并筹备重新开院事宜。

1973年11月7日，燃料化学工业部办公厅以〔1973〕燃办字第2166号文件致函秦皇岛市革命委员会和北戴河区革命委员会，正式恢复疗养院。恢复后的疗养院仍然沿用原名称中国煤矿工人北戴河疗养院，为独立核算的事业单位，隶属于燃料化学工业部，级别为县团级。

1975年1月，燃料化学工业部撤销，疗养院隶属于重新成立的煤炭工业部，由办公厅主管。

1988年4月，煤炭工业部再次撤销，

疗养院由新组建的中国统配煤矿总公司管理，单位性质仍为事业单位，但实行企业化管理。

1993年3月，中国统配煤矿总公司撤销，疗养院又隶属于再次组建的煤炭工业部，由机关服务局主管。

1998年3月，煤炭工业部再次撤销，在国家经济贸易委员会下设主管煤炭行业的国家煤炭工业局，疗养院转隶至国家煤炭工业局。同年9月，国家煤炭工业局以煤企改字〔1998〕第422号文件通知，将疗养院交由美迪国际旅行社经营管理。10月25日，国家煤炭工业局明确北戴河、大连、昆明疗养院为局属事业单位。

1999年12月，国家煤矿安全监察局成立，与国家煤炭工业局一个机构、两块牌子。2001年，撤销国家煤炭工业局，在原国家煤炭工业局和国家经贸委安全生产局的基础上，成立国家安全生产监督管理局，与国家煤矿安全监察局合署办公，疗养院转隶至国家安全生产监督管理局（国家煤矿安全监察局）。

2002年3月，疗养院在河北省卫生厅进行登记注册，取得医疗机构执业许可证，确定为非营利性医疗机构。

2005年2月，国家安全生产监督管理局升为国家安全生产监督管理总局，疗养院隶属于国家安全监管总局，为其直属事业单位。

2018年，国家机构改革，国家安全生产监督管理总局撤销，组建应急管理部，疗养院划归应急管理部管理。

2019年7月26日，应急管理部党组授权部机关服务中心管理疗养院。

三、主名称沿革

1950年建院时，疗养院职能主要是接待煤矿职工包括肺结核在内的慢性病疗养，名称为"国营煤矿职工疗养院"。

1952年，疗养院开始接待中国煤矿工会全国委员会组织的煤炭系统劳模休养，对院名变更有过几种方案，短暂使用"中央燃料工业部煤炭管理总局职工疗养院"名称。

1953年，接上级通知，疗养院停止肺结核疗养接待，开始荣誉健康疗养和非传染性慢性病疗养接待工作。1953年2月23日，中国煤矿工会通知，疗养院正式更名为"中国煤矿工人北戴河疗养院"。1953年3月17日，中国煤矿工会主席陈庚夫在疗养院召开干部大会，就院名变更进行说明时谈到，"更名中国煤矿工人北戴河疗养院，是代表工人阶级的，不应分国营、私营（指原名称），而煤炭总局疗养院，又带有机关性质，因此取名中国煤矿工人北戴河疗养院"。此后，疗养院虽然历经南迁等变故，上级主管单位也多次更名，但"中国煤矿工人北戴河疗养院"作为疗养院的主名称，沿用至2018年12月3日。

2018年，中央和国家机关机构改革，原国家安全生产监督管理总局与其他13个部委的职能整合，组建应急管理部。作为应急管理部隶属单位，疗养院职能随即进行调整。根据2018年12月4日应急厅〔2018〕26号文件通知，疗养院名称变更为"应急管理部北戴河康复院（中国煤矿工人北戴河疗养院）"，并于2019年1月11日上午正式挂牌，"应急管理部北戴河康复院"开始作为主名称。原主名称"中国煤矿工人北戴河疗养院"变更为第二名称。2020年，疗养院根据应急管理部和机关服务中心要求，以做好应急管理后勤保障为宗旨，为应急管理系统和消防救援队伍提供康复医疗、疗养休养、会议、教育培训服务保障工作为职责，开始编制新的"三定"规定。

四、增挂牌子及职能沿革

1. 国家煤矿安全监察局尘肺病康复中心

1991年，疗养院开展大容量肺灌洗治疗尘肺病，并取得显著成果，1991年12月28日，中国统配煤矿总公司办公厅以中煤总厅字〔1991〕第257号文件批复，同意疗养院增挂"中国统配煤矿总公司尘肺病康复中心"牌子。中国统配煤矿总公司撤销后，疗养院于1994年向当时的上级单位煤炭工业部申请变更尘肺病康复中心名称，1994年3月29日，煤炭工业部办公厅以煤厅字〔1994〕第112号文件通知疗养院，将"中国统配煤矿总公司尘肺病康复中心"名称变更为"煤炭工业部尘肺病康复中心"。煤炭工业部再次撤销后，疗养院又于2000年向上级单位国家煤矿安全监察局申请变更尘肺病康复中心名称，2000年6月1日，国家煤矿安全监察局办公室以煤安司办字〔2000〕第4号文件批复，同意将"煤炭工业部尘肺病康复中心"更名为"国家煤矿安全监察局尘肺病康复中心"。2012年10月，国家安全生产监督管理总局办公厅通知疗养院更名，调整后名称不包括"国家煤矿安全监察局尘肺病康复中心"。

2. 中国煤矿工人北戴河专科医院

1996年，疗养院的多个医疗专科都进入了稳定发展时期，在当地已具有了一定的知名度，为扩大宣传和进一步发展专科，疗养院向当时的上级单位煤炭工业部申请设立专科医院。1996年7月3日，煤炭工业部办公厅以煤厅字〔1996〕第304号文件批复，同意在疗养院设立"煤炭工业部北戴河专科医院"。2003年，鉴于煤炭工业部已经撤销，疗养院向当时的上级单位国家安全生产监督管理局（国家煤矿安全监察局）申请变更专科医院名称，2003年6月19日，国家安全生产监督管理局（国家煤矿安全监察局）办公室以安监管司办字〔2003〕52号文件复函，同意将"煤炭工业部北戴河专科医院"更名为"中国煤矿工人北戴河专科医院"。

3. 国家安全生产监督管理总局培训中心北戴河中心

2001年，根据国家安全生产监督管理局（国家煤矿安全监察局）安排，疗养院开始承担一部分安全生产培训任务。由疗养院申请，国家煤矿安全监察局办公室于2001年8月22日以煤安监司办字〔2001〕36号文件批复，同意在疗养院设立"国家煤矿安全监察局北戴河安全培训中心"。由于国家煤矿安全监察局北戴河安全培训中心不是中编办批准成立的，疗养院于2002年再次向国家安全生产监督管理局（国家煤矿安全监察局）提出申请，要求增挂"国家安全生产监督管理局（国家煤矿安全监察局）北戴河安全培训中心"牌子并恳请上级协调中编办。

2004年7月22日，国家安全生产监督管理局（国家煤矿安全监察局）办公室转发中编办复字〔2004〕106号文件批复，同意疗养院增挂"国家安全生产监督管理局（国家煤矿安全监察局）职业安全技术培训中心北戴河中心"牌子。2005年，国家安全生产监督管理局升为国家安全生产监督管理总局，8月11日，中编办以中央编办复字〔2005〕91号文件批复，同意国家安监总局所属部分事业单位做相应更名，"国家安全生产监督管理局（国家煤矿安全监察局）职业安全技术培训中心北戴河中心"更名为"国家安全生产监督管理总局培训中心北戴河中心"，国家安全监管总局办公厅以安监总厅字〔2005〕103号文件于8月18日对疗养院做了转发。2012年10月，国家安全监管总局办公厅通知疗养院更名时，调整后名称不包括"国家安全生产监督管理总局培训中心北戴河中心"。

4. 国家安全生产监督管理总局北戴河职业病防治院

疗养院自1991年开始开展大容量肺灌洗治疗尘肺职业病，2012年，国家安全生产监督管理总局致函中央机构编制委员会办公室，报送包括疗养院在内的所属事业单位清理规范意见，中编办于2012年10月以中央编办函〔2012〕231号文件为疗养院加挂"国家安全生产监督管理总局北戴河职业病防治院"牌子。

2013年6月，国家安全生产监督管理总局办公厅〔2013〕83号文件印发疗养院"三定"规定，明确疗养院职能为主要承担职业病诊断治疗和康复疗养等职责，开展职业卫生技术服务、职业安全卫生培训教育等工作，为安全生产监管和煤矿安全监察工作提供支撑保障，是职业健康支撑保障体系的重要组成部分。2018年12月，应急管理部办公厅通知更名后，不再保留"国家安全生产监督管理总局北戴河职业病防治院"名称。

1950—2020年疗养院名称及隶属关系变更情况见表1-2-1。

表1-2-1　1950—2020年疗养院名称及隶属关系变更一览表

时间	隶属机关	主名称	备注
1950年5月—1953年2月	燃料工业部煤炭管理总局	国营煤矿职工疗养院	唯一称谓
1953年2月—1955年7月	燃料工业部煤炭管理总局、中国煤矿工会	中国煤矿工人北戴河疗养院	唯一称谓
1955年7月—1958年	煤炭工业部、中国煤矿工会、中华全国总工会北戴河集体劳动保险事业管理处（属地管理）	中国煤矿工人北戴河疗养院	唯一称谓
1958年—1961年4月	煤炭工业部、河北省工会联合会	中国煤矿工人北戴河疗养院	唯一称谓
1961年4月—1970年1月	煤炭工业部	中国煤矿工人北戴河疗养院	唯一称谓
1970年1月—1972年8月	燃料化学工业部	中国煤矿工人北戴河疗养院	唯一称谓
1972年8月—1973年11月	燃料化学工业部、北京矿务局（代管）	中国煤矿工人北戴河疗养院	唯一称谓，筹备重新开院事宜
1973年11月—1975年1月	燃料化学工业部	中国煤矿工人北戴河疗养院	唯一称谓，明确为县团级单位
1975年1月—1988年4月	煤炭工业部	中国煤矿工人北戴河疗养院	唯一称谓
1988年4月—1993年3月	中国统配煤矿总公司	中国煤矿工人北戴河疗养院	1991年12月—2012年10月增挂"国家煤矿安全监察局尘肺病康复中心"
1993年3月—1998年3月	煤炭工业部	中国煤矿工人北戴河疗养院	1997年明确为副局级单位，1996年增挂"中国煤矿工人北戴河专科医院"

表 1-2-1（续）

时间	隶属机关	主名称	备注
1998年3月—2001年	国家经济贸易委员会国家煤炭工业局（国家煤矿安全监察局）、美迪国际旅行社（经营管理）	中国煤矿工人北戴河疗养院	1998年10月明确疗养院为局属事业单位
2001年—2005年2月	国家安全生产监督管理局（国家煤矿安全监察局）	中国煤矿工人北戴河疗养院	2001年—2012年10月，增挂"国家安全生产监督管理总局培训中心北戴河中心"
2005年2月—2018年3月	国家安全生产监督管理总局	中国煤矿工人北戴河疗养院	2012年10月—2018年12月增挂"国家安全生产监督管理总局北戴河职业病防治院"
2018年3月—至今	应急管理部	应急管理部北戴河康复院	2018年12月"中国煤矿工人北戴河疗养院"变更为第二名称，2019年7月应急管理部党组授权机关服务中心管理疗养院

五、办院方针和宗旨

北戴河解放前，疗养院前身同福饭店主要接待来北戴河避暑的外国传教士、驻华外交人员、北洋政府上层人员等国内达官贵族、富豪绅、国民党官僚等。1931年7月30日天津《益世报》"海滨专页"对同福饭店的记载："房分特等、头等、二等三种：特等1位每日20元（银圆，以下同），每月270元，加1位每日8元，月加180元；头等1位每日11元，每月260元，加1位与特等同；二等1位每日9元，每月210元，外加人位与特等同。儿童按年岁而收费；仆役每日1元，每月18元；狗每日5角，每月10元。"这样的地方，劳动人民是不敢问津的。

1950年建院后，制定了《国营煤矿职工疗养院组织规程（草案）》并于1951年经燃料工业部煤炭管理总局批复，其中第一条对疗养院接收对象和服务宗旨作了明确规定："本院为使本局及所属各矿厂职工因公致有不能及时治疗之慢性病及因公受伤需长期休养得到适当疗养，以期早日恢复健康继续工作提高生产效率为宗旨"。

1952年，疗养院在接收慢性病疗养的同时，开始接收各级领导和来自煤炭系统的劳模及先进工作者来院休养。在疗养院内既有了隶属总局领导的疗养，又有了隶属煤矿工会的休养。1952年10月20日第11次院务会议根据1953年疗休养将合归一体，提出了今后疗养院的工作方针"休养为主、疗养为辅"。

1953年3月，疗养院结束结核病疗养，燃料工业部煤炭管理总局为疗养院制定了"荣誉健康疗养"的办院方针。来北戴河疗养，已不是单纯的养病、休息，更多的是作为一种荣誉、待遇，体现着党中央、政务院、燃料工业部煤炭管理总局领导对煤炭系统一线职工的关心、关怀，也是对煤炭系统劳动模范、先进工作者等优秀干部、职工的奖励措施之一。

1954年，疗养院确定了"整顿、巩固、提高"的方针，充实理疗、增加设备、增加治疗。

1957年，提出"继续整顿、巩固提高质量、稳步发展"的方针，明确提出

"以医疗工作为中心"和"一切工作为医疗"的行动口号。

1958年,提出"疗养事业要为生产服务,为矿工服务"的办院宗旨。

1959年6月1日,疗养院在《医疗、行政工作规章制度》总则部分指出:①疗养院为医疗预防机构,医疗工作为疗养院经常性中心工作,其他一切工作都必须密切协同配合,以完成工作任务。②疗养院的任务是,降低职工的疾病率,恢复与增进身体健康,提高政治觉悟与生产积极性为生产服务,为群众服务。

1962年初,在国家处于"三年自然灾害"的特殊时期,疗养院办院方针为"坚定不移的树立以农业为基础思想,树立一切为煤炭工业服务的事业观念。在继续开展综合治疗的同时,要不断提高医疗工作的技术水平,要切实做到中西医结合,贯彻两条腿走路"。

1973年,重新恢复建院,提出"三服务",即"为无产阶级专政服务、为抓革命促生产服务、为广大煤矿工人服务"的办院方针。

1974年,用无产阶级政治统帅疗养,提出"为无产阶级政治服务,为煤矿工人的身体健康服务,为社会主义建设服务"的办院方向,在组织疗养过程中把学习、批判、医疗结合起来,要求疗养期间,疗养员要学习好,治疗好,恢复好,从政治思想和身体健康得到双丰收;在疗养对象上70%的疗养员是来自煤矿生产第一线的工人劳动模范和先进生产者。

1979年,党的十一届三中全会、五届人大二次会议确立了调整、改革、整顿、提高的国民经济建设总方针。随着全党工作重点的转移,疗养院结合疗养工作实际,适时提出"以理疗、体疗为主,药物治疗为辅,养治结合,全心全意为疗养员服务,提高煤矿职工的健康水平,为煤炭工业现代化做出贡献"的办院方针。

1980年,办院方针为"为'四个现代化'服务,为广大煤矿工人服务",坚持"以理疗、体疗为主,药物治疗为辅,养治结合"的治疗原则。

1983年1月,煤炭工业部在北戴河召开疗养工作会议,再次明确了疗养院"以荣誉健康疗养为主、治疗为辅"的办院方针;办公厅在会议上提出开创疗养工作新局面的奋斗目标是"四好",即让疗养员"吃好、住好、疗好、玩好"。

1984年,再次明确"以荣誉健康疗养为主、治疗为辅的康复医疗"办院方针和"调整、理顺、健全、提高、发展"的原则。

1985年,国家经济体制改革不断深化,经济体制转轨给疗养事业及疗养院的生存带来了冲击。为适应经济形势变化,疗养院的干部职工们提出了"开展专科病防治,发展康复疗养"的思路。经实践与探索,正式确立了"坚持改革开放,坚持依靠科技进步,积极发展康复医疗,全心全意为煤矿工人服务,振兴疗养事业"的办院宗旨。

1986年,疗养院继续贯彻"荣誉健康疗养,以理疗、体疗为主,药物治疗为辅的康复医疗"办院方针,坚持"调整、理顺、健全、提高、发展"的原则。

1987年,北戴河区号召各疗养院开展康复医疗,疗养院经上级批复设立中国煤矿工人北戴河康复中心(两个牌子,一套人马),确立了"坚持改革开放,坚持依靠科技进步,积极发展康复医疗,全心全意为煤矿工人服务,振兴疗养事业"的指导思想,实现了从"荣誉健康疗养"到"疾病康复疗养"的重大转变。

自1990年起,根据国内煤炭行业的经济形势,结合疗养院自身的特点,疗养院提出"全心全意为煤矿工人服务"的办院宗旨，以经济效益为中心，转换经营机制，依靠科技进步，巩固康复疗养工作，加速发展专科治疗，大力发展多种经营，使疗养院的疗养事业和专科治疗项目一年一个新的台阶。

2012年，国家安全生产监督管理总局对疗养院职责进行了重新规定，主要承担职业病诊断治疗和康复疗养职能，为安全生产监管和煤矿安全监察工作提供支撑保障，办院方针逐步从"疾病康复疗养"转变为"职业健康支撑保障"。

2018年开始，疗养院主要服务对象发生变化，由主要为安全监管和煤矿安全监察系统服务转变为为应急管理系统和消防救援队伍提供康复医疗、疗养休养、会议、教育培训等服务保障，为适应转型发展，通过征求意见，办院宗旨拟定为"全心全意为两支队伍和产业工人服务，为应急管理系统提供支撑保障"。

第二节　组织机构

一、内设机构

自1950年建院，疗养院组织机构最初只有行政科和医务科2个部门，先后经历6次较大调整，至2013年发展到12个副处级单位20余个科室的结构。

1952年，疗养院在原疗养职能基础上增加休养业务，疗养院受燃料工业部和中华全国总工会双重领导。在原院部机构之外，增加一个休养办公室，设三个下属部门，专门负责休养事宜。

1953年，疗养、休疗业务合并，组织机构调整为院部下属5个科级部门。

1956年，疗养院对二级机构进行重组，部门划分进一步细化。

"文化大革命"开始后，疗养院于1967年成立革命委员会，原行政机构职能并入革命委员会下属的三个工作组。1969年，疗养院停办，成建制南迁到湖南涟源。

1973年，疗养院重新开院，组织机构恢复成院部下属科室模式，最初仅设置5个部门。

1997年，疗养院行政级别由正处级升为副局级，经机关服务局确定，设副处级二级机构5个：办公室（人事部）、党委办公室、财务部、医疗部、后勤部。

2013年，经国家安全生产监督管理总局确定，疗养院设12个副处级二级机构，其中职能部（室）6个、业务部门6个。职能部（室）包括办公室、党群工作部、人力资源部、财务部、医务部、后勤部；业务部门包括肺灌洗治疗研究中心、职业病综合治疗中心、专科病治疗研究中心（中国煤矿工人北戴河专科医院）、职业病康复疗养中心、职业卫生技术中心、职业安全卫生培训中心。

二、领导任职

1950年7月，中央人民政府燃料工业部煤炭管理总局任命申守银为国营煤炭职工疗养院院长。国营煤矿职工疗养院即中国煤矿工人北戴河疗养院前身，申守银为疗养院首任院长。

20世纪50年代，疗养院院长申守银同时兼任了北戴河副区长、煤矿总工会常委职务。

1952年10月，燃料工业部煤炭管理总局任命郝泽远为疗养院副院长。

1953年2月，疗养院受中华全国总工会煤矿分会领导，煤矿工会将疗养院更名为"中国煤矿工人北戴河疗养院"，并于4月与燃料工业部煤炭管理总局联合任命徐调元和王志远为疗养院副院长。

1954年3月，郝泽远不再担任副院

长；1955年4月，徐调元被调回燃料工业部煤炭管理总局卫生处。1955年9月，煤矿工会任命谢力强为疗养院副院长，1956年11月，任命王文铎为疗养院副院长。

1958年4月，王志远被煤矿工会撤销副处长职务；8月，中华全国总工会北戴河集体劳动保险事业管理处调王文铎任管理处办公室主任。

1960年7月，煤炭工业部任命孙云钊为疗养院第二副院长；1961年9月，任命原煤炭工业部人事司处长刘硕人为疗养院副院长，列谢力强之前。

1962年9月，因院长申守银长期患病，煤炭工业部任命刘硕人为第一副院长，代理院长职务。

1964年4月，副院长孙云钊因犯错误被免职。

1964年9月，刘硕人因病在院疗养，由党总支书记韩义山代理院长职务；12月，煤炭工业部免去申守银院长职务。1965年2月，刘硕人上班后仍然负责行政工作；4月，煤炭工业部任命原煤炭工业部情报所副所长邢志钧为疗养院院长，免去刘硕人副院长职务；8月，调谢力强到开滦煤矿管理处工作。1965年8月至1969年5月，疗养院行政领导仅邢志钧一人。

1969年5月至1972年7月，疗养院迁往湖南，北戴河仅留5名职工看守。

1972年8月，疗养院由北京矿务局代管，北京矿务局安排京西疗养院院长李润兼任中国煤矿工人北戴河疗养院院长，筹备恢复疗养院。1974年，疗养院重新开院，李润不再担任疗养院院长。

1974年9月，燃料化学工业部安排李子彬和朱昌武二人负责疗养院领导工作，同年11月，调陆广声到疗养院工作。

1975年5月，李子彬、朱昌武二人正式调入，分别任院长、副院长，陆广声亦任副院长。

1977年10月，煤炭工业部调卢章和刘茵到疗养院工作，分别任院长和副院长。李子彬调离疗养院，朱昌武、陆广声也不再担任副院长。

1978年5月，煤炭工业部调贵州盘江矿务局党委书记王友三到疗养院任党委书记。

1979年11月，李福从部队转业到疗养院，任副院长。

1981年2月，煤炭工业部任命于佩江为副院长，列刘茵之前。同年，卢章离休，刘茵调离疗养院。

1982年6月，煤炭工业部任命于佩江为疗养院院长，任命朱子桥、张禹琦为副院长；12月，朱昌武离休。

1984年10月，于佩江离休；煤炭工业部调贺钧到疗养院任院长；1985年8月朱子桥、1987年11月张禹琦二人调离疗养院。

1989年4月，中国统配煤矿总公司行政事务局任命贺宏记任副院长。

1989年4月，李福离休，中国统配煤矿总公司行政事务局任命李玉环为副院长。

1989年9月，中国统配煤矿总公司任命贺钧为总公司行政事务局副局长，兼任疗养院院长。

1990年1月，中国统配煤矿总公司行政事务局任命于陆军为副院长，叶鸿树为主任会计师；同时免去贺宏记副院长职务。

1991年5月，中国统配煤矿总公司办公厅调梁云鹏到疗养院任正处级副院长；8月，免去贺钧所兼任的疗养院院长职务；11月，任命梁云鹏为院长；12月，叶鸿树退休。

1992年3月，中国统配煤矿总公司办公厅任命陈志远为疗养院副院长。

1994年5月，煤炭工业部机关服务

局任命张振国为疗养院总会计师。

1996年1月,煤炭工业部机关服务局任命王炳奎为疗养院正处级副院长。

1997年5月23日,王炳奎调离疗养院。

1997年3月,煤炭工业部机关服务局调李强到疗养院工作,任副院长。

1997年5月,煤炭工业部机关服务局任命梁云鹏担任院长(副局级)。

1997年12月,煤炭工业部机关服务局聘任李玉环、于陆军、陈志远3位担任副院长(正处级)。

1998年1月,煤炭工业部机关服务局任命贺宏记担任党委书记(副局级)。

2001年9月,国家安全生产监督管理局免去梁云鹏院长、党委副书记职务,改任调研员;免去李强副院长职务;同时,任命李玉环为院长,于陆军、陈志远、张振国为副院长。

2001年9月,国家安全生产监督管理局、国家煤矿安全监察局任命贺宏记担任纪委书记(兼),免去李玉环纪委书记职务。

2004年8月,国家安全生产监督管理局、国家煤矿安全监察局任命贺宏记担任培训中心党委书记,王蕾担任纪委书记。

2006年7月,国家安全生产监督管理总局免去贺宏记党委书记职务,任命张振国担任党委书记;免去陈志远、张振国副院长(副主任)职务,任命张志浩担任副院长(副主任)。

2010年5月,国家安全生产监督管理总局任命张振国担任院长(主任),于陆军担任党委书记;免去李玉环院长职务,免去张振国党委书记职务,改任党委副书记。

2012年8月,国家安全生产监督管理总局任命陈刚担任副院长(副主任)。

2016年5月,国家安全生产监督管理总局任命郭玉梅为院长、党委副书记,高寿峰为党委书记、副院长;免去张振国院长、党委副书记职务。

2020年5月,应急管理部免去高寿峰党委书记、副院长职务。郭玉梅临时主持党委工作。

2020年9月,应急管理部任命王海泉为院长、党委副书记,临时主持党委工作;郭玉梅院长、党委副书记职务随机构改革自然免除。

1950—2020年疗养院领导任职情况见表1-2-2。

表1-2-2 1950—2020年疗养院领导任职情况表

历任院长及任职时间	领导班子成员		
	姓名	职务	任职时间
第一任 申守银 1950年7月—1964年12月 (1962年9月患病开始休养)	申守银	院长	1950年7月—1964年12月
		支部书记	1950年10月—1952年8月 1954年4月—1958年5月
		党总支书记	1958年5月—1963年3月
	郝泽远	支部书记、副院长	1952年10月—1954年3月
	王志远	副院长	1953年4月—1954年
	徐调元	副院长	1953年4月—1955年4月
	谢力强	副院长	1955年9月—1965年8月
	王文铎	支部副书记	1957年3月—1958年4月
		副院长	1956年11月—1958年8月

表1-2-2（续）

历任院长及任职时间	领导班子成员		
	姓名	职务	任职时间
第一任 申守银 1950年7月—1964年12月 （1962年9月患病开始休养）	沙金生	支部副书记	1958年3月—1958年4月
		党总支副书记	1958年5月—1963年6月
	孙云钊	副院长	1960年7月—1964年4月
	刘硕人	党总支第二书记	1962年1月—1963年6月
		副院长	1961年9月—1962年9月
	韩义山	党总支书记	1963年6月—1965年5月
第二任 刘硕人 1962年9月（代理院长）— 1965年4月	刘硕人	第一副院长、代院长	1962年9月—1965年4月
		党总支书记	1965年5月—1965年11月
		党委书记	1965年11月—1967年8月
	韩义山	党总支书记	1963年6月—1965年5月
	邢志钧	党委副书记	1965年11月—1969年5月
第三任 邢志钧 1965年4月—1969年5月	邢志钧	院长	1965年4月—1969年5月
		革命委员会主任	1967年—1969年5月
		党委副书记	1965年11月—1969年5月
	吴贵生	代副院长	1965年10月—1966年10月
第四任 李润 1972年8月—1974年9月	李润	院长	1972年8月—1974年9月
	杨锦方	支部书记	1972年8月—1974年9月
第五任 李子彬 1974年9月—1977年10月	李子彬	院长	1974年9月—1977年10月
		支部书记	1974年9月—1977年10月
	朱昌武	副院长	1974年9月—1977年10月
		支部副书记	1974年9月—1977年10月
	陆广声	副院长	1974年11月—1977年10月
第六任 卢章 1977年10月—1981年2月	卢章	院长	1977年10月—1981年2月
		党委副书记	1977年10月—1981年2月
	王友三	党委书记	1978年5月—1982年7月
	刘茵	副院长	1977年10月—1981年3月
		党委副书记	1977年10月—1981年3月
	李福	副院长（工会主席）	1979年11月—1986年5月
	于佩江	副院长	1981年2月—1982年6月
		党委副书记	1981年2月—1982年6月
第七任 于佩江 1982年6月—1984年10月	于佩江	院长	1982年6月—1984年10月
		党委书记	1982年6月—1984年10月
	朱子桥	副院长	1982年6月—1985年8月
	张禹琦	副院长	1982年6月—1987年11月

表1-2-2（续）

历任院长及任职时间	领导班子成员		
	姓名	职务	任职时间
第八任 贺 钧 1984年10月—1991年8月	贺 钧	院长	1984年10月—1991年8月
		党委书记	1984年10月—1990年1月
	丁 伟	党委副书记	1982年7月—1986年5月
		纪委书记	1983年6月—1986年5月 1990年1月—1995年1月
		工会主席	1986年5月—1995年1月
	贺宏记	党委副书记	1986年5月—1990年1月
		副院长	1989年4月—1990年1月
	梁云鹏	副院长	1991年5—11月
	李玉环	副院长	1989年4月—2001年9月
第九任 梁云鹏 1991年11月—2001年9月	梁云鹏	院长	1991年11月—2001年9月
		党委副书记	1991年10月—2001年9月
	贺宏记	党委书记	1990年1月—1997年5月
		党委副书记	1997年5月—1998年1月
		党委书记	1998年1月—2006年7月
	丁 伟	纪委书记	1990年1月—1995年1月
		工会主席	1986年5月—1995年1月
	柴久茂	党委书记	1997年5月—1998年1月
	李玉环	副院长	1989年4月—2001年9月
		纪委书记（兼）	1995年2月—2001年9月
	于陆军	副院长	1990年1月—2014年2月
	陈志远	副院长	1992年3月—2006年7月
	王炳奎	副院长	1996年1月—1997年5月
	李 强	副院长	1997年3月—2001年9月
	王新华	工会主席	1995年2月—1999年7月
第十任 李玉环 2001年9月—2010年5月	李玉环	院长	2001年9月—2010年5月
		安培中心主任	2004年8月—2010年5月
	贺宏记	党委书记	1998年1月—2006年7月
	张振国	党委书记	2006年7月—2010年5月
		副院长	2001年9月—2006年7月
		安培中心副主任	2004年8月—2006年7月
	于陆军	副院长	1990年1月—2014年2月
		安培中心副主任	2004年8月—2014年2月
	陈志远	副院长	1992年3月—2006年7月
		安培中心副主任	2004年8月—2006年7月
	王 蕾	纪委书记	2004年8月—
	张志浩	副院长（副主任）	2006年7月—2010年10月

表1-2-2（续）

历任院长及任职时间	领导班子成员		
	姓　名	职　务	任职时间
第十一任 张振国 2010年5月—2016年5月	张振国	院长、安培中心主任	2010年5月—2016年5月
		临时主持党委工作	2014年2月—2016年5月
	于陆军	党委书记	2010年5月—2014年2月
		副院长	1990年1月—2014年2月
		安培中心副主任	2004年8月—2014年2月
	王　蕾	纪委书记	2004年8月—
	陈　刚	副院长（副主任）	2012年8月—
第十二任 郭玉梅 2016年5月—2020年9月	郭玉梅	院长、党委副书记	2016年5月—2020年9月
		临时主持党委工作	2020年5—9月
	高寿峰	党委书记、副院长	2016年5月—2020年5月
	王　蕾	纪委书记	2004年8月—
	陈　刚	副院长	2012年8月—
第十三任 王海泉 2020年9月—	王海泉	院长、党委副书记	2020年9月—
		临时主持党委工作	2020年9月—
	王　蕾	纪委书记	2004年8月—
	陈　刚	副院长	2012年8月—

第三章　院　区　条　件

第一节　院区形成

一、院区占地

主院区位于中海滩路与西经路，保一路与保二路之间，院区南北长328米，东西宽250米，地势北高南低，落差12.5米；占地面积65446.67平方米。

在主院区外还有小白楼招待所、美都饭店、保二路商业房和东、西两个职工家属院。

小白楼招待所位于主院区东北，其南门与主院区隔乐峰路相对；北门面临西经路，门牌号为西经路99号；东、西分别与欧玛克地下超市（原北戴河商业局所属百货公司）和北戴河幸运国际酒店相邻；占地667平方米。

美都饭店位于主院区西北，南侧为乐峰路；北侧为西经路，正门门牌号为西经路17号；东、西分别为北戴河国际幸运酒店和保一路；占地2533平方米。

保二路商业房位于主院区外东南，坐落于繁华的保二路商业街，占地1354.13平方米。

家属住宅东院位于草厂南路1号，在主院区西北方向，距离1200米，占地9266.7平方米。

家属住宅西院位于草厂新路1号，与家属住宅东院紧邻，占地6286.6平方米。

二、院内建筑

主院区有建筑34座，其中用于疗养、客房接待的楼房16座，办公楼1座，会议培训楼1座，专科医院病房楼1座，中心供氧室1座，门诊医技楼1座，商品房2座，餐厅2座，锅炉房1座，热水泵房1座，变电室2座，职工宿舍1座，接待服务台（含门卫）4座。总建筑面积49401.99平方米，其中：20世纪60年代以前建筑8391.51平方米，80年代建筑22323.99平方米，90年代以后建筑18686.49平方米。

主院区外美都饭店建筑面积3555平方米，保二路商业用房建筑面积3086.72平方米，小白楼招待所建筑面积720平方米；家属住宅东院职工住宅楼5座，建筑面积4769平方米；家属住宅西院职工住宅楼4座，建筑面积11613.3平方米。

三、院区确定

1950年5月，燃料工业部煤炭管理总局以北戴河解放前英国人修建的同福饭店木头楼成立疗养院，成立之初，疗养院占地仅同福饭店周围区域。由于当时解放时间不长，北戴河有许多政府没收的敌伪产无人管理，因此区政府就将位于同福饭店和工字楼西北侧4座别墅及附属土地交由疗养院代管，其产权属北戴河区政府，以房租冲抵日常维修费用。至1953年，疗养院形成南、西两个院区。

1953年，第一次大扩建，北戴河区政府在原同福饭店东侧划拨了一块土地，用于建设劳模休养楼（工字楼），疗养院院区向东扩展，院内又修建了治疗楼、俱乐部、食堂、锅炉房、汽车库、仓库、变电室、花房、传达室及15.5米的水塔等。

1954年4月5日，政务院专家招待事务管理局北戴河招待所将租借政府的保一路1号、4号、5号、保二路8号及乐峰路2号的5座别墅楼与疗养院保一路7号、8号、9号、中海滩2号、黑楼及保一路之建筑用地约4000平方米，长期互换使用。新换别墅楼位于疗养院北部。

1954年，第一次扩建结束后，疗养院将原有的南北两个院合并为一个大院，四周建了围墙，原分割南北两院区的保一路（市政道路），亦圈进院区。自此形成第一次的院区规模。

1960年，国务院机关事务管理局北戴河休养所盖小礼堂，经煤炭工业部同意，用当时的中国人民银行乐峰路1号西侧部分土地、外交部所属保二路西侧部分土地，互换了疗养院北区的7.15亩林地，用于国务院盖小礼堂。形成了第二次的院区范围。

1972年12月，经各自领导机关同意，国务院机关事务管理局北戴河休养所用其原乐峰路1号楼房一栋计五间、下房六间和楼房前后空地互换疗养院东一路楼房四间、下房三间和楼房前后院空地及楼后桃园5亩（内有桃树140棵），自此形成了第三次的院区范围，也就是现在的规模。

至1972年，疗养院陆续购置或租借区政府原英、美、日、俄、比利时、瑞士、印度7个国家的别墅楼11栋。

2002年，在国家安全生产监督管理局的支持下，疗养院最终以480万元一次性出资购买了院内的所有公产房、公产地，取得了完整的院区土地证。

第二节 房地产购置

一、同福饭店

同福饭店由英国商人槟士始建于

1884年，占地10.2亩，有房111间。民国11年8月，英国商人槟士和铁落二人将槟士名下房产及周边1.65亩地、铁落名下4.833亩地全部售予华人同福公司为业；据有关档案记载，光绪三十六年五月八日，经"大清钦命津海关道梁，给出租地契事照得接准，大英总领事官金照会内关，今据本国商人槟士、铁落禀请在临榆县刘庄通商口岸永租赁业户地一段计10.2亩、给银1224两，地一段计4.833亩、给银579.96两，地一段计1.65亩、给银170.25两，每亩制钱五百文出租……"

同福公司购入此处房地产后，更名"同福饭店"，用于暑期接待外国游客和本国达官贵人。

民国36年（1947）2月27日，同福公司将同福饭店及周边16.683亩地卖予天津华兴公司代表冯学文名下永远为业，言明价洋4007.32万元整。

1950年6月9日，中央燃料工业部煤炭管理总局代表王树林出面，经与天津华兴公司代表冯学文洽谈，为总局购入"同福饭店"。房契写明："天津华兴公司立卖房地契人：冯学文，将自置住房一处，坐落在秦皇岛海滨区中海滩路七号，计基地：16.683亩，楼房、下房计：111间，门窗户壁俱全，上下土木相连，凭中人言明卖价，二厂红五福布：贰仟伍佰匹；同时立卖屋内家具及一切设备售价，二厂红五福布：捌佰柒拾匹。按《人民日报》登载牌价折合，卖予中央燃料部煤炭管理总局永远为业。其款笔下交足并不欠少卖之，日后倘有亲族人等争论以及一切纠纷均由旧业主负担，与新业主无干，此系双方情愿各无反悔，恐后无凭立此卖约为证。"立卖房地契人：冯学文；买受人煤炭管理总局，代表人：王树林；中人：李国栋、赵荫安；代笔人：陈艮

峰。河北省财字契第壹陆肆捌号。

同福饭店楼为疗养院的建院基础，从1951年开始接待了大批休疗养员，1951年朱德、陈云、宋庆龄曾来此看望劳模，1952年全国著名劳模马六孩、施玉海、刘九学、张子富等在此休养。此楼为欧式风格建筑，典雅别致，是北戴河别墅建筑群中的代表作之一。主要建筑材料为木材，所以该楼也称为"木头楼"。由于建筑历史已达百年，木材老化腐烂，特别是历经1976年唐山大地震，该楼成为危房。经煤炭工业部和地方政府批准，于1984年拆除。

二、保四路85号、87号楼

1951年8月30日，购买海滨保四路85号、87号房两幢。后置换成院内别墅楼。

三、保一路5号、6号楼

1952年7月7日，以旧币13500万元（1万元约相当于现在1元）从天津人林义方处购买保一路5号、6号楼房两所，有房26间、下房11间，包括院内树木、全部家具及水井一眼（即现在8号楼位置的原8号、9号两栋楼），外侨土地收归国有（1956年2月8日，经中国煤矿总工会批准，水井以原价对外转让）。

四、中海滩5号楼

1952年9月10日，以旧币3870万元从天津法侨把握太太处购海滨中海滩五号楼房一所，房11间，基地3.17亩（现在7号楼位置的原7号楼），包括院内树木、全部家具。

五、保一路7号楼

1952年12月17日，以旧币1300万元从陪萨巴义处购保一路7号楼房，有房

14间，其位置东至保一路道、西北至德牧师、南至小道，包括院内树木及水井一眼（该楼1954年同国务院互换）。

六、西经路小白楼

1953年3月27日，以旧币1650万元从陈伯勇兄弟处购西经路小白楼。当时卖契内容如下：

立卖契人：陈伯勇、陈伯秀、陈伯烈，今将坐落在秦皇岛海滨区西经路77号、门牌号2号，房屋一所计11间、下房3间，基地1.05亩。凭中人：秦皇岛海滨房屋交易所说合，情愿卖予煤矿疗养院名下永远为业，言明卖价共计人民币1650万元，折合小米，笔下交清并无短少，日后如有任何纠葛具有卖主与中证人一面承当，于买主无涉，空口无凭立草契为证。秦皇岛市人民政府财产字第4208号。

原房主陈伯烈曾于1990年从美国来信要此房产，后将房契复印件寄去，不再有争议。

七、安一路14号、16号房屋

1953年10月22日，经海滨区政府批准，购买李弼之私人房产安一路14号、16号房屋（1956年2月8日，经中国煤矿总工会批准，该房屋以原价对外转让）。

八、保一路3号平房3间

1954年5月21日，以旧币600万元从北戴河陈国贵、郑洪年处购买保一路3号平房3间（位于现11号楼北，第二次翻改建时拆除）。

九、火车站平房75.6平方米

1981年8月24日，疗养院与秦皇岛市拨道洼人民公社杨各庄大队签订买卖房屋协议契约，疗养院出资4500元购买杨各庄在火车站照相馆东侧的砖木结构平房75.6平方米，经北戴河区城建科齐玉山批准，疗养院收管范围为南北长17米，东西宽11米。

十、西经路17号房屋（美都饭店）

该房屋坐落在北戴河海滨保一路路口，原称西经路17号，是一栋386.21平方米别墅，院内土地计3.5亩，土地证3.81亩。现称西经路399号。

1986年前，该房为北戴河区公产房（公产房号为416号），由疗养院托儿所使用，托儿所停办后转交疗养院服务公司。为解决北戴河公安局办公用房及疗养院托儿所的产权问题，经北戴河区政府同疗养院协商，由疗养院出资40万元，在北岭路北戴河区医院对面建1800平方米的办公楼，占地2亩，建成后房屋产权、土地使用权一并归区政府。区政府将西经路17号别墅产权及院内土地的使用权一并交疗养院。双方于1986年1月16日签订协议，1987年3月23日疗养院补办了土地使用证。

十一、保二路商业用房

1992年，北戴河区政府对位于疗养院东侧的保二路进行旧城改造，拟建商业街，在拆除路两边旧建筑时，拆除疗养院部分院墙，并占用疗养院部分土地建商业用房。疗养院一方面立向上级，即当时的中国统配煤矿总公司报告，另一方面查找1953年北戴河区划拨疗养院建筑用地文件。由于当时是一片荒耕地，参照物较少，批地文件只是笼统标明"木头楼以东的空地"用于工字楼建设用地，当时是以一条沟为界，后在建院墙时填平。对此，北戴河区政府与疗养院双方存有争议。疗养院提出由疗养院按北戴河区保二路规划和房屋设计自行出资建设商业房，未获批准。北戴河政府表示，房屋建成后，可优先售予疗养院。

保二路商业街建成后，在疗养院被占用的土地及区属部分地上建起了一座3000多平方米的商业用房，紧邻疗养院东部，为了保住疗养院已有财产，不丢失一寸土地，院长梁云鹏积极向上级汇报，争取资金。同时又与地方有关部门，就购买该处房屋进行洽谈。北戴河有关部门回复，新建商业用房，按每平方米5000元出售，疗养院如购，需支付1500万元，这在当时是一笔庞大的资金。

1992年6月，为了解决疗养院土地丢失和商业用房购置问题，能源部副部长、中国统配煤矿总公司总经理胡富国在陪同国务院领导视察秦皇岛煤码头期间，曾三次来北戴河视察了疗养院东侧保二路改造情况和拟购的商业用房。他说："这栋3000多平方米的商业用房，地处繁华的保二路南端，是非常理想的经营场所。市、区领导要给煤疗，这是对煤炭疗养事业的支持，是发展第三产业的需要，这种机遇不能错过，要投资买下来。"

1992年6月12日，总经理胡富国邀请国务院生产办公室副主任王忠禹、国务院副秘书长王书明在疗养院共同与秦皇岛市委书记丁文斌、市委常委、秘书长周卫东、副市长胡德瑞、北戴河区区长艾广敏、副区长张万春等商谈购置3000多平方米商业用房的问题。书记丁文斌代表市、区领导表示："煤矿工人疗养院，是在朱老总、周总理的关怀下建立的，几十年来为煤炭事业的发展作出了贡献。煤矿工人的贡献最大，他们是实实在在的产业工人。这栋新建筑让售给煤疗，是秦皇岛人对几百万矿工的一点心愿。对煤疗的工作要关怀，要支持。"

此后，总经理胡富国一直关注此事，多次听取汇报，当时中国统配煤矿总公司行政事务局局长董哲、办公厅副主任孙勇为此做了大量工作。

经过协商，1992年6月，疗养院以1004.53万元购下保二路商业房3086.72平方米。

第三节 政府划拨

一、接收长城煤矿宿舍

1951年10月31日，疗养院接中央人民政府燃料工业部煤炭管理总局通知，代总局接收管理长城铁路煤厂，即秦皇岛长城煤矿在秦皇岛市海滨路60号的宿舍一所，计14间房。疗养院于1951年11月3日进行了接收。

由于该房由部队和长城煤矿旧有人员居住，且年久失修，房顶、四壁以及窗、门皆需修补，疗养院一直无法使用。因此疗养院在1953年5月8日向中国煤矿工会全国委员会请示，将该房转交中煤工人速成中学。1953年5月20日，中国煤矿工会全国委员会批复，同意转交给中煤工人速成中学。

二、拨给保一路10号楼及其占地

1953年5月，疗养院因扩大休、疗业务，增加了大批休、疗养员，房屋不够居住，于5月9日向海滨区公所呈报，恳请拨给疗养院保一路10号楼房及该房所在地基。7月10日，海滨区公所批复，业经秦皇岛市政府批准拨给疗养院使用。

三、拨给东经路一号北新建休养楼用地

1953年7月29日，疗养院向海滨区人民政府申请在东经路一号北新建休养楼房。海滨区人民政府于1953年9月4日

批复经建设局建管字第270号函批复同意疗养院所请，该地基12421平方米配拨疗养院。关于土地手续到区民政科办理。

1953年，疗养院接到燃料工业部煤炭管理总局设计图后于10月29日报呈海滨区政府。

第四节 产权置换

一、1954年与专家招待所互换保一路等处房屋

1954年4月10日，疗养院和政务院专家招待事务管理局北戴河招待所，"为了双方之工作便利，经双方行政领导达成协议，并经秦皇岛市人民政府批准，自1954年4月5日起将中国煤矿工人北戴河疗养院之保一路七号、八号、九号、中海滩二号、黑楼及保一路之建筑用地约四千平方米，和政务院专家招待事务管理局北戴河招待所之保一路一号、四号、五号、保二路八号及乐峰路二号长期互换使用"。疗养院所拨交之5所房子，其中7号房已购买，其余4所是由政府交给代管的，房屋周围之土地及保一路建筑用地4000平方米业经购买。政务院专家招待事务管理局北戴河招待所拨交之5所房子全系政府拨给代管的，房屋周围之土地亦未购买。当时注明"必要时则由政务院专家招待事务管理局北戴河招待所呈请政府以相当煤矿之七号楼房子的所有权归中国煤矿工人北戴河疗养院所有"。双方于1954年4月10日签订了协议（该协议中的疗养院已购保一路7号房产、土地问题，最终未落实，兑换房屋在2002年与北戴河房产局解决公产房、公产地时才得以解决）。

新换得的别墅楼位于院区北部，1954年第一次扩建结束后，疗养院将原有的南北两个院合并为一个大院，四周建了围墙，原分割南北两院区的保一路（市政道路），亦圈进院区，院区北扩，自此形成第一次的院区规模。

二、1960年为国务院休养所建礼堂调换土地

1960年，国务院机关事务管理局北戴河休养所盖小礼堂，需占用疗养院北部林地，经煤炭工业部同意，办公厅主任贾林放出面协调、地方政府批准，用当年中国人民银行占用的乐峰路1号西侧部分土地、保二路外交部西侧当时占用的部分土地，互换了疗养院北区的7.15亩土地用于国务院盖小礼堂。

三、1972年用院区外房地与国务院休养所兑换

1972年12月26日，疗养院由北京矿务局代管时，与国务院机关事务管理局北戴河休养所经各自领导机关同意，签订协议，用疗养院东一路楼房4间，下房3间，包括楼房前后院空地及楼后桃园5亩计有桃树140棵，与国务院机关事务管理局北戴河休养所的更新路1号（原乐峰路1号楼房一栋计5间，下房6间，包括楼房前后空地互换），疗养院进一步扩大了面积。

四、1992年用平水桥宅基地兑换草厂中路宅基地

1992年11月3日，北戴河平水桥旧城改造，北戴河区副区长张万春召集北戴河区土地规划局、房产局、房屋开发公司、中国煤矿工人疗养院负责人，就平水桥旧城改造涉及中国煤矿工人疗养院8户居民搬迁问题，进行了专题研究，会议议定：①将中国煤矿工人疗养院所属平水桥宅基地1.119亩、住宅8户与北戴河区房

产管理局所属草厂中路一段32号至36号宅基地2.28亩、住宅8户调换产权,多余土地按差价补齐。②兑换产权后由中国煤矿工人疗养院和北戴河区房屋建设开发公司各出资24万元交房产局,由北戴河区房产局负责草厂中路一段32号至36号8户居民搬迁安置,于1993年9月底前搬出。草厂中路一段32号至36号处2.28亩土地归中国煤矿工人疗养院使用,平水桥宅处1.119亩土地归北戴河区房屋建设开发公司使用,由区土地规划局负责办理有关手续。③平水桥原煤矿疗养院的8户居民,其中6户由中国煤矿工人疗养院自行安置,于一周内搬出。另2户由中国煤矿工人疗养院按原住房面积每平方米补偿250元,交北戴河区房屋建设开发公司,安置不足资金由其单位负责补偿,具体由房产局和北戴河区房屋建设开发公司研究解决。

1995年7月13日,在北戴河区政府组织下,疗养院与北戴河房产局就1992年至1993年平水桥片旧城改造遗留的8户居民搬迁安置问题进行研究达成协议:鉴于物价上涨等各种因素,原定由疗养院和北戴河区房屋开发公司各承担24万元,交到北戴河区房产局,由北戴河区房产局负责草厂中路一段32号—36号8户居民搬迁安置,有很大困难。会议同意由疗养院和北戴河区房屋开发公司各承担32万元,交到北戴河区房产局,由北戴河区房产局负责草厂中路一段32号—36号8户居民搬迁安置。由房产局力争在1995年底前完成搬迁安置任务。

1996年4月5日,疗养院与北戴河区房产管理局达成协议:根据北戴河区政府北政〔1992〕第93号《关于平水桥片旧城改造涉及中国煤矿工人疗养院居民安置问题的会议纪要》以及北戴河区政府北政〔1995〕第57号《关于解决平水桥片旧城改造有关遗留问题的会议纪要》精神,双方同意将中国煤矿工人疗养院所属平水桥宅基地1.119亩,住宅8户与北戴河区房产管理局所属草厂中路一段32号至36号宅基地2.328亩,住宅8户兑换产权和使用权。正式办理了兑换协议书。通过本次兑换,扩大了西家属院面积。

第五节 公产房、公产地确权

一、公产房、公产地的由来

北戴河解放初期,北戴河地方政府依法没收的部分敌伪产和以代管、收公等形式接收的部分外国人及华侨的房地产无人管理;而一些新建设的疗休养院(所)接待用房又远远不足;区政府就将这些房地产交给这些单位代管,产权属政府,政府不拨付房屋日常维修(护)费用,使用单位也不缴纳房租,互相冲抵。这些房屋被区政府通称为公产房,其附属土地称公产地。

1992年前,公产房和公产地一直由这些单位无偿使用,政府只是提出,使用单位若要拆除重建,必须拆一建二,产权仍归政府所有。

1992年,北戴河区政府以北政〔1992〕第99号文件对公产房、公产地的使用出台新的办法,对各单位无偿使用公产房、公产地一律改为租赁使用。按疗养院地段,房屋月租金每平方米为4元;房屋所占土地使用权每平方米租金1.56元。如一次性交纳12年的房租,即可将其购置。2001年9月,北戴河区委、区政府以北字〔2001〕35号联合下文对公产房、公产地进一步做出规定:在现有院内实施新建、改建、扩建工程时,必须依法取得了土地使用权,并领取了土地使用证。否则，一律不予立项和审批。北戴河区委书记在全区各休疗单位参加的大会上，在谈到公产房、公产地时说：23家休疗单位长期无偿占用我区10万平方米公产房屋及2000余亩土地问题。要么收回开发，要么以合理价格收回资金让出产权。

二、疗养院使用的公产房和公产地

建院初期，北戴河区政府就将位于同福饭店和工字楼西、北侧的4座别墅及附属土地交疗养院代管使用，此后又陆续增加了几座；为满足使用需要，疗养院又按区政府"拆一建二"的原则对这些公产房进行了翻建。至1992年，疗养院使用公产房翻建前面积为2388.25平方米，翻建后面积为3519.26平方米（根据北戴河区政府有关规定，以翻建后面积计算），所占土地35001.75平方米。按北戴河政策，如按租赁使用计算，房屋年租金16.89万元，土地年租金为65.5万元，合计82.39万元。如交纳12年房租将其购置过来，两项合计为9238425.10元。

三、疗养院公产房、公产地的确权

北戴河区政府于1992年下发文件后，多次派人到疗养院催缴公产房、公产地租金，2000年、2001年，北戴河区房产管理局两次向疗养院下达了《关于对区直管公产房补交租金的通知》，要求疗养院缴纳所欠租金681861.60元。特别是在交通部疗养院、外交部休养所、外国专家局疗养院、全国总工会疗养院、水利部疗养院、开滦矿务局休养所、国家电力公司疗养院、国家建材局休养所、河北省公安厅休养所等9家已出资解决公产房、公产地后，北戴河区政府更是加紧了催缴租金与催办解决公产房、公产地的工作，一再要求如再不交租金，就将依法收回公产房、公产地另作他用。

疗养院解决公产房、公产地的必要性：一是不可分割性。经过多年的演变，在疗养院院区内共有7处、总面积3519.26平方米的公产房和35001.75平方米的公产地，而且这部分公产房、公产地并不是集中在一起，而是插花式的分布在院内各个地方，与疗养院自有房地产混杂在一起，如果不按当地政府要求购买或承租，他们将通过法律手段将此房地产转售（租）他人，将会在疗养院出现院中院，最终导致已形成50余年的院落土地丢失，面目全非。二是由于产权不清，严重影响了疗养院的经营活动。因疗养院院区内存在公产房、公产地问题，地方相关部门不予发放房屋产权证和土地使用权证，使疗养院在办理建房、招商、合作经营时都办不了有关手续，使正常的经营工作受阻。三是价格因素。疗养院所处位置是北戴河海滨最好的中海滩地段，秦皇岛市政于1999年对市区各地段重新进行评估，确定此地段土地价格为100万元/亩，远高于1992年14.98万元/亩的价格，如不抓紧解决公产房、公产地问题，以后价格肯定还要高。经与地方协商，疗养院仍可执行1992年的价格，并且1992年以来的租金可以免交。

由于疗养院是差额预算医疗卫生事业单位，每年收入很有限，仅能维持正常开支。如再年交纳80余万元的租金，将难以为继。而一次性购买，则更是疗养院力所不能及的。但如果不按北戴河区政府规定办，又很可能丢失这块地，为了保住这个已有50年建院史的疗养院资产不丢失，院长梁云鹏于1992年12月19日将情况向中国统配煤矿总公司报告，此后疗养院1996年〔1996〕行字第4号和1998年3月11日的〔1998〕行字第7号又两次向当时的上级单位煤炭工业部机关服务中心报告。2001年后，更是多次向上级打报告或当面汇报，希望上级领导能从疗养院的改革与今后长远发展考虑，一次性出资购买，从根本上解决公产房、公产地这一历史遗留问题，以免除疗养院的后顾之忧。

2002年，国家安全生产监督管理局局长王显政、副局长赵铁锤高度重视疗养院公产房和公产地问题，派出由办公厅主任金克宁率领财务司、机关服务局在内的5人工作小组来北戴河解决疗养院公产房、公产地问题。5人工作小组会同疗养院领导一起与北戴河区政府区长、副区长及房产局、土地规划局等有关负责人进行协商、谈判，在此之前，院长李玉环通过有关市领导与北戴河区委书记多次就疗养院的经济承受能力与房产土地面积认可数量等问题进行了沟通，同时院后勤部门又对疗养院公产房、公产地的实际面积、数量进行进一步的核实，查阅了大量的历史资料，走访咨询健在的老职工，理清了1954年在同国务院土地、房屋互换中，原保一路七号为疗养院购买的房屋及周边4000平方米土地情况，2001年沿海道路扩建占用的4.15亩土地，1992年保二路改造中占用原乐峰路一号的1.1亩地，1960年国务院盖小礼堂公产房、公产地互换时公产地减少等有关情况，据有大量事实证据，同时抓住地方政府特定情况下定的几项优惠政策，最终经双方协商，以480万元一次性出资购买了院内的所有公产房和公产地，随后办理了院区内的房产证和土地使用证，一举解决了50多年房屋、土地产权不明晰问题，为疗养院今后的发展打下了坚实基础。

中国煤矿工人北戴河疗养院志

第二篇
基本建设

本篇主要介绍1950年以来,疗养院建筑和职工住宅规划建设情况,道路与供水、供电供热、通信与互联网等配套工程建设情况。

第一章 规 划 与 建 设

第一节 规划与设计

一、第一次规划设计

1. 背景

随着中华人民共和国的成立,工人阶级和劳动人民翻身解放成了国家的主人。在党和政府的关怀下,由工会和行政举办的职工集体保险事业——工人疗、休养院如雨后春笋,从无到有,从小到大逐步发展起来。北戴河是建立发展海滨疗休养事业的天然理想之地。中央燃料工业部煤炭管理总局,为了使广大煤矿工人能来北戴河得到休息疗养,于1950年决定在北戴河建立疗养院,并于1950年6月买下位于北戴河海滨中海滩路7号的同福饭店,同福饭店占地16.683亩,有111间房子,可容纳300张床位。

1951年2月,中央人民政府政务院颁布了《劳动保险条例》。此条例规定中华全国总工会可举办或委托各地方或各专业工会积极举办各项集体劳动保险事业(办疗、休养院,养老院,孤儿保育院,残废院等)。各地煤矿要求到北戴河疗、休养人数逐期增多。1952年开始,中国煤矿工会在北戴河开办了全国煤炭系统的劳动模范、先进生产工作者、科级以上干部的休养。

1953年3月4日,政务院明令秦皇岛海滨区不允许再接待传染病患者,疗养院也由建院初期的煤矿工人结核病治疗改为慢性病职业病疗养。

1953年,全国进入全面经济建设时期,秦皇岛海滨区政府计划从1953年开始五年建设,准备将海滨风景区内土地分配给各单位以作基本建设之需,按秦皇岛市规定,应先将房屋建设计划绘图报经秦皇岛市人民政府批准,然后才可得到分配土地以从事建设工作。此时疗养院接到秦皇岛海滨区政府要求疗养院交出书面建设计划通知,言明如不尽快报计划修建,则同福饭店东侧之空地,即会分配给其他单位。

1952年9月4日、1952年9月10日、1952年9月26日,疗养院三次向上级中央燃料工业部煤炭管理总局报告请示:"疗养院今后劳模、病员日增、工作人员亦当增加,房屋、设备问题是最根本的问题,故明年从事大规模的建设势在必行,恳请批示具体办法并派工程人员来院计划、勘测、绘图以便早日呈报秦皇岛市人民政府批准建设。"

1953年1月9日,北戴河区区长孙占一签署,并报经秦皇岛市人民政府建设局批准,将同福饭店以东的空地,以沟为地基界划拨疗养院。

1953年春,北京煤矿设计院来北戴河经过严密的勘测、设计,为疗养院制作了规划设计方案和设计图。

2. 第一次规划设计方案主要内容

一是在木头楼（原同福饭店，下同）以东的空地建设占地3718.63平方米、床位250张的工字型休养楼一幢，基本解决休疗人员住宿问题；二是完善疗养院其他功能。计划在木头楼以北空地，建1座治疗楼、1座俱乐部；院东侧休养楼后建食堂、锅炉房、汽车库、仓库、变电室、花房、传达室及15.5米的水塔（包括水源地）等；三是院区西部、北部各别墅楼维持不变，修缮后用于重要领导疗休养接待；四是修建院墙，将疗养院南北两院合并，堵塞分割南北两院的道路（当时称为保一路，为市建公路），形成疗养院完整布局；五是院区修建道路。

二、第二次规划设计

1. 背景

1976年唐山大地震，使全院大部分房屋受到不同程度的损坏，尤其是建设近百年的别墅式疗养楼损坏严重，有的已成为危险建筑，而且这些别墅式建筑存在设计局限，占地面积大，疗养床位少，室内条件差。1979年12月，中央任命高扬文为煤炭工业部部长、党组书记。1980年1月，煤炭工业部党组召开扩大会议，确定80年代要办四件大事，其中之一即为"逐步搞好安全生产和工人生活，改变煤炭工业形象"。1980—1983年，煤炭工业部领导高扬文、于洪恩到疗养院视察工作时，指出：为了改变煤矿职工形象，提高煤矿职工的福利待遇，北戴河疗养院应抓紧时间翻修建，房子要建得漂亮些，不要怕花钱。高扬文在煤炭工业部办公厅的报告上批示：北戴河疗养院的翻改建，是开创煤炭工业新格局的一个重要组成部分，如果现在仍不对煤矿职工做一点力所能及的事情，将对不起奋战在煤炭战线上的广大职工。

为了适应当时煤炭工业部实现"四好"疗养奋斗目标和开创疗养工作新局面的总体要求，以及扩大疗养规模、提高疗养条件、改善疗养环境，1981年煤炭工业部开始筹划疗养院大规模翻改建工程，并委托北京煤矿设计院进行总体规划设计基本方案，由于属地政府部门未批准北京建筑设计院的设计方案和以后的其他设计方案，疗养院翻改建延后进行。1982年，在借鉴、完善几家设计方案后，于11月提出了疗养院改造设计规划任务书。1983年6月20日，煤炭工业部以〔1983〕煤字820号文件做出了翻建北戴河疗养院的决定。

2. 第二次规划设计方案及总体要求

一是总平面规划及建筑设计要贯彻适用、经济、美观原则，要体现海滨疗养区的特点，形成优美环境，创造舒适、方便疗养条件。二是结合疗养对象的特点规划区域，分成劳模、老干部（高干）静养区和一般干部、工人疗养区；在疗养院北区新建5幢高干疗养楼和1幢高干餐厅楼；在南区新建5幢一般疗养楼；中区仍为功能服务区保持原状。三是建筑直接服务的生活设施尽量集中，便于管理，节约开支。四是在设施安排上不影响或少影响床位的使用。改建规划保持800张床位，一般床位600张、少数民族床位100张、老干部床位100张。建筑密度20%左右。改造拆除面积13000平方米，改建面积30986平方米。建筑标准，疗养楼小体量、多变形、造型别致、风格独特。一般疗养楼，房间设2~3张床，卫生间设淋浴；老干部疗养楼，房间设1~2张床并有少量套间房，卫生间设浴盆。每幢疗养楼内设游艺室或电视室。

1983年下半年，经过积极努力，市、区批准了疗养院总体改建规划。

三、第三次规划设计

1. 背景

为了改善和提高疗养院为国家安全生产监督管理局服务的综合能力和资源利用效率，紧紧围绕国家安全生产监督管理局"抓好三件大事，构建六个支撑体系"工作目标，确定疗养院经济发展目标并制定相应的发展战略，根据国家安全生产监督管理局有关要求，2004年4月，制定了疗养院2004—2010年发展规划。规划方案以全心全意为国家安全生产监督管理局工作职能和人员提供服务为宗旨，围绕国家安全生产监督管理局工作职能做好各项服务工作；以经济发展为主题，在为国家安全生产监督管理局做好服务的基础上，多渠道对外创收，以确保疗养院今后的生存与发展；以结构调整为主线，构建产业结构合理、建筑规划布局协调、功能完善的整体格局。总共拟建4个项目。

2. 第三次规划设计主要内容

一是新建国家煤矿安全监察局粉尘危害监测治疗中心楼，选址在疗养院东部，拆除维修车间、后勤大库、车库等，压缩煤场。该项目优点：①该项目的建立，能使疗养院依托基金会，进一步把肺灌洗治疗尘肺项目做大做强，尘肺治疗中心在工字楼内，受环境、房屋空间结构、设备条件等所限，很难再扩大业务，需重新选址建造一座国家煤矿安全监察局粉尘危害监测治疗中心楼，主要用于尘肺病治疗。②该治疗楼建设将把疗养院工作与国家安全生产监督管理局的职能进一步紧密结合起来。该楼建成后，规划将其他医疗专科和手术室、门诊、医技科室等散布在南区的所有医疗部门都集中于此，由于属临街而建，因此还能有利于疗养院直接对社会开展医疗业务，使能更好地利用秦皇岛市"职工医疗保险定点医院"牌子对外增加医疗收入。于2011年3月，国家煤矿安全监察局粉尘危害监测治疗中心楼完成建设，正式投入使用。

二是新建海水浴疗综合楼。疗养院自建院以来，虽进行过翻改建和几次较大工程，增加了床位，但由于没有配套的娱乐设施，使疗养员及游客感到度假生活单一。通过借鉴大连海水游泳馆的成功经验，经过慎重考虑，拟发挥疗养院紧靠海边的优势，建设一个海水浴疗综合楼。规划拆除地处疗养院最佳位置，南临大海的工字楼，新建一座带有四季海水浴疗，集住宿、康复保健、娱乐休闲为一体的综合楼。综合楼与金海酒楼相接，共同形成疗养院的主体建筑。因各种条件限制，当时建设海水浴疗综合楼存在较大困难，最终放弃海水浴疗综合楼建设。

三是锅炉房改建。根据国家对旅游区环境要求，北戴河区提出各单位应在3~5年内逐步取消燃煤锅炉。疗养院根据北戴河地方政府提出的强制性要求，进行改建，改造一座电锅炉房，建筑面积549.59平方米，购置锅炉5台，另外电力增容4000千伏安，需配备箱式变电站2个。2015年，根据北戴河区政府取缔燃煤锅炉的要求，最终选用谷电发热方式，完成锅炉房设备设施改造。

四是工字楼危楼改造加固。如新建海水浴疗综合楼融资有困难，将取消工字楼的整体翻改建，改为危楼加固改造。最终因融资困难，选择危楼加固改造。

四、近年来规划设计

1. 背景

疗养院自2018年隶属于应急管理部直属事业单位后，连续两年接待国家功勋荣誉表彰奖励获得者及森林消防局一线指战员，服务对象对疗养院地理位置、服务水平和医疗实力均表示充分肯定，但却对硬件条件在不同程度上提出了诸多改进建议。疗养楼大部分为20世纪50—80年代建设，90年代以来虽然陆续进行了一些实用性改造，但由于投入不足、海风侵蚀等原因，尘肺楼外墙及门窗破损严重，会议中心楼外墙皮脱落、保温性不好、严重风化等问题突出，导致疗养院基础设施在北戴河休疗单位中处于中下水平，与疗养院优越的地理位置，以及大部委疗养院地位极不相配，特别是因为设施陈旧、欠账多已经成为制约疗养院发展的瓶颈，难以满足当前康复医疗、疗养休养的服务需求。2018年，应急管理部书记黄明对疗养院呈报的《关于发挥疗养院优势为应急管理部提供多方位服务的报告》批示"要根据新的职责任务、充分发挥好作用"并多次指示要管好、用好、建好北戴河疗养院，为应急管理系统和国家综合性消防救援队伍服务，副部长孙华山、黄玉治、尚勇也做了相应的批示。2019年6月，党组成员、政治部主任许尔锋和机关服务中心领导来疗养院进行调研和指导工作，对疗养院规划建设提了具体的意见建议。疗养院领导班子根据应急管理部领导对疗养院康复转型发展要求，围绕切实履行为应急管理部系统和国家综合性消防救援队伍提供康复医疗、疗养休养、会议、教育培训服务保障的工作职责，按"综合规划、分步实施、滚动发展"的建设方案，编制院区整体规划设计，对原有客房按无障碍康复病房进行改造升级。

2. 规划设计主要内容

一是康复病房及配套设施改造项目。该项目是院区规划建设的重要组成部分，项目主要包括：改造疗养院1号、2号、6号楼；购置更新电梯、空气源热泵和新风等设施设备，改造面积6741平方米，总投资2930万元（受疫情影响，根据应急管理部规划财务司《关于进一步压减2020年部门预算控制数并调整编报"二上"预算的通知》，该项目2020年度预算压减1172万元，调整后项目预算为1758万元），所需资金全部由中央预算内投资解决。本项目建设目标是完善疗养院1号、2号、6号楼各项基础设施建设，消除安全隐患、满足节能环保的要求，本项目的实施将极大提高疗养院服务国家综合性消防救援队伍的能力和水平。2019年11月6日，应急管理部正式批复疗养院康复病房及配套设施改造项目可行性研究报告。2020年，疗养院根据应急管理部批复要求，全力推动康复病房及配套设施改造项目建设进度，确保按时完成目标任务。

二是康复疗养房间及配套基础设施改造项目。该项目是院区规划建设的重要组成部分，主要包括5项内容：康复病房及配套设施改造[1号、2号、6号（南楼）]项目增加面积；餐厅维修改造；12号、14号康复疗养楼维修改造；总接待中心建设；正门（南门）、东门改造，总投资估算为3598.59万元，所需资金来源为自有资金，项目委托中煤科工集团北京华宇工程有限公司进行规划设计。2020年自有资金康复休养房间及基础设施项目的目标是消除建筑结构安全隐患、达到国家现行的公共建筑节能标准，增设电梯等设施，改造功能布置，为疗养、康复人员提供一个安全、节能、整洁环保的疗养生活环境。

三是治疗康复设施提升改造康复房间（18号楼）改造项目。改造后18号楼（白楼宾馆）满足230人住宿需求，项目总投资估算为136万元，资金来源为应急管理部2020年北戴河康复院治疗康复设施提升改造项目资金。项目的实施能够改变康复院医疗康复部分的现状，提升康复院整体形象，满足应急管理部和机关服务中心对北戴河康复院的职能定位需求。

四是自来水管线（主干线）改造和锅

炉运行项目。项目总投资估算为143.28万元，资金来源为2016年北戴河康复院基础设施维护和锅炉运行专项资金。

五是电力设施改造和消防监控系统消除安全隐患项目（总控中心）。改造内容主要包括：中心机房、消防及监控控制室改造；配置能满足全院使用的消防主机；配置监控服务器及平台软件、查询电脑、磁盘阵列、操作台、操作键盘、核心交换机等；配置3×4电视墙及配套设备；安装室外监控摄像头50个，其中40个筒机、10个球机；配备交换机等连接设备。项目总投资估算为97.95万元，资金来源为2017年北戴河康复院基础设施维护和锅炉运行专项资金。建设目标是为保证来疗养院康复疗养人员的安全,提供疗养院的预警和突发事件处置能力,需要建设现代化信息机房,以及专业的监控消防报警机房。

六是2018年安排粉尘危害治疗中心楼维修、2019年安排骨关节软组织损伤康复中心药浴室维修改造和患者餐厅项目。项目内容主要包括：①粉尘危害治疗中心楼维修项目，即尘肺楼屋面防水、外墙构件加固、更换、外墙粉刷、康体中心（康复治疗室）改造、门诊1-4层卫生间改造、支气管镜室改造、医疗呼叫系统更新、门诊楼增设电梯一部、消防水箱更换、窗户更换；②骨关节及软组织损伤康复中心药浴室维修改造项目；③患者餐厅项目。总投资估算为386.32万元，资金来源为应急管理部北戴河康复院2018年基础设施维护和锅炉运行专项财政补助资金200万元、北戴河康复院2019年治疗康复设施提升改造专项财政补助资金186.32万元。项目的目标是消除建筑安全隐患、达到国家现行的公共建筑节能标准，增设电梯等康复医疗必备设施，建设患者餐厅，完善功能布置，为康复队伍提供一个安全、节能、整洁环保健康的康复治疗环境。

七是会议中心危楼改造室内条件提升项目。项目内容主要包括：外墙欧艺构件更新；罗马柱更新；外窗更换；增设外墙保温层；外墙粉刷；公共卫生间装修；建筑门斗瓦部分更换；屋面局部防水。总投资估算为200万元，资金来源为2019年北戴河康复院基础设施维护和锅炉运行专项资金。项目的目标是消除建筑外墙结构安全隐患、达到国家现行的公共建筑节能标准，整饰外立面，建筑风格协调美观，卫生间整洁，为应急管理队伍提供一个安全、节能、整洁的会议、培训环境。

第二节 疗养用房建设

一、院区第一次大规模扩建（1953—1972年）

根据疗养院第一个规划设计方案，1953年2月疗养院计划投入100亿元（旧币）建设投资进行疗养院大规模扩建，经煤矿设计局设计公司设计，开滦矿务局（秦皇岛建筑公司）施工，于1954年6月陆续建成疗（休）养楼5338.78平方米（即现在的6号楼），俱乐部1267.66平方米，治疗楼939.39平方米（即现在的9号楼），食堂1022.98平方米（原南二餐厅1995年9月拆建），仓库228.48平方米（已拆除），汽车库183.38平方米（已拆除），变电室21.46平方米（已拆除），锅炉房262.87平方米（已拆除）、22米高的锅炉房烟囱，花房170.1平方米（东花房）、传达室31.5平方米（现在的西门卫）和一座15.5米高的水塔（现8号楼东北角，1996年9月拆除）。

1954年6月27—29日，进行竣工验收。同时对同福饭店以及周边购买和租住的别墅楼进行修整，圈建围墙。此外，还在院外的东经路、保一路、保三路、保四路、安一路购买、借用房产土地多处，用于休养用房。

第一次大规模扩建，共计44项修建工程。扩建后，全院共有楼房23所，总建筑面积达20416平方米，占地96亩，疗休养床位由300张发展到550张。疗养院建院后第一次基本形成独立院区。

1960年，国务院盖小礼堂，用乐峰路1号西侧部分土地和保二路部分土地，互换了疗养院北部林地7.15亩，互换后圈了围墙，疗养院第二次形成独立院落。

1972年，燃料化学工业部决定恢复疗养院建院，当时代管疗养院的京西矿务局休养所经北京矿务局革命委员会研究，认为从方便集中管理，有利于整体发展和长远规划出发，决定与国务院北戴河管理局协商将疗养院占有的东一路6号，含土地5亩、房屋7间，桃树140棵，与国务院北戴河管理局占有的乐峰路1号，楼房1栋（含楼前后空地）互换，1973年12月签字生效，互换后重新圈了围墙，第三次形成疗养院院区。

二、院区第二次大规模翻改建（1975—1988年）

1975年，扩建了食堂，新建了冷冻室。为改善疗养员生活，购置了压面机、包饺子机、冷冻机。为解决炊事人员少的问题，从各矿务局抽调一部分炊事人员。

1979年，为了提高食堂机械化程度，增添了电烤炉、馒头机、和面机、饺子机、压面机、切菜机等。

1981年，煤炭工业部为了扩大疗养院的接待能力，开始筹划对北戴河疗养院的第二次大规模翻改建。1983年，煤炭工业部确定疗养院翻修建投资概标为870万元。1985年，煤炭工业部办公厅为更好的建设疗养院做了很大努力，积极争取，又将投资概标调整为1483万元。

1982年，改造浴池。

1983年，为了配合"四好"中的"住好"：集中抓疗养房间设施改善问题，更换疗养床300张、床单700条、枕巾700条、枕头700个，翻新棉被700床，加强了卧具洗涤工作，缩短了卧具更换时间，添制藤椅100把（其中躺椅20把）、小圆桌80张、椅子300把、圆镜155面、床头柜50个、衣帽架40个。抓暑期挖潜增床问题，医务处人员主动合并办公室，撤掉仓库，搬到楼道里办公，腾出房间，新增床位75张，多接收了306名疗养，增加收入61200元。工字楼、木头楼安装了开水罐，院内开办了理发馆。

1983年3月18日，疗养院向北戴河区房管科申请，对震后受损的8栋公产房进行一次维修和逐年拆除重建。

1983年10月与1984年9月，分期拆除木头楼及10栋小别墅楼。

1984年，秋天暂停疗养，开始总体翻修、扩建。

1984年10月至1985年，疗养院进行了全面翻改建，全院竣工面积10967.8平方米，完成投资815万元，翻改建的疗养楼的疗养床位达388张，疗养条件有了很大改善，吃、住、疗基本配套。

1984年，重点解决了工字楼的问题，对工字楼厕所进行了改造，房间进行了粉刷，洗脸间、卫生间的下水道进行了修理。购置了350把折叠椅，每个疗养员配备了一把，逐步更新了一部分疗养用床。洗衣房提高了洗涤质量，随交随洗，对被套、褥单洗后烫平。医护人员定期给疗养员更换卧具，并亲自铺上套好；疗养员出院后，抓紧进行卧具更换，清扫卫生，每期入院前医务处负责逐个房间进行检查。后勤部门门窗坏了及时修理，灯泡坏了及时更换，采暖期间保证室内温度在15摄氏度以上。

翻修建工程分三期进行。第一期翻建北区，当时规划为老干部疗养区，将原14号楼（美国人所建）和原15号楼拆除，新建了12号、13号、14号、15号4栋疗养楼和1栋疗养餐厅。4栋疗养楼建筑工程面积为3724.46平方米，1栋疗养餐厅建筑面积为784平方米。此区翻建自1983年11月开始至1985年5月结束，共投资为3232910元。土建由煤炭工业部第六十九工程处施工。

第二期翻建南区，将原英国人建的同福饭店和原6号楼拆除、新建了5栋别墅式的疗养楼。5栋疗养楼建筑面积为5693平方米。翻建投资为2977909元。南区翻建自1984年10月开始至1985年8月结束。土建施工单位为开滦矿务局工程处。

此外还建了锅炉房、东变电所。并对工字楼、7号楼、8号楼、9号楼、南餐厅、中餐厅进行了整修。到1986年8月，翻建建筑面积为11195.55平方米，完成投资1020万元。

第三期工程于1988年前建设完成。主要项目有花房、汽车库、冷库、部长疗养楼、院办公楼及绿化小品等。

外宾楼（12号楼）、北餐厅内装修及新建楼卫生间装修，大部分楼房铝合金门窗安装、外墙装饰，由广东南海矿务局施工队进行施工，外宾楼和北餐厅装修材料，多数采自澳门。

这次翻修建充分体现了煤炭工业部党组对煤矿职工的关怀，大大改善了煤矿职工的疗养条件，对开创煤矿疗养工作新局面产生了巨大的促进作用。为了搞好设计，遵照部长高扬文20年不落后的总体要求，在第一次设计方案未获通过的情况下，煤炭工业部办公厅组织召开了"神仙会"。邀请了国内资职较高、影响较大的清华大学王教授、煤炭工业部基建司麦总工程师、沈阳建筑院钟工程师出主意、支高招，并会同地方政府有关部门，负责设计的邯郸设计院进行规划方案研讨，院班子一起参加会议，会议之后一次性通过了规划方案。到1988年翻改建基本全面结束，翻建了疗养楼房10栋，建筑面积10430.26平方米，还建设了北餐厅、东变电室、洗衣房、北花房、锅炉房、热水泵房、办公楼、车库、维修车间、冷库、接待大厅，建筑面积4210平方米，完成总投资1260万元。至此，疗养院疗养楼已达15栋，床位700张。

"神仙会"召开期间，时任国务委员谷牧曾专门到疗养院看他曾经在疗养院住过的14号别墅楼，此次开会专家也住在14号楼，谷牧向大家问好。原北京煤矿设计院副院长、曾任民革中央副主席的胡敏曾在疗养院第一、第二两次疗养院全面翻改建时，主持和参与了设计工作。

三、1989—2020年院区房屋建设与改造

1989年，完成医疗洗浴循环水、中药粉碎机、总机房空调机、院发电机、自动排水泵、餐厅蒸食屉锅和紫外线消毒灯及6号楼茶炉房烟囱的改造任务。

1990年，利用自有资金，完善疗养设施，完成了接待大厅、洗衣房烘干室的兴建和南一、南二餐厅的局部改造。更换了南疗区脸盆支架，卫生间坐便器大弯管更新。

1991年，修复6号楼300平方米太阳能设施；完成了7号楼的翻改建任务，投资13.19万元，建筑面积249.18平方米。

1992年，改进基础设施，为疗养员提供了优质服务和舒适环境，在上级的大力支持下，购置了141.5万元的先进医疗设备，利用自有资金23万元购置了110台彩电，1700米窗帘布，办公厅调拨了130部电话机，为部长楼增设一部直拨电

话，改善了通信条件。更换了闭路通信天线，使电视接收节目由原来的2套增加到5套，丰富了疗养员的生活。

1993年，完善基础设施，投资45万元对北区14号楼进行了改造装修。

1993年，建设1100平方米的尘肺灌洗治疗楼。一些配套设施如闭路监视电视、中心供氧工程也相继完工，完成总投资129万元。投资45万元对北区14号楼进行装修改造。

1994年，建设疗养院东南角5间门市房，益通公司积极与地方有关部门沟通，开发疗养院东南角临街空地，建成179.17平方米的5间门市房。同时总务科还将疗养院大库临街（保二路）部分修建了一个面积50余平方米的门市房。

1994年，对南一餐厅进行了基础改造，更新了部分疗养楼供水、供暖设备，投资8万元安装了有线电视系统。在国家计委和煤炭工业部的支持下，对南区疗养食堂进行了翻改建。自筹资金4万元进行了对北餐厅、中餐厅的操作间改造，进行了卫生设施的完善；自筹资金40万元购置了彩电70台，床上用品3750件，更新购买了小型、中型面包车各一辆，服务条件有了较大改观。

1995年建设尘肺灌洗治疗病人食堂（即金海大酒楼）。该项目列入国家计委，拿到500万元投资。1995年下半年投资兴建，1996年暑期前投入使用。新建3100平方米，可容纳800人同时就餐，工期5个月25天，完成投资580万元。

1996年9月拆除原8号、9号楼，新建尘肺灌洗治疗研究室（即8号楼）。于1996年10月20日正式开工，计划面积2980平方米。1997年7月18日竣工正式投入使用，建筑面积3084.52平方米，投资650万元。

1997年，分别对1号、2号、3号、4号、5号、13号、15号楼卫生间进行改造，房间进行了粉刷。

1997年，利用煤炭工业部拨大中修经费，改造部长楼室内851平方米，改造6号楼卫生间20个，北餐厅大修603平方米，大修洗衣房88平方米，更新了洗涤设备，大修总机房，更新了512门数字式交换机，购买黄海客车1辆。

1998年，利用国家煤炭工业局划拨的大中修经费，完成了10项预定的大中修工程，其中对南区1—5号疗养楼92个房间，6号疗养楼进行了中修。对室外通信电缆沟、井和电缆进行了大修。对9号、13号、15号疗养楼61个房间进行了大修。

1998年，改建东大门。

2000年，将6号楼南楼改造成金海宾馆，6号楼原为休、疗养房间，4~6人一个房间，无卫生间、无电视，随着人们的生活水平逐步提高，这样的房间一张床只卖几元钱。1999年疗养院决定对6号楼的南楼进行改造。委托秦皇岛市房地产业建筑设计所设计，由北戴河集发建筑公司施工。2000年2月10日开工，2000年6月26日竣工。将原二、三楼的药库改造成观海套间，39套房当年创收50多万元，成为疗养院新的经济增长点，为疗养院的客房改造开了先河。

2000年，第二次改建南大门，建门卫、商店，成现在面貌。

2001年实施2号、3号、4号、7号楼"改坡工程"。2000年10月16日疗养院召开院党政办公会议，专题对部分客房、疗养楼的改造与维修工作进行研究。会议认为：疗养院目前房屋结构与室内条件，是1983年按疗养模式进行翻改建的，近年随着疗养员的日益减少，旅游团队、散客已成为疗养院的主要客源。配合北戴河区"穿衣戴帽"改造要求，会议决定：疗养院2号、3号、4号、7号楼用轻体材质追加一层，使其由二层改为三层，增加标间床位数。根据会议决定，疗养院委托秦皇岛市房地产业建筑设计所设计，由北戴河集发建筑公司施工。2001年1月4日开工，4月26日竣工。经秦皇岛正信工程造价咨询事务所审定，土建工程3274278元，安装工程463810元，工程总造价为3738088元。改造前2号、3号、4号、7号楼建筑面积为3638.28平方米，改造后增加建筑面积1569.96平方米，增加客房48套。改造装修共计98套客房，其中标间79套、非标间10套、套间9套；3号楼一层活动室改造成接待厅，打开西南大门，由2号、3号、4号、7号楼组成客房西区，单独对外经营。

2001年，经招投标，由秦市励署装饰公司分别对1号、5号楼房间进行装修，价格4000元/间。

2000—2001年新建专家门诊楼（即美都饭店）。根据北戴河区政府沿街旧城改建的规划方案要求，报请煤炭工业部批准，利用疗养院老托儿所原址，投资550万元兴建。由河北省建筑设计院、秦皇岛市房屋建筑设计所设计，秦皇岛市城投建筑公司施工，秦皇岛市秦星监理公司监督。于2000年12月破土动工，2001年7月10日竣工。美都饭店2001年7月18日正式开业。建筑面积3555平方米，工程决算总投资774.39万元（含设备费）。标准间71套，套间3套，非标间3套，地下室9套。并设有接待大厅、办公室2间、餐厅可容纳160人就餐、雅间4个。

2003年继续实施"穿衣戴帽"工程。对1号、5号楼进行装修改造。由北戴河区设计所设计，北戴河集发建筑公司施工。利用自有资金，并向职工借款135万元用于工程改造装修。2003年1月1日开工，4月20日竣工。因"非典"推迟到2003年5月21日竣工验收。利用1号楼西北角空地新建客房9套，新增加客房43间，增加建筑面积1668平方米。1号楼改造装修接待厅1个、标间42间、套间2间、非标间6间（含服务室2间），库房、服务室3间。5号楼改造装修标间41间、套间3间、非标间1间，库房、服务室3间。不仅美化了疗养院外部形象，更适用于旅游、疗养和培训，也与地方政府整体规划相一致，给北戴河区的沿海风景线增加亮色。

2003年改造装修别墅楼11号楼。该楼建于北戴河解放前，俄罗斯商人崔古伯夫的别墅，欧式建筑，风格古朴、独特，被定为北戴河近代建筑首批文物保护中的建筑；建筑面积306平方米，北戴河解放后归国务院专家休养所，1954年换归疗养院；先后接待过蔡畅、李培芝（王若飞夫人）、部长陈郁（第一位中央燃料工业部部长）、副部长仲子云（金日成的战友，金日成为司令员仲子云为政委）在此疗养。2003年，原煤炭工业部部长高扬文筹资和疗养院共同出资进行维修改造。按照北戴河区政府保护古建筑物及文化古迹的要求，本着修旧如旧的原则，由集发公司对其全面维修，施工日期为2003年9月12日至11月30日。改建后为400平方米，套间2套，标间3套，带厨房的餐厅1套。这是疗养院留下的唯一被定为北戴河文物保护别墅式古建筑。

2004年改造维修12号楼。12号楼建成于1984年，当年为接待外宾楼。因房屋、设备老化，需装修和更换设备，同时为适应安全培训的需要，利用现有条件在三层南侧加层，增加建筑面积147平方米。装修成6个标间、6个套间，解决国家安全生产监督管理局培训和日常重要接待工作。该工程开工时间为2004年4月15日，竣工时间为2004年5月31日。由河北华信建筑工程有限公司秦皇岛分公司

第二项目部施工；秦皇岛艺腾装饰工程有限公司装修；北京三控工程监理有限公司第四项目部监理；经秦皇岛正信造价咨询事务所有限责任公司审计。土建154861元；装修802499元。

2003—2004年新建安全培训楼。疗养院俱乐部建于1953年，建筑面积1676平方米（含1989年改造增加的面积），可容纳700人，系砖木结构，木屋顶，未做防火处理，不符合防火要求，且电路老化，极易发生火灾。消防部门在1996年初对俱乐部做出了"停止使用，限期改建"的通知。加之受1976年唐山地震的影响，部分墙体已经开裂。为此疗养院于2000年9月5日向国家煤炭工业局规划发展司请示：为完善疗养院的功能，确保俱乐部能正常使用，拟对俱乐部进行翻建改造，建筑面积5000平方米，概算投资为3000万元。

2001年夏，国家安全生产监督管理局领导在疗养院开会期间，对疗养院今后工作提出了三项任务，其中一项即为增挂安全培训中心的牌子，赋予安全培训任务。为适应培训需要，疗养院请示，在俱乐部原址翻建一座安全培训教学楼，为会议教学、娱乐服务。同时要求将安全培训楼列入2002年预算内基本建设投资计划。请示得到了局长张宝明批复："请铁锤阅后转信息装备司姜庆俊，为适应安全形势的需要，提高人员素质，加强培训工作，可考虑此项目，并认真审核"。赵铁锤的批示："按宝明的批示抓紧落实"。

2001年11月5日，疗养院向国家煤矿安全监察局请示，安全培训教学楼建筑规模拟为总建筑面积5000平方米，三层，项目投资总额2603.04万元。并同时附报了投资预算表、俱乐部危房鉴定报告和培训中心教学楼平面图。

2002年4月1日，国家煤矿安全监察局批复：为满足国家煤矿安全监察局安全培训工作需要，同意拆除俱乐部危楼，拆除建筑面积1676平方米，就地翻建一座安全培训教学楼。同意总体规划设计方案。总建筑面积控制在5000平方米，建设总投资控制在2000万元以内。所需建设资金由中央预算解决。基建投资安排1500万元，其余由疗养院自行筹措解决。

2002年暑期后，国家煤矿安全监察局经综合各方面因素考虑，以煤安监技装字〔2002〕86号文件，将安全培训教学楼批准的5000平方米建筑面积调减为3000平方米，将建筑投资2000万元调减为1500万元（含设备），所需资金由中央预算内基本建设投资中解决。时任国家安全生产监督管理局（国家煤矿安全监察局）局长王显政对该项目高度重视，专门在夏训期间主持会议听取了该项目有关情况的汇报，并提出具体要求。

安全培训教学楼由秦皇岛市民用设计院设计，局部三层，设有大小会议室、计算机室、多媒体教室、国际会议厅、教研室、图书室和部分健身娱乐设施，集教学、会议、健身、娱乐等功能于一体。

经过多方协调和努力，于2003年4月21日取得了工程规划许可证。并委托秦皇岛市世纪招标代理公司进行工程招标的前期工作，按照招标的有关规定和程序于2003年9月25日，由国家煤矿安全监察局纪检部门和技装司派员监督下，在秦皇岛市招标办进行了工程招标，河北华信建筑公司中标。并于2003年9月30日取得了工程施工许可证。

该工程由河北华信建筑工程有限公司秦皇岛分公司第二项目部施工，北京三控工程监理有限公司第四项目部监理；于2003年10月8日正式破土动工，2004年7月11日竣工。经地方技术部门评审为优质工程。

该工程经秦皇岛正信造价咨询事务所有限责任公司审计后，建筑面积3343平方米，土建工程造价1863424元，初装修工程1171877元，精装饰工程2717291元，其他费用775960元，工程造价共计6528552元。安培楼含设备整个工程总造价1050万元。

2010年新建粉尘危害检测治疗中心楼。首创"双肺同期"灌洗新技术受条件限制，置于陈旧危险的楼房内，肺灌洗手术间仅4个，治疗、培训、实验室和科研能力严重不足，急需建造一座面向全国服务，设施、设备居国内一流的粉尘危害检测及尘肺病治疗楼以适应救助尘肺病人的需要。2010年，拆除维修车间、后勤大库、车库等，压缩煤场，在疗养院东部新建造粉尘危害检测治疗楼，资金来源主要是中央预算投资。

前期决策至投入使用过程：2008年9月4日，疗养院关于报送《关于建设国家安全生产监督管理总局粉尘危害检测治疗中心楼的可行性研究报告》的请示得到国家安全生产监督管理总局的批复。2009年7月13日，国家安全生产监督管理总局在《2009年中央预算内投资计划通知》批复中指出让疗养院抓紧编制建设国家安全生产监督管理总局粉尘危害检测治疗中心楼的初步设计。2009年9月24日，粉尘危害检测治疗中心楼项目获河北省发展和建设委员会批复。2009年9月25日，粉尘危害检测治疗中心楼项目获秦皇岛市发展改革委员会批复。2009年10月26日，粉尘危害检测治疗中心楼项目的初步设计获国家安全生产监督管理总局的批复。2009年10月28日，秦皇岛市规划局颁发建设工程规划许可证。2009年10月31日，秦皇岛市聪良工程设计咨询有限公司进行施工设计文件审查。2009年11月24日，秦皇岛市人民政府政务服务中心组织市规划局、气象局、园林局、地震局和消防大队等部门对施工图文件进行联合审查。2009年12月17日，粉尘危害检测治疗中心楼项目施工招标，河北省第三建筑工程有限公司中标，中标金额为11584382元，工期为320天（日历天）。2009年12月17日，粉尘危害检测治疗中心楼项目施工监理招标，保定市科信工程项目管理有限公司中标。2010年1月6日，秦皇岛市城乡建设局颁发建筑施工许可证。2010年1月6日，粉尘危害检测治疗中心楼项目正式开工建设。2010年11月15日，粉尘危害检测治疗中心楼项目主体竣工验收并正式投入使用。

2010年沿海沿街"三年大变样"改造工程。根据北戴河区统一要求对北戴河区内7条路的沿街建筑进行统一风格的改造，疗养院东大门及美都宾馆属于此范围之内。改造地点为东大门、美都宾馆，资金来源是自筹资金和政府财政。4月16日，沿海沿街改造工程开标，秦皇岛市北戴河集发建筑工程有限公司中标（中标金额84万元），该项目于当年6月15日正式投入使用。

2010年康复病房改造工程。为与北戴河建筑整体风格保持一致，疗养院对康复病房进行平顶改坡顶改造，资金来源是自筹资金。2010年10月28日，开始研究康复病房平顶改坡顶具体事项；12月23日，完成康复病房工程设计并出图；2011年1月8日，北京筑标建设工程咨询有限公司负责此工程的预算编制工作。2011年3月4日，康复病房改造工程技术交底；2011年3月16日，康复病房改造工程开标，秦皇岛市第三建筑工程有限公司中标；2011年3月18日，康复病房改造工程太阳能开标，北京华夏一丹太阳能科技有限公司中标；2011年4月8日，康复病房改造工程空调招标，秦皇岛市格力空调销售代理中标。2011年4月15日，保定科信公司为工程监理单位。此项目于2011年6月22日正式投入使用。

2011年，原医疗用房改造工程是疗养院在"三年大变样"活动实施的最后一年争取到的优惠政策，改造投资约1000万元，大部分由施工队垫资，疗养院分5年还清，按同期银行贷款计息。为改善疗养条件，同时对1号、2号、4号、7号、14号、15号楼的整体或局部装修改造，经费主要来源预收山西焦煤集团部分疗养款。此两批工程，加上粉尘楼外围工程和其他配备安装项目，共计10个施工区，同时进场施工队50余个，在院工程领导小组和工程管理人员的统筹安排与协调配合下，经过紧张的施工，全部在暑期前完工并投入使用。

2014年改造职业卫生培训综合楼（9号楼原址改建）。2012年国家安全生产监督管理总局新增职业卫生监管职责，2013年在疗养院"三定"规定中明确了职业卫生技术服务职能，急需符合方案要求的职业卫生培训综合楼，通过研究最终选用在9号楼进行原址改建，改建面积为1399.77平方米，资金来源主要是中央预算投资。9号楼改造同时在楼西侧接建一间体检车车库。2014年10月17日，研究职业卫生培训综合楼房屋改造招标方案，10月31日，国家安全生产监督管理总局职业健康司领导来疗养院指导职业卫生培训综合楼房屋改造事宜，11月24日，职业卫生培训综合楼通风、操作台面及气路项目开标，北京科恩公司中标（中标金额433760元）；2014年12月1日，职业卫生培训综合楼房屋改造项目开标，秦皇岛市第三建筑工程有限公司中标（中标金额115万元）；此项目于2015年5月25日正式投入使用。

2014年，对10号、13号楼、金海酒楼一层大厅进行了装修。

2016年，对14号楼进行了部分装修。在安培楼改造了一间岩盐气溶胶室，对1号楼接待厅进行了装修改造，对7号楼进行了部分装修改造，对白楼宾馆雨棚和北侧大门进行了改造。

康复病房及配套设施改造项目（1号、2号、6号楼）。2019年11月6日，应急管理部对该项目可行性研究报告进行了批复。2020年2月26日，委托中煤科工集团北京华宇工程有限公司进行初步设计，合同金额为83万元。2020年9月22—23日、9月27—29日、10月12—14日，邀请设计院进行现场勘查，对设计方案进行了修改优化。2020年6月1日，通过市场询价方式确定审图单位，中标单位为秦皇岛永生建设工程咨询有限公司，中标金额5.8万元。2020年10月8日，完成该项目图纸审查。2020年10月22日，对该项目拆除工程分3个标段进行拆除工程招标，通过竞争性谈判，秦皇岛明增装饰装修工程有限公司中标，中标金额41.0万元；11月6日开始拆除施工。

自来水管线改造和锅炉运行项目。2020年7月27日，对施工单位进行招投标，秦皇岛市宏城建筑工程有限公司中标，中标金额121万元。2020年7月29日开始施工。2020年10月25日，完成全部管道安装、打压试验、管道入户、道路和绿化恢复等施工，并通过验收，正式投入使用。

电力设施改造和消防监控系统消除安全隐患项目。2020年7月22日，对施工单位进行招投标，北京中电中天电子工程有限公司中标，中标金额92.06372万元。2020年7月29日，开始施工。2020年9月8日，项目竣工。2020年9月9日，通过验收，并正式投入使用。

粉尘危害治疗中心楼维修项目。2020年7月24日，对施工单位进行招投标，秦皇岛市北戴河区第六建筑安装工程有限公司中标，中标金额174.20万元。2020年7月29日，开始施工。2020年8—11月，接待中煤科工、森林消防、山东能源5批次201人体检。截至12月底，对外开展职业及健康体检3000人，包括职业体检30家893人，健康证体检48家单位及个人1248人，健康体检859人。2020年11月29日，完成施工；2020年11月30日通过验收后已正式投入使用。

骨关节软组织损伤康复中心药浴室维修改造项目。2020年7月27日，对施工单位进行招投标，秦皇岛市北戴河区第六建筑安装工程有限公司中标，中标金额162.346元。2020年7月29日，开始施工。2020年9月30日，确定融捷健康科技股份有限公司为药浴室汗蒸房供货单位。2020年11月30日完成施工通过验收。

会议中心危楼改造室内提升项目。2020年7月23日，对施工单位进行招投标，河北省第三建筑工程有限公司中标，中标金额174.9848万元。2020年7月29日，开始施工。2020年10月12日，该项目全部竣工。2020年10月28日通过验收，正式投入使用。

康复疗养房间及配套基础设施改造项目（12号、14号楼、南餐厅）。2020年6月2日，初步设计招投标，公和设计集团有限公司中标，中标金额159.87万元。2020年10月7日，邀请中央美院建筑学院设计团队到疗养院考察，请中央美院协助设计1号、2号、6号南楼、12号、14号楼、南餐厅外立面效果图，以尽快通过当地规划设计要求。2020年10月12—14日，邀请设计公司到疗养院讨论项目设计方案，对餐厅功能分区重新进行了定位更改，对外立面及装饰风格进行了调整。

花房改造项目。2020年9月25日，确定花房改造项目。2020年10月6日，对该项目改造进行竞争下谈判招标，秦皇岛羽旺建筑工程有限公司以钢构部分450元/平方米，土建部分人工费一类工150元/工日、二类工120元/工日、三类工80元/工日的价格被确认为中标单位。2020年10月9日，开始施工。2020年11月19日全部竣工，投入使用。

医疗楼加装电梯井道项目。2020年10月23日，以内部竞争性谈判方式进行项目施工承包方招标，秦皇岛市北戴河区第六建筑安装工程有限公司中标，中标金额19.6万元；11月8日，开始施工。

职工住宅区供暖改造（东、西家属院）。2020年7月16日，经疗养院研究决定，委托黄河勘测规划设计研究院有限公司对职工住宅区进行供暖改造、房屋外墙保温、院区道路改造工程进行设计。

截至2019年底，疗养院建筑情况见表2-1-1。

表2-1-1　截至2019年底疗养院建筑一览表　　　　　　　　　平方米

序号	建筑物名称	建成时间	建筑面积	房产证信息		实际面积与证载偏差	占地面积	说明
				楼号	面积			
一、现有建筑								
1	东门办公用房	1998年1月1日	295.53	1	295.53		295.53	
2	北餐厅	1985年1月1日	758.68	2	758.68		505.79	
3	13号楼	1985年1月1日	560.25	3	560.25		499.00	
4	15号楼	1984年1月1日	998.97	4	998.97		712.72	

表2-1-1（续） 平方米

序号	建筑物名称	建成时间	建筑面积	房产证信息		实际面积与证载偏差	占地面积	说明
				楼号	面积			
一、现有建筑								
5	东门卫	1985年1月1日	29.94	5	29.94		29.94	
6	14号楼	1984年1月1日	1256.28	6	1256.28		524.49	
7	12号楼	1984年1月1日	960.75	7	830.75	130.00	492.02	
8	粉尘危害监测治疗中心楼	2011年4月1日	6294.10			6294.10	1716.70	规划许可5944平方米
9	老办公楼	1988年1月1日	667.65	9	667.65		287.00	
10	10号楼	1987年1月1日	851.89	10	851.89		326.70	
11	东变电室	1984年1月1日	83.60	12	83.60		83.60	
12	职工单身宿舍	2011年5月1日	500.00			500.00	250.00	
13	热水泵房	1987年1月1日	74.81	15	74.81		74.81	
14	锅炉房	1984年1月1日	649.59	16	649.59		440.00	
15	安培楼	2004年6月30日	3343.00			3343.00	1562.00	规划许可3060平方米
16	8号楼	1997年7月1日	3084.52	18	3084.52		1258.26	
17	西门卫（1）	1953年1月1日	14.40	19	14.40		14.40	
18	西门卫（2）	1953年1月1日	14.40	20	14.40		14.40	
19	金海酒楼	1996年1月1日	3098.32	21	3098.32		1549.16	
20	9号楼	1987年7月1日	1399.77	22	1399.77		671.50	
21	西变电室	1953年1月1日	83.47	23	83.47		83.47	
22	保二路商品房	1987年7月1日	5099.25	24	3086.72	2012.53	1543.36	"三年大变样"改造增加面积
23	松园酒店	1993年1月1日	30.00			30.00	30.00	
24	6号楼及手术室	1953年5月1日	8279.24	25	5338.78	954.64	3285.53	"三年大变样"改造增加面积
						1985.82		
		1992年1月1日	1100.00			1100.00		2002年办证时遗漏
25	中心供氧室	1993年1月1日	43.47			43.47	43.47	
26	5号楼	1984年1月1日	2237.31	26	1491.54	745.77	913.92	
27	7号楼	1990年1月1日	498.36	27	498.36		241.23	
28	4号楼	1984年1月1日	1442.76	28	1442.76		509.28	
29	南门商品房	1998年1月1日	92.79	30	92.79		92.79	
30	1号楼	1984年1月1日	1952.00	31	1301.66	650.34	547.38	
31	2号楼	1984年1月1日	1194.00	32	855.20	338.80	493.27	
32	3号楼	1984年1月1日	1221.40	33	841.96	379.44	493.27	
33	医技楼	1988年1月1日	885.09	34	885.09		295.03	
34	11号楼	1920年1月1日	306.40			306.40	306.40	老别墅文物

表 2-1-1（续） 平方米

序号	建筑物名称	建成时间	建筑面积	楼号	面积	实际面积与证载偏差	占地面积	说明
一、现有建筑									
35	西花窖	1987年1月1日	242.20			242.20	242.20	
	小计		49644.19		30587.68	19056.51	20428.62	
二、已拆除有房产证建筑									
1	原车库	1988年1月1日		8	974.16	-974.16		翻建医疗楼
2	原后勤服务楼	1988年1月1日		11	479.80	-479.80		
3	原职工餐厅	1953年1月1日		14	144.76	-144.76		
4	原大库	1953年1月1日		13	190.68	-190.68		
5	原俱乐部	1954年1月1日		17	1767.91	-1767.91		翻建安全培训楼
6	原东南门商业用房	1984年1月1日		29	179.17	-179.17		"三年大变样"改造拆除
	小计				3736.48	-3736.48		
三、院外建筑情况									
1	白楼宾馆	2009年1月1日	2014.23		720.68	1293.55		
2	美都饭店	2001年1月1日	3563.75		3563.75	0		
3	火车站接待站	1981年1月1日	103.12		103.12	0		
4	西院锅炉房	1982年1月1日	122.23			122.23		
5	西院茶炉房	1987年1月1日	18.11			18.11		
6	西院浴室	1987年1月1日	42.25			42.25		
	小计		5863.69		4387.55	1476.14		

四、职工住宅建设

为解决职工的住房问题，燃料工业部煤炭管理总局及煤炭工业部、燃料化学工业部、中国统配煤矿总公司等先后投资兴建和购买了职工住房。

1. 建院初期

1950年建院初期，疗养院职工多为单身职工，职工多在院内集体宿舍居住。

1952年，疗养院在考虑1953年疗养用房时，对100名职工和80名家属的住房提出一并解决，因此购置房屋2所，借房屋7所，全院房屋达到了16所。

1953年，购入小白楼，并于1956年进行了翻修，主要用于职工居住。

2. 1954年首批三栋家属楼的建设

为解决职工住房问题，1952年经秦皇岛市人民政府和海滨区公所批准，征用草厂大队荒地14.5亩建家属住宅楼，1953年开始施工，当年年底竣工，建成了1469平方米的三栋石头楼，安排了24户职工入住，即现在的草场南路1号疗养院东家属院的3号、4号、5号楼。当时在北戴河建职工住宅楼的很少，所以刚见雏形的东家属院被当地人称为"煤矿大院"。

3. 1955年平水桥购买职工住宅

1955年购买阚氏房产，出卖人阚士达等7人；承买人煤矿疗养院。该房产坐落于北戴河西经路 29 号，洋式房 12 间含下房、基地 1.119 亩，不动产买价新人民币 3000 元，折合小米笔下交清并无短少，日后如有任何纠葛具有卖主与中证人一面承当，于买主无涉，空口无凭立草契为证。中证人：秦皇岛市北戴河人民政府，收据号第 1361 号。立卖契人：阚士衡、阚士达、阚瑞英、阚瑞芬、许琢化；产权代理人：阚瑞英、张瑞兰，1955 年 6 月 27 日。解决了部分职工的住房问题（此部分房产在 1992 年北戴河区平水桥区域整体改造时，用草厂中路三段的公产进行了置换）。

1957 年，根据疗休养和工作人员办公用房等情况，对在院内居住的职工宿舍进行了调整：行政工作人员的宿舍安排在原日本别墅楼（现已拆除），医务工作人员的宿舍安排在俱乐部西小楼（二人一屋），住理疗楼职工不做调整，中海滩 6 号楼腾出后用作休养楼。

1958 年，职工宿舍规模已达 9 座，总面积 3300 多平方米。一是院外东家属院宿舍楼 3 栋，60 个房间，1468.92 平方米；二是购买的平水桥平房 1 栋，12 个房间，267.5 平方米；三是租用的西经路老托儿所（现美都饭店位置），有 8 个房间，359.6 平方米；四是租用西经路卡克安倪平房一座（现幸运国际位置），14 个房间，189.7 平方米；五是小白楼，439.7 平方米；六是院内职工宿舍原 9 号楼（现在 8 号楼位置），234.68 平方米；七是原 10 号楼（日本别墅楼），393.83 平方米。为方便职工夫妻生活，制作双人床 40 张，为 6 户职工调整了住房。

1966 年，家属院建设 4 个 130 平方米（建筑面积）能容纳 200~250 人的防空洞。

1974 年，恢复建院后，陆续调入职工，由于东家属院 3 栋职工住宅楼尚有"文化大革命"前疗养院的老职工或家属居住，因此新调入职工的宿舍只能占用了疗养院院内房屋。

4. 1975 年第二批职工住宅楼的建设

1974 年 5 月 1 日，由燃料化学工业部投资 22 万元，在位于疗养院东家属院石头楼南侧，建 2700 平方米家属住宅，燃料化学工业部批示要求经济适用，平均每户 35 平方米左右。工程于 1975 年竣工，即现在的草厂南路 1 号疗养院东家属院的 1 号、2 号楼。两栋家属楼 3300 平方米总造价 34.4 万元。至此疗养院东家属院格局形成。

疗养院东家属院 5 栋家属楼建成后，已无空地再建，解决职工住房只能另选址。

5. 1982 年西家属院 1 号、2 号楼的建设

1978 年全院职工已达到 160 人，现有的 70 户住房已住满，尚有 23 户住在单身楼，并挤占了疗养院内的 9 号、10 号、13 号、15 号别墅楼；还有男单身住在 6 号、7 号楼的下房里，女单身住疗区办公室；原托儿所也住上了职工家属；已调院半年至两年的职工在农村租房；登记待房结婚的有三户也无着落。疗养院于 1978 年向煤炭工业部计划司申请新建职工住宅，煤炭工业部计划司于同年 11 月 3 日批准疗养院新建职工住宅 2500 平方米。得到批复后，疗养院于 1979 年 9 月 3 日、1980 年 11 月 8 日、1981 年 10 月 7 日先后三次向北戴河区计委和城建科上交《关于申请新建职工住宅地址的报告》，联系解决建房地址，其间疗养院向煤炭工业部连续四年请求建职工住宅，煤炭工业部连续四年都批准基建计划并拨款、投资，都因征地问题没有落实，致使住宅没有建成。

1979 年 12 月 14 日，与北戴河区草场大队签订协议书，征用土地 6 亩，协议在征用土地批准之日生效。煤炭工业部还在 1981 年 6 月 13 日和 9 月 12 日向河北省发文：已经过国家计委批准，请求解决

疗养院家属住宅的用地。

1981年7月2日,疗养院向河北省政府上交了《关于新建职工住宅征地的请示》。直到1982年秦基〔1982〕80号文件转发了冀政征〔1982〕126号文件,批准疗养院征用草场大队土地6亩,作为疗养院家属住宅建设基地。冀计基〔1982〕224号文件转发下达了疗养院新建家属住宅计划。1982年7月征地手续办下来,加上考虑到疗养院无房户已有50户,离休老干部和一些老职工的住房也需要做适当调整,同时考虑到草场小区可建四层的情况,报请煤炭工业部将疗养院新建住宅面积增加到4500平方米,10月20日煤炭工业部批准。由北京市建筑设计院设计,煤炭工业部投资129万元,1982年10月30日动工,1983年11月16日竣工,完成了两幢80户家属住宅,120万元投资,还有9万元配套设施款用于建家属西院的锅炉房。有56户分到了新房(部分老干部分配2套)。1984年1月,有32户职工调整了住房。至此,疗养院西家属院建成。

6. 1992年西家属院3号楼的建设

至1989年,疗养院拥有的东、西家属院7栋职工住宅楼总建筑面积9038.36平方米,使用面积6165.55平方米,共有167套,当时全院共有职工236名,无房户和住房困难户还有51户。疗养院于1989年11月3日和1990年9月26日两次向中国统配煤矿总公司行政事务局上报《关于请求解决疗养院职工住宅的请示报告》,1991年中国统配煤矿总公司〔1991〕中煤总计字第134号文件批准疗养院在海滨草厂新路一号西家属院内再建50户职工住宅3719.77平方米,共投资222.5万元,其中房屋建筑费112.5万元,城市配套费、集中供暖费45万元,搬迁安置费65万元。由于待建住宅楼影响了草场中路25—31号一排住宅的采光、通风,也不符合北戴河区城市规划的要求,为此疗养院与北戴河区房产管理局于1991年6月16日签订了《北戴河区公产房土地移交补偿协议书》,协议约定:①北戴河区房产管理局将坐落于北戴河草厂中路25—31号混合结构平房15间301.83平方米产权移交给疗养院,包括平房以北6米土地,所属土地共1.15亩(东西长63米,南北宽12.2米)。②对原8户住户搬迁后的住房问题,由北戴河区房产管理局另建住宅予以全部安置。疗养院需拨给北戴河区房产管理局新建住宅及征地补偿款33.5万元。③北戴河区房产管理局给搬迁住户建筑住宅所需三大材(木材、水泥、钢材)中的水泥、木材由北戴河区房产管理局自行解决,钢材由煤矿疗养院按国拨价(每吨1200元以内)供给北戴河区房产管理局10吨(线材直径8~14毫米)。1991年10月8日,向中国统配煤矿总公司计划局请示:经北戴河区土地规划局设计室设计,疗养院的家属住宅为50户3748平方米,计划总投资223万元。

1991年10月9日,中国统配煤矿总公司计划局批复同意疗养院在西家属院北侧新建一栋住宅楼,住宅面积3700平方米,总投资控制在187万元以内;考虑城市规划等方面要求,同意疗养院在新建职工住宅楼北侧新征地1.1亩,征地、搬迁安置费34万元。

1991年12月15日,疗养院与秦皇岛市房屋修建公司签订《建筑安装工程施工合同》。工程于1991年10月1日开工,1992年10月27日全部结束,根据工程实际情况及材料上调等各种费用的增加变化,经北戴河建行审定工程实际投资282.91万元。三号家属楼建成后,售调分房调整面大,受益人多,共有116户职工搬迁,其中50户职工迁入新居,住房调整、分配受益职工达138人,人均居住面积达到了10.15平方米,职工住房条件有了较大改观。

1993年,疗养院针对西家属院3号楼建成后一直无下房,给防火、防盗带来不利因素,改造了下房50户,共450平方米,解除了职工的后顾之忧。

7. 1999年西家属院4号楼的建设

自1991年以来,疗养院根据工作需要和地方政府规定陆续接受了一批大中专毕业生和复转军人,到1998年职工住房又显紧张。疗养院于1998年9月3日向国家煤炭工业局规划发展司请示由职工集资和院住房基金筹集,在疗养院西家属区自有预留土地上(即平水桥疗养院房产换来的草厂中路一段32至36号处2.28亩土地)建职工住宅一栋。

经过国家煤炭工业局批准,1998年11月11日,疗养院向秦皇岛市住房资金管理中心请示:疗养院根据国家煤炭工业局和市、区有关部门批准,集资建职工住宅25户,建筑面积2836平方米,工程总造价241万元,职工集资80万元,剩余161万元申请由1996年和1997年已售房款235万元的发展基金中列支。1998年,根据国家和当地政府房改工作的有关规定,认真落实煤办字〔1998〕第303号文件《关于下达1998年第四批煤炭自筹基建计划的通知》精神,为解决无房户和改善职工居住条件。1998年10月23日,经疗养院研究且报国家煤炭工业局、秦皇岛市城建综开办住宅建设科批准,自筹资金145万元,在西家属区自有预留土地上建职工住宅一栋(此区域内已有疗养院3栋住宅楼,总面积为8521平方米),建筑面积为2650平方米。后经实地勘测,并经设计部门设计,同时经规划部门批准将住宅楼面积调整为3147平方米。1998年10月27日,疗养院委托秦皇岛市房地产业建筑设计所对工程进行设计。经过招投标,疗养院与北戴河第三建筑公司在《合同法》和《建筑安装工程承包合同条例》的原则下,于1998年12月14日签订建设施工合同,当日开工,1999年6月30日竣工。新建3268平方米的西院4号家属住宅楼,并于1999年9月18日正式投入使用。

2019年,疗养院职工住宅建设基本情况见表2-1-2。

表2-1-2 2019年疗养院职工住宅建设基本情况一览表

院落	楼 号	建筑时间(年)	建筑面积(平方米)	供暖面积(平方米)	房间套数
东院	1号楼	1975	1235.89	788.76	18
	2号楼	1975	1929.54	1063.80	45
	3号楼	1954	534.96	286.56	8
	4号楼	1954	534.96	286.56	8
	5号楼	1954	534.96	286.56	8
	西下房	1976	47.04		1
	下房	1976	494.08		
	锅炉房(活动室)	1974	131.94		
	1号平房(东)	1984	56.54	42.41	1
	2号平房(西)	1984	41.85	31.39	1
	车棚	1984	165.00		
	液化气库	1984	74.34		
小计			5781.10		

表 2-1-2（续）

院落	楼号	建筑时间（年）	建筑面积（平方米）	供暖面积（平方米）	房间套数
西院	1号楼	1983	2832.51	1518.08	48
	2号楼	1983	1888.79	1002.72	32
	3号楼	1991	3745.00	2341.85	50
	4号楼	1999	3147.00	2030.30	25
	下房	1984	478.88		
	茶炉房	1987	18.11		
	浴室	1987	42.25		
	锅炉房	1985	122.23		
	活动室（含浴室）		106.25	79.69	
	东门平房				
小计			12381.02		

第二章 配 套 工 程

第一节 道路与供水

一、道路

建院后第一次大规模扩建时，为顺应北戴河海滨的整体规划、道路改造，1954年4月14日疗养院经申请将原保一路段封堵，即从武警东墙至疗养院东门这条道圈入疗养院院墙内（1954年前，保一路是疗养院东门至武警再穿过国务院中海滩宾馆院里至西门的一条东西方向的路；保二路是由疗养院东门至起士林；乐峰路是由疗养院东门至现在的保一路口。现在的保一路原名称是西经路去海岸马路）。另院区建简易道路若干。

现在全院的道路是在原有主干道基础上，打开南门、西门的同时扩建了至南门、西门的道路形成的格局。原有道路都是方板铺的，路面高低不平，影响通行和疗养院的形象。2005年，安培楼等基础设施建设都基本到位，但是道路高低不平严重影响疗养院的形象，疗养院领导班子下决心将东门至西门、西门至南门、南门至东门的主干道打混凝土路面，东门、安培楼门前和东侧的停车场打混凝土路面，金海酒楼、安培楼门前分别打彩混凝土路面和铺彩混凝土连锁砖。利用拆下的六角混凝土板铺3号楼、5号楼和道边路面、硬化9号楼门前增加停车位。路边镶花岗岩马路石。对12号楼至中心路铺了彩色路面，第一次规范了全院的道路。投资共计104.4166万元，打混凝土路面6209平方米，铺混凝土板路面、停车场3156平方米。

2005年，利用疗养院里拆下的旧混凝土板全部运到家属院，为东、西家属院的道路、停车场进行了硬化，铺混凝土路面、停车场3143平方米，改善了职工的住宅环境。

二、供水

建院初期，1950年6月购置10米深水井2眼、12米高水塔1座，以解决木头楼的用水。

1950—1953年，购置、租借的其他别墅楼的用水主要依靠各楼的自备水井。因接待休疗养员用水量加大，曾采用水窖储水，1954年预计储水700万斤，当时雇用了十几个人打水运水，解决疗养院的用水问题。

1953年，在保一路7号（现国务院中海滩宾馆院内）打井1眼。

1954年，建15.5米高水塔1座，在平安路（原区政府大院内）打了一眼深18米，直径6米的可饮用水井，通过几百米管线向水塔抽水，再由水塔向全院各楼及俱乐部、餐厅、锅炉房和家属东院3栋石头楼供水。同时在现美都饭店处将北戴河区自来水管线与疗养院大井供水管线接通，一旦大井水不够用，就打开自来水弥补供水不足问题。

1974年秋，因大水井达不到饮用水卫生标准和供水量不足，在工字楼东侧引进2寸自来水管线，重点解决工字楼、餐厅、锅炉房用水问题。

1985年，翻改建后，全院日用水量达到500立方米，为此旧供水主管线已不敷使用，因此由小白楼西侧至北餐厅处，引进自来水，新铺设了6寸供水主管线，申请安装了4寸水表，后增容改装6寸水表，解决了全院用水问题。同时将工字楼东侧自来水管线废除，12米高的水塔拆除。此后大井水重点供应原8号、9号和10号楼、理疗楼、康乐部的非饮用水及锅炉房向各楼提供的洗澡水，另外还用于全院绿化用水。

1996年，建现8号楼时，将15.5米高水塔拆除，在8号楼顶建储水罐与大井管线连接，8号楼、10号楼改用自来水。

1997年和2004年，理疗楼改为客房9号楼、康乐部改建成安全培训教学楼时，分别由使用大井水改用自来水。

1993—1996年，铺设用水管道340米，更新地沟管道1200米。全院自来水管线长度达1820米。

2005年，因北戴河区政府将平安路政府大院出售给生力公司，疗养院的大井也被转让给生力公司，10月大井停止使用。

三、污水处理

建院初期，污水的处理主要是靠化粪池、渗水井来处理。

1951年，修建13个污水井。

1953—1954年，在工字楼中楼东、南楼南、治疗楼北各建化粪池1个。1954年沿海建渗水井及通水暗沟。

1955年，三季度食堂周围脏水沟下管子。

1964年，北戴河污水管网建成后，经过化粪池处理后的污水全部进入北戴河污水管网。

1993年，在11号楼前、6号楼前、1号楼前重新修建了3个化粪池并疏通下水井155个。

2000年，为金海宾馆修建了3号化粪池1个。

2001年，建美都饭店时建3号化粪池1个。

2004年，建安全培训教学楼时，在9号楼后又建一个3号化粪池。

2005年，修路时对北餐厅至办公楼、车库至办公楼的下水管线进行了更换，完成了全院的污水管网布局。

至2019年底，疗养院内共有大小化粪池12个，污水管线2450平方米。

第二节 供电与供热

一、供电

建院初期，1950年疗养院没有变电室，直接使用北戴河区里的市电。

1952年，疗养院安装高压线。

1954年，在俱乐部东建了1座变电室，由北戴河区文化宫变电站引入3.3千伏电进行变压后供各楼使用。

1975年，因当地供电不足，经常停电，为了保证疗养院的正常供电，经请示煤炭工业部批准，由郑州仓库拨给1台110马力60千瓦柴油发电机，安装在俱乐部东变电室。

1987年，供电正常后，经批准将该发电机调拨支持了江苏单位。

1983年，前疗养院电力容量为100千伏安，1983年在俱乐部东变电室基础上，另建了一座西变电室，由北戴河文化宫变电站引入10千伏高压电，增设了容量为200千伏安和50千伏安两台变压器，经变压后供各部门使用，俱乐部东变电室改作配电室。

1985年，另建一座东变电室，由开滦矿务局工程处负责安装250千伏安变压器1台，高压开关柜1台，低压盘5块，敷设了西变电室至东变电室的高压电缆，增容180千伏安。1986年拆除了俱乐部东配电室，由东、西变电室分别供全院用电。

1989年，原煤炭工业部调拨一套旧发电机安装在冷库南侧临建房内。

2002年，从天津三源电力成套设备有限公司购高压开关柜6面，分别安装在东变电室2面，西变电室4面。

2003年，从正泰机电公司购11面低压开关柜（开关柜9面、电容柜2面），分别安装在东变电室5面、西变电室6面；从天津变压器有限公司购500千伏安S9型变压器1台，安装在西变电室；将2001年购买的沈阳产315千伏安变压器安装到东变电室，增容250千伏安；更换了从文化宫变电站至西变电室的供电线路，废除了原铝芯电缆。

2005年，经过投资近100万元的改造、增容，疗养院内西变电室供电容量500千伏安，东变电室供电容量315千伏安，计815千伏安，基本解决了疗养院多年供电不足的局面，而且东、西变电室两套供电线路，还保证了疗养院手术室的供电安全。此外，疗养院美都饭店、小白楼、保二路、两个职工住宅都是由北戴河供电公司直接低压供电。

2009年，因用电量大幅增加，由北戴河电力公司负责供电的保二路商业用房和小白楼满足不了用电需求，电力公司要求疗养院直接供电。疗养院对6号楼南楼、保二路商业用房、小白楼，分别进行了改造装修，疗养院领导考虑到当时的现状以及下一步"粉尘危害检测治疗楼"的建设，决定进行电力增容；东配电室由500千伏安增容至800千伏安；西配电室由315千伏安增容至500千伏安（东配电室变压器安装到西配电室），供电容量达到1300千伏安。同年，东、西两个家属院的供电由北戴河电力公司进行了一户一表改造，解决了两个家属院长期超负荷，满足不了职工家庭用电需求的突出问题。

2015年，按照政府要求取缔了燃煤锅炉，改用10千伏/1200千瓦（后增加至1300千瓦）电热储能锅炉，利用低谷电进行储热，增容了1200千瓦，在锅炉房内改造了一间高压配电室，安装7面高压柜。10千伏高压电缆由东配电室引入，全院供电总容量达到了2500千伏安。

1. 亮化供电

根据北戴河亮化美化绿化要求，自1992年始，疗养院先后投入了大量资金在沿海沿街的楼房安装了彩灯、霓虹灯、轮廓灯、灯箱、射灯等。

1992年，保二路商业街建成后，在临海的6号楼屋顶安装了彩泡轮廓灯；1996年、1998年、2000年、2001年配合北戴河区沿街、沿海亮化工作，先后在疗养院东南门、南门、西南门、东门、沿海护栏、美都饭店制作安装了LED彩色软管轮廓灯、门牌灯，被北戴河区评为亮化先进单位。

2003年，1号楼"改坡"装修，安装了立体轮廓射灯，被市委书记宋常瑞喻为"小上海夜景"。

2005年，投资14.5万元在金海宾馆、金沙宾馆、松荫斋宾馆、美都宾馆、金海酒楼安装了霓虹灯字牌，并加了密排，被北戴河区城管局作为样板推广。

2. 弱电管网

疗养院的弱电管网始建于1986年，当时为铺设电话通信电缆和闭路电视电缆管线所使用，材料为2.5英寸的硬塑料管2~3根。后在建设8号楼和1号、5号楼加层及北区改造中进行了改动和增减。

2005年，在大修院内道路时进行了大的改动，由原来的从9号楼放射型铺设，改造成以安培楼为中心的主干线环行管网，设有弱电管井22个，管线8000米。主管线下PVC管3英寸、2.5英寸6~7根，通信电缆、有线电视电缆、计算机网络电缆全部铺设在弱电管井内。

二、供热

1950年，建院时购买和租借的别墅的取暖是由各楼自建的火炉、火墙、火炕来解决。

1950年，为给木头楼提供供暖，经北京永茂建筑公司编制了锅炉房及暖气工程方案及预算，燃料工业部煤炭管理总局审批后于1951年新建小锅炉房，建筑面积49平方米，6月安装锅炉，10月底完成木头楼暖气工程，并为汽车库、理发室安装了散热片。

1952年12月9日，为扩建疗养院供暖工程，定购了暖气锅炉1台及5000片散热片。

1954年，疗养院大规模整体建设时，新建了262.87平方米锅炉房，并以锅炉房为中心铺设了工字楼、俱乐部、理疗楼、疗养食堂的地沟和供热管道，热水锅炉也于4月20日安装交工，全院的供热管网初步形成。

1956年至1957年2月，为8个小别墅楼安装了水暖设施。

1957年，安装了硬汽锅炉，全院供暖由水暖改汽暖。

1962年，安装了第二台硬气锅炉。

1974年，恢复建院时，安装了3台锅炉，并由锦西化机厂制作了两台手烧炉。

1979年，做节煤消烟除尘改造锅炉2台，新购置安装锅炉3台。

1980年，疗养院自造自安锅炉一台，安装在东家属院用于职工住宅取暖。

1979年，购置天津锅炉厂生产的WNL2-13-4型蒸气炉2台。

1985年，购置哈尔滨龙江牌2吨蒸气炉2台，4吨热水炉2台。由开滦工程处负责安装。新建扩建了锅炉房至北区12—15号楼，至南区1—7号楼，至东区办公楼、总务楼、北餐厅、小白楼，至西区俱乐部和8—10号楼的地沟供热管网。同时各楼安装或更换了供暖管道，疗养院第二次完成全院的供暖布局和更新工作。

2000年，购热水锅炉2台，全院共有供热地沟1428米，供热管线1798米

(不含楼内支管线)。

2008年,进行了锅炉更新,淘汰4吨热水锅炉2台、2吨蒸汽锅炉2台。采购安装了泰山牌4吨、2吨蒸汽锅炉各1台,主要负责餐厅、洗衣房浴疗室的蒸汽供应和尘肺楼、办公楼、12号楼、餐厅、东大门、后勤楼等地冬季供暖。

2015年8月27日,北戴河区召开淘汰燃煤锅炉动员大会,从节能环保的角度考虑要求取缔燃煤锅炉,自8月28日起,疗养院开始进行市场调研,确定用谷电蓄能替代燃煤锅炉,12月11日,建成正式投入使用。

第三节 通信与互联网

一、通信

1984年以前,疗养院仅有4部外线电话,而且只能在北戴河区内市通话。1985年,疗养院开始大规模建设,因各部门急需互相联络,疗养院从附近部队借用了纵横插拔式电话交换机,使用人工接转,开始有了内线电话,全院安装电话近30部,通信线路均为架设明线。

1986年,购入加拿大产敏迪200门模拟程控交换机,开始使用脉冲、双音频拨号电话机。同时建立弱电管井,通信主干线由明线改为从地下管井走。煤炭工业部办公厅为疗养院调拨了130部电话机,加之自购,全院安装电话机近80部,总机中继线6条。当时电话主要是为办公,因此大部分安装在院内各科室,各疗养楼和餐厅每个地方各设1部,只有12号楼(外宾楼)在房间里有电话。

1992年,为部长楼增设了1部直拨电话,解决了老部长多年的与北京直通电话的要求,另为北区40个疗养房间安装了电话。由于程控交换机门数限制,此后只能陆续对部分疗养房间、客房和病房安装电话,疗养员对此意见较大,1999年山西煤炭厅副厅长曹应荣在院疗养期间得知情况后,由山西煤炭厅支援了80万元,用于更新程控交换机,改善其他配套设施。

1997年3月,疗养院8号楼建成,疗养院购买了北京产华科HKX-1000B型数字程控514门交换机,申请了10条中继线,重新改造装修了疗养院总机房,铺装总机到各楼室外通信电缆沟、井和电缆,共计1750米,到2000年全部疗养房间、客房和病房都安装了电话。

2000年5月,为适应游客需求,与北戴河火车站协商,一次性投资5万元,在疗养院设置1台与火车站联网售票机,疗养院负责管理,收取售票手续费与火车站分成。

2001年,随着美都饭店的建成,华科HKX-1000B型数字程控514门交换机已经不能满足使用,疗养院新购了1台96门申欧HJD-120型程控交换机,与华科HKX-1000B型数字程控514门交换机并机使用,申请中继线4条,铺设了美都饭店到疗养院内的通信线路1300余米。同年,为了方便医疗部住院病人打长话,由中国网通在6号楼北建IC电话亭1个。

2002年,河北移动通信有限责任公司秦皇岛公司租用疗养院15号楼北空地,建设通信塔一座,租期10年。

2003年,由于1号、5号楼改造,增加客房,电话交换机门数不够用,4月购买了华亨JSY-2000型数字程控交换机164门分机16中继,与华科HKX-1000B型数字程控514门交换机并机使用,原购申欧HJD-120型程控交换机因有关原因被淘汰。

2004年,安全培训楼建成,电话总机门数又出现不够用问题,加上两个交换机并机使用造成诸多不便，2005年疗养院新购买了申欧2000型数字程控交话机1024门，并重新铺设或更新完善了全院弱电网络。原使用的华亨交换机转院外的美都饭店使用，已使用8年的华科程控机因厂家转产，配件难寻而淘汰。

2009年，2号楼、6号楼、白楼宾馆客房进行网络、电话、电视线路改造。

2010年，疗养院粉尘危害监测治疗中心楼建成，为满足尘肺楼需求，新装了一台256门申欧电话程控交换机，并通过光纤与安培楼电话程控交换机进行互联。

2014年，13号楼和10号楼改造工程网络，新网络干线铺设，采用防水超五类线，电话电缆收入管内并寻线和配线。

2015年，9号楼进行网络、电话、电视线路改造。

二、互联网

1. 信息类设备配备

1986年，煤炭工业部拨给疗养院一台四通MS2401型中文打字机，这是疗养院的第一台电子信息类设备。

1991年，中国统配煤矿总公司拨给疗养院一台AST386SX16型台式计算机和一台STARAR3240型打印机，疗养院配备了一套用友工资管理软件，此为疗养院首台计算机和打印机。

1995年，为推进财务电算化，疗养院购置了AST486型台式计算机一台。

1997年，疗养院办公室购联想586/166MMX型台式计算机一台，替换原386型计算机。

2000年，疗养院购台式计算机8台，分别配置在办公楼、6号楼和医技楼；同年，从北京购东芝笔记本电脑一台，用于上报煤炭工业局财务报表，这是疗养院配置的第一台笔记本电脑。

2003年，为包括白楼旅馆在内的7个总台配备计算机，用于住宿客人户口上报。

2004年，疗养院安全培训楼建成，为多媒体教室和商务中心配备台式计算机22台；配IBM服务器2台，分别用于文件共享和用友财务软件；配笔记本电脑2台。

2005年，购笔记本电脑4台。

2012年，上线医疗管理软件，配套了4台戴尔服务器，全部安装在尘肺楼机房；同时，升级了疗养院OA系统的服务器。

2013年，配合疗养院无线网的覆盖，新装了5台H3C路由器和2台TP-link路由器作为主路由器，全部安装在安培楼机房。

2016年，上线财务发票软件，在尘肺楼机房新装了1台服务器。

2018年，上线PACS系统，在尘肺楼机房配备了2台戴尔服务器和1台存储设备。

从2013年起，每年都进行监控系统的完善，陆续安装了20台监控录像机。

2. 局域网建设

2000年，办公楼5台计算机通过同轴细缆串联，实现文件共享。

2001年，办公楼网络改造为星型结构；6号楼医疗各科室也按星型结构联网；办公室与6号楼以细缆连接。

2002年，办公室与位于东门的金海旅行社通过细缆连接。

2004年，铺设了安培楼至办公室、12号楼、东门和6号楼的4条多模光缆，形成以安培楼为中心的稳定的网络结构。

2005年，上线通达OA办公系统。

2009年，各楼之间改用单模光纤互联。

2010年，建设尘肺粉尘危害监测治疗中心楼，铺设从安培楼到治疗楼的单模光缆，实行网络、电视、电话的互通。

2012年，为满足医疗工作需要，上线天鹏恒宇医疗信息软件HIS、电子病历系统Emr、化验系统Lis、体检等软件。

2018年，上线美智医疗影像系统Pacs系统。

2020年8月，为推动疗养院档案管理信息化、规范化，引进东方飞扬B/S结构档案管理软件和批量OCR系统1套。

3. 互联网与自媒体建设

1998年，疗养院在秦皇岛市电信局申办了互联网账号，通过电话拨号上网。

2002年，在北戴河网通公司开通了ADSL宽带上网业务。

2004年，安装了网通互联网光纤，有了专用IP。

2012年，疗养院官方网站进行改版建设，申请www.bdhmklyy.com为官网域名，并进行了相关备案；同年，开通了医保专线，实现医保患者实时结算功能。

2014年，无线网络普及，疗养院安装无线面板实现全院WIFI覆盖，并在原有20兆联通企业光纤的基础上，新增加了4条100兆普通光纤。

2017年，开通疗养院微信公众号，微信号为bdhmklyy；同年，为满足疗养院财务网上办公需要，开通电信20兆企业光纤。

2018年，20兆电信宽带升级为50兆，联通光纤升级为100兆；同时，为满足退休人员上网需求，在西家属院活动室开通了100兆光纤宽带。

中国煤矿工人北戴河疗养院志

第三篇
疗休养

本篇主要介绍1950年疗养院建院以来疗休养业务的组织、接待、休疗项目及服务管理情况。

第一章 组织与接待

第一节 疗休养组织

一、床位分配

计划经济时期，疗养床位远远达不到煤炭企业需求，因此疗养院每年的疗养床位都是交由上级统一在全国煤炭系统进行分配，仅给疗养院保留少量床位作为机动，按暑期临时疗养券发放。自建院之初直至1967年，疗养院的疗休养床位分配工作是由煤矿总局（煤炭工业部）办公厅和中华全国总工会北戴河管理处根据各矿务局等上报的疗养计划和疗养院的实际情况，下达疗养任务指标。

1949年11月，新成立的燃料工业部召开全国第一次煤矿工作会议，会议确定了"以全面恢复为主，部分新建则以东北为重点"的方针，因此疗养院1951年建院之初，主要以接待煤炭总局机关和东北地区煤矿结核病人和疗养员为主。

1953年，中央燃料工业部煤炭管理总局和中国煤矿工会为疗养院确定的接待范围："暂以东北、华北、华东三地区内距北戴河较近的国营、地方国营、公私合营、私营煤矿及其附属单位中的职工及干部为主"。1953年休养床位分配为东北92张、华北86张、华东30张、中南10张、西北2张、西南2张、其他10张，总计休养床位232张；疗养床位分配为东北22张、华北20张、华东10张、其他8张（以燃料工业部、煤炭管理总局、煤矿工会为主），总计60张。分配具体单位：开滦、营城、阜新、抚顺、中央燃料工业部、华北工会、阳泉、速成中学、双鸭山、鸡西、鹤岗、蛟河、淄博、大同、京西、通化、峰峰、井陉、平岗等19个单位。

1954年，疗养床位分配东北、华北、华东共25个单位，床位138张。

1956年9月17日，中国煤矿工会全国委员会在关于分配各疗养院1957年度任务和收容范围的通知中，对北戴河疗养院要求开放疗养床位250张，机动床位6张；开放休养床位300张，机动6张，被分配床位的共24家单位。

自1956年始，疗养院疗休养床位扩大了分配的范围，由部分省市矿务局和煤炭工业部、煤矿工会机关增加了煤炭系统地质总局、设计院、干部学校、基建总局、煤田地质勘测局及所属单位、煤矿基本建设局及所属单位等。

1957年12月10日，煤矿工会全国委员会下达《1958年度各疗养院疗休任务及收容地区的范围》，北戴河疗养院开放疗养床位300张，机动10张，疗养床位分配地区范围为河北省、山西省所属矿区、矿，煤炭工业部，煤矿地质总局，煤矿设计院，煤炭干部学校，煤炭基建总局，煤炭工会，峰峰和太原煤田地质勘探局及所属单位，开滦、峰峰、徐州煤矿基建局及所属单位。开放休养床位300张，休养床位分配地区范围为哈尔滨、沈阳煤矿管理局及所属单位，东北煤矿基建局及所属单位，东北、太原、峰峰煤田地质勘探局及所属单位，河北、山西省所属矿区、矿，煤炭工业部，北京煤矿设计院，煤炭工业部干校，煤矿基建总局，煤矿地质总局，煤矿工会。

1959年3月14日，煤炭工业部办公厅通知，1959年疗养院固定疗养床位500张，机动117张，分配区域为山西、山东、河北、河南、辽宁、内蒙古、吉林、黑龙江、江苏、淮南。停止休养床位的分配。

1960年以后，开放疗养床位550张左右，分配区域为东北、华北、河南、江苏、宁夏、安徽和煤炭工业部机关，一直到"文化大革命"停院。

1974年，执行边恢复修建边开院的方针，疗养床位由200张陆续恢复到400张，主要接待了东北、华北、西北地区和河南省等部分矿务局以及少数燃化局共24个单位。

1975年，恢复建院后，疗养院根据煤炭工业部办公厅安排，面向除福建、广东、湖北等少数几个产煤小省外的全国大部分省市的矿务局、煤科院、煤设计院、煤矿机械厂等。具体分配：河北省8个矿务局和邯邢指挥部41张，辽宁省9个矿务局、省煤管局和省煤建局以及锦西化工厂、锦西化机厂95张，吉林省煤管局、吉林化学工业局、辽源煤机厂和6个矿务局50张，黑龙江省煤管局、煤田公司和6个矿务局以及鸡西、佳木斯煤机厂84张，四川省9张，贵州省6张，山西省7个矿务局和省煤管局74张，江西省5张，安徽省23张，河南省煤管局和5个矿务局共55张，煤炭工业部地质局6张，陕西省铜川矿务局韩城450部队、铜川基建公司10张，内蒙古3个矿务局17张，151勘探队和广西壮族自治区2张，甘肃省燃化局和兰州化学工业局17张，宁夏回族自治区燃化局14张，共计75个单位，508张床。

1976年，煤炭形势发展很好，绝大部分单位完成和超额完成了任务，不少局来电来函，派人到疗养院联系床位，但是疗养院床位有限，满足不了需要，因此煤炭工业部办公厅确定疗养床位分配原则：一是三北（东北、西北、华北）一南（河南）为主优先发给，然后考虑其他省份完成任务好的单位。二是按1974年底全国煤矿职工人数4000人1张券的比例重新进行分配（1975年分配给化工系统的疗养券不增不减，三北一南各局略有减少，新增加了6个省、10个自治区单位）。总计分配疗养床位523张。

1977年，在修复地震损坏房屋后，7月1日正式全面接收疗养员，开放床位550张。临时床位每床300元，床位分配原则上按1976年的数字。

二、床位征订

1985年，疗养院第二次翻改建结束后，国内一些大矿务局如大同矿务局、阳泉矿务局、鹤岗矿务局等纷纷开始在南戴河或国内其他一些地方建疗养院，疗养院床位一改过去年年为分配床位各矿务局互相争执的情况，逐步出现床位过剩迹象。疗养订床也由煤炭工业部办公厅协调分配，改由疗养院自行组织征订。

1986—1989年，全国各省市疗养订床数：辽宁32张、吉林39张、黑龙江15张、内蒙古21张、山西11张、河北17张、河南54张、北京71张、甘肃20张、陕西19张、青海10张、宁夏24张、新疆13张、四川21张、贵州19张、广西4张、云南2张、安徽20张、江苏15张、山东31张、江西15张、湖南11张，共计174个单位584张床。

进入20世纪90年代后，受煤炭企业经济形势影响，特别是国家部委改革，领导体制变化，煤炭企业下放到地方，使疗养床位征订工作愈发困难，进入2000年后，基本结束了过去的疗养模式。

1997年，订床195张。

1998年，年初订出120张疗养床位，后中途退床近30张，最终订96张，疗养床位数仅占全院总床位数的11.3%。

1999年，订出疗养床位102张，比1998年减少48张，下降幅度47%。

2000年，疗养床位进一步减少，仅订出26张，占全院总床位数的3.2%。

2001年，煤炭系统仅有3家订床，订床总数12张。

2003年后，煤炭系统疗养订床单位只有1家，疗养院基本取消订床模式，改为职业健康疗休养。同年，医疗部接管疗养科，开展职业病疗养。

2010—2012年，因煤炭形式转好，出现过短暂的订床高峰，2013年以后再次骤减。

1991—2001年床位征订情况见表3-1-1。

表3-1-1 1991—2001年床位征订统计表

年份	1991	1992	1993	1994	1995	1996	1997	1998	1999	2000	2001
订床数（张）	480	450	380	356	325	254	195	96	102	26	12

三、安排组织

根据1953年燃料工业部煤炭管理总局和中国煤矿工会联合通知："建立中国煤矿工人北戴河疗养院后，更改床位、业务工作计划、接待范围由煤矿工会劳保部发布"。疗养院建院初期的1950—1958年，疗休养床位分配及相关工作由中国煤矿工会负责领导和协调。

1959年开始，疗休养工作由煤炭工业部办公厅负责组织领导。3月14日，在全国煤矿干部会议期间，煤炭工业部办公厅召开了有关各省煤炭管理局局长会议，专题研究了北戴河疗养院的有关问题，会后向河北、山西、山东、辽宁、吉林、黑龙江、江苏、内蒙古各煤炭管理局及淮南矿务局下发《关于疗养院领导等有关问题》的文件，要求"为了加强疗养院的管理工作，除煤炭工业部办公厅直接领导外，特组成管理委员会，由各局指定一人担任委员。管理委员会每年初或年末召开一次会议，研究疗养任务及床位分配等重要事宜"，并就疗养院经费及疗养期的确定做了详细说明和规定。管理委员会主任委员：贾林放、李谨亭。委员：赵子尚、王元昌、夏德润、李健、田文锦、李春晓、闫成英、韩登丰、史跃亭、徐振伟、董长贵、邢志钧、王克。

1959—1968年，每年由煤炭工业部办公厅召集管理委员会，研究疗养工作，进行床位分配。

1974年5月22—24日，根据燃料化学工业部领导指示，由部政工组、办事组主持，在北戴河召开了有东北、华北、西北地区以及河南省等部分矿务局和少数燃化局有关负责共24个单位39人参加的关于恢复中国煤矿工人北戴河疗养院问题的座谈会，就疗养院恢复建设、办院方针、经费问题、人员配备、床位分配等做出了明确的安排。此次会议为疗养院日后的恢复建设和加快发展奠定了基础。

1975年，煤炭工业部恢复建立，疗养床位由煤炭工业部办公厅组织协调。1月17—18日，办公厅在疗养院召开了有东北、西北、华北、河南省等矿务局、原燃料化学工业部下属化工厂等47个单位74名代表参加的座谈会，对1975年的疗养工作和床位分配及经费等几个具体问题进行磋商，会议确定疗养院全年开放550张床位，其中400张仍分配给1974年送疗单位，150张分配给其他有统配煤矿的省。

1977年3月10—12日，煤炭工业部办公厅在疗养院召开了全国煤矿疗养工作座谈会，96名代表参加会议。会议商议唐山大地震后疗养院的恢复建设问题，会议确定4月份开始，由黑龙江、吉林、辽宁、河北、山西等省矿务局派出技术工人，采取边疗养、边施工，修缮疗养院地震损坏房屋。

1980年，煤炭工业部办公厅在疗养院召开了疗养座谈会，床位费由每床每年1000元涨到1300元，并对床位分配进行调整。

1982年，煤炭工业部办公厅在疗养院组织召开了疗养工作会议。

1983年1月15—17日，煤炭工业部办公厅在疗养院召开了疗养院管理委员会工作会议，大连、北戴河、临潼煤矿疗养院及有关省煤炭管理局、东北、内蒙古煤炭联合公司、矿务局共98人参加了工作会议，部机关老干部局也派人参加了会议，会议就办院方针、疗养床位分配、伙食管理和疗养经费报销等问题进行了充分的协商和研究，确定北戴河疗养院今后主要任务是荣誉健康疗养。

1984年9月20—22日，煤炭工业部办公厅委托疗养院在北戴河召开疗养工作会议，参加会议的有各省、市煤炭厅（局）和矿务局主管疗养工作的负责人共40多人。会议就疗养院停止疗养工作搞全面翻改建，停院期间的床位费，翻建后的床位分配和开院时间等问题进行了讨论。

1987年6月7日，煤炭工业部办公厅在疗养院召开北戴河疗养工作座谈会，各局、矿、厂、煤炭公司主管疗养工作的负责人共计91人参加了会议。会议议题为贯彻部党组对煤矿职工疗养工作的指示，总结近两年疗养工作情况，讨论今后和新时期疗养工作。

1992年9月27—29日，中国统配煤矿总公司办公厅决定在北戴河疗养院召开疗养工作座谈会，来自全国煤炭和部分其他行业的72个单位的125名代表参加会议。疗养院就1993年的床位征订问题，从疗养方式、床位费、交通和旅游费、医疗费、伙食费等方面作了详细说明。会议期间各单位预定1993年疗养床位292张。

1994年7月12—14日，煤炭工业部机关服务局在疗养院召开了煤炭系统部分疗养院负责工作研讨会。疗养院以及中国煤矿工人大连、兴城、重庆、临潼、泰山、临沂、南京、昆明、庐山、通化等11家疗养院的负责人参加会议。会议就新时期疗养工作形势和任务进行了研讨。

1994年7月3日和8月27日，煤炭工业部机关服务中心在疗养院分别召开系统外和系统内疗养工作座谈会，征求意见，并就1995年疗养床位征定及疗养模式作了说明，来自煤炭系统38个单位，63名代表参加，部机关服务中心副主任蓝德仁参加会议并作指示，与会单位预定1995年床位204张。疗养院首次面向系统外单位召开的疗养工作座谈会，有医疗、化工、冶金系统的5家单位10名代表参加。

2001年8月20—23日，疗养院召开

了煤炭企业职工疗养工作研讨会，来自全国各地9个矿务局的工会主席、副主席、生活部长、职业病防治部门和社保部门的领导出席了会议。会议就新形势下如何搞好职工疗养及尘肺病肺灌洗工作进行了研讨。

2003年3月25—28日，为了加强疗养工作，适应不断升温的尘肺职业病康复疗养，研讨新时期疗养工作的新特点、新问题，疗养院召开了《职工疗养及尘肺病康复工作研讨及座谈会》，会议邀请了全国总工会有关部门和中国职工疗养协会领导到会指导。

2011年，通过疗养院院长张振国等领导的争取、沟通和协调，疗养院与山西焦煤集团的汾西、霍州和西山矿业公司进行服务融资，签订了预付款疗养协议，这是资金运作的创新，是资本运作从理论到实践的成功案例，当年疗养院就开始大规模接待焦煤集团煤矿工人疗养。为做好疗养服务，经4月8日疗养院党政办公会议研究，决定成立疗养工作委员会，下设专职办公室，负责疗养员的接待、疗养活动组织和业务协调工作。

2017年8月，为履行好疗养院职责，发挥区位与医疗优势，疗养院组织召开了全行业疗养与尘肺病治疗工作座谈会，此次会议目的是加强与煤炭系统单位的联系，增进友谊，探讨合作方式，同时征求各单位对疗养院接待工作意见和改革发展建议、洽谈2018年疗养和尘肺病治疗工作。

四、用户走访

20世纪50年代走访用户单位，听取意见反馈，积极做好床位组织征订工作，同时催缴疗养欠款。

1955年，疗养员组织不进来，疗养院两次派人下矿征求意见，听取反映。

1957年上半年，组成3个组到矿区签订疗养合同。下半年又组成工作组到矿区对签订的合同进行修改，解决欠款问题。并于12月16日下发了有关催还欠款和变更疗养合同的通知。

1959年，疗养院院长申守银到各矿走访，和各矿订立疗养合同。

进入20世纪90年代，在疗养订床竞争日趋激烈的情况下，为加强与送疗单位的联系，疗养院连续每年派出走访小组，征订床位，催缴欠款。

1992年10月上旬，疗养院首次组成4个走访小组，各由1名院领导带队，分别走访了华北、华东、西南、西北地区42个用户，新增订床位14张，达成订床意向47张。

1993年10月9日至11月18日，疗养院领导分赴东北、华北、华东三个地区。共走访14个省、市、自治区大小单位107家，达成订床意向317张。

1994年10月20日至11月12日，疗养院领导带队分别走访了东北、华北部分用户26个单位，达成了1995年订床意向300张，催回欠款5080元。

1995年10月11日至12月17日，疗养院领导带队分别走访了华东、华北、西北、东北等地共122个单位，达成订床意向275张，催回欠款50多万元。

1996年，制定了促销与催欠走访政策，派出四个走访组于10月15日至1997年1月10日，走访90个用户，催回欠款55万元，争取到1997年订床218.5张。在煤炭大形势影响下，疗养订床数继续大幅度减小，疗养院仍将疗养作为第一主业，制定了促销与走访政策，于9月10日派出4个走访组，历时2个月，走访了90多家用户。争取到1997年订床218.5张，催回欠款55万元。

1997年末和1998年初，先后派出4

个由疗养院领导带队的走访组，陆续走访近百家单位，催回欠款10万元，订床126张。

1999年，疗养科组成催欠小组奔赴华东、西北、华北等地，对历年欠款进行清理回收，为保证款项到位，他们采取了以钢材冲抵欠款等更加灵活的方式，共为疗养院收回欠款101万余元。

2000年6月10日，疗养院制定了清理疗养费欠款的有关规定，并决定疗养费清欠工作由医疗部疗养科负责，经积极组织清理历年欠款，全年共清回欠款38.5万元。

2001年，医疗部组织人员走访了七家疗养单位，加强了联系，清回欠款14万元。

2002年2月15日，疗养院再次制定了2002年清理疗养费欠款的有关规定，催回欠款2.15万元。

2019年3—9月，疗养院班子成员带队，驱车上万公里赴辽宁铁法能源集团、山东能源临沂矿业集团、枣庄矿业集团、同煤集团、中国平煤神马集团、山西焦煤集团、潞安集团、霍州煤电、晋城煤业集团等煤炭和电力系统大型国有企业商洽职工疗休养合作及尘肺职业病患者治疗事宜，经过洽谈与各集团公司均达成职工疗养合作意向，为本年度疗养员接待业务拓展、量价齐升打下了基础。

2020年5月，为了落实应急管理部党委印发的《康复疗养机构管理规定（试行）》（应急组发〔2020〕2号）和机关服务中心有关工作要求，更好地为应急管理系统和国家综合性消防救援队伍提供后勤保障、为煤炭系统职工做好疗休养服务工作，在疗养院领导班子安排下，由纪委书记王蕾带队赴新疆乌鲁木齐和哈密两市，与新疆应急管理厅、新疆消防救援总队、新疆森林消防总队、新疆维吾尔自治区发展改革委、新疆生产建设兵团等17家单位和部门进行服务供需调研和相关业务合作洽谈，参加座谈会15场，并与12家单位达成合作意向。7月20—23日，疗养院院长郭玉梅、纪委书记王蕾带队一行4人赴河南能源化工集团公司、郑州煤炭工业（集团）公司、平煤神马集团、汾西矿业集团、山西焦煤集团、同煤集团、西山煤电集团走访，征求到北戴河疗休养、举办会议培训和尘肺职业病治疗的意见建议，了解服务需求，商谈接待合作事项。

第二节　疗休养接待

一、健康疗养接待

1950年，建院初期，根据燃料工业部煤炭管理总局下达的指标，主要接收来自各总局机关及所属各局矿厂的肺结核病人和少量慢性病的疗养，疗养期不固定，根据病人情况，以完全治愈或明显好转后出院。

1951年5月，正式对外接收病人。当年收治结核病人18名，出院8人，病情好转的10人，无变化的7人，病情恶化1人，后转北京继续治疗。

1953年3月，北戴河海滨经政务院划属休养区及非传染性慢性病疗养区，中央燃料工业部煤炭管理总局和中国煤矿工会全国委员会联合通知，要求疗养院于3月15日前结束结核病疗养，将在院疗养的12名结核病员（其中有11名肺结核，1名淋巴及脊柱结核）介绍回原单位。自此疗养院开始接收患有慢性病的职工、干部进行系统疗养。病种主要包括高血压病、溃疡病、神经衰弱、硅肺、慢性支气管炎、风湿病、关节炎等，每人疗养期为2~3个月。

1953年3月，中央燃料工业部煤炭

管理总局和中国煤矿工会向煤炭系统企业联合发文，就疗养院更名中国煤矿工人北戴河疗养院后，床位调整更改、业务工作方针做出说明，特别提到今后接受疗休养员条件是患慢性病（非传染性）的煤矿职工和干部，各级劳动模范及模范工作者。

1953年3月30日，《中国煤矿工人北戴河疗养院暂行办法》规定了疗休员须具备的条件，针对以往疗养只送干部的问题，严格强调了各矿工人疗养数应按一定比例选送。

1959年，职工休养暂停，疗养工作成为疗养院的中心任务。疗养院的《医疗行政工作规章制度》作出了"按照自己具备的各种条件确定适应症，收容职工作定期的脱产疗养，不作健康休养"的规定。

1961年6—9月，为接待重要会议和首长，停止疗养。

1966年8月，为了集中全力搞好"文化大革命"运动，疗养院以〔1966〕北煤院字第11号文件向煤炭工业部办公厅上报了《关于立即停止收容疗养员的报告》，并电话请示地方党委，办公厅答复"同意在院疗养员逐步缩减"。地方党委答复："同意暂时停止收容疗养员"。疗养院研究决定从9月5日起停止收容疗养员。正在院的疗养员9月15日前要陆续回矿，并电报通知了有关单位，由于受到疗养员的强烈反对，9月12日院党委召开了扩大会议进行了研究，作出决议：①继续收容疗养员；②保持疗养人数300人左右；③在院疗养员合并到东楼（工字楼），西楼供"文化大革命"运动使用。9月13日，党委扩大会继续讨论，为保证疗养工作正常进行，疗养院规定：疗养员的主要任务是学习、治疗和劳动，不参加疗养院本身的"文化大革命"运动。

1968—1973年，因"文化大革命"停院。

1973年，恢复建院。

1974年，恢复疗养。

1974年，在首次燃料化学工业部政工组、办事组主持召开的恢复疗养院建院座谈会上，提出接收疗养的对象"主要应是煤矿生产战线上需要疗养的职工，特别是注意优先选派在上产第一线有显著成绩的先进工作者和模范人物"。疗养从6月15日开始到12月15日结束。

1975年1月，燃料化学工业部在疗养院召开的如何进一步办好疗养院的座谈会上，进一步明确疗养院接收的疗养对象为"煤矿生产一线的工人和干部"，其中"工人要占疗养总数的70%左右"。同时，恢复6号、11号、12号、14号小楼的接待能力，主要用于国家现职副部长以上领导干部、省煤管局第一把手、全国劳动模范、党的十大代表、四届人大代表疗养。

1975年，在各矿务局和兄弟单位的支持下，疗养院迅速恢复建院，接收了5批疗养员总人数为3027人，开放床位550张，已达到"文化大革命"前接待能力的最高水平。

1976年7月28日，唐山、丰南一带发生强烈地震，波及北戴河。当时在疗养院疗养员还有600多人。为了确保疗养员的安全，地震当天，疗养院就组织职工和疗养员一起，利用院里现有材料，在室外搭盖起1500多平方米防震房，让疗养员和职工全部住进防震房内。根据煤炭工业部指示，疗养院于8月15日前，将疗养员有计划、陆续地全部动员出院。疗养员出院后，疗养院组织职工一方面大搞卫生运动，预防震后瘟疫流行，增建半永久性防震房，准备防震越冬；另一方面，对重要医疗器械进行疏散加固保护，对疗养院被褥进行拆洗晾晒入库，安装洗衣机、铺设车库水泥路面、维修工字楼为震后疗养做准备。

1977年4月开始，由黑龙江、吉林、辽宁、河北、山西等省矿务局派出300多名土建、维修技术工人，边疗养、边施工，为疗养院修缮地震损坏房屋等。当年7月1日后才正式全面接收疗养员。

1983年1月15—17日，召开的疗养院管理委员会工作会议，进一步明确提出"关于疗养员选送比例问题，工人占75%、干部占25%。应特别注重劳模、先进人物、离休老干部、优秀科技人员、生产一线基层干部在较好的疗期内选送"。

1984年10月至1985年7月，经煤炭工业部办公厅研究决定，北戴河疗养院的疗养工作暂停，全力做好改建工作。8月29日，疗养院下发了《关于北戴河疗养暂停的通知》。

1985年，疗养院部分改建完毕，暑期顺利地进行了试开院。从6月15日开始到10月下旬止共接收疗养员514人，安排了司局级以上干部或者同级知识分子，包括同级离休干部从6月15日开始在北疗养区疗养。

1986年3月，翻改建后的疗养院，正式开始接收疗养员，第一期收疗养员530人。

1988年，疗养院由单纯的健康疗养发展成为以理疗、体疗为主的综合康复疗养。

1988年后，开始逐渐淡化疗养的政治色彩，对疗养员的干部或工人身份不再要求，疗养员入院后多数为疾病疗养。

2000年以来，固定期疗养全部结束，疗养院为适应形势变化，调整了疗养模式，在固定疗养床位征订非常少的情况下，积极联系短期疗养，精心组织游览、海浴等疗养生活。

2010—2012年，出现短暂的健康疗养高峰，煤炭系统又有13家订床单位，每年接待人数达千余人。

2013—2017年，煤炭行业经济不景气，疗养订床单位再次减少。疗养院开始开发接待大庆电网、云峰发电厂等电力系统疗养员，并坚持做好为煤矿工人服务。2016年，接待汾西矿业集团的疗养员30人，接待华亭煤业集团的疗养员76人，接待包头内蒙古法院的疗养员108人。2017年，先后迎来山东能源临沂矿业集团有限公司两批共104名疗养员和山西焦煤汾西矿业集团公司176名疗养员。

2018年，疗养院向应急管理部报送了《关于发挥疗养院优势为应急管理部提供多方位服务的报告》，提出疗养院总体改革思路，部办公厅发文安排2018年全系统功勋荣誉表彰奖励获得者疗养工作，疗养院承担总疗养人数一半的接待任务，完成了5批疗养员233人次的应急管理部系统英模、劳模及家属疗养任务。此外，还接待了汾西矿业集团的疗养员121人、华亭煤业集团的疗养员114人、辽宁铁法能源集团的疗养员859人。

2019年，完成3989人次疗养接待任务。其中2019年度应急管理部系统英模劳模功勋人员5批次340人、森林消防一线指战员2批次60个家庭150人。此外还接待了铁法能源集团疗养员999人、山东能源集团疗养员573人、同煤集团疗养员437人、汾西矿业集团疗养员338人及焦煤集团、西山煤电集团等煤炭和电力系统疗养员1152人。

2020年，接待森林消防局大庆航空救援支队、森林消防局（北京、内蒙古、黑龙江、四川总队、秦皇岛支队）、辽宁铁法能源集团、中国平煤神马集团、山能集团、新疆能源公司疗养员1244名。受新冠肺炎疫情影响，本年度疗休养人员下降幅度较大。

二、健康休养接待

1952年6月，中国煤矿工会全国委员会确定的休养性质是"以全国各矿的劳动模范和模范工作者为主"的，"目的在使煤矿职工通过休养来增进身体健康，更进一步提高阶级觉悟和加强全国煤矿职工的团结，并交流先进生产经验，以配合全国范围的增产节约运动及即将来到的大规模经济建设"。休养期为15天/期，各单位选派休养员都按上级统一部署，每期安排同一工种人员到疗养院休养，以便进行讨论和经验交流。

1952年，开始接收各级领导和来自煤炭系统的劳模和先进工作者等来疗养院休养，第一年安排的休养工种及顺序是煤层掘进、岩石掘进、机械采煤、手镐采煤、支柱、运搬、机电、模范教师家属、学者、福利工作干部、基础各工种。

1953年，继续按工种及顺序接待了十期18个工种休养员。当年东北休养员以南满为主（按要求北满各矿矿区级劳模及干部可到北戴河，矿、区级以下者安排去牡丹江）；华东以山东各矿，中南以焦作、宜洛各矿为主，其余路途较远的各矿区，到北戴河休养以矿、区级劳模及干部为主，华北则可全区安排。另安排中央燃料工业部4人，煤炭管理总局4人。

1954年，休养床位450张，举办了11期，安排了22个工种人员。休养人员来源：东北2137人、华北1260人、华东662人、西北34人、中南124人、其他10人，总4277人。

1956年4月12日，煤炭工业部、中国煤矿工会全国委员会安排职工休养9期，休养工种19个。休养员来自全国煤炭系统76个矿务局、设计院、基建局、地质局、勘测队和煤炭工业部机关。

1957年1月28日，煤炭工业部、中国煤矿工会组织煤矿系统的管理人员和工程技术人员以及工会积极分子休养，并邀请党委、青年团干部参加，全年举办休养13期，每期15天，每期300人。休养从3月15日开始，10月28日结束，休养单位为辽宁省、黑龙江省、吉林省、河北省、山西省、山东省、河南省、湖南省、陕西省、京西矿区、贾王矿区、淮南矿区、萍乡矿区、包头煤矿筹备处、徐川基本建设局直属委员会。

1958年4月17日，煤炭工业部、中国煤矿工会全国委员会联合下发了暂停1958年职工休养的通知，并认为煤炭工业中正在轰轰烈烈地掀起了生产高潮和反浪费、反保守运动，在这个时候，组织企业的生产骨干和领导骨干脱产休养，会影响生产建设的"大跃进"；其次，通过现场会的形式来交流经验，会取得更大效果。

1960年以后，休养工作时断时续，1961—1962年几十人，到1963年只有5人休养，1964年后停止，1974年恢复建院后，休养员只是安排暑期进行，每年人数和单位不固定。

1981年6—9月，煤炭工业部办公厅、全国煤矿地质工会组织部分煤矿先进生产者（工作者）和劳动模范到疗养院休养和交流经验，休养分四期，每期1~2个工种，共安排了9个工种。

1983年，煤炭工业部办公厅、全国煤矿地质工会6—9月在疗养院继续组织煤炭系统劳动模范和先进人物进行休养（300床位）和交流经验，休养5期，安排了基建、地质、洗煤、机电等近20个工种人员；7月7日煤炭工业部生产司组织部分矿务局（矿）通风工程师参加瓦斯监测及电子计算机应用技术座谈，时间15天，参加者为通风质量竞赛优胜单位36人，参加技术座谈单位48人，共计84人。

1984年，疗养院第二次全面翻改建。

1985年暑期，顺利地进行了试开院。从6月15日开始到10月下旬止，在南疗区分2期接收了179名劳模、等级队代表休养，休养时间半个月。

1989年7月24日至8月2日，历时10天由中国统配煤矿总公司教育局主办的全国煤炭系统优秀教师在疗养院疗养度假，这是新中国成立以来的第一次，这次度假汇集了全国煤炭系统20个高等院校的45名优秀教师。7月25日，疗养院召开了欢迎会，总公司副总经理濮洪九等领导出席了会议并讲话。

1989—1992年，中国统配煤矿总公司和全国煤矿地质工会组织全国煤炭系统的劳动模范携夫人来北戴河度假疗休养，共接待四期：第一期48对全国煤炭系统劳动模范携夫人和2个劳模来疗养院度假于1989年6月9—20日、6月25日至7月5日和7月14—23日分三批到院。劳动夫妇中有全国劳模4人，他们是汾西矿务局刘仙舟、北京矿务局王庄煤矿杨清安（还是"五一劳动奖章"获得者）、淮北矿务局马典周、淮南矿务局阎玉台；原煤炭工业部劳动英雄淮南矿务局李远广；"五一劳动奖章"获得者3人；省部级劳模13人，其余为局、矿级劳模。第二期疗养院共接待劳模及家属72人，其中全国劳模7人，省部级劳模7人，局、矿级劳模20人，于1990年6月25日至7月4日、7月6—15日、8月25日至9月4日分三批到院，每批10天。第三期1991年5月21日至10月24日分14批共接待了116人次。第四期1992年6月20—30日，接待了26名劳模夫妇度假休养。

1991年7月，疗养院接待了全国煤炭系统高校优秀教师、学生代表130人来院休养度假。

1994年7月24—31日，煤炭工业部安排煤炭普通高校部分教授、专家暑期休养，有13个院校19名教授专家前来疗养院度假休养。

1995年7月15日至8月12日，根据煤炭工业部党组的指示和政策法规司的安排，分三批接待了来自24个单位的全国煤炭特等劳模23对劳模夫妇及孩子共61人来北戴河休养。

1996年，煤炭工业部党组决定暑期部机关公务员实行外出休假制度，接待部机关公务员休假就成为疗养员一项新的政治任务。当年接待完成了28户81人次部机关公务员度假休养。

2001年，完成了国家安全生产监督管理局老干部局55名离休老干部到疗养院的短期休养，当年根据国家安全生产监督管理局老干部局的安排完成了国家安全生产监督管理局部分离休老干部的短期休养接待服务。2002年开始接待国家安全生产监督管理局机关公务员来疗养院的度假、疗养。

2002年，完成了国家安全生产监督管理局老干部局26名离休老干部到疗养院的短期休养、国家安全生产监督管理局公务员度假休养24批99人次的接待任务。

2003年，接待了国家安全生产监督管理局老干部局40名离退休老干部短期休养、国家安全生产监督管理局公务员89人度假休养。

2004年，接待了国家安全生产监督管理局老干部局36名离退休老干部短期休养、国家安全生产监督管理局公务员度假休养111户。

2005年，接待煤监系统公务员休养135户。

2006—2012年，每年均接待国家安监系统和煤监系统公务员休养。

2013年以后公务员休养接待任务基本停止。

三、职业病疗养接待

2003年，医疗部接管疗养科，开始职业病疗养接待，第一批合作单位有内蒙古乌海乌达矿务局，全年共接待疗养员24人；另外接待了朝阳电厂职业病疗养员33人。

2004—2015年，主要接待朝阳电厂等少数几家电力系统单位的职业病疗养，同时，也在各煤炭和电力系统逐步推广职业病疗养，人数逐年增加。

2016年，接待长甸电厂疗养员。电力系统疗养时间一般在4~5天，煤炭系统在7~10天。职业病人康复疗养期长，一般为1个月，部分病人延长至3个月。

2003—2019年，派遣职工来疗养院进行职业病疗养的煤炭系统单位有：内蒙古乌海海勃湾矿务局、乌达矿务局；新疆哈密矿务局；山西西山煤电、霍州矿务局、汾西矿务局、潞安集团、晋煤集团、南煤集团、大阳泉煤矿、慈林山煤业；河南平煤集团、焦作矿务局、郑州煤机厂、大峪沟煤矿、鹤壁矿务局；安徽皖北煤电；甘肃窑街煤电、靖远煤业；陕西韩城矿务局、黄陵矿业公司、华亭煤业集团、辽宁铁法能源集团。

2003—2019年，派遣职工来疗养院进行职业病疗养的电力系统单位有：朝阳发电厂、马头电厂、华北电力石家庄电厂、唐山陡河电厂、石家庄西柏坡电厂、承德滦河电厂、唐山热电厂、神华准格尔能源公司等。

2019年，职业病疗养职能转至尘肺综合科，该年共接收职业病疗养患者428人，其中：宁煤集团294人，陡河发电厂44人，唐山热电厂34人，承德滦河发电厂1人，大唐国际邯郸马头电厂19人，朝阳电厂6人，西柏坡电厂6人。

2020年，受新冠肺炎疫情影响，职业病疗养人数下降幅度较大。

1951—2020年疗养院疗休养接待情况见表3-1-2。

表3-1-2 1951—2020年疗养院疗休养接待统计表

年份	健康疗休养	职业病疗养	年份	健康疗休养	职业病疗养
1951	40	—	1973	500	—
1952	947	—	1974	1020	—
1953	1990	—	1975	3027	—
1954	5415	—	1976	1827	—
1955	2946	—	1977	1973	—
1956	1478	—	1978	3082	—
1957	5302	—	1979	3088	—
1958	2190	—	1980	2632	—
1959	3277	—	1981	4224	—
1960	4953	—	1982	4771	—
1961	2966	—	1983	6631	—
1962	2540	—	1984	4621	—
1963	2558	—	1985	514	—
1964	2765	—	1986	4897	—
1965	3109	—	1987	4940	—

表 3-1-2（续）

年份	健康疗休养	职业病疗养	年份	健康疗休养	职业病疗养
1988	5526	—	2005	607	83
1989	7988	—	2006	319	35
1990	10160	—	2007	334	36
1991	4712	—	2008	476	36
1992	4628	—	2009	438	48
1993	5033	—	2010	942	152
1994	3445	—	2011	867	56
1995	3207	—	2012	992	55
1996	2580	—	2013	830	25
1997	2061	—	2014	521	28
1998	1088	—	2015	680	34
1999	612	—	2016	1197	84
2000	596	—	2017	1150	151
2001	202	—	2018	2041	155
2002	330	—	2019	3989	428
2003	109	33	2020	1244	30
2004	638	33			

第二章 疗休养项目

第一节 疗养项目

一、疗养员欢迎大会

自1951年开始接待疗养员以来，每期疗养员入院后2~3天，都要召开疗养员欢迎大会，会议主要内容：一是由北戴河区领导或疗养院领导讲话，介绍北戴河概况，疗养院基本情况及疗养期间的注意事项和要求；二是介绍为疗养员服务的主要工作人员；三是为新上任的疗区疗委主任颁发聘书。

二、健康检查与康复治疗

建院初期，疗养接待的主要对象一是慢性病患者，以治疗为主；二是接收体质衰弱需要不同程度康复者，以养为主，以医为辅。来疗养院疗养的人员绝大多数患有慢性病，因此疗养员入院后，首先要进行健康体检，体检分两步骤，首先由医生进行全面的身体检查，包括望闻问切；其次安排医疗仪器检查，必查项目为心电和X射线检查，主要筛查心血管疾病和肺结核。由于肺结核病在煤矿工人中属高发病种，上级先后两次配备了进口X射线机。

健康体检时还可根据情况，有选择地进行其他医疗设备检查。1992年用于肺灌洗的配套检查设备到位后，疗养员用于体检的设备更加先进，检查的范围也进一步扩大。

疗养院疾病康复治疗是以疗养为主、治疗为辅，在治疗上坚持以理疗、体疗为主，药物治疗为辅，同时辅以祖国传统医学的方针。疗养院康复治疗方法主要依靠的是声、光、电、热、波20余项理疗和传统医学的针灸、按摩、气功、站桩、药膳、中药熏熿、中药浴、复方乌金散浴疗，以及激光治疗、医疗体育、音乐疗法、岩盐气溶胶疗法等，疗养员入院后，经过身体检查，由医生根据病情，开具治疗处方。治疗周期与疗养期同步，20世纪50年代到70年代，每期疗养期2个月，疗养员经过2个月的治疗，多数病情好转，按期出院，但也有病情较重者，经请示同意，可以延期到3个月。

进入20世纪80年代后，疗养期改为每月一期，通常情况下每个疗养员开有3~5个不等的治疗项目，每项治疗周期15~20天。

三、体育治疗

1976年开始，为贯彻以理疗、体疗为主的治疗方针，专门建立了体疗室，增加安排体疗工作人员，开展包括各种球类、室内器械活动、太极拳剑在内的室内外体疗活动。1980年设一名专职干部抓体疗，做木剑200把，组织打太极拳、太极剑、爬山、开展各种球类活动和海水浴等。

1. 医疗保健操

1955年，疗养院就开始为疗养员编排和教做医疗保健操。1974年，恢复建院时以学做广播体操为主。1980年，疗养院组织力量编排出一套矿工健身操教授给疗养员。1986年开始，开设了北京体育大学张广德教授编撰的一套医疗气功体操——导引养生功的教学活动。这套操分有导引保健功、舒心平血功、疏筋壮骨功、益气养肺功四种，是一套继承了祖国导引养生学，综合武术、体操动功，结合呼吸吐纳静功，采取自我按摩，以气血为理论指导，依经络循环行动向等，形成五位一体的功法。它不受器材，场地的限制，简便易学，疗养员学后配上录音带和教材书，回去后还可继续练习。为此，医疗科安排专人到北京，得到张广德教授亲传，学成返院后，传授给全部疗区护士，再由疗区护士教给每期疗养员，为了调动教与学的积极性，每期疗养结束前，都要组织一场导引养生功比赛，以各疗养楼疗委会为基础，组织8~9支队伍参赛，评出1~3等奖后为疗养员发奖品。1986年8月9日上午，第四期疗养员"导引养身功"健身体操表演赛，在疗养院疗养的煤炭工业部9位老部长兴致勃勃组队参加，原煤炭工业部副部长贾林放和刘辉用一周时间就学会了舒心平血功。比赛中他们出色的表演博得全场一阵阵热烈掌声，评委们一致亮出了高分数，平均得分9.87分荣获本届表演赛的特等奖，这届健身体操表演赛受到了秦皇岛市电视台、广播电台、秦皇岛报社三个新闻单位联合采访，8月21日《秦皇岛日报》以《乐在导引养身功》的标题进行了报道。

2. 太极拳、太极剑

1958年2月，开始增加了教授太极拳、太极剑项目；到1980年，定期开展太极拳、太极剑和气功活动，每天安排固定时间和场地及教员，太极剑由疗养院自己制作的木质太极剑替代，保证参加学习人员人手一把剑，每个疗养员至少学会了一种气功或者拳术。

3. 海水浴

暑期每天中午安排2小时海水浴活动

（阴天下雨除外），除游泳锻炼外，设日光浴、沙浴、空气浴治疗。为保证安全，疗养院配有海浴救护队。

4. 体育活动

组织疗养员开展球类活动和比赛，疗养院内设有专门的篮球场、排球场以及乒乓球室等。另每期都组织一次疗养员到莲蓬山的爬山活动。

5. 导引保健功

2010年开始组织疗养员晨练，每天早晨7时，由护士教授来自各集团公司疗养人员学做导引保健功，强身健体，预防疾病，这项活动一直坚持到现在。

四、保健知识讲座和健康咨询

1953年开始，针对部分疗养员对疗养院治疗以理疗、体疗为主，药物治疗为辅的不理解，每次疗养员一入院，医护人员都要向疗养员进行专门的讲座，详细讲解用理疗体疗治疗疾病的原理和方法，以打消疗养员顾虑，配合治疗。

1987年后，每月一期疗养员入院后，疗区医生都要对疗养员开办1次保健知识讲座，讲授内容以当期疗养员患病较集中的几种慢性病的病因、预防和治疗等，并现场答疑，深受疗养员欢迎。有很多疗养员经过医生对吸烟有害健康的讲座，回去后戒掉了烟瘾，并向医生发来了致谢函。

五、游览

北戴河是蜚声中外的疗养避暑胜地，有许多风景名胜。组织来疗养院的疗休养员在休闲之余到旅游景点参观，是疗养院常年坚持的一项重要工作。

一是安排每期休、疗养人员集体游览北戴河及附近的各景点。主要有联峰山览胜、登鹰角岩观"红日浴海"。20世纪80年代后期增加了海上游船观沿途海滨风光和秦皇岛码头等。近年又增加了鸽子窝湿地公园、野生动物园、新澳海底世界、南戴河娱乐中心、集发农业观光园、金沙湾沙雕大世界、秦皇求仙入海处、仙螺岛等景点。

二是山海关古长城一日三游：雄关要隘天下第一关、哭倒长城的孟姜女的姜女庙、万里长城海上起点老龙头，这些是游览线路老三点。近年增加人称小桂林的燕塞湖、角山长城、长寿山等。

六、政治学习、劳动建设

1958年，大炼钢铁时，疗养员参加筛金刚砂劳动，规定每人每天不少于2小时。

20世纪60年代困难时期，参加疗养院副食基地开荒种田劳动。

1977年4月，根据煤炭工业部办公厅安排，首批接受黑龙江、吉林、辽宁、河北、山西等省矿务局300多位土建、泥瓦工疗养员到疗养院一边疗养，一边参与地震后疗养院房屋修缮重建工作。

20世纪80年代前，疗养员入院后，每周至少要组织2~3次政治学习，既学习理论知识，还要参加疗养院的学习经验交流。

近年来，增加了爱国主义教育，参观李大钊故居和李大钊纪念馆等活动。

第二节 休养项目

1952年6月1日，根据燃料工业部煤炭管理总局指示，疗养院开始接收煤炭系统劳动模范和模范工作者来院休养。休养工作由中国煤矿工会负责领导和组织，中国煤矿工会对来疗养院休养的人员确定的休养性质和任务：一是使煤矿职工通过休养来增进身体健康，二是交流先进生产经验。

1. 经验交流

来疗养院休养人员的一项重要任务就是利用休养机会，学习煤矿生产业务，相互交流管理与生产经验，推广先进的技术和好的做法。参加休养人员，既有来自一线的工人、工程技术人员，也有工程管理人员和机关干部。每年各批次休养员的选派，都由中国煤矿工会全国委员会提前制定计划，根据需交流的经验，每期确定1~2个工种，同步安排各矿务局相关工种休养人员到院学习交流。如1954年仅休养员带来的经验材料就有320多件，有的疗养员还带来了模型，有价值的经验还要在大会上进行交流。再如，1957年煤炭工业部和中国煤矿工会下发的《为举办1957年职工休养的联合通知》中，对休养活动的安排是：组织工会积极分子交流工作经验，组织管理干部交流加强企业民主管理的经验；并和党团干部座谈党如何加强对工会领导、工会和青年团如何配合；组织工程技术人员座谈如何与工人群众合作，加强技术管理等。以便系统的总结各种经验，提高他们业务水平，改进工作。

2. 活动开展

因休养员大多以荣誉健康休养为主，因而康复治疗不列为主要任务，重点是开展各类活动。

3. 政治学习

休养员到疗养院后的另一项重要任务是学习毛主席著作和时事政治，并进行学习经验的讨论和交流。

4. 体育健身

组织开展各种球类活动，暑期还组织海浴。

外出参观：在休养员交流经验时组织参观一些先进经验展览馆；每期组织休养员到秦皇岛港务局煤码头参观输原煤出港，后因一次1名休养员不慎掉入船内煤仓受伤事故而取消。

5. 游览

近年来，主要游览地点有天下第一关、老龙头、孟姜女庙、集发农业观光园、联峰山、鸽子窝公园、新澳海底世界、仙螺岛等。

接待劳模来北戴河休养具有重大的政治意义和影响。为此燃料工业部煤炭管理总局和中国煤矿工会高度重视，做出精心安排，1952—1958年，每年派出人员到北戴河与疗养院组成工作班子，成立专门的休养办公室，负责每期休养员的具体组织工作。劳模们对这种既休息又学习交流的模式非常满意，回到工作岗位后纷纷写感谢信给毛主席、煤炭管理总局及疗养院，信中表达对共产党的深厚感情，报告学到的新技术运用于生产实践推动了生产，为国家创造了更多的财富。据记载，这样的来信，煤炭管理总局每月收到100封左右，疗养院每月收到来信60余封。当时许多机关、部委都来疗养院学习劳模休养接待工作的经验。

1952年，第3期休养员在院休养期间，中央新闻电影制片厂记者来院拍摄了反映煤炭战线劳动模范休养的纪录片，镜头中有当时的燃料工业部部长陈郁看望劳模，还有6位全国著名劳模在院休养生活和学习镜头。

第三节 文体活动

文化娱乐活动作为活跃休疗养员生活的重要辅助手段，一直成为疗养院的一项重要工作。自20世纪50年代建院时起，疗养院就明确了文娱活动为治疗服务的方针。多年来，为方便应急疗养员组织开展文娱活动，疗养院不断完善疗养员活动场所和设施。

1. 日常文娱活动

休疗养员每期文体活动主要包括观看

电影、演出，组织游泳、爬山、做游戏、学唱歌曲、猜谜、各种球类和棋类比赛、小型运动会、舞会、联欢会、参观游览等。为了活跃休疗养生活，1952—1958年，中国煤矿文工团和一些矿区文工团都多次到院慰问演出。著名艺术家新凤霞、谢添、小白玉霜以及孙敬修等，也曾来院与疗养院文工团一起共同为休疗养员演出。职工和休疗养员联欢每期必搞，为了及时发现休疗养员中的文艺人才，俱乐部工作人员都要深入疗养员中积极培养和组织文艺积极分子和骨干参加各项文艺活动。组织休疗养员自己表演节目，与职工或其他休疗院所进行联欢。如1964年组织疗养员自编自演了相声、清唱、双簧、魔术、独幕话剧，以疗区为单位唱革命歌曲，铜川矿疗养员雷洪高编排的独幕话剧《交班》受到疗养员欢迎，演出后本人三次出场谢幕。逢年过节，疗养院都要精心组织各种文娱活动，如1961年的元旦、春节晚会，1988年的中秋佳节都安排了丰富多彩的系列活动。休疗养员多来自矿区，1986年开始，俱乐部每天上午教疗养员学跳舞，每两天组织1次舞会。

2. 疗养院"文工队"（业余演出队）

疗养院"文工队"成立于20世纪50年代初，主要自编自演现代戏、小型歌舞等节目，举办故事会，为每期休疗养员演出和参加联欢会。文工队演出还延伸到了北戴河区其他7个休养单位、当地人民公社敬老院、托儿所、新农村等。1986年成立疗养院业余演出队和小乐队，演出队自编节目，每年为疗养员和重要会议演出10余场，为疗养员舞会伴奏30～40场。

3. 俱乐部（康乐部）

1954年建成时是北戴河唯一一座有500多座席的大俱乐部，也正因此，1956年中央经济工作会议在疗养院俱乐部召开。俱乐部不仅举办大型会议，还自配有电影放映机，每周2次为休疗养员放电影、演出节目、举办舞会和游艺活动等；1987年更名康乐部，通过改造装修，扩大了三层图书室面积，二层增设棋牌室，配楼设投影电视室和健身室，会场座椅可移动，顶棚安装了舞池灯光，每晚在此举办舞会。俱乐部一直是疗养院休疗娱乐活动中心，配有专职人员负责疗养员文娱活动的组织和参观游览。50多年来举办了上万场次的联欢会、电影、球类和棋牌类比赛、游艺活动、休疗养员先进经验展览等，进入21世纪后，因木质顶棚电路不符合防火及安全要求，加之受1976年唐山地震的影响，部分墙体已经开裂，已属危楼，因此基本停用。2003年春予以拆除，2004年7月在原址上新建竣工的安全培训楼，其会议、娱乐及健身功能更加齐全、完善。

4. 疗区活动室

原接待疗养员最多的工字楼，在1953年建设时，就在楼的南侧设立了上下四个疗养员活动室，另一较大的木头楼，则在其宽大的走廊上设立了疗养员活动场所。1983年第二次全院翻改建时，所有的疗养接待小楼，每层都单独设立了一个40～80平方米的疗养员活动室。各疗区疗委会在这些场地通过联欢、举办小型运动会、游艺会、教唱歌曲、猜谜等疗区自娱自乐活动，使得疗养员的疗养生活丰富多彩。

5. 图书阅览室

图书阅览室分借阅和阅览两部分，借阅区有藏书上万册，阅览区订有上百种报纸、杂志，设有100多平方米的阅览室1个。

6. 球场

20世纪80年代前，院内有2个篮球场。1987年后，疗养院完善并增加了院内的娱乐设施，购进各种中西乐器，在职工中成立并培训业余文艺演出队，定期为疗养员演出各种文艺节目。

7. 电影电视

1956年，煤炭工业部拨给疗养院日产放映机2台，开始为疗养员播放电影，基本保持每周2次，当时是疗养员的主要文化生活内容。疗养院还利用聚光灯自制成一台两用幻灯机，在电影放映前进行宣传；1975年，疗养院购买了第一批2台20寸金星牌黑白电视机，放在俱乐部供大家共同收看，1977年更新1套电影放映机，1979年开始放映宽银幕，休疗养员每周2~3次观看电影，片源由秦皇岛电影公司供给，基本为二线片。直至1987年在康乐部改造时，因各种原因取消了电影放映。1980年后陆续购买大电视，疗养员在本楼的大厅里即可集中收看电视；1983年疗养员每天晚上可到俱乐部录像厅用投影看录像片；1986年安装闭路电视网络后，疗养员可以收看6套电视节目，同时疗养院还设立了自己的电视录像节目。1990年，疗区房间进行了闭路电视系统安装，疗养房间陆续装置了彩色电视机，电视节目频道也增加到12个；1994年，疗养院安装了有线电视系统，进一步增加了电视收视节目的数量和质量。

8. 室外活动

2017年，为吸引俄罗斯游客及旅游团队，疗养院在安培楼东侧新建了儿童游乐场，活动设施有儿童滑道、滑梯、旋转木马等。

第三章 服务与管理

第一节 医疗服务

来疗养院疗养的人员绝大多数都患有慢性病，而且多数是经药物治疗无效或者效果不太理想的老病人，因此在对疗养员进行疾病康复治疗时，医务人员改变了治疗医院那种以药物治疗为主的方法，始终坚持以疗养为主、治疗为辅，在治疗上以理疗、体疗为主，药物治疗为辅，同时辅以祖国传统医学的方针，对煤矿工人常见病、慢性病、多发病开展了针对性的疗养与治疗。1959年6月1日，疗养院在《医疗、行政工作规章制度》总则部分就明确："疗养院以天然治疗因素，配合物理疗法、药物治疗、规律生活制度，适当的营养饮食及各种体育锻炼为主要的治疗方法。"物理治疗为主，药物治疗为辅方针，采用中西医结合的方法。

一、适应症选择

1950年建院时，疗养院医疗定位是为煤矿系统肺结核病人和其他慢性病人提供治疗和疗养服务。1951年5月，开始正式收治结核病人，当年收治18名患者，出院8人。10人病情好转，7人无变化，1人病情恶化后转北京。1952年正式接收的病人64人，其中结核49人、神经衰弱9人、心脏病1人、胃病1人、病后恢复3人。1953年后，取消传染性结核病治疗，开始接收慢性病康复疗养。

1953年后，疗养院确定的康复疗养适应症主要有神经系统疾病、非结核性呼吸系统疾病、消化系统疾病、风湿性和类风湿性关节炎、术后或伤后恢复期及外伤后遗症、营养不良性贫血、糖尿病等。

二、引入和改进治疗方法

学习借鉴外单位经验，创新治疗方法。

1953年，扩大疗养接纳病种，首次增加了消化溃疡、胃炎、胃下垂、胆囊炎、肠出血、糖尿病、风湿病、纵膈疾患、胸膜炎、慢性气管炎、偏头痛、贫血、癫痫、腰椎结核、肺气肿、手术后休养、外伤恢复期、体质衰弱等。推行溶血疗法、体育疗法、睡眠疗法。

1954年，推广苏联苏醒海水疗法。

1955年，增加了泥疗法，开设了"四漕浴"和"全身辐射热"治疗方法。

1957年，总结推广足部蜡浴、针灸对治疗神经衰弱的经验。

1958年，引入气功"站桩"疗法，开展了氧气、尿疗、余血、胎盘粉、穴位封闭、体疗等6种新疗法。暑期每日进行海水浴1～2次，增加了日光疗法，扩大收容适应症11种病，硅肺病人开始来院疗养。

1959年，开展的新疗法：氧气治疗白癜风，海带肉治疗鹅掌风，针刺疗法试治脱发症，维生素B1疗法治疗溃疡病。

1960年，疗养院贯彻中西医结合的方针，从北京阜外、北大医院等引入和推广慢病快治，促进计划治疗，进行医疗总结47份。疗区按高血压、溃疡病、胃炎、神经衰弱、关节炎、其他划分6个片区，各安排专门医生负责；慢病快治从6月21日开始，并召开了慢病快治誓师大会，共有400多人参加。经过慢病快治，疗期由过去2～3个月缩短到原来的1/2～1/3，平均34天出院，节约药费20%，六大系统主要疾病，有效率达98.5%、治愈率达86.7%、无效率1.5%，研发、推广压穴无痛注射法、胃管滴入治疗溃疡病、快速定位器、电针自动定时钟、伸缩辐射热针灸床等新疗法和新设备，受到广大疗养员欢迎，并产生一定的社会效应。东北、阜新、鞍山部队、大连、西北、甘肃等地疗养院和北戴河人民医院、重工业疗养院、山海关医院等十几个单位来院参观学习；唐山市卫生局、健康报社来院访问征稿。

1961年1—3季度，继续开展了5期慢病快治，疗期由过去60天缩短到45天，参加治疗的疗养员达514人。

1964年，采用皮内普噜卡因封闭疗法治疗溃疡病，提交了100例疗效的观察总结；学习四川医学院经验材料，在疗区开展心理治疗加奴夫卡因肌肉注射治疗神经衰弱，提交了30例疗效观察与总结；开展丙酸睾丸素治疗高血压、血管硬化的疗效观察总结，对硅肺治疗增加了呼吸操。

1979年，按病种划分疗区，每个疗区主治一种疾病，兼治其他疾病，全院共分4个疗区，一疗区以呼吸系统病为主，二疗区以胃肠疾病为主，三疗区以神经系统病为主，四疗区以心血管病为主。创新治疗方法，采用蜡疗治疗慢性胃炎，据53例观察，蜡疗前大部分患者恶心，呕吐，反酸腹胀，饮食减退，经蜡疗20次，症状基本消失。

1980年，在治疗上探索可的松导入治疗风湿性关节炎、五味子等中药离子导入治疗神经衰弱、痢特灵治疗胃溃疡、康德灵治疗冠心病等。增设了一台激光治疗机，对气管炎、外伤、皮肤病疗效较好。

1985年，与北京同仁医院合作，开展了乌金散治疗胃溃疡的科研活动，有效率达93.8%。增添了新的康复治疗手段。

1986—1988年，根据煤炭工业部办公厅关于重视煤矿职工多发病、常见病研治的指示和关于开设专科疗养的精神，先后开设了胃及十二指肠溃疡、慢性胃炎、慢性结肠炎、原发性高血压和气管炎五种疾病的专科康复疗养业务。1986年有93人接受了乌金散治疗胃溃疡病。

1988年3月初，来自东北、西北地区有关矿务局的19名典型气管炎病疗养员，经过医护人员二个月的精心治疗与护理，19名患者均得到康复，出院时各种典型的症状和体征消失或基本消失，心肺功能明显好转，其中11人体重增加。

1987—1991年，为疗养员理疗治疗鼎盛时期，理疗床位发展到180张（座）。在继续开展了超短波、微波、音频电疗、电兴奋、辐射热、红外线、紫外线、静电、直流电、感应电、离子导入、石蜡疗法的基础上，又增添了新的理疗项目气功、音疗、特定电磁波治疗，引进中药熏熘、中药浴、复方乌金散浴疗等传统疗法，还开发了针对不同病种的多种药膳等治疗项目，理疗总计255409人次，平均每人47人次，除保留理疗楼的治疗外，还在疗养楼内、康乐部增设治疗场所，每批疗养员入院后理疗、体疗治疗率基本达到90%以上，高峰时每天有近2000人次理疗，疗养院年治疗达20万~30万人次，总有效率达95%以上。

1993年，采用新购置的医疗设备，开辟了胃肠造影，运动心功能和动态心功能检测。

20世纪90年代后，随疗养员逐渐减少，特别是当时煤炭行业普遍形势不好，疗养费不足，来疗养院疗养员的治疗经费单位很难支付，因此理疗等治疗日益萎缩，只保留少量设备和治疗。

三、理疗

理疗是疗养院最广泛应用的一种治疗方法，人工物理疗法是指用各种物理因子（如力、电、光、声、热、磁等）来治疗疾病的方法。

1954年，在疗养院专门修建的800平方米理疗楼内，配备了超短波、微波、平流电及药物离子导入、静电、红外线、辐射热、蜡疗、音频等9种50余台件理疗设备。

1956年，推广小汤山经验，对入院疗养员实行"药物－减少药物－理疗"治疗方针，纠正疗养员依赖药物治疗的思想。理疗开始有了很大发展，蜡疗、红外线、辐射热、平流电、锌离子导入、电睡眠疗法等深受疗养员欢迎，进行理疗治疗人数基本上每年都能达到入院疗养员总数的90%以上。

1974年，恢复建院，接待的疗养员中以高血压、神经衰弱、气管炎、硅肺、肠胃消化道疾病、外伤恢复期为多，因此在理疗上开展了针灸、光疗、蜡疗、电疗，同时配合医疗护理，中西医结合治疗。全年诊察病人3000多名，理疗治疗42331人次，有效率达到了89.1%，疗养体重增加少则3~5斤，多则12~13斤，有不少疗养员完全恢复了健康。

1978年，疗养病种以高血压、神经衰弱、外伤恢复期、胃肠炎、腰腿疼为最多。脑血管病、冠心病、肾炎、糖尿病、气管炎也较多。这些病经过治疗都有一定效果，治愈和好转率为95%以上，其中类风湿关节炎和慢性肾炎疗效不佳。

1979年，经电兴奋、微波、离子导入、超短波、辐射热、红外线、蜡疗等方法，共治疗46674人次，经过理疗，绝大多数疗养员病情都有减轻。

1981年，新增设备，逐步扩大了理疗床位，增加了新疗法。

1984年，将理疗楼扩建至1200平方米，引进增加了计算机中频、特定电磁波治疗仪等新治疗项目。

1986年，开展以理疗、体疗为主，药物治疗为辅的多种形式的康复医疗，完善了理疗，充实了设备，理疗床位由40张增加到80张，全年做理疗68782人次，心电检查4500人次，X射线检查1300人次，化验7200人次，药费消耗平均每人较83、84二年平均数减小7.9元。

1994年，根据广大疗养员的不同需求，推出了疾病疗养新模式，疾病疗养疗期3月1日至12月30日每年举办5期，每期2个月。主要有胃肠道疾病、骨关节病、呼吸系统疾病、神经系统疾病等专科医疗。10月8日为了方便休疗养员中尘肺病人，骨科病人转治相应专科进行治疗，疗养院制定了《休、疗养员专科医疗的有关规定》。

1996年，疗养部打破理疗原有的模式，将设备、人员分解到疗区，即方便了疗养员治疗，又增加了疗区的服务力量，疗养总有效率达98%，在回收的2350份意见征求表上的反馈，疗养员服务满意率98%。

1997年以来，每期疗养员都会根据自身需求，选择相应的康复理疗项目，以达到疗养康复效果。

四、传统医学治疗

1956年，开始试行针灸治疗，还试办了1期气功疗法，治愈率近70%。

1957年，开展气功床位已达20个。

1958年，大力推广中医疗法，对医生、护士普遍进行了培训，采用针灸、火罐、水罐、梅花针、推拿、按摩等祖国传统医学为疗养员治疗。站桩疗法安排了50张床位，气功疗法安排了30张床位，1958年统计，气功治愈率达84%，站桩治愈率达89%。

1959年，气功床位增加到200张左右，在治疗消化系统疾病和神经衰弱症收效显著；而站桩疗法，对治疗高血压，神经衰弱疾病均有很好疗效。

1975年，重点开展的针灸项目，治疗达11000人次。

1976年，在理疗上增加了竹罐、按摩，开展治疗床位30张。

1979—1980年，普遍开展了气功、针灸、按摩等疗法。

1987年，开始的药膳治疗，深受疗养员欢迎。在1987年煤炭工业部三次会议期间，为代表们制作了冷饮和药膳服务，受到了代表们的一致好评。

1988年，首期气管炎疗养专科治疗，采用了药物治疗与口服中药相结合，理疗与体疗相结合，补与养相结合的三项基本治疗原则，配制了具有滋阴养肺作用的药膳，起到了具有神奇作用的疗效。总结以上二次使用药膳服务和治疗的经验，医疗科随即在全体疗养员中开展了药膳治疗的项目，很受疗养员欢迎。此法成为疗养院的又一特色治疗项目。

1990年，熏、熰疗法在治疗风湿性关节炎、腰椎骨质增生、颈椎病、肩周炎等病方面取得了满意的效果。

第二节 疗休养管理

一、出入院管理

1. 组织与规定

1951—1952年，疗养院以接待肺结核病人为主时，经煤炭管理总局人字第1739号文件批准的《国营煤矿职工疗养院行政管理制度》与《国营煤矿职工疗养院办事细则》分别规定：病员入院由行政科登记，医务科长审查处理，病员出院由医务科长作痊愈检查，院长批准出院。1952年，休养员出入院由中国煤矿工会住疗养院休养办公室负责组织和安排。1953年后至1968年停院，先是行政科下设的服务组，负责管理休疗养员出入院登记等，1956年设立专门的住院处，其职责一是负责与各派送疗养员单位的联系、签订合同，及时发放疗养证；二是掌握疗养床位使用情况，按计划完成床日使用和床位周转；三是负责办理疗养员入出院接待和手续办理，介绍院规、联系接送工作；四是负责疗养员延期通知及各矿联系疗养问题等工作；五是负责疗养员较贵重物品之保管工作。

1953年，入院手续规定：①休养或疗养的职工及干部均需经相关工会基层组织批准。②休养员入院时必须持有所属矿、厂医院院长签证之疗养诊断书、详细病历表及X射线、化验、检查报告。③休养员及疗养员均凭中国煤矿工会全国委员会印证的入院证入院。④休疗养员入院应预交伙食费及医疗费。⑤凡不合以上手续者，本院将拒绝收容。出院规定：休养员或疗养员出院时，本院发给出院介绍信或出院证。疗养病历由本院抄寄所属单位。从1953年开始，凡检查身体发现患有传染病的疗养员一律作退院处理。

1953年，疗养院在北戴河火车站购买房屋建立了接待站，休疗养员出入院时间全天24小时负责接送站、买票等，此项服务一直坚持到20世纪90年代末不再有成批疗养员入院止。

1957年1月1日起，根据中华全国总工会事业处指示，疗养院执行出售与购买疗养券制，即由送疗单位提前一个月将疗养券款（含床费、伙食费和包干药费）汇至疗养院。疗养入院手续：凡入院之疗养员，必须持疗养证及诊断书，并按规定日期入院，如超过入院日期入院者，即作无效。其券款员一下火车，派车接回疗养院，安排住下后，就到餐厅吃饭。

1974年，重新恢复建院后，住院处工作职责是负责同各派送疗养员单位的联系，及时发放疗养券；按计划进行床位分配和使用，及时掌握床位情况；负责办理疗养员出入院手续及接送工作，并介绍院规；负责为疗养员服务的各项工作（如开发兑换布票、信、乘火车介绍信等）。

1985年，住院处撤销，其业务工作由新成立的接待室负责，直至1998年转为医疗部疗养科负责。其业务工作中的按计划进行疗养床位分配和使用，改为对用户的主动营销征订。

2. 疗期管理

1951—1952年，疗养员的疗养时间没有期限，以病情好转为出院标准。1953年3月30日，疗养院开始执行中国煤矿工会全国委员会劳保部《中国煤矿工人北戴河疗养院暂行办法》规定："休养每期15天（旅途在外）"；"疗养每期2个月（旅途在外）"。遇有特殊情况可由院长决定缩短或延长疗养期限，延长一般不超过1个月。8月开始，疗养延长期限一般干部不超过1个月、14级以上干部不超过2个月，如超过3个月需经煤矿工会劳保部批准。

1955年3月19日，《中国煤矿工人北戴河疗养院管理办法》规定：疗养员每期为60天，但有下列情况，本院可酌情缩短或延长疗养期限。经医师诊断证明已恢复健康或认为病症不宜在本院继续疗养时，虽未满60天，必须提前出院；疗养期满经医师诊断证明确需延续疗养者，可适当延长疗养期限，但疗养期不得超过30天。

1956年1月，规定疗养员延期者，得经院长批准，延期不得超过30天。

1974年，恢复建院后，确定疗养员入院疗期为30~60天。1975年分暑期和非暑期两个阶段，暑期（6月15日至9月15日）疗养期为一个月，非暑期为一个半月。

1984年，第二次翻改建后，根据疗养工作会精神，接收疗养员以荣誉健康疗养为主，每个疗期由过去的45天缩短为一个月，疗养时间由过去全年接待改为每年3—10月份，全年共办10期，每月1日入院，月底出院。要求疗养员按指定日期报到，晚入院者疗期不予顺延；在疗期内，无特殊原因一律不准提前离院。

1998年后，随市场形势变化，疗养院不再硬性规定疗期和疗养时间，固定疗养订床时间4—10月，每期15天，短期疗养随来随联系，7~10天不等。

二、疗（休）养区管理

1. 管理组织

各休疗养区建立休疗养员管理机构，以休疗养员为主体，在休疗养期间实行自我管理（包括生活起居、配合医疗、安全保卫、集体活动、遵守院规等）。

1953年开始，休养员入院3天内，推选出休养生活委员会成员，内由主任、生活、文娱、卫生和一名院领导组成，每期召开休养生活委员会3次；休养区按病房，每8~12人编成一个小组，选出组长1人；另外，党团员还将编成若干小组，推举1名委员参加疗养院党支部（总支）工作。上述组织的建立，目的是协助中国煤矿工会休养办公室和院方执行休养计划，组织生产经验交流学习，加强疗养院与休养员的联系。

1957年，根据上级指示，疗养院党总支在疗区增设了两个临时党支部，以进一步加强疗养员的政治思想工作和组织管理。

1959年6月1日，疗养院实施的《医疗、行政工作规章制度》第六章疗养员管理制度中，对"疗养小组长联席会议""疗养员小组生活会"等作了较为详尽的规定，疗养小组长可参与到疗养院的医疗管理工作中。

发挥疗区党组织联系党员疗养员的作用，1960年根据疗区病种划分疗区的情况，调整成立了6个疗区支部和6个疗委会。为了进一步发挥各疗区党支部（疗委会）保证监督作用，中共中国煤矿工人北戴河疗养院总支部委员会提出了《关于疗医支部（疗委会）日常工作任务的意见》，对于疗医支部几项经常性的工作任务和会议汇报制度作出了具体的要求。

1974年，恢复建院后，为加强党的领导，医务党总支下设6个党支部，其中疗区设5个党支部。

1985年后，为了加强和改进疗养员在疗养期间的管理工作，进一步发挥疗养员民主管理作用，成立以院长（1990年后为党委书记）为组长的疗委会领导小组，负责处理疗养工作中出现的重大问题，同时规定疗养楼（区）成立疗养工作委员会（简称疗委会），参加疗养楼（区）的管理工作。疗委会由5人组成，疗委会主任由本期疗养员担任，副主任由医务人员担任，文体宣传、生活卫生、保卫委员由本期疗养员担任。疗委会成立后，保卫科、行政科、俱乐部应分别召开有关委员会议。疗委会工作任务共10项，主要是按照疗养院党委和疗委会领导小组部署和要求组织教育疗养员遵守院规，配合治疗，严格执行疗养须知，积极参加各种学习和各种集体活动。在每一期疗养结束前，召开疗委会主任座谈会，由院领导及相关科室负责人参加，详尽听取疗养员对疗养期间的治疗、住宿、餐饮、旅游等各方面的意见和建议，以更好地改进服务工作。

1990年2月27日，为了加强和改进疗养员的管理工作，在疗养院党委的领导下，调整了疗养院疗委会领导小组的成员，进一步明确和完善了疗委会的工作任务，制定了疗委会领导小组和疗委会的工作制度。20世纪90年代后，对疗养员的伙食标准进行了微调，由每人每天5元调整到6元，但是仍低于实际成本，为保证疗养员需要，疗养院继续实行补贴办法。加强管理，进一步完善了财务管理，医疗设备管理，科研工作管理，职工劳动纪律管理等管理制度。

2. 竞赛活动

在疗养员中开展有益的竞赛评比活动，促进疗休养员更好的遵守制度，安心休息。如1958年开展"疗养员双健康"（思想健康、身体健康）运动，开始组织"五好"（政治思想好、服从治疗好、遵守制度好、卫生四防工作好、团结互助好）疗养员、"五好"疗室竞赛，把疗养人员分为若干区段，开展流动红旗竞赛，每月评比一次。树立样板，并组织参观现场会。仅1964年1—11月就评出"五好"疗养员2860人次，占总人数的50%；"五好"房间781间次，占总房间的50%。同时还开展了卫生流动红旗竞赛活动，一直持续到1968年疗养院闭院。

3. 规范服务

"5轻5心"：1957年，贯彻保护性医疗制度，对全体工作人员和医护人员提出的要求，即"说话轻、走路轻、动作轻、关门轻、处置轻"；"关心、虚心、热心、耐心、细心"。

"三提高"：1979年，实现工作重点转移，提出用三年时间完成和实现的目标，即提高服务质量、提高业务技术能力、提高管理水平。

"一说""三个一切""四心""三不四知道"：1982—1985年，开展的"说文明礼貌用语""一切想着疗养员、一切为了疗养员、一切方便疗养员""欢迎疗养员热心、说话办事要虚心、解释问题要耐心，诊断护理要细心"。"三不四知道"即"不误诊、不漏诊、不出医疗护理事故，知道疗养员姓名、工作单位、病名和病情。"

"一条龙服务"：1985年，开始实行，即疗养员一下火车有人接，专车专人送至疗养院接待室，登记后送入疗区房间，再送至餐厅就餐；疗养员入住后，其医生体检、医技科室检查、各项治疗室区位，疗区护士要逐一引领到位，密切衔接。同时要简单介绍疗养院情况和为疗养员服务的有关部门位置。

"精细化服务"：2020年10月，推动全院职工工作观念、工作作风、工作方式"三个转变"，树立热心、真心、耐心、尽心"四心"工作要求服务理念，落实用心、专心、细心、恒心"四心"工作要求，全心全意为应急管理系统和国家综合性消防救援队伍做好支撑保障服务。

中国煤矿工人北戴河疗养院志

第四篇
专科医疗

本篇主要介绍20世纪80年代以来,疗养院骨病、肺灌洗、尘肺综合、结石等专科医疗技术的引进和业务的发展情况,其他医务、医技、药剂、体检和职业卫生技术科室发展情况,双肺同期大容量灌洗治疗尘肺病等科研和学术交流情况,《中国疗养医学》杂志社的创办和发展情况等。

第一章 医疗机构和服务

第一节 医疗专科

一、背景

疗养院自1950年建院以来,主要承担全国煤炭系统干部、职工的疾病疗养和健康休养工作。计划经济时期,疗养院床位供不应求,每年开床位分配会议时,都要由当时的煤炭工业部办公厅来平衡分配。然而,随着国家计划经济转入市场经济,作为计划经济产物的休疗养院,开始面临严峻的经济形势。同时,20世纪80年代中末期在北戴河周边的过多重复建设,也导致休疗养院资源过剩。1980年,北戴河区煤炭系统休疗单位只有疗养院、北京矿务局和开滦矿务局3家疗养院(所),到2005年,北戴河、南戴河新建大同、阳泉、平朔、鹤岗、抚顺等13家疗养院,疗养接待床位由1500张增加到5500张。

1. 疗养业务萎缩

20世纪90年代后,全国煤炭企业经济持续低迷,加之煤炭工业部撤销,煤炭企业下放,疗养院休疗养床位征订逐年减少。当时疗养院设床位700张,鼎盛时各大矿务局在疗养院年订床可达600余张。1988年疗养订床550张,1998年订床150张,至2005年,大部分煤炭企业已完全取消职工疗养,仅有1~2家煤矿在疗养院保留少量床位。北戴河的纬度高,旺季仅2~3个月,过去疗养时间是每年3—12月办10期,每期1个月,至2005年已改为3~6个月,每期10~15天。

2. 面临经济窘境

上级对疗养院补贴越来越少,由全额补贴,到差额补贴,再到定额补贴;疗养院主要客户的流失,带来收入下降;而支出不断增加,离退休人员所占比重过大,职工正常开支和院内维修都存在困难,疗养院的发展方向出现迷茫,由于疗养员锐减,部分医务人员不得不转行从事旅游接待。

疗养院系医疗卫生事业单位,如何发挥疗养院医疗资源优势,人尽其才、物尽其用,为疗养院经济发展出力,是疗养院不断探索改革发展之路的主题之一。

二、探索与发展

1. 初步探索

1984年,根据卫生部的"研究选择若干个疗养院和综合医院试办康复中心康复医学部"的计划,疗养院与河北省气功疗养院、北京军区北戴河疗养院、水利电力部疗养院、交通部疗养院等单位各自开始试办康复中心。开办肠道门诊及海边医疗救护，为其他休疗单位开展体检服务和开设医疗点。

1985年，疗养院与北京同仁医院合作，开展乌金散治疗溃疡病的科研与临床治疗，这是疗养院第一次正式开展专科医疗工作。

1988年3—4月，举办了首期气管炎专科疗养，收治19名患气管炎的疗养员。

1988年秋，与北京鼓楼中医院著名老中医马在山教授洽谈合作，成功地开设了疗养院第一个医疗专科——骨病专科，经中国统配煤矿总公司办公厅批准，1988年10月成立了"中国煤矿工人北戴河疗养院骨病研究所"。同年11月3日，第一批股骨头坏死病人由北京新华医院转入疗养院。

1989年春，针对煤炭行业工伤事故和职业病多发，探索开设了慢性支气管炎、支气管哮喘、肺气肿和肺心病"呼吸四病"专科，以及乌金散浴疗治疗胃肠道疾病、芳香浴治疗高血压等。

2. 发展与提高

20世纪80年代末，在开展多项疾病治疗探索和设立骨病专科取得成功后，疗养院总结经验，认识到项目经济关键在选项。疗养院医疗专科项目的选择要面向行业和社会，新专科选择坚持四个条件：一是治疗的疾病必须是多发病才能有广泛的病源，二是疑难病才有需求，三是具有一种科学有效的疗法才能有竞争力，四是需住院治疗疾病才能充分发挥疗养院床位的效益。专科引进过程是考察几个引进一个，走引进—消化—创新—巩固发展做大之路。

1991年初，继骨病专科取得成功后，引入大容量肺灌洗项目开设了尘肺病治疗专科，较骨病专科取得了更大的社会和经济效益；鉴于两个专科的成功开办，疗养院制定了依靠科技进步，适应市场需求，巩固提高现有专科医疗成果，继续开展横向联合，加快调研开发新的医疗专科，增加新的经济增长点的方针。随后，疗养院陆续调研开设的专科有神经康复专科，消化病专科，结石病专科，中医康复理疗科，职业健康体检中心和职业卫生技术服务中心。业务发展良好的有尘肺病灌洗专科、尘肺病综合治疗专科、骨病专科、结石病专科、体检中心等。

为开展医疗业务需要，上级为疗养院相继增设中国煤矿工人北戴河康复中心、尘肺病康复中心、中国煤矿工人北戴河专科医院等，所有医疗业务划入其中，以专科医院的名义对外展开诊疗工作，既体现了疗养院医疗特色，增加病人的信任度，也满足了病人报销医疗费的需要。

2019年3—4月，为适应康复院职能转换，做好应急管理部支撑保障服务，开展适合应急管理部广大干部职工康复医疗工作，同时借鉴在中国康复学科建设处于前沿的部分机构在建设和发展过程中的成熟经验，院班子带队赴西安第四军医大学西京医院理疗康复科、西安中医脑病康复医院、陕西省康复医院等14家康复机构进行了学习考察，为疗养院的康复转型发展提供了思路。2020年，疗养院结合应急管理部赋予的为应急管理系统和消防救援队伍提供康复医疗职能编制专科医院新的"三定"规定，谋划新的发展。

三、科室设置

1950年，医务科设有疗区、门诊、理疗，门诊主要是疾病处置和疗休养员的入院检查，内有放射线科、检验科、心电室、口腔科和药房等，理疗则是为疗养员进行治疗。

1988年，专科医院建立，除保持原

有医务科及业务外，新设立了骨病研究所，下设骨病房。

1990年底，随着尘肺病灌洗治疗的引进，医疗部门分医疗科和专科研究所两个部门，医疗科下设疗区、理疗科、放射线科、检验科和药房。专科研究所下设骨病房、尘肺病病房（含肺灌洗手术室）。

1992年，设立医务处，下辖专科部、疗养部、医技部。

1993年，医务处取消，专科部、疗养部、医技部作为二级科室直属院管。

1998年，成立医疗部，下设疗养科、骨病专科、尘肺科、医技科（内设放射线科、功能检查科、检验科和药房）、神经康复科。

1999年，成立结石科、消化科。

2000年，消化科与骨科合并。

2001年，神经康复科撤销。

2003年，医疗部开始接管疗养科。

2011年4月，成立康复理疗科；11月，医疗部增设医务科。

2013年6月，成立职业健康体检中心和职业卫生技术服务中心。7月，成立尘肺综合治疗科，尘肺科划分为两个科室，原尘肺科更名为尘肺灌洗治疗科。同年，职业健康体检中心和医技科（不含药房）合并成立体检中心。

2016年，设立口腔科。

2017年8月，设立科研科和事业企划科。

2018年11月，医疗部更名为医务部。

四、医疗机构执业许可证

1994年2月，国家颁布《医疗机构管理条例》，全国开始实行医疗机构登记工作。疗养院在秦皇岛市北戴河区卫生局统一安排下，按条例要求进行医疗业务整顿，逐级申报医疗执业许可证。

2000年3月，取得了河北省卫生厅核准颁发的《医疗执业许可证》，各项诊疗科目得以注册，性质为非营利性医疗卫生机构。

1. 登记注册的机构名称

按照卫生部《医疗机构管理条例实施细则》要求，医疗机构名称＝识别名称＋通用名称。"医疗机构只准使用一个名称。确有需要者，经核准机关核准可以使用两个或两个以上名称，但必须确定一个第一名称。"疗养院注册登记名称为：第一名称为中国煤矿工人北戴河（识别名称）疗养院（通用名称）；第二名称为煤炭工业部北戴河（识别名称）专科医院（通用名称）；第三名称为煤炭工业部（识别名称）尘肺病康复中心（通用名称）。同时1988年设立的中国煤矿工人北戴河骨病研究所、1987年设立的中国煤矿工人北戴河康复中心以及1993年北戴河区卫生局批准设立的中海滩门诊部均并入第二名称。

2015年3月，通过河北省卫生和计划生育委员会核准，第一名称变更为中国煤矿工人北戴河疗养院，第二名称变更为国家安全生产监督管理总局北戴河职业病防治院，第三名称变更为中国煤矿工人北戴河专科医院、国家安全生产监督管理局尘肺病康复中心。

2019年4月，经秦皇岛市卫生健康委员会核准，将第一名称变更为应急管理部北戴河康复院，第二名称变更为中国煤矿工人北戴河疗养院，第三名称未做变更。

2. 登记注册的诊疗科目

按照卫生部颁发《医疗机构诊疗科目名录》，考虑到既符合当前康复疗养和医疗专科的实际，也为今后不断开展新的专科医疗项目留有空间。疗养院经批准登记的诊疗科目有：①全科医疗科，②内科，③外科，④妇女保健科，⑤眼科，⑥耳鼻咽喉科，⑦口腔科，⑧皮肤科，⑨医疗美容科，⑩精神科，⑪肿瘤科，⑫康复医学科，⑬运动医学科，⑭职业病科，⑮麻醉科，⑯医学检验科，⑰医学影像科，⑱中医科，⑲中西医结合科。

2015年3月，增加健康体检项目。

2019年4月，增加诊疗科目疼痛科。

第二节 医疗卫生专业技术人员

疗养院医疗卫生技术人员队伍，随着疗养院医疗业务的增减不断变化。建院初期以疾病疗养为主，医务人员人数至"文化大革命"前达到高峰；恢复建院后，从零开始，再度缓慢增加。1988年骨病专科引进成功和1991年肺灌洗治疗尘肺病的创立，疗养院医疗业务的发展开始步入快车道，医疗卫生技术人员随之快速增加，学历层次、技术职称和职务显著提高。

到2019年底，疗养院有医疗卫生技术人员114名（含合同制），其中正高级职称10名，副高级职称7名，中级职称19名，初级职称68名。

第三节 医疗设备设施

20世纪50年代建院初期，医疗设备仅限于用于疗养的、简单的医疗检查和理疗设备。进入20世纪90年代后，随着专科医疗工作的开展，特别是肺灌洗技术的全面展开，疗养院医疗设备在疗养康复设备基础上有了飞跃性发展。

一、专科医疗设备设施

1990年，自筹资金80万元，建立了疗养院第一个手术间，装备了相应的麻醉、监护等设备。购置了西门子710型麻醉机、960型心电监护仪、手术台、无影灯、吸引器等基本医疗设备，在6号楼（工字楼）利用一套洗澡房间改造、装修，建立了疗养院第一个手术间。

1992年，中国统配煤矿总公司拨款300万元、财政部拨款200万元、劳动部拨款8万元，疗养院购置了总金额52万美元，15种17台件进口医疗设备。新建了1100平方米的治疗楼，二楼4个手术间，一楼为骨科专用浴疗室，满足了当时肺灌洗等专科医疗的需求，奠定了日后发展的硬件基础。

1994年，购置了低温高速离心机。从此可以开展某些分子生物学水平研究，如猪肺、人肺肺泡表面活性物质（PS）的提取。

2001年，国家煤炭工业局拨款95万元购置了部分医疗设备。充实并更新了病室、监护室和手术室部分设施设备，实现了医疗环境、设施的规范化。此举得到了全国人大及其教科文卫委员会领导的称赞，为全肺灌洗技术推广，走向全国、走向世界奠定了基础。

2004年，购置了纤维支气管镜监视器、冷光源、麻醉喉镜等肺灌洗手术设备。

2005年，为了保证肺灌洗手术安全，提高尘肺病治疗能力，加快全肺灌洗新技术的推广应用，在中国煤矿尘肺病治疗基金会的支持下，筹资480余万元。对部分已使用十四五年的医疗检查和治疗设备进行更新，同时装备第三个手术间。为此，疗养院成立医疗设备采购小组，制定了严格的考察、调研、洽谈、招投标、采购和验收等纪律，保证了设备质量和资金使用效益的最大化。

2006年，购置了麻醉机、计算机中频治疗仪、GE10型心电监护仪、彩色多普勒超声诊断仪、威图半自动生化分析仪等设备。

2007年，购置了半导体激光治疗仪、血气分析仪等。

2008年，购置了四通道凝血分析仪、微电脑颈腰椎牵引器、呼吸机等。

2010年，引进EHK-20型全自动血沉压积测试仪1台，3008AB型国产手术床4台。

2011年，新建专门用于开展专科医疗的粉尘危害监测治疗中心楼，面积达6294平方米，配有床位441张。并于本年度先后购置了消毒机、不间断电源、高压灭菌器、蒸馏器等大型医用设备，并成立了病案室，采购了病案柜，手术间配备了计算机和打印机。

2012年，购置了麻醉喉镜、动态心电图机、中药煎药机、半导体激光治疗机、高频移动式X射线机、奥林巴斯纤维支气管镜、全自动生化分析仪、多参数监护仪等。

2013年，购置了冲击波骨科治疗仪、三维脑电地图仪、原子吸引分光光度计、医用振动排痰机、肺功能仪等。

2014年，手术室购置了一套内窥镜清洗设备、软式双门内镜储存柜。

2015年，购置了体检车、车载心电图机、车载肺功能仪、数字DR摄影系统等。

2017年，购置了64排螺旋CT、数字化X射线成像系统（DR）、职业健康体检相关设备、牙科相关设备；低速自动平衡离心机、电解质分析仪、立式电压力蒸汽灭菌器、全自动进样五分类血细胞分析仪、彩色多普勒超声诊断仪等医技、体检检查设备；射频脉冲治疗仪、臭氧治疗机、体外冲击波碎石机、全胸多频震荡排痰机、气泵治疗仪等临床检验、检查、治疗设备。

2018年，购置医用全自动电子血压计、诊断型听力计、电热恒温培养箱、生物安全柜等。

2019年，为提升应急救援和诊断能力，满足事故灾害伤员康复治疗需求，在应急管理部的大力支持下，总投资1638万元为疗养院购置了呼吸系统损伤康复、骨关节及神经康复、健康管理、烧烫伤整形、化学中毒救治等5类康复治疗设备，共计104台（套），为疗养院康复医疗事业发展打下了基础。

二、使用中的医疗设备

截至2020年8月底，用于专科医疗检查、监护、麻醉、急救、康复治疗和职业病防治的医疗设备有320余类，共计555台（套），原值5000余万元。

1. 大型检查设备

飞利浦64排128层螺旋CT、锐珂DRX-Innovation数字化X射线成像系统（DR）、升级配置成移动式DR、飞利浦ClearVue850彩色多普勒超声诊断仪、阿洛卡5500彩色超声诊断仪、德国耶格肺功能仪、十二导联心电图机、24小时动态心电图机、动态血压检测仪、美国运动心功能仪等。

2. 主要检验设备

德国宝灵曼全自动生化分析仪、半自动生化分析仪；血球计数仪、尿自动分析仪等，丹麦ABL-5型血气分析仪；低速自动平衡离心机、电解质分析仪、立式电压力蒸汽灭菌器、全自动进样五分类血细胞分析仪，日本奥林巴斯显微镜。

3. 监护设备

美国GESOLAR-8000型多功能监护仪，无线心电监护仪等各种监护装置，澳大利亚-康迪Grael型睡眠呼吸监测仪等。

4. 麻醉、急救设备

德国西门子710型全自动麻醉机、南

京全自动麻醉机、上海－2B型麻醉机、德国西门子900C型呼吸机、德国西门子SERVO－i型呼吸机、美国泰科PB－840型呼吸机、VECTOR/ST33型德国万盛呼吸机、KS330型无创呼吸机、日本奥林巴斯纤维支气管镜、美国ZOLL型除颤起搏监护仪等。

5. 临床治疗设备

射频脉冲治疗仪、德国卡特臭氧治疗机、体外冲击波碎石机、全胸多频震荡排痰机、气泵治疗仪；牙科治疗设备等。

6. 分子生物学实验室设备

离心室：低速大容量离心机（上海LXJ－HB型）、大容量低温高速离心机（日本久宝田7800型）。细胞培养室：超净工作台、CO_2培养箱、高速组织捣碎机、隔水式恒温培养箱5~60摄氏度、电热恒温干燥箱（最高300摄氏度）、－70摄氏度超低温冰箱、不锈钢电热断水自控蒸馏水器。细胞分子实验室：960酶标仪、倒置显微镜（奥林巴斯）、双目显微镜（奥林巴斯）、膜天平、分析天平、水平电泳仪、电冰箱、去离子水器、双蒸水器1台、紫外线灯2台、分子过滤消毒器等。

7. 职业病防治设备

日本岛津气质联用仪、日本岛津气相色谱仪、东西电子原子吸收分光光度计、瑞士万通离子色谱仪、北京普析原子荧光分光光度计、日本岛津液相色谱仪等。

8. 应急救援人员康复治疗设备

氩气刀治疗仪、肺功能仪、无创呼吸机、移动式C形臂X射线机、四肢联动康复治疗系统、智能关节康复器、减重步态训练器、下肢康复训练机、磁振热治疗仪、多关节主被动训练仪、磁刺激治疗仪、生物刺激反馈仪、认知康复诊疗系统、吞咽言语治诊仪、便携式彩色多普勒超声系统等。

9. 其他基本设备与设施

高压灭菌设备、空气过滤消毒设备、吸引器、激光机、计算机中频治疗仪、超短波治疗仪、康复健身器材、中心供氧系统、常水热水蒸馏水净化过滤系统等。

截至2020年8月底，疗养院在用医疗设备见表4－1－1。

表4－1－1 截至2020年8月疗养院在用医疗设备一览表

序号	设 备 类 型	设 备 名 称	数量（台套）	单价（元）	总价（元）	购置时间（年－月－日）
1	其他医用X射线设备	透视保护屏	1	2340.00	2340.00	1991－01－01
2	其他医疗设备	低温高速离心机	1	184512.21	184512.21	1994－01－01
3	其他医疗设备	观片灯	2	1809.00	3618.00	2001－11－28
4	医用推车及器具	送药车	3	2278.00	6834.00	2001－11－28
5	其他手术急救设备及器具	不锈钢抢救车	2	2660.00	1790.00	2001－11－28
6	医用内窥镜附属设备	气管插镜	1	2193.00	2193.00	2001－11－28
7	呼吸设备	心肺复苏先生出口型	1	7480.00	7480.00	2001－11－28
8	其他医疗设备	离心机LXJ－HB	2	11340.00	22680.00	2001－11－28
9	麻醉设备	多功能麻醉机	2	7680.00	15360.00	2001－11－28
10	麻醉设备	麻醉喉镜	1	8000.00	8000.00	2002－12－01
11	呼吸设备	全自动雾化器	1	2380.00	2380.00	2004－05－01

表4-1-1（续）

序号	设 备 类 型	设 备 名 称	数量（台套）	单价（元）	总价（元）	购置时间（年-月-日）
12	医用内窥镜附属设备	电视系统	1	38000.00	38000.00	2004-08-01
13	医用内窥镜附属设备	气管插管镜	1	115000.00	115000.00	2004-08-01
14	医用内窥镜附属设备	纤支镜监视器	1	2999.00	2999.00	2004-09-01
15	医用内窥镜附属设备	冷光源	1	10000.00	10000.00	2004-09-01
16	医用内窥镜附属设备	导光束	1	5000.00	5000.00	2004-09-01
17	医用内窥镜附属设备	电视系统	1	38000.00	38000.00	2004-09-01
18	医用内窥镜附属设备	气管插管镜	1	115000.00	115000.00	2004-09-01
19	呼吸设备	德国万盛呼吸机	2	36800.00	73600.00	2005-12-01
20	呼吸设备	呼吸机	1	366000.00	366000.00	2005-12-01
21	呼吸设备	德国近外有创呼吸机	1	358000.00	358000.00	2006-02-16
22	纤维内窥镜	纤维支气管镜	1	563700.00	563700.00	2006-02-16
23	光线、射线灭菌设备	多功能动态杀菌机	6	5390.00	32340.00	2006-03-03
24	麻醉设备	麻醉机	2	10000.00	20000.00	2006-03-30
25	呼吸设备	耶格肺功能仪	1	580000.00	580000.00	2006-04-15
26	监护仪器	GE10型电监护仪	2	206000.00	412000.00	2006-04-21
27	麻醉设备	微量注射泵	1	4500.00	4500.00	2006-06-09
28	专科诊疗台床	麻醉操作台	2	1600.00	3200.00	2006-06-09
29	器械台、柜等器具	钢制药品柜	3	1700.00	5100.00	2006-06-09
30	监护仪器	GE心电监护仪	1	206000.00	206000.00	2006-08-09
31	心电诊断仪器	单道心电图机	1	5400.00	5400.00	2008-11-05
32	麻醉设备	英国难度喉镜	2	5600.00	11200.00	2008-12-16
33	呼吸设备	呼吸机	1	350000.00	350000.00	2008-12-31
34	呼吸设备	呼吸机	1	310000.00	310000.00	2008-12-31
35	麻醉设备	注射泵	2	4000.00	8000.00	2009-05-19
36	医用内窥镜附属设备	测漏器	1	2000.00	2000.00	2011-08-29
37	麻醉设备	麻醉喉镜	2	5700.00	11400.00	2012-08-31
38	医用推车及器具	麻醉车	2	1680.00	3360.00	2012-12-31
39	呼吸设备	雾化吸入器	2	2400.00	4800.00	2012-12-31
40	手术照明设备	国产手术无影灯	4	9500.00	38000.00	2012-12-31
41	通用手术台床	国产手术床	3	10220.00	30660.00	2012-12-31
42	麻醉设备	麻醉机	2	11500.00	23000.00	2012-12-31
43	监护仪器	监护仪	4	9500.00	38000.00	2012-12-31
44	光线、射线灭菌设备	消毒机	12	7500.00	90000.00	2012-12-31
45	医用推车及器具	麻醉车	1	1750.00	1750.00	2012-12-31
46	纤维内窥镜	奥林巴斯纤维支气管镜	2	205000.00	410000.00	2012-12-31

表 4-1-1（续）

序号	设备类型	设备名称	数量（台套）	单价（元）	总价（元）	购置时间（年-月-日）
47	专科诊疗台床	头部操纵式综合手术台	1	8000.00	8000.00	2012-12-31
48	麻醉设备	医用注射泵	2	6600.00	13200.00	2012-12-31
49	麻醉设备	麻醉机	2	14800.00	29600.00	2012-12-31
50	呼吸设备	呼吸机	1	298000.00	298000.00	2012-12-31
51	呼吸设备	呼吸机	1	338000.00	338000.00	2012-12-31
52	病房附加设备及器具	ABS床头三摇整体升降床	10	4900.00	49000.00	2012-12-31
53	监护仪器	多参数监护仪	1	190000.00	190000.00	2012-12-31
54	监护仪器	病人监护仪	6	24000.00	144000.00	2012-12-31
55	监护仪器	中心监护系统	1	46000.00	46000.00	2012-12-31
56	监护仪器	除颤起博监护仪	1	79000.00	79000.00	2012-12-31
57	监护仪器	麻醉监护仪	1	190000.00	190000.00	2012-12-31
58	呼吸设备	呼吸机	1	280000.00	280000.00	2012-12-31
59	监护仪器	多参数监护仪	1	210000.00	210000.00	2012-12-31
60	纤维内窥镜	纤维支气管镜	2	185000.00	370000.00	2012-12-31
61	麻醉设备	注射泵	3	5500.00	16500.00	2013-04-16
62	呼吸设备	医用振动排痰机	1	26000.00	26000.00	2013-09-13
63	医用推车及器具	病历夹车（60格）	2	1600.00	3200.00	2013-10-15
64	呼吸设备	雾化器（不带手柄）	3	2100.00	6300.00	2013-10-15
65	压力蒸汽灭菌设备	压力灭菌器	1	15650.00	15650.00	2014-08-05
66	麻醉设备	舒克曼喉镜	1	4850.00	4850.00	2014-08-05
67	麻醉设备	注射泵	1	5500.00	5500.00	2014-08-05
68	呼吸设备	医用振动排痰机	1	20000.00	20000.00	2014-08-23
69	其他安全、检查、监视、报警设备	海康摄像头	1	1879.00	1879.00	2014-09-25
70	医用内窥镜附属设备	软式双门内镜储存柜	1	26000.00	26000.00	2014-12-31
71	医用内窥镜附属设备	内镜清洗设备	1	112000.00	112000.00	2014-12-31
72	麻醉设备	麻醉机	2	11800.00	23600.00	2015-11-26
73	麻醉设备	微量注射泵	3	18000.00	54000.00	2018-12-28
74	心电诊断仪器	十二导联心电图机	1	45000.00	45000.00	2018-12-28
75	其他物理治疗、康复及体育治疗仪器设备	气泵治疗仪	6	5800.00	34800.00	2018-12-28
76	呼吸设备	全胸多频震荡排痰机	3	38000.00	114000.00	2018-12-28
77	通用手术台床	电动平移综合手术床	2	38500.00	77000.00	2018-12-28
78	呼吸设备	睡眠呼吸监测仪	1	388000.00	388000.00	2018-12-28
79	呼吸设备	无创呼吸机	2	45000.00	90000.00	2018-12-28

表 4-1-1（续）

序号	设备类型	设备名称	数量（台套）	单价（元）	总价（元）	购置时间（年-月-日）
80	麻醉设备	微量注射泵	1	18000.00	18000.00	2018-12-28
81	输液设备及器具	输液泵	1	14000.00	14000.00	2018-12-28
82	监护仪器	多功能心电监护仪	2	19500.00	39000.00	2018-12-28
83	呼吸设备	振动排痰机	2	22000.00	44000.00	2018-12-28
84	监护仪器	多功能监护仪	1	189000.00	189000.00	2018-12-28
85	麻醉设备	麻醉深度监测仪	1	229000.00	229000.00	2018-12-28
86	呼吸设备	呼吸机	1	362000.00	362000.00	2018-12-28
87	纤维内窥镜	电子支气管镜	1	650000.00	650000.00	2018-12-28
88	其他医用X射线设备	观片灯	1	1809.00	1809.00	2001-11-28
89	其他手术急救设备及器具	不锈钢抢救车	1	2660.00	2660.00	2001-11-28
90	麻醉设备	多功能麻醉机	1	60800.00	60800.00	2001-11-28
91	医用推车及器具	全R中药保湿车	1	4692.00	4692.00	2002-08-01
92	其他医疗设备	观片灯	1	1890.00	1890.00	2002-08-01
93	光线、射线灭菌设备	多功能动态杀菌机	1	5390.00	5390.00	2006-03-03
94	其他物理治疗、康复及体育治疗仪器设备	微电脑颈腰椎牵引床	1	10000.00	10000.00	2008-11-21
95	呼吸设备	压缩雾化吸入机	1	2800.00	2800.00	2009-11-19
96	体疗仪器	医用功能健身车	2	2650.00	5300.00	2009-12-04
97	体疗仪器	医用功能健身车	12	1630.00	19560.00	2009-12-04
98	其他医疗设备	冲击波骨科治疗仪	1	158000.00	158000.00	2012-12-31
99	通用手术台床	国产手术床	1	10220.00	10220.00	2012-12-31
100	饮食炊事机械	电磁一体机煲烫炉	3	14900.00	44700.00	2015-10-21
101	体疗仪器	康乐佳磁控车	6	1630.00	9780.00	2015-12-28
102	心电诊断仪器	心电图机	1	2300.00	2300.00	2017-08-28
103	微波及射频治疗设备	射频脉冲治疗仪	1	146000.00	146000.00	2018-12-28
104	监护仪器	多功能心电监护仪	1	19500.00	19500.00	2018-12-28
105	超声诊断仪器	超声骨密度仪	1	85000.00	85000.00	2018-12-28
106	其他物理治疗、康复及体育治疗仪器设备	臭气治疗机	1	295000.00	295000.00	2018-12-28
107	锅炉辅助设备	电蒸汽发生器	1	14400.00	14400.00	2020-05-28
108	其他医用电子仪器	双人相对共览	1	23200.00	23200.00	2001-11-28
109	手术显微镜及放大镜	双目生物显微镜	1	27840.00	27840.00	2001-11-28
110	其他手术急救设备及器具	视频摄像头	1	4500.00	4500.00	2004-08-01
111	其他手术急救设备及器具	三目镜筒	1	5000.00	5000.00	2004-08-01
112	其他手术急救设备及器具	双驱动膜天平	1	40000.00	40000.00	2005-12-01

表 4-1-1（续）

序号	设备类型	设备名称	数量（台套）	单价（元）	总价（元）	购置时间（年-月-日）
113	其他临床检验设备	微量加样器	1	7000.00	7000.00	2006-08-09
114	其他临床检验设备	电泳仪	1	2600.00	2600.00	2006-08-09
115	其他临床检验设备	电泳仪	1	2650.00	2650.00	2006-08-09
116	其他临床检验设备	纯水仪	1	12250.00	12250.00	2006-08-09
117	其他临床检验设备	电子天平	1	6000.00	6000.00	2006-08-09
118	其他临床检验设备	台式双频恒温数控超声波清洗器	1	21900.00	21900.00	2006-08-09
119	其他临床检验设备	紫外分光光度计	1	9800.00	9800.00	2006-12-27
120	其他临床检验设备	自动液相色谱分离层析仪	1	19460.00	19460.00	2006-12-31
121	免疫学设备	洗板机	1	13500.00	13500.00	2013-06-20
122	免疫学设备	半自动酶联免疫分析仪	1	16000.00	16000.00	2013-06-20
123	其他临床检验设备	原子吸引分光光度计	1	142000.00	142000.00	2013-06-20
124	病理学器具、设备	生化培养箱	1	4400.00	4400.00	2013-06-20
125	实验室辅助器具、设施及设备	电热解析仪	1	11860.00	11860.00	2015-12-29
126	实验室辅助器具、设施及设备	电场测定仪	1	23840.00	23840.00	2015-12-29
127	实验室辅助器具、设施及设备	1~5升/分钟采样器	7	23450.00	164150.00	2015-12-29
128	实验室辅助器具、设施及设备	气相色谱-质谱联用仪	1	510650.00	510650.00	2015-12-29
129	实验室辅助器具、设施及设备	微波漏能仪	1	25200.00	25200.00	2015-12-29
130	实验室辅助器具、设施及设备	原子吸收分光光度计	1	86500.00	86500.00	2015-12-29
131	实验室辅助器具、设施及设备	电热解析仪	1	11860.00	11860.00	2015-12-29
132	实验室辅助器具、设施及设备	烟尘浓度测定仪	1	40000.00	40000.00	2015-12-29
133	实验室辅助器具、设施及设备	电场测定仪	1	34800.00	34800.00	2015-12-29
134	实验室辅助器具、设施及设备	连续可调移液器（单道）	6	2765.00	16590.00	2015-12-29
135	实验室辅助器具、设施及设备	生物显微镜	1	16500.00	16500.00	2015-12-29
136	实验室辅助器具、设施及设备	分析天平（1/100000）	1	28000.00	28000.00	2015-12-29
137	实验室辅助器具、设施及设备	声级校准器	1	5800.00	5800.00	2015-12-29
138	实验室辅助器具、设施及设备	流量校准器	1	20000.00	20000.00	2015-12-29
139	实验室辅助器具、设施及设备	流量校准器	1	19800.00	19800.00	2015-12-29
140	实验室辅助器具、设施及设备	1~5升/分钟采样器	3	23500.00	70500.00	2015-12-29
141	手术显微镜及放大镜	相差显微镜	1	50000.00	50000.00	2015-12-29
142	实验室辅助器具、设施及设备	气相色谱仪	1	370000.00	370000.00	2015-12-29
143	实验室辅助器具、设施及设备	离子色谱	1	423000.00	423000.00	2015-12-29
144	实验室辅助器具、设施及设备	高效液相色谱仪	1	155000.00	155000.00	2015-12-29
145	实验室辅助器具、设施及设备	防爆摄像机	1	47000.00	47000.00	2015-12-29
146	实验室辅助器具、设施及设备	防爆照相机	1	20000.00	20000.00	2015-12-29

表 4-1-1（续）

序号	设备类型	设备名称	数量（台套）	单价（元）	总价（元）	购置时间（年-月-日）
147	实验室辅助器具、设施及设备	防爆便携式多气体检测仪	1	7000.00	7000.00	2015-12-29
148	实验室辅助器具、设施及设备	有毒有害气体检测箱	1	7000.00	7000.00	2015-12-29
149	实验室辅助器具、设施及设备	不分光红外线分析仪	1	38000.00	38000.00	2015-12-29
150	实验室辅助器具、设施及设备	烟尘浓度测试仪	1	39000.00	39000.00	2015-12-29
151	实验室辅助器具、设施及设备	紫外照度计（一）	1	1800.00	1800.00	2015-12-29
152	实验室辅助器具、设施及设备	手传振动测定仪	1	17000.00	17000.00	2015-12-29
153	实验室辅助器具、设施及设备	声级校准器	1	1500.00	1500.00	2015-12-29
154	实验室辅助器具、设施及设备	倍频程声级计	1	9000.00	9000.00	2015-12-29
155	实验室辅助器具、设施及设备	噪声分析仪（防爆）	2	18000.00	36000.00	2015-12-29
156	实验室辅助器具、设施及设备	个体噪声剂量计	6	3500.00	21000.00	2015-12-29
157	实验室辅助器具、设施及设备	个体噪声剂量计（防爆）	4	11000.00	44000.00	2015-12-29
158	实验室辅助器具、设施及设备	WBGT指数仪	2	8500.00	17000.00	2015-12-29
159	实验室辅助器具、设施及设备	通风干湿球温度计	2	2250.00	4500.00	2015-12-29
160	实验室辅助器具、设施及设备	辐射热计	2	1600.00	3200.00	2015-12-29
161	实验室辅助器具、设施及设备	热球式风速仪	2	2600.00	5200.00	2015-12-29
162	实验室辅助器具、设施及设备	温湿度计	2	2000.00	4000.00	2015-12-29
163	实验室辅助器具、设施及设备	0~1升/分钟采样器	5	2400.00	12000.00	2015-12-29
164	实验室辅助器具、设施及设备	0~1升/分钟采样器（防爆型）	10	2400.00	24000.00	2015-12-29
165	实验室辅助器具、设施及设备	1~5升/分钟采样器（防爆）	7	3800.00	26600.00	2015-12-29
166	实验室辅助器具、设施及设备	1~5升/分钟采样器	10	2500.00	25000.00	2015-12-29
167	实验室辅助器具、设施及设备	5~30升/分钟采样器	5	2400.00	12000.00	2015-12-29
168	实验室辅助器具、设施及设备	5~30升/分钟采样器（防爆）	2	5000.00	10000.00	2015-12-29
169	实验室辅助器具、设施及设备	5~30升/分钟采样器（防爆）	3	4650.00	13950.00	2015-12-29
170	实验室辅助器具、设施及设备	除静电器	1	3000.00	3000.00	2015-12-29
171	实验室辅助器具、设施及设备	铂坩埚	1	18000.00	18000.00	2015-12-29
172	实验室辅助器具、设施及设备	干燥箱	1	6000.00	6000.00	2015-12-29
173	实验室辅助器具、设施及设备	箱式电阻炉（高温炉）	1	4000.00	4000.00	2015-12-29
174	实验室辅助器具、设施及设备	离心机	1	9000.00	9000.00	2015-12-29
175	实验室辅助器具、设施及设备	恒温水浴箱	1	1600.00	1600.00	2015-12-29
176	实验室辅助器具、设施及设备	超声波清洗器	1	9000.00	9000.00	2015-12-29
177	实验室辅助器具、设施及设备	样品混匀装置	1	1500.00	1500.00	2015-12-29

表 4-1-1（续）

序号	设备类型	设备名称	数量（台套）	单价（元）	总价（元）	购置时间（年-月-日）
178	医用低温设备	检测用超低温冰箱	1	40000.00	40000.00	2015-12-29
179	实验室辅助器具、设施及设备	去湿机	1	1900.00	1900.00	2015-12-29
180	实验室辅助器具、设施及设备	分析天平（1/1000）	1	4000.00	4000.00	2015-12-29
181	实验室辅助器具、设施及设备	分散度测定器	1	35000.00	35000.00	2015-12-29
182	实验室辅助器具、设施及设备	傅里叶变换红外光谱仪	1	180000.00	180000.00	2015-12-29
183	实验室辅助器具、设施及设备	微波消解仪	1	120000.00	120000.00	2015-12-29
184	实验室辅助器具、设施及设备	检测用纯水机	1	40000.00	40000.00	2015-12-29
185	实验室辅助器具、设施及设备	紫外可见分光光度计	1	65000.00	65000.00	2015-12-29
186	实验室辅助器具、设施及设备	气相色谱仪	1	95000.00	95000.00	2015-12-29
187	实验室辅助器具、设施及设备	原子荧光分光光度计	1	200000.00	200000.00	2015-12-29
188	实验室辅助器具、设施及设备	肺通气量计	1	2222.22	2222.22	2016-12-27
189	实验室辅助器具、设施及设备	除静电器	1	1602.56	1602.56	2016-12-27
190	实验室辅助器具、设施及设备	酸度计	1	1871.79	1871.79	2016-12-27
191	实验室辅助器具、设施及设备	电导率仪	1	2115.38	2115.38	2016-12-27
192	实验室辅助器具、设施及设备	分析天平	1	4444.44	4444.44	2016-12-27
193	实验室辅助器具、设施及设备	铂金坩埚30毫升	5	7179.52	35897.60	2017-03-01
194	超声诊断仪器	彩色多普勒超声诊断系统	1	1500000.00	1500000.00	2006-04-24
195	微波及射频治疗设备	电磁波体外冲击波碎石机	1	420000.00	420000.00	2018-12-28
196	超声诊断仪器	彩色多普勒超声诊断仪	1	1451000.00	1451000.00	2018-12-28
197	激光仪器	双探头半导体微光治疗仪	2	32000.00	64000.00	2006-02-23
198	光线、射线灭菌设备	多功能动态杀菌机	2	5390.00	10780.00	2006-03-03
199	电疗仪器	计算机中频电疗仪	2	5500.00	11000.00	2006-04-03
200	激光仪器	半导体激光治疗仪器	2	30000.00	60000.00	2007-07-31
201	电疗仪器	计算机中频电疗仪	5	5674.00	28370.00	2007-08-09
202	中药制备设备及器具	煎药机	1	13000.00	13000.00	2012-10-18
203	电疗仪器	超短波治疗仪	2	2000.00	4000.00	2012-12-31
204	电疗仪器	计算机中频治疗仪	2	5200.00	10400.00	2012-12-31
205	激光仪器	半导体激光治疗机	2	32592.00	65184.00	2012-12-31
206	电疗仪器	超短波治疗仪	2	4816.00	9632.00	2012-12-31
207	电疗仪器	计算机中频治疗仪	2	5200.00	10400.00	2012-12-31
208	激光仪器	半导体激光治疗机	2	32592.00	65184.00	2012-12-31
209	激光仪器	半导体激光治疗仪	1	24000.00	24000.00	2013-10-15
210	中药制备设备及器具	煎药机	3	7000.00	21000.00	2017-05-09
211	心电诊断仪器	动态心电	1	180000.00	180000.00	2012-12-31
212	其他医用电子仪器	诊断型听力计	1	26000.00	26000.00	2013-06-20

表 4-1-1（续）

序号	设备类型	设备名称	数量（台套）	单价（元）	总价（元）	购置时间（年-月-日）
213	脑电诊断仪器	三维脑电地图仪	1	53000.00	53000.00	2013-06-20
214	其他医疗设备	测听室	1	19999.00	19999.00	2013-06-20
215	其他医用光学仪器	裂隙灯显微镜	1	16650.00	16650.00	2013-06-20
216	呼吸设备	肺功能仪	1	15400.00	15400.00	2013-11-14
217	心电诊断仪器	12道心电图机	1	47000.00	47000.00	2014-12-31
218	心电诊断仪器	车载心电图	1	12000.00	12000.00	2015-12-29
219	呼吸设备	车载肺功能仪	1	25000.00	25000.00	2015-12-29
220	数字化X射线诊断设备	数字DR摄影系统	1	490000.00	490000.00	2015-12-29
221	心电诊断仪器	多道心电图机	1	44000.00	44000.00	2017-02-24
222	心电诊断仪器	十二导联心电图机	1	45000.00	45000.00	2018-12-28
223	其他临床检验设备	台式高性能低速离心机	1	18500.00	18500.00	2018-12-28
224	其他临床检验设备	电解质分析仪	1	48500.00	48500.00	2018-12-28
225	压力蒸汽灭菌设备	立式电压力蒸汽灭菌器	1	29800.00	29800.00	2018-12-28
226	生化分析设备	全自动血细胞分析仪	1	380000.00	380000.00	2018-12-28
227	X射线断层诊断设备	64排128层螺旋CT系统	1	9933491.74	9933491.74	2018-12-28
228	其他医用内窥镜	内窥镜图像处理系统	1	53000.00	53000.00	2018-12-28
229	生理参数遥测仪器	身高体重测量仪	1	8000.00	8000.00	2018-12-28
230	电子血压测定装置	医用全自动电子血压计	2	16000.00	32000.00	2018-12-28
231	口腔综合治疗设备	牙科治疗机	1	55000.00	55000.00	2018-12-28
232	超声诊断仪器	便携式B超	1	45000.00	45000.00	2018-12-28
233	其他医用电子仪器	诊断型听力计	1	26000.00	26000.00	2018-12-28
234	手术显微镜及放大镜	显微镜	1	4620.00	4620.00	1990-08-01
235	医用射线防护用具及装置	铅玻璃	2	7500.00	15000.00	1993-10-01
236	器械台、柜等器具	不锈钢面工作台	1	3780.00	3780.00	2001-11-28
237	实验室辅助器具、设施及设备	电子天平	1	3800.00	3800.00	2006-08-09
238	生化分析设备	威图半自动生化分析仪	1	38000.00	38000.00	2006-10-31
239	其他医用X射线设备	透射密度仪	1	7500.00	7500.00	2006-11-15
240	尿液化验设备	朱丽亚尿液分析仪	1	20000.00	20000.00	2007-08-13
241	血液学设备	四通道凝血分析仪	1	37500.00	37500.00	2008-09-02
242	医用射线防护用具及装置	袖珍辐射仪	1	2000.00	2000.00	2009-06-02
243	通用X射线诊断设备	高频移动式X射线机	1	117000.00	117000.00	2012-12-31
244	生化分析设备	全自动生化分析仪	1	260000.00	260000.00	2012-12-31
245	血液学设备	全自动血细胞分析仪	1	52000.00	52000.00	2012-12-31
246	血液学设备	全自动血沉压积测试仪	1	12000.00	12000.00	2012-12-31
247	生化分析设备	特定蛋白仪	1	6300.00	6300.00	2014-12-31

表 4-1-1（续）

序号	设备类型	设备名称	数量（台套）	单价（元）	总价（元）	购置时间（年-月-日）
248	实验室辅助器具、设施及设备	电热恒温培养箱	1	2500.00	2500.00	2018-12-28
249	其他临床检验设备	生物安全柜	1	30000.00	30000.00	2018-12-28
250	血液学设备	全自动血流变仪	1	65000.00	65000.00	2018-12-28
251	微生物学设备	全自动微生物鉴定仪	1	75000.00	75000.00	2018-12-28
252	数字化X射线诊断设备	升级移动式X射线摄影系统	1	719000.00	719000.00	2018-12-28
253	数字化X射线诊断设备	数字化医用X射线摄影系统	1	1995000.00	1995000.00	2018-12-28
254	体疗仪器	健身车	2	1200.00	2400.00	2005-08-01
255	体疗仪器	健身车	1	550.00	550.00	2005-09-01
256	呼吸设备	雾化吸入机	1	2900.00	2900.00	2005-09-01
257	呼吸设备	无创呼吸机	1	65700.00	65700.00	2005-12-01
258	器械台、柜等器具	钢制药品柜	1	1700.00	1700.00	2006-06-09
259	其他病房护理及医院通用设备	压药雾化泵	1	2970.00	2970.00	2009-07-24
260	体疗仪器	医用功能健身车	1	1630.00	1630.00	2009-12-04
261	呼吸设备	医用振动排痰机	1	28000.00	28000.00	2012-12-31
262	医用推车及器具	病历夹车（60格）	1	1600.00	1600.00	2013-10-15
263	输液设备及器具	输液泵	1	4830.00	4830.00	2017-05-25
264	呼吸设备	无创呼吸机	1	45000.00	45000.00	2018-12-28
265	麻醉设备	微量注射泵	1	18000.00	18000.00	2018-12-28
266	输液设备及器具	输液泵	1	14000.00	14000.00	2018-12-28
267	监护仪器	多功能心电监护仪	2	19500.00	39000.00	2018-12-28
268	呼吸系统损伤康复类设备	氩气刀治疗仪	1	450000.00	450000.00	2020-08-03
269	呼吸系统损伤康复类设备	冷冻手术治疗机	1	460000.00	460000.00	2020-08-03
270	呼吸系统损伤康复类设备	硬质支气管镜	2	20000.00	40000.00	2020-08-03
271	呼吸系统损伤康复类设备	光纤维喉镜	1	10000.00	10000.00	2020-08-03
272	呼吸系统损伤康复类设备	电子视频喉镜	1	15000.00	15000.00	2020-08-03
273	呼吸系统损伤康复类设备	电动吸引器	5	1000.00	5000.00	2020-08-03
274	呼吸系统损伤康复类设备	心电图机	1	49500.00	49500.00	2020-08-03
275	呼吸系统损伤康复类设备	呼气分析仪	2	84000.00	168000.00	2020-08-03
276	呼吸系统损伤康复类设备	肺功能仪	1	988000.00	988000.00	2020-07-31
277	呼吸系统损伤康复类设备	呼气峰流速仪	4	1950.00	7800.00	2020-07-31
278	呼吸系统损伤康复类设备	腕式脉搏血氧饱和度仪	3	2950.00	8850.00	2020-07-31
279	呼吸系统损伤康复类设备	无创呼吸机（带备用电源）	1	119500.00	119500.00	2020-07-31
280	呼吸系统损伤康复类设备	无创呼吸机	2	49500.00	99000.00	2020-07-31

表 4-1-1（续）

序号	设备类型	设备名称	数量（台套）	单价（元）	总价（元）	购置时间（年-月-日）
281	呼吸系统损伤康复类设备	无创呼吸机（高频振荡功能）	1	146850.00	146850.00	2020-07-31
282	骨关节及神经康复类设备	移动式C形臂X射线机	1	845000.00	845000.00	2020-07-31
283	骨关节及神经康复类设备	椎间孔镜手术系统	1	1998000.00	1998000.00	2020-08-03
284	骨关节及神经康复类设备	体外冲击波（气压弹道式）	1	379000.00	379000.00	2020-07-31
285	骨关节及神经康复类设备	四肢联动康复治疗系统	1	157000.00	157000.00	2020-07-31
286	骨关节及神经康复类设备	智能关节康复器（上肢）	1	30000.00	30000.00	2020-07-31
287	骨关节及神经康复类设备	智能关节康复器（下肢）	1	30000.00	30000.00	2020-07-31
288	骨关节及神经康复类设备	减重步态训练器（配医用慢速跑台）	1	99000.00	99000.00	2020-07-31
289	骨关节及神经康复类设备	训练用阶梯（双向）	1	5000.00	5000.00	2020-07-31
290	骨关节及神经康复类设备	下肢康复训练机	1	1698000.00	1698000.00	2020-07-31
291	骨关节及神经康复类设备	平行杠（配矫正板）	1	5900.00	5900.00	2020-07-31
292	骨关节及神经康复类设备	肋木	8	3100.00	24800.00	2020-07-31
293	骨关节及神经康复类设备	多功能训练器（八件组合）	1	24900.00	24900.00	2020-07-31
294	骨关节及神经康复类设备	温热电针综合治疗仪	1	54800.00	54800.00	2020-07-31
295	骨关节及神经康复类设备	磁振热治疗仪	1	69800.00	69800.00	2020-07-31
296	骨关节及神经康复类设备	计算机恒温电蜡疗仪	1	147000.00	147000.00	2020-07-31
297	骨关节及神经康复类设备	PT训练床	2	1800.00	3600.00	2020-07-31
298	骨关节及神经康复类设备	PT凳	10	900.00	9000.00	2020-07-31
299	骨关节及神经康复类设备	OT综合训练工作台	1	11800.00	11800.00	2020-07-31
300	骨关节及神经康复类设备	多关节主被动训练仪	2	198000.00	396000.00	2020-07-31
301	骨关节及神经康复类设备	平衡测试与训练系统	1	595000.00	595000.00	2020-07-31
302	骨关节及神经康复类设备	磁刺激治疗仪	1	278000.00	278000.00	2020-07-31
303	骨关节及神经康复类设备	生物刺激反馈仪	1	108000.00	108000.00	2020-07-31
304	骨关节及神经康复类设备	认知康复诊疗系统	1	348000.00	348000.00	2020-07-31
305	骨关节及神经康复类设备	吞咽言语治诊仪	1	149000.00	149000.00	2020-07-31
306	骨关节及神经康复类设备	电动起立床	1	69800.00	69800.00	2020-07-31
307	骨关节及神经康复类设备	半导体激光治疗仪	10	24900.00	249000.00	2020-07-31
308	骨关节及神经康复类设备	计算机中频治疗仪	10	5400.00	54000.00	2020-07-31
309	骨关节及神经康复类设备	立体动态干扰电治疗仪	1	99000.00	99000.00	2020-07-31
310	骨关节及神经康复类设备	智能疼痛治疗仪	1	98000.00	98000.00	2020-07-31
311	骨关节及神经康复类设备	艾灸治疗仪	2	64500.00	129000.00	2020-07-31
312	健康管理类设备	便携式彩色多普勒超声系统	1	1160000.00	1160000.00	2020-07-31

表 4 - 1 - 1（续）

序号	设 备 类 型	设 备 名 称	数量（台套）	单价（元）	总价（元）	购置时间（年 - 月 - 日）
313	健康管理类设备	听力计	1	56000.00	56000.00	2020 - 07 - 31
314	健康管理类设备	全自动生化分析仪	1	1300000.00	1300000.00	2020 - 07 - 31
315	健康管理类设备	全自动凝血分析仪	1	134000.00	134000.00	2020 - 07 - 31
316	健康管理类设备	口腔CT	1	580000.00	580000.00	2020 - 08 - 03
317	健康管理类设备	激光皮肤消磨机（CO_2点阵激光治疗机）	1	375000.00	375000.00	2020 - 08 - 03
318	健康管理类设备	血液透析仪 - Ⅰ	2	195000.00	390000.00	2020 - 08 - 03
319	健康管理类设备	血液透析仪 - Ⅱ	2	250000.00	500000.00	2020 - 08 - 03
320	健康管理类设备	医疗体检车	1	1886800.00	1886800.00	2020 - 08 - 03
	合计		555		50246400.94	

三、疗休养医疗设备设施

1951年，为促进疗养院疗休养业务发展，燃料工业部煤炭管理总局从淮南矿务局调拨1台皮尔来斯X射线机；后又陆续添置1套牙科设备，1台显微镜，2个器械柜，1套氧气吸入器，1个干燥箱，1台蒸馏器，1个高压消毒器，1个五官检查器，1套外科手术箱，1台精密天平，1个换药台，1个电针器，2台火花机，1台短波治疗机，2台超短波治疗机，1台红外线治疗机，2台紫外线治疗机等设备。

"文化大革命"停院，疗休养用医疗设备同时运往湖南涟源。

1973年，恢复建院后，煤炭工业部陆续拨款，购入理疗设备和简单的临床检查设备。

1985年，第二次翻改建完成，疗养院医技楼和理疗楼扩增了面积，并陆续购入临床检查设备，如原民主德国进口X射线机及理疗治疗设备。

截至1990年，疗养院疗养用临床检查和理疗设备清单见表4-1-2。

表 4 - 1 - 2 截至1990年疗养院疗养用临床检查和理疗设备清单

序号	名　　称	数量	单价（元）	总价（元）	购置时间（年 - 月 - 日）
1	超短波电疗机	3	1090.00	3270.00	1986 - 08 - 14
2	超短波电疗机	4	1070.00	4280.00	1988 - 02 - 28
3	短波电疗机	5	630.60	3153.00	1988 - 02 - 28
4	药物导入	10	495.00	4950.00	1988 - 07 - 05
5	心电图	1	3750.00	3750.00	1982 - 03 - 26
6	心电图	1	3830.00	3830.00	1986 - 08 - 14
7	X射线机	1	81600.00	81600.00	1979 - 12 - 31
8	显微镜	1	1790.00	1790.00	1981 - 04 - 02

表4-1-2（续）

序号	名　　称	数量	单价（元）	总价（元）	购置时间（年-月-日）
9	血球计数器	1	280.00	280.00	1987-01-22
10	分光光度计	1	1400.00	1400.00	1986-04-05
11	五官电疗机	6	355.60	2133.60	1988-10-10
12	心脏去颤起搏器	1	3450.00	3450.00	1979-04-24
13	超声雾化吸入器	4	193.00	772.00	1990-11-28
14	蒸馏器	1	434.00	434.00	1985-06-25
15	蒸馏器	1	462.00	462.00	1987-11-10
16	微波电疗机	4	2070.00	8280.00	1986-08-17
17	闸动电疗机	1	150.00	150.00	1978-12-27
18	电吸引器	3	378.00	1134.00	1987-03-17
19	电疗仪	2	358.00	716.00	1977-12-24
20	点送治疗机（导入）	2	183.00	366.00	1988-10-10
21	音频治疗机	5	498.00	2490.00	1986-08-14
22	音频治疗机	10	375.00	3750.00	1986-08-17
23	音频治疗机	10	390.00	3900.00	1988-07-05
24	雾化器	2	495.00	990.00	1988-03-16
25	数字干扰电疗机	3	1200.00	3600.00	1978-12-27
26	激光综合机	1	5770.00	5770.00	1988-08
27	微波针灸仪	1	2504.40	2504.40	1983-06-02
28	氧气车	2	237.00	474.00	1990-11-28
29	胃镜	1	37250.00	37250.00	1985-10-03
30	病历车	17	196.00	3332.00	1986-07-08
31	稀释器	2	1730.00	3460.00	1986-04-04
32	心脏病急救仪	1	7270.64	7270.64	1986-06-05
33	神灯	40	494.00	19760.00	1988
34	颈部牵引机	3	600.00	1800.00	1986-08
35	电动按摩机	4	298.00	1192.00	1986-08
36	电动按摩椅	2	1200.00	2400.00	1986-08
37	健身器	1	1033.00	1033.00	1986-08
38	皮脂厚度计	1	263.00	263.00	1986-08
39	脚踏测功器	1	986.00	986.00	1986-08
40	85型电疗仪	2	3465.00	6930.00	1990-11-28
41	纯音电测听器	1	1650.00	1650.00	1986-11-05
42	自控蜡疗机	1	9860.00	9860.00	1986-12-09
43	低温箱	2	3175.00	6350.00	1987-01-22

表 4-1-2（续）

序号	名　　称	数量	单价（元）	总价（元）	购置时间（年-月-日）
44	高速冷冻离心机	1	10960.00	10960.00	1987-01
45	健身车	32	241.00	7712.00	1987-06
46	步行器	2	1153.42	2306.84	1987-06
47	健身器	8	290.45	2323.60	1987-06
48	音疗机	1	15119.44	15119.44	1987-09-17
49	牵引床	2	1500.00	3000.00	1989-08-28
50	血液循环功能测定仪	1	3500.00	3500.00	1989-12-12
51	十功能体育健身康复器械	1	10900.00	10900.00	1989-12
52	五功能体育健身康复器械	1	2700.00	2700.00	1989-12
53	步幅器械	1	1250.00	1250.00	1989-12
54	脊柱拉伸器械	1	1250.00	1250.00	1989-12
55	扭身器械	1	850.00	850.00	1989-12
56	电动带式按摩机	4	500.00	2000.00	1989-12
合计		225		317087.52	

1990年底，随着尘肺病灌洗治疗的引进，医疗部门分医疗科和专科研究所两个部门，医疗科下设疗区、理疗科、放射线科、检验科和药房。专科研究所下设骨病房、尘肺病病房（含肺灌洗手术室）。

随着疗养院医疗业务的发展壮大，从1993年开始，用于疗养的临床检查和理疗治疗设备逐步划归至专科医院统一管理使用，来院疗养人员进行的临床检查、理疗项目分别归属体检中心和康复理疗科负责。疗休养接待部门只安排疗养员的食宿。

第四节　医疗资质

一、河北省职业病诊断定点医疗机构

1991年，开展大容量全肺灌洗术治疗尘肺病，虽已治疗尘肺患者近万人，居全国之首，但却不具备职业病诊断资质。

2012年2月，医务科开始准备职业病诊断申报材料，于3月7日申报河北省卫生厅。5月15日，疗养院通过了河北省卫生厅卫生监督局对职业诊断资质申请的验收，并于8月取得职业（尘肺病）诊断资质。

二、秦皇岛市城镇职工基本医疗保险住院统筹定点医疗机构

2001年12月31日，疗养院根据《秦皇岛市城镇职工基本医疗保险定点医疗机构管理暂行办法》，经与秦皇岛市医保中心等多方面工作、沟通，成为了秦皇岛市第一批市级城镇职工基本医疗保险门诊统筹定点医疗机构。然而由于种种原因，一直未获得市人力资源与社会保障局的正式批文。

2012年，疗养院决定重新启动医保定点医疗机构申请工作，并多次与秦皇岛市医保中心、人社局进行沟通，于2012年8月正式提交医保定点医疗机构材料至秦皇岛市人力资源与社会保障局。

2013年3月26日，秦皇岛市人力资

源和社会保障局正式批准疗养院为秦皇岛市城镇医疗保险统筹定点医疗机构。4月27日，疗养院通过秦皇岛市医保中心对医保管理及软件的验收，本年8月开始对入院医保患者执行出院即报销程序。

三、秦皇岛市新农合定点医疗机构

2012年，为适应新农合政策要求，拓宽专科医院医疗业务发展，使来疗养院的广大秦皇岛市农合患者能享受新农合政策，疗养院决定申请加入秦皇岛市新农合定点医疗机构。

2012年6月，医务科将新农合申报材料申报至秦皇岛市卫生局新农合科，并于2012年8月通过新农合市级定点医疗机构的验收；9月10日秦皇岛市卫生局批准疗养院为市级新农合定点医疗机构，随后疗养院与全市9个区县签署了新农合定点医疗机构服务协议，开始接收市各区县新农合住院患者。

2013年8月，开始对新农合住院患者执行出院即报销程序。

四、秦皇岛市工伤保险定点医疗机构

2012年9月，为做好本地区工伤保险服务，疗养院研究决定申报市级工伤保险定点医疗机构，准备秦皇岛市级工伤保险定点医疗机构申报材料、建立工伤保险科相关制度，并上报至秦皇岛市人力资源和社会保障局工伤保险科；2012年12月20日，秦皇岛市人力资源和社会保障局批准疗养院成为市级工伤保险定点医疗机构。同年，开始接收秦皇岛市工伤保险患者。近年来，疗养院每年均与市医保中心签署医保定点医疗机构与工伤保险定点医疗机构服务协议。

五、北戴河区城镇医保定点医疗机构

2013年11月，向北戴河区人力资源和社会保障局申报北戴河区城镇医保定点医疗机构。2014年3月，获区人力资源和社会保障局批准成为区医保定点医疗机构，并开始接收北戴河区医保患者。

六、秦皇岛市健康体检定点医疗机构与北戴河区健康体检定点医疗机构

2013年11月，向北戴河区人力资源和社会保障局申报秦皇岛市健康体检定点医疗机构与北戴河区健康体检定点医疗机构。2019年，获北戴河区人力资源和社会保障局批准，成为区健康体检定点医疗机构，开始接收北戴河区事业单位及公务员体检。

七、河北省工伤康复试点医疗机构

2018年6月11日，向河北省人社厅提交省工伤康复定点医疗机构申请材料。2019年12月4日，获批河北省工伤康复试点医疗机构资质。

八、乙类大型医用设备配置许可证

2020年9月4日，疗养院向河北省卫生健康委员会提交乙类大型医用设备配置许可证的申请，9月16日获得乙类大型医用设备配置许可证正本；11月12日，向河北省卫生健康委员会提交乙类大型医用设备配置许可证副本的申请，11月16日获得乙类大型医用设备配置许可证副本。

第五节 公益性医疗服务

从建院开始起，疗养院就利用自身较强的医疗技术力量为当地社会服务。

一、新中国成立初期X射线机体检服务

燃料工业部煤炭管理总局调拨给疗养

院的X射线机，是当时北戴河区唯一一台进口X射线机，很受当地欢迎。1957年2月11日起，为提高疗养院X射线机利用率，方便其他院所疗休养员透视拍片，疗养院决定为在海滨区的铁路、运输、电业、北京、重工业、事业处、中直一分院、中直二分院、天津等10个疗养院（休养所）的疗休养员及工作人员（包括家属）来疗养院做X射线透视和拍片，并规定每周上午透视，每周二、三、五、六下午摄片，费用采取月终转账的办法。

燃料工业部煤炭管理总局为疗养院划拨的X射线机是当地唯一的一台进口X射线机，因此疗养院经常协助海滨区卫生机关外出会诊，并为许多慕名来的社会上病人做X射线检查与诊断。

二、中海滩门诊部服务

疗养院东南门外是游人如织的老虎石海滩，附近没有医疗机构。随着旅游的日益兴盛，1988年暑期，疗养院在此建立了针对旅游者的中海滩门诊部，主要针对肠道病人和海浴外伤病人的诊治，同时先后在沿海一线公路开设了两处露天医疗救护点，派出医疗小组在中纪委疗养院和人民银行休养所设点提供医疗服务。

1988年暑期，医疗科抽调了12名医护人员，成立了4个医疗救护点和1个肠道门诊部。四个点分别在南大门、老虎石、平水桥、东二路浴场；肠道门诊部设在6号楼东南一层园厅内。共接待就诊21000多人次，其中静脉输液293人次；缝合术137人次；一天最多缝合13人；最多缝合17针；海浴抢救5人次。广州一游客已休克，经抢救三天痊愈。参加救护点工作的医护人员，在酷热高温的情况下，每天工作十几个小时，面对服务对象的变化和比较复杂的病情，有外伤、溺水抢救、急性肠炎、一般疾病，特别是当年爆发流行红眼病，他们沉着应对，应用自己的理论知识和实践技术提供了优质的服务，在当时眼药水脱供的情况下，发明自制了洗眼液，用庆大霉素、地塞米松、生理盐水配制成的洗眼液对治疗红眼病，疗效极佳，在北京花200元没治好的红眼病，在救护点上花1元钱就治好了。

医疗救护点的开设，使医护人员的内在潜力得到发挥，又为将来横向联合积累了宝贵经验，即产生了一定的经济效益又取得了良好的社会效益。在北戴河办公的中央首长薄一波、黄华、倪志福、乌兰夫、邓朴方等都曾到救护点上询问情况，给予关怀；很多受治疗的人纷纷给院党委送来感谢信，给救护点上的人送去西瓜和清凉饮料；人民出版社的工作人员回京后寄来小纪念鉴，并要求明年来院疗养，极大提升了疗养院的声誉。

三、预防接种服务

1951年，疗养院配合北戴河当地肺结核防治工作，培训海滨医院医护人员，推广卡介苗预防注射，参与保健工作，对学校学生实行健康检查。

1952年，春季与海滨卫生机关配合，为全区机关职工及村民、学校学生，进行了鼠疫及三联防疫注射。

1950—1958年，疗养院为地方预防接种卡介苗约3000人次。医务人员到农村、学校进行卫生讲座，受教育人数约22410人。

1960年，为地方预防注射1500人次。完成了农村防治沙眼、子宫脱垂等的体检，完成西片8个单位300多名职工、家属的浮肿检查任务。三季度抽出专门医护人员，为草厂村社员进行了全面的大脑炎、伤寒、副伤寒、白喉、子宫下垂、沙眼、疟疾等防疫注射工作。同年暑期，疗养院参加了工程处食物中毒和东山苍耳中毒两次抢救工作，挽救了近200人生命，受到当地卫生部门的好评。

1961年，在公共防疫灭病方面，抽调10名医护人员参加下乡灭病工作，进行了7个单位的3次全体人员健康检查和1400人次的防疫注射，受到市爱国卫生运动委员会好评。

1963年，完成防疫站划分区范围内的防疫注射以及健康体检检查工作，预防注射副霍乱疫苗460人。

1965年，完成了北戴河区750人"02"病的防疫和75人小儿麻痹防疫注射。

1976年，唐山地震后，根据区防震抗震指挥部指示，派出7人组成的医疗队赴秦皇岛为灾区来的伤员进行医疗处置，同时院内接收了从灾区运来的46名伤员，其中重伤14名，轻伤32名，经过精心治疗和护理，除部分重伤员转院治疗，8月10日全部伤员治愈出院。

1981年，完成3000多人预防接种任务。

四、义诊服务

1992年4月19日，参加了迎接"十四大"，由北戴河区爱卫会、卫生局、防疫站组织的街头医疗卫生咨询、爱国卫生宣传活动，疗养院抽出10名医护人员，带着医疗器械和环境、绿化、食品卫生、预防交叉感染等四块宣传板，在石塘路步行街为北戴河区人民和游客进行医疗服务和卫生常识咨询活动。咨询服务和为游人量血压、测体重、量身高、作耳穴检测、按摩等300多人次。受到北戴河区委、区政府领导和有关部门的表扬，参展的爱国卫生知识宣传板荣获了第一名，并于4月26日代表北戴河参加了秦皇岛的展示。6月20日，为贯彻落实卫生局北卫字〔1992〕8号文件精神，做好暑期、汛期医疗救护、卫生防疫工作，疗养院成立了由16名人员组成的医疗救护预备队。

1993年4月18日，在北戴河区爱卫会组织的爱国卫生宣传联展活动中，疗养院医务人员和小乐队组成了宣传点、医疗咨询处，问诊、咨询、按摩、测量血压、身高、体重者络绎不绝，小乐队整齐的阵容，精湛的演技，壮大了宣传活动的声势，吸引了许多游人的观赏，赢得了阵阵赞誉声。主题分别是"美化环境""防病强身""病从口入"的三块宣传牌吸引了许多人驻足观看，赢得了市区有关领导的高度赞扬，荣获了爱国卫生宣传联展第一名。

1997年6月8日，响应区直属工委和区组织部号召，疗养院9名医护人员组成医疗服务队，赴单庄村进行义诊服务，为40余名当地村民患者进行了认真的检查。耐心解答，热情服务，为2名病情较重的高血压和心肺病患者及时进行了确诊，这次下乡服务拉开疗养院三迎"迎回归、迎七一、迎十五大"系列活动的序幕。

1998年6月13日和20日，分别组织30人次参加的两批医疗小分队，深入到北戴河村和西坨头村，为300多名村民进行了义诊。

1999年，组织医务人员积极参加了地方有关部门的义诊。

2003年，抗击"非典"，疗养院对院区和家属区及时制定了"防非"条例和周密的防范计划，成立了"防非"应急小分队，认真组织各种数据上报；在做好本院"防非"工作的同时，疗养院还克服人手紧、任务重的困难，派出4名医护人员到西山街道办事处所辖居委会，进行医学监测工作或在各卡口配合防疫部门进行查验工作。在随后8月份表彰中，疗养院被评为北戴河区卫生系统抗击"非典"先进单位，派出协助"防非"的有3人被评为"北戴河区卫生系统抗击非典先进个人"。

2005年，医务人员到疗养院对口支援单位苏庄村进行了义诊活动。

2006—2019年，各临床科室经常组织医务人员，到北戴河周边村庄、社区、学校、幼儿园等地义诊，近到秦皇岛周边三区四县，远到外省市，提高了疗养院的知名度。

2020年，支援北戴河区新冠肺炎疫情防控工作，1月26日至2月22日派遣76名医务人员支援北戴河区南戴河高速口，2月27日至3月14日派遣30名医务人员支援北戴河高速口测温执勤工作，测量超2万人次，5月8日起先后派遣5名医务工作者支援北戴河区一中、王庄中学等初中部学校复课疫情防控工作。

2020年11月18日，在第18个世界慢阻肺日来临之际，组织医务人员到北戴河区刘庄村开展义诊活动，义诊项目包括内科问诊、查体、测量生命体征、肺功能测试、呼吸功能锻炼、中医把脉、按摩等，70余位村民前来就诊。

多年来，疗养院积极发挥公益性医疗机构保障支撑作用，服务当地社会。

第二章 肺灌洗技术与治疗

第一节 技 术

一、大容量肺灌洗技术引进

疗养院从建院到1990年接待煤炭行业疗养职工12万人，其中有大量的患有煤工尘肺的矿工，看到他们呼吸困难的痛苦情况，疗养院干部、职工，特别是医务人员急在心里，急切想寻找一种尘肺病有效的治疗方法。

1989年暑期，南京胸科医院放射线科主任李人农来访疗养院，带来了南京胸科医院开展大容量肺灌洗治疗尘肺病的信息，疗养院认为此治疗项目符合疗养院开设煤炭行业多发病、常见病新专科条件，院长贺钧派出由医务科领导带队组成的考察组多次到南京胸科医院调研考察，经报中国统配煤矿总公司办公厅批准，决定引进该项肺灌洗技术。

1. 前期准备

自建院以来，疗养院主要从事康复疗养工作，治疗的也多是慢性病，如要开展全身麻醉下的全肺灌洗项目必须要达到人员、技术、设施设备等各方面的整体配套。1989年秋至1990年底，疗养院用一年多的时间为引入肺灌洗技术治疗尘肺病进行了精心准备。

（1）设施设备：自筹资金80万元购置了德国710型麻醉机、960型监护仪和中德合作生产的血气分析仪等必需的医疗设备，购置了尘肺病诊断标准片。手术室：因陋就简，将6号疗养楼二楼的洗漱间改造成一间肺灌洗手术室。

（2）人才引进：经秦皇岛市人事局批准，以人才引进方式，调入了2名急需的麻醉师和1名放射线专业人员。

（3）队伍组建和业务培训：在全院抽调了具有较高业务水平的高、中、初级医务人员20人组建专业队伍，先后送出医护人员30多人次，分别到南京胸科医院、北京朝阳区医院、北京结核病医院、煤炭工业部职业医学研究所、中国预防医学科学院劳动卫生与职业病研究所、天津肿瘤医院、开滦矿务局总医院等单位进行呼吸内科、尘肺病X射线胸片诊断、心血管内科、急诊急救、手术室、肺功能等专业培训。1990年年末，疗养院成立尘肺病房，手术室配属其中。

（4）病员准备：1990年2月，疗养院与潞安矿务局、峰峰矿务局经洽谈联系，两局同意选送患尘肺病的矿工到疗养院治疗，以支持肺灌洗项目的开展。

2. 签订协议

1990年10月6日，疗养院与南京胸科医院签署了《矽肺大容量全肺灌洗治疗项目合作协议书》，副院长李玉环和南京胸科医院院长谈光新教授分别代表两个单位签署合作协议书。疗养院支付南京胸科医院技术培训费2万元。

3. 技术引进

1991年3月10日，根据双方协议，南京胸科医院派内科教授谈光新、麻醉科主任黄怡真和麻醉主治医师汪椿祜到疗养院指导。

1991年3月15日，潞安矿务局尘肺病患者申乃北行单肺灌洗手术成功，成为疗养院首例肺灌洗治疗的患者。

二、双肺同期灌洗成果

疗养院医务人员在南京胸科医院专家们的指导下，很快掌握了肺灌洗治疗技术，经过7例单肺灌洗的实践，医务人员发现术中低氧血症、肺内残留量大、术后病人痰多、咳嗽等并发症和不良反应较高，而且两肺灌洗间隔时间需5~10天，具有治疗时间长、工作效率低和病人担负着两次麻醉的风险等缺点，针对尚不完善的单肺灌洗技术，在不断进行补充完善的同时，疗养院与来院指导的南京胸科医院专家共同研究后，提出并探讨双肺同期大

容量灌洗的可行性，经过几次对灌洗侧肺在灌洗后可以单肺通气时间，监测单肺通气后血氧饱和度下降时间及加压通气对提高血氧饱和度的确切效果等临床实验观察后，决定在第二侧肺灌洗2~3次给予加压通气，以防治术中低氧血症，从而实现第二侧肺灌洗。此方案确定后，因属创新，具有一定风险，专科所所长孙岩报请主管医疗的副院长李玉环同意，1991年4月7日，疗养院医护人员与南京胸科医院专家共同为河北省峰峰矿务局张庄煤矿尘肺病患者张喜的进行了世界上第一例双肺同期灌洗术。

双肺灌洗治疗尘肺病方法：病人全身静脉复合麻醉下，经口腔置入双腔支气管导管，两肺分隔满意后，一侧肺通气，另一侧肺连接灌洗瓶进行灌洗，每次灌入灌洗液1000~1500毫升。一进一出为一回，一侧肺灌洗10~16回，每次灌入时间1~2分钟，引流时间2~3分钟，每侧肺灌洗时间45~60分钟，直至灌洗回收液由黑色浑浊变为无色澄清为止。一侧肺灌洗结束后，待通气功能恢复后，交换灌洗另一侧肺，两肺灌洗间隔时间为15~60分钟。

此项技术关键是纯氧正压通气、间断负压吸引。由于采用加压通气的措施，较以前灌洗方法提高血氧分压3~4倍，克服了灌洗术中的低氧血症，明显减少肺内灌洗液的残留量，提高了手术安全性，成倍地增加了粉尘排出量和10倍增加尘细胞排出量，大大提高了治疗效果；而两肺灌洗间隔时间的缩短，不但减轻病人痛苦和心理负担，还减少了人力、物力，提高了工效。

三、勇于实践与不懈探索

1. 治疗的全面展开

1991年12月21日，双肺同期大容量灌洗技术取得成功并获得技术鉴定后，

中国统配煤矿总公司总经理胡富国主持召开了总经理办公会议，副总经理韩英、范维唐及办公厅等有关司局负责人参加了会议。会议专题听取了疗养院院长梁云鹏关于疗养院双肺同期大容量灌洗治疗煤工尘肺的基本情况及进一步做好这项工作意见的汇报。会议议定：双肺同期大容量灌洗治疗煤工尘肺是造福煤矿工人的一件大好事，它对于稳定煤矿工人队伍，解除尘肺病患者的痛苦具有重要意义。同意在北戴河疗养院设立"中国统配煤矿总公司尘肺病康复中心"，该中心的职能是采用大容量全肺灌洗为主，以药物、气功、理疗、体疗为辅的综合治疗，全面开展尘肺病的康复工作。根据总经理办公会议精神，中国统配煤矿总公司尘肺病康复中心成立后，随即更广泛的开展了对煤炭系统患尘肺病职工的治疗。

1992年5月8日，肺灌洗实现了双台同时灌洗治疗，效率翻番。5月12日，中国统配煤矿总公司办公厅"双肺同期大容量灌洗治疗煤工尘肺科技成果表彰大会"在疗养院召开，会上宣读了中国统配煤矿总公司"关于授予梁云鹏、孙岩、陈志远等十一名为总公司办公厅先进科技工作者决定"，并向疗养院颁发了3万元奖金。

1993年，1100平方米的尘肺灌洗治疗楼建成和52万美元医疗设备到位后，疗养院的尘肺病治疗效率有了快速提升，治疗例数占全国治疗总病例的一半以上，其中双肺同期灌洗治疗例数在国内外遥遥领先。

2011年3月，搬入粉尘危害监测治疗中心楼，尘肺灌洗治疗软硬件条件持续改进，尘肺灌洗手术室面积达577平方米，配备6个手术间、6个手术台，拥有灌洗设备47台/套。尘肺灌洗治疗业务也在继续增加。

至2020年底，拥有尘肺灌洗医护人员38名，其中医生12人，护士26人。

2. 不断探索疑难复杂病例肺灌洗治疗

1991—2019年，医务人员总结经验，不断探索，大胆创新，使重症、有合并症的疑难复杂病例的肺灌洗治疗逐渐成熟，为更多的患者解除了病痛。一是肺灌洗的适应症不断扩大：年龄从55岁扩大到65岁，最高年龄达到72岁；肥胖及有合并症的病人（如合并慢性支气管炎、肺气肿、支气管哮喘、支气管扩张、高血压、冠心病、糖尿病及部分Ⅲ期硅肺合并肺大泡者）经过充分术前准备，术中采取特殊措施以完成肺灌洗治疗。二是病种扩大，从煤工尘肺、硅肺、电焊工尘肺、水泥肺、石墨肺、硅酸盐肺、铸工尘肺、有机尘肺、活性炭尘肺、肺内锡末沉着症等扩大到下呼吸道顽固性感染、特发性肺间质纤维化、各种误吸（如溺水泥土、事故性油类及灭火器内容物误吸）及肺泡蛋白沉积症的治疗等。三是加强围肺灌洗期的管理，在病例条件较差情况下，使术中、术后不良反应及并发症的发生率明显下降，双肺同期灌洗率明显提高。截至2019年底，完成疑难复杂病例4000余例。

3. 上级和社会各界人士对肺灌洗工作的支持

疗养院肺灌洗工作得到了各级领导和有关部门及新闻媒体的重视与关怀，并给予财力支持。

1992年，劳动部拨款8万元用于疗养院肺灌洗技术推广工作。

1992年，财政部拨200万元专款用于疗养院购置1000MA日产岛津X射线机。

1992年，中国统配煤矿总公司拨款12万元用于肺灌洗科研工作。

1993年2月，中国统配煤矿总公司划拨300万元用于购置肺灌洗治疗的诊断和治疗设备，这是疗养院历史上第一次成批量而且大部分由国外进口医疗设备。

1996年，由国家计委与煤炭工业部共同投资，建立肺灌洗研究室（8号楼）及病人餐厅（金海酒楼）。

2011年，在国家安全监管总局支持下新建了粉尘危害监测治疗中心楼，专门用于开展肺灌洗等专科医疗业务。

肺灌洗工作开展以来，到疗养院视察肺灌洗手术和到病房看望矿工的有原煤炭工业部、中国统配煤矿总公司、国家安全生产监督管理局、国家煤矿安全监察局、国家安全监管总局历任领导和现任应急管理部领导：高扬文、胡富国、王森浩、李毅中、杨元元、濮洪九、韩英、张宝明、王显政、王德学、赵铁锤、梁嘉琨、黄毅、赵岸青、孙华山、徐绍川、许尔锋等。

肺灌洗工作还得到尘肺患者的大力支持，如广东省梅田矿务局原副局长赵承平，在开滦矿务局开会期间，在他进入手术室前交给院领导一封信，信中充分肯定肺灌洗治疗这个新生事物，对肺灌洗工作是一个很大的鼓舞。

肺灌洗治疗初期，国内新闻媒体，中央电视台，《人民日报》《工人日报》《健康报》《河北日报》《经济日报》《中国煤炭报》《文汇报》《安全生产报》《中国冶金报》等做了相关的宣传报道。中央电视台《健康之路》做了一期节目，专门介绍肺灌洗。

四、国内的推广应用

1. 国内技术推广

1991年12月12日，中国统配煤矿总公司副总经理濮洪九主持了技术推广会，提出将肺灌洗技术3~5年普及到局级医院，5~8年普及到矿医院。鉴于此项技术有一定难度，中国统配煤矿总公司后又提出要有计划地、慎重稳妥地加以推广利用。

2003年10月，中国煤矿尘肺病治疗基金会注册后，再次提出肺灌洗技术的推广应用，受基金会委托，2005年6月10日至7月8日，疗养院完成了晋煤集团总医院国内第一家肺灌洗技术的推广工作。

2006年，受中国煤矿尘肺病防治基金会委托，完成了对福煤集团（7—9月）、平煤（集团）职业病医院（3—5月）、铜川矿务局中心医院（8—9月）、新疆煤矿总医院（10—11月）、河南大峪沟矿务局医院（2006年11月27日至2007年1月9日）的肺灌洗技术教学培训和考核指导工作。

2007年，受中国煤矿尘肺病防治基金会委托，2月3日，完成鹤煤集团总医院医护人员为期20天的肺灌洗技术培训工作。6月29日，完成同煤集团总医院内科主任、麻醉科主任为首的6名医护人员和大同煤业集团职防院的2名医护人员肺灌洗治疗尘肺病培训工作，举行了培训工作结业答辩会。9月，完成铜川矿务局中心医院5名临床治疗与护理人员肺灌洗技术培训工作，并举行了结业答辩会。

2008年10月30日至11月30日，受中国煤矿尘肺病防治基金会委托，完成对青海大通红十字医院4名医务人员的大容量肺灌洗技术培训。11月9日至12月9日，完成对四川宜宾市矿山急救医院川煤集团芙蓉公司总医院5名医务人员的大容量肺灌洗技术培训。

2010年5月17日至6月18日，受中国煤矿尘肺病防治基金会委托，疗养院继续大力推进尘肺病康复工程工作，尘肺灌洗治疗科对安徽淮北煤业集团职业病防治院7名医护人员进行为期1个月的大容量肺灌洗技术培训，完成了对安徽淮北矿业集团肺灌洗技术转让工作。并于10月9—25日，由疗养院派专家赴淮北煤业集团职业病防治院进行现场指导。

2013年，受中国煤矿尘肺病防治基

金会委托，完成对重庆煤业集团两批医务人员近4个月的大容量肺灌洗技术培训工作，至2013年底已完成肺灌洗技术指导。

2014年，受中国煤矿尘肺病防治基金会委托，疗养院完成了对淮南煤业集团职业病防治院和重庆煤炭职业病医院的技术推广。

2017年6月，接待神华神东煤炭总医院11名医务人员为期3周的大容量肺灌洗技术转让培训，此次肺灌洗技术转让费为200万元。

2020年8月，疗养院派遣医务专家赴神华神东公司大柳塔试验区医院进行大容量肺灌洗技术指导，至此，全部履行完2017年对神华神东公司的肺灌洗技术转让协议。

截至2020年底，疗养院共计对全国18家医院进行了肺灌洗技术推广培训，其中由中国煤矿尘肺病防治基金会组织在疗养院学习肺灌洗技术的医院有17家，疗养院自主组织接待培训医院1家（神华神东煤炭总医院）。

2003—2020年疗养院肺灌洗技术推广培训医院见表4-2-1。

2. 工伤保险定点医院推广

2005年12月21日，吉林省医疗保险管理中心和疗养院签署了《吉林省工伤保险尘肺病灌洗治疗定点单位服务协议》，正式将疗养院作为尘肺病肺灌洗治疗的工伤保险定点医院。这是中国首家将肺灌洗治疗费用由工伤保险基金列支的省份。

2006年8月4日，吉林省中钢碳素厂尘肺职业病患者王广秀（男，43岁，石墨尘肺Ⅰ期）在疗养院接受双肺大容量灌洗治疗成功。这是吉林省医保中心与疗养院签订《关于吉林省尘肺职业病治疗定点医院设在中国煤矿工人北戴河疗养院》协议后首例来疗养院接受治疗的尘肺职业病患者，开创了尘肺病人肺灌洗治疗费用由工伤保险费列支的先例。

表4-2-1　2003—2020年疗养院肺灌洗技术推广培训医院一览表

序号	省(市、自治区)	机构名称
1	河北	开滦集团职业病防治院
2	山西	同煤集团总医院
3		晋城煤业集团总医院
4		西山煤电集团公司职工总医院
5	陕西	陕西铜川矿务局总医院
6	新疆	新疆煤矿总医院
7	福建	福建省福能集团总医院
8	江西	丰城矿务局总医院
9	四川	川煤集团芙蓉公司总医院
10	青海	青海大通红十字医院
11	山东	淄博矿业集团总医院
12	河南	平煤集团职业病防治院
13		鹤壁煤业集团总医院
14		河南大峪沟集团职工医院
15	安徽	淮北矿业公司职业病防治院
16		淮南矿业集团职业病防治院
17	重庆	重庆煤炭职业病医院
18	内蒙古	神华集团神东公司总医院

五、国际合作和技术转让

1. 治疗外国病人

1997年12月29日和1998年1月5日，成功地完成了俄罗斯能源委员会煤炭总公司协调局局长尼古拉耶维奇（尘肺合并冠心病RonT）的两次肺灌洗治疗。

2002—2005年，共为越南25名矿工（其中10位女矿工）进行了肺灌洗治疗。

2009年8月，越南13名尘肺职业病矿工和2名医护人员来疗养院接受治疗和短期业务培训，随后以部长段文謇为团长的越南煤炭矿产工业集团代表团访问疗养院并商谈双方今后合作意向。

2. 对国外技术推广

1996年10月，疗养院以院长梁云鹏为团长的医疗技术代表团应俄罗斯有关部门的邀请，访问了俄罗斯列宁斯克-库兹涅茨克、新库兹涅斯克等矿区，考察了矿区医院设备、技术力量、业务开展、管理体制及尘肺病发病和治疗情况，双方就合作开展"大容量全肺灌洗治疗煤工尘肺"达成协议；合作开展中西医结合治疗骨坏死技术达成合作意向。虽然因俄经济原因未能实施，但为疗养院医疗技术走出国门做了有益尝试。

越南煤炭总公司有3000余名尘肺病人，经中国东兴中煤公司经理卢金平介绍，对疗养院肺灌洗治疗项目很感兴趣，2002年8月16—20日，越南煤炭总公司副总经理陈玉惩率团（翻译武祥君）来疗养院参观了肺灌洗手术。8月25—28日，越南煤炭总公司副总经理范裴发、公司医院武氏合等组成的总公司医学代表团访问疗养院，签订了越南煤炭总公司尘肺病人肺灌洗治疗合作意向书。

2002年12月4—6日，越南煤炭总公司第一批病人阮金滦等6人来疗养院接受肺灌洗治疗。国家安全生产监督管理局外事司司长于12月5日在北京接见并宴请了治疗后准备在京转机的第一批病人。

2003年6月27日，越南煤炭总公司第二批病人阮国水等9人到疗养院治疗。高扬文接见了全体病人。正值国家安全生产监督管理局在此开会期间，受局长王显政委托，煤监一司、外事司、国际合作中心领导到病房看望了第二批病人。

越南煤炭总公司第一批病人灌洗治疗后反映效果很好，越南煤炭总公司有意引入此技术在越南国内开展。2003年2月23—27日，经越方邀请，院长李玉环和国家安全生产监督管理局外事司领导带队，疗养院代表团一行六人赴越南进行考察越煤医院设备、场地等，洽谈肺灌洗治疗尘肺病技术合作，和越南煤炭总公司总经理团文俭就转让肺灌洗治疗尘肺病技术达成基本共识。12月14日，受院长李玉环委托，经国家安全生产监督管理局批准，由副院长陈志远和国家安全生产监督管理局规划科技司一位处长带队，疗养院代表团一行六人与越南煤炭总公司洽谈肺灌洗治疗尘肺病技术合作和签约工作，越南煤炭总公司总经理团文俭签署了《大容量肺灌洗治疗尘肺病技术转让和培训合同书》，合同标明，越方付疗养院技术转让费50万美元。

2003年12月25日，由院长李玉环和中国煤炭工业国际技术开发咨询公司总经理董杭生分别在合同书上签字，次日在北京市商务局通过技术出口报关。

2004年8月15日至10月15日，越南煤炭总公司医疗中心医师谢氏明理、黎英俊，检验师阮氏碧玉，麻醉医师杜进仕、阮武攘和护士壶氏如琼一行六人组成的医疗小组到北戴河接受技术培训，结业后在北戴河通过了技术答辩。11月21日至12月20日，由副院长、主任医师陈志远率领疗养院医疗专家组赴越技术指导，在担任医学越语翻译的广西医科大学教授温科胜支持配合下，11月27日成功地在河内进行了越南第一例肺灌洗手术，对越肺灌洗技术转让费50万美元。2004年12月14日，院长李玉环率团参加越南煤炭总公司医疗中心肺灌洗治疗中心开业典礼，并和武氏合共同签署技术转让合同验收总结。中国驻越南大使齐建国到会讲话，新华社发通稿。国家安全生产监督管理局外事司发表两期简报予以表扬。疗养院该项成果以专版彩页列入越南驻华大使馆主办的《走进越南——越中建交55周年纪念特刊》。

3. 参加澜沧江－湄公河六国睦邻友好合作项目

2016年3月，澜沧江－湄公河合作六国领导人首次会议决定携手打造澜湄国家命运共同体，并发表《三亚宣言》。中国政府设立"澜沧江－湄公河睦邻友好合作帮抚专项基金"。

2017年底，在国家安全生产监督管理总局国际合作司的大力支持下，疗养院申请的"尘肺病洗肺清尘防治项目"获外交部和财政部批准，并拨专款立项实施。

2018年2月底，项目资金到位。3—12月，澜湄合作专项基金尘肺病洗肺清尘防治项目正式开展，疗养院分2批次顺利完成对越南选派的50位尘肺患者的大容量双肺同期灌洗治疗，安全有效，无一例不良反应发生。12月7日，疗养院举办了中国、老挝和越南医务人员的大容量肺灌洗学术交流活动。12月10日，成功完成老挝10名医务人员的大容量全肺灌洗技术培训工作。这一项目的完成，一方面以先进的医疗技术帮助合作国家，体现了中国政府对职业健康工作的重视和"健康中国"国策的政治影响；另一方面，提升了老挝、越南尘肺病防治工作水平，对增进睦邻友好、助推澜湄合作机制、推动"一带一路"建设做出了疗养院的贡献。

第二节 治 疗

一、大容量肺灌洗治疗

2003年以前，开展初期灌洗人数较少，业务未全面拓展开来，每年大容量肺灌洗治疗人数和例数基本维持在100～300人次。

2004年10月31日，中国煤矿尘肺病防治基金会成立后，尘肺病大容量肺灌洗治疗人数逐年上升，经济效益也快速增长。

2005年，年治疗量达到380例，较2004年增加189例。

2006年，尘肺灌洗住院人数为743人，灌洗治疗566人，588人次，双肺灌洗472例。比2005年增长58.8%、51.7%、54.7%、55.8%。其中成功灌洗肺泡蛋白沉积症患者2例。

2007年，全年灌洗人数696人，其中硅肺患者138人，煤工尘肺患者552人，电焊工尘肺患者3人，肺泡蛋白沉积症患者3人。全年共进行肺灌洗手术704例，其中双肺灌洗560例，单肺分期灌洗8例，一次性单肺灌洗128例。

2008年，完成大容量尘肺病灌洗治疗695例。

2009年9—11月，被媒体称为"开胸验肺"事件的主角、农民工张海超在基金会的帮助下，来疗养院接受肺灌洗手术及康复治疗。11月5日下午，疗养院召开了"祝贺农民工张海超康复疗养和大容量肺灌洗治疗成功座谈会"。

2010年，尘肺灌洗全年住院人数达到936人，较2009年增加178人。由于基金会资金所限，各煤业集团效益受大气候的影响，经济受到冲击，基金会派送病员数下降至52.2%，而新农合、企业支付和自费患者则达到了424人，较2009年增加了156人，尘肺灌洗科病员结构发生了根本性变化。全年尘肺灌洗治疗科进行大容量肺灌洗手术798人，830例次，其中双肺同期灌洗708人，双肺分期灌洗32人，一次单肺灌洗58人。

2011年3月，医疗工作转移至粉尘危害监测治疗中心楼，手术室规模扩大，手术台数及医务人员数量增加，肺灌洗手术从2005年每天3台增加到2010年的每天4台、2011年的每天5台。床位数从

42张增加到144张，接诊病人数达1500余人/年。全年完成肺灌洗1032人，肺灌洗手术1059例次，20年来肺灌洗人数和肺灌洗例次实现双一千的突破，这是一次里程碑的突破，为后来尘肺灌洗的发展起到先锋模范的作用。为此，疗养院于同年12月召开表彰大会；并于2012年1月作为特殊奖励，派遣尘肺科到湖南张家界进行了学习考察。

2012年，继2011年灌洗人数破千人后，灌洗总人数达1129人，创历史新高，灌洗例数达1186例。7月12日，尘肺灌洗科大容量肺灌洗治疗尘肺病突破8000例。12月27日新的医疗软件正式使用，病例全部电子化，并建立严格的质控标准。

2013年，共接诊尘肺病人1392人，完成肺灌洗手术1236例，其中自费患者933人，占71.1%；基金会173人，占12.9%，康复41人；工伤43人，占3.4%；企业支付160人，占12.6%。双肺同期925例，占70.6%，单肺灌洗384例，占29.3%；Ⅱ期以上重症患者760例，占58.2%。灌洗人数和例次创历史新高。

2014年，尘肺灌洗总人数1148人，再创新高，灌洗例数1234例，双肺同期灌洗866例，其中成功灌洗肺泡蛋白沉积症患者5例。3月13日，疗养院肺灌洗治疗尘肺病突破万例，并于3月18日召开了大容量全肺灌洗治疗尘肺病10000例座谈会，国家安全监管总局副局长杨元元、中国煤矿尘肺病防治基金会名誉理事长王显政在会上做了重要讲话，多家媒体进行了相关报道。

2015年，灌洗总人数1070人，病源市场开始出现下滑，灌洗例次1137例。双肺同期878例，两次单肺70例，一次单肺122例。同年1月，选派3名医护人员到重庆煤炭职业病医院分别进修学习纤维支气管镜肺泡灌洗操作技术、纤维支气管镜的浅表麻醉技术，5月完成进修，6月开展支气管镜肺泡灌洗术，此项技术适应症包括重度肺气肿，合并后壁肺大泡等因手术风险高不适合大容量肺灌洗术，或者因为肺功能差不能采用大容量肺灌洗术的患者，并完成71例支气管镜肺泡灌洗术。

2016年，尘肺科灌洗人数917人，灌洗例数1008例，双肺同期灌洗695例，其中成功灌洗肺泡蛋白沉积症患者6例。

2017年，全年住院人数1098人，肺灌洗手术达972例，其中大容量肺灌洗1061例，连续7年肺灌洗治疗量突破千例。并继续开展支气管肺泡灌洗业务，进行支气管肺泡灌洗术52台。在灌洗术中增加雾化治疗，促进灌洗后肺泡恢复，减轻肺水肿。自引进配备带离子的血气分析仪后，能便捷、及时监测离子、血糖等变化，为患者的医疗安全提供了保障。10月17日，中国煤矿尘肺病防治基金会与疗养院共同举办"用好工伤保险政策 推进尘肺病防治工作"座谈会。

2018年，全年收治患者994人，完成全肺灌洗手术962例，支气管镜肺泡灌洗39例。受外部经济发展趋缓、企业困难影响，病员市场继续出现下滑，企业患者人数明显减少。采取了加强宣传走访、完善收费项目、增加手术治疗比例，克服了工作量大、手术时间长、处置项目数量增加、手术风险增大的困难，保证了科室完成创收任务和职工收入。

2019年，全年住院病人879人，肺灌洗手术808台，双肺同期灌洗532例，两次单肺67例，一次单肺142例。支气管镜肺泡灌洗100例。开展睡眠监测27人；开展脉冲振荡肺功能支气管舒张试验检查;开展无创呼吸机治疗,促进术后恢复。

2020年1—11月，收治患者325人，大容量肺灌洗307例次,支气管肺泡灌洗179例次,睡眠监测20人次。受新冠肺炎疫情影响,外地病人出行受到限制,本年度开展肺灌洗例数比往年下降幅度较大。

1991年开始至2020年11月5日,疗养院采用大容量肺灌洗术治疗尘肺病及其他肺部疾病患者15113人,灌洗例次16448例次,其中:双肺同期11760例、两次单肺1336例、一次单肺2016例。

1991—2020年疗养院全肺灌洗人数见统计表4-2-2、全肺灌洗类型见统计表4-2-3。

表4-2-2 1991—2020年疗养院全肺灌洗人数统计表

年份	灌洗人数	灌洗例次	双肺同期（人）	两次单肺（人）	一次单肺（人）
1991	61	86	32	25	4
1992	64	93	29	29	6
1993	100	142	51	42	7
1994	303	376	211	73	19
1995	293	345	221	52	20
1996	181	235	116	54	11
1997	180	230	122	50	8
1998	161	210	96	49	16
1999	115	143	79	28	8
2000	59	74	40	15	4
2001	126	154	89	28	9
2002	104	130	65	26	13
2003	61	66	52	5	4
2004	156	191	96	35	25
2005	373	380	303	7	63
2006	566	588	472	22	72
2007	696	704	560	8	128
2008	666	695	564	29	73
2009	652	676	568	24	60
2010	798	830	708	32	58
2011	1032	1059	911	27	94
2012	1129	1186	915	57	157
2013	1236	1338	947	102	187
2014	1148	1234	866	86	196
2015	1070	1137	878	70	122
2016	917	1008	695	88	134
2017	972	1061	719	89	164
2018	872	962	639	90	143
2019	741	808	532	67	142
2020（截至11月）	281	307	184	27	69
合计	15113	16448	11760	1336	2016

表4-2-3 1991—2020年疗养院全肺灌洗类型统计表 　　　　　人

年份	硅肺	煤工尘肺	电焊工尘肺	水泥肺	石墨肺	硅酸盐肺	铸工尘肺	石棉肺	肺内锡末沉着症	混合尘肺	有机尘肺	小计
1991	14	45	1	1	0	0	0	0	0	0	0	61
1992	16	43	1	1	0	0	1	0	0	1	1	64
1993	35	62	1		0	0	1	0	0	1	0	100
1994	94	200	3	1	1	1	2	0	0	1	0	303
1995	134	156	0	2	0	0	0	0	0	1	0	293
1996	46	124	4	3	0	0	1	0	0	3	0	181
1997	41	118	2	2	0	2	0	0	0	11	1	177
1998	35	113	0	0	0	0	0	0	0	2	0	150
1999	40	66	0	0	2	0	0	0	0	1	0	109
2000	20	34	2	0	0	0	0	0	0	1	0	57
2001	43	75	2	0	0	0	0	0	3	0	0	123
2002	47	52	1	0	0	0	1	2	0	0	0	103
2003	38	22	1	0	0	0	0	0	0	0	0	61
2004	26	130	0	0	0	0	0	0	0	0	0	156
2005	47	326	0	0	0	0	0	0	0	0	0	373
2006	100	462	1	0	0	0	0	0	0	0	0	563
2007	138	552	3	0	0	0	0	0	0	0	0	693
2008	143	519	0	0	0	0	0	0	0	0	0	662
2009	226	419	0	0	0	1	0	1	0	0	0	647
2010	325	468	1	0	0	0	0	0	0	0	0	794
2011	490	525	13	1	0	0	0	0	0	0	0	1029
2012	528	578	10	5	2	0	1	0	0	0	0	1124
2013	666	551	8	6	0	0	0	0	0	0	0	1231
2014	701	437	1	2	0	0	1	0	0	0	0	1142
2015	576	482	6	2	0	0	0	0	0	0	0	1066
2016	549	348	6	1	0	0	0	0	0	0	0	906
2017	472	490	3	3	0	0	0	0	0	0	0	968
2018	482	374	7	0	0	0	0	0	0	0	0	866
2019	347	383	4	0	0	0	0	0	0	0	0	734
2020	120	151	1	1	1	0	2	0	0	0	0	276
合计	6539	8305	82	34	6	4	12	3	3	22	2	15012

二、病员结构

2005—2009年，病员结构主要以各国有煤矿、基金会选派病人为主，占全年病员结构的69.5%~83.9%。由基金会每年制定灌洗计划，疗养院由专人负责与派员单位密切联系，从病人来院接站、办理入院、生活费管理、住院期间的治疗均形成模式化，保障病人在院期间从服务到治疗均达到满意效果。

2010年后，由于基金会资金所限，各煤业集团经济受大气候的影响，效益受到冲击的情况下，基金会派员人数明显下降，病员构成转向农民工自费患者。2010年基金会病员占52.2%。

2011—2012年，农民工人数占绝大部分，基金会人员维持在40%以下。

2012年以来，基金会病员剧降，农民工市场开发成为尘肺科主攻方向。利用农民工尘肺病群发的特点，尘肺科医生多次到农民工尘肺病群发地（如陕西、河北、天津、湖南、湖北、四川、山东、辽宁等地）进行义诊，扩大了疗养院肺灌洗影响力，使农民工能更多地了解尘肺病发病情况、愈后及肺灌洗治疗意义及效果。通过制作光盘、宣传画册、集体讲课等方式进行宣传，通过疗养院优质的服务质量、治疗效果，影响农民工市场，起到手拉手到院作用。

2013年，农民工成为主要的病员构成，占70%以上。农民工患者由于自身经济原因，外加自我保健意识较差，来就医时病情均较为严重，肺功能损害严重，手术难度加大，手术时间延长，增加了肺灌洗手术的风险。同年，疗养院成为秦皇岛地区新型农村合作医疗、工伤保险、城镇居民、省本级工伤保险定点医疗机构，工伤及农合患者是另一病员组成。

2019年，在住院患者879人中，自费患者574人、企业支付205人、工伤保险支付28人、基金会支付72人。

2005—2020年疗养院尘肺病员结构情况见表4-2-4。

表4-2-4 2005—2020年疗养院尘肺病员结构统计表　　　　　人

年份	基金会	自费	企业支付	工伤	手术合计
2005	278（73.2%）	84（22.1%）	18（4.7%）		380
2006	427（72.6%）	161（27.4%）			588
2007	591（83.9%）	113（16.1%）			704
2008	545（78.4%）	137（19.7%）	13（1.9%）		695
2009	470（69.5%）	182（26.9%）	24（3.6%）		676
2010	433（52.2%）	385（46.4%）	12（1.4%）		830
2011	419（39.6%）	623（58.8%）	17（1.6%）		1059
2012	467（39.4%）	713（60.1%）		6（0.5%）	1186
2013	173（12.9%）	962（71.9%）	160（12.0%）	43（3.2%）	1338
2014	69（5.6%）	1030（83.4%）	109（8.8%）	35（2.9%）	1243
2015	48（4.2%）	799（69.7%）	191（16.7%）	100（8.7%）	1138
2016	52（5.2%）	727（72.1%）	160（15.9%）	69（6.8%）	1008
2017	43（4.0%）	653（61.6%）	292（27.5%）	73（6.9%）	1061
2018	52（5.4%）	720（74.7%）	141（14.7%）	50（5.2%）	963
2019	64（7.9%）	543（67.2%）	173（21.4%）	28（3.5%）	808
2020	0	218（71.0%）	75（24.4%）	14（4.6%）	307

三、宣传与病源寻找

2009年4月，派医务人员赴云南省水富县和贵州省黔东南苗族侗族自治州天柱县，历时14天，深入到侗族农民工尘肺病患者家庭，调查尘肺病发病状况，赶写和印制了4万多册《农民工职业健康知识问答》读本。

2010年3月22日，新华社继续报道疗养院对农民工张海超的康复治疗，报道河南省开胸验肺农民工张海超自2009年9—11月在疗养院成功接受康复疗养和大容量肺灌洗治疗后，身体各项生理指标，特别是肺脏健康状况的弥散功能和通气功能均有较大幅度提高后，该患者同疗养院和基金会结下了深厚感情，并受聘为疗养院"职业安全卫生联络员"，张海超表示，将永远铭记中国煤矿工人北戴河疗养院的救助之情，做一名职业安全卫生事业的慈善使者。在"张海超效应"的影响下，全国各地尘肺职业病患者，特别是农民工尘肺职业病患者纷纷与疗养院建立联系，前来疗养院就医者络绎不绝。4月，疗养院派医务人员参加河北省疾控中心举办的尘肺病诊断新标准的培训，提高了尘肺科对尘肺病诊断及鉴别诊断的认识，整体提高了疗养院医疗技术水平。4—5月，《健康报》以整版的篇幅，宣传疗养院的尘肺病预防和肺灌洗治疗技术，职业卫生和康体健身游项目，自然与疗养因子、环境等方面，对宣传疗养院和吸引客源病源起到很大的作用。

2010年11月，由于基金会病员下降，农民工市场开发成为尘肺科主攻方向。疗养院采取院领导带队走访等方式，利用农民工尘肺病群发的特点，院领导多次带领尘肺科医生到农民工尘肺病群发地辽宁省阜新、内蒙古自治县十家子镇，河北省迁安市、迁西县、青龙、抚宁等地区走访，扩大了疗养院肺灌洗影响力，使农民工尽可能多地了解尘肺病发病情况、愈后及肺灌洗治疗意义及效果，并且建立业务合作关系。

2011年1月，甘肃古浪县300多名农民集体患上硅肺病，这些农民工都曾经在一个千里之外的金矿工作，但由于没有劳动合同，他们的维权之路陷入了困境，没钱治病，该事件被媒体报道后受到社会广泛关注。为了救助农民工尘肺病人，疗养院成立医疗3人小组赴甘肃省古浪县农民工尘肺病群发地调研，在媒体的推动下，问题初步得到解决，古浪尘肺病患者前后2批赴疗养院治疗。2月22日，首批19名适宜实施大容量全肺灌洗术的农民工抵达疗养院治疗，中央电视台一套综合频道《看见》专题栏目制作成节目播出。此次古浪病人来疗养院进行了大容量肺灌洗治疗，中央电视台《看见》栏目、秦皇岛电视台的报道，为疗养院的肺灌洗治疗起到了良好的宣传和引导作用，为肺灌洗治疗带来积极的社会影响力。

2011年9月，派2人医疗小组，赴承德、唐山两市部分地区，对在疗养院治疗过的尘肺病人进行疗效回访，组织新的病源。10月，由秦皇岛市卫生局专家和疗养院医务人员，组成医疗3人小组赴湖南省回访、调研、考察农民工尘肺病患者生存现状，完成了2份专项汇报文稿《承唐两市部分尘肺病人回访概况汇报》《湖南省尘肺病人治疗回访及群体发病概况汇报》。

2013年，面对病源形势严峻情况，尘肺科积极与基金会联系，由专人与各捐资企业联络，保障基金会派员单位能及时到院。另外通过制作宣传画册、光盘，采用集体讲课，院内闭路电视、门诊大厅平面电视播放尘肺知识，制作布兜、水杯等形式进行宣传。2013年1月，深入陕西省柞水县、镇安县。3月、7—8月多次赴河北省青龙满族自治县、迁西县，辽宁省建昌县、喀左县等农民工尘肺病群发地，进行义诊活动，同时通过灌洗后患者亲身体会对接尘人员讲解，利用集市人员集中的优势，发放宣传资料、讲解尘肺病知识，查看患者胸片等资料进行宣传，并取得良好效果。

2014年，面对基金会病源数量减少，疗养院继续扩大宣传，组织联系病人来院治疗。为增加自费和个体工矿企业的门诊数量，6月，前往陕西、甘肃；11月，前往邢台、张家口地区；12月，前往保定、天津地区等尘肺病人集中地区进行义诊，先后发放尘肺病宣传册、防治手册、就诊明白卡及联系名片等各种宣传资料共计2000余份。

2015年3月28日，开始建立尘肺科医患交流群，该年度先后建立了10个微信群。10月，《燕赵都市报》对疗养院进行了标题为《专家谈"洗肺"》的专题报道，内容包含介绍尘肺灌洗自1991年至2015年治疗的患者人数、手术适应症、手术方式、术后的效果、获得的奖项等。11月，由副院长陈刚带领2名医生前往陕西省山阳县等地区对广大尘肺病患者举办大型下乡义诊慈善活动，义诊走访的地区包括：湖北十堰郧西县湖北口乡、恩施巴东县城、利川市文斗乡、山西吕梁、河北承德、河北秦皇岛青龙满族自治县等。义诊不收取任何费用、不卖任何药物，为到场的患者细致体检、诊断病情、提出治疗意见，发放尘肺病防治相关手册，讲解尘肺病防治知识，普及尘肺病相关医疗和法律知识。

2016年，通过微博在互联网上宣传大容量肺灌洗术相关内容，截至2016年底，建立尘肺医患交流群19个，包括尘肺病人550人左右，比2015年增长100人。

2017年，继续做好微信、网站等宣传工作，建立各省份患者微信群20个，成员近800名。4月底，疗养院开展"健康中国 职业健康先行"为主题的《职业病防治法》宣传周系列活动。5月15日，疗养院领导带领10余名医务人员走基层、进大集，赴青龙满族自治县安子岭乡为群众义诊，先后在农村大集露天为110人进行了体检，发放了尘肺病防治宣传材料500余份。同年，疗养院采取院领导带队走访、电话联系、会议邀请等方式，先后取得神华、宁夏煤矿、山东临矿、贵州开磷等企业的支持。

2018—2019年，疗养院领导多次带队前往河北省人社厅、省本级工伤保险企业、保定市级工伤保险走访组织病员。向全国500强煤炭、非煤炭企业发送宣传资料信函800余封。同时，继续通过患者微信群及网站宣传扩大尘肺治疗影响力。2018年6月和10月，疗养院领导带队先后走访河北省社会保障服务中心、冀中能源集团、紫金山矿业等单位，通过协调沟通，达成合作意向。2019年2月，疗养院领导带队再次走访河北省社保中心，并派遣1名医务人员到社保中心工作，畅通了工伤患者住院审批流程，有效地提高了疗养院住院审批人次。

2020年，创建"畅快呼吸戴河氧吧"公众号，充分发挥自媒体平台作用，宣传疗养院专科医疗，每周推送1—2篇医学文稿。同时，制作睡眠监测宣传画册、展板，呼吸康复、气管内镜检查及肺泡灌洗、呼吸系统疾病治疗等宣传册，加强业务宣传。

第三章 专科医疗

第一节 尘肺病综合治疗

一、设立背景

自1991年成立尘肺病专科开展大容量肺灌洗治疗尘肺病以来，针对尘肺病治疗主要以大容量肺灌洗为主，随着疗养院尘肺病治疗工作的快速发展，肺灌洗数量也逐年增加，到2010年肺灌洗手术已突破每年1000例。根据患者电话咨询、邮寄资料和来院就诊情况综合分析后发现，有70%以上患者因不符合肺灌洗手术适应症而无法住院治疗，而疗养院当时未开展尘肺病综合治疗，病源流失较为严重。

2011年3月，经过多次讨论和酝酿，尘肺科成立了康复治疗小组，正式把尘肺病综合治疗列为一项主要工作进行推进，对不能行肺灌洗手术的患者进行综合治疗，包括健康宣教、自然因子疗法（气候疗法、日光浴、景观疗法）、呼吸功能锻炼、氧疗、对症治疗（抗炎、平喘、祛痰）、抗纤维化治疗、改善肺循环治疗、物理治疗（超短波、激光、微波、震动排痰）、中医定向透药治疗、岩盐气溶胶疗法、无创呼吸、中医中药及尘肺病并发症的治疗等，部分患者治疗后由于肺功能改善较明显，又接受了肺灌洗手术，治疗效果较好，取得了一定的经济效益和社会效益。

二、科室成立

2012年3月，成立尘肺综合治疗科，隶属于尘肺科，有病房14间（住院楼三楼北侧、一楼西侧各7间），医护人员5人，其中医生2人，护士3人，医护人员均为兼职，除综合科工作外要继续承担尘肺科的其他工作。

2012年，为加强科室管理，尘肺综合科建立了科室工作制度及人员职责，制度包括《病房管理制度》《病人出入院制度》《临床医生查房制度》《危重患者抢救汇报及责任追究制度》《执行医嘱查对制度》等。职责包括科主任职责、临床医生职责、治疗班护士岗位职责、护理班护士岗位职责、夜班护士岗位职责等。同时为了规范临床综合治疗、护理工作，更好地为尘肺病人服务，编写了《尘肺病综合治疗方案》。

2013年7月1日，尘肺科正式划分为尘肺灌洗治疗科和尘肺综合治疗科，实行独立运行并单独财务核算。2019年，尘肺综合治疗科接管医务部疗养科职业病疗养职能。

到2020年底，尘肺综合治疗科有医生4人，护士8人，病床56张。

三、业务开展

2012—2020年，尘肺综合科共收治住院患者2500人次，其中：2012年193人次、2013年245人次、2014年262人次、2015年271人次、2016年222人次、2017年317人次、2018年298人次、2019年692人次、2020年170人次。9年来，实现收入1600余万元，利润600余万元，同时也为尘肺灌洗科、药剂科、理疗科、医技科、膳养科和客房增加了收入。在疗养院领导和医务部的支持帮助下，尘肺综合科加大尘肺工伤患者组织力度，打开并巩固了冀中能源峰峰集团、邯矿集团、邢矿集团、邯郸电厂、大唐电力、张家口煤机厂等企业病源市场，尘肺病工伤住院患者逐年增加。

2012—2020年，尘肺综合科在开展日常尘肺综合治疗项目外，还负责以下工作：一是负责尘肺病患者的接诊、分诊和电话咨询，收寄尘肺胸片、CT等资料。二是负责职业病体检及体检报告审核工作，紧张时期配合体检科进行超声检查、抽血、导诊及胸片查阅工作，完成数万份体检报告审核。三是为原国家安全生产监督管理总局夏季培训班、煤炭工业协会会议、安委会会议、中国煤矿尘肺病防治基金会会议、疗养工作座谈会、工伤保险座谈会等重要会议提供医疗保健服务。同时，还为各企业多批次的疗养员提供医疗保健和健康知识讲座，尤其是2018年以来，随着院疗养业务的发展，岩盐气溶胶治疗人数累计突破10000人次。

四、市场开发

2012年，通过疗养院领导班子筹划安排，尘肺综合科每年赴石家庄、邯郸、张家口、承德、青龙等地进行肺灌洗综合治疗宣传，走访了河北省社会保障服务中心和冀中能源峰峰集团、冀中能源邯矿集团、张家口煤机厂、承德兴隆矿务局等省本级企业。通过走访，获得了河北省社保局工伤保险处和峰峰集团、邯矿集团、张家口煤机厂等单位的业务支持，每年均定量选派病人来疗养院治疗。职业病疗养人数也逐渐增多。截至2020年底，派遣职工来疗养院进行肺灌洗综合治疗的企业包括邯郸热电厂、邯郸马头电厂、唐山陡河电厂、唐山热电厂、承德滦河电厂、朝阳电厂、西柏坡电厂、华北石家庄电厂、张家口电厂、唐山冀北电力及宁夏煤业公司等。

通过市场开发，来尘肺综合科住院的工伤患者逐年增加：2012年22人次、2013年65人次、2014年99人次、2015年155人次、2016年169人次、2017年255人次、2018年216人次、2019年248人次、2020年100人次。

第二节 骨病专科治疗

一、治疗骨坏死技术引进

疗养院自建院以来，主要承担煤炭系统干部、职工的休疗养及会议培训工作。进入20世纪80年代后，国家实行改革开放，计划经济转入市场经济，由于疗养员锐减，以及同行业的竞争，开始面临严峻的客源不足及经济收入下滑的考验。为了充分发挥疗养院医疗资源优势，着力专科医疗路子，引进开展具备多发病病源广泛、科学有效、安全、风险小等特点的专科，开始筹备骨坏死专科。

股骨头坏死病，是骨科的多发病、疑难病，国内外多采用外科手术治疗。北京市鼓楼中医院骨病专家、主任医师马在山，出身中医世家，他结合祖传秘方，经几十年中医治疗研究，创立了"马氏疗法"即"马氏骨丸"加外治中药方剂。此疗法在临床骨坏死治疗中已见成效。马在山寄望在有生之年，将"马氏疗法"发扬光大，造福人民健康，因此拟与其他治疗单位开展横向合作。

1988年8月，交通部桥梁局新华医院院长和马在山一起到北戴河一家疗养院洽谈合作开展股骨头坏死病的治疗项目，因一些原因久谈无果。当时全国开展专科治疗的寥寥无几。疗养院医疗科长徐达山得知此消息，立刻与其取得联系。经疗养院研究同意后,医疗科立即将马在山等人请到院里,表达合作诚意,洽谈合作事宜,并初步达成合作意向。

1988年10月20日,疗养院与马在山签订了"马氏骨丸"治疗股骨头无菌坏死临床观察协议书。

1988年11月20日,按照有关协定,由北京红十字会新华医院向疗养院转送了27名骨病患者,解决疗养院第一批病员问题。自此疗养院开始了对股骨头坏死病的临床治疗和研究。

引进"马氏疗法",开创了疗养院专科治疗的先河,不仅成为新的经济增长点,而且能够产生良好的社会效益,增强疗养院的知名度,形成了疗养院的特色影响力。

二、成立骨病研究所和骨病专科

1988年10月20日,疗养院党委办公会议研究了和北京市鼓楼中医院协作观察"马氏骨丸"治疗股骨头无菌坏死有关事宜。决定成立中国煤矿工人北戴河疗养院骨病研究所。聘请北京市鼓楼中医院骨病专家主任医师马在山教授为骨病研究所名誉所长;研究所下设骨科病房、中药浴疗室、煎药室、处置室、理疗室、按摩室等。病房设立在6号楼北楼,共150张床。购置了观片灯一个;健身车数台,每个病房一台;录放机一台,播放床上体操。还配备由唐山煤矿医学院提供的股骨及髋关节实体标本若干。

1992年,经过近4年的临床治疗,初具规模,并取得了较好的社会效益和经济效益,收治的股骨头坏死患者呈逐年递增趋势,经过院里研讨决定,骨科病房改名为骨病专科。

三、科室的发展与设施改进

2011年,新的专科医疗楼竣工,迁入新址后,骨病专科增设专家门诊,设立了住院医生办公室和开放式护士站,设立了独立的骨科处置室、注射室,增设冲击波治疗室和功能锻炼室,增设了中药浴疗室、熬药室、理疗室、按摩室等治疗室,病房设立在住院部一层和二层,开放病床92张。

1. 中药浴疗室

1988年,由原来的一个办公室改造而成,共十余个浴盆,因患者多,男女上下午分开治疗。1989年,扩建浴疗室,分男女两部,共27个浴盆。1993年,随尘肺手术室的建立再一次扩建。2011年,迁入粉尘危害监测治疗中心楼,浴疗室按标准化建设,共23个浴盆(男14个,女9个)。

2020年,进行中药浴疗室改扩建,在原有中药蒸汽浴的基础上,增加上肢(下肢)康复浴槽、蝶形浴槽、电流水浴槽、水中步行训练跑步浴槽、汗蒸等水疗康复设备,实现康复水疗功能。

2. 中药浴煎药和送药方法

2011年,煎药由原来用液化气加热改成大桶蒸汽煮药;2016年,响应国家号召,实行节能减排,改为低谷电加热煮药;送药由过去人工用水桶抬改为通过水压泵管道送药,大大提高工作效率。

3. 中药熏煊室

加热方法最早用大保温桶,1994年改造成熏煊车,实现加热与运送一体化。2011年迁入新的专科医疗楼,增设熏煊药加热室一间。

4. 理疗室

1988年因条件所限原理疗室1间,面积较小,理疗床3张。2011年,搬入粉尘危害监测治疗中心楼,理疗室面积较原来扩大4倍左右,8张理疗床,增加和方便了患者的治疗。2013年10月,因业务需要与康复理疗科理疗室合并,规模再扩大一倍,负责专科医院所有科室的理疗,治疗更加规范。

5. 按摩室

1988年，因条件所限与原理疗室共用1间，面积较小，按摩床仅1张。2011年，搬入粉尘危害监测治疗中心楼后，单独成立按摩室，两个房间3张治疗床，增加和方便了患者的治疗。

6. 体外冲击波治疗室

2011年12月，购置一台体外冲击波治疗仪，引进了治疗股骨头坏死的新方法，为科室以后的发展提供了新的硬件设备和治疗手段，在骨科病房增设了独立的体外冲击波治疗室。

7. 功能锻炼室

为了加强患者住院期间下肢功能锻炼，便于集中管理，于2014年初将各房间内的功能车放入二层的一间病房，设为功能锻炼室。

8. 护士站

1988年，将一个房间设为护士室。2011年，改为标准护士站，开放式，方便接诊与治疗。

9. 病房

1988年原病房设立在6号楼北楼，因该楼建院初期建设，病房布局和设施较简陋。2011年迁入新的专科医疗楼，病房房间设施均按照标准病房布局和设立，标准病房内设病床3张，有空调、壁挂电视、独立卫生间、24小时太阳能热水，有网线和WIFI，家庭式病房的使用，极大方便了患者的治疗，得到了患者的满意与肯定。

10. 骨科注射室

1993年5月，开展金葡素注射液（又称骨生长因子，FHS）注射治疗股骨头缺血性坏死、骨折后骨不连、强直性脊柱炎等疾病，单独开辟一间手术室，在购置的C型臂引导下准确定位进行注射治疗。2011年，搬入粉尘危害监测治疗中心楼后，在门诊部设置了专用的注射室。

11. 三氧治疗室

2018年5月，购置德国卡特臭氧治疗仪1台，开展三氧自体血回输和关节腔注射治疗股骨头缺血性坏死，在门诊部设立了独立的三氧治疗室。

四、治疗项目

从1988年开始的股骨头无菌坏死治疗到2019年，先后经历三十余年，它是疗养院开展特色专科治疗项目坚持延续时间最长，也是较为成功的范例，经过多年不断的探索、科研、创新、新办法引进，已形成了一整套独具规模别有特色的综合保守治疗方法，在国内骨伤科界享有较好的声誉和知名度，同时获较好经济效益。

截至2020年底，住院患者5200余人，门诊患者60000余人，总有效率97.3%，每年住院高峰时，患者多达120余人，每年均有大量来信、电话及网上咨询。骨坏死专科就诊患者遍及全国22个省、5个自治区和3个直辖市，其中以河北、黑龙江、辽宁、山东、吉林省较多。1996年7月，来自马来西亚的患者云舜花来院治疗。1996年9月，来自中国台湾地区台北市的患者潘银来先后三次住院治疗。2010年6月，收治了俄罗斯患者达尼娅。从1999年起，为外地病人邮寄药物60余万元。多年来，骨科医护人员先后在《人民日报》《工人日报》《健康报》《中国煤炭报》《秦皇岛日报》《秦皇岛晚报》《唐山劳动日报》《唐山晚报》及国家级、省级医学杂志上发表科普文章19篇，有关股骨坏死医学论文31篇。许多患者是通过治愈患者的信息和看了报纸杂志发表的文章、论文等，前来就诊。

从1988年"马氏疗法"到1993年"中西医综合保守疗法"，再到2008年的"3+3"中西医综合保守疗法，经过几代人在临床治疗中不断完善与创新，总结积极有效的治疗方法应用于临床，以较高的口碑赢得了广大患者的满意和信任。

1. 马氏疗法

这是骨病研究所最初开展治疗的主要治疗手段，项目有口服马氏骨丸、中药蒸汽浴和中药熏熥等，同时配合功能体操。

（1）马氏骨丸，可以改善微循环，使增生或变性的结缔组织复原。马氏骨丸是马氏疗法的核心机密，是马在山教授用毕生精力研究与祖传秘方相结合的结晶。

（2）中药蒸汽浴，应用几十种有益于坏死骨骨质修复的中草药煎熬成药液，让患者经过较长时间的全身浸泡，药物即可通过皮毛、腧穴，由表及里渗透到肌肉、韧带和骨骼，以疏通腠理，开放毛窍，达到温经祛邪、通经活络、活血化瘀、调养气血、改善局部功能和营养状态的作用。这是马氏综合疗法中主要治疗手段之一。

（3）中药熏熥，是把三十几种中草药装入药袋浸湿，蒸热后放在患病局部，进行熏熥，通过中药渗透的原理，达到治疗目的。这是马氏疗法中另一种主要治疗手段。

（4）推拿按摩，是通过医疗手法对患肢进行定时按摩，能疏筋活血，促进髋部和股骨头的血液循环，起到辅助治疗骨坏死的作用。

（5）中药离子导入，是利用直流电将药物离子，通过完整皮肤或黏膜导入人体以达到治疗疾病的效果（因经常发生局部过敏，于1993年停止该项治疗）。

（6）下肢牵引。一方面，下肢牵引可将髋关节间隙拉开，使髋臼的软骨面与股骨头的软骨面相互分开，使坏死炎症的软骨面得到休息，同时也降低了关节腔的压力，为股骨头创造一个良好的修复环境。另一方面，可对抗髋关节周围的肌肉、软组织挛缩，尤其是夜间静息情况下，最好让肌肉处于牵伸状态。对于已经出现挛缩现象的患者，牵引可起到松解的作用，长期坚持牵引，可辅助治疗骨坏死。

（7）功能锻炼。采用特殊定制的功能操及骑功能车等，让患者每天坚持定时定量定次做，以改善患者的活动功能。功能操是疗养院创编了一整套音乐体操，最初用录放机在走廊里播放，由护士督促、组织指导患者在各自床上进行锻炼。后因房间内接收效果不理想，1995年购置了功放机，各病房安装上播放器。2000年，又重新安装了新播放器，进一步规范了该项治疗活动。

（8）院内制剂骨丸。2000年，经上级申请批准后，疗养院开始中药制剂成骨丸的临床应用，该药经济、可靠，深受患者的欢迎，尤其是贫困患者。之后，随着国家药品制剂管理严控，2008年，停止自制骨丸。

2. 乌金散浴疗法

为充分发挥浴疗室价值，20世纪80年代疗养院引进了复方乌金散浴疗法。复方乌金散浴疗是疗养院开展的一项独特的治疗方法。乌金散是从褐煤中提取的以腐植酸为主要成分的一种药物。腐植酸古代称风化煤，也叫乌金石，明代李时珍《本草纲目》记载，主要用于治疗鼻出血、妇女气血痛及渚疮毒、小儿癫痫等。在国外主要用含腐植酸的泥炭外敷或浸泡在泥浆中治疗疾病，泥炭浴在中欧和东欧一些国家是一种传统的治疗方法。认为有消炎杀菌、消肿和收敛作用，而且近年研究认为是一种高效抗肿瘤药物。

中国从1975年开始应用，1978年以后临床和基础研究都证实，腐植酸确有比较好的止血、消炎和促进溃疡愈合作用，同时认为该药可能是一种免疫类型的抗癌药和抗病毒药。

1986年，疗养院与北京同仁医院微循环研究室合作，用复方乌金散浴疗，对60余例胃十二指肠球部溃疡的病人进行了临床、生化、电镜等综合观察治疗研究，疗程一个月，总有效率达92.6%。其作用机理是，促进胃十二指肠患部的微循环，提高血液中抗炎因子水平，从而增强机体修复能力。该项研究结果，曾获得北京市科技进步二等奖。1987年，复方乌金散浴疗科研小组管理团，赴苏联及欧洲一些国家进行技术交流。

自1986年以来，此项技术在疗养院临床广泛推广应用，先后共有10余万人次进行乌金散浴疗，其中胃及十二指肠球部溃疡病人共1000余人，临床资料比较完整的病例850人，统计治疗效果，有效率达88%。

在疗养院开展该项治疗中，发现乌金散浴疗不仅对胃及十二指肠球部溃疡病疗效显著，而且对其他一些慢性病如慢性胃炎、萎缩性胃炎、胃肠功能低下、高血压病Ⅰ—Ⅱ期、低血压病、动脉硬化Ⅰ—Ⅱ期、习惯性便秘、肥胖症、高血脂、类风湿性关节炎、神经衰弱、植物神经功能紊乱、周围神经麻痹、慢性支气管炎及某些皮肤病均有良好效果，深受广大煤矿职工欢迎。

鉴于上述情况，为了更好地满足广大病人治疗的要求，中国统配煤矿总公司于1993年拨专款对疗养院浴疗设施进行翻修建。扩充和改善了浴疗场所和浴疗环境，截至2019年底该疗法仍在使用。

3. 中西医综合保守疗法

根据收集掌握的新信息，疗养院不断地引进新技术、创新疗法，结合"马氏疗法"，使骨坏死治疗技术得以提升。

（1）引进金葡素注射液（又称骨生长因子，FHS）注射治疗。1993年5月1日，与中国中医研究院骨伤科研究所骨不连治疗中心签订《骨生长因子新技术临床科研协作协议书》。1993年5月20日，首次为两名患者进行骨生长因子注射治疗并获成功。为治疗方便，1993年购置了日本产岛津C型臂X射线机，安装在手术室内。金葡素注射液使骨坏死保守治疗有了新突破。金葡素注射液能促进毛细血管生长，促进血肿吸收，机化和加速骨痂形成，促进骨折愈合。该方法除治疗骨坏死外，还治疗强直性脊柱炎、腰椎退行性病变、颈椎病、膝关节骨质增生、骨不连等，深受患者欢迎，截至2020年底，接受此项治疗的患者2500余人，注射骨生长因子7万余支。该方法开展后，疗效进一步得到了提高，骨科患者来诊及住院率明显增加。

（2）介入疗法的引进。1996年与廊坊石油管道局中心医院签订协作合同书，通过学习交流、早期带教方式，聘请介入科主任来疗养院为股骨头坏死患者行血管介入治疗。1996—1999年，共有患者94人行放射介入治疗161次。股骨头坏死的介入治疗是在医学影像方法引导下，采用经皮穿刺插管，对患者进行造影定位，以特定药物在局部进行灌注，改善股骨头血液循环，疏通和重建股骨头滋养血管，达到改善患者病情的治疗方法。该项治疗使部分患者收到一定疗效，但由于是一次性给药，药物作用的时间相对较短，只可短时间改善股骨头的血液循环，无法发挥长效作用，于1999年10月停止此项治疗。

（3）靶向扩张血管药物前列地尔（前列腺素E1）注射液的应用。2002年从《健康报》获悉中日友好医院应用靶向扩张血管药前列地尔（前列腺素E1）注射液静脉点滴，可有效地改善血液循环，疗养院于2002年7月开始此项治疗，至2019年仍是疗养院骨坏死辅助治疗方法之一。截至2020年底，完成静脉输液

9000余支。

(4) 引进玻璃酸钠注射液关节腔注射治疗。经市场调研，疗养院发现玻璃酸钠注射液可用于髋骨关节病、膝骨关节病、肩周炎等关节退行性病变。从2006年骨科将此药用于髋关节骨性关节炎、股骨头缺血性坏死早期和膝关节骨性关节炎的治疗，到2020年底，治疗1.2万余人次，取得了满意的临床疗效。

4. "3+3"中西医综合保守疗法

为了更加规范、系统有效地治疗股骨头缺血性坏死，2008年，科室总结近20年的临床治疗经验，不断创新，制定了"3+3"中西医综合保守疗法治疗方案。即"三合一辅一拄一炼"中西医综合保守疗法，取得了显著的临床疗效。

"三合"：一合，内外结合（内服——活血健骨片为主，还有骨肽片、葡立等；外用——金葡液骨膜下注射、骨肽、玻璃酸钠关节腔注射等）。二合，动静结合（动——动脉介入治疗；静——静脉内循环给予前列地尔等改善微循环的药物）。三合，"三中"结合（中草药浴疗、中草药薰蒸、中草药薰蒸+牵引）。

"一辅"：辅助治疗（包括体外冲击波、按摩、激光疗法、电脑中频等辅助治疗）。

"一拄"：坚持拄双拐，避免负重。

"一炼"：功能康复锻炼（包括骑特制功能车、功能操等）。

(1) 引进骨肽片及骨肽注射液的临床使用。2013年，通过学术交流，了解到骨肽具有调节骨代谢，刺激成骨细胞增殖，促进新骨形成，以及调节钙、磷代谢，增加骨钙沉积。用于增生性骨关节疾病及风湿、类风湿关节炎等，并能促进骨折愈合作用。疗养院应用该药治疗股骨头缺血性坏死，增加了临床疗效，至2020年底使用1.1万余支，治疗400余人次。

(2) 引进通络生骨胶囊治疗股骨头坏死。2014年，"马氏疗法"治疗股骨头坏死的口服中成药活血健骨片，因多种原因停产，为解决补充口服用药，经过充分市场调研，发现通络生骨胶囊具有：改善股骨头内的血液供应血液循环、营养供给，促进股骨头内的坏死组织和血管修复再生，缓解关节疼痛，促进死骨吸收，加速新骨形成，从根本上治疗股骨头坏死作用。当年引进该药临床使用效果满意，至2020年5月，治疗1100余人次，因该药生产厂家中断供货，2020年5月后，骨科临床停止使用该药。

(3) 引进体外冲击波技术治疗股骨头坏死。2005年开始，北京武警总医院、前海医院、望京医院、中日友好医院等国内知名医院，利用体外冲击波保守治疗股骨头缺血性坏死。2010年，疗养院派遣骨科主任带队前往几家医院考察调研，了解到，外冲击波疗法（ESWT）是利用液电能量转换和传递原理，达到裂解硬化骨促进骨愈合等目的，该法具有安全、无创、无明显并发症、疗效显著等特点。2011年12月，购置一台体外冲击波治疗仪，型号HK.ESWO-AJII，开展了治疗股骨头坏死的新方法，进一步强化了综合保守治疗体系。截至2020年底，共治疗2500余人次，创收50余万元，疗效显著。

5. 新技术的临床应用

近年来，主要开展的新技术有内固定取出治疗、小针刀治疗、三氧注射治疗及三氧自体血回输疗法等。

(1) 内固定取出治疗。股骨头缺血性坏死患者人群中，有很大一部分是外伤骨折导致，内固定术后股骨头坏死率为80%以上，以往发现这部分患者，需要到综合医院行内固定物取出后，再来疗养院保守治疗，2015年11月开始，为股骨头缺血性坏死患者做股骨颈骨折术后内固定物取出术，缩短了股骨头坏死的治疗时间。

（2）小针刀治疗。2016年，针对股骨头坏死三期以上患者合并髋关节活动功能受限，疗养院通过小针刀松解挛缩粘连的肌肉、韧带，最大程度地改善活动功能，疗效显著。

（3）引进三氧注射治疗及三氧自体血回输疗法。2018年5月，开展应用三氧疗法治疗股骨头缺血性坏死，三氧在治疗股骨头坏死时具有以下优势：能消除致痛物质而抑制疼痛，改善关节的挛缩，增大关节腔间隙，增加关节活动度，明显改善关节液的浓度和黏稠度，对组织进行修复。同时配合三氧自体血回输疗法，三氧活化后的静脉血通过血液循环达到病灶处，减少脂肪栓及小血栓的形成，并一定程度上促进其溶解，改善股骨头微血管循环，从而改善股骨头供养。使坏死的骨质逐渐被吸收，新骨逐渐形成，让股骨头坏死患者逐渐康复。三氧疗法操作简便，与药物治疗相比并发症和副作用少，安全可靠。截至2020年底，治疗350余人次，创收7万余元。

（4）射频微创消融术。2018年12月，开展射频微创消融术治疗腰椎间盘突出症、颈椎间盘突出症、带状疱疹后神经痛等疾病，截至2020年底，共治疗20余例，创收10万余元。

6. 新的诊断方法——骨密度的引进

2015年，为了对骨坏死和骨质疏松症更加准确的诊断及治疗需求，购置骨密度仪一台，型号UBS-3000plus，骨密度是骨质量的一个重要标志，反映骨质疏松、预测骨折、骨坏死严重程度的重要依据，股骨头缺血性坏死患者大部分合并有不同程度的骨质疏松。骨密度仪是测定人体骨矿并获取各项相关数据的医疗检测仪器，在预测骨质疏松程度方面有显著的优越性，为骨质疏松疾病提供一种先进的诊断手段，为股骨头坏死的保守治疗精准用药起到了较好的指导作用。截至2020年底，为2400余名患者进行了准确的诊断治疗。

五、探索与提高

1. 从专一治疗股骨头坏死病到多种骨病的探索治疗

骨专科成立之初以治疗股骨头无菌性坏死为主，在市场需求下，骨病研究所继续探索，开展了范围更广的骨病治疗，如强直性脊柱炎、类风湿关节炎、腰椎压缩性骨折、腰间盘突出症、颈椎病、骨折、骨不连接、迟缓愈合等骨科疾病的治疗，也有独到的治疗手段并取得较好的临床疗效。

2009年底，购置的微电脑水平型颈腰椎牵引床，QYQ-02型颈腰椎牵引床。开展治疗颈腰椎病，到2019年底共治疗颈腰椎病人200余人，共创收10万余元，为患者解除了病痛。

2012年，针对强直性脊柱炎患者，采用局部注射重组人Ⅱ型肿瘤坏死因子受体-抗体融合蛋白（益赛普）药物的治疗，取得了满意的疗效。

2016年，应用小针刀松解技术治疗颈椎病、腰椎病、髋骨关节病、膝骨关节病、腕关节综合征、网球肘、肩周炎、足跟痛等，取得了较好的社会效益和经济效益。

2018年5月，开展三氧疗法治疗高血压、高血糖、高血脂、高尿酸血症、睡眠障碍、强直性脊柱炎、腰椎间盘突出症、膝骨关节病、髋骨关节病、肩周炎、局部软组织疼痛等。

2018年12月，开展射频微创消融术治疗腰椎间盘突出症、颈椎间盘突出症、带状疱疹后神经痛等疾病。

2. 合作开展药物临床试验

1997年，经卫生部药政管理局以〔1995〕ZL-50号文件和北京市卫生局批准，北京鼓楼医院、北京长城制药厂共同委托疗养院和北京安贞医院联合开展《生骨片治疗股骨头坏死Ⅱ期临床实验》项目，并于1997年3月24日签订协议书。

双方共同完成150例临床病历的观察与统计分析工作，1999年经卫生部药监局专家鉴定试验成功，具有国家批准文号的"活血健骨片"顺利上市。

2002年12月4日，与北京长城制药厂新药部签订了"关于经营活血健骨片的协议"。2018年，药厂停止生产活血健骨片，疗养院改用其他药物治疗股骨头坏死。

3. 参编《马氏中医治疗股骨头坏死》

1988—1991年，疗养院骨病研究所被定为北京科委、北京鼓楼中医院管理局重点科研项目《马氏中医治疗股骨头坏死》专著参编单位，疗养院院长梁云鹏、副院长陈志远等6名医生参与了撰写工作，负责其中6个篇章编制。该书于1994年4月，第一次由人民卫生出版社出版。1995年，获中华人民共和国新闻出版署全国科技图书一等奖。1993年4月，卫生部部长陈敏章为该著题词："总结临床实践经验，发挥中医药特色，造福人民健康。"

第三节 结石专科治疗

一、科室创建

1997年，疗养院已成功开办了尘肺和骨坏死两个专科，为进一步发挥医疗专业人员技能，也为在医疗市场寻找新的经济增长点，疗养院开始调研筹划建第三个专科。

1997年9月中旬，医疗副院长陈志远与1名医生到北京部分专科医院考察，走访3家专科医院。在北京亚运村医院时，得知该院与新疆老年病研究所合作，应用中药排石清与体外震波碎石治疗肝胆肾结石病效果较好。认为此项专科治疗比较适合引入疗养院。一是结石是高发病，病源较多；二是能安置部分医务人员的工作；三是疗养院增加结石病新的治疗专科，填补了北戴河结石病治疗空白，且能增加疗养院的经济效益和社会效益。当时，疗养院与新疆老年病研究所就排石清药物与碎石机的购置及联合在疗养院开展结石病治疗的有关事宜草签了协议。

考察组回来后，医疗部向疗养院提交了《开展结石病治疗专科的可行性报告》和实施方案，得到疗养院批准后，开始筹建结石科，配备人员并进行上岗培训，考察和设备的调研购置，宣传组织病员。

1998年2月25日，向北戴河区卫生局提交了《关于开展结石病专科治疗的请示》报告。1998年3月22日，结石病专科正式成立。

二、设备引进与管理

结石科成立后需购置电磁冲击波体外碎石机，费用约30万元，因为当时疗养院资金紧张，最终采取职工自愿集资的方式购买碎石机。1998年4月9日，成立碎石机集资管理委员会，制定了管理办法，至1998年4月11日参与集资55人，146股，集资款额计29.2万元。1998年4月中旬，与深圳科达电器新技术有限公司签约购买电磁冲击波体外碎石机，此设备后由疗养院做回购处理。

1998年5月12日，与三门峡肝胆结石病研究所签订了《医疗合作协议书》，引进胆石散和溶石通淋散治疗药物。

2008年，结束与三门峡肝胆结石病

研究所的医疗合作，停止使用溶石通淋散和胆石散，开始使用净石灵胶囊治疗泌尿系结石；使用结石清胶囊和熊去氧胆酸治疗胆系结石。

2012年，由原医技楼搬入粉尘危害监测中心治疗楼。

截至2020年底，结石科共有医护人员3人。

三、业务开展

1998年7月28日，成功地为第一名女性输尿管结石患者进行碎石治疗。为了扩大影响力，提高知名度，广泛招揽病人，结石科工作人员利用各种方法、通过各种渠道进行宣传，包括到秦皇岛市三区四县各大中小型医院、城镇农贸集市宣传疗养院治疗结石方法和联系病员，在秦皇岛《视听之友》刊登广告进行宣传，同时通过对来院治疗病人进行溶石、碎石、排石治疗和防石教育及良好的治疗效果和热情真诚的服务来吸引病人。

2006年，阿洛卡SSD-5500彩色多普勒超声诊断仪安装并投入使用，结石诊断的阳性率得到了进一步的提高，尤其是输尿管第二狭窄处结石。体外震波碎石的范围相应有所扩大。同年，开始超声心动图检查。在超声诊断结石的过程中，引用逆向思维方式，完善超声诊断方法，提高超声诊断率，使超声在探查结石方法上探查率达到100%。

2018年，新元素电磁式体外冲击波碎石机和飞利浦Clearuve850彩超机安装启用，增加了碎石和彩超检查能力。新超声设备在开展常规腹部、心脏检查的同时，增加了甲状腺、浅表组织、血管、妇科等检查，增大了业务范围，提高了专业水平。自新机器投入使用以来，完成了4500余例检查。新碎石机的使用缩短了碎石时间，定位更精确，缩短了治疗时间，提高了治疗效果，减轻了患者在碎石时的痛苦。从投入使用以来，已为1500余例患者进行碎石治疗，收到了较好的社会效益和经济效益。

2020年，在做好新冠肺炎疫情防控的前提下，开展结石病门诊、住院患者、体检人员的超声检查工作。年门诊2700人次，住院检查970人次，体检800人次，收入72万元。

从1998年成立至2020年底，治疗胆囊结石5000余例，有效率达80%，排净率在40%以上；治疗泌尿系结石20000余例，碎石治疗1万余例，排净率90%以上。

随着秦皇岛市其他医院碎石机的增加，市场竞争日趋激烈，凭着"人无我有、人有我优、人优我廉"的理念，真正做到了最大优惠于民，技术好，价格低，吸引病人。通过疗养院的热情、真诚地服务，及时有效治疗，缓解病痛，得到了患者的信任与肯定，形成良好的口碑，做到了由病人的亲身感受直接进行宣传。来治疗的结石病患者来自秦皇岛地区三区四县乃至外省市，逐年增加，使结石科在秦皇岛的碎石市场中占有一席之地。

第四节 其他专科项目

一、神经康复科

1. 成立背景

1995年初，为了扩大医疗专科服务项目，为众多的脑外伤、脑血管意外后遗症等致残患者提供治疗，疗养院派考察小组去北京博爱医院等地进行考察后，于3月28日提出了开展神经康复专科可行性研究报告。1995年底和1996年初，分别派1名医生、1名护士到北京博爱医院进修、培训3个月，后到开滦医院神经内科进一步学习神经系统疾病的理论、诊断与临床治疗。1996年2月，经过近1年的调研、考察，并与拟合作单位中国康复研究中心北京博爱医院方定华等专家以及神经生长因子生产厂家的多次洽谈以及技术培训等，提出《开展神经康复专科实施方案》。1996年3月2日，经院长办公会研究，原则批准了此方案。1996年4月，派2名护士到博爱医院参加为期2周的康复治疗（主要是PT、OT）培训班。

1996年5月1日，神经康复科正式开诊。开诊后首例病人为高血压脑梗塞后遗症男性患者。短短半年治疗收入达18.1万元。

2. 业务开展

神经康复科以治疗神经性原因导致的功能障碍为主，主要包括偏瘫、截瘫、四肢瘫等运动障碍；失语、构音障碍等语言功能障碍；失认、失忆、心理问题等高级脑机能障碍。神经康复科建立后，投资1.5万元购置了系列康复用具、公共用具。PT室平行杠、肋木、练习用阶梯、实用步行阶梯、倾斜台、治疗床等；OT室有滚筒、磨砂作业用具、手指机能训练桌、手指训练用铁钉等；个人用具如轮椅等。神经康复科采用正规的康复技术手段，有运动疗法（PT），使用器具或治疗师的徒手手技或利用患者自身的力量，通过主动的或被动的运动，以全身或局部的功能得到恢复为目的的治疗方法；作业疗法（OT），利用种种材料、工具及器械，进行有目的性和有生产性的动作和作业，以赋活心理功能，改善身体功能和心理功能；语言疗法（ST），是反复利用强的听觉刺激和多途径的语言刺激，如给予刺激的同时给予视觉、触觉、嗅觉刺激，对口吃、失语、发音不清、发音困难、聋哑患者进行语言训练，尽可能恢复其说、听和语言交际能力；心理疗法，用心理学方法，通过语言或非语言因素，对患者进行训练、教育和治疗，用以减轻或消除身体症状，改善心理精神状态，适应家庭、社会和工作环境；理学疗法，由外部利用光线、水、电、温度等物理因素，作用于人体而达到治疗目的的方法；辅助应用肢具，支撑体重，协助或代替肢体的功能，防止不随意运动，防止或矫正畸形；同时根据情况辅助应用中西医治疗。

从1996年至2001年底，共治疗各种功能障碍患者300多人，康复效果肯定。原煤炭工业部计划司司长李学圣曾于1997年5月入住疗养院进行脑血管意外康复治疗，取得良好效果。

2001年，因病源不足，神经康复科撤销。

二、减肥专科

1. 成立背景

2000年，为了开拓新的适合疗养院发展的医疗项目，医疗部进行了大量的市场调研和资料收集。调研结果认为，肥胖已成为全球蔓延速度最快、最严重的公共卫生问题之一，全世界肥胖人数已突破12亿大关，中国人民随着生活水平不断提高，肥胖者也到处可见。肥胖被称为文明病和西方最严重的慢性病，减肥成为当时国内外一种时尚和特殊人群的需求。疗养院有丰富的床位资源，具备技术力量和手术条件，并有开展其他专科的成功经验，开展以肠道水疗、吸脂等为主要疗法的减肥项目是可行的。

经过长时间的调研，包括到北京医疗美容院、各大医院美容科的实地考察，2000年7月，从北京远东前景洗肠技术有限公司购置了HC-2000型肠道水疗仪，并派4位医护人员到北京中日友好医院进行为期一周的肠道水疗培训。2000年8月，设备安装调试完毕，正式开展了以排毒养颜、调节肠道菌群紊乱、减肥为目的的肠道水疗项目。

2001年9月中旬，疗养院派医护人员到北京医院激光整形美容中心进行为期一周的实地学习，同年10月份疗养院和北京市博理诺商贸有限责任公司签署了购置意大利L.E.M医用电子去脂机的合同，10月底设备安装调试完毕。

2001年10月，正式成立减肥专科，开展了以调节饮食和运动减肥、吸脂减肥法、肠道水疗减肥法等多种方法的减肥治疗项目。

2. 业务开展

2002年10月，减肥科成立一年，共为20余名肥胖患者行腹部、臀部吸脂术，150多例病人行肠道水疗治疗，疗效满意。由于当时的工作重心在于肺灌洗技术的研发和推广等方面，人力不足和宣传力度不够，以及吸脂技术的局限性，开展时间的短暂性等因素，减肥专科未能做强做大。

2002年11月，减肥专科并入骨科，以后基本停止治疗。

三、中医康复理疗科

1. 成立背景

2011年4月，为挖掘疗养院新的经济增长点。经院长张振国提议，院班子研究决定，成立中医康复理疗科。由王蕾带领医疗部外出考察学习，回来后即投入紧张的筹建工作。疗养院购置了32万元理疗仪器和设备，招聘1名中医、2名按摩师、1名专职俄语翻译。

2. 业务开展

2011年6月1日，正式接待俄罗斯疗养员和俄罗斯客人。康复理疗科当时的主要业务是针对俄罗斯来疗养院度假的疗养员和客人，进行各项理疗、按摩、针灸、拔火罐、火疗、中草药熏蒸、口服中草药及中医诊脉等治疗。同时还要完成骨病专科住院病人的理疗、按摩以及各地煤矿工人的疗养理疗工作。

针对疗养院康复理疗科的发展方向，疗养院利用满洲里国旅这个平台，对俄宣传疗养院的中医治疗。俄罗斯市场很大，90%的人喜欢中医，他们有很多的疾病也只有通过中医治疗，才可以很快的见效。多年来，通过走访满洲里、绥芬河、同江、珲春等多个口岸，大力宣传疗养院的优美环境和医疗特点，取得了较好的经济效益和社会效益。

2011—2013年，平均每年暑期有近2000人次俄罗斯客人来疗养院理疗科进行诊治。随着国际政治变化，卢布贬值，俄罗斯市场也出现了下滑趋势，导致做理疗、按摩的客人逐年减少。

2014年11月，为了更科学、更便于管理，疗养院研究决定：把现有医疗科室的理疗仪器全部整合到一起，归属中医康复理疗科统一管理和对外开展业务。统一后的中医康复理疗科有理疗床位25张，各种理疗仪器30台。设置了中草药房，购置了两台中草药熬药机，解决了疗养院多年没有中草药房的问题。

整合后的康复理疗科的任务是面向社会，为俄罗斯来疗养院客人和住院患者进行中医康复理疗，同时还担负应急管理部领导来疗养院休养期间的保健治疗，应急管理部英模人员及各种部级工作人员培训度假的理疗治疗工作。

2014—2020年，为门诊病人，应急管理部英模，国家森林消防队伍，铁能集团、汾西矿业、山东能源、大庆石油、沈阳燃气疗养员，住院患者康复理疗超45万人次，经济收入为每年130万~200万元之间，利润为95%。

2020年，受新冠肺炎疫情影响，收入有所下降。为做好康复宣传，每年理疗科均组织科室人员到海滨镇周边村庄、社区、幼儿园进行义诊。

第四章　行政与辅助科室

第一节　医疗行政

一、医务科

1. 成立背景

2011年，为全面贯彻落实医疗相关政策，加强医疗质量的监控，强化医疗安全，优化医疗事务行政管理，满足疗养院医疗事业发展需要，根据河北省卫生厅医疗机构校验以及市卫生局对医疗机构科室设置要求，2011年11月，在医疗部下设医务科。2012年，成立新农合科、医疗保险科、工伤保险科，一并由医务科承担其科室职能。2014年，成立感染控制管理领导与工作小组，医务科承担日常工作。

医务科工作人员定额2名，1名正式职工和1名合同制职工。2017年4月，工作人员定额增至3名。2020年6月因疫情原因，减员至2名。

2. 科室职责

自成立以来，医务科主要承担职责有：①建立健全相关工作制度；②医疗安全及质量控制监督检查；③医疗纠纷处理；④医德医风建设；⑤医教；⑥感控；⑦兼职医保科、新农合科、医疗保险科、工伤保险科、质控科、病案科；⑧协助院及医务部涉医其他工作。

3. 制度建立

2011年11月，医务科建立完善医务科规章制度；建立《医疗质量管理制度》《医疗质量管理小组工作制度》《科室质量管理小组制度》《医疗质量安全隐患排查制度》《医疗服务质量调查问卷制度》《医疗业务用章制度》。

2012年3月，建立职业病诊断质量管理制度，包括职业病诊断质量保证制度、职业病诊断各工作人员岗位职责，以及职业性尘肺病及其他呼吸系统疾病诊断流程等。6月，建立专科医院新农合规章管理制度，包括新农合告知同意制度、住院患者一日清单制度、新农合投诉、举报受理及处理制度。二三线药品、大型医疗设备特殊检查审批制度、新农合考核评价和奖惩制度。9月，制定工伤保险相关制度、医疗保险相关管理制度、医保科工作职责。

2013年，建立职业体检相关管理制度。

2014年，制定《专科医院医嘱书写与执行规范》《体温单书写规范》《体温单书写规范补充通知》。

2015年，建立《院医疗废物管理制度》《医疗废物处理流程》《医疗感染应急预案》《医疗废物流失泄露扩散与意外事故应急预案》《医疗暂存点管理制度》《消毒供应室应急预案》《传染病报告工作制度》《传染病疫情信息报告工作制度》《医疗差错处理预案》《医疗纠纷防范与处置预案》《医疗纠纷责任追究制度》《医疗差错事故登记报告处理制度》。

2016年，建立《关于紧急封存患者病历及反应标本制度》。

2017年，建立医院创城、医改等相关管理制度。

2018年，建立公共场所及食品药品

从业人员健康证体检相关制度。

2019年，建立医师考核定点医疗机构相关规章制度、城镇职工体检相关制度。

4. 日常行政事务管理

2011—2019年，医务科先后对灌洗科、骨科、综合科共进行病例检查540份，及时查找存在的缺陷，让病历完成更加规范化；进行了医疗安全及质量控制监督检查108次，处理不规范行医行为12项；发现纠正问题18项；解决医患纠纷21项；接收赠送锦旗72个，医护优秀党员26人次；拒收红包126次；纠正不规范病例45本；发放医疗服务质量调查问卷2909份；日常医疗业务用章93026次。

5. 医疗资质及备案的申报

2012年以来，医务科为适应医疗政策要求，拓宽专科医院医疗业务发展，准备各类医疗资质申报材料，协助院及医务部取得各项医疗资质。

2012年，协助取得河北省卫生厅批准的河北省职业诊断资质、秦皇岛市新农合定点医疗机构、秦皇岛市市级工伤保险定点医疗机构。

2013年，协助取得河北省职业体检资质定点医疗机构资格、秦皇岛市城镇医疗保险定点医疗机构、北戴河区镇职工和新农合定点医疗机构。

2014年，协助取得北戴河区医疗保险定点医疗机构。

2017年，在北戴河区和秦皇岛市市场监督管理局进行健康证体检备案，取得公共场所及食品药品从业人员健康证体检资质。

2018年，协助院及医务部完成河北省工伤康复试点医疗机构省级专家组的验收。

2019年，协助取得秦皇岛市北戴河区城镇职工医疗保险体检定点医疗机构资质、河北省工伤康复试点医疗机构资质、秦皇岛市医师考核定点医疗机构；完成河北省、秦皇岛市、昌黎县等相关职业体检备案工作。同年，准备河北省乙类大型仪器设备材料准备及申报，并协助院及医务部去省卫健委进行答辩申报。

6. 医保、新农合、工伤工作

2012年以来，建立完善了专科医院新农合规章管理制度、工伤保险、城镇居民医保等制度。并进行了异地就医院内政策宣传、制作展板、制定具体执行措施等。

2012—2019年，医保工作逐步规范化、标准化，针对临床医师集中组织医保政策开展专项培训120次，向患者发放医保政策告知材料5000份。

7. 感控工作

2014年，建立完善了感染控制管理体系，加强了对临床科室院内感染监督控制，统一了专科医院医疗废物的分装、处理、消毒与管理工作，督促协助各科室做好感控工作。

2016年开始，与秦皇岛徐山口签署服务协议实行医废规范清运。2017年，建立了医疗废物管理责任制体系。

2017—2018年，推进疗养院污水处理系统建设，参加院清洁生产涉医部分的审核及整改。

2019年，与秦皇岛海星洗涤有限公司签订了被服洗涤合同书，使疗养院的医用织物洗涤工作纳入正轨。与秦皇岛科洁医疗废物贮置有限公司签署输液瓶回收协议。

2014—2019年，对临床科室进行集中督导检查72次，组织医护人员进行感染控制专项培训36次，院内感染患者0人次，启动感控应急预案0次。

8. 教育与培训工作

2011年开始，医务科负责疗养院医务人员继续教育培训、考核及备案工作，每年制定培训计划和内容，组织医务人员按时进行网络公需教育培训，考核通过率为100%。同时，为提高临床医护人员专业技术水平，对医护人员继续教育制定了"请进来，走出去"的方针，邀请行业专家来疗养院授课，送疗养院临床业务骨干到北京、唐山、秦皇岛等知名医疗单位进修。每年负责制定进修培训计划，联系沟通进修医院，做好前期的准备与调研。

2014—2019年，共派出38名医务人员外出进修学习。

2019年，组织8名医务人员参加特种仪器设备上岗证考试。

9. 新冠肺炎疫情防控工作

2020年，新冠肺炎疫情暴发，医务科在北戴河区卫建委、康复院及医务部的领导下完成以下疫情防控工作：

（1）与地方政府各部门加强联络，做好地方政府各项防控政策的上传下达。

（2）1月27日开始，对北戴河区高速测温防控工作进行整体协调，制定高速执勤流程、应急预案，进行高速排班以及院疫情防控小组疫情紧急处置，3月29日圆满完成高速执勤任务；4月22日开始，协调支援奇石中学和北戴河一中进行防控工作等，6月29日圆满完成学校防控任务。

（3）协助院及医务部制定相关疫情防控制度及流程。

（4）疫情期间对院医用防护物资进行整体调配。

（5）在院防控领导小组的带领下，协助做好院区及医务部复工复产及疫情常态化防控和疫情防控知识的宣传工作。

（6）完成北戴河区卫生监督局、环保局、旅游局等部门对疗养院疫情防控的工作检查。较好地保证了疗养院疫情防控和复工复产工作。

10. 其他工作

2011年起，医务科还协助医务部开展了以下工作：

（1）协助院及医务部准备相关材料。2012年6月，准备新农合申报材料并报送秦皇岛市卫生局新农卫科。2012年8月，医务科准备秦皇岛市医保定点医疗机构材料。2013年3月，筹备成立职业体检中心的前期工作，协助完成省卫生厅卫生监督局职业体检资质现场验收。准备秦皇岛市级工伤保险定点医疗机构材料、建立工伤保险科制定相关工伤保险制度等。

（2）医疗机构名称变更，完成医疗机构疼痛科的增项等工作。

（3）负责医护人员的执业再注册，护士延期注册以及医疗机构电子化注册等。

（4）协助医务部建立科研科、事业企划部并建立相关制度。

（5）整理医务科档案，并将科室档案信息电子化。

（6）统一医务部胸卡制作，制作新建科室门牌。

（7）协助完成院及医务部举行的各项会议准备和接待。

（8）医务宣传工作：《燕赵都市报》发表文章、2016年制作专科医院青龙农合宣传册。2017年，制作对外宣传页、青龙宣传页、秦皇岛市政务封底宣传，医保、新农合宣传单等宣传材料。2018年，制作对外秦皇岛市政务封底宣传、异地就医结算宣传等材料。

二、科研科

1. 成立背景

2017年8月，为加强大容量肺灌洗技术等治疗技术革新及发展，承接国家相关职能部门、中国煤矿尘肺病防治基金会等部门关于尘肺病临床治疗科研任务，统筹管理疗养院开展的临床科研课题，优化与其他科研单位协作，促进疗养院医疗事业发展，经院领导批准，在医疗部下设立科研科。2017年8月7日，招聘2名专职科研工作人员，其中1人于2018年7月离职，后又增补3名兼职人员，共同承担科研项目工作。

2. 科室职责

负责编制院科研发展的长远规划和年度计划；拟定科研管理工作规章制度；向有关部门和单位争取科研项目；组织科研课题的立项和申报工作；监督检查研究课题的进展情况和经费使用，配合财务部科研经费管理；负责科研成果的审查，组织鉴定、申请奖励和申报专利、推广应用和转让；组织学术交流活动与国际合作事宜；撰写科研工作总结报告；收集和发布国内外有关科研资料信息；负责院科研项目档案的编制、收集、归档、立卷、管理和研究开发工作。

3. 工作开展

2017年至2019年底，科研科主要完成工作有：

（1）建立完善科研项目管理、论文发表相关制度。

（2）整理、汇总疗养院历年承接课题的相关文件，包括纸质文件、电子文件，形成档案；整理疗养院历年承接的课题相关经费记录，形成档案。

（3）协助院及医务部完成中国煤矿尘肺病防治基金会、人力资源社会保障部工伤保险司、应急管理部课题、中国CDC尘肺病追踪治疗课题，协助承接新课题4项，截至2019年底在研持续课题有5项。

（4）科研科重点参与了"岩盐气溶胶疗法在尘肺病治疗康复中作用的临床研究""不同临床治疗路径治疗尘肺病临床效果与工伤保险基金支付成本分析研究"两个课题，涉及课题设计、预算编制、资料收集、质量控制、数据处理、结题报告撰写、相关课题会议材料的整理等多方面，首次参与中央财政科研项目预算编制。

（5）指导疗养院医护人员申请科研立项，协助成功申请资助课题两项，分别是《全肺灌洗对尘肺病患者病情晋级（DR胸片表现）及生存质量的影响研究》《尘肺合并COPD相关危险因素分析》。

（6）对项目"大容量全肺灌洗术风险防范及并发症处理关键技术及应用研究""岩盐气溶胶疗法在尘肺病治疗康复中作用的临床研究""不同临床治疗路径治疗尘肺病临床效果与工伤保险基金支付成本分析研究"3个项目进行2019年中国职业安全健康协会报奖材料整理、科技成果鉴定、报奖申报。其中"不同临床治疗路径治疗尘肺病临床效果与工伤保险基金支付成本分析研究"获三等奖。

（7）协助院内医护人员发表论文，完成送审论文32篇，核心期刊19篇，未见刊3篇，其中科研科发表论文2篇。

（8）整理汇总疗养院历年发表论文。

（9）参加职业病相关学术会议，并协助准备参会资料。

三、事业企划部

1. 成立背景

2017年之前，疗养院宣传营销工作由院及医疗部各科室来承担，经济效益增幅不显著。2017年8月，为了提高医疗服务整体知名度，提高临床业务经济效益，使临床技术骨干人员专职于临床诊断、治疗、护理工作，减轻临床业务营销宣传的负担，加强医疗业务营销宣传、组织各科室病源，经院领导批准，设立事业企划科。同年招聘2名专职人员。2018年5月，2人辞职，暂停科室工作。2019年，调入2名工作人员，重点承担业务营销、病源组织工作。

2. 科室职责

主要负责医疗业务营销、整合开拓市场、组织病源、新媒体宣传，以及其他与工作业务开拓、机构宣传公关相关的工作。

3. 工作开展

事业企划工作主要通过微信和部分媒体公众号进行，开发与维护各临床科室微信公众号。2019年，开始进行外出营销和病源组织，到河北的邢台、邯郸、唐山、石家庄、张家口，内蒙古等地进行市场开拓，创收40多万元。

2019年底，通过申请，初步达成内蒙古工伤保险定点医疗救治单位意向。

第二节　医　疗　辅　助

一、医疗辅助科室设置

1. 科室设置

1951年，《国营煤矿职工疗养院组织规程》中规定，疗养院下设医务科和行政科两个科室，医务科下设X射线室和化验室。配置X射线技师1人、化验员1人。但因X射线机未调来，X射线技师及助手未配置；化验工作也因客观原因暂由普通医生兼任。

1951年3月，X射线机调入院里，6月末院随即调来X射线技术员1人，负责X射线机操作，X射线诊断工作由1名医生代理。

1953年，调入化验员，增加相关设备。

1954年，成立口腔科。

1958年，成立五官检查室，配置五官科医师1人。

1975年，设立心电图室。

1975年，购原民主德国X射线机，恢复放射科。

1990年，恢复设立口腔科，购置了相关设备。

1992年，设立肺功能室、B超室。

2013年6月，成立职业健康体检中心。

2016年，再次设立口腔科。

2. 科室沿革

1950—1953年，辅助检查科室隶属于医务科。

1954—1955年，辅助检查科室隶属于医务科下设的门诊部。

1956—1959年，辅助检查科室隶属于医务室。

1960—1969年、1974—1989年，辅助检查科室隶属于医务科。

1990—1991年，辅助检查科室隶属于医疗科。

1992年，院对医疗部门各科室进行归类管理，把B超室、药房、放射科、口腔科、化验室、心电图室等合并成立了医技部，与疗养部、专科部成为疗养院正规科室编制，直至1997年。

1998—2005年，放射科、B超室、心电图室、化验室，隶属于医疗部下设的医技科。

2005年，根据医疗工作的需要，原隶属于医技科的心电图室划入尘肺科；肺功能室划归入医技科，此时医技科包含放射科、化验室和肺功能室三个科室，统归医疗部管理。

2013年6月，原有医技检查科室都划归到体检中心。

2018年7月，心电图室划归到职业健康体检科，肺功能室划归到尘肺灌洗科。

近70年来，医疗辅助科室几经更迭、变迁、增减，截至2020年仍配置有B超室、彩色超声室、放射科、心电图室、化验室、肺功能室、电测听室（隔音室）、口腔科、内科、外科、眼科、口腔耳鼻喉科等。

二、医疗辅助科室职责

医疗辅助科室的主要任务，一是为疗休养员及专科病人作日常的诊查身体及入、出院的常规检查工作；二是密切配合院里的医疗教学、科学研究工作；三是为院职工作健康检查工作；四是完成地方政府相关部门交给的服务社会的检查身体预防疾病工作；五是发挥优势，开拓创收之路，利用先进的设备对社会提供医疗体检服务，实现疗养院经济效益最大化。

1. 建立工作制度及人员职责

为了规范医疗辅助科室的工作，更好地使先进的医疗设备为疗休养员和病人服务，疗养院在1959年制定了《放射科工作制度》《化验室工作制度》《诊疗制度》《X射线医师职责》《X射线技术员职责》和《检验员职责》等。1978年，疗养院进一步强化了X射线医师和检验员职责，并对其职责作出补充和完善。1995年，为了适应全院管理工作需要，重新修改完善了《放射科工作制度》《检验工作制度》《超声波检查工作制度》《心电图、动态心电图检查工作制度》《心功能检查工作制度》《肺功能检查工作制度》《口腔科工作制度》《五官科工作制度》等。同时，还制定了各类检查人员的职责，对各工作制度及人员职责作了更清晰、详细、严格的规定。

2005年起，根据放射科工作的性质和上级卫生和环保部门的要求，放射科制定了整套的辐射管理规章制度，包括管理机构及岗位职责、操作规程、辐射防护和安全保卫制度、设备检修维护制度、设备使用登记制度、人员培训计划和监测方案等，要求放射人员认真、规范执行。重新修改完善了《肺功能检查工作制度》《检验科工作制度》，制定了《肺功能室工作人员职责》《检验科工作人员职责》。

2012年，为了保障疗养院肺灌洗手术的安全并且总结经验，医技科在院领导和医疗部的组织下，编写了放射科、化验室、肺功能室的《大容量肺灌洗手术风险防范措施》，使疗养院肺灌洗手术更加规范和安全。

2. 为临床科室服务

1951年7月，X射线机安装调试完成，配置X射线技术员，于9月25日正式开始X射线透视检查。12月10日购置了摄影用具、胶片、洗像药品，开始X射线拍片工作。

1952年，已开始日常放射检查及诊断工作，对进行X射线检查或照相者，采取预约制，有紧急者可随时进行检查。年拍片38名、透视数百名。

1953年，开始化验检验。对于化验采血按预约时间在化验室操作，重患者在疗养室采血，接受检验标本按轻重缓急顺序进行，一般化验当日完成，紧急者随检随报。

1955年，进行医疗检查人数达到1299人。

1958—1965年，疗养院对医疗辅助科室提出了更高的要求，一方面扩大项目，增加了口腔科和五官科，另一方面想方设法提高设备利用率，扩大检查治疗范围。因此，X射线室为了提高X射线机利用率，主动去疗养房间预约，只要治疗需要随时可以做透视；化验室为了方便疗养员，主动去病房取化验标本，并扩大了胃液分析、肝功能、肾功能试验及康氏反映的检查范围。

1974年，恢复建院后，医疗辅助科室重新设立。新建了化验室、心电图室。购置了进口X射线机，大大提高了X射线的检查水平和能力。全年共诊查病人3000余名。

1975—1983 年，每年疗养员人数达 3000~5000 多人，各医疗辅助检查科室提供服务。

1986 年，疗养院实施了改革政策，极大地调动了全体职工的积极性，各辅助检查部门的工作量大大增加，心电图全年检查 4500 人次，X 射线检查 1300 人次，化验 7200 人次。

1991 年，统计当年来院疗养员 4712 人，约 25% 的病例诊断通过疗养院的重新检查给予了更正或确诊，使他们得到及时治疗。

1992 年，为开展大容量肺灌洗治疗尘肺病专科，购进一批当时世界最先进的医疗设备，为更好地服务煤矿工人和专科病人。

1993 年，新开辟了胃肠造影、运动心功能和动态心功能检测，并挖掘潜力为 10000 多人次进行各项检查。

1994 年，进行医疗检查和各项治疗 93671 人次。

1995 年，对 3207 名疗养员进行医疗检查 12828 人次。

1999—2005 年，随着疗养市场的萎缩，辅助检查科室，除保证系统内煤矿职工及国家安全生产监督管理局公务员疗养需求外，重点是为骨病、尘肺专科治疗与科研提供可靠的诊断依据及相关数据。

2005 年开始，随着疗养院医疗事业的不断发展，各医疗辅助科室发挥的作用越来越大，积极密切地配合临床工作，为来专科医院检查治疗病人做好辅助保障。

三、医技科

1. 科室发展与设备购置

1992 年，疗养院整合所有辅助检查部门成立了医技部，向社会开展医疗检查项目，实行对外有偿服务。1998 年医疗科室调整，医技部改为医技科。

2005 年，购置美国 MEDICAK$^+$、NA$^+$、CL$^-$ 分析仪。

2006 年 4 月，为满足临床需要，疗养院花费 58 万元为医技科购进德国耶格肺功能仪；同年还购置了荷兰威图半自动生化分析仪。

2007 年，购置德国罗氏尿液分析仪。

2008 年 10 月，购置雷杜 RT2204 半自动凝血分析仪，开展包括 PT、APTT、TT、FIB 四项的凝血检测，保障肺灌洗手术患者的安全。

2011 年，医技科跟随医疗部门所有业务科室搬进粉尘危害监测治疗中心楼，极大地方便了患者的检查，提高了工作效率。11 月，为保障肺灌洗手术术中患者安全，及时发现异常情况，放射科购置了一台北京万东医疗器械有限公司生产的小型医用移动式 X 射线机，进行术中并发症的监测检查工作。本年底，购置 BC-3000plus 三分类血细胞分析仪和 BS-390 全自动生化分析仪，结束了血细胞分析两分类半自动进样和半自动生化检测的历史，生化检测项目由半自动时期的 GLU、ALT、BUN、TG、TC 五项增加至血糖、血脂四项、肾功能三项、肝功能六项。

2012 年 5 月，将尘肺科化验室开展项目，大容量肺灌洗术前传染病筛查中的丙肝抗体和梅毒抗体两项合并至化验室。下半年，化验室仪器设备连接 LIS，实现了执行医嘱、测试结果、存储结果、发放结果等院内检验结果信息化传递。

2013 年，首次申请河北省临床检验中心室间质量评价活动，参加常规生化、血细胞分析、尿液干化学、凝血分析四项，均一次性通过，获得室间质量评价证书，此后每年均参加此项活动。

2013年开始，医技科逐步与职业健康体检合并为体检中心。

2. 对外体检服务

1992年受检单位52个，人员2200多人次。

1995年，世界妇女大会前期，利用先进医疗检查设备，为全区各有关单位妇女做健康检查2400余人次。

1996—1997年，医技部积极与有关单位联系，每年都为社会医疗体检2000人次。

1998年，医技科通过与市、区有关单位联系，为太平洋保险公司、广播电视大学等多家单位职工进行医疗体检近1000人次。

2001年，医技科对外扩大医疗服务，全年为6家单位3300余人次提供医疗体检服务。

2002—2005年，每年都有几个相对固定的单位前来为本单位职工作健康体检。

2005—2013年，医技科为尘肺患者、骨病患者、院内外门诊及常规体检患者和各煤业集团疗养员进行健康体检，数量逐年增加。

四、体检中心

1. 成立背景

疗养院自1950年建院以来，一直从事煤炭行业职工康复疗养工作，为了预防、控制和消除职业病危害，加强职业健康服务与支撑体系建设，更好地服务于接触职业危害因素的劳动者，2012年，中编办、国家安全生产监督管理总局正式批准中国煤矿工人北戴河疗养院加挂"国家安全生产监督管理总局北戴河职业病防治院"牌子，明确了疗养院为国家安监总局安全生产和职业卫生监督管理职能服务的职责，疗养院党政领导班子和职工积极筹建职业卫生技术服务和职业健康体检工作，并以医技科作为基础，成立职业健康体检中心。

2013年5月，疗养院向河北省卫生厅递交了河北省职业健康检查机构资质申请表，6月8日河北省卫生厅于疗养院发放河北省职业健康检查机构资质证书，批准疗养院从事职业健康体检工作。

2013年7月，疗养院派2名医护人员到淮北市职业病防治院进修1个月，学习职业健康体检相关业务、流程。返院后立即组织开展职业健康检查工作，购置办公设备、安装调试体检软件系统。

2013年9月，随着新购置的体检检查设备的陆续到位，体检软件开发的不断完善，职业健康体检工作流程通过了院领导的测试、验收，职业健康检查组织、筹备工作宣告基本完成。

2013年9月30日，秦皇岛市北戴河兰德科技有限责任公司接触粉尘作业职工一行7人来到疗养院，接受职业健康体检，疗养院职业健康体检工作正式进入运营。

2. 科室设置

职业健康体检中心成立之初，配备职业健康检查主要技术人员和医师19名；设有内科、外科、眼科、口腔耳鼻喉科、皮肤科、肺功能室、电测听室（隔音室）、彩色超声室、B超室、放射科、脑电图室、心电图室、化验室；配备原子吸收分光光度仪，电测听室（隔音室），脑电地图仪，眼科检查镜，岛津1000毫安X射线机，阿洛卡5500彩超，迈瑞BS-390全自动生化分析仪，BC-3000plus全自动血细胞分析仪，全自动尿分析仪，MEDICA Easylyte美国进口钾、钠、氯分析仪，雷杜凝血分析仪，日本光电ECG-6511型心电图仪，Master Screen Diffusion高级弥散肺功能仪等与职业健康检查、检验、诊断相应仪器设备。建立职业健康检查质量管理文件和有关规章制度，设置检查科室，明确职业健康检查人员岗位分工。

2018年3月，体检中心搬入9号楼。

3. 大型医疗设备引入

2014年，为解决疗养院部分项目临床需要，但样本量又不大或需要另购置其他检验设备的项目，经过市场调研与第三方外检机构艾迪康签署外检协议，将部分项目送外检，满足了临床需要。

2017年春季，化验室开展了便培养和甲戊肝抗体检测项目。

2018年5月，体检中心放射科引入锐柯数字化医用射线摄影系统和飞利浦64排螺旋CT，并于5月9日装机投入使用。截至2019年12月，CT检查达3956人次，其中住院检查1827人次、门诊检查246人次、体检检查1883人次。

2018年，购置五分类血细胞分析仪迈瑞BC-6000型，实现了自动轨道连续进样，大大提高了工作效率，同时实现了白细胞五分类和有核红细胞检测，更好地服务于临床。

4. 体检车购置

2014年初，根据疗养院职业健康体检工作需要，为了进一步发展壮大职业健康体检业务，医疗副院长带队一行5人到山东泰安职业病防治院、河南平顶山平煤集团职业病医院，对体检车在体检中的使用情况进行调研。回院后积极申报职业健康体检车及配套设备的采购。5月30日，国家安全监管总局批复疗养院职业健康体检车项目，中央预算投资160万元。10月14日，体检车采购项目在北戴河区政府采购中心公开招标采购，最终与天津邦盛医疗设备有限公司签约购买职业健康体检车及配套设备。

5. 对外体检服务

2013年正式对外开展体检业务，截至2013年底，共有北戴河区2家企业14人来疗养院进行职业健康体检。

2014年，共有53家单位1017人来疗养院进行职业健康体检，750人进行了健康体检，体检业务取得初步的发展。

2015年，共有96家单位3723人来疗养院进行职业健康体检，体检业务取得较大的发展，与河北天成化工股份有限公司卢龙分公司、秦皇岛港务局、秦皇岛中石油秦皇岛销售分公司，秦皇岛市较大企业达成合作关系。

2016年，共有70家单位5347人来疗养院进行职业健康体检，体检业务扩展进入快车道，新开发中信戴卡股份有限公司、信合水泥等较大企业合作关系。

2017年3月，体检中心引入健康证体检业务，开始对外办理健康证。截至12月底，共有113家单位11620人来疗养院进行职业健康体检，2187人进行健康体检或健康证办理，体检业务进一步发展，与安丰钢铁、中心渤铝等企业达成合作。

2018年，共有84家单位9113人来疗养院进行职业健康体检，健康体检928人，健康证体检2260人。

2019年7—10月，接待英模人员、森林消防局、山东能源、汾西等29批次1188名休疗养人员体检接待工作。截至12月底，对外开展职业及健康体检6809人次，包括职业体检80家单位2485人、健康证体检300余家单位1980人，健康体检2344人。

2020年8—11月，接待中煤科工、森林消防、山东能源5批次201人体检。截至12月底，对外开展职业及健康体检3000人，包括职业体检30家893人，健康证体检48家单位及个人1248人，健康体检859人。

第三节 药剂科

1. 成立与发展

1974年,组建设立了药剂科室西药房,当时有5名工作人员。1978年,增至6人。至1989年,西药房发挥了以药品为主要保障功能体系的城镇职工居民医疗全报销时代,并见证着疗养院发展壮大的每一次变革、跨越。

1989年,疗养院正式引进了以无菌性骨股头坏死疾病治疗为特点的骨病专科,以此背景下成立了中药房并设立了中药库。

1991年,引入大容量肺灌洗项目,开设了尘肺病治疗专科,药剂科工作量增多,人员变动,交替补充。至1994年,药剂科室初具规模,具备了西药房、中药房、中药库三大功能。

2003年,国家开始推行医疗改革,认证颁发城镇职工看病定点就医制度,全民就医全额报销时代结束,药剂科同专科医疗科室一样都暂时陷入低谷。与此同时,在院领导的推动下,疗养院获得了北戴河区休疗院所第一家"秦皇岛市城镇居民就医门诊定点医疗机构"资质。伴随着中国煤矿尘肺病治疗基金会的成立,疗养院肺灌洗专科,药剂科室、西药房、中药房得到了同步发展,社会效益,经济效益逐步增长。

2. 科室管理

2007年以前,西药房是疗养院医疗服务窗口,在每年例行的市级医疗机构药品质量抽查检验中,结果均为合格。

2008年,随着专科医院发展壮大,西药房的年药品调剂金额从50余万元增加至90余万元。同年由院纪委、财务部、办公室、医疗部共同组织,成立了疗养院第一届药事管理委员会,进行了第一次医药商业药品集体洽谈招标,至此药剂科室从药品保障体系为基本功能向药品调剂规范化转变。麻醉药品、精神药品实行特殊管理;蛋白、肽类制剂等兴奋剂药品实行分类储存管理。药剂科制订了《麻醉药品和精神药品管理制度》《药剂科药品供应保管制度》《药剂科调剂室工作制度》《药剂科药剂库房工作制度》。各项规章制度上墙,药房药库均加装了防护栏,设立了24小时红外线报警与保卫科安全防护联动机制。

2011年,专科医疗整体迁入新址,西药房年药品调剂金额从百万元以内增加到120万元左右,各项工作达到历史最高水平。同年规范撤销了临床科室内"小药房",将国药准字药品全部纳入西药房管理。

2013年,药剂科工作人员均考取了执业药师资格证。

2017年,河北省公立医院改革。8月26日开始,所有城市公立医院同时启动药品零差率销售、全部取消药品加成(中药饮片除外),至此河北省城市公立医院综合改革实现全覆盖,疗养院也同时实行药品零差率销售。

2019年11月10日开始,疗养院所有医疗药品全部在河北省医药集中采购网上采购,公开、公平、公正,实行阳光采购。

2020年11月24日,召开了疗养院药事管理委员会会议,确定药品采购职能由药房统一到疗养院采购中心。

到2020年底,药剂科有西药1500余种,中成药300余种,中草药200余种。

第四节 职业卫生技术服务中心

一、筹建

1. 创建背景

为加强职业病防治工作,形成责权一

致、运转有效的职业卫生监管体制，中编办于2010年10月8日印发了《关于职业卫生监管部门职责分工的通知》，规定了国务院有关部门在职业卫生监管方面的职责分工，明确国家安全生产监督管理总局负责职业卫生领域的监管。疗养院作为国家安全生产监督管理总局的驻秦直属单位，积极响应国家安全监管总局关于加强职业卫生监管职能的号召，开始着手筹建职业卫生技术服务中心。

2. 初期筹建

2012年底，中编办同意疗养院加挂"国家安全生产监督管理总局北戴河职业病防治院"牌子，职业卫生技术服务科室筹建工作正式开始。

2013年，在院领导班子的带领下，走访了中国安全生产科学研究院、平顶山职业病防治院、淮北职业病防治院等多家兄弟单位；同年7月，外派第一批职业卫生技术服务专业技术人员前往淮北职防院、平顶山职防院进修。

2014年，邀请国内职业卫生领域相关专家，对职业卫生技术服务楼实验室进行规划设计；委托国内知名实验室建设公司对实验室场地进行了改造装修，完成理化实验室边台及通风系统完成安装及调试，工作场地投入使用；按照职业卫生技术服务机构申请要求进行仪器设备购置，完成仪器设备的安装、调试、培训及计量检定校准工作；购置了办公用品、试剂和器皿、试剂存储设备及现场检测人员个体防护用品。

2014—2016年，多次组织技术骨干参加国家或省级职业卫生专业技术人员培训，检验检测机构内审员培训、外出进修学习等，提升技术人员工作能力。同时，按照《检验检测机构资质认定评审准则》完成了质量手册、程序文件、大型仪器、现场仪器操作规程等指导文件编写，并根据《职业卫生技术服务档案管理规范》和《职业卫生技术服务机构实验室布局与管理规范》完成档案室建设。

至2016年7月，中心基本完成了人才引进、场地基础设施改造、仪器设备购置安装、质量体系建设等工作。

3. 资质取得

2016年8月，院领导班子高度重视职业卫生发展，开始大力推进职业卫生事业。11月，推动完成了职业卫生乙级资质申报涉及的所有检测项目模拟。12月26日，通过现场评审，取得河北省检验检测机构资质认定证书。

2017年2月7日，通过现场评审，取得河北省安监局职业卫生技术服务机构乙级资质证书。8月16日，通过现场评审，取得河北煤矿安监局职业卫生技术服务乙级资质证书。

二、工作开展

1. 情况介绍

职业卫生技术服务中心办公场地设置在疗养院9号楼，总面积约1399平方米，其中实验室面积370余平方米，档案室面积40余平方米，实验室配置通风、除湿、除静电等设施，基本满足业务联系、现场采样、现场检测等工作需要。

2. 人员配置

截至2019年底，职业卫生技术服务中心配备专职人员10名、兼职人员11名。其中高级职称4名、中级职称6名、初级职称11名，具有职业卫生技术服务专业技术人员培训合格证的19人。

3. 固定资产

职业卫生检测实验室共有仪器设备144台/套，设备总价约367.9万元，主要设备均为国际国内主流设备，如日本岛津气质联用仪、日本岛津气相色谱仪、东西电子原子吸收分光光度计、瑞士万通离子色谱仪、北京普析原子荧光分光光度计、日本岛津液相色谱仪等。

4. 体系运行

为保障职业卫生体系运行，在2017—2019年，职卫中心积极参加河北省安全监管局组织的职业卫生能力验证、中国疾病预防控制中心组织的职业卫生实验室比对，配合省安全监管局、省质监局、区公安局、区环保局的各项监督检查，制定并实施了质量体系管理评审计划、内部审核计划、质量控制计划、人员质量监督计划、人员培训计划、仪器检定校准计划、仪器设备的维护计划、期间核查计划等八大计划，及时对仪器设备进行检定校准，提高人员技术水平，保证了职业卫生质量体系的日常运行。

5. 业务开展

2017年7月起，职业卫生技术服务中心开始全员营销，积极拓展业务市场，截至2019年4月，联系企业共计约840余家，其中秦皇岛地区企业750余家，唐山乐亭、迁安、迁西、滦县等地企业90余家；走访企业100余家，投标报价21家。先后完成秦皇岛市信合水泥有限公司第一、第二矿山定期检测项目、秦皇岛斯泰益达科技发展有限公司委托检测项目、新希望六和饲料有限公司定期检测与现状评价项目、同利面粉有限责任公司定期检测与现状评价项目、宏点精密电子（秦皇岛）有限公司定期检测项目、春山面粉厂定期检测与现状评价项目、唐山为民分包检测等近20个项目，创收约6.5万余元。

2019年9月，参加河北省2019年工作场所职业病危害因素监测及职业病危害现状调查项目唐山、秦皇岛、承德、张家口、衡水、廊坊、雄安新区7标段的招投标；承担河北省秦皇岛市2019年职业病尘肺病流行病学调查随访。自2019年9月开始，对山海关区、卢龙县、北戴河区、开发区、抚宁区、昌黎县的尘肺病人的随访调查工作，截至10月31日，总计调查随访尘肺病例151人。其中随访病例95例，增补病例56例。

6. 业务终止

2018年3月，国家机构改革，职业卫生监管职能由安全生产监管部门划转至卫生健康监管部门，加之2017年以来职业卫生相关业务未全面开展，一直处于亏损状态。2019年12月31日，经院领导班子研究决定，职业卫生技术中心保留资质，暂停业务开展，对技术人员进行分流。

第五章　科研与学术交流

第一节　科　研

自1991年开展大容量肺灌洗治疗尘肺病以来，围绕这一项目开展了一系列科研工作。

一、"双肺同期大容量灌洗治疗煤工尘肺的临床研究"项目

疗养院1990年引进的单肺大容量灌洗技术是1967年Ramirez-R首先报告用于肺泡蛋白沉积症的治疗，1982年美国

Mason应用于混合性尘肺治疗，1986年南京胸科医院教授谈光新把此项技术引进国内，开展了单肺大容量灌洗治疗硅肺病。1991年，双肺同期大容量灌洗治疗煤工尘肺技术在疗养院治疗成功后，为进行科学总结，疗养院与南京胸科医院共同设计了"双肺同期大容量灌洗治疗煤工尘肺的临床研究"课题，正式对"双肺同期大容量灌洗""纯氧正压通气交替负压吸引（简称加压通气）"等专有名词进行命名，并选择了进行双肺同期大容量灌洗治疗尘肺的25例病例参与研究讨论。

1991年8月24日，中国统配煤矿总公司办公厅在北京西郊宾馆召开了煤炭行业内的专家论证会，专题听取疗养院"双肺同期大容量灌洗治疗煤工尘肺"项目汇报，会议由办公厅副主任董哲和总工程师赵全福共同主持，会议在充分给予肯定的同时，建议对该项目进行科技成果鉴定。

1991年12月10日，由中国统配煤矿总公司技术发展局主持召开了专家鉴定会，经检索国内外1980年1月至1991年4月收录的70余个国家共3500种期刊（包括中国期刊42种）约338万篇文献中未见有关"双肺同期大容量灌洗技术的研究"方面的题录，疗养院和南京胸科医院共同完成的科研课题"双肺同期大容量灌洗治疗煤工尘肺的临床研究"，通过了国内呼吸内科专家冯致英教授为主任委员的专家鉴定委员会的鉴定，鉴定意见是："该项技术居国内领先，该项技术在技术方法上处于国际领先水平"。

根据1990年10月，疗养院与南京胸科医院签署的《硅肺大容量全肺灌洗治疗项目合作协议书》对科研成果第五条"目前技术成果归乙方（南京胸科医院）所有，合作期间二年之内，如有创新突破归甲（北戴河煤矿疗养院）乙双方所有"的规定，1991年12月10日鉴定会后，疗养院与南京胸科医院参加课题组的，就双方主要完成单位和主要完成人在课题中的排序问题进行了讨论确定。

1992年5月12日，因开展肺灌洗治疗工作突出，中国统配煤矿总公司办公厅党委决定授予梁云鹏等11名先进科技工作者称号，颁发了奖章，在疗养院隆重召开了"双肺同期大容量灌洗治疗煤工尘肺科技成果表彰大会"。

1993年，"双肺同期大容量灌洗治疗煤工尘肺的临床研究"成果获煤炭工业部科技进步二等奖。

1995年，申报国家科技进步奖。煤炭工业部科教司和科技成果办公室将"双肺同期大容量灌洗治疗煤工尘肺的临床研究"推荐给国家科委，参加国家科技进步奖评审。副院长陈志远于4月22—26日到上海第二军医大学长海医院会堂进行答辩并取得成功，在全国申报的163个科技成果中疗养院的成果成为仅仅通过的67个项目之一。9月29日，针对有专家提出对肺灌洗原理和有效性的异议进行了文字答复后，国家科委邀请工程院院士王士雯、呼吸内科辛育龄、外科孙衍庆等5位中国著名专家到疗养院复查，听取了学术汇报，视察肺灌洗手术现场，访问治疗后患者，得出了肯定的意见。经过一个月公示等严格程序，疗养院和南京胸科医院共同取得的"双肺同期大容量灌洗治疗煤工尘肺的临床研究"项目荣获1995年国家科技进步三等奖，这是煤炭系统医疗卫生行业中首次获得国家奖的科研项目。

二、大容量全肺灌洗术相关教材出版与获奖

1.《大容量全肺灌洗术医疗护理常规及操作规程》（第1版）出版

《大容量全肺灌洗术医疗护理常规及操作规程》(第1版)是疗养院从事肺灌洗治疗的医务人员在长期的治疗实践中总结、提炼并汇集成册的。为了便于对越南肺灌洗技术的转让,2002年2月20日,陈志远、张志浩、车审言主编的《大容量全肺灌洗术医疗护理常规及操作规程》(第1版)由卫生部主持召开了科技成果鉴定会,中国职业病、呼吸内科和麻醉科三个领域的资深专家学者罗慰慈(北京协和医院呼吸科)、金清尘(北京大学医学部麻醉科)、谈光新(南京胸科医院呼吸内科)、李德鸿(中国疾病预防控制中心职业病与中毒研究所尘肺病)等组成的鉴定委员会认为:该项成果处于国内领先、国际先进水平。该项研究,技术性强,具有创新性和实际应用价值。2004年1月,申报国家安全生产监督管理局第二届科技成果奖,荣获一等奖,并由北京科技出版社出版发行。

2.《大容量全肺灌洗术风险防范及并发症处理》出版

2015年7月,由张振国、陈刚主编的《大容量全肺灌洗术风险防范及并发症处理》经由人民卫生出版社出版第一版。本书出版是1991—2015年开展大容量全肺灌洗术24年的经验总结,具有深远的历史意义和重大的现实意义,能有效指导临床医生在肺灌洗治疗中少走弯路,为肺灌洗工作保驾护航。

3.《大容量全肺灌洗术医疗护理常规及操作规程》(第2版)出版

2016年5月,张振国、陈刚主编的《大容量全肺灌洗术医疗护理常规及操作规程》(第2版)在北京科学技术出版社出版发行。《大容量全肺灌洗术医疗护理常规及操作规程》自2004年1月由北京科学技术出版社出版以来,深受广大从事职业性肺病和呼吸、麻醉专业的临床工作者的厚爱,同时也得到了有关专家及同道们的热情关注,并提出了一些宝贵而中肯的意见和建议。第2版修订,沿袭了第1版的体例,全书共分为两篇。根据临床应用的特点与需要,增加了第一篇(基础篇),主要阐述了肺灌洗术的发展历程;大容量肺灌洗术的安全性、有效性及治疗机制;大容量肺灌洗术所需专业队伍和设备以及电子病历与病案管理等内容。在第二篇(临床操作篇)中,补充了"并发症诊断及处理"等内容。主要总结了疗养院在从事大容量肺灌洗术工作中所遇到的各种问题及处理原则。本书在内容的编排上进行了调整,补充了部分图片,同时完善和充实了近十年来总结的新内容,使本书更具有临床针对性和指导性。本书第2版的出版,承载了疗养院几代医务人员对大容量全肺灌洗技术孜孜不倦的科学探求以及对社会责任的一份担当。

本书的再版,得到了中国煤矿尘肺病防治基金会的大力支持。理事长黄毅高度重视,把本书内容确定为实施尘肺病康复工程中定点医院必须遵守的操作规程。本书再版也得到了中国煤矿尘肺病防治基金会的资金支持。在本书的修订过程中,得到了许多专家的关心和支持,他们在理论和实践上所给予的关心和指导是完成本书修订最重要的保证。

三、肺灌洗基础研究

1991—1992年,肺灌洗回收液成分的检测和分析。粉尘标本分别在中国科学院大连物理化学研究所和化工部地质研究院进行重量、X射线衍射分析和扫描电镜检测,对粉尘的重量、成分、粒径(分散度)和形貌提供了科学资料。开展了肺灌洗回收液的细菌培养,结核菌快速培养新技术工作,为尘肺合并症治疗提供了科学依据。

1994—1996年，和浙江医科大学预防医学系教授张琪凤等合作，开展了对肺灌洗治疗尘肺有效性的基础研究。通过动物实验，建立了肺间质封闭技术，证明了肺灌洗不但可以清除积存在肺泡和终末细支气管内的粉尘和巨噬细胞，而且可以清除一部分已进入肺间质尚未包裹的粉尘，使肺灌洗机理和有效性研究取得突破。

1994—1996年，与徐州医学院麻醉医学研究所教授曾因明、胡国昌合作开展肺灌洗安全性研究，对家犬进行大容量肺灌洗，采用电子显微镜观察其肺组织的微观变化，研究气压伤、水压伤的程度和规律，为临床肺灌洗瓶高度、加压压力和次数等提供了实验依据。

1995年，完成从人羊水、猪肺和人肺灌洗回收液中采用梯度离心、化学萃取两种方法提取肺表面活性物质工作。

随访工作：为了准确掌握肺灌洗治疗疗效，疗养院对肺灌洗治疗10年、8年、5年后病人进行了疗效随访工作。

1993年4月，疗养院邀请了潞安、峰峰矿务局肺灌洗术后2年患者来院复查，完成了《45例大容量全肺灌洗术后两年随访》论文，结论是疗效持续巩固，体质、体力明显增加，进一步证明了双肺同期灌洗治疗煤工尘肺的疗效。

2002年1月12—14日，由医疗副院长陈志远带队，尘肺科等科室参加的走访小组一行6人，分别前往潞安、峰峰两个矿业集团，走访10年前肺灌洗矿工。两局职防所组织病人接受身体检查，潞安矿务局还提供了多功能无创监护仪，随后还分别召开了随访座谈会。两局复查的术后病人均为1991年于疗养院接受大容量肺灌洗治疗的，并经当地尘肺诊断小组诊断定期的煤工尘肺矿工，共22人。其中，0+期1例，Ⅰ期11例，Ⅱ期7例，Ⅲ期3例，10年内当地已复查1~2次，无有升级者；普遍反映10年来，当地肺灌洗治疗者与未进行肺灌洗者比较，在体质体力、咳嗽、咳痰、劳力性呼吸困难、感冒呼吸道感染等方面普遍较好。

3月5日至9月20日，对疗养院灌洗治疗后5年以上的400余个病例深入矿区进行随访，并设立对照组。为了客观评价大容量全肺灌洗治疗尘肺的远期疗效，本次随访邀请国内著名的职业病专家充分论证，制定了科学、可行的《大容量全肺灌洗治疗尘肺病远期疗效随访方案》。历时两个月，赴陕西、内蒙古、河北等省（自治区）的神东公司及韩城、潞安、峰峰、大同、晋城等6个矿务局随访，取得第一手资料，得到了一定科学数据和结论。

走访主要收获有：①作为预实验，普遍反映煤工尘肺肺灌洗治疗与未经肺灌洗治疗者的症状、病情升级和生活质量方面有差别；②当地卫生处、职防所支持此项随访工作；③治疗后病人欢迎复查；④回到北京，详细向劳卫所李德鸿教授汇报后，在原定随访方案的基础上进行了修改、完善，进一步明确了指导思想；就对照组设立的条件、X射线片、肺功能等原始资料收集、方法步骤等确定了具体方案，为随访工作的实施奠定了基础。

结论：全面系统地进行煤工尘肺肺灌洗治疗后5年、6年、8年、10年疗效随访是完全必要而且是可行的。

2005年，疗养院建立分子生物实验室。

四、科研立项

2006年，尘肺病灌洗中心与同煤集团卫生处共同开展"规范的大容量肺灌洗治疗煤工尘肺远期疗效观察"科研课题，通过对治疗组、对照组尘肺患者临床症状、体征、肺功能、X射线胸片等各项指标观察分析，得出大容量肺灌洗（WLL）术后1年、3年、5年、8年、10年疗效结论，从而说明WLL临床应用价值，为WLL的正确评价和推广应用提供科学的重要资料，填补国内外大容量肺灌洗治疗尘肺病远期效果的空白。对救助百万尘肺职业病患者这一弱势群体具有重大的社会意义。同年，开展"大容量肺灌洗术中肺泡表面活性物质（PS）的丢失、提取及回输的研究"科研课题，提取PS 21人份。采用新购置的膜天平完成对其活性测定，证明具有降低肺表面张力的作用。对其理化成分分析、提高提取速度、纯度及完成对灌洗病人的回输。以达到促进肺顺应性恢复，缩短两肺灌洗间隔时间，减少术后肺不张、低氧血症等不良反应的发生，提高工作效率及治疗呼吸窘迫综合症等呼吸系统疾病的目的，具有重要的临床应用价值。

2008年，参与"十一五"国家支撑计划课题"职业危害预防控制关键技术与装备研究之粉尘对机体影响综合评价技术"研究。2月23日至3月7日，为完成国家安全监管总局下达的"国家'十一五'科技规划的科研任务'大容量肺灌洗远期效果回顾性研究'"课题，由医疗副院长带队，行程3800千米，赴北方6省市矿区探讨如何建立尘肺职业病医疗保险定点医院机制，落实国家科研课题选点的煤矿企业。选择陕西韩城桑树坪煤矿、山东招远玲珑金矿和安徽淮北刘桥一矿等3个矿区为研究对象，将在1992—1999年间接受肺灌洗干预治疗的尘肺患者为肺灌洗组，将在同一矿井工作、同一性别、同一年代、同一工种、同一尘肺期别、同一年龄及确定诊断时间相近（±2年），符合肺灌洗条件而未接受肺灌洗治疗干预的所有尘肺患者为非肺灌洗组，建立回顾性队列。三个调查点符合队列入选条件的尘肺患者共320例，对刘桥一矿收集的临床资料填写数据库，对近1000张胸片进行集体阅读并建库记录。疗养院参与科研实践活动的3位职工荣获了皖北煤电集团刘桥一矿"荣誉矿工"称号。在深入矿区和科研实践活动中，培养和锻炼出了疗养院青年医生团队精神、创新能力、克服困难的勇气和严谨作风，受到国家卫生部CDC领导和职业卫生专家及所到矿区领导和煤矿工人的赞扬。4月27日至5月7日，医疗副院长带队赴山东省招远玲珑金矿，现场调查硅肺病患者治疗前后生命和生活质量变化对比情况，完成了科研课题中的非煤工业系统硅肺病治疗远期观察病例35例。5月5—25日，深入陕西省韩城矿务局桑树坪矿区完成320例尘肺患者远期疗效随访资料。同年底，完成"十一五"科研课题全部资料总结分析，得出中期研究结论，并向国家CDC职业卫生与中毒控制所汇报国家"十一五"课题完成进度。疗养院课题组在会上所表现出的工作态度与科学作风，受到与会卫生部评审专家乌正赉教授好评，并把疗养院的科研阶段性成果，郑重记入了专题中期验收评审报告。同年，参与基金会课题"64排螺旋CT煤工尘肺及合并症影像学研究""肺泡表面活性物质（PS）提取、回输研究"课题的阶段性总结工作。配合CDC对80例Ⅱ+期，49例Ⅲ期尘肺患者就胸片、CT、肺功能、合并症方面进行总结分析，并得出结论，为CDC制定2009版尘肺病诊断国家标准，取消0+期、Ⅱ+期诊断提供理论依据。和厦门世达膜公司合作研发《大容量肺灌洗回收液中提取活性物质的膜分离方法》（申请号200710061577.3）和《大容量肺灌洗回收液中提取活性物质的分离设备》（申请号200720100732.3）两项发明专利于 2008 年 12 月 3 日申报成功。

2009 年 5 月，课题组全体按时准确地完成了国家安全监管总局所下达的国家"十一五"科研课题"大容量肺灌洗控制尘肺职业病远期效果回顾"。

2014 年，进行了 2 个项目的医疗科研工作，形成科研成果论文 3 篇；完成了《大容量肺灌洗风险防范》和《大容量肺灌洗医疗护理常规操作规程》第 2 版的编写工作，使肺灌洗技术更加趋于完善。

2015 年，疗养院完成了《大容量肺灌洗风险防范及并发症处理》和《大容量肺灌洗医疗护理常规及操作规程》（第 2 版）两部专著的最后修订工作，先后由人民卫生出版社和北京科技出版社出版发行。疗养院承担的两项尘肺病基金会资助科研项目"大容量肺灌洗术中 PS 恢复与顺应性研究"和"采用复方电解质溶液（勃脉力 A）进行肺灌洗的研究"顺利结题。

2016 年，疗养院开展的科研课题有 3 项，一是承接尘肺病防治基金会课题"岩盐气溶胶疗法在尘肺病治疗康复中作用的临床研究"，于 2017 年 11 月 24 日顺利结题。二是与中科院遗传发育所合作项目"大容量全肺同期灌洗联合干细胞治疗尘肺的多中心、随机、单盲、平行对照研究"，2016 年完成 31 组病例，进行 3 月随访 4 人，1 月随访 2 人。三是与北京大学医学部开展的"中药甲结合大容量肺灌洗治疗尘肺病的疗效观察研究"课题，2016 年有近 250 位病人口服药物，并进行了临床观察。此外，新立项"新型尘肺灌洗液的研制"（申办编号 2017G-E-0548）的科研项目，课题处于在研阶段。

2017 年，疗养院开展的课题有 7 项，新型大容量肺灌洗液改进课题 2 项：采用复方电解质溶液进行肺灌洗的临床研究，甘草酸新型肺灌洗液研究。大容量肺灌洗"+"间充质干细胞课题 1 项：大容量全肺灌洗联合间充质干细胞治疗尘肺临床观察。大容量全肺灌洗术技术改进课题 3 项：术中雾化吸入，精准调节肺通气量，采用阶梯式方式停止麻醉减少拔管应激反应。大容量全肺灌洗术与其他疗法的综合应用课题 1 项：岩盐气溶胶疗法在尘肺病治疗康复中作用的临床研究，该课题已经顺利结题。

2018 年，疗养院开展的课题有 4 项，一是承办人力资源社会保障部工伤保险司课题"不同临床治疗路径治疗各期职业性尘肺病临床效果与工伤保险基金支付成本分析的研究"，在基金会的大力支持下，与湖南省职业病防治院、山东省职业卫生与职业病防治研究院、中国平煤神马集团职业病防治院、山东省煤炭临沂温泉疗养院、铜川矿务局中心医院相关专业人员合作，课题顺利通过启动会、中期汇报、专家预审会，于 2019 年 2 月 28 日顺利结题。二是与华北理工大学药学院联合申报的"新型肺灌洗液的研制"科研项目经专家论证获批国家安全生产监督管理总局 2017 年安全生产重大事故防治关键技术科技项目，该课题处于在研阶段。三是承办中国科学院遗传与发育生物研究所课题"大容量全肺同期灌洗联合干细胞治疗尘肺的多中心、随机、单盲、平行对照研究"，处于在研阶段。四是疗养院受中国疾病预防控制中心职业卫生与中毒控制所委托的工作"尘肺病人治疗康复跟踪调查"，已经按协议完成 200 例尘肺病患者调查问卷。

2019 年，疗养院开展的科研课题有 2 项，均为受中国煤矿尘肺病防治基金会委托课题，一是"全肺灌洗对尘肺患者 DR 胸片表现及生存质量影响的研究"，二是"尘肺患者合并 COPD 危险因素及其交互作用的病例对照研究",两项课题均处于在研阶段。此外,本年度还完成了中国疾病预防控制中心尘肺病人治疗调查200人份及特异性、特征性职业病肺病病例100份;全肺灌洗对尘肺患者病情晋级及生存质量影响的研究课题通过中国煤矿尘肺病防治基金会专家论证。

1991—2019年底,疗养院主持或参与尘肺病发病机理、肺灌洗有效性、安全性等科研项目有21项。其中,中国煤矿尘肺病防治基金会资助项目11项,国家自然基金资助1项,国家"十一五""十二五"科技支撑计划各1项。其中,"大容量肺灌洗术中肺泡表面活性物质(PS)丢失、提取、回输研究"获得国家发明专利2项。"64排螺旋CT煤工尘肺影像学研究"课题,证明大容量肺灌洗可使患者支气管内径增宽,肺泡含气量增加,改善患者肺通气功能。采用膜分离方法,在大容量肺灌洗回收液中快速提取肺泡表面活性物质(PS)的临床应用,研究证明肺灌洗回收液中肺泡表面活性物质,可以通过先进的膜分离方法,很短时间提取并回输至患者肺内,缩短手术时间。大容量肺灌洗治疗煤工尘肺远期疗效临床研究,首次证明肺灌洗可以有效提高尘肺患者的生命质量和改善患者肺功能,远期效果明显。肺灌洗液改进的研究证明,生理盐水作为肺灌洗液是安全有效的,加入部分药物可以提高肺灌洗的疗效。岩盐气溶胶疗法在尘肺病治疗康复中作用的临床研究表明,岩盐吸入对于改善尘肺病人呼吸道症状、提高生活质量、减轻肺内炎症状况均有明显效果;仅有个别病人出现咽干、眼疼等不适反应。表明岩盐气溶胶疗法对于尘肺病治疗康复是安全有效的,为尘肺临床治疗增添了新方法。不同临床治疗路径治疗各期职业性尘肺病临床效果与工伤保险基金支付成本分析的研究遴选的7个临床治疗路径都是规范有效的,通过成本效益分析,筛选了适应不同类别尘肺病的临床治疗路径,对指导尘肺病临床治疗和合理使用工伤保险基金提供了科学依据。

至2019年底,还在持续的科研项目有5个,具体如下:一是"大容量全肺同期灌洗联合干细胞治疗尘肺的多中心、随机、单盲、平行对照研究",二是"药物干预结合大容量肺灌洗治疗尘肺病的临床研究",三是"新型肺灌洗液的研制",四是"全肺灌洗对尘肺患者DR胸片表现及生存质量影响的研究",五是"尘肺患者合并COPD危险因素及其交互作用的病例对照研究"。

2005—2019年疗养院科研课题及合作课题见表4-5-1。

表4-5-1 2005—2019年疗养院科研课题及合作课题一览表

序号	课题编号	课题名称(课题起始时间)	承担单位	课题完成情况	获奖情况及说明
1	200501 总J001	大容量肺灌洗治疗煤工尘肺远期疗效临床研究	中国煤矿工人北戴河疗养院	已结题	—
2	200502 总J002	大容量肺灌洗术中肺泡表面活性物质(PS)丢失、提取、回输研究	中国煤矿工人北戴河疗养院	已结题	国家发明专利2项
3	200503 总J003	TNF家族在Caspases依赖性Ams凋亡启动尘肺中的作用研究	华北煤炭医学院	已结题	合作课题,获国家自然基金资助(25万元)

表4-5-1（续）

序号	课题编号	课题名称（课题起始时间）	承担单位	课题完成情况	获奖情况及说明
4	200603 总J006	64排螺旋CT煤工尘肺影像学研究	煤炭总医院	已结题	合作课题，获2013年中国煤炭工业协会科学技术二等奖
5	200803 总J009	采用膜分离方法在大容量肺灌洗回收液中快速提取肺泡表面活性物质（PS）的临床应用研究	中国煤矿工人北戴河疗养院	已结题	—
6	200804 总J010	桑树坪煤矿尘肺大容量肺灌洗远期效果的回顾性研究	中国煤矿工人北戴河疗养院	已结题	"十一五"支撑课题
7	200805 总J011	甘草提取物在尘肺肺灌洗术中应用的研究	华北煤炭医学院	已结题	合作课题
8	200806 总J012	煤工尘肺多层螺旋CT的定量分析	煤炭总医院	已结题	合作课题
9	201111 总J019	采用复方电解质溶液（勃脉力A）进行肺灌洗的研究（2012年7月）	中国煤矿工人北戴河疗养院	已结题	—
10	—	大容量全肺灌洗术风险防范及并发症处理关键技术及应用研究	中国煤矿工人北戴河疗养院	已结题	自筹项目
11	201112 总J020	大容量肺灌洗术中PS恢复与肺顺应性关系的研究	中国煤矿工人北戴河疗养院	已结题	—
12	2014BAI12B02	职业有害因素早期健康效应的检测与评估技术研究（2014年1月）	中国CDC、中国煤矿工人北戴河疗养院	已结题	"十二五"支撑课题
13	XDA01030501	大容量全肺同期灌洗联合干细胞治疗尘肺的多中心、随机、单盲、平行对照研究（2015年6月）	中国煤矿工人北戴河疗养院	在研	受中国科学院遗传与发育生物研究所委托
14	—	药物干预结合大容量肺灌洗治疗尘肺病的临床研究（2016年6月）	中国煤矿工人北戴河疗养院	在研	合作单位：华北理工大学
15	2016-01-01 总J024	岩盐气溶胶疗法在尘肺病治疗康复中作用的临床研究（2016年11月）	国家安全生产监督管理总局北戴河职业病防治院	已结题	基金会课题，合作单位：中国平煤神马集团职业病防治院、陕西铜川矿务局中心医院、山东省煤矿临沂温泉疗养院、川煤集团芙蓉公司总医院、湖南省职业病防治院

表 4-5-1（续）

序号	课题编号	课题名称（课题起始时间）	承担单位	课题完成情况	获奖情况及说明
16	81273048	硅肺纤维化特异 microRNAs 和 mRNAs 标志物鉴定及其调控机制（2016年）	中国煤矿工人北戴河疗养院	已结题	受中国人民武装警察部队后勤学院委托
17	Zhishu-0027-2017AQ	新型肺灌洗液的研制（2017年6月）	国家安全生产监督管理总局北戴河职业病防治院	在研	合作单位：华北理工大学
18	—	不同临床治疗路径治疗各期职业性尘肺病临床效果与工伤保险基金支付成本分析的研究（2018年5月）	中国煤矿工人北戴河疗养院	已结题	合作课题
19	—	尘肺病人治疗康复跟踪调查（2018年7月）	中国疾病预防控制中心职业卫生与中毒控制所	已结题	受人力资源与社会保障部工伤保险司委托，合作单位：山东省职业卫生与职业病防治研究院、湖南省职业病防治院、山东省煤炭临沂温泉疗养院、陕西铜川矿务局中心医院
20	201901J025	全肺灌洗对尘肺患者 DR 胸片表现及生存质量影响的研究	中国煤矿工人北戴河疗养院	在研	受中国煤矿尘肺病防治基金会委托
21	201913J037	尘肺患者合并 COPD 危险因素及其交互作用的病例对照研究	中国煤矿工人北戴河疗养院	在研	受中国煤矿尘肺病防治基金会委托

五、科研成果

1993 年，"双肺同期大容量肺灌洗技术"获煤炭工业部科技进步二等奖。

1995 年，"双肺同期大容量肺灌洗治疗煤工尘肺的临床研究"获国家科技进步三等奖。

2004 年，"大容量全肺灌洗术医疗护理常规及操作规程"获国家安全生产监督管理总局安全科技成果一等奖。

2008 年，"大容量肺灌洗术中肺泡表面活性物质（PS）丢失、提取、回输研究"获 2 项国家专利。专利 1：大容量肺灌洗回收液中提取活性物质的分离设备。

专利 2：大容量肺灌洗回收液中提取活性物质的膜分离方法。

2013 年，"死亡受体在 AMs 凋亡与自噬启动硅肺中的作用研究"获河北省国际先进科技成果奖。

2013 年，"64 排螺旋 CT 煤工尘肺影像学研究"获中国煤炭工业协会科学技术二等奖。

六、科技论文

至 2020 年，共发表科技论文 214 篇，其中核心期刊 98 篇。期刊内容涉及尘肺病发病机理、肺灌洗治疗机理、肺灌洗液改进、肺灌洗并发症、肺灌洗治疗方法、麻醉、护理等专业，涵盖了大容量肺灌洗技术各个专业领域。其中，《尘肺Ⅱ+期和Ⅲ期患者肺功能的比较》一文为尘肺病诊断标准的修改提供了科学依据。1992—2020年疗养院核心期刊论文情况见表4-5-2。

表4-5-2　1992—2020年疗养院核心期刊论文一览表

序号	文章题目	刊名	出版年份，卷号（期号）	作者
1	双肺同期大容量灌洗治疗煤工尘肺（附25例报告）	江苏医药	1992，(9)	陈志远，车审言，韩志国，等
2	双肺同期大容量灌洗术的麻醉处理（附25例报告）	临床麻醉学	1993，(2)	韩志国，张志浩，孙岩，等
3	全肺大容量灌洗治疗尘肺的护理体会	中华护理	1993，(10)	陈驰，等
4	超细型纤维支气管镜在大容量全肺灌洗术中的应用价值	中国内镜	2007，4 (15)	马国宣，袁扬，黄京慧，等
5	规范的大容量肺灌洗术治疗尘肺病	中华医学	2005，85 (40)	陈志远，张志浩，车审言，等
6	呼气末正压通气在大容量肺灌洗术中的应用	中华劳动卫生职业病	2007，25 (10)	陈刚，马国宣
7	超细型纤维支气管镜在大容量全肺灌洗术中的应用价值	中国内镜	2007，13 (4)	马国宣，袁扬，黄京慧，等
8	大容量全肺灌洗治疗肺泡蛋白沉积症3例	中国工业医学	2007，20 (6)	陈刚，马国宣，黄京慧
9	肺灌洗前后尘肺患者T淋巴细胞亚群及免疫球蛋白的改变	中国工业医学	2007，20 (2)	李艳军
10	尘肺患者血管紧张素转换酶基因多态性及其血清浓度变化	中华劳动卫生职业病	2007，25 (1)	马国宣
11	胸部CT检查在尘肺病诊断中的意义——附33例分析	中国工业医学	2007，20 (2)	陈刚，马国宣，李艳军
12	尘肺患者外周血T淋巴细胞亚群的改变	中华劳动卫生职业病	2007，25 (1)	李艳军，陈刚
13	尘肺患者行大容量全肺灌洗术后并发肺不张3例报告	新医学	2007，38 (11)	李艳军，黄京慧
14	盐酸氨溴索对尘肺并发慢性支气管炎患者大容量肺灌洗术后疗效观察	中华劳动卫生职业病	2007，25 (9)	代红松
15	肺表面活性物质制备方法改进的研究	临床儿科	2008，26 (9)	陈志远，张志浩，陈刚，等

表 4-5-2（续）

序号	文章题目	刊名	出版年份，卷号（期号）	作者
16	107例尘肺患者康复疗养与护理体会	中国工业医学	2008，21（4）	闫书梅，陈驰
17	大容量全肺灌洗术在尘肺病中的应用	中华劳动卫生职业病	2008，26（7）	陈刚，马国宣，黄京慧，等
18	大容量全肺灌洗术中灌洗液残余量的影响因素	中华劳动卫生职业病	2008，26（1）	段建勇，陈刚，马国宣
19	超氧化物歧化酶复合酶对尘肺患者肺泡巨噬细胞 Fas/FasL 信号转导及细胞凋亡的调控作用	中华劳动卫生职业病	2008，26（5）	陈志远，陈刚，等
20	1例重症肺泡蛋白沉积症患者行双肺同期大容量灌洗治疗的护理	中国实用护理	2008，24（6）	陈驰，马国宣，潘艳东，等
21	大容量全肺灌洗术后并发窦性心动过速50例观察	中华劳动卫生职业病	2008，26（1）	陈刚，马国宣，孙玉香，等
22	Fas/FasL 信号传导途径在启动尘肺中的作用机制	中国工业医学	2008，21（3）	陈志远，陈刚，袁扬
23	大容量全肺灌洗治疗肺泡蛋白沉积症患者的护理	中国实用护理	2008，24（16）	孙玉香
24	同期大容量双侧全肺灌洗术治疗重症肺泡蛋白沉积症成功1例	新医学	2008，39（7）	黄京慧，马国宣，李艳军，等
25	超重及肥胖尘肺患者大容量全肺灌洗术治疗体会——附156例报告	新医学	2008，39（6）	陈刚，孙玉香，马国宣
26	大容量全肺灌洗术的临床应用与进展	中华劳动卫生职业病	2009，27（5）	陈志远
27	煤工尘肺支气管肺泡灌洗液某些成分的分析	中国职业医学	2009，36（4）	陈志远，袁扬，等
28	染尘大鼠支气管肺泡灌洗液中铜、锌、锰、硅、铁、铬含量的研究	中国工业医学	2009，22（2）	陈志远，张志浩，袁扬，等
29	尘肺患者大容量肺灌洗液中含尘巨噬细胞数量的观察	中华劳动卫生职业病	2009，27（1）	陈刚，袁扬，陈志远，等
30	大容量全肺灌洗治疗尘肺病术后护理体会	中华劳动卫生职业病	2009，27（1）	孙玉香
31	大容量全肺灌洗治疗尘肺病术中肺顺应性的变化	工业卫生与职业病	2009，35（5）	袁扬，黄京慧，陈刚，等
32	姜黄素固体分散体对二氧化硅染尘大鼠氧化水平的影响	中国职业医学	2009，36（5）	陈志远

表 4-5-2（续）

序号	文章题目	刊名	出版年份，卷号（期号）	作者
33	大容量全肺灌洗尘肺患者远期生存质量的评价	中华劳动卫生职业病	2009, 27 (8)	袁扬, 刘贺, 黄京慧, 等
34	染矽尘大鼠支气管肺泡灌洗液某些成分分析	中国工业医学	2009, 22 (3)	袁扬, 陈志远, 等
35	人肺表面活性物质相关蛋白 A 的提纯与生物活性分析	儿科药学	2009, 15 (1)	陈志远, 等
36	尘肺并发肺泡蛋白沉积症一例	中华劳动卫生职业病	2010, 28 (5)	马国宣, 陈刚
37	甘草酸及姜黄素固体分散体对 SiO_2 染尘大鼠抗氧化能力及肺灌洗液成分的影响	中华劳动卫生职业病	2010, 28 (4)	陈志远
38	尘肺患者肺泡巨噬细胞凋亡及其死亡信号调控机制研究	中国职业医学	2010, 37 (2)	陈志远, 陈刚, 等
39	大容量全肺灌洗术灌洗液成分的探讨	职业与健康	2010, 26 (17)	高继伟, 姬献平, 翁淑兰, 等
40	大容量全肺灌洗治疗尘肺病手术中的麻醉效果	中华劳动卫生职业病	2010, 28 (1)	韩志国, 马国宣, 王继成, 等
41	大容量全肺灌洗术中压力调节容量控制通气模式与容量控制通气模式的比较	中华劳动卫生职业病	2010, 28 (2)	王继成, 马国宣, 黄京慧, 等
42	尘肺Ⅱ+期和Ⅲ期患者肺功能的比较	中华劳动卫生职业病	2010, 28 (1)	陈刚, 马国宣, 李艳军, 等
43	大容量全肺灌洗治疗肺泡蛋白沉积症六例	中华劳动卫生职业病	2010, 28 (5)	肖新宇, 黄京慧, 陈刚, 等
44	大容量全肺灌洗术中表面活性物质自身回输一例	中华劳动卫生职业病	2010, 28 (12)	黄京慧, 陈志远, 陈刚, 等
45	大容量肺灌洗术后低钾血症的护理体会	中华劳动卫生职业病	2010, 28 (10)	王丽英
46	大容量全肺灌洗治疗误吸的效果	中华劳动卫生职业病	2010, 28 (2)	马国宣, 陈刚
47	双肺同期大容量灌洗治疗尘肺病改进技术的疗效	中华劳动卫生职业病	2010, 28 (7)	高继伟, 张志浩, 翁淑兰, 等
48	呼吸机在全身麻醉下大容量全肺灌洗术中的应用	中华劳动卫生职业病	2010, 28 (7)	陈刚, 马国宣, 肖新宇, 等

表 4-5-2（续）

序号	文章题目	刊名	出版年份，卷号（期号）	作者
49	大容量全肺灌洗术灌洗液成分的探讨	职业与健康	2010, 26 (17)	高继伟，姬献平，翁淑兰，等
50	X 综合征 1 例并文献复习	中国煤炭工业医学	2010, 13 (12)	段建勇，孙玉香，陈刚，等
51	大容量肺灌洗的尘肺患者远期生存质量影响因素分析	现代预防医学	2010, 37 (6)	陈志远，等
52	农民工尘肺患者 120 例的心理健康状况	职业与健康	2011, 27 (2)	张桂丽
53	煤工尘肺支气管肺泡灌洗液 CC-10 及 TNF-α 含量分析	中国工业医学	2011, 24 (1)	陈志远，等
54	凋亡相关蛋白死亡受体 5、Caspase-3 和 Caspase-8 在煤工尘肺发生发展中意义	中国职业医学	2011, 38 (5)	陈志远，张志浩，陈刚
55	大容量全肺灌洗对尘肺病患者远期疗效的影响及改进方法	山东医药	2011, 51 (48)	高继伟
56	大容量全肺灌洗并发阵发性心房纤颤的原因及处理	中华劳动卫生职业病	2011, 29 (7)	段建勇，孙玉香，陈刚
57	机械通气在大容量全肺灌洗术中的应用	中华劳动卫生职业病	2011, 29 (4)	高继伟，肖新宇，曹兴，等
58	矽肺大鼠血清硅元素水平及 Clara 细胞蛋白的表达和意义	中国工业医学	2011, 24 (3)	朱丽，等
59	尘肺患者肺灌洗后生存质量的影响因素研究	中国煤炭工业医学	2011, 14 (11)	高继伟
60	细胞因子在矽肺患者肺泡巨噬细胞培养上清液中的表达及其意义	工业卫生与职业病	2013, (5)	陈志远，等
61	煤工尘肺大容量肺灌洗前后的影像学评价	中华劳动卫生职业病	2013, 31 (12)	陈刚，马国宣，袁扬，等
62	大容量肺灌洗治疗尘肺并发慢性阻塞性肺疾病的效果	中华劳动卫生职业病	2013, 31 (7)	张洪文
63	呼出气一氧化氮检测在尘肺病患者中的应用价值	中华临床医师（电子版）	2013, 7 (16)	陈刚
64	脉冲振荡法在尘肺病患者肺功能测定中的应用价值探讨	中华临床医师（电子版）	2013, (14)	陈刚

表 4-5-2（续）

序号	文章题目	刊名	出版年份，卷号（期号）	作者
65	矽肺患者肺泡巨噬细胞线粒体凋亡相关蛋白表达及其意义	中国职业医学	2013, 40 (5)	陈刚，朱丽，陈志远
66	不同地区煤工尘肺读片差异分析	职业与健康	2013, 29 (13)	陈刚，马国宣，刘贺，等
67	大容量肺灌洗术后肺表面活性物质恢复水平与肺顺应性的关系	中华劳动卫生职业病	2014, 32 (3)	段建勇
68	大容量肺灌洗术后肺表面活性物质恢复水平与肺顺应性的关系	中华劳动卫生职业病	2014, 32 (3)	段建勇
69	接受肺灌洗的尘肺患者的生存质量及影响因素——尘肺病生存质量专用量表的应用	中国煤炭工业医学	2014, (10)	陈志远，等
70	尘肺病患者生存质量量表的编制及考评	中国煤炭工业医学	2014, (9)	陈志远，等
71	矽肺患者肺泡巨噬细胞表面 A 类清道夫受体表达及其对细胞凋亡的调控作用	工业卫生与职业病	2014, 40 (6)	陈刚，朱丽，陈志远，等
72	复方电解质溶液进行肺灌洗的研究	中华劳动卫生职业病	2015, 33 (3)	陈刚，马国宣，孙玉香，等
73	煤工尘肺患者肺灌洗液中肺泡巨噬细胞自噬活动的研究	中华劳动卫生职业病	2015, 33 (1)	朱丽，段建勇，等
74	TRAIL 及其受体对煤工尘肺患者肺泡巨噬细胞凋亡调控作用	中国职业医学	2015, (1)	陈志远，陈刚，等
75	N-乙酰半胱氨酸对Ⅲ期尘肺并发慢性阻塞性肺疾病的疗效	中华劳动卫生职业病	2015, 33 (1)	魏安银
76	噻托溴铵治疗尘肺并发慢性阻塞性肺疾病的效果	中华劳动卫生职业病	2015, 33 (3)	魏安银
77	TNF-α/TNFR 信号蛋白在煤工尘肺患者肺泡巨噬细胞中的表达	环境与职业医学	2016, 33 (7)	陈志远，车审言，等
78	雾化吸入与振动排痰联合治疗对肺灌洗术后患者的疗效	中国煤炭工业医学	2017, 05	张桂丽
79	尘肺病大容量肺灌洗液中金属及类金属的检测	中华劳动卫生职业病	2017, 35 (11)	陈刚，马国宣，等
80	同步间歇指令性通气并压力支持通气在肺灌洗拔管中的临床应用	中华劳动卫生职业病	2017, 35 (4)	肖新宇

表 4-5-2（续）

序号	文章题目	刊名	出版年份，卷号（期号）	作者
81	大容量肺灌洗中肺泡表面活性物质自体回输临床观察	中华劳动卫生职业病	2017，35（1）	肖新宇，陈刚，等
82	大容量全肺灌洗术中低钾血症的原因分析	中华劳动卫生职业病	2017，35（5）	孙玉香，马国宣
83	TNF-α/TNFR/NF-κB 通路对煤工尘肺患者肺泡巨噬细胞凋亡调控机制	中国职业医学	2017，44（3）	陈志远，陈刚，等
84	尘肺病大容量肺灌洗液中金属及类金属的检测	中华劳动卫生职业病	2017，35（11）	陈刚，马国宣，等
85	阶梯式停止麻醉对降低大容量肺灌洗术拔管应激反应的应用	中华劳动卫生职业病	2018，36（7）	张洪文，赵新利，王继成，等
86	大容量肺灌洗术中精确调节肺通气量的影响	职业与健康	2018，34（15）	闫书梅，孙玉香，肖新宇，等
87	中国煤矿工人北戴河疗养院入院治疗的 165 例矽肺患者矽肺进展危险因素分析	职业与健康	2018，34（3）	陈刚，孙志谦，等
88	岩盐气溶胶疗法对尘肺病患者肺功能的影响	职业与健康	2018，34（23）	孙志谦，袁扬，段建勇，等
89	岩盐气溶胶疗法对尘肺患者痰液炎性因子水平的影响	职业与健康	2018，34（22）	李姝华，袁扬，段建勇，等
90	中国煤矿工人北戴河疗养院入院治疗的 165 例矽肺患者矽肺进展危险因素分析	职业与健康	2018，34（3）	陈刚，孙志谦，等
91	双肺同期大容量肺灌洗术治疗尘肺病肺功能评价	职业与健康	2019，35（9）	安金英，陈刚，袁扬，等
92	岩盐气溶胶疗法的应用现状	职业与健康	2019，35（30）	袁扬，段建勇，李姝华，等
93	岩盐气溶胶疗法对尘肺患者生活质量的影响	职业与健康	2019，35（10）	闫书梅，袁扬，段建勇，等
94	尘肺病患者的应住院未住院情况及影响因素分析	中华劳动卫生职业病	2019，37（9）	陈刚，等
95	尘肺病患者未就诊影响因素分析	中华劳动卫生职业病	2019，37（9）	马国宣，等
96	职业性尘肺病工伤保险医疗服务及管理文献计量分析	中国医疗保险	2020，（07）	陈刚，孙志谦

表 4-5-2（续）

序号	文章题目	刊名	出版年份，卷号（期号）	作者
97	尘肺合并慢性阻塞性肺疾病危险因素的研究进展	职业与健康	2020，36（07）	陈刚，等
98	脉冲震荡肺功能检测在尘肺合并慢性阻塞性肺疾病肺功能测定的应用研究	中华保健医学	2020，22（3）	安金英，陈刚，等

第二节 学术交流

一、中美肺灌洗学术交流

1992 年 7 月 19—22 日，美国西弗吉尼亚大学教授马国雄等 3 位学者，在中国预防科学院劳卫所研究员邹昌其、副研究员李德鸿陪同下，来疗养院进行了学术访问，7 月 20 日上午，在疗养院北二楼会议室召开了"中美肺灌洗学术交流会"。来宾与秦皇岛市政府、市职防所、北戴河区科协、区人民医院等单位和疗养院的领导及医务工作者参加了会议。在会上，美国西弗杰尼亚大学教授 Banks、马国雄、院长梁云鹏先后作了学术报告，分别介绍了尘肺病的成因，尘肺病的治疗方法和研究重点，以及大容量灌洗治疗尘肺病的主要成果等。经过严肃认真的讨论和交流，与会者开阔了眼界，了解了世界尘肺病治疗的主要方法和发展趋势。7 月 20 日下午，教授马国雄一行前往治疗室观看了大容量灌洗的治疗过程，并看望了术后病人。7 月 22 日上午，中美双方进行了尘肺灌洗科研合作洽谈，中方代表梁云鹏副主任医师、邢国长教授、陈志远主治医师、邹昌淇研究员、李德鸿副研究员、中国统配煤矿总公司卫生处郭瑞京等，美方代表马国雄教授、Banks 教授、Weber 医生参加了会谈。美国学者非常钦佩中国同行的成就，认为本中心应用灌洗法治疗尘肺病是走在先端的，通过考察感到收获很大，经过诚挚友好的洽谈，双方一致表示愿意进行科研合作，并达成初步意向。

二、中越肺灌洗学术交流与合作

2014 年 3 月，越南煤炭矿产工业集团医疗中心主任陈光良一行 10 余人来疗养院进行考察和学术交流，双方回顾了多年来技术合作发展历程，交流了各自在尘肺病防治领域取得的新进展，并达成了若干合作意向。5 月，应美国费城托马斯杰斐逊大学纤维化研究中心邀请，疗养院与河北联合大学共同组成专家组，赴美进行学术交流与合作，三方商定未来共同开展弥漫性肺间质纤维化治疗研究项目。

三、尘肺病防治技术的国际交流合作

2002 年 10 月 9—12 日，在北京中国国际贸易中心，参加了由国家安全生产监督管理局、国际劳工组织主办的"中国国际安全生产及职业健康展览会"，举办了大容量全肺灌洗治疗尘肺展台，在展览会刊物上发表了《大容量全肺灌洗治疗尘肺十二年回顾》一文，此文得到了香港肺尘埃沉着病补偿基金委员会主席谢礼良的关注。11 月 15—20 日，疗养院代表团应邀到香港肺尘埃沉着病补偿基金委员会访问交流。

2005年4月，参加了2005年国际职业病与呼吸系统疾病大会，整理论文《大容量全肺灌洗术在尘肺病治疗中应用的评价》，并布置英文展台、英文墙报，进行国际交流。

2014年9月，由中国煤矿尘肺病防治基金会主办、疗养院主要承办的2014年尘肺病预防与治疗国际研讨会在北京召开，中国、美国、德国、日本、尼泊尔、孟加拉国、印度、巴基斯坦等国的150余人参会，围绕尘肺病诊断、治疗与控制的新技术及机理研究的最新成果进行了学术交流。疗养院为会议的顺利召开做了大量细致地准备工作，并派出2名专家参会。多项国际交流合作的开展，进一步提高了疗养院在尘肺病防治领域的国内外影响力，起到了良好的宣传作用。

第三节 人才培养

1990年，派专业技术人员赴南京胸科医院学习肺灌洗及其相关麻醉、职业病诊断、肺功能、血气分析等知识。

1991年，派专业技术人员赴北京胸科医院学习胸片诊断及鉴别诊断；赴北京疾控中心学习尘肺病诊断。

1992年，派专业技术人员赴天津胸科医院学习肺功能知识。

1993年，派专业技术人员参加北京医大重症监护治疗学习班。

1994—1995年，派专业技术人员前往北京人民医院学习呼吸内科及纤维支气管镜知识。

1996年，派专业技术人员赴开滦矿务局进修心内科、呼吸内科。

2001年8月至2002年7月，举办了华北煤炭医学院在职人员硕士研究生课程进修班理论学习，2005年6月，疗养院3名医生获得医学硕士学位。

2001年，派专业技术人员参加全国麻醉科主任提高班的学习。

2002年3月5—8日，及2002年6月24—28日，组织医务人员参加全国尘肺诊断新标准培训研讨会。

2002年9月5—11日，组织年轻医师参加了由中华医学会呼吸科主任高级研修班。

2003年，派专业技术人员赴北京肿瘤医院、北京结研所、北京人民医院、北京胸科医院、南京胸科医院学习麻醉新进展，更新肺灌洗麻醉用药。

2004年6月28日至7月4日，参加了"国家职业病医师（尘肺病）培训班"，9名医师获得尘肺病诊断鉴定资格。

2004—2005年，派专业技术人员赴北京人民医院进修呼吸内科、纤维支气管镜学习。

2015年1月，派送医务人员去重庆职业病防治院学习支气管肺泡灌洗技术，派专业技术人员前往北大人民医院进修学习呼吸内科RICU。

2005年，华北煤炭医学院将疗养院确定"硕士研究生培养基地"，聘请疗养院主任医师陈志远、车审言为硕士研究生导师；2013年7月，河北联合大学（原华北煤炭医学院）聘请疗养院主任医师陈刚为硕士研究生导师。

2016年7月，派送1名医生到北京大学人民医院呼吸内科及睡眠医学中心进修1年的时间，学习无创呼吸机对慢阻肺和呼吸睡眠暂停综合征的治疗。

2017年1—3月，医疗各科室均选派至少1名医务人员到北京煤炭总医院、北京中医康复医院、秦皇岛市第一医院、秦皇岛市第三医院等医院进修学习。

2018年，选派1名医生到北京煤炭总医院学习支气管镜介入治疗、1名医生进修心内科。派医生、护士各1名到秦皇岛市第一医院学习肺功能、痰诱导细胞计数检查，提升科室业务能力，推动和加强与秦皇岛市医疗界的各种学术交流活动。

2020年，选派15名医务人员到唐山二院、秦皇岛第一医院、秦皇岛军工医院进修学习骨与关节康复、神经康复及康复治疗技术，为康复医疗专科建设做准备。

第六章 《中国疗养医学》杂志

第一节 杂志创办

一、杂志转接

1. 背景

疗养学是一门古老而又年轻的学科。进入17世纪中叶，随着物理学、化学等自然基础科学以及解剖学、生理学等医学基础科学的发展，才由直观的感性认识上升到系统的理性认识，形成了富有特色的一门独立的学科。进入20世纪以来，伴随现代医学模式的转变，随着相关学科的发展与渗透，随着人类对健康与疾病认识的不断深化，疗养学的各个领域呈现出全面的进展，从而进入现代疗养学阶段，关于宣传报道疗养医学理论与学术论文的纸质媒体也因此应运而生。

《中国疗养医学》杂志最早源自辽宁省职工疗养学会创办的《疗养医学》杂志（季刊），1980年3月创刊，在此基础上，1992年3月14日经中华全国总工会批准，由中国职工疗养协会与辽宁省职工疗养学会共同主办，并更名《中国疗养医学》杂志（双月刊），1992年8月创刊。办刊宗旨：以研究自然疗养因子和人工物理因子为重点，介绍有关疗养、预防、康复、保健等方面的研究成果，推广国内外疗养医学的新技术和先进经验，促进中国疗养事业的发展。主要版块栏目：论著、综述、疗养预防、疗养保健、疗养管理、医技园地、误诊病例分析、病例报告等。

2. 以往办刊经历

河北省疗养学会前身是北戴河疗养学会，于1986年由北戴河区科协发起成立，疗养院是第一届理事单位，院长贺钧当选理事长，出版刊物《北戴河疗养》，每年一期，共出版过4期。

1990年，北戴河疗养学会更名为河北省疗养学会，受省科协领导，《北戴河疗养》杂志更名为河北省《疗养医学》，每年不定期出版，至少出一期。

1993—1997年，河北省疗养学会召开第二、第三届理事选举，院长梁云鹏当选理事长，疗养院负责学会刊物《北戴河疗养》与《疗养医学》杂志的编辑出版，此刊只是内部刊物，未列入国家正式出版刊物，每期五六个栏目，在当时为广大从事疗养业务的人员提供了学术交流的平台。

3. 转接中国疗养医学杂志

20世纪90年代中期，疗养院医务人员早多与《中国疗养医学》杂志有投稿和约稿的业务往来。

2001年8月，院长李玉环带队拜访了在中华全国总工会北戴河疗养院开会的中华全国总工会（《中国疗养医学》杂志的主办单位）书记处书记董力，以汇报工作的形式，表明了疗养院承办《中国疗养医学》杂志的意向。董力书记在了解相关情况后，表示中国煤矿工人北戴河疗养院的专科医疗工作有特色、有能力承办该杂志，可以无条件转让给中国煤矿工人北戴河疗养院来办。

2001年，由于《中国疗养医学》杂志的主管单位内部体制改革，《中国疗养医学》杂志面临停刊的困境。

与此同时，对于接办杂志一事，院领导班子先后多次上会研究，《中国疗养医学》杂志为全国唯一正式批准的疗养期刊，其在全国疗养界有一定的知名度和影响力，承办该杂志可大大提高疗养院的知名度和影响力，为保住刊号，使其继续为疗养工作服务，经过反复讨论，达成共识，认为这将是难得的一次机遇，而不是经济包袱。

2002年1月5日，疗养院向国家安全生产监督管理局上报了《关于承办中国疗养医学杂志的请示》，并获得时任局长张宝明的批准。

二、申报和批复

2002年1月17日，国家安全生产监督管理局以〔2002〕安监司办介字第3号信函开信介绍医疗副院长陈志远和医疗部到中华全国总工会洽谈接办《中国疗养医学》杂志事宜。

2002年1月20日，中国煤矿工人北戴河疗养院以煤疗发〔2002〕行字第4号文件向中华全国总工会保障工作部、中国职工疗养协会提出关于承办《中国疗养医学》杂志的申请。

2002年1月24日，国家安全生产监督管理局、国家煤矿安全监察局以安监管函字〔2002〕4号文件向中华全国总工会发出关于同意接办《中国疗养医学》杂志的函。

2002年4月4日，中华全国总工会以工函字〔2002〕45号函向国家科技部发出关于申请变更《中国疗养医学》杂志隶属关系的函。

2002年4月26日，疗养院与中国职工疗养协会签订了《中国疗养医学》杂志变更协议。为支持中国职工疗养协会在促进职工疗休养事业发展中更好地开展工作，在刊号交接时，疗养院一次性向中国职工疗养协会捐赠6万元整。

2002年9月6日，国家安全生产监督管理局、国家煤矿安全监察局向国家新闻出版署报刊发行司并国家科技部条件财务司正式呈报了关于变更《中国疗养医学》杂志主办单位的补充报告。报告中明确指出：中国煤矿工人北戴河疗养院在工作特点及学科研究上与《中国疗养医学》杂志的办刊宗旨和内容相吻合，根据科学技术期刊管理的有关规定，同意由中国煤矿工人北戴河疗养院主办《中国疗养医学》杂志。办刊地点设在中国煤矿工人北戴河疗养院院内。

2002年9月27日，国家新闻出版总署报刊司以新报刊〔2002〕119号文件批交科技部条财司，同意《中国疗养医学》杂志变更部分登记事项：①主管机关变更为国家安全生产监督管理局；②主办单位变更为中国煤矿工人北戴河疗养院；③登记地由沈阳变更为石家庄，新刊号为CN13-1332/R，批复要求通知有关出版单位向河北省新闻出版局办理变更手续。

2002年9月29日，辽宁省新闻出版局以辽新出报刊字〔2002〕103号文件向河北省新闻出版局发出关于同意《中国疗养医学》杂志登记地变更的函。

2002年10月11日，国家科技部以国科财函〔2002〕25号文件向有关科技期刊管理部门，下发了关于同意创办中国医院用药评价与分析和变更调整有色矿山等168种科技期刊的函，《中国疗养医学》名列2002年科技期刊变更表序号2。接到国家新闻出版总署和国家科技部批复变更通知后，疗养院派遣2名人员先到辽宁省新闻出版局办理相关手续，后又请《现代养生》的杂志社社长丁瑞明陪同前往河北省新闻出版局办理变更手续，申报期刊出版许可。

2002年12月18日，河北省新闻出版局向《中国疗养医学》杂志颁发了冀期出证字第1332号期刊出版许可证。

2003年1月8日，在秦皇岛市工商行政管理局北戴河分局办理了《中国疗养医学》杂志的营业执照，字号1303041601464。

2003年1月8日，在北戴河区工商行政管理局办理了广告经营许可证，证号1303024000371。

2003年1月底，完成期刊经营要求的全部手续，正式运营。

第二节 杂志沿革

一、人员

2003年，《中国疗养医学》杂志落户以后，院长李玉环兼任《中国疗养医学》杂志社社长，医疗副院长、医疗部主任、副主任等分别担任副社长、主编职务。同时聘请了一位有十多年办刊经验的韩秀荣副编审协助办刊，招聘了合同制1人。

2005年，出于工作需要，对编辑部人员进行调整，杂志社实行社长领导下的编辑部主任负责制。

2010年7月14日，杂志社法人（社长）变更为张振国。

2014年，杂志社招聘2名在编人员。

2016年6月，杂志社法人（社长）变更为郭玉梅。

2020年9月26日，杂志社法人（社长）变更为王海泉。

截至2020年底，杂志社有专职人员3人，外聘人员3人。

二、办公场所

2002年开始，中国煤矿工人北戴河疗养院无偿提供杂志社办公场地，编辑部办公地点设置在医技门诊楼三楼（5号楼），办公室3间，使用面积60平方米，库房1间20平方米。

2011年，疗养院房屋改造，杂志社办公地点临时改迁到院尘肺病治疗楼二楼，办公室1间，约60平方米。

2012—2019年，杂志社办公室迁到原办公室二楼，办公室3间，库房1间，总计约60平方米。

三、设备

2003年，疗养院出资购置了办公设备（计算机2台、传真机1台、扫描仪1台、复印机1台、彩色喷墨打印机1台、照相机1个）。另购置桌子、椅子，文件柜等办公用具，安装了外线电话2部，总计投资共5.5万元。

2006年，杂志社被盗，办公设备和相关材料全部丢失，重新购置联想计算机和IBM计算机各1台。

2008年，购置惠普计算机1台，购买稿件采编软件1个。

2009年，购买索尼数码摄像机1个，打印机1台，惠普计算机1台，佳能EOS照相机1个，格力空调3台。

2010年，购置联想计算机2台，戴尔计算机2台。

2011年12月9日，购买期刊稿件处理平台软件，也是稿件采编软件的升级版。

2012年，购置复印机1台。

2014年，购置戴尔计算机2台，笔记本电脑1台，格力空调3台。

四、数据库收录协议

2003年1月15日，与北方清华同方签订合作协议，成为中国期刊全文数据库收录期刊、中国学术期刊综合评价数据库统计源期刊。

2003年，与重庆维普数据库签订合作协议，成为中文科技期刊数据库收录期刊。

2004年，与万方数据库签订合作协议，杂志成为中国核心期刊（遴选）数据库收录期刊。

2006年3月14日，与中华首席医学网签订协议，成为中华首席医学网期刊入网会员。

2006年4月28日，与北京龙源网通电子商务有限公司签订协议，加入全球中文电子期刊协会。

2006年6月23日，与中国人民解放军医学图书馆签订协议，被《中文生物医学期刊文献数据库 – CMCC》和《中国生物医学期刊引文数据库 – CMCI》收录。

2014年1月23日，加入国际DOI中国注册与服务中心（学术期刊），成为会员。

2017年5月27日，与超星期刊域出版平台签订协议，加入超星数据库出版平台。

2020年10月9日，入选2020年《中国学术期刊影响因子年报》统计源期刊（证书编号：LY 2020 – ZGLX）。

第三节 杂志编委会与出版

一、编委会

1. 第一届编委会

2003年6月，编辑部开始筹备《中国疗养医学》编委会的工作，杂志社聘请了国家安全生产监督管理局宣教中心主任金磊夫为编委会主任，聘请了原第四军医大学校长、博士生导师陈景藻教授为杂志顾问。同时得到了解放军总后卫生部保健局领导的大力支持，推荐军队编委8人。2003年9月23—24日，在中国煤矿工人北戴河疗养院召开了《中国疗养医学》杂志首届编委会（扩大）会议，社长李玉环在会上致欢迎词，地方和军队的编委22名人员出席了会议。首届编委会对杂志的办刊宗旨、发展方向和定位作出了决议，在会上讨论并通过了编委会章程。

2. 第二届编委会

2006年6月27—28日，在中国煤矿工人北戴河疗养院召开了《中国疗养医学》杂志第二届编委会（扩大）会议，《中国疗养医学》杂志顾问、博士生导师陈景藻教授因公不能出席会议，发来贺信。社长李玉环、编委会主任金磊夫、编委会副主任张世学在开幕式上作了重要讲话，《中国疗养医学》主编张志浩作了《杂志社三年来的工作报告》。大会审议了杂志社工作报告，通过了《编委会章程》。

3. 第三届编委会

2009年3月25—26日，在中国煤矿工人北戴河疗养院召开了《中国疗养医学》杂志第三届编委会（扩大）会议。杂志顾问、博士生导师陈景藻教授，国家安全生产监督管理总局宣教中心主任、编委会主任金磊夫，社长李玉环，总后卫生部保健局副局长、编委会副主任席立锁、编委工作站代表及编辑部工作人员51位参加了会议。卫生部保健局常务副局长杜治琴特到会祝贺。来自临潼、杭州、大连、青岛编委工作站的4名代表分别介绍了各自疗养院的基本概况及建站后的工作。与会人员还认真聆听了疗养学专家陈景藻教授、中华结核和呼吸杂志王娟编审、中华劳动卫生职业病学组副主任委员陈志远主任医师的学术讲座。

4. 第四届编委会

2012年6月6—7日，第四届编委会扩大会议在中国煤矿工人北戴河疗养院召开。国家安全生产监督管理总局宣教中心裴文田主任在百忙之中到会祝贺。杂志原顾问、博士生导师陈景藻教授，杂志新一届顾问王建国，时任国家安全生产监督管理总局直属机关党委副书记、编委会主任金磊夫，解放军总后卫生部保健局副局长、编委会副主任张晖，编委会委员及编辑部代表共计96位参加了会议。开幕式由北京小汤山疗养院院长、杂志副主编平昭主持。

5. 第五届编委会

2015年12月9—10日，第五届编委会扩大会议在广州市干部疗养院召开。杂志新一届顾问原沈阳军区兴城疗养院院长王建国，原南京军区杭州疗养院院长张卫兵，编委会主任金磊夫，编委会委员及编辑部代表共计95位参加了会议。开幕式由北京小汤山疗养院院长、杂志副主编平昭主持。

6. 第六届编委会

2019年10月16日，《中国疗养医学》杂志第六届编委会扩大会议在应急管理部北戴河康复院召开。《中国疗养医学》杂志第六届编委会顾问倪彦君、编委会副主任丁凡、疗养院班子成员、编委会常务委员、委员及代表共计112位参加了会议。会议由北京小汤山疗养院院长、杂志副主编、常务委员平昭主持。杂志社编辑部向大会做了工作汇报。大会通过举手表决的方式一致通过了第六届编委会成员的换届，宣读了《中国疗养医学》杂志第六届编委会成员名单。颁发了聘书，通过了新修订的《中国疗养医学杂志编辑委员会章程》。

二、编委工作站

1. 兰州军区临潼编委工作站

2007年4月10日，《中国疗养医学》杂志兰州军区临潼编委工作站挂牌成立。社长李玉环与临潼疗养院院长李庆和共同揭牌，并为编委工作站成员颁发了聘书。在仪式上，《中国疗养医学》杂志名誉顾问、第四军医大学原校长陈景藻教授认真剖析了现代疗养的发展形式，充分肯定了《中国疗养医学》杂志临潼编委工作站成立的重要性。

2. 南京军区杭州编委工作站

2008年3月18日，《中国疗养医学》杂志南京军区杭州编委工作站挂牌成立，杭州疗养院政委陈中岳主持揭牌仪式，社长李玉环、南京军区杭州疗养院院长张卫兵共同揭牌。

3. 沈阳军区大连编委工作站

2008年5月9日，《中国疗养医学》杂志沈阳军区大连编委工作站挂牌成立。社长李玉环与沈阳军区大连疗养院副院长尹宝玉共同揭牌。

4. 济南军区青岛编委工作站

2008年11月6日，《中国疗养医学》杂志济南军区青岛编委工作站挂牌成立。济南军区青岛第一疗养院副院长周国清主持。社长李玉环与济南军区青岛第一疗养院政委刘德好共同揭牌，与济南军区青岛第一疗养院院长葛殿蕴共同签订了编委工作站协议。

5. 临沂编委工作站

2010年12月18日，《中国疗养医学》杂志临潼编委工作站挂牌成立。会议由山东省煤炭临沂温泉疗养院院长刘立经主持，山东省泰山疗养院、兖州矿业集团日照疗养院、临沂市人民医院、临沂市医学会物理医学与康复医学专业委员会的主要领导参加了会议。揭牌仪式上，社长张振国与山东省临沂市河东区区委常委、宣传部部长姚运明共同揭牌，同时签订了编委工作站协议，并聘任院长王庆平等10人为临沂编委工作站成员。

6. 深圳编委工作站

2013年1月15日，《中国疗养医学》杂志深圳编委工作站挂牌成立。会议由深圳市麒麟山疗养院主任陈晓峰主持，社长张振国与深圳市麒麟山疗养院院长吴国强共同揭牌，签订了编委工作站协议，颁发了聘书。

7. 华东编委工作站

2013年5月24日，《中国疗养医学》杂志华东编委工作站挂牌成立。社长张振国与华东疗养院副院长封蔚共同揭牌，签订了编委工作站协议，颁发了聘书。

三、出版

1. 基本情况

2003年2月20日，《中国疗养医学》杂志转由疗养院办刊后，正式出版了第一本杂志，即第12卷第1期。杂志开本大16开，内文80页，胶订装订。栏目设置以自然疗养因子、物理疗法、疗养与管理、疗养与预防、疗养与治疗、疗养与保健、疗养与护理、临床园地、医技园地为主要栏目。以广大从事疗养、理疗、康复、临床专业的卫生技术人员及管理者为主要读者对象。

2005年，杂志更新封面，以突出各家疗养院院貌为特色，栏目以论著、综述、自然疗养因子、物理疗法、疗养与预防等为主，在排版空白处增加了小常识等内容，以丰富杂志的内容。并根据疗养医学和康复医学特色设立了"专家论坛"。

2006年，杂志进入了良性循环，优质稿件逐渐增多。为了满足作者的需求，发表更多的优质稿件，办理了变更刊期的相关手续。特申请将《中国疗养医学》杂志由双月刊变为单月刊，页码由原来的80页变为64页，杂志每期定价保持不变。

2007年1月，杂志更新了封面，以突出自然界景观为主，栏目增设了临床及合理用药等。这一年，杂志社加快了出版周期，中国疗养医学杂志由双月刊变为月刊，同时页码由80页变更为64页。

2008年，经过2年的探索和实践，疗养院办刊水平不断提高，杂志质量有大幅度提升，为了缓解稿件积压，给作者提供更多的交流机会，于2009年1月，杂志变更了页码，由64页增加到96页，杂志封面更新，突出科技性、严谨性，更加简洁大方。

2010年11月，为缓解稿件积压情况，出版增刊一期。

2014年，为争取早日加入核心期刊，杂志社调整办刊思路，办理了增加页码的手续。

2015年，杂志页码由96页增加到112页。

2. 办刊宗旨

2003年，复刊时提出：以江泽民"三个代表"重要思想为指导，贯彻执行党的新闻、出版、医疗卫生等方面方针政策，团结广大从事疗养医学、理疗学、康复医学、临床医学的专业技术人员及管理者，坚持严谨的科学作风和独特风格、开展学术交流，及时反映国内外最新疗养研究成果和发展动态，传播新理论、新知识、新技术，不断丰富和发展疗养医学内容，促进疗养医学和疗养事业的新发展。

2007年，办刊目标：作为全国唯一的疗养医学期刊，应定位在国家级医学期刊的中、上水平，面向全国，服务健康，独具特色，集权威性、知识性、科普性、可读性和实用性为一体。立足为疗养医务工作者服务，突出其专业性兼顾科普性，有限度地发表一些高水平的科普文章。编辑部在办刊过程中，积极响应新闻出版部门提出的号召，大力倡导"三贴近"（即贴近实际、贴近生活、贴近群众），积极鼓励"三贴近"，努力实践"三贴近"。

2010—2014年，提出的办刊思路：努力发表高质量稿件，不断提高办刊水平和能力，力争进军核心期刊。

2015—2017年，提出的办刊思路："百花齐放，百家争鸣"，以内容为根本，以读者为中心，以人才为基础，以发展为主题，以创新为动力，以服务为前提，以市场为导向。

2018—2019年，提出的办刊宗旨：以习近平新时代中国特色社会主义思想为指导，以"健康中国2030"规划纲要为目标，主要做好学术导向工作，促进学术交流，报道国内外疗养医学与相关预防、保健、临床、康复的科研成果和最新发展动向。鼓励学术争鸣，弘扬学术创新。主要服务于疗养、医疗、康复机构及应急管理系统的临床、教学、科研工作者。

3. 组稿和审稿

2003年，杂志复刊初期，由于《中国疗养医学》杂志之前曾经停刊过，又加上重新变更了主管、主办单位，《中国疗养医学》杂志曾一度失去了作者群和读者群。面对严峻现状，杂志社人员积极组稿，一方面向医疗、疗养、职防所、市县区级医疗单位发放征集稿件的通知，另一方面采取免费刊登稿件的措施，并在全国范围内每期免费赠送《中国疗养医学》杂志3000册，持续一年。

对于组稿，编辑部长年发放征集稿件的通知，并通过电话、邮件及纸质信件与知名专家约稿。《中国疗养医学》杂志邀请疗养学、理疗学博士生导师陈景藻教授为杂志撰写文章，名为《关于振兴我国疗养事业的思考》。我国的康复医学专家，为凤凰卫视著名主持人刘海若进行过康复治疗的王茂斌教授专为杂志撰稿《康复医学的过去、现在和将来》，提高了杂志的知名度和影响力。每期杂志刊登编委会专家某一领域的专题文章，连载发表，提高杂志学术性和可读性。

对于审稿，编辑部稿件审阅一直执行"三审制"，即初审、复审和终审。对于特殊稿件即专业性较强的稿件还要送外审把关，保证每期差错率不超过万分之一。

2010年，为减少侵权的隐患，杂志社积极引进清华同方学术不端检索软件，通过对此软件的使用，提高了原创稿件的利用率，杜绝了部分抄袭稿、雷同稿的发表。杂志社还购买了主题词库表，使编辑对作者稿件关键词的修改更加规范，有据可依。两个办公软件的应用，使工作提质提效。

4. 排版

2003—2005年，对于排版工作，杂志社人员把审阅后的稿件先在纸稿中画出版式（排版式样），然后交印刷厂进行排版。

2005年8月，编辑部人员为了节省开支，增加排版工作的灵活性，编辑部开始试行自主排版，每期节省费用1500元，既锻炼了队伍，缩短了从收稿到制版的时间，还大大提高了工作效率。

5. 印刷

为寻找印刷质量过硬的单位，疗养院组织人员先后到抚宁、秦皇岛等印刷单位，下车间、看设备、调研市场价格，最后选择了中国标准出版社秦皇岛印刷厂，该印刷厂是河北省新闻出版局指定的具有印刷资质的单位。自复刊以来，杂志社与印刷厂建立了较好的合作关系，中国疗养医学杂志一直在此厂印刷。

6. 发行和广告

中国疗养医学杂志的发行途径有两条，一条通过邮政发行，2003年1月21日与秦皇岛市邮政局签订了委托发行协议，申请了邮发代号18-246。另一条途径通过自办发行，复刊初期投放了5000份宣传疗养医学杂志的资料，后随着杂志的出版，又往全国有疗养、医疗的单位每期免费赠送3000册，这种自办发行方法使用了一年，起到了较好的宣传作用。2006年，杂志社逐渐扩大自办发行范围，与北京人天书店和北京华教快捷期刊经销中心建立了长期的合作关系。与《中国医药导报》《健康指南》《中华劳动卫生职业病杂志》《解放军健康》《水土保持应用技术》《中国社区医师》《中华医学杂志》等同行开始互换杂志。

7. 刊后审读

编辑部时常收集杂志出版后的反馈信息，每期杂志出版5日后，编辑部召开编辑会议，通过刊后审读总结不足与成功之处，统一审稿标准，不断总结工作经验，提高工作效率。

8. 合作与出版增刊

2005年3月16日，中国煤矿尘肺病治疗基金会与疗养院共同签订了关于合作办刊协议书，中国煤矿尘肺病治疗基金会成为《中国疗养医学》杂志首家协办单位。2005年6月，为推广大容量肺灌洗技术，受中国煤矿尘肺病治疗基金会委托，出版尘肺病治疗增刊一期，专刊内文64页，彩页18面，内文80页。杂志封面人物为中国煤矿尘肺病治疗基金会理事长濮洪九。

2000年以来，杂志社基金资助文献量、影响因子、传播趋势等基本情况如图4-6-1至图4-6-7所示。

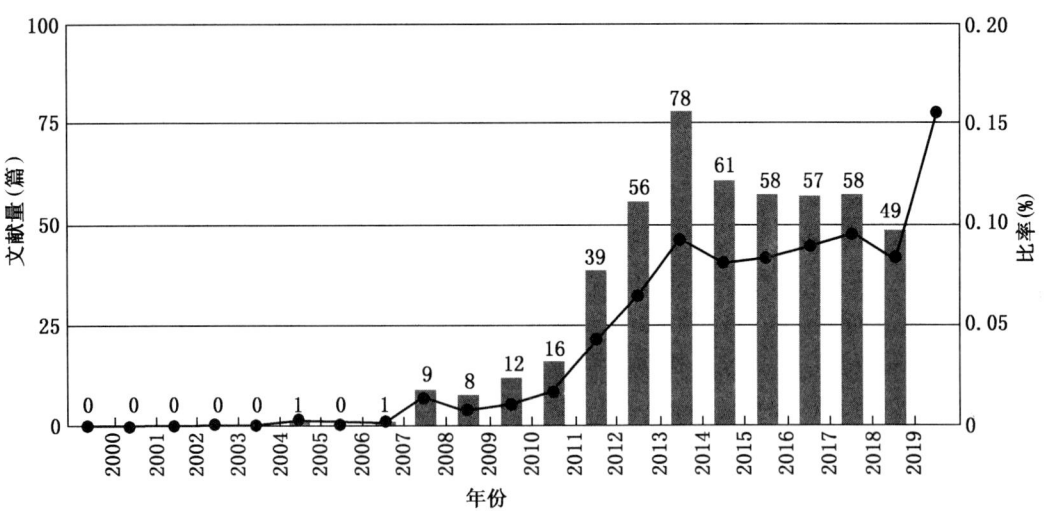

图4-6-1 2000—2019年基金资助文献量

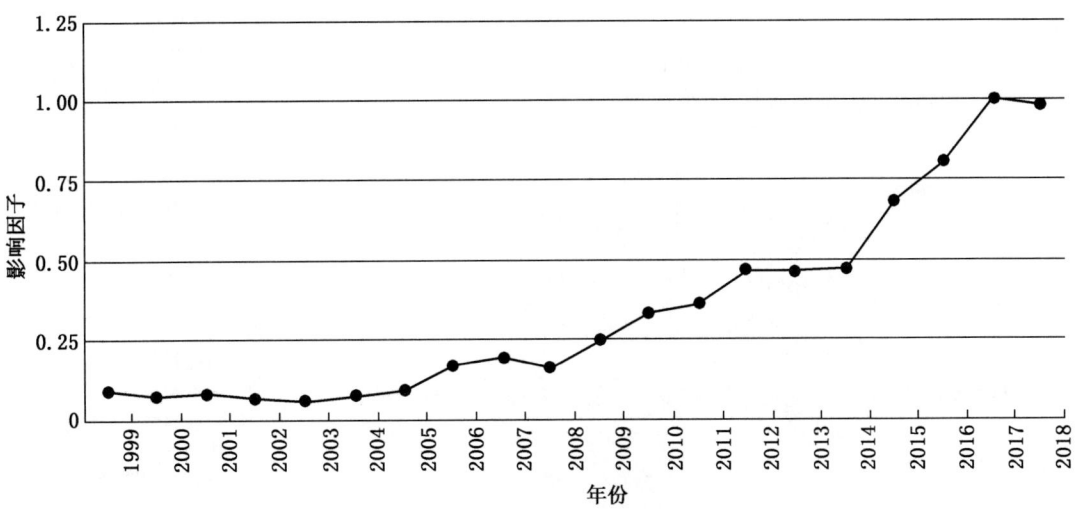

图4-6-2　1999—2018年影响因子趋势图

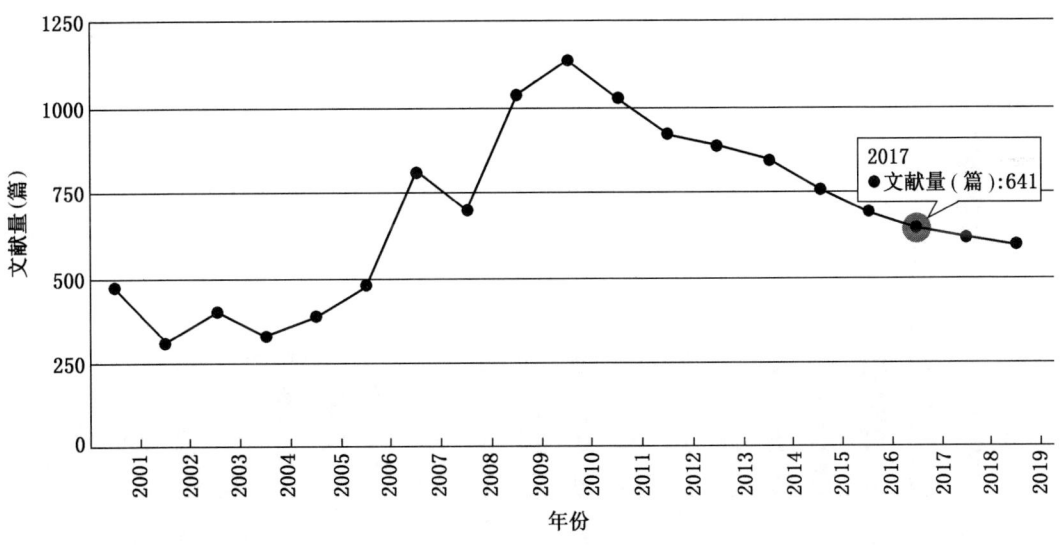

图4-6-3　2001—2019年总文献量

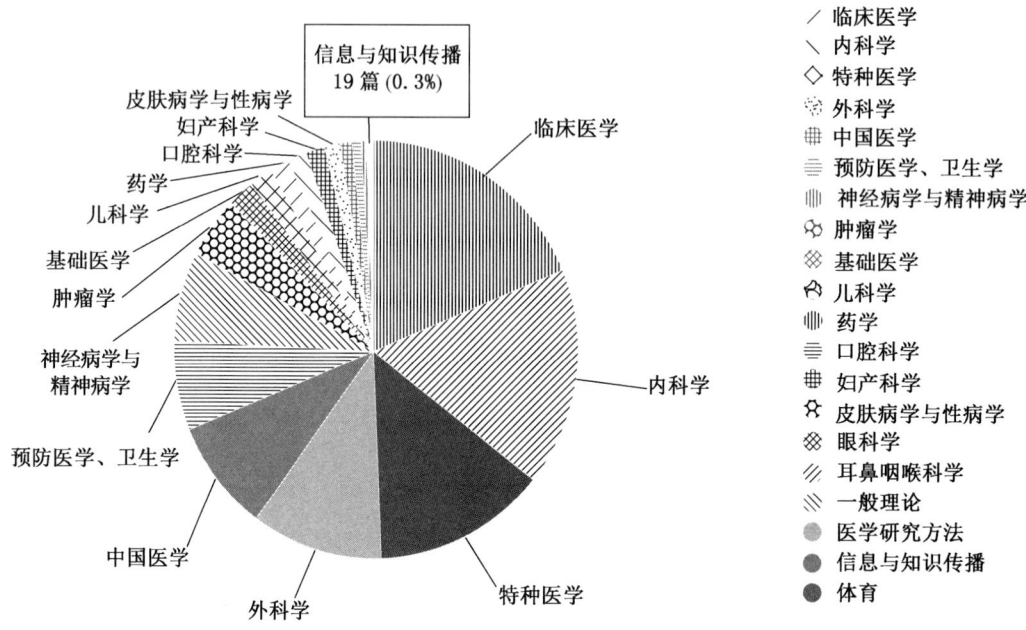

图4-6-4 期刊近十年学科分布图

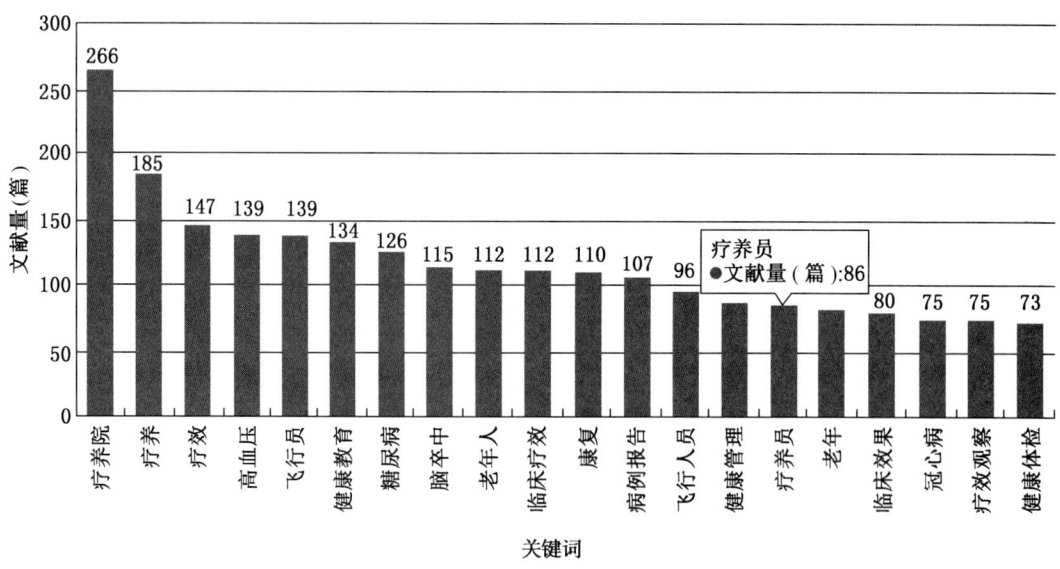

图4-6-5 期刊近十年文献关键词分布图

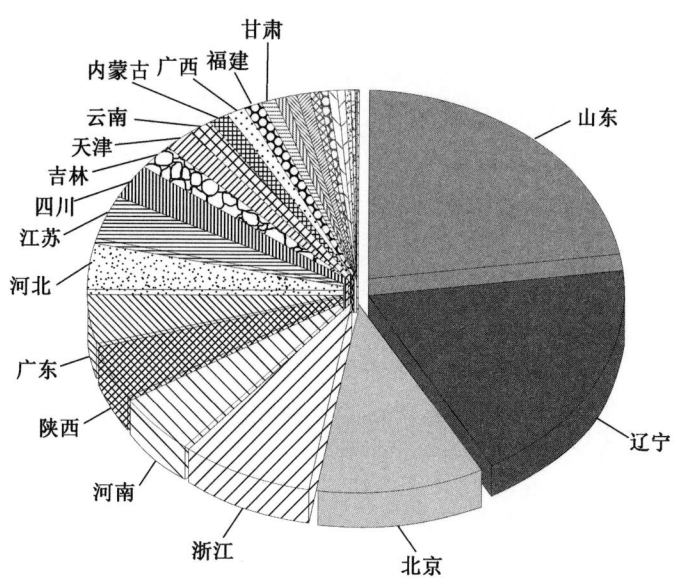

图4-6-6 国内发文地区分布图

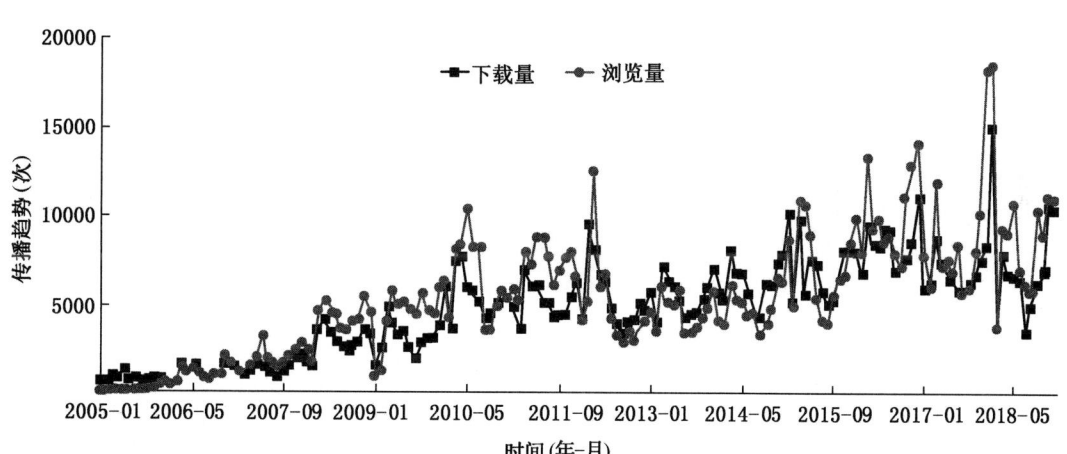

图4-6-7 期刊传播趋势图

中国煤矿工人北戴河疗养院志

第五篇
旅游与接待

本篇主要介绍建院以来疗养院重大会议接待情况，20世纪90年代以来旅游开发经营、金海旅行社业务情况，2001年以来培训业务开展情况。

第一章 旅 游

第一节 旅游开发

一、北戴河旅游的开发

缘由津榆铁路开发和秦皇岛港口的修筑，及后来的外国人在此筑屋居住，1898年3月，北戴河被清政府准允为中外人士相杂居住的避暑地。20世纪20年代起，逐渐在世界上享有盛名。20世纪30年代，拥有了铁路、航空、旅馆、邮电、商业及游览娱乐等为旅游服务的总体结构，饭店、旅行社、餐馆红火一时，网球、垒球、高尔夫球、焰火、舞会、电影等新潮活动习以为常。每年都吸引了大批中外游客，特别是京津一带接受过西方文化影响的达官贵人、名士名流，而居住在华北一带的稍有经济地位的外国人，也几乎没有不来北戴河海滨的。北戴河解放后，北戴河改为休疗养区，同时也成为中央主要的休养地，中央每年暑期都用它作为办公和休假的地方，因此也称为"夏都"。1979年2月，《人民日报》发布消息称，"中共中央和国务院最近决定，中央机关和军委在北戴河的休养区将拨给旅游部门接待外宾用，中央国家机关今后不用了。"这是三中全会把党的工作重点转向经济建设后的一项特别举措，随后中直机关的疗养院交给旅游公司使用。

北戴河具有丰厚的旅游资源，环境优美，风光秀丽。风景区西面是婀娜俊美的联峰山，山色青翠，植被繁茂，戴河如练，沿山脚蜿蜒入海，山中文物古迹众多，奇岩怪洞密布，各种风格的亭台别墅掩映其中，如诗如画。南面是悠缓漫长的海岸线，总计15公里，质细坡缓，沙软潮平，水质良好，盐度适中。其中岩岸14公里，沙岸80公里，自然形成了多处天然海水浴场。除了有广阔的海滨浴场以外，还有20余处风景名胜，主要有鹰角石、金山嘴、老虎石、莲花石、观音寺、望海亭等。东面的鸽子窝公园，是观日出、看海潮的最佳境地。沿海岸线向内，更有秦皇宫、北戴河影视城、怪楼奇园、金山嘴、海底世界、野生动物园等各种风格、不同特色的旅游景点分布，加上众多街心公园和花园的点缀，山、海、花、木与掩映其中的各式建筑交相辉映，构成了一幅优美、和谐的风景画。

北戴河周边还有历史文化古城山海关，新兴旅游景区南戴河、黄金海岸等。

疗养院1950年建院到20世纪80年代末期是全封闭型疗养院，是以全心全意为煤矿工人服务为宗旨，以执行落实上级安排部署的任务为天职，以服务上级机关和首长为己任。接待的是清一色的煤炭系统的干部、职工、专业技术人员、劳动模范、优秀教师等。旅游者止步，外来车辆禁入，就是跟疗养员一起来的家属子女也不许在院内住宿和就餐；非本院车辆未经疗养院领导批准不准进院。到20世纪90年代初期，伴随煤炭行业严峻的经济形势，疗养床位日益萎缩，疗养院适应形势变化，开始向旅游转轨。

二、旅游宣传

旅游作为疗养院主营业务，在面临竞争日趋激烈的市场竞争，旅游宣传工作就尤其显示其重要性。

参加旅游交易会和联谊会，散发宣传品、画册、旅游线路、各种材料，促进与全国旅行社业务联系。

1995—2000年，历年全国旅游交谊会和北方旅游交谊会都派员参加。

1997年，参加了天津、大连旅游业务洽谈会。

1998年，参加了威海煤炭系统旅游企业联谊会。

1999年，开始在华夏旅游网、北戴河旅游网等国内网站建立自己的主页。

2004年，疗养院接待了大量的俄罗斯客人，为巩固成果，扩大今后对俄接待市场份额，遵循旅游经济就是关系经济的原则，院长李玉环、副院长张振国亲自到满洲里进行回访。

2005年3月29日至4月5日，为落实回访有关情况，由副院长张振国带领膳养科和客房一、二科的主要领导一行4人到满洲里、俄罗斯的赤塔及哈尔滨进行了为期8天的商务考察，把疗养院的宣传广告作到了国外，并于4月4日在哈尔滨开展了旅游促销活动，邀请了哈尔滨电业旅行社、黑龙江省中国旅行社等8家旅行社，参加了疗养院旅游促销说明会，介绍了疗养院的地理优势、行业优势、服务优势、旅游和专科医疗优势。

2006年3月，院长李玉环带队赴俄罗斯赤塔州、乌兰乌德自治共和国、伊尔库茨克州，就暑期接待俄罗斯旅游团有关食宿事宜进行洽谈。

2017年4月，疗养院班子带队赴满洲里拜访口岸集团负责人，对多年支持北戴河疗养院旅游发展表示感谢，同时希望继续支持北戴河疗养院发展，通过旅游协作发展多领域、全方位、更广阔的合作，口岸集团表示：发往北戴河疗养院俄团数量"保二争三"，青少年夏令营项目专列发往北戴河。

2018年4月，疗养院派遣疗养和客房相关人员参加北戴河区旅游局组织的赴石家庄、太原、鄂尔多斯三市的旅游产品推介活动。11月，由分管旅游接待院领导带队参加北戴河区旅游局组织的赴西安、成都、贵阳、重庆四市的旅游产品推介活动。通过本年度北戴河区旅游局组织的旅游产品推介活动，疗养院与西安、成都、贵阳、重庆四市中53家旅游企业建立了联系。

第二节 旅游经营

一、旅游接待

1979年，北戴河重新开办旅游后，疗养院因承担繁忙的休疗养员接待任务，主要对系统内服务，不搞旅游等对外经营。

1990年，开始利用前后两批疗养员入院间隙，打时间差，接待少量社会游客。

1992年，系统内疗养床位预订出现缩减，由以往650余张只订出400张，其余床位开始旅游住宿接待，全年共接待2532人次，拉开了疗养院为旅游服务的序幕。

1993年2月，针对日益严峻的系统

疗养萎缩形势，疗养院调整了机构，将以往隶属院办公室，负责疗养员出入院管理的接待室单独成立了接待科，职责增加了对外推销旅游床位。

1994年，为适应市场需要广开创收渠道，保证疗养院稳定发展，成立了"金海旅行社"，面向社会服务，广泛招揽客源。

1994年，经申请，疗养院被批准为河北省涉外定点单位。

1994年，国家实行新的工时制，全国推行大小周休日。1995年，国家又规定全部实行双休日。新工时制的执行，对北戴河的经济发展和旅游带来新变化，北戴河周末经济诞生。但也使来北戴河旅游者滞留时间缩短，旅游者由原来的三天多缩短为一天半，特别是伴随京沈高速路的开通，情况更是加剧。

1998年，为适应旅游形势变化，将旅游与疗养业务分开，分别由旅行社和医疗部管理，改变了过去一直由接待部包揽床位业务的工作格局。

1998年，随着煤炭工业部撤销，煤炭企业效益下滑，疗养院年初仅订出疗养床位126张，中途又退床30张，疗养床位数仅占全院总床位数的11.3%。

1999年，疗养订床彻底取消，原划归医疗部用于疗养的南、西区的1号、2号、3号、4号、5号、7号、8号、9号楼共8栋疗养楼及院内2座餐厅，全部对外用于旅游接待。开始了疗养院由单纯疗养型向服务经营型的转变。

2000年，紧邻海边，最后用于疗养员住宿接待的6号楼（工字楼）南部，因属旅游热销房，装修改造后用于旅游接待。

2003年，在抗击"非典"疫情中，疗养院反应及时，工作力度大。制定了周密的防范计划，成立了"防非"应急小分队，客房区严格落实卫生、消毒、通风等项工作；认真组织各种数据上报，购置了一批非接触式测温仪，对外来住宿人员制定了严格的体温监测和卫生检查制度。4月24日，根据市、区有关"防非"要求，制定了《预防控制传染性非典型肺炎实施方案及应急预案》；4月27日，疗养院停止对外接待营业；6月12日，恢复对外营业。

20世纪末开始，为更有利于对外经营旅游业务，疗养院陆续将过去富含疗养色彩的名称进行了变更，北疗区、北餐厅更名为松荫斋宾馆、松荫斋大酒店；南疗区更名为金沙宾馆，东疗区更名为金海宾馆；改建南餐厅时，更名为金海大酒楼。

俄罗斯游客接待。疗养院旅游接待主要以国内游客为主，2004年秦皇岛市为促进发展对外旅游事业，对接待俄罗斯旅游客人实施全面开放政策。疗养院首次大批量地接待了俄罗斯旅游度假团队。6月21日，疗养院与山海关鑫铁龙旅行社签订了接待俄罗斯定房协议书。6月25日中国首列俄罗斯旅游专列入境抵达山海关火车站，疗养院从6月25日至7月2日成功地接待了其中320名俄罗斯旅客，成为市首批全院允许涉外接待的疗养院。之后，俄罗斯客人便大量地入住疗养院，全年共接待700余人，实现了历史性的重大突破。

2005年4月3日，疗养院与满洲里中国国际旅行社签订了2005年接待俄罗斯旅客的合作意向书，全年接待俄罗斯游客2400人次，占北戴河区接待俄团总人数的六分之一。

2006—2009年，俄罗斯游客接待人数逐年上升。

2010—2012年，人数趋于平稳5000人左右。

2014—2016年，俄罗斯受经济形势

影响，来北戴河度假游客较少。

2016—2019年，疗养院领导班子加大外宾营销力度，积极开发对俄旅游市场，走访满洲里俄团旅行社，俄罗斯游客人数逐年上升。1993—2020年疗养院旅游与会议接待人数情况见表5-1-1。

表5-1-1　1993—2020年疗养院旅游与会议接待人数统计表

年份	会议团队（个）	人数	国内游客数（人）	俄罗斯游客（人）	合计人数
1993	36	2081	3400	—	5481
1994	69	3006	4800	—	7806
1995	167	2847	8273	—	10760
1996	42	1655	9834	—	11489
1997	70	1808	7388	—	9196
1998	91	2688	5387	—	8075
1999	79	2519	17982	—	20501
2000	35	2596	25778	—	28374
2001	101	5200	24100	—	29300
2002	166	7531	18854	—	26385
2003	55	2790	17620	—	20410
2004	85	3340	18046	700	22086
2005	116	3560	18348	2400	24308
2006	104	3650	16828	3229	23707
2007	98	4500	14105	4500	23105
2008	56	2997	13566	3997	20560
2009	88	2800	14301	6700	23801
2010	63	1513	14000	6100	21613
2011	65	1800	15600	4289	21689
2012	82	2280	11000	5000	18280
2013	96	2600	13476	2100	18176
2014	50	2215	15102	3200	20517
2015	34	1598	12972	598	15168
2016	42	1500	14295	500	16295
2017	90	3645	16861	3020	23526
2018	83	3180	8672	3180	15032
2019	115	4630	10387	2651	17668
2020	39	1609	1447	0	3056

二、旅游服务

1. 设施改善

疗养院原有疗养房间设施陈旧、布局不合理、没有空调，热水由管道供应，每天只限2个小时，满足不了旅游接待的条件。1997年后，疗养院陆续改建、装修疗养用房，使之基本达到准星级标准。

1997年，建设专门用于旅游接待的8号楼。

1999年，对南区部分疗养楼进行设施改善。

2000年，对建于19世纪50年代的6号楼南部进行了改造、装修，房间配备了新家具、卧具，使39个低档的疗养房间改造为准星级标准客房，命名为金海宾馆。新建了南区总服务台；购置了燃油炉和空调、彩电，使全院大部分客房楼达到了24小时供应热水，安装了空调，更新了彩电，经与火车站协商，购置售票机，与车站微机联网成立售票票务中心。

2001年，继续加大对客房的改造投入，对2号、3号、4号、7号楼作"穿衣戴帽"改造，加层增加建筑面积约1500平方米、房间48套；1—7号楼装修改造标准房间101套；新增空调216台，电视180余台，家具295套，更新被品20万元；对院区路灯、草坪、路面改造更新。更换、改造路灯45个、草坪灯35个，购置安装广场灯等6个。

2001年，新建美都饭店作为宾馆楼，设有71套标准客房，1座餐厅。

2003年，对1号、5号楼进行了改坡装修，增加建筑面积1800平方米，新增客房42套；新增和更换了部分空调、彩电等电器。

2004年，12号楼进行加层改造、装修，4号客房楼更换了复合木地板，7号楼一层6个卫生间改造，北餐厅增建男女卫生间；购置更新部分床单、被罩、枕套等客房被品；改造11号客房楼，更新和配备了部分房间设施。

2005年，对使用20年的院区主要道路和停车场进行了重新规划和修建，共铺设混凝土路面9000余平方米；院内安装了4处太阳能热水器，总集热面积420平方米，能供应9栋客房楼222间客房的24小时淋浴用热水；新购一台1088门程控电话交换机；为配合俄罗斯游客接待，为临海的100多间客房配备了电冰箱、保险柜、电吹风等设施。同时，还在院建设了露天酒吧，装备了按摩室、美甲室等场所。更换地毯2000平方米、床上用品300余套。

2006年，对8号楼、3号楼、6号楼南楼进行装修改造。

2008年，对6号楼南楼加层，5号楼和海韵宾馆进行装修改造。

2011年，对6号楼原手术室及病房进行改造，共改造出163间客房，由客房一科负责经营；同时将医技楼改造成26间客房，由客房二科管理。

2. 客房服务

2004年，成立客房部，客房一科负责金海宾馆（下辖6号楼南侧和8号楼）；客房二科负责金沙宾馆（1号、2号、3号、4号、5号、7号、9号楼）；北区13号、14号、15号楼兼有部分疗养，由医疗部负责管理。院外美都饭店由职工经营小组承包。准星级标准客房近500间（套）。

2006年，经请示河北省旅游局同意，以"中国煤矿工人北戴河疗养院（金海楼、金沙楼、安培楼、金海酒楼、12号楼）"作为上星宾馆名称，并通过了三星级宾馆验收；7月29日上午，疗养院隆重举行揭牌仪式，国务院安委会办公室主任、国家安全生产监督管理总局党组副书记、副局长王显政和秦皇岛市委常委、市政府常务副市长马誉峰为疗养院进行"三星"级宾馆揭牌。

2019年，对客房一科、二科、北区、美都宾馆进行整合，成立客房经营管理中心，统一管理客房800余间（套），同时注销金沙宾馆、金海宾馆、松荫斋宾馆。

3. 餐饮服务

疗养院内3个餐厅由膳养科职工组成

3个经营小组分别经营，餐位达到1000个，中西餐兼营。

4. 会议及娱乐服务

2003年，安全培训楼竣工，可提供大、中、小型会议室10余间，还可提供棋牌、台球、乒乓球及健身房。2017年，为吸引中外游客，在安培楼东侧建设儿童游乐场，免费提供给游客娱乐。

5. 经营

周末双休日和黄金周的实行，为北戴河的旅游经济注入新的动力，但也出现了暑期经济更短、假日经济较旺、平季经济延长、淡季经济低迷的季节特点。整个床位供需态势基本是暑期床位供不应求，假日床位爆满难寻，平季床位过剩有余，淡季床位空闲不用。黄金周时，1日启动，2日、3日、4日、5日旺盛，6日下降，7日落幕；一周之中，周日下降、周一低谷，周二回升，周三、周四较好，周五、周六爆满。面对这种情况，疗养院根据季节特点，坚持按市场经济规律办事，抓客房经营方面坚决作到，周日至周四千方百计提高客房入住率，周末和黄金周把握住定价尺度，淡季不放弃，平季不放松，旺季不放任。淡季按月计算经营收入，平季按周计算经营收入，暑期40天中有28天按天计算经营收入、12天的周末按小时计算经营收入。能够抓住淡季、重视平季、死保旺季。经常进行市场分析和预测，平、淡季在抓好团队、会议的营销工作上下功夫。树立品牌意识，树立大旅游、大市场、高品位的经营观念。稳定、扩大对外宾旅游的接待，让疗养院旅游品牌日益叫响。

三、金海旅行社

1988年，疗养业隐现滑坡苗头，疗养院不失时机地开辟了专科治疗。到1991年陆续开展了肠道门诊、溃疡病、股骨头无菌性坏死、类风湿病、尘肺病等治疗专科。专科治疗的开展，缓解了一定的床位征订困难矛盾。但是，仍不能完全解决疗养床位征订问题。

1991年，除专科占用部分床位后，剩余的700张疗养床位才征订了480张，疗养床位的收入占全年收入的70.91%，到1994年疗养床位才征订了356张，收入占全年收入的52.17%。面对如此严峻形势，为了深化改革、改变计划经济模式、扩大开放、提高经济社会效益，在煤炭企业十分困难、市场竞争日趋激烈的情况下，1994年4月，疗养院决定开办北戴河金海旅行社，注册资金280万元，质量保障金10万元，同时拨固定资金5万元、流动资金2万元，发展旅行社的旅游业务。区市旅游局很快作了批复，确定其性质为全民所有制，经营范围包括以招徕、接待煤炭职工及全国各企事业单位为主业，为旅游者安排食宿、交通、导游、接送站、代办旅游门票、车票等；兼营为旅游者服务的对外住宿、汽车出租、旅游纪念品，为旅游者提供照相服务。旅行社为企业法人单位，副院长李玉环为经理，由10名组成，下设业务部、客房部和财务部。旅行社的成立标志着疗养院与市场经济接轨，对外从事旅游经营接待的正式开始，它使疗养院营销手段更加灵活，营销渠道更加顺畅，第一年就初见成效，当年就与国内外30多家旅行社建立了业务联系，接待了团体3006人，创收53.6万元。同时为疗养院确定为河北省涉外定点单位打下良好基础。

1995年，疗养院与50多家旅行社建立了业务联系。

1997年，疗养院与近百家旅行社建立业务联系，并与全国200多家旅行社联网。

1998年，疗养院加大对旅行社改革力度，引入企业机制，施行新的运行和管理办法，任福春继任经理后，旅行社制定了《关于旅行社营销床位的暂行办法》，并对营销人员施行核定指标、费用定额包干、超指标提成、欠收指标按比例扣罚的原则。

1999年，旅行社为增加职工凝聚力和风险意识，在疗养院内率先内部封存档案工资，施行激励工资报酬制。为了提高员工业务技能，提高服务质量和水平，邀请燕山大学和金山宾馆的老师对员工进行培训。这一年旅行社被评为市级优秀旅行社。

2000年，疗养院根据经济发展趋势和院资源状况，把旅游业作为重要支柱产业之一，采取了加强领导、加大投入、加快发展速度新举措，聘任张振国任经理（正处级）。将北餐厅与北区客房楼形成统一体，交由旅行社进行直接经营和管理。旅行社为了落实院里要求，积极做好全面规划和人才培养；市场营销工作加大宣传力度，在计算机网上建立自己的主页；扩大业务范围，完善服务功能，在院里的支持下增加投资，建立了票务中心。票务中心不仅经营火车票，还将飞机票、船票、景点门票统一进行出售和管理。

2001年，旅行社业务部即二部与客房部分离，业务部单独经营管理、单独核算，积极开拓市场，建立了广泛业务联系，在接组团上有了新突破。与秦皇岛市鸿洋旅行社共同承接山西旅游专列的接待任务；自行组团到西安、大连、承德等地。经济收入达到历史最好水平，综合效益指标在全市60家旅行社中排在第24位。客房部经营院内客房，完成上缴院里指标，创造了较高的经济效益，并为后来院里对客房经营指标测算、管理提供了一定依据。

2002年，旅行社经理由副院长于陆军兼任。

2003年，旅行社进行了新一轮招投标，陈琦竞获承包权，任经理，承包期两年。2003年1月21日院长办公会议决定黄海大客车划拨旅行社。

2005年，旅行社业务及设备资产交由客房二科负责经营管理，不再对外经营，主要为院内会议和团队疗养提供服务保障。

2016年，院长郭玉梅任旅行社经理。

1994—2004年旅行社历年接组团数与获表彰情况，见表5-1-2。

表5-1-2　1994—2004年旅行社历年接组团数与获表彰情况

年份	接组团数		散客数（人）	总人数
	团队数	人数		
1994	69			3006
1995	51	1890	8273	10163
1996	31	903		903
	会议11	752		752
1997	58	1808		1808
1998	91	2688		2688
1999	19	2519		2519
2001	101			
2002	459	16687	29184	46715
2002	会议7	854		854
2003	84	2970		2970
2004	78			
	会议7			

第二章 会议培训与接待

第一节 会议接待

1953年6月,燃料工业部在疗养院召开全国煤矿干部会议,研究上半年生产情况,建立计划管理制度和生产调度制度。

1953年,接待全国煤炭卫生工作会议、全国煤矿安全生产会议、全国煤矿文教会议、全国煤矿福利会议、全国煤炭系统高干会议。

1954年,煤矿系统全国建井会议。燃料工业部部长、煤炭管理总局局长作报告。

1955年12月,煤炭工业部召开工资会议。

1958年8月17—30日,中央政治局扩大会议——北戴河会议在疗养院康乐部举行,中央政治局成员和各省、市、自治区党委第一书记及政府各有关部门党组的负责人参加了会议,毛泽东主席在会上讲了话。为保障参会人员饮食安全,疗养院专门成立了会议生活组,院长申守银任组长。

1964年7月4—13日,接待煤炭工业部召开的生产学习大队工作会议,会议讨论制定了煤炭工业部《生产学习大队暂行管理条例》。

1978年2月20日至3月2日,接待煤炭工业部全国煤炭工业计划工作座谈会,会议讨论了《煤炭工业十年规划纲要(草案)》和《煤炭工业计划管理办法》。

1981年8月11日,接待煤炭工业部劳资司劳动工资专业会。

1987年6月21日,接待全国煤炭工业首次总工程师会议。

1987年11月25日至12月10日,接待全国煤炭工作座谈会。

为了贯彻落实十三大会议精神,煤炭工业部党组在疗养院召开全国煤炭工作座谈会,进一步落实今后三年统配煤矿投入产出总承包任务,安排1988年生产建设和各项工作。部党组成员全部参加会议,各省煤炭局、矿务局主要负责人350多名会议代表参会,会议历时15天。这是疗养院1973年恢复建院以来接待的煤炭系统规格最高、规模最大、时间最长的一次会议。时值隆冬季节,会议期间还下了大雪。疗养院在办公厅领导指导下,在院党政精心组织指挥下,全院职工战严寒努力工作,圆满完成了会议的接待任务。

1988年7月,接待黄淮海农业综合开发专家座谈会。

1988年,在黄淮海农业综合开发建设中作出突出贡献的,并被国务院授予一级表彰奖励的中国土壤、节水灌溉、小麦玉米育种栽培遗传、棉花、畜牧业等方面的农业专家贾大林(莫斯科农学院土壤改良学博士、灌溉专家、农科院灌溉所所长、农科院研究员、西北地区可持续发展与节水战略课题组顾问)为首的,王树安、张雄伟、林建兴、程维新、王遵亲、陆新育、付积平、陈望和、何荣汾、黄荣翰、石元春、李炳坦、王名麻、冯寅、辛德惠等16名专家,受总理李鹏的邀请7

月30日赴北戴河度假，并参加中央的座谈会。其间全部专家在疗养院食宿、消夏、座谈讨论问题。

1989年12月11—15日，接待中国统配煤矿总公司总经理办公会。总公司主要领导和各司局长、各省公司经理、各大局局长书记参加了会议。

1993年6月，由中国统配煤矿总公司恢复重组煤炭工业部后，为了认真学习和贯彻落实中共中央、国务院为了解决经济运行中的突出问题，于1993年6月24日制定的《关于当前经济情况和加强宏观调控的意见》，即1993年中央6号文件精神，分析研究煤炭工业提高经济效益扭亏增盈的改革措施，煤炭工业部党组决定在疗养院召开煤炭工作座谈会。煤炭工业部部长王森浩，副部长韩英、张宝明、濮洪九和总工程师陈明和出席了会议。全院干部职工以高度的政治责任感努力工作，圆满完成会议的接待工作，受到部领导的好评。

1993年7月31日至8月2日，接待煤炭工作座谈会。

1997年8月22—28日，疗养院圆满完成11家煤炭系统两院院士及拔尖人才座谈度假接待工作。两院院士及拔尖人才在院期间，就如何做好"科教兴煤"进行了畅所欲言的讨论座谈。煤炭工业部党组成员、工程院院士、原副部长范维唐和人事司副局长、煤炭工业部人才交流中心主任路德信，听取了座谈发言。两院院士及拔尖人才在院期间，还参观了院容院貌和大容量双肺同期灌洗治疗煤工尘肺工作，对疗养院的优美环境、高超技艺及热情周到的服务接待表示非常满意。

1997年，煤炭两院院士、拔尖人才座谈度假

2001年7月，接待国家安全生产监督管理局党组中心组集中学习江泽民"七一"讲话研讨会、局党组组织的各省局学习贯彻江泽民"七一"讲话研讨会两次会议的100余名代表和工作人员。

2004年暑期，接待国家安全生产监督管理局暑期研讨会、机关党委三期夏训班。

2005年暑期，接待国家安全生产监督管理总局安全生产工作座谈会、机关党委三期夏训班。

2006年暑期，接待国家安全生产监督管理总局纪检工作会议、人事与工资会议，同时还接待了"情系尘肺病矿工"作家笔会。9月13日，按照中央国家机关第三届接待服务技能比赛北戴河区协作组的安排，在疗养院举行中央国家机关北戴河区第三届接待服务知识与技能比赛教学示范活动，主要内容为，在紧急情况下对心脏骤停人员做规范、有效的心肺复苏急救，全国人大、全国政协、国务院和新华社等驻区疗养院有关部门负责和服务人员参加了示范教学活动。

2007年8月，接待俄罗斯卫生部康复医疗及疗养科学中心与疗养院在康复疗养领域的合作洽谈会。

2008年暑期，接待国家安全生产监督管理总局抗震救灾、百日安全督查和赴灾区专家指导组人员休整共计6批次。11月，中国煤矿工人北戴河疗养院与中国疾病预防控制中心职业卫生与中毒控制所共建职业性肺病临床研究基地揭牌仪式在疗养院进行。

2011年暑期，接待全国安全监管监察系统纪检组长座谈会。

2013年，接待国家安全生产监督管理总局保密普查动员培训会议、第六届全国疗休养大会。

2014年，接待中国煤矿尘肺病防治基金会尘肺病预防与治疗国际研讨会。

2015年暑期，接待中国职业安全健

康协会全国安全社区标准和建设方法学习研讨会。

2016年5月16—17日,接待工伤保险尘肺病肺灌洗治疗及管理现场会议,吉林省及所属各市县、江苏省、河北省工伤保险部门领导及新华社等媒体记者参加了会议。6月,接待"健康中国行?健康巡讲一带一路行秦皇岛站"活动。

2017年5月18日,蒙古国旅行商到北戴河实地考察与疗养院友好洽谈达成共识,这是疗养院接待的第一批蒙古国旅行商,也是北戴河地区接待的第一批蒙古国旅行商,具有开创性意义。7月16日,疗养院举行"创建无烟头疗养院"活动启动仪式,秦皇岛市和北戴河区领导现场观摩。9月21日,京津冀卫计委监督局到疗养院考察指导工作。10月30日,中国煤矿尘肺病防治基金会与疗养院共同举办的"用好工伤保险政策 推进尘肺病防治工作"座谈会在疗养院会议中心召开。

2018年7月,接待"情系矿山、职业健康公益行"中国社会组织促进会与中国尘肺病防治基金会座谈会。

第二节 培训业务

一、背景

从2001年开始,根据国家安全生产监督管理局安排,疗养院开始承担部分系统内安全生产培训任务;当年8月,疗养院申请,国家煤矿安全监察局办公室以煤安监司办字〔2001〕36号文件批复,同意在疗养院设立国家煤矿安全监察局北戴河安全培训中心。2005年8月,中编办以中央编办复字〔2005〕91号文件批复,同意总局所属部分事业单位做相应更名,国家安全生产监督管理局(国家煤矿安全监察局)职业安全技术培训中心北戴河中心更名为国家安全生产监督管理总局培训中心北戴河中心,8月18日,总局办公厅以安监总厅字〔2005〕103号文件对疗养院做了转发。

二、市场开拓

为开拓周边省份安监部门培训市场,增加经济效益,抵御全球金融危机对疗养院经济的影响,实现疗养院事业全面、协调、可持续的科学发展,从2009年起至2013年5年时间对内蒙古、山西等地进行安监培训市场开拓走访调研,走访效果显著。

2009年暑期前,由疗养院班子成员带队,开展了安全培训市场走访调研活动,分四个小组分别走访了东北、西南、华北和华中地区的9省市63个地市级安全监管局,达成了多个培训与疗养协议。

2010年7月,疗养院纪委书记王蕾带队走访了内蒙古4市6家单位。

2012年6月,疗养院纪委书记王蕾带队赴内蒙古、陕西北部走访了5个城市,与4个安全监管局、4家大型国企进行安全培训业务洽谈与回访。

2013年3—4月,疗养院领导张振国、于陆军、王蕾、陈刚分别带队,分四组分别对江苏、安徽、四川、重庆、内蒙古、山西、河南、陕西、甘肃、宁夏等10个省、直辖市、自治区进行了走访和考察,大力宣传推介疗养院安全培训的业务工作,共计走访了省、市级安全监管局(煤矿安监局)19家,煤炭企业15家。

三、业务开展

2003年暑期,圆满完成了国家安全生产监督管理局学习"三个代表"重要思想研讨会和培训班四期240余人、国家安全生产监督管理局社会治安综合治理表彰会接待。

2006年7—8月，接待了国家安全生产监督管理总局三期理论学习培训班，第一个培训班期间，国家安全生产监督管理总局和国家煤矿安全监察局主要领导全部到会，各省安全监管、煤矿安监局局长以及局机关司局长近200人参加，这是疗养院接待国家安全生产监督管理总局会议规格最高、人数最多的一次。经过会前的充分准备和全院职工的共同努力，圆满完成了接待工作任务，得到上级领导和与会代表的赞扬，"三班一会"疗养院共接待参会人员450余人。暑期，还接待了国家安全生产监督管理总局党组理论学习中心组（扩大）学习培训班暨安全生产工作座谈会。

2008年暑期，接待民政部民间组织财务审计研讨培训班。2009年7月，接待国家安全生产监督管理总局党组中心组（扩大）学习研讨班。9月，接待内蒙古自治区安全监管局举办的旗县长、安监局局长安全生产专题学习班，130余人参会。

2010年7月，接待国家安全生产监督管理总局党组中心组暨全国安监系统领导干部学习研讨班。8月，接待内蒙古自治区安全监管局在疗养院组织旗县长及安全监管局长安全生产专题学习班两期，人数各达180人。9月，接待内蒙古乌兰察布市安委会两期安全生产专题学习班，40余名代表参会。

2011年暑期，接待国家安全生产监督管理总局党组中心组暨全国安全监管系统领导干部学习研讨班、中国煤炭工业协会2011年干部理论学习班。

2012年8月，接待内蒙古自治区安全监管局来院举办内蒙古自治区安委会、旗县长、安监局局长及企业安全生产专题学习班共3期培训班，总人数300余人。暑期，还接待有鄂尔多斯市安全监管局职业健康培训班、黑龙江省煤矿安全监察局干部培训班、中国煤炭工业协会培训会议等。

2013年，接待国家安全生产监督管理总局纪检监察案件检查业务培训班、黑龙江科技大学培训班。

2014年，接待中国煤炭工业协会培训、中国职业安全健康协会培训。

2015年暑期，接待首届煤矿文化干部高研班、中国煤炭工业协会改革发展专题研讨班。

2016年9月，接待北戴河区职业卫生工作部署暨培训会。10月，接待职业卫生技术服务专题研讨会（第五期）。

2017年5月，接待吉林煤矿安监局全省煤矿安全培训机构主要负责人座谈会暨职业危害防治教师资格培训班、中国职业健康协会培训会议。8月，接待国务院安委会专家咨询委员会2017年年中工作会议暨专题学习培训班。10月，接待由秦皇岛市卫计委主办，市医学会、区卫计委和疗养院联合承办的尘肺病防治知识暨大容量肺灌洗技术培训班。

2018年4月，接待北戴河区中医适宜技术培训班150人。5月，接待吉林省煤矿主要负责人及安全生产管理人员职业卫生专题培训班。7月，接待中国煤炭工业协会"深入学习贯彻习近平新时代中国特色社会主义思想和党的十九大精神"专题培训班。

2019年10月，承办1期国家煤矿安全监察局处级干部任职培训班。11月，接待2019年部属事业单位养老保险工资管理培训班。5—9月，先后完成中国煤炭工业协会、中国安全生产协会和中国煤矿尘肺病防治基金会，以及吉林煤矿安监局等单位培训班和会议接待任务。

2020年10月12—16日，承办新疆维吾尔自治区厅局级领导干部应急管理专题培训班，这是疗养院近年来承办职级最高的一期培训班，参训学员有伊犁州党委常委库兰·赛富汗、巴州政协主席贾春林、自治区住房和城乡建设厅一级巡视员徐彬、自治区扶贫开发办公室一级巡视员陈雷、新疆森林消防救援总队总队长韩九龙、新疆应急管理厅副厅长李小波等41人，培训邀请了国务院应急管理专家组组长、国家减灾委专家委员会副主任闪淳昌、应急管理部调查评估和统计司原副司长乔树清、中央党校（国家行政学院）应急管理培训中心副主任杜正艾等7位专家讲课，学习内容涉及深入学习贯彻新时期习近平总书记应急管理重要论述精神、提高应对危机与风险的能力、总体国家安全观防范化解重大风险、突发事件情景演练等，并就如何进一步完善新疆维吾尔自治区应急管理协调联动工作开展了分组研讨。

第三节 人员接待

1950年，在建院购买的同福饭店（现1号、2号楼），朱德、陈云、宋庆龄等党和国家领导人在这里看望劳模和视察，全国著名劳模马六孩、施玉海、刘九学、张子富1952年在此休养。

1952年4月10日，接待抗美援朝志愿军和朝鲜战斗英雄来疗养院作英雄事迹报告。

1952年12月，朱德总司令视察疗养院。

1952年，吴玉章、蔡畅、杨之华（瞿秋白夫人、中华全国总工会女工部部长）在黄楼即现在的12号楼休养，陈云、王光美到黄楼看望吴老（吴玉章）等。

1952年，被老舍先生称之为"草原千里马"的作家玛拉沁夫在疗养院疗养，因北戴河海上月亮激发灵感，创作《敖包相会》歌词。

1953年7月2日，接待中日友好协会的工会代表和红十字会代表。

1956年，中央工作会议在康乐部（现安培楼）召开，周恩来、刘少奇、朱德、邓小平、陈云出席会议。中央开会期间，王鹤寿、滕代远、李富春住在黄楼（即现在12号楼），黄楼同时是一个讨论会场，朱德在黄楼参加讨论。

1956年暑期，副委员长郭沫若经常到6号楼楼顶舞场跳舞纳凉。贺龙在6号楼楼顶舞场与疗养院职工共舞。

1956年10月，接待了蒙古国参观访问代表团。

1956年和1957年，新凤霞、谢添、小白玉霜、孙敬修来院为休疗养员慰问演出。

1956年，邓小平曾乘车到疗养院12号楼看望陈郁部长。

20世纪50年代初到1963年，多次接待中国煤矿文工团成员来疗养院排练和演出。

1961年暑期，国家经济委员会副主任谷牧在疗养院原14号别墅楼住宿办公。

1961年，贺龙在疗养院篮球场（现14号楼）观看河北省男女篮球队与全国煤矿工人青年男女篮球队比赛。

1961年，在苏联崔古伯夫所建别墅楼（现11号楼），蔡畅、李培芝（王若飞夫人）、第一任中央燃料工业部部长陈郁、金日成的战友钟子云副部长（金日成为司令员、钟子云为政委）在此疗养，2004年3月4日被确定为北戴河区重点文物保护单位。

1980年，秦皇岛市委要求疗养院今后为长期开放单位，当年5月29—31日，分三批接待了市委安排的日本富山市民友好之船，100名日本朋友对疗养院的参观访问，后又接待了日本、美国、澳大利亚外宾15次535人次的参观访问。

1985年6月27—30日，接待了加拿大煤矿专家安·玛里一行24人。

1985年8月17—26日，接待了由中国波兰两国煤炭工业部部长达成的，首创中波两国历史的矿工出国休假协议安排的第一批波兰矿工休假组12人。1986年接待第二批波兰矿工休假组10人。

1986年，接待英国国际能源局研究所负责人贝克（BaKer）和多伊尔（Doyle）博士等4人；香港青年教师参观团38人；波兰采矿动力部副部长鲍雅科夫斯基为团长的波兰代表团一行7人；澳大利亚资源能源部副部长希尔等4人。

1986—1989年，接待澳门工会代表团系列团，每年一批每批12人，共4批。

1988年5月，接待参加第八届中国电影金鸡奖评选的评委在院评奖工作。评委在15号楼住宿、座谈评奖，北餐厅就餐；参加评选活动的著名导演和表演艺术家有谢晋（评委主任）、丁峤、石方禹、邵牧君、罗艺军、黄宗江、张良、谢飞、胡柄榴、谢芳、李伟等23名评委，评选结束后评委会成员以金鸡为图样亲笔签名感谢，并将签字图画赠予疗养院以作留念。

1988年7月，全国人大常委会副委员长陈慕华、国务委员陈俊生视察疗养院。

1988年9月，在北戴河办公的中共中央顾问委员会常务副主任薄一波和其他中央首长黄华、倪志福到疗养院中海滩医疗救护点询问情况，给予关怀。

1989年，接待波兰烟煤总公司副总经理丁·考兹特拉希为团长的煤矿职工生活福利事务代表团。接待捷克燃料动力部人事局局长洛杰塞克·波乌未勒，社会福利司司长安东尼·贝拉呼塔，驻华经济参赞耶历·希尔洪涅克等3人。

1990年11月，接待最高人民检察院检察长刘复之、中顾委秘书长李力安、中纪委委员李远昌及中华全国总工会三位副主席来院视察参观。

1990年，接待两批捷克斯洛伐克矿工休假团24人；著名生物学家遗传工程专家美籍华人牛满江教授一行10人。

1991年8月，接待全国劳教系统贯彻教育感化、挽救方针座谈会、暨表彰大会，宋任、任建新参加会议。

1991年暑期，最高人民法院院长任建新在疗养院度假休养10余天。

1991年，接待港澳工会"五一"回国参观团26人。

1992年暑期，中国统配煤矿总公司总经理胡富国到北戴河协调解决保二路商场产权问题，其间与国务院领导王忠禹、王书铭等到疗养院视察并听取工作汇报。

1992年暑期，疗养院领导班子看望来北戴河休养的国务院原副总理薄一波、中共中央政策研究室副主任贾福昌。

1992年，接待港澳工会参观团26人。

1996年7月，民革中央副主席彭清源参观疗养院。

1996年，疗养院接待了煤炭工业部机关28户81人次公务员度假；4名在职或退休部级领导、中央国家机关工委见义勇为青年标兵度假团及部财务工会、人防会等。接待了国家工商总局、中国银行、国家物价局等国家机关来疗养院度假人员，较好地发挥了疗养院作为煤炭工业部在北戴河的窗口作用。

1997年5月，薄一波为疗养院金海酒楼落成亲自题名"金海大酒店"。

2000年暑期，中央政治局委员丁关根来疗养院北餐厅二楼打桥牌比赛。

2003年暑期，完成秦皇岛市委邀请的中组部、各省市组织部考察度假团一行30余人的接待服务工作。

2003年暑期，国家安全生产监督管理局公务员89人度假、老干部局40名离退休老干部短期休养工作。

2004年，接待国家安全生产监督管理局休假公务员111户、各省局疗养员138户，国家安全生产监督管理局老干局离退休老干部疗养36人次。

2005年7月，中国煤矿文工团著名小品表演家范伟和著名表演艺术家瞿弦和来院为参加全国安全生产工作座谈会的代表慰问演出。

2006年4月，开滦集团公司董事长、党委书记杨中参观尘肺病灌洗手术，看望术后病人。

2006年7月，国家安全生产监督管理总局副局长、党组副书记王显政，参观尘肺病灌洗手术，并看望术后病人。

2007年8月，著名书法家、中国书法家协会会员、一级书法师柳国庆，受中国煤矿尘肺病治疗基金会邀请，在疗养院为来自全国的10名尘肺病矿工赠送"福"字。

2008年5月，国家安全生产监督管理总局副局长杨元元参观尘肺病灌洗手术。

2010年7月，国家安全生产监督管理总局副局长杨元元视察粉尘楼工地。

2014年3月，国家安全生产监督管理总局副局长杨元元、中国煤矿尘肺病防治基金会理事长王显政，安全监管总局和煤矿安监局有关司局、基金会和中国煤炭工业协会领导到会祝贺疗养院大容量全肺灌洗治疗尘肺病突破10000例并看望尘肺病人。7月，原国家煤炭工业局局长、党组书记张宝明参观疗养院尘肺病灌洗手术室并看望尘肺病人。

2015年8月，接待十一届全国人大常委会副委员长、民革中央主席、中国国际交流协会会长周铁农。

2017年4月27日，北戴河区政协主席李韶云一行到疗养院考察，院领导陪同调研座谈。6月1日，为落实秦皇岛市与北京西城区合作项目对接方案，秦皇岛市、北戴河区领导陪同北京市西城区副区长李异所率的政府考察团到疗养院调研。7月25日，秦皇岛市委书记孟祥伟调研疗养院"烟头革命"促创城示范院工作，市委副书记、北戴河区委书记田金昌等市委区委领导陪同调研。8月，在疗养院参加国务院安委会专家咨询委员会会议的中国煤矿尘肺病防治基金会理事长黄毅，在副理事长兼秘书长杨庆生、副理事长郭玉梅、基金会顾问李玉环和疗养院领导班子陪同下，看望了术后康复中的两位省部级劳模——江西省乐平矿务局沿沟煤矿胡优柱、山西同煤集团朔州小峪煤矿宋尚成。

2018年4月13日，天津市卫健委副主任张铁军带领天津市中医药研究院、中医药大学第一附属医院、胸科医院、环湖医院和太山肿瘤医院等5家知名医院院长，以及市卫健委相关部门负责人来疗养院就京津冀医疗卫生协同发展进行调研，秦皇岛市副市长廉茹艳等市级领导及相关部门领导，以及秦皇岛市第一医院等11家医院院长陪同调研。8月17日，中国安全生产协会会长赵铁锤参观尘肺灌洗手术室，并看望住院患者。

2019年6月28日，应急管理部党组成员、政治部主任许尔锋带队带领部办公厅、人事司、规划财务司、机关党委、机关服务中心相关领导来疗养院调研并指导工作。7月24日，毛主席纪念堂管理局首任局长徐静来院，与院领导和有关人员座谈。8月3日，原国家安全生产监管总局党组成员、国家煤矿安全监察局副局长王树鹤来院疗养。8月12日，原国家安全生产监督管理总局副局长王德学参加在疗养院召开的职业健康协会会议。10月29日，原国家安全生产监督管理总局党组成员、总工程师、新闻发言人黄毅来院，为疗养院承办的全国煤监系统处级干部任职培训班讲课。

中国煤矿工人北戴河疗养院志

第六篇
综合管理

本篇主要介绍建院以来疗养院人事管理、财务经营管理、社会保障等规章制度建设改革情况，财务经费来源和收支情况，人员编制、工资、劳动管理、干部选拔、人才引进、职称管理、培训考核情况，文明单位创建和治安综合治理情况。

第一章　制度建设与改革

第一节　制度建设

一、建院初期制度的建设

1951年，疗养院全面制定了各类制度，并报煤炭管理总局批准。主要包括：《国营煤矿职工疗养院组织规程》《国营煤矿职工疗养院办事细则》《国营煤矿职工疗养院行政管理制度》。其中，行政管理制度包括15项制度：会议制度、工作报告制度、资产保管制度、预算制度、办公制度、领取制度、检查制度、奖罚制度、出差制度、病员入院制度、伙食制度、收费制度、病员出院制度、学习制度等。

1952年2月，疗养院制定了《国营煤矿职工疗养员住院规则》。

1953年，疗养院继续完善制定了15项制度，包括：休养员管理、职工管理、车辆管理及使用制度、8项医疗和食堂管理制度等。

1955—1964年，疗养院陆续制定《中国煤矿工人北戴河疗养院管理办法》《成本计算规程》、三大医疗制度（《科主任负责制度》《保护性医疗制度》《计划治疗制度》）、《医疗、行政工作规章制度》《医疗事故管理暂行办法》《医疗事故暂行判定标准》，其间，于1959年6月印发了《医疗、行政工作规章制度汇编》。

二、恢复建院及发展时期

1975年，恢复建院时间不长，必要的规章制度尚未健全和完善，疗养工作比较紊乱，疗养院组织各科室部门到北京小汤山疗养院、江西井冈山疗养院进行参观学习，回来后对已建立的规章制度进行了检查，重新建立健全各种规章制度20多项，包括：治疗制度、查房制度、出入院制度、疗养员会客和外出请假制度等。

1978年，参照1959年6月印发的《医疗、行政工作规章制度汇编》，发动全院职工制定了以岗位责任为中心的各项规章制度，并经反复讨论修改，制定印发了新的《中国煤矿工人北戴河疗养院规章制度汇编》，制定了全院37个工作岗位人员的职责和关于政治工作、医务工作、行政管理、财务管理、物资管理的34项规章制度。

1982年9月，疗养院试行《各科室工作范围工作人员职责》及《财产管理制度》、印发《考勤、查岗制度（试行）》和《汽车使用制度》。

1983年5月，疗养院印发《煤矿疗养院财务管理实施细则》《劳动管理制度》《职工代表大会制度实施细则》《财产管理制度》《职工住宅管理暂行办法》《岗位责任制度》《关于市内出差误餐费的规定》《关于打长途电话的规定》等。

1984—1990年，疗养院陆续完善了有关制度。经费管理方面：1984年制定了《职工医药费包干管理暂行办法》、1985年制定了《招待费使用暂行办法》和《离休干部费用管理办法》、1986年制定了《会计制度》和《财务管理办法》。节支管理方面：1983年和1984年先后制定了《关于上海、丰田卧车管理的规定》《关于租用车辆的规定》，1990年制定了《中国煤矿工人北戴河疗养院工作人员差旅费开支的规定》《关于办公文具用品管理及发放暂行规定》。行政管理方面：1986年制定了《关于〈用印审批单〉〈电报审批单〉和〈公出申报单〉的暂行规定》和《例会制度》《阅文制度》。

1993年，为开展肺灌洗科研项目，疗养院制定了《中国煤矿工人北戴河疗养院科研工作管理办法（试行）》，因肺灌洗治疗购入大量进口医疗设备，制定了《医疗仪器设备使用保管制度》《医疗仪器设备技术资料管理制度》《医疗仪器设备保养和维修制度》等，同时制定了《财务管理及经费支出制度》及《固定资产的管理制度》。为深化劳动人事制度的改革，调动职工积极性，制定了《关于职工停薪留职的暂行规定》《关于临时工招收使用管理暂行办法》。

1994年，疗养院对工资管理、通信管理、物品出院管理、用工管理和职工劳动纪律都制定了管理制度。在物资方面，改变以往承包部门分散采购，实行统管、统供制度；在通信管理方面，对退职院领导住宅电话实行规定限额，超额自负。同年，制定了《关于职工外出培训的有关规定》，对外出培训的手续、待遇作出详细规定；印发了《关于延长高级医疗卫生人员退休年龄有关问题的通知》。

1995年，为满足管理工作的需要，实现管理规范化、标准化和科学化，在原有的和近几年制定的各项规章制度的基础上，疗养院重新修订编制了《中国煤矿工人北戴河疗养院工作制度及岗位职责》，于8月1日出版发行，作为各项工作和各类人员工作中执行、检查、考核的依据。这本书是疗养院自创建以来，最完整最详尽的岗位责任制度。疗养院制定印发了《关于加强临时工管理有关问题的通知》《关于执行新工时制的暂行规定》《关于女职工哺乳和接孩子问题的暂行规定》。3月6日，印发了《住院病人医疗收费管理办法（试行）》，对住院病人入院押金的预交、出院结算作出了详细规定，规范了住院病人医疗结算。3月25日，制定《关于职工有关亲属死亡补助的意见》，规定了亲属的范围、领取手续及金额。3月25日，印发《低值易耗品管理暂行规定》，主要内容为：对低值易耗品实行统购、统管、统供，同时对低耗品的出入库、交接、报废手续都作出了详细的规定。4月6日，制定《关于煤炭工业部机关及业务单位来院客人住宿、就餐的管理办法》。7月30日，制定《财务管理制度（试行）》，对财务计划、资金、收入、经费支出、物资采购、报销、发票、有价证券、财务分析与审核等作出了详细的规定。

1997年7月2日，疗养院印发《关于老部长在院度假期间接待标准若干规定》，主要就老部长及其随行人员住宿、就餐、医疗保健等作出了规定。同年，印发了《关于加强管理、厉行节约、反对浪费、勤俭办院的十条规定》和《关于加强有价证券管理和杜绝部门私立小金库的通知》《关于对来院客人严格接待标准及审批手续的实施意见》等，对疗养院有价证券印发、管理及部门收入入账作出了严格要求，严格了财经纪律、加强了财务监督。

1998年4月，为加大市场营销力度，广拓客源，疗养院制定了《关于提取中介服务费的暂行规定》，内容包括：联系业务的范围、中介费提取比例、中介费的审批及管理办法。同年，制定了《财务管理制度的补充办法》，印发了《关于印发机构及劳动人事制度改革方案（试行）的通知》。

1999年，疗养院制定了《职工自谋职业和待岗职工管理的补充规定（试行）》，下发了《关于开展1999年政府特殊津贴人员选拔工作的安排意见》《关于调整部分卫生系列初级任职资格评审委员会人员的通知》。

2000年，为配合疗养院新的经营管理模式，疗养院制定了《关于2000年经营疗养楼，餐厅有关管理规定》。

2001年，制定了《经营客房和餐厅的职工应遵循的原则和有关规定》《关于选拔副科级以上干部的有关规定》。

2002年，针对经营区在经营过程中出现的问题，疗养院新制定了《关于客房、旅行社经营与管理、服务的暂行规定》，对在岗经营、上缴指标的完成、经营秩序及后勤服务等都做了更明确的规定。同年，制定了《治安和消防安全考核奖惩办法（试行）》，再次明确各部门负责人为第一责任人，凡发生安全事故的，要实行责任追究。为规范肺灌洗治疗，制定了《大容量全肺灌洗术医疗护理常规及操作规程》并印刷成册。制定了《关于移动电话通信费用管理暂行规定》，对通信费补贴范围及标准、列支渠道、报销方式等作出规定。印发了《中国煤矿工人北戴河疗养院工作规则》，对会议制度、议事规则、重大事项请示等作出规定，对招待费使用标准及审批程序进行修订。

2003年，疗养院对固定电话管理、离休干部医疗费管理、宽带网管理制定了有关规定；制定了《2003年定编定岗方案》，对全院各部门岗位进行新设置。

2004年10月15日，疗养院制定《中国煤矿工人北戴河疗养院职工住房取暖费补贴暂行办法》，职工住宅取暖补贴由暗补变为明补。

2005年，疗养院制定了《关于严格控制招待费用的有关规定》，对客饭的审批程序、用餐标准、餐费指标以及贵重招待物品的采购和使用都重新作出明确规定，还对住宿接待和旅游门票的使用提出了具体要求；制定了《中国煤矿工人北戴河疗养院差旅费报销规定》，新规定标准在保证出差人员工作与生活需要的同时，按照厉行节约的原则，鼓励出差人员节省开支，特别是对乘坐出租车作出了严格规定。为保证正常办公和紧急救护用车需要，同时厉行节约，疗养院制定了《关于车辆管理的规定》，对车辆调度，用车权限和范围等作出了明确规定；同时还对离休干部医疗费报销，独生子女父母奖励与家庭待遇根据国家有关政策进行了完善调整。疗养院制定了《在职继续医学教育实施办法》《职工考核优秀奖励发放办法》。

2006年，为加强疗养院值班人员和临时职工在院就餐管理，疗养院制定了《关于值班人员和临时职工就餐问题的管理办法》。

2008年，为规范疗养院职工带薪年休假，维护职工休息休假权利，疗养院制定了《中国煤矿工人北戴河疗养院职工带薪年休假实施办法（试行）》。

2010年8月10日，疗养院制定了《预算管理暂行办法》《关于院管科级以上干部选拔任用实施办法（试行）》《关于公

开招聘人员的实施办法（试行）》

2011年9月，疗养院制定了《国有资产管理办法》《2011年聘用编外员工工资管理办法》；为规范疗养院职工请销假制度，制定了《中国煤矿工人北戴河疗养院职工请销假制度暂行办法》。

2011年7月1日，为规范疗养院职工劳动纪律，印发了《关于工作日中午和值班时间严禁饮酒的通知》（中煤北疗行发〔2011〕17号）。

2012年3月，为加强疗养院干部选拔工作，规范选拔程序，制定了《中国煤矿工人北戴河疗养院院管干部选拔聘任实施办法（试行）》。4月，为规范疗养院职工培训等事项的管理，制定了《中国煤矿工人北戴河疗养院工作人员参加各类教育培训等事项的管理办法（暂行）》。5月，制定了《会计人员岗位责任制》《货币资金管理制度》《债务债权管理制度》《对外投资管理制度》《会计档案管理办法》《会计电算化管理制度》《办公设备使用办法》《大额资金使用管理办法》《关于认真贯彻财经制度规范支出审核的规定》。6月，为进一步加强疗养院劳动纪律，印发了《中国煤矿工人北戴河疗养院关于进一步加强劳动纪律严格考勤的通知》，同时制定了《发票管理办法》。7月，印发了《关于执行〈河北省省直机关和事业单位差旅费管理办法〉的通知》。11月，为了加强疗养院冬季工作期间管理，印发了《关于冬季工作期间加强人员管理的通知》。

2013年5月，为了加强疗养院干部选拔工作，规范选拔程序，疗养院完善了《干部选拔聘任暂行规定》《副科级干部竞争上岗实施办法》和《2013年干部任职试用期满考核实施方案》；制定了《加班值班管理暂行办法》。同年6月，制定了《中国煤矿工人北戴河疗养院公务车管理实施办法》。

2014年1月，疗养院制定了《中国煤矿工人北戴河疗养院关于加强督促检查抓好工作落实的实施意见》《关于加强预算和节能减排管理落实部门责任的有关规定》《防治小金库制度》《工程管理制度》。同年2月，修改和完善了《中国煤矿工人北戴河疗养院编制外人员管理办法》《中国煤矿工人北戴河疗养院职工请销假制度（试行）》《中国煤矿工人北戴河疗养院公开招聘人员实施办法（试行）》《中国煤矿工人北戴河疗养院工作人员教育培训实施办法（试行）》，修订《贯彻执行中央预算单位政府采购的管理规定》《关于认真贯彻财经制度规范支出审核的规定》《财务报销制度》《大额资金使用管理办法》《差旅费管理办法》《国有资产管理办法》。同年5月，制定了《国家安全生产监督管理总局北戴河职防院收费管理制度》《国家安全生产监督管理总局北戴河职防院收费处工作制度》《药品财务核算管理制度》。同年10月，制定了《停车场管理制度》。同年11月，为加强离退休医务人员返聘管理，制定了《离退休医务人员返聘管理规定》

2015年4月，疗养院制定了《公务卡实施细则》《贯彻国家安全生产监督管理总局严格财务管理九条规定实施细则》，印发了《关于转发国家安全生产监督管理总局和财政部、民航局关于加强公务机票购买管理有关事项的通知》。同年7月，制定了《差旅费管理办法补充规定》。同年10月，制定了《关于政府采购和资产管理部门职责划分的规定》。同年12月，制定了《关于修订差旅费管理办法和转发总局有关文件的通知》。

2016年6月，疗养院印发了《关于转发国家安全生产监督管理总局有关差旅费住宿费标准文件的通知》。同年9月，制定了《物资出入库及库存管理制度》和《停车场管理制度》。

2018年12月，疗养院修订了《政府采购工作管理规定》和《采购管理暂行办法》。

2019年8月，疗养院制定了《采购管理暂行办法实施细则（试行）》。同年11月，制定了《职工请销假制度（试行)》《选拔任用干部工作办法》。

第二节　人事制度改革

一、1988年人事制度改革

1988年1月，疗养院制定了《内部职工退休暂行办法》。《内部职工退休暂行办法》规定：男满55周岁，女满50周岁，本人自愿申请要求内部退休的，经院批准可以办理内退手续。同时，对内退的待遇标准等作出明确规定。

二、1993年人事制度改革

1993年，疗养院为深化改革，完善承包经营责任制，调动职工的积极性，经过全院职工讨论，院党政研究，制定了《关于劳动人事制度改革的暂行规定》《关于职工违反院规和劳动纪律处理的暂行规定》和《关于实施劳动人事制度改革后下岗人员的管理办法暂行规定》。

人事制度改革涉及范围：在疗养院实行中层领导干部聘用制，职工上岗合同制，打破干部和工人界限，被聘用为院管副科以上管理岗位及技术岗位的人员可以是干部，也可以是工人，干部也可以聘用到工人岗位工作。

实行两级聘用办法，疗养院下管一级，聘用各科室、部等二级管理机构的正、副职，各科室、部门负责人（承包）按院编制定员规定聘任本科室工作人员。

各部门科室实行科长、主任负责制，在其任职期间有权按规定对本部门科室实行优化组合、择优上岗；有权对本部门科室职工进行聘用或解聘；有权对本部门科室职工进行管理和奖惩，享受本院本职务的同等权利和待遇，解聘后即免职。

职工实行双向选择，鼓励职工在院内合理流动。制定了二级管理机构负责人、职工上岗的条件和上岗程序，还明确指出了非卫生专业技术人员不得承担卫生技术岗位工作。

所有人员上岗合同期均为三年。对未聘人员按下岗处理，下岗人员按制定的办法执行。此项改革还制定了《关于职工停薪留职的暂行办法》，职工本人自愿申请，经疗养院同意可以办理停薪留职。

要求用人单位对本单位职工依据承包合同和上岗合同书进行严格管理，定期进行全面考核，考核情况作为续签、解除合同和奖惩的依据。

三、1998年人事制度改革

1998年3月至4月14日，疗养院进行了机构及劳动人员制度改革，制定了《机构及劳动人事制度改革方案》。此项改革涉及全院所有在岗职工，为加强对人事制度改革的组织领导，疗养院成立了改革办公室，由院领导担任主任、副主任。此项改革的指导思想和原则是：在定编、定岗、定员上，本着精干高效的原则，确定适合疗养院发展，结构合理的二、三级机构和编制定员，切实解决部分岗位工作量不饱和，人浮于事的问题，通过减员提效来实现满负荷工作，实现用工合理、改善劳动关系、优化劳动组织。在机制上引入竞争机制和风险机制，实行逐级聘任、双向选择、优化上岗、转岗分流，促进全院劳动力合理流动和干部人才的脱颖而出。

在科室领导的聘任上，采取民主测

评，听取群众意见，由改革办公室确定人选，大胆选拔任用年轻干部进入管理岗位。解聘了6名科级领导干部，体现了干部能上能下的原则，完善三级管理机构。

在职工的优化组合上向职工公布所有岗位、编制和招用条件，职工根据本人专业特长选择岗位，由二级机构领导和下属各科室负责人从申请职工中择优录用职工。通过两个阶段的选岗，全院有174名被组合上岗，其中有39名职工转岗；3名职工未被组合上岗，进入待岗培训；16名职工办理了退休、内退手续；3名办理自谋职业手续。

四、2003年人事制度改革

2003年3月15日，疗养院制定了《关于职工内部退养的补充规定（试行）》。对内部退养的规定进行了调整，即女干部由过去的50岁可申请内退调整为48岁可申请，另外对办理内退的时间调整为每年的1月办理手续。

五、2012年人事制度改革

2012年1月，疗养院内部退养政策经国家安全生产监督管理总局批准调整为：不再强制要求职工距法定退休年龄差两年时必须内退，同时为满足不同职工需求，保留个人自愿可以申请的内退政策。

第三节 经营管理改革

随着疗养院由建院初期的计划经济逐渐向市场经济转轨，疗养院经营模式也因时因势而动，围绕着改革开放的主线不断地发展变迁。特别是党的十一届三中全会以来，不断改革僵化的体制，转换经营机制，走出了一条从承包经营到岗位目标责任制的经营之路。经营模式的不断完善促进了疗养院各项事业的发展，这些年来产业结构不断优化，已由过去单一的疗养型逐步转为康复疗养、专科医疗、旅游会议接待并举的新格局。

经营管理是管理中的重中之重，疗养院的财务管理从简单的成本核算向预算管理职能逐步过渡。疗养院是差额预算单位，财务管理形式是事业单位企业化管理——"以收抵支，差额补助"。为完善财务管理制度，疗养院自1950年建院以来陆续制定了《煤矿疗养院财务管理实施细则》《财产管理制度》《财务管理办法》《中国煤矿工人北戴河疗养院工作人员差旅费开支的规定》《财务管理及经费支出制度》《招待费使用暂行办法》《固定资产的管理制度》《财务管理制度的补充办法》等，并根据上级部门要求及时进行修订。这些制度对疗养院经费支出范围、审批权限、执行程序作出了具体规定，对规范疗养院财务管理，加强成本核算起到了重要作用。

一、建院初期和"文化大革命"时期

建院初期，疗养院经营模式比较单一，全部为按计划分配疗养床位，主要是为上级机关及各矿务局疗养员服务，同时完成中国煤矿工会劳模休养接待任务。

"文化大革命"时期，疗养院基本处于停院状态。

二、恢复与改革初期

1973年，疗养院逐渐恢复建院，各项工作百废待兴。

1978年，党的十一届三中全会的召开，打破了思想僵局，疗养院也开始尝试改革。

1982年，首次对疗养院食堂和洗衣房进行了改革，这是疗养院改革最早的尝试。

1983年，是疗养院大抓改革的一年。一是对食堂实行了伙食管理费包干的办

法，做到定员定额，联产计酬，展开竞争，超额提奖。二是对洗衣房实行了定员、定额的承包办法，调动了洗衣工的积极性。三是对托儿所实行了经费包干办法，解决了孩子就餐问题。四是对汽车班实行了行程数补贴的经济管理办法，提高了车辆利用率。五是对液化气实行了定额补助的办法，减少了液化气外流。

1984年，疗养院制定了更完善的《食堂管理费包干办法》《公里包干限量用车》等经济管理办法。

三、加大管理，深化改革时期

1. 与上级主管单位签订疗养院总承包书

1987年，为进一步加快改革步伐，推动康复疗养事业的发展，煤炭工业部办公厅决定在疗养院实行总承包。

1988年，煤炭工业部办公厅副主任孙勇与疗养院院长贺钧签订《总承包协议书》，承包内容为：包床位、包费用、包床日成本、包疗养质量、包床日工资率。全院职工和衷共济，出色地完成了协议任务。

1989年，院长贺钧与中国统配煤矿总公司行政事务局副主任宋文建签订《承包合同书》。

1992年，开始第二轮承包，院长梁云鹏与中国统配煤矿总公司办公厅副主任董哲签订《承包合同书》。

1993年，院长梁云鹏与中国统配煤矿总公司办公厅副主任董哲签订《承包合同书》。同时，在内部继续推行承包责任制。

1998年，院长梁云鹏与煤炭工业部机关服务中心主任许亚雄签订《目标管理责任书》，内容为核定收支，差额补贴，增收提奖，结余分成。

2. 院内承包经营和管理

1987年，疗养院与二级部门分别签订了《医疗承包合同》《膳食承包合同》《环境美化工作承包协议书》《维修和供暖部分承包合同》。内部经济承包责任制在疗养院正式铺开。

1989年，对院二级部门则增加了与财务科、办公室签订《承包协议书》，调动了管理人员参与政务、管理事务的积极性。

1993年，在院内继续推行承包制，在北餐厅和汽车班的承包中首次在干部选拔上引入竞争机制，大胆采用院内公开招标的办法产生承包人。北餐厅和汽车班的承包人模式，是疗养院经营改革第一次重要尝试，它的意义不仅仅是经济效益的明显提高，重要的是经营模式和体制上有了新突破。

1994年，随着疗养院人事制度、承包经营责任制度等一系列改革措施的实施，为确保各级承包合同的全面圆满完成，疗养院又实行了院领导目标管理、分工负责责任制。进一步划小核算单位完善承包方案，使承包工作"包而有序，核算严密，措施得力"。

1995年，根据与煤炭工业部的《总承包协议》的要求，完成了对院内各科室承包工作，引入了竞争风险机制，上岗职工签订上岗合同，缴纳风险抵押金，以经济为杠杆，健全各承包部门的核算制度，实行了经济收入工资含量等办法，在承包中建立有效的财务监督，全院收支统一由财务科管理。

1996年，疗养院与各部门签订《目标管理责任书》，对经营部门修订了承包方案，重新测算和确定了承包基数，使指标更具有先进性、可行性。年底院内组织各部门进行承包验收，确保承包工作的严肃性。

1997年，疗养院继续以经济效益为中心，解放思想，深化改革，继续完善承包经营责任制，强化用人机制和经济核算，划小核算单位，改进分配办法。

1998年，疗养院经营机制又有新突破，首次对8号、9号客房楼采取外租承包的模式，虽然只短短经营不到半年就因故停止，但带来了符合市场需求的新的经营方法，启迪了从事经营职工的思路，同时也取得了同期8号、9号客房楼最好收入。后勤部门对北餐厅的承包改革为采用内部职工大承包的办法：包死基数、一次缴清、超额归己、亏损自负的承包模式。

1999年，疗养院改革承包机制，进一步划小核算单位，加大自主经营力度，尝试承包管理新模式。在承包方式上实行目标管理承包、内部职工大包相结合，在经营形式除保留原有的目标管理责任制外，对部分客房楼、餐厅向职工单独包，并在核算方式上采取了更加灵活的新办法。年初对南西区和2个餐厅公开向职工和院外人员进行了招标：包死基数、一次缴清、超额归己、亏损自负的承包方式，既锻炼了职工队伍，又使经济效益达到了最大化。

2000年，根据市场变化，疗养院又及时调整了经营方向，即由单纯的服务型向服务经营性的转变，对行业内部实行有偿服务，对社会实行经营服务；院内对各经营部门实行的经营承包责任制，既有职工自由组合通过招投标经营客房楼，又有部门职工风险抵押，指派专人负责经营的模式，还有部门承包的。承包原则：包死基数，确保上缴，超额分成，亏损自补。

2001年，餐厅也引入了客房的经营模式，职工通过优化组合自愿组成3个经营小组分别经营南北餐厅和酒楼。

2002年，面向市场，进一步加大人事、分配和经营机制改革力度。这一年职工继续通过优化组合，竞争上岗的原则自愿组成6个经营小组，分别经营全院3个客房区和3个餐厅；对其他部门也重新测算经营指标，确定目标责任管理，均取得了较好的收入。

2003年，疗养院按市场机制，以招投标形式重新配置了旅行社、客房区经营权，对医疗、后勤等其他部门经济指标、目标责任书等也进行了新的调整和完善，因当年受"非典"影响，未及时完成承包指标。

2004年，成立客房经营科，对金海宾馆和金沙宾馆实行统一经营和管理，这种客房新经营模式取得较好效果，5个客房区均圆满完成任务。至此，疗养院经营模式已日臻成熟。

2005年，疗养院对客房经营采取抓大放小的方针，对东、南、西南区客房经营，统一由一科、二科经营，确定上缴指标、超缴分成，仅此一项，2005年就比2004年多创收50万元；对美都和北区，包死基数、一次缴清给予优惠的政策，保证了收入及时到位。

2006年，客房经营沿用2005年经营模式，将金海国际旅行社经营权调整到一科、二科，一科占35%，二科占65%。当年客房一科、二科圆满完成了目标责任书规定的上缴任务，而且疗养院超收49.69万元。2006年，借鉴学习西郊宾馆管理经验，对餐厅经营实行总经理负责制，实行财务统一收支、核定指标、超收分成的经营办法，疗养院核定并考核利润率，要求销售利润率达到20%。

2007年，客房经营沿用2006年经营模式，金海国际旅行社原一科经营权调整到二科，当年客房一科、二科圆满完成了目标责任书规定的上缴任务，而且疗养院超收94.35万元。2007年，餐厅经营基本沿用2006年经营模式，全年核定膳养科销售利润率须达到17%，其中职工就餐、专科医院病人（不含疗养员）就餐收入不考核利润。

2008年，客房经营沿用2007年经营模式，没有任何变化，当年客房一科、二科圆满完成了目标责任书规定的上缴任务，而且疗养院超收32.73万元。2008年，餐厅经营工作进行了调整，全年核定膳养科销售利润率须达到15%，其中职工就餐、专科医院病人（含疗养员）刷卡就餐收入不考核利润。

2009年，客房经营沿用2008年经营模式，由于金海宾馆进行了加层改造，当年调整增加客房一科上缴指标28.19万元，当年客房一科、二科圆满完成了目标责任书规定的上缴任务，而且疗养院超收58.34万元；改造后的白楼通过招标确定经营者，指标49.14万元。海韵宾馆由益通公司集体经营，指标85.8万元。2009年，餐厅经营沿用2008年经营模式，没有任何变化。

2010年，客房一科、二科经营模式重新变为包死基数、确保上缴、超收归责任人的模式。客房一科、二科根据前三年的经营情况重新测定了上缴指标，一科204万元，二科288万元。其他经营区沿用2009年模式。

2011年，疗养院对6号楼、原医技楼、原矽肺手术室进行加层改造，改造后6号楼、原矽肺手术室划归客房一科经营，原医技楼划归二科经营，研究后重新核对了客房一科、二科的上缴指标，一科374.83万元，二科320.34万元。同时，上调了美都宾馆的指标，调整后美都宾馆指标93万元，其他经营区没有变化。2011年，餐厅经营方式调整为财务统一收支、核定指标、超收分成，核定上缴指标为68.6万元。

2012年，客房经营根据不同情况进行指标上调，最低上调3%，最高上调18.08%，调整后客房上缴指标一科393.57万元，二科339.56万元，北区56.68万元，白楼54.55万元，海韵95.24万元，美都宾馆95.79万元。餐厅经营沿用2011年经营模式，指标上调为80万元。

2013年，客房、餐厅经营沿用2012年经营模式。

2014年，客房经营由于市场形势不利，指标上做了一些调整，美都宾馆重新招标，指标下调25万元，调整为70.79万元；客房二科负责的9号楼划出作为医疗用途，指标下调24万元，在此基础上疗养院给予应上缴指标的7%营销费支持，从应缴指标中直接扣除；其他经营区指标在2013年基础上下调7%。2014年，餐厅参照客房，上缴指标下调7%。

2015年，客房和餐厅经营沿用2014年经营模式。2016年1月27日，经疗养院党政班子会议研究，决定对客房一科、二科在给院里的《关于2015年客房一、二科有关情况的请示》中提到的非标客房数量多、维修率高、疗养员大幅下降、俄罗斯游客断崖式下降、老虎石公园浴室施工和牌匾安装较晚等影响经营的因素进行测定，2016年3月，对客房一科、二科给予2015年上缴基数1.5%的减免。

2016年，客房经营指标在2015年基础上再次下调9%，客房一科指标调至333.08万元，二科调至267.08万元，北区47.97万元，海韵80.6万元，白楼46.17万元，美都69.16万元。2016年，餐厅经营指标参照客房下调9%，餐厅上缴指标67.70万元。

2017年，客房经营沿用2016年经营模式，但略作调整，考虑到设施条件不好、市场开拓困难等因素，对客房一科、二科的小、破、暗房间给予了指标减免，一科减6万元，二科减5万元；将由一科、办公室管理的10号（原一科经营）、11号、12号楼划归北区管理，增加北区指标 24 万元，调整后北区指标调整为 71.97 万元；白楼宾馆重新招标，中标价 55.40 万元；美都宾馆、海韵宾馆没有变化。2017 年，餐厅经营模式没有变化，上缴指标调整为 67.87 万元（北餐厅关闭）。

2018 年，客房经营模式与 2018 年相同，原 3 号、4 号、7 号楼划归北区经营，10 号、11 号、12 号楼由北区重归办公室管理，部分经营区上缴指标进行了微调，最低上调了 4%，上调后客房一科指标 330 万元，二科 198 万元，北区 114 万元，海韵宾馆 85 万元，白楼宾馆 45 万元，美都宾馆 69.16 万元。餐厅经营沿用 2017 年经营模式，指标上调至 71 万元。

2019 年，原客房一科、二科、北区、美都宾馆统一整合为客房管理中心，取消原分区承包经营方式，成立房务部、前厅部、销售部，统一对全院客房进行管理。院外海韵宾馆沿用 2018 年经营模式，指标 85 万元，白楼宾馆指标上调至 48 万元。餐厅经营沿袭 2018 年经营模式，指标参照 2018 年。

第四节 社会保障制度改革

一、医疗保险

伴随着经济体制改革，医疗制度从公费医疗的大包大揽逐步过渡到了职工分担部分医疗费的医疗保险制度。

1982 年，疗养院制定了《关于去外地转诊看病问题的规定》，主要就外地就诊的条件、外出就医费用的报销作出了规定。

1983 年，疗养院制定了《关于到市内医院就诊和外出期间看病报销问题的补充规定》，对到市内医院就诊的审批、外出期间看病报销作出规定。

1984 年，疗养院制定《职工医疗费包干管理暂行办法》，规定：药费包干使用，节约归己，每个职工每年所提医药费 42 元，其中 25 元归个人使用，不足时按所超数额自负一部分，其余部分由院里统一掌握使用。

1985 年，疗养院制定了《职工就诊及医药费使用暂行办法》，规定：医疗费按每人每年 42 元标准使用，实行个人包干和院方统一掌握使用相结合，全年共有 18 元归个人使用。医疗费报销标准为 50 周岁及以上报 80%，以下报 70%。还就离退休职工就诊、工伤职工就诊和外购药品作了限定。

1986 年，疗养院制定了《关于一孩化女职工人工流产营养补助暂行规定》。

1993 年，对公费医疗制度进行改革，院内成立了保健小组，设立保健室职工病房，严格控制外购药和职工的转诊转院，当年医疗费比上年减少了 25%。同年又印发了《职工公费医疗管理办法（暂行规定）》及《职工公费医疗管理办法（暂行规定）补充规定》，对医疗费报销制度又进一步做了完善与修改。

1997 年，为了加强职工公费医疗管理，疗养院出台了《关于离岗人员再就业期间发生意外伤害有关医疗费处理的暂行规定》，规定了离岗人员再就业医疗费不予报销。

1998 年，疗养院印发了《关于职工医疗、医药费管理的规定（暂行）的通知》，规定：凡在本院住院治疗院方报销 95%，院外治疗报销 90%，严格控制转诊、贵重医疗设备检查，对外购药作了严格限定。

2001 年，为规范独生子女医药费的报销，疗养院制定了《关于独生子女医药费报销的有关规定》，规定了报销的范围、时间、审批，强调了药店发票不得报销。根据《秦皇岛市城镇职工基本医疗保险制度改革实施方案》，从 2001 年 1 月

1日起疗养院参加了秦皇岛市医疗保险，基本医疗保险费用由用人单位和职工双方共同负担，实行属地管理，实行社会统筹与个人账户相结合。用人单位按本单位上年度职工工资总额的6.5%缴纳，职工按本人上年度工资总额的2%缴纳；公务员补充保险，单位按7.5%缴费，职工个人不缴费。用人单位职工工资和职工本人收入低于上年度本统筹地区人均工资60%的，按60%为基数计算，超过300%以上部分，不再计算。在职职工自退休第二个月起，个人不再缴纳基本医疗保险费，开始享受退休人员基本医疗保险待遇。

2001年起，用人单位缴费划入个人账户部分，在职职工以上年度本人工资为基数，按不同年龄划入，比例为（包括个人缴纳的2%）：35岁以下为2.7%；36~45岁为3.2%；46岁至法定退休年龄为3.7%；退休人员以本人上年度退休金为基数，划入比例为4.4%。统筹基金支付住院费用设置起付标准和年度最高支付限额。统筹基金的起付标准为本统筹地区上年度职工年平均工资的10%左右。具体标准根据医院级别的不同而确定：一级医院为9%，二级医院为10%，三级医院为11%。起付标准以上，最高支付标准以下的医疗费用的支付，个人也要负担一定比例，采取"分段计算、累加支付"的方法，在职职工的比例为：起付标准至3000元为24%，3001~5000元为22%，5001~10000元为18%，10001~20000元为13%，20001至最高支付限额为10%。退休人员自负比例比在职职工每个费用段低3%。

2001年起，根据《秦皇岛市人民政府医疗补助暂行办法》的规定，原享受公费医疗待遇的事业单位工作人员和退休人员，可以参照国家公务员医疗补助办法，实行医疗补助。医疗补助标准：按列入公务员医疗补助范围人员上年度工资总额和退休金总额7.5%的标准筹资。单位交的医疗补助费用主要用来增加个人账户费用、参加大病医疗保险和统筹一部分。一是增加个人账户。根据个人账户支付范围、年龄构成、各年龄段医疗费支出和工资总额等情况，按基本医疗保险划分的年龄段，以上年度本人工资和退休金为基数，具体划入比例为：35岁以下为4.6%，36~45岁为5.1%，46岁至法定退休年龄为5.7%，退休人员为6.1%。二是参加大病医疗保险费。由医疗保险经办机构向保险公司投保，每人每年解决基本医疗保险最高支付限额以上不超过15万元（包括15万元）的医疗费补助。保险公司按90%补助，参保职工个人支付10%。

编外合同制职工参加秦皇岛市基本医疗保险，缴费标准为：单位按照上年个人月平均工资为基数的7.5%，个人按照上年本人月平均工资为基数的2%。

离休干部未参加医疗保险，医疗费由单位报销。

2003年，为了保障离休干部医疗费按时足额报销，加强医疗费用管理，疗养院制定了《关于离休干部医疗费管理的有关规定》，规定了离休干部报销时间、自费药的限定、转诊的手续等。

二、养老保险和职业年金

2014年，根据国家和河北省机关事业单位养老保险政策，疗养院在编工作人员和退休人员从2014年10月起开始参加河北省机关事业单位养老保险和职业年金。基本养老保险缴费标准为：单位按照个人上年月平均工资为基数的20%，个人按照上年本人月平均工资为基数的8%。职业年金的缴费标准为：单位按照个人上年月平均工资为基数的8%，个人按照上年本人月平均工资为基数的4%。退休人员不缴费。职工达到法定退休年龄后，经报河北省社会保险事业管理局养老保险处批准，按照规定领取养老金。

2008年开始，为编外合同制职工参加河北省北戴河企业职工养老保险。缴费标准为：单位按照上年个人月平均工资为基数的20%，个人按照上年本人月平均工资为基数的8%。

离休干部未参加基本养老保险，离休费由单位发放。

三、工伤保险

2013年，根据国家和河北省有关政策，疗养院在编工作人员参加秦皇岛市工伤保险。缴费标准为：单位按照上年个人月平均工资为基数的0.5%、个人不缴费。

为编外合同制职工参加了秦皇岛市工伤保险，缴费标准为：单位按照上年个人月平均工资为基数的0.5%，个人不缴费。

四、失业保险

根据国家和河北省有关政策，疗养院为1999年以来参加工作的53名在编工作人员参加了秦皇岛市失业保险。缴费标准为：单位按照上年个人月平均工资为基数的0.7%，个人按照上年本人月平均工资为基数的0.3%。

2008年，为编外合同制职工参加秦皇岛市失业保险。缴费标准为：单位按照上年个人月平均工资为基数的0.7%，个人按照上年本人月平均工资为基数的0.3%。

五、生育保险

2001年，根据国家和河北省有关政策，疗养院在编工作人员参加了秦皇岛市生育保险，缴费标准为：单位按照上年个人月平均工资为基数的0.25%、个人不缴费。

为编外合同制职工参加秦皇岛市生育保险，缴费标准为：单位按照上年个人月平均工资为基数的0.5%，个人不缴费。

六、职工住房公积金

疗养院根据国家和秦皇岛有关政策，为在编职工缴纳了住房公积金。缴费标准为：单位按照上年个人月平均工资为基数的12%，个人按照上年本人月平均工资为基数的6%。

第二章 财务管理

第一节 经费来源

一、上级拨款

经费来源渠道反映了疗养院每个历史时期上级主管部门对疗养院的性质定位和国家的经济发展程度。近70年来，疗养院的经费来源走过了一条全额预算拨款－自收自支－定额补助的路子，而且随着我国经济发展程度不断提高，上级对疗养院的财政支持力度不断加大，从时间跨度上可分为以下几个阶段：

建院初期，疗养院为全额预算拨款单位，上级拨款单位为燃料工业部。1963年7月1日起由全国总工会统一领导，并委托煤矿工会同煤炭工业部共同管理，经费由全国总工会负担。"文化大革命"中疗养院停办，留守人员费用先由煤炭工业部后由燃料化学工业部负担。

1974年，疗养院交由北京矿务局代管，经费管理采用自收自支。

1975年，收归煤炭工业部，处于边恢复、边疗养阶段，经费管理体制沿用自收自支形式。

1983年，改为差额预算拨款单位，经费管理体制采用自收自支，上级拨款单位为煤炭工业部。

1985年，经费实行以收抵支，差额补助，结余留用。

1987年，根据中央有关城市经济体制改革的精神，实行总承包、自收自支、独立经营，除大型基建、大型设备购置和大修费由煤炭工业部补贴外，没有预算差额补贴，经费来源是床位收入。

1989年，继续实行总承包、自收自支、独立经营，除大型基建、大型设备购置和大修费由中国统配煤矿总公司补贴外，没有预算差额补贴，经费来源是床位收入。

1990年，由中国统配煤矿总公司差额补贴拨款10万元，基建拨款50万元。

1991年，中国统配煤矿总公司定疗养院为限额补贴医疗卫生事业单位，每年定额补贴12万元。基本建设和大型维修项目按项目申请经上级批准后拨专款（下同）。

1992年，由煤炭工业部补助12万元，基建拨款120万元。

1993年，煤炭工业部拨工交事业费12万元，基建拨款150万元。

1994年，煤炭工业部拨工交事业费12万元，基建拨款230万元。

1995年，煤炭工业部拨工交事业费12万元，基建拨款580万元。

1996年，煤炭工业部拨工交事业费12万元，基建拨款650万元。

1997年，煤炭工业部拨工交事业费12万元，基建拨款60万元。

1998年，煤炭工业部拨工交事业费12万元。

1999年，煤炭工业局拨事业费收入48万元，基建拨款200万元。

2000年，煤炭工业局拨事业费收入86万元，基建拨款200万元。

2001年，国家安全生产监督管理局拨事业费173.2万元，基建拨款125万元，抗震加固专款120万元。

2002年，国家安全生产监督管理局拨事业费186.83万元，基建拨款500万元，公产房、地补偿专款480万元。

2003年，国家安全生产监督管理局拨事业费209.20万元，基建拨款300万元。

2004年，国家安全生产监督管理局拨事业费241.2万元，基建拨款300万元。

2005年，国家安全生产监督管理总局拨事业费228.2万元，基建拨款500万元。

2006年，国家安全生产监督管理总局拨事业费270.6万元，基建拨款100万元。

2007年，国家安全生产监督管理总局拨事业费404.6万元。

2008年，国家安全生产监督管理总局拨事业费434.4万元，基建拨款500万元。

2009年，国家安全生产监督管理总局拨事业费409.2万元，基建拨款1000万元。

2010年，国家安全生产监督管理总局拨事业费592.17万元，基建拨款400万元。

2011年，国家安全生产监督管理总

局拨事业费 508.4 万元，基建拨款 600 万元。

2012 年，国家安全生产监督管理总局拨事业费 559.63 万元。

2013 年，国家安全生产监督管理总局拨事业费 789.63 万元。

2014 年，国家安全生产监督管理总局拨事业费 646.34 万元，基建拨款 453 元。

2015 年，国家安全生产监督管理总局拨事业费 1267.04 万元，基建拨款 400 万元。

2016 年，国家安全生产监督管理总局拨事业费 1277.51 万元，基建拨款 402 万元。

2017 年，国家安全生产监督管理总局拨事业费 1612.51 万元，基建拨款 810 万元。

2018 年，应急管理部拨事业费 1537.79 万元，基建拨款 660 万元。

2019 年，应急管理部拨事业费 2998.44 万元，基建拨款 1638 万元。

2020 年，应急管理部拨事业费 3012.28 万元，基建拨款 1758 万元。

二、疗休养收费

1. 伙食费

疗养院建院初，疗养员伙食标准由上级审批，基本在每人每天 0.6～1.2 元，休养员略高。伙食费由两部分组成：一是疗、休养员个人负担一部分，二是由上级由劳保基金中划拨一部分，通常个人支付部分约占 1/2 或 1/3，疗养员较休养员自付比例稍大。

1957 年 1 月，实行疗养券购买制，疗养券分两种：一种是优惠券，本人支付 30% 费用，另一种是免费券个人不用支付。

1977 年，疗养院伙食标准为每人每天 0.9 元，个人负担 50%，本单位报销 50%，另交粮票 1 斤。

1983 年 1 月，疗养院管理委员会规定：关于伙食问题，男疗养员月交粮票 35 斤（干部不足 35 斤交定量），女疗养员月交粮票 30 斤（不足 30 斤交定量）；伙食标准每人每天 1.4 元。请按原床位数在 1 季度末汇到北戴河疗养院。休养员往返路费由本单位报销，伙食费由本单位补助 1/2。

1986 年，疗养伙食标准为每人每天 1.2 元，个人负担 50%。

1992 年，疗养员入院预交伙食费 180 元，伙食标准每人每天 6 元，出院时按实际发生额结算，多退少补。

1997 年，伙食费有两种标准供选择，按实际发生额结算，多退少补。一种为每人每天 15 元，预交 450 元/月；另一种为预交 750 元/月。

1998 年后，除有特殊要求，一般疗养均按每人每天 25 元缴纳。

2. 医药费

1953 年，中国煤矿工会劳保部制定的中国煤矿工人北戴河疗养院暂行办法规定：疗养员入院应预交医药费，疗养期间医药费由原工作单位负担。疾病及非因公负伤职工贵重药费，由本人负担（如本人经济状况确有困难，得由劳动保险基金项下酌予补助）。休养员休养期间医药费达 10 万元（旧币）以上者，全部由原工作单位负担；不足 10 万元（旧币）者，全部由本院负担。

1955 年，疗养员预交医药费 20 元，医药费由原行政单位负担。享受公费医疗待遇者，向原公费医疗机构报销。休养员医药费 5 元以下由疗养院负责，超过 5 元者由原行政单位负责

1957 年 12 月，疗养收费规定：疗养实行包干药费，疗养在 15 天以内的收 3 元，在 30 天以内的收 6 元，在 45 天以内的收 9 元，在 60 天以内的收 12 元。提前

与延期出院的按以上计算办法结算。

1974年,疗养药费按每人每月7.5元由送疗单位支付床位费时统一交付,院外看病由个人回原单位报销。部机关和个别临时疗养者的药费采取交现金凭单据回原单位实报实销办法。

1987年,医疗费结算形式有3种:随床结算,每日1元、每床每期30元;实额托收,年底结算;医药费自理。

1993年,疗养员入院预交诊疗费80元,出院按实际发生额结算,多退少补。

1997年,诊疗费采用两种形式:一是每人每期预交100元,按实际发生额结算,多退少补;二是随床结算,每人每期100元标准,按疗养床位费一并结算。

3. 床位费

1953年,由工会劳动保险基金或煤炭管理总局负担。

1960年,开始经费按照各局实际疗养人数分摊。

1961年,经费按计划分配人数分摊。

1974年,恢复建院,疗养费采取包干形式,6月15日正式接待至年底,每床交400元,部机关和临时分配的临时床位,床位费每日收1.2元。

1975年,全年接待,年床费800元。

1977年,因震灾修复需大量资金,经请示煤炭工业部批准,床位费提高50%,每张床定为1500元,暑期临时床位定为300元。

1986年,第二次翻改建全部完毕,建成了不同档次的疗养房间。因此,在床位费收取上,改变了过去不论房间大小、床位数多少都是一个价的收费办法,重新规范床位收费标准:四人间每人每天6元、三人间每人每天8元、二人间每人每天10元,全年10期,每期30天。

随着房间设施的不断完善和物价指数的上调,疗养院床位费逐年也在调整。至1998年,床位标准:二人间9600元/(年·床),三人间7200元/(年·床),四人间4800元/(年·床)。1998年后,疗养院采取了更加灵活的疗养床位收费标准,根据用户订床季节、床位数、疗养时间等不同情况确定床价。

4. 差旅费

1953年,规定疗养员因工负伤及享受劳动模范及转业战斗英雄待遇的,其往返旅费、旅途伙食费、旅途住宿费,按劳动保险条例第十二条及第十九条之规定,全部由原工作单位负担;疾病及非因公负伤职工入院疗养时,其往返旅费在本人病伤期间一月工资5%以内者,由本人负担,如超过5%其超过部分及旅途补助费[每人每日1万元(旧币)]、旅途住宿费(由矿来疗养院部分),凭单据向疗养院报销。由疗养院返矿部分凭单据向本矿工会基层组织自劳动保险基金剩余部分报销。干部休养或疗养时,往返旅费、补助费等由原工作单位按制度报销。

1955年,规定疗养员路费,因公负伤由企业行政或资方负担;因病职工路程在50千米之内者本人负担,超过50千米者,原则上补助1/2,确有困难者,适当提高补助,由基层单位劳保基金开支;行政管理干部,由原单位解决。休养员路费由所属行政单位负担。

1977年,疗养员从单位出发到疗养院的旅差费,凭票据由疗养院给予报销。返回原单位的旅差费,由原单位给予报销。

5. 其他费用

1984年,开始收取接送站和景点游览交通费,由单位与床位费一起支付。

1990年,旅游景点陆续收取门票,疗养院随之将景点门票费和交通费一起收取,因推出了3~4条旅游线路供送疗单位选择,因此各单位交通旅游费的缴纳不尽相同。

休养人员的全部活动用具由院方供给,入院后发给一套休养服、棉被褥、蚊帐、枕头、草帽等,由院方供给,轮循使用,出院交回。

1986年后,疗养员各项费用均由原单位报销。

三、经营收入

疗养院在疗养业日渐萎缩的情况下,探索调整疗养院的经营结构。自1996年起,不断开拓煤炭系统外的企业市场,同时借助金海旅行社的渠道优势,接待国内外旅游团队。随着国内旅游市场的不同成熟,疗养院适应市场需要,将原有用于疗养的不带卫生间的房间全部改造为标准客房,配套了会议接待、培训设施,大幅提高了经营接待能力。2019年,经营收入实现2460万元,占全部收入的比例达到27%。

多年来,疗养院积极探索经营模式,由单纯疗养服务向服务经营型转变,经营领域也拓展到专科医疗、会议培训、旅游接待与经营等。

第二节 收 支

疗养院在建院初期,由于经营模式单一,收入甚微。"文化大革命"结束后,1974年疗养院逐渐恢复建院,随着疗养员逐年增加,1979年总收入突破100万元,之后随着计划经济向市场经济转型,改革不断地推进与深化,疗养院由单一的疗养收入逐渐向多元化经营转变,总收入开始逐年攀升。1990年总收入突破200万元,2002年总收入突破1000万元,到2005年总收入已达到1400万元。疗养院的支出项目主要包含人员经费和公用经费。人员经费主要用于在职职工和编制外聘用人员的各类劳动报酬,以及为上述人员缴纳的各项社会保险费等。公用经费指用于保障疗养院工作正常运转所需商品和服务的支出。

疗养院自建院以来,不断地修改与完善各种增收节支制度,早在1959年为贯彻增产节约的精神,实行经济核算,发动群众想办法。如优化人员编制,减少人员支出;在节约水电煤方面,开展评比竞赛、职工合理建议等;坚持勤俭办院方针,使成本比1957年下降了29%。

1984年,水电实行定量供应,分别安装水电表,实行节约有奖,超量罚款;为节省交通费,改变派车办法,对科室用车实行里程限制。

1987年,为进一步加强行政管理,杜绝浪费,做好增收节支工作,制定了《关于照明用灯功率的规定》。

1979年,为节约用水,家属院安装了水表,仅6—12月7个月的时间节约水费6000余元。

1989年,为进一步挖掘潜力,压缩支出特制定了双增双节措施。

1991年,深入开展增收节支,挖掘内部潜力,自己完成改造工程六项,节约行政经费2万元。

1994年,通信信息管网建设,动员职工挖沟800米,节省开支7000元。

1999年,改革疗养院维修费的使用与管理,由过去划拨到后勤部门改为使用部门进行管理;为了节约水电费,总务科对各部门都安装了水电表,加大了水电费回收力度,总务科还积极挖潜地下水,节约了水费支出,在当年水费上调,用电量增加的情况下疗养院当年水电费较上年同期减少23.3万元。

2005年,实行锅炉燃煤托管,使疗养院当年的锅炉房年耗总费用比2004年下降37万多元。

1970—2019年疗养院财务收支情况见表6-2-1。

表 6-2-1 1970—2019 年疗养院财务收支汇总表

单位：元

年份	当年收入					当年支出			当年余额
	拨款收入	疗养收入	经营收入	其他收入	收入合计	人员支出	公用支出	支出合计	结余	当年余额（含结转）
1970	12367.42	4981.43		1127.17	18476.02	4081.34	2027.26	6108.60	12367.42	12367.42
1971	12237.52	3259.57		1617.85	17114.94	4084.69	792.73	4877.42	12237.52	12237.52
1972	38681.15	6531.01		1323.95	46536.11	2914.34	4940.62	7854.96	38681.15	38681.15
1973	100000.00	46822.40		6004.69	152827.09	9459.28	43367.81	52827.09	100000.00	100000.00
1974	633606.83	269147.60		29367.77	932122.20	176072.63	653699.11	829771.74	102350.46	102350.46
1975	112078.89	548268.00		3220.00	663566.89	100710.65	265125.61	365836.26	297730.63	297730.63
1976	112078.89	20300.00		3434.87	135813.76	48087.94	44838.53	92926.47	42887.29	42887.29
1977	0	877200.00		5312.54	882512.54	105967.26	505000.31	610967.57	271544.97	271544.97
1978		624600.00		7845.52	632445.52	136439.24	456350.93	592790.17	39655.35	39655.35
1979		633700.00		48515.05	682215.05	169125.24	553917.79	723043.03	-40827.98	-40827.98
1980		873900.00		13709.80	887609.80	192179.36	546849.31	739028.67	148581.13	148581.13
1981		884900.00		6688.09	891588.09	206091.44	630829.47	836920.91	54667.18	54667.18
1982		884450.00		7857.24	892307.24	225677.27	680313.42	905990.69	-13683.45	-13683.45
1983	100000.00	948688.59		16055.63	1064744.22	245186.36	734739.35	979925.71	84818.51	84818.51
1984	0	1120615.00		-36779.38	1083835.62	252132.31	708733.35	960865.66	122969.96	122969.96
1985	500000.00	156600.00		5715.58	662315.58	307690.30	775860.44	1083550.74	-421235.16	-421235.16
1986	50000.00	1516350.08		28715.82	1595065.90	371436.11	837890.49	1209326.60	385739.30	385739.30

表 6-2-1（续)   单位：元

年份	当年收入					当年支出			当年余额（含结转）
	拨款收入	疗养收入	经营收入	其他收入	收入合计	人员支出	公用支出	支出合计	结余
1987	0	1651053.27	96550.83	1935.75	1749539.85	491461.03	976773.99	1468235.02	281304.83
1988	0	1510873.59	23380.00	287574.89	1821828.48	527922.71	1019642.63	1547565.34	274263.14
1989		1473626.26	36594.20	349257.54	1859478.00	575517.55	1092081.96	1667599.51	191878.49
1990	120000.00	1605260.00	99228.90	436804.47	2261293.37	868666.67	1240625.52	2109292.19	152001.18
1991	120000.00	1703183.84	75423.79	589795.10	2488402.73	1137422.25	1349595.46	2487017.71	1385.02
1992	120000.00	1833909.94	94838.76	1119762.00	3168510.70	1359033.29	1788440.53	3147473.82	21036.88
1993	120000.00	2209293.00	178808.02	1379396.74	3887497.76	1826805.13	2031838.14	3858643.27	28854.49
1994	120000.00	2443207.30	218362.20	2021575.26	4803144.76	2222774.11	2546724.58	4769498.69	33646.07
1995	120000.00	2521825.80	364543.00	2472394.51	5478763.31	2853839.43	2595237.30	5449076.73	29686.58
1996	120000.00	1844441.00	867986.00	2919896.15	5752323.15	3029699.18	2709118.65	5738817.83	13505.32
1997	120000.00	1495843.44	1139916.50	3461153.67	6216913.61	3156291.69	3035345.36	6191637.05	25276.56
1998	120000.00	580993.00	1810266.00	3823756.53	6335015.53	3448183.05	2860943.26	6309126.31	25889.22
1999	480000.00	869810.00	2309207.00	3086168.56	6745185.56	3234557.98	3505405.97	6739963.95	5221.61
2000	860000.00	455569.31	2623437.40	3449443.72	7388450.43	3946801.88	3324520.62	7271322.50	117127.93
2001	1732000.00	283755.90	3167898.00	3985986.62	9169640.52	5254843.60	3676740.20	8931583.80	238056.72
2002	1868300.00	115330.00	2521887.97	5748144.11	10253662.08	5908361.45	4324488.56	10232850.01	20812.07
2003	2092000.00	415703.93	2840622.30	4296452.36	9644778.59	5472150.96	4144475.45	9616626.41	28152.18

表 6-2-1（续） 元

年份	当年收入					当年支出			当年余额
	拨款收入	疗养收入	经营收入	其他收入	收入合计	人员支出	公用支出	支出合计	结余（含结转）
2004	2412000.00	491719.60	4824841.11	6478871.65	14207432.36	6928760.18	7272862.67	14201622.85	5809.51
2005	2282000.00	1408590.00	5149940.80	4722015.59	13562546.39	6979584.05	6565366.93	13544950.98	17595.41
2006	2706000.00	746488.00	5682448.53	6526106.33	15661042.86	7287834.60	7830995.70	15118830.30	542212.56
2007	4046000.00	1216431.00	5456805.79	8875079.36	19594316.15	11112386.22	8796361.73	19908747.95	-314431.80
2008	4344000.00	1939202.81	7231753.68	12720064.98	26235021.47	10513664.87	14666697.20	25180362.07	1054659.40
2009	4092000.00	2953850.23	19058204.86	11265256.22	37369311.31	12201459.50	18653950.50	30855410.00	6513901.31
2010	5921700.00	3145110.30	14648577.00	12716882.57	36432269.87	12848644.98	20407055.46	33255700.44	3176569.43
2011	5084000.00	4512956.15	16121842.80	19200295.31	44919094.26	14691011.74	29340589.08	44031600.82	887493.44
2012	5596300.00	3635045.68	17685058.61	21248466.04	48164870.33	15814928.52	33049950.06	48864878.58	-700008.25
2013	7896300.00	2941529.26	15908826.33	24597401.26	51344056.85	17078363.55	31467254.03	48545617.58	2798439.27
2014	6463400.00	27972766.56	16509706.74	2151885.84	53097759.14	19534070.83	30223133.62	49757204.45	3340554.69
2015	12670400.00	29275776.86	15789194.67	2274185.60	60009557.13	23312503.56	26539595.57	49852099.13	10157458.00
2016	16795100.00	28767468.07	13275625.29	2071103.34	60909296.70	27821037.94	26320481.85	54141519.79	6767776.91
2017	24225100.00	30856145.79	17625078.31	1983999.95	74690324.05	29327102.11	40375603.83	69702705.94	4987618.11
2018	21977900.00	32881250.91	19222868.20	2297282.70	76379301.81	30937823.92	36534365.25	67472189.17	8907112.64
2019	33984400.00	28940683.85	24596679.77	3009941.10	90534704.72	38449699.89	37209998.22	75659698.11	14875006.61
2020	30122800.00	13400000.00	5320000.00	2200000.00	51042800.00	24840000.00	30190000.00	55030000.00	-3987200.00

说明：2016 年起拨款收入包含基本建设项目拨款，2020 年数据是在 11 月财务报表基础上的预计，与实际完成情况有一定出入。

第三章 劳 动 人 事

第一节 编 制

机构编制工作是人事工作的一项主要内容，疗养院机构编制工作始于1950年建院初期，编制工作都是按照上级的有关政策，在上级核准的编制内，根据疗养院各个时期的发展需要，研究制定的疗养院机构设置和人员编制。同时，不断加强机构设置和人员编制的管理工作，为疗养院的发展提供了保障。

一、正式编制员工情况

1950年，经燃料工业部煤炭管理总局批准成立国营煤矿职工疗养院，机构设置为：院长1人，下设行政科、医务科，共有职工13人。

1952年，疗养院有工作人员94人，编制95人。

1953年，疗养员增加一倍情况下，经请示上级编制为103人，院下设行政科、医务科，其中行政科67人、医务科26人。按280个床设置休养床220个、疗养床60个。为疗养员服务的人员56人，比例为1：4；为病员服务人员47人，比例为1：1.4。

1956年10月，疗养院根据事业发展需要，对组织机构、人员编制进行了重新修订。经中华全国总工会北戴河集体劳动保险事业管理处批准，设立了9个职能部门：总务科、人事政工室、会计室、俱乐部、营养室、住院处、第一疗养科、第二疗养科、医务室。全院编制128人，对部分岗位人员进行了调整，年底有干部32人，医务人员46人，勤杂人员50人。

1957年8月，中华全国总工会集体劳动保险事业管理局发布《为了研究修改各疗养院的人员编制》（集业字第824号），要求各会所属疗养院根据该院实际工作情况与需要，提出该院的编制意见。疗养院根据文件要求，对编制进行了修正。按250床位，一个疗养员按0.48个工作人员配置，大夫以1：30个疗养员、护士以1：15配置，全院配置120名工作人员。

1958年，根据中国煤矿工会全国委员会提出的"集体劳动保险事业整顿提高，暂不发展，实行核算管理，发挥现有设备能力，厉行节约，降低各项费用指标，更好地为生产服务、为群众服务"的方针，合理地调整了组织机构，缩减了编制人员。同年3月，将两个疗养科合并。同年8月，将会计室、营养室、住院处合并到总务科，将医务室合并到院部，院机构设置为5个部科：院部、总务科、俱乐部、治疗科、疗养科。人员编制从129人减到82人，处理退职、下放、调动47人，比1957年下降39%。同时，大大地缩减了行政管理人员，适当地增添了医务人员（1957年医务人员占38%，1958年占50%，达41人）。床位由250张增加到350张，最高峰达400张。

1962年，经煤炭工业部批准疗养院人员编制由169人减至117人，后又经部批准减少为100人，床位550张。

1973年10月，燃料化学工业部批准

恢复建院。

1974年9月6日，经燃料化学工业部（1974）燃办字1361号文件批准，疗养院设政工组、办公室、总务科、膳养科、医务科，编制130人；设党委，按县团级规格。

1982年10月，疗养院根据疗养事业发展需要，本着精简、精干的原则，按照中华全国总工会发布的《疗养院工作条例》规定的1：0.45的要求，制定了机构设置和编制定员的方案，按700张床位计算，疗养总定员247人，比例为1：0.35，比规定减少0.1。经煤炭工业部批准，同意疗养院行政机构设立：办公室、医务处、膳养科、总务科、财务科、基建办公室。党委设党委办公室、工会、纪委。人员编制为250人，包括季节工、清洁工、临时工。

1985年，经煤炭工业部办公厅批准，疗养院对行政机构进行调整，设办公室、财务科、医疗科、行政科、保卫科、基建办公室、劳动服务公司7个科级机构。

1993年2月，疗养院根据煤疗行字〔1993〕第5号文件制定了《关于机构设置的规定》，对机构进行了调整，设办公室、财务科、总务科、膳养科、保卫科、接待部、疗养科、专科部、医技部、北戴河益通工贸总公司，撤销了医务处、行政科、基建办公室、劳动服务公司。

1994年，人员编制213人，院领导6人，中层干部20人。

1997年11月26日，经煤炭工业部煤厅字〔1997〕第469号文件批准，疗养院设置办公室（人事部）、党委办公室、财务部、医疗部、后勤部。人事部与办公室合署办公，一套机构两个牌子，均为副处级单位。定编320人，中层干部原则上按一正一副配置。

2003年4月，疗养院对有关部门机构设置进行了调整，增设了办公室综合科、人事劳资科、客房管理科、取消了客房管理部。

2004年，疗养院对有关部门机构设置进行了调整，增设客房部，客房部下设客房一科、客房二科。

2005年12月，根据工作需要，增设离退休职工服务科和客房监管科。

2006年2月，根据工作需要，增设办公室信息通讯科、财务部会计核算科、资产管理科。

2011年4月，根据疗养事业发展需要，增设理疗康复科、疗养办公室。

2013年6月，经疗养院申报和国家安全生产监督管理总局批准，调整了疗养院职责范围、机构设置和人员编制。机构设置12个，其中职能部（室）6个、业务部门6个，包括办公室、党群工作部、人力资源部、财务部、医务部、后勤部；业务部门包括肺灌洗治疗研究中心、职业病综合治疗中心、专科病治疗研究中心（中国煤矿工人北戴河专科医院）、职业病康复疗养中心、职业卫生技术中心、职业安全卫生培训中心。人员编制为财政补助事业编制300名，其中院长1名、党委书记1名，配备副司级干部；副院长2名、党委副书记兼纪委书记1名，配备正处级干部；中层干部职数39名，其中副处级干部职数14名、正科级干部职数25名。

二、集体工情况

1981年7月，为解决疗养院职工子女就业问题，疗养院经上级与当地同意成立了青年服务社。

1985年4月，经有关部门批准，青年服务社改为劳动服务公司。

1987年9月，经秦皇岛市北戴河区劳动人事局批准有19名待业青年转为大集体固定工。

1993年，服务公司改为秦皇岛市北戴河益通工贸总公司，截至2018年公司有职工8人、退休17人。

2019年，正式注销秦皇岛市北戴河益通工贸总公司。

1950—2020年疗养院职工人数（含临时工）统计见表6-3-1。

表6-3-1　1950—2020年疗养院职工人数统计表

年份	职工人数
1950—1951	44人，其中医务23人、行政21人
1952—1953	105人，其中医务39人
1954—1957	121人，其中行政干部29人，医务38人，勤杂54人
1958—1960	127人，其中行政干部25人，医务53人，勤杂49人
1961—1962	121人，其中行政干部27人，医务55人，后勤39人
1963—1965	106人，其中行政干部22人，医务52人，后勤32人，合同工29人
1966—1969	109人，其中行政干部21人，医务53人
1969—1972	因"文化大革命"全院迁往湖南，疗养院停办，院内只设留守组
1973—1974	75人，其中办公室12人，医务29人，总务34人
1975—1976	120人，其中医务40人
1977—1979	185人，其中医务58人
1980—1981	175人，其中干部90人（医务64人），工人85人
1982—1984	203人，其中干部109人（医务67人），工人94人
1985	199人，其中干部110人，工人89人。临时工25人
1986	204人，其中干部107人，工人97人。临时工68人
1987	205人，其中干部112人（管理38人），工人102人。临时工42人
1988	206人，其中干部109人（管理35人）工人97人。临时工39人
1989	205人，其中干部109人，工人96人。临时工35人
1990	201人，其中干部127人，工人74人
1991	201人，其中干部125人，工人76人。临时工55人
1992	214人，其中干部140人，工人74人。临时工61人
1993	206人，其中干部135人，工人71人。临时工60人
1994	213人，其中干部142人，工人71人。临时工60人
1995	212人，其中干部141人，工人71人。临时工40人
1996	210人，其中干部140人，工人70人。临时工37人
1997	208人，其中干部137人，工人71人。临时工36人
1998	199人，其中干部128人，工人71人
1999	191人，其中干部122人，工人69人。临时工44人
2000	183人，其中干部117人，工人66人。临时工55人
2001	179人，其中干部115人，工人64人。临时工75人
2002	176人，其中干部113人，工人63人。临时工79人

表 6-3-1（续）

年 份	职 工 人 数
2003	172 人，其中干部 111 人，工人 61 人。临时工 100 人
2004	171 人，其中干部 110 人，工人 61 人。临时工 123 人
2005	166 人，其中干部 112 人，工人 54 人。临时工 136 人
2006	164 人，其中干部 111 人，工人 53 人。临时工 166 人
2007	164 人，其中干部 116 人，工人 48 人。临时工 156 人
2008	156 人，其中干部 109 人，工人 47 人。临时工 153 人
2009	154 人，其中干部 103 人，工人 51 人。临时工 158 人
2010	154 人，其中干部 104 人，工人 50 人。临时工 162 人
2011	152 人，其中干部 102 人，工人 50 人。临时工 172 人
2012	140 人，其中干部 97 人，工人 43 人。临时工 197 人
2013	148 人，其中干部 110 人，工人 38 人。临时工 183 人
2014	145 人，其中干部 107 人，工人 38 人。临时工 182 人
2015	139 人，其中干部 103 人，工人 36 人。临时工 188 人
2016	139 人，其中干部 103 人，工人 36 人。临时工 176 人
2017	133 人，其中干部 99 人，工人 34 人。临时工 196 人
2018	129 人，其中干部 97 人，工人 32 人。临时工 192 人
2019	123 人，其中干部 92 人，工人 31 人。临时工 199 人
2020	114 人，其中干部 84 人，工人 30 人。合同工 70 人，临时工 11 人

第二节 工 资

疗养院建院以来执行的是国家在不同时期制定的工资福利政策，并以此为依据进行职工工资调整。

一、工资改革

1. 第一次工资改革

新中国成立初期，1951 年末，根据全国工资准备会议精神，统一以"工资分"计算工资，以货币为支付形式。从 1952 年开始，经过两年多的时间，解决了工资计算的混乱现象，统一以河北省公布的"工资分"作为工资计算单位，以货币支付工资，建立了新的工资等级制度。1955 年 4 月，疗养院又评定级别和重新确定了工资分。

2. 第二次工资改革

根据国务院关于工资制度改革决定，从 1956 年 4 月 1 日起，实行新的工资标准，升级职工从 7 月 1 日起增加工资。此次工资改革，取消"工资分"和物价津贴，实行直接用货币规定工资标准的制度；疗养院按照卫生部《关于国家卫生事业机构各类工作人员工资标准及有关规定的通知》（卫人字〔1956〕第 443 号）文件规定，重新对工作人员进行了评定，评定级别的方式，采取领导与群众相结合的办法，分别执行行政管理人员工资标准、卫生技术人员工资标准和工人工资标准。卫生技术人员按 1～6 等和级别确定，行政管理人员按政府级别和卫生行政级别确定，工人按工种等级级别确定。全院按五类标准执行，参加工资改革120人。

3. 第三次工资改革

1985年7月，根据《中共中央 国务院关于国家机关和事业单位工作人员工资制度改革问题的通知》（中发〔1985〕9号）等文件精神，对全院职工工资进行改革。这次改革是为了消除现行工资制度中的平均主义和其他不合理因素，初步建立起能够较好地体现按劳分配原则，便于管理与调节的新工资制度，为今后进一步理顺工资关系打下基础。改革的主要内容是：国家机关和事业单位均改行以职务工资为主要内容的结构工资制，即将标准工资加上副食品价格补贴、行政经费节约奖金，与改革增加的工资合并一起，按照工资的不同职能，分为基础工资、职务工资、工龄津贴、奖励工资4个部分，对护士另加发护士工龄津贴。疗养院执行的是六类工资的标准，共有196人参加了工资改革，平均增加了18.5元。

4. 第四次工资改革

1993年，工资制度改革是根据国发〔1993〕19号、国办发〔1993〕85号和煤炭工业部煤人字〔1994〕25号《关于印发煤炭工业部机关和在京事业单位、企业工资制度改革（调整）三个实施意见的通知》进行的。这次工资改革是工资制度的一次重大改革，在科学分类的基础上，依据按劳分配原则，建立体现了单位不同类型、不同行业特点的工资制度，与机关的工资制度脱钩，引入竞争、激励制度，加大工资中活的部分，将一部分物价、福利性补贴纳入工资中。此次疗养院执行的是差额拨款事业单位制度，职务工资在工资构成中固定部分为60%，活的部分为40%。按规定，护士在确定职务工资后职务工资提高10%。

此次工资制度改革，还规定了正常增加工资办法，在每年考核的基础上，实行正常升级，考核结果分为优秀、合格、不合格三种，要求在连续两年考核为合格以上的人员，一般可晋升一个工资档次，考核不合格的不晋升。对个别优秀的并作出突出贡献的专业技术人员，经批准可以提前晋升或越级晋升，比例控制在单位人数的3%以内。此次改革对新参加工作的员工工资待遇也进行了明确规定。

对离退休人员的待遇也有明确规定，对1993年9月以前办理离退休手续的人员和达到退休年龄的人员，相应增加离休费，离休人员按同职务同条件在职人员增资额增加离休费。退休人员按同等条件在职人员平均增资额的90%增加退休费。有53人增加了离退休费。

5. 第五次工资改革

2006年，工资制度改革是根据《人事部、财政部关于印发〈事业单位工作人员收入分配制度改革方案〉的通知》《人事部、财政部关于印发〈事业单位工作人员收入分配制度改革实施办法〉的通知》《人事部、财政部关于印发〈事业单位离退休人员计发离退休费等问题的实施办法〉的通知》《人事部、财政部关于印发公务员工资制度改革和事业单位工作人员收入分配制度改革实施中有关问题的意见的通知》和《国家安全生产监督管理总局印发关于〈事业单位工作人员收入分配制度改革实施意见〉的通知》《国家安全生产监督管理总局关于印发〈总局机关和事业单位离退休人员计发离退休费及增加离退休费实施意见〉的通知》进行的。这次工资改革是事业单位工作人员实行岗位绩效工资制度，即岗位工资、薪级工资、绩效工资、津贴补贴四部分组成，其中岗位工资、薪级工资为基本工资，绩效工资是事业单位收入分配中活的部分。

岗位工资主要体现工作人员所聘岗位的职责和要求。事业单位岗位分为专业技术岗位、管理岗位和工勤技能岗位。专业技术岗位设置13个等级；管理岗位设置10个等级；工勤技能岗位分为技术工岗位和普通工岗位，技术工岗位设置5个等级，普通工岗位不分等级。不同等级的岗位对应不同的工资标准。工作人员按所聘岗位执行相应的岗位工资标准。

薪级工资主要体现工作人员的工作表现和资历。专业技术人员和管理人员设置65个薪级，对工人设置40个薪级，每个薪级对应一个工资标准。工作人员的薪级工资，按照本人所聘岗位、任职年限和套改年限。任职年限是指从聘任到现岗位当年起计算的年限。工作年限和任职年限的计算截至2006年6月30日，从2006年7月1日起执行新的工资标准。参加工资改革在册职工167人，其中按管理岗位套改29人，按技术岗位套改83人，按工勤岗位套改53人，见习2人。平均每人月增加工资380元。

此外，文件还完善了工资正常调整机制，一是正常增加薪级工资。从2006年7月1日起，对年度考核结果为合格及以上等次的工作人员，每年增加一级薪级工资，并从第二年的1月起执行。二是工作人员岗位变动后，按新聘岗位执行相应的工资标准。

新参加工作的各类学校毕业生见习期工资标准分别为：初中毕业生570元，高中、中专毕业生590元，大学专科毕业生655元，大学本科毕业生685元，研究生班毕业和未获得硕士学位的研究生710元。见习期工资执行期满后，大学专科毕业生执行5级薪级工资标准125元，大学本科毕业生执行7级薪级工资标准151元，获得硕士学位的研究生初期工资标准为770元，获得博士学位的研究生初期工资标准为845元。明确岗位后，按所聘专业技术岗位或管理岗位执行相应的岗位工资标准，薪级工资分别执行11级工资标准215元。

此次工资改革，对离退休人员的离退休费计算办法也作出了明确规定，事业单位工作人员退休后的退休费按本人退休前岗位工资和薪级工资之和的一定比例计发。其中，工作年限满35年的按90%计发；工作年限满30年不满35年的，按85%计发；工作年限满20年不满30年的，按80%计发；工作年限满10年不满20年的，按70%计发。

由于疗养院离退休人员离退休费一直按上级政策执行，从未执行地方政策。因此，此次增加离退休费仍按在京事业单位标准执行。退休人员按下列标准增加退休费：行政管理人员，厅局级750元、县处级450元、乡科级275元、科员及办事员180元；教授700元、副教授400元、讲师（中级）275元、助理级及以下180元；工人技师275元、高级工以下180元。离休人员教授及相当职务990元，副教授及相当职务540元、县处副职490元、乡科级350元。

参加工资改革的离退休人员101人，其中离休干部8人，退休人员93人。平均每人月增加离休费547.5元；退休人员平均每人月增加退休费290元。

按照《劳动人事部关于建国前参加工作的老工人退休待遇的通知》（劳人险〔1983〕3号）规定，办理退休手续的建国前参加工作的退休老工人，在京单位按每人每月330元增加退休费。

二、工资调整

1963年，根据《劳动部关于1963年职工升级若干具体的问题通知》（中劳薪密字〔1963〕1号）规定，按照工人和干部升级面区别对待的具体规定（即工人和十八级以下干部升级面为40%、十七级至十四级行政干部升级面为25%、十三级至十一行政干部升级面最多不超过5%、十级以上行政干部不升级；对与相当于十七级以上的科技干部和经济干部不完全按此限制，升级面可以稍大一些），其中相当于十级以上的也可以按个别升级的原则；疗养院共有35人进行升级，平均每人月增加6.4元，其中18级以下人员22人（行政人员升级6人，专业人员16人），技工等人员13人；参加定级11人，人均月增加3.85元。

1977年，根据国发〔1977〕89号文件精神，从1977年10月1日起调整部分职工工资，调整工资的重点是工作多年、工资偏低的职工。职工调整工资的主要根据政治表现、劳动态度、贡献大小和技术高低等，疗养院有40%的职工进行调整，人均月增资6元左右。

1980年7月，部分职工升级。升级的办法是经群众评定对符合条件的职工升级一级工资。

1981年5月，根据国发〔1981〕144号文件，经秦皇岛市卫生局审批后调整工资。调整的办法主要采取先补、后靠、再升级，补级差。就是对1977年升级的职工，由于受级差大于7元的只增加7元的限制；未长满级差的按当时执行的工资补齐、靠级；现行卫生技术人员工资标准，凡低于国家机关行政人员工资标准相应级的都靠到行政分级的工资额，然后是部分职工升级。凡符合升级条件都可以升一级。全院补靠级45人。参加升级人数100人，74人未升级，人均月增7.5元。

1982年，根据《国务院关于调整国家机关、科学文教等部门工作人员工资的决定》（国发〔1982〕140号），疗养院按五类地区标准从1982年10月起对部分人员工资进行调整。主要是1981年未列入调整工资范围的职工，疗养院调整了44人工资，其中有13人升2级，人均月增加12.9元。

1986年，根据《国务院工资制度改革小组、劳动人事部关于1986年解决国家机关、事业单位部分人员工资问题的通知》（劳人薪〔1986〕96号）规定，适当解决去年工资改革中部分工作人员存在的突出问题，一是对专业技术人员中级以上的符合条件的可以提高一级工资。二是担任正副处长以及相当职务的行政领导人员，1986年底以前任职已满三年，胜任本职工作，表现较好，符合晋升条件的可以提高一级工资。疗养院参加调资88人，占总数40%，人均月增加6.7元。

1987年，解决部分中年专业技术人员工资。根据《劳动人事部关于1987年的解决部分中年专业技术人员工资问题的通知》（劳人薪〔1988〕4号），从1987年10月起进行调整，调整的对象是重点担任中级专业技术职务人员，可以提升一级；从事行政管理工作的专业技术人员符合上述条件的也可以晋升工资。全院206人，共有63人调整了工资，其中干部57人，工人6人，人均月增加7.2元。

1988年，根据《中国统配煤矿总公司关于实行浮动升级的通知》实行工资浮动升级。浮动升级的原则是：中国统配煤矿总公司对全面完成国家总承包的各项经济指标，并取得较好的经济效益，根据有关政策规定对有贡献的职工实行浮动升级。全院共浮动升级201人，其中干部107人，工人94人，人均月增加7元，有18人未升级。

1989年，根据上级单位中国统配煤矿总公司要求，疗养院从1989年9月改为企业工资。此次参加改行企业工资的职工 204 人，人均月增加 13.1 元。改行企业工资后，1989 年 9 月 1 日起又为 194 人浮动了一级工资。

1990 年，普调一级工资。按照国发〔1989〕83 号、劳薪字〔1990〕11 号和中煤总劳字〔1989〕374 号文件要求，对符合条件的职工，从 1989 年 10 月 1 日起普调一级。此次疗养院共有 209 人调级，其中干部 108 人，工人 101 人，人均月增加 6.8 元。

1991 年 5 月，浮动工资内部转为标准工资。根据中煤总劳字〔1988〕250 号、中煤劳字〔1991〕137 号文件规定，疗养院职工浮动工资内部转为标准工资，从 1990 年 7 月执行。

1992 年 8 月，根据劳动部劳薪函字〔1992〕4 号文件规定，对 1991 年末在册正式职工，按现有标准工资晋升一级工资，从 1992 年 1 月起执行。疗养院对符合条件的 181 人晋升了一级工资，人均月增加 14.7 元。

1992 年，浮动一级工资。根据上级有关文件规定，从 1992 年 1 月起每位职工浮动一级工资。此次共有 194 人进行了浮动一级工资，有 16 人未浮动升级，人均月增加 15.1 元。

1993 年 4 月，起浮动升级转为固定工资。疗养院对符合条件的 191 人进行了浮动升级转为标准工资，其中干部 121 人，工人 70 人。

1995 年 10 月，正常升级。对 9 月 30 日在册的正式职工，1994 年、1995 年度考核结果称职以上人员，从 1995 年 10 月 1 日起在本职务所对应的职务工资标准内晋升一个职务工资档次。疗养院参加晋升的职工 188 人，其中行政管理人员 35 人，专业技术人员 83 人，工人 70 人，人均月增加工资 28.2 元。同时，按照国发〔1995〕32 号文件要求，对离退休人员相应增加了离退休费，退休人员人均月增加 20 元。

1996 年，部分 1995 年未升级的 14 名职工正常升级。

1997 年 7 月，调整工资标准。参加调整工资标准的 206 人，人均月增加 14 元。同时，按照文件规定，对离退休人员相应增加了离退休费，人均月增加 20 元。

1997 年 10 月，正常升级。疗养院参加正常晋升的 182 人，其中行政管理人员 29 人，专业技术人员 83 人，工人 70 人，人均增加 30 元。离退休人员相应增加了离退休费，退休职工人均月增加 20 元。

1997 年，根据《关于事业单位提前或越级晋升职务工资暂行规定》的要求，按全院 1996 年职工人数的 3% 比例，上级下达疗养院 6 名指标。对工作中尽职尽责、积极勤奋、忠于职守、成绩显著，并作出突出贡献的人员，在同等条件下优先考虑连续两年及以上年度考核为优秀的职工。经院研究对 6 名职工提前晋升了一级工资，人均月增加工资 17.8 元。

1998 年，按照 1997 年 3% 提前晋升职务工资的办法，按全院职工 3% 比例，经院研究对 6 名职工提前晋升一级工资。人均增加工资 18 元。对 1997 年未升级的 18 名职工正常升级，人均月增加 42.6 元。

1999 年 7 月 1 日起，调整事业单位工作人员工资构成中固定部分。疗养院共调整了 192 名职工的职务工资标准，人均月增加 139.5 元，从 1999 年 7 月 1 日起执行。在职职工调整工资标准的同时，离退休人员相应增加了离退休费。

2000 年，部分职工正常升级。13 名符合晋升条件的职工晋升了一级职务工资，人均月增加 34.9 元。

2001 年 1 月，疗养院共有 183 名职工工资调整，人均增加 123.7 元。文件规定从 2001 年起执行发放年终一次性奖金，发放对象为年度考核合格以上人员，奖金的标准为当年12月份基本工资，从下年1月份执行。离退休人员相应增加离退休费。

2001年，3%提前晋升职务工资，仍按照1997年3%提前晋升职务工资的办法，按全院职工总数3%比例，经院研究对6名职工提前晋升一级工资，人均月增加工资53元。10月，参加调整的共计180人，人均月增加93元。离退休人员相应增加离退休费。同时，全院有144人晋升了一级工资档次，人均月增加43.4元。

2002年1月，疗养院3%提前晋升工资4人，人均67.9元。对2001年10月未正常晋升职务工资档次的18人晋升了职务工资档次，人均月增加46.1元。

2003年7月1日，疗养院174人参加工资调整，人均月增加66.3元。离退休人员相应增加离退休费。10月，正常升级，疗养院参加升级的职工共计140人，人均月增加47.9元。

2004年，疗养院17人正常晋升了职务工资档次，人均月增加54.2元。

2005年10月，正常升级，疗养院参加升级的职工共计134人，人均月增加49.6元。

2006年，根据《人事部、财政部关于印发〈事业单位工作人员收入分配制度改革实施办法〉的通知》（国人部发〔2006〕59号）文件进行收入分配调整和职级工资晋升，2007年1月开始执行。

2007年1月，对2006年度考核合格以上的人员正常晋升一级薪级工资档次，参加升级的职工共计146人，人均月增加26.5元。

2008年1月，对2007年度考核合格以上的人员正常晋升一级薪级工资档次，参加升级的职工共计149人，人均月增加27.3元。

2009年1月，对2008年度考核合格以上的人员正常晋升一级薪级工资档次，参加升级的职工共计139人，人均月增加27.3元。

2010年1月，对2009年度考核合格以上的人员正常晋升一级薪级工资档次，参加升级的职工共计141人，人均月增加26.7元。

2011年1月，对2010年度考核合格以上的人员正常晋升一级薪级工资档次，参加升级的141人，人均月增加26.1元。

2012年1月，对2011年度考核合格以上的人员正常晋升一级薪级工资档次，参加升级的共计141人，人均月增加27.1元。

2013年1月，对2012年度考核合格以上的人员正常晋升一级薪级工资档次，参加升级的共计132人，人均月增加26.8元。

2014年1月，对2013年度考核合格以上的人员正常晋升一级薪级工资档次，参加升级的职工共计131人，人均月增加26.7元。

2014年10月1日，调整工资标准。根据《国务院办公厅转发人力资源社会保障部、财政部关于调整机关事业单位工作人员基本工资标准和增加机关事业单位离退休人员离退休费三个实施方案的通知》（国办发〔2015〕3号）文件精神，从2014年10月1日调整基本工资标准，同时将部分绩效工资纳入基本工资，没有实施绩效工资的，从应该纳入绩效工资的项目中纳入。疗养院对在编工作人员138人和3名见习期毕业生进行了调整基本工资标准，将部分绩效工资纳入基本工资后，绩效工资水平相应减少，人均减少绩效工资额度302元，减少绩效工资额度后人均月增加932元。

2015年1月，对2014年度考核合格以上的人员正常晋升一级薪级工资档次，参加升级的职工共计128人，人均月增加60元。

2016年1月，对2015年度考核合格以上的人员正常晋升一级薪级工资档次，参加升级的职工共计128人，人均月增加60元。

2016年7月1日，调整工资标准。根据《国务院办公厅转发人力资源社会保障部、财政部关于调整机关事业单位工作人员基本工资标准和增加机关事业单位离退休人员离退休费三个实施方案的通知》（国办发〔2016〕62号）文件精神，从2016年7月1日调整基本工资标准，同时将部分绩效工资纳入基本工资，没有实施绩效工资的，从应该纳入绩效工资的项目中纳入。疗养院对在编工作人员136人和3名见习期毕业生进行了调整基本工资标准，将部分绩效工资纳入基本工资后，绩效工资水平相应减少，人均减少绩效工资额度206元，减少绩效工资额度后人均月增加335元。

2017年1月，对2016年度考核合格以上的人员正常晋升一级薪级工资档次，参加升级的职工共计130人，人均月增加69元。

2018年1月，对2017年度考核合格以上的人员正常晋升一级薪级工资档次，参加升级的职工共计127人，人均月增加66元。7月1日，调整工资标准，根据《国务院办公厅转发人力资源社会保障部、财政部关于调整机关事业单位工作人员基本工资标准和增加机关事业单位离退休人员离休费三个实施方案的通知》（国办发〔2018〕112号）文件精神，从2018年7月1日调整基本工资标准，疗养院对在编工作人员132人调整了基本工资标准，人均月增加340元。

2019年1月，对2018年度考核合格以上的人员正常晋升一级薪级工资档次，参加升级的职工共计123人，人均月增加74.3元。

2020年1月，对2019年度考核合格以上的人员正常晋升一级薪级工资档次，参加升级的职工共计118人，人均月增加76.9元。2020年10月，参照地方有关政策，修订职工绩效工资发放办法、调整标准，调整后，在岗职工人均增加2116元，合同工人均增加925元。

三、工资管理

1. 工资发放管理办法

疗养院职工历年的工资主要由级别工资、基本工资、岗位工资、浮动工资、保留工资、津贴、补贴等组成。疗养院的工资管理，每个时期都是按照国家和上级主管单位要求执行，结合疗养院的实际情况制定相应的发放管理办法。

1993年，工资制度改革，是我国工资制度的一次重大改革。疗养院根据煤炭工业部煤人字〔1994〕第25号文件精神，结合疗养院的实际情况，制定了《工资制度改革后工资管理的暂行办法》，规定疗养院的职工工资主要由五部分构成：职务工资、岗位津贴、保留工资、未纳入津贴、劳务津贴。

疗养院实行工资基金计划管理，严格控制在上级批准的工资总额范围内使用。疗养院对全院工资总额实行集中管理，每年初按预算核定全院的年度工资总额计划报上级审批执行，年度工资总额主要依据职工基本工资、各种津贴补贴和效益工资（劳务费）等核定。工资和各种津贴补贴按照国家工资政策发放，效益工资（劳务费）按完成目标责任制情况核定，效益工资（劳务费）各单位有权自主使用，但必须制定发放计划，严格发放办法。

2. 津贴、补贴执行情况

1993年10月，疗养院的津贴、补贴主要有副食品价格补贴、提高粮油统销价格补贴、提高粮食统销价格补贴、燃料价格补贴、蛋菜肉价格补贴、粮油价格补贴、洗理费补贴、房租补贴、冬季取暖补贴、交通补贴、卫生费、书报费、矿龄津贴、护龄津贴、卫生津贴等。1993年10月工资改革后按64元补贴纳入新工资内。工资改革后到1995年执行的津贴、补贴都是按照国家和上级规定发放的，只有医疗补贴和液化气补贴是疗养院自行建立的。

1994年6月，根据煤炭工业部发布的《煤炭工业部在京直属事业单位工作人员制度改革实施意见》（煤工字〔1994〕25号）文件精神，结合疗养院承包方案的实施情况，制定了《关于津贴实施方案（试行）》。津贴的项目有两项：一是岗位津贴，是津贴中的相对固定部分（占总津的85%），其数额按职工在工资改革中批准的职务工资的40%核定。二是劳务津贴，根据经济效益、劳动纪律、服务质量、工作成绩设置的津贴，是津贴中相对活动的部分；其数额由两部分组成，一部分是按职工在工资改革中批准的津贴数额15%核定；另一部分根据经济效益完成情况提取的；两部分合并使用。

1995年，调整书报费、洗理费，调整职务补贴。参照煤炭工业部机关在京直属单位菜篮子补贴办法，每人每月开始发放菜篮子补贴。

1996年，疗养院对有经济指标的部门（承包部门）劳务津贴按劳务系数进行核定。疗养院根据煤炭工业部发布的《关于增加职务补贴的通知》等文件要求，结合疗养院的实际情况，增加了部分在岗职工职务补贴和离退休人员生活补贴。

1999年，疗养院对在岗职工的暑期补助和误餐费进行了适当调整。

2005年5月，疗养院经国家安全生产监督管理总局人事司批准，从2005年6月1日起参照《河北省人事厅、省财政厅关于调整省直机关和部分事业单位工作人员职务津贴的通知》（冀人发〔2000〕20号）的有关规定，按照秦皇岛市关于提高机关事业单位职工职务津贴的政策，增加发放了职务津贴的新增部分。此次增加职务津贴的范围为全院在岗、内退和离退休职工。

2005年6月28日，疗养院根据《秦皇岛市财政局关于提高暑期补贴的发放标准的通知》（秦财预〔2004〕247号）文件精神，制定了《关于暑期补贴的发放办法》。6月29日，疗养院参照河北省《关于调整医疗卫生卫生防疫津贴标准的通知》（冀卫人字〔1990〕36号）文件精神，调整了部分医疗卫生人员的卫生津贴标准，从事肺灌洗工作的医护人员由每人每月6元调整为20元，从事B超的人员每人每月6元调整为16元，从事检验的人员每人每月9元调整为10元，从事洗衣房工作的人员每人每月4.5元调整为14元。其他人员按原标准执行。7月对在岗副科级以上干部管理补贴进行了调整。2005年还制定了《职工考核优秀奖励发放办法》。

2009年1月，根据《国家安全生产监督管理总局关于直属事业单位离休人员待遇有关问题的通知》（安监总厅人事〔2009〕4号）、《秦皇岛市纪委等六部门关于落实冀纪〔2009〕9号文件精神的通知》，从2009年1月1日起疗养院按照秦皇岛市市直机关离休人员补贴比例调整标准。对6名离休人员进行了规范，规范后的标准为副教授和副处级2115元，人均月增加1693元。

2011年2月，疗养院根据《国家安

全生产监督管理总局办公厅转发人力资源社会保障部、财政部关于规范京外中央事业单位退休人员津贴补贴的通知》(安监总厅人事〔2010〕7号)和《秦皇岛市人力资源与社会保障局、财政局关于印发秦皇岛市市直事业单位实施绩效工资意见(暂行)的通知》(秦人社〔2010〕258号),对退休人员津贴补贴进行了规范。按照文件要求,从2010年1月1日起,疗养院按照秦皇岛市市直事业单位退休人员补贴标准执行。参加规范的退休人员116人,此次规范退休人员津贴补贴113人,有2名1949年10月前参加工作的退休工人2009年规范完毕,1名参加养老保险的退休干部由社保部门规范。规范退休人员津贴补贴后,人均月增加1099.2元。

2012年5月,疗养院根据《秦皇岛市纪委等六部门关于印发秦皇岛市市直机关调整公务员津贴补贴标准实施方案的通知》(秦纪〔2012〕3号)、《秦皇岛市人力资源与社会保障局、财政局关于调整市直事业单位绩效工资标准的通知》(秦人社〔2012〕55号),从2011年7月1日起对离退休125人调整了离退休人员补贴,其中离休人员5人,人均月增加315元;退休人员120人,人均月增加222元。

2014年6月,根据《人力资源社会保障部、财政部关于规范京外中央事业单位退休人员津贴补贴的通知》(人社部发〔2011〕3号)、《秦皇岛市委组织部等五部门关于印发秦皇岛市市直机关提高公务员津贴补贴标准实施方案的通知》(秦财预〔2014〕180号)、《秦皇岛市人力资源与社会保障局、财政局关于调整市直事业单位绩效工资标准的通知》(秦人社〔2014〕91号),从2014年1月起,为140名离退休人员调整了离退休补贴,其中离休人员5人,人均月增加324元;退休人员135人,人均月增加229.3元。

第三节 劳动管理

1988年1月,疗养院制定了《内部职工退休暂行办法》。《内部职工退休暂行办法》规定:男满55周岁,女满50周岁,本人自愿申请要求内部退休的,经院批准可以办理内退手续。同时对内退的待遇等作出明确规范。

1993年,疗养院为深化改革,完善承包经营责任制,调动职工的积极性,经过全院职工讨论,院党政研究,制定了《关于劳动人事制度改革的暂行规定》《关于职工违犯院规和劳动纪律处理的暂行规定》和《关于实施劳动人事制度改革后下岗人员的管理办法暂行规定》。

1998年3月至4月14日,院进行了机构及劳动人员制度改革,制定了《机构及劳动人事制度改革方案》。此项改革涉及全院所有在岗职工,为加强对人事制度改革的组织领导,疗养院成立了改革办公室,由院领导担任主任、副主任。此项改革的指导思想和原则是:在定编、定岗、定员上、本着精干高效的原则,确定适合疗养院发展,结构合理的二、三级机构和编制定员,切实解决部分岗位工作量不饱和,人浮于事的问题,通过减员提效来实现满负荷工作,实现用工合理、改善劳动关系、优化劳动组织。在机制上引入竞争机制和风险机制,实行逐级聘任、双向选择、优化上岗、转岗分流,促进全院劳动力合理流动和干部人才的脱颖而出。

第四节 干部管理

一、干部选拔

从建院至1983年,凡疗养院任命副

科级以上干部都要报请上级审批同意才能任职。

1984年起,上级对疗养院院管干部任用权力下放,除院级班子成员外,中层干部由院自行任命。从1984年开始,疗养院对干部管理实行聘任制,限定聘期一般均为三年,卸职即免职,免职后不再享受领导干部待遇,打破行政管理干部任职终身制。

1997年5月,疗养院升格为副厅局级,副处级以上干部由上级聘任。

1998年,煤炭工业部撤销后,疗养院归国家煤炭工业管理局直管,副处级干部任用权力下放,疗养院可直接选拔任用。

2002年3月,疗养院下发了《关于选拔聘用副科级以上干部的有关规定》文件,对干部的选拔任用条件、选拔程序、公示、考核管理等作出了具体规定。

2002年7月,中共中央印发《党政领导干部选拔任用工作条例》,疗养院进行了认真贯彻执行。在干部的选拔上,成立专门的干部选拔考核(考察)领导小组。在选拔副科级以上中层干部时,强化经过民主推荐、组织考察、党委研究、公示、报上级备案等程序。对新提拔和晋升职务的干部执行了试用期制,试用期为一年。

截至2020年底,疗养院有副处级干部2人,正科级干部19人,其中大专以上学历19人,占干部总数的90.5%,有专业技术职务16人,占干部总数的76.2%。

二、人才引进

1992年起,疗养院开始实行人才引进工作。为解除煤矿工人的病痛,攻克煤炭行业职业病尘肺治疗的难关,造福矿工,开展了大容量全肺灌洗治疗煤工尘肺工作。由于技术力量薄弱,经中国统配煤矿总公司和秦皇岛市批准,引进了麻醉、放射等技术人员。

1993—1998年,接收了16名大中专毕业生。

2000—2001年,经疗养院推荐,报上级人事司综合评审,人事部审核:疗养院梁云鹏享受2000年政府特殊津贴;陈志远享受2001年政府特殊津贴;车审言享受2002年政府特殊津贴。

2005年,疗养院根据《北戴河区专业技术人才选拔管理办法》(北字〔2005〕53号)文件,推荐李玉环等7名人员参加拔尖人才的选拔,经北戴河区评选、区委区政府批准,李玉环、张志浩被命名为北戴河区第一批专业技术和管理拔尖人才的荣誉称号。

2005—2015年,经国家安全生产监督管理局党组和疗养院党委推荐,陈志远主任医师成为中共中央组织部直接掌握联系的高级专家。

2006年以后,全面实行人才公开招聘制度。为落实《事业单位公开招聘人员暂行规定》和国家安全生产监督管理总局的有关规定,疗养院成立了由院领导、院纪委、人事部和部分专家组成的招聘工作组,负责招聘工作的具体实施,制定了《关于公开招聘人员的实施办法》,公开招聘人员方案和计划,并报人事司备案,从招聘范围、条件、程序、信息发布、资格审查、考试考核、聘用等方面都作出了具体规定,并能够严格按照程序执行。

疗养院人员公开招聘工作采取了以下措施:一是根据事业发展需要,本着科学合理、精简效能的原则设置招聘岗位。二是根据疗养院实际情况,确定了招聘岗位的任职条件及要求。三是采用公开发布信息方式,在河北人才网、疗养院官方网站和部分院校发布招聘信息。四是严把资格审查关，严禁把不符合条件的人员列为招聘对象。五是对符合规定条件的应聘人员，按专业组成工作组组织面试、笔试考核。六是根据考试、面试、考察体检结果，确定拟聘人员，报领导班子集体研究确定招聘人员。七是对拟聘人选进行公示，公示结果无问题的，办理聘用手续。八是对招聘的人员实行试用期制度，试用期满考核合格的，予以正式聘用，不合格的，取消聘用。

2014年，国家安全生产监督管理总局下发了《事业单位公开招聘人员办法》。《事业单位公开招聘人员办法》规定人员公开招聘工作，由国家安全生产监督管理总局人事司统一组织发布招聘信息、理论考试、公示，由疗养院组织资格审查、面试、考察体检等工作，坚持德才兼备的用人标准和公开、平等、竞争、择优的原则。

在公开招聘工作中，疗养院纪委对公开招聘工作进行了全程监督，未出现有违规违纪问题，保证了公开招聘工作中的公平、公正、公开，为加快疗养院又好又快发展提供了人才保障。

2006—2020年，疗养院共招聘了在编技术人员46名、编制外技术人员78人。

第五节 职称及工人等级管理

一、职称

1973年10月恢复建院至1983年，疗养院专业技术人员职务评审晋升工作基本处于停顿状态，恢复建院时所有专业技术人员基本上是由全国煤矿系统调入。

1983年，疗养院卫生专业技术人员参加了河北省卫生技术人员技术鉴定委员会考核评定。根据秦皇岛市卫生局发文秦卫医〔1983〕第25号文件，接河北省卫生厅〔1983〕冀卫字第67号文件，经河北省卫生技术人员技术鉴定委员会考核评定及省厅党组研究，1983年8月疗养院代志升晋升为放射科主任医师，朱子桥为内科主任医师，严甦为内科副主任医师，尤玉兰为内科副主任医师。这是疗养院1973年恢复建院后第一批晋升的卫生专业技术职务人员。

1986年4月，煤炭工业部成立职称改革工作领导小组，自此煤炭系统专业技术职务评审工作开始转入正轨。疗养院从1987年陆续有各类专业技术人员经各级评审委员会评审取得专业技术职务任职资格。

1987年9月，疗养院成立了院职称改革工作领导小组，共有5人组成。

1988年4月，经煤炭工业部办公厅批准，疗养院48名取得专业技术职务任职资格。这是煤炭工业部成立职称改革工作领导小组以后疗养院第一批取得专业技术职务任职资格的人员，也是恢复建院后第二批晋升专业技术职务的人员。

1989年10月，由疗养院卫生技术初级职务评审组评审21名具备护师技术职务任职资格。

1993年，根据人员变动，调整院职称改革领导小组，由9人组成。

1993年2月，经中国统配煤矿总公司办公厅发布的中煤总厅人字〔1993〕第8号文件批准，疗养院成立了卫生系列初级专业技术职务评审委员会，共由15人组成。评审委员会到2002年取消，改为参加全国统考。

1997年，根据国家有关规定，会计、经济专业技术人员中级以下专业技术职务实行全国统一资格考试。

1998年，根据《人事部关于专业技术人员职称外语等级统一考试的通知》

（人发〔1998〕54号），决定从1999年开始实行全国专业技术人员职称外语等级统一考试。

1998年2月，根据《煤炭工业部关于进一步加强计算机等级培训考核工作管理的通知》（煤人综字〔1998〕46号），自1998年起将计算机等级培训合格证书与专业技术职务评聘工作挂钩。自人发〔1998〕54号和煤人综字〔1998〕46号发布以后，疗养院晋升专业技术人员均需按规定参加职称外语统一考试和计算机等级考核。

2002年，按照国家卫生部规定，卫生专业技术人员中级以下专业技术职务实行全国统一资格考试。

2005年以后，疗养院隶属国家安全生产监督管理总局直属事业单位，职称评审工作，除参加全国统一资格考试的专业外，均由国家安全生产监督管理总局负责。

经各级评审委员会评审，1950—2020年疗养院专业技术人员组成情况见表6-3-2，专业技术职称晋升情况见表6-3-3。

表6-3-2 1950—2020年专业技术人员统计表

年份	技术人员	年份	技术人员
1950—1951	23	1992	109人，其中高级8人、中级17人、初级65人
1952—1953	39	1993	118人，其中高级10人、中级28人、初级80人
1954—1957	38	1994	127人，其中高级16人、中级26人、初级77人
1958—1960	53	1995	126人，其中高级16人（正高5人）、中级27人、初级83人
1961—1962	55	1996	126人，其中高级17人（正高5人）、中级25人、初级84人
1963—1965	52	1997	123人，其中高级17人（正高7人）、中级23人、初级74人
1966—1969	53	1998	114人，其中高级17人（正高7人）、中级23人、初级74人
1969—1972	疗养院停办	1999	109人，其中高级12人（正高4人）、中级32人、初级64人
1973—1974	29	2000	106人，其中高级11人（正高3人）、中级32人、初级63人
1975—1976	40	2001	104人，其中高级13人（正高3人）、中级36人、初级55人
1977—1979	58	2002	104人，其中高级17人（正高3人）、中级39人、初级47人
1980—1981	70	2003	103人，其中高级19人（正高5人）、中级40人、初级44人
1982—1984	75	2004	102人，其中高级22人（正高5人）、中级41人、初级38人
1985	69		
1986	71		
1987	74		
1988	74		
1989	78人，其中高级5人、中级20人、初级53人		
1990	92人，其中高级4人、中级21人、初级67人		
1991	90人，其中高级6人、中级18人、初级51人		

表6-3-2（续）

年份	技术人员	年份	技术人员
2005	98人，其中高级22人（正高4人）、中级40人、初级36人	2013	102人，其中高级26人（正高级10人），中级28人，初级以下48人
2006	97人，其中高级21人（正高级4人），中级42人，初级以下34人	2014	99人，其中高级26人（正高级8人），中级22人，初级以下51人
2007	102人，其中高级21人（正高级6人），中级44人，初级以下37人	2015	95人，其中高级26人（正高级9人），中级21人，初级以下48人
2008	96人，其中高级21人（正高级7人），中级41人，初级以下34人	2016	95人，其中高级27人（正高级8人），中级21人，初级以下47人
2009	91人，其中高级23人（正高级11人），中级40人，初级以下28人	2017	91人，其中高级29人（正高级9人），中级16人，初级以下46人
2010	92人，其中高级22人（正高级11人），中级41人，初级以下29人	2018	89人，其中高级29人（正高级11人），中级20人，初级以下40人
2011	91人，其中高级21人（正高级10人），中级39人，初级以下31人	2019	86人，其中高级29人（正高级11人），中级27人，初级以下30人
2012	88人，其中高级24人（正高级10人），中级31人，初级以下33人	2020	83人，其中高级29人（正高级11人），中级27人，初级以下27人

表6-3-3 1983—2019年疗养院专业技术职称晋升统计表

年份	正高级	副高级	中级	初级	员级
1983	2	2			
1988			17	40	14
1989		2			
1990			2		
1991		2	14	2	1
1993	2	6		6	1
1994	4	7	4		
1995		1	3		
1996		1	2	5	
1997	2	2	2	4	
1998		2	14	3	
1999			2	4	1
2000		2	5	3	
2001	1	6		1	
2002	2	2	7	2	

表6-3-3（续）

年份	正高级	副高级	中级	初级	员级
2003		4	5	1	1
2004		1	3		
2006	1		3		
2007	2	2	1	1	
2008				2	
2009	4	2	3	1	
2010	1	1	1		
2011		5			
2012		2			
2013		4	1		
2014	1			1	
2015		3	1	4	
2016	1	2	3	3	
2017	2		5	2	
2018			4		
2019			5		

二、工人技术考核

疗养院的工人技术等级考核工作于1996年、2002年共组织了2次大规模的工人技术等级岗位考核工作。为了做好工人的技术等级考核工作，加强考核工作的组织领导，成立了专门的领导机构，主要领导亲自抓此项工作，认真落实人事部和上级主管部门的文件规定，使考核工作顺利实施。

1995年以前，由于未接到工人技术等级考核的相关政策，一直未开展。

1996年，经煤炭工业部主管部门批准，按照《机关事业单位工人技术等级岗位考核暂行办法》（人薪发〔1994〕50号）和煤炭工业部等有关文件规定，请中央国家机关工人考核委员会在疗养院组织了首次全院工人的技术等级培训、考核工作。报名参加技术等级培训考核的共有12个专业58人，除1人因中央国家机关工人考核委员会未设工种，经批准参加秦皇岛市人事局组织的考核外，经考核合格共有11个专业57人考取了技术等级证书，其中初级工10人，中级工22人、高级工25人。

2002年，疗养院根据《国家安全生产监督管理局关于转发〈关于2002年度报考工人技术等级的通知〉的通知》（安监管司人函字〔2002〕18号）和《国家安全生产监督管理局关于转发〈关于开展中央国家机关后勤系统职工职业道德培训有关事项的通知〉的通知》（安监管司人函字〔2002〕21号），组织工人参加了中央国家机关工人考核委员会组织的工人技术等级的考核工作。经考核，32人合格，其中中级工11人、高级工21人。

2004年以后，根据中央国家机关工人考核委员会的文件规定，疗养院组织了历年工人技术等级的考核工作。

根据上级的有关文件规定和疗养院的实际情况，从1996—2015年凡符合报考条件的，经考核取得职业资格的，从取得职业资格的下一个月起全部兑现了工资待遇。

1996—2015年疗养院工人考取技术等级统计情况见表6-3-4。

表6-3-4　1996—2015年工人考取技术等级统计表

年份	工人考取技术等级人员情况						
	考核人数	高级技师	技师	高级工	中级工	初级工	合计
1996	58			25	22	10	57
2000	2			1			2
2003	35			21	11		32
2004	2			2			2
2008	33		9	7	3	1	20
2009	16		9	3		1	13
2010	10	1		3		2	6
2011	2					1	1
2013	5		3			1	4
2014	7		3				3
2015	6		1	2	3		6

第六节　培训与考核

一、业务培训

1958年，在医护人员中开展了"多面手运动"——西医学中医、中医学西医，培训医护人员掌握中西医相结合的治疗方法。开展针灸学习，开办了2个针灸训练班；经过学习，绝大多数医护人员初步掌握了针灸知识，学会了几十个针灸穴位，并能应用到实际工作中。同年9月，开展了梅花针的学习，聘请了北京军区医疗专家到院用梅花针现场治疗疾病和教学。

1960年，疗养院派出13名医护人员到外地进行培训，并组织了25名医护人员先后到哈尔滨、北京、青岛、上海等地参观学习。同年，为解决疗养院医护人员不足问题，根据煤炭工业部3月11日下发的《关于培训护理人员由各矿抽调人员》（煤人教字〔1960〕136号），由西山、大同、焦作、京西、开滦、淮南矿务局各选送4名，阜新、抚顺、鹤岗、平顶山矿务局各选送3名青年到疗养院参加护训班培训。

1960年4月9日，在河北省总工会医疗事业工作会议上疗养院介绍了《行政管理工作几点体会》经验。

1961年6月8日，煤人教〔1961〕便字 150 号复函"护士训练班培训时间同意定为二年",学员待遇,工资平均 22~30 元,定学徒工技校毕业。1961 年 7 月 20 日,煤人教便字〔1961〕第 201 号函:可以用煤矿工人北戴河疗养院附设护士训练班名义发给毕业证书。我们意见,证书上不写中级或初级,只提在本班学习二年期满成绩及格,准予毕业即可。1962 年 1 月学员毕业,此次培训原定 10 个矿务局选送 30~40 人,最后实到 29 人,毕业后除留用部分外,其余返回了原单位。

1978 年,中央作出把工作重心转移到现代化建设上,疗养院工作重点转移。疗养院党委提出"三个提高":提高服务质量、提高业务技术水平、提高管理水平,为此在全院开展了全面业务培训学习。炊管人员开展岗位练兵,并送外地学习深造;医护人员开办英文、日文外语班,组织学术报告,利用病案研究病情、总结交流经验。

1981 年,为进一步提高技术业务能力,举办了医生、护士、理疗、药剂 4 个学习班,外派 5 名医生到北京有关医院参观学习,回院后分专题向医务人员汇报学习情况;组织炊管人员去山海关铁路职工食堂学习,利用煤炭工业部劳资会议在院召开的机会,开展炊事人员技术表演活动。

1982 年,疗养院确定每周三下午为学习日,建立医务人员技术档案,成立技术经济专门工作委员会。

1990 年,疗养院送出 11 名医护人员到外地培训。购买电大英语书 50 套,发给职工进行英语学习,提高外语水平。全年医疗科有 7 位在全国各种学术杂志上发表论文 10 篇。

1991 年,疗养院派送 25 名医务人员和餐厅工作人员、财会人员外出进修学习。职工的业务素质有较大提高,整体服务水平得到了加强,有 13 人的 22 篇论文在《中华呼吸结核病》《中华劳动卫生与职业病》《中华护理》《中华麻醉》《中国气功》《河北疗养》等刊物发表。财务科参加能源部办公厅举办的首届会计知识竞赛获总分第二。

1992 年 5 月,疗养院医务处成立后,组织有关人员到金山宾馆参观学习标准化服务,还抽调三名人员参加市旅游局举办的导游培训班。疗养部、专科部先后组织业务和外语培训,还组织了 10 次学术讲座,送出 4 名人员外出进修学习。全年专业技术人员撰写学术论文 10 多篇,在《河北疗养》杂志发表或在省疗养学会学术报告会上宣读。

1993 年,疗养院制订专业技术人员培训计划,成立领导小组,主要进行护理业务学习、专业讲座学习、医疗康复管理学习。

1994 年 5 月 12 日,疗养院召开了纪念"5·12"国际护士节学术报告会,疗养、医技、专科三部的护理人员 50 余名参加了会议,报告会上宣读了 8 篇护理学术论文,其中有 3 篇发表于《中华护理》《国际气功大会论文选》及《河北疗养》杂志。

1994 年 7 月 12—14 日,煤炭工业部机关服务局在疗养院召开了煤炭系统部分疗养院负责工作研讨会,疗养院主要负责人参加了会议,并在会上介绍了经验。

1994 年,疗养院先后派出三批 16 名医护人员到外地知名医院进修,专业技术人员全年共撰写学术论文 16 篇。随疗养院专科医疗的不断发展,医疗部近年不断加大对技术人员业务培训,一是自 1991 年以来先后派出医护人员到北京和秦皇岛等地进修培训;二是组织外语学习,尝试用外语交班等。医疗部还利用秋冬淡季时间,聘请了华北煤炭医学院教授来院讲授《细胞生物学》和《医学统计学》,使医务人员医学理论水平有了新的提高。

2001年,为解决疗养院医疗队伍人才短缺的矛盾,探索一条培育自有人才的新路子,疗养院与华北煤炭医学院合作在疗养院举办了在职研究生班。有10名青年医师参加了学习,为疗养院今后专科治疗工作的开展奠定良好的基础。

2005年6月,在疗养院与华北煤炭医学院开办的在职硕士研究生进修班上,疗养院有3位医师最终通过了华北煤炭医学院硕士学位论文答辩,取得病理学与病理生理学硕士学位。

近年来,每年都利用冬季淡季时间选派各科室优秀人才外出进修或聘请高水平专家前来疗养院讲座,进修部门涉及医疗各科室、客房、餐厅等,进修地点主要是煤炭总医院、北京中医康复医院、秦皇岛市第一医院、秦皇岛市第三医院、西郊宾馆等地。

二、职工考核

从1996年开始,根据《人事部关于事业单位工作考核暂行规定》和上级主管单位对年度考核工作的要求,组织职工的年度考核工作,疗养院制定了《工作人员考核标准》《工作人员考核办法(试行)》等文件;历年都成立职工年度考核工作领导小组,考核内容包括德、能、勤、绩、廉5个方面,重点考核工作实绩。疗养院结合工作实际,分别制定了各类别的考核标准,考核的等级分为优秀、合格、基本合格、不合格。优秀按参加考核人数的15%,最高不超过20%比例,分配到部室;疗养院再根据全院指标,按各职级的人数比例和完成院经营指标等情况统一平衡,确定优秀人员。

三、院管干部考核

2001年以前,疗养院的考核工作分年度考核和任期满考核。年度考核采用由干部本人写出书面述职报告,在本部门范围内和中层以上干部范围内进行述职述廉,并进行优秀、称职、基本称职,不称职4个等级的测评,经过部门职工测评,中层以上干部之间测评等情况,经院党委研究,确定干部本年度的考核等次。

2001年,疗养院对副科级中层干部的年度考核进行改革,改变了以往由部门测评后,按投票多少确定优秀的方法,改为:①在本部门参加民主测评;②在副科以上干部范围内述职测评,按两场考核结果,分别占优秀票数的50%,在评定优秀时合理控制各职级优秀的比例。

2002年起,副科以上中层干部的考核:部门民主测评优秀占40%,副科以上干部民主测评占60%。

2010年,疗养院对中层干部进行改革,实行量化考核标准,将德、能、勤、绩、廉细化成若干评价要素,每个要素按优劣程度不同授予权重,分院领导、中层干部、全院职工和本部门职工4种方式进行无记名测评打分。院领导打分占30%,中层干部打分占25%,全院职工打分占25%,本部门职工打分占20%,最后综合每个人测评得分。考核优秀者从测评分数为86分以上者人员中产生,优秀人员的指标按不超过副科级以上中层干部总人数20%比例掌握,按照总分数排名推荐拟优秀人选。经院班子研究,确定干部本年度的考核等次。

2012年,疗养院对副科以上管理干部考核测评进行了改革,分院领导、中层干部、高级职称人员和本部门职工4种方式进行无记名测评。院领导打分占35%,

中层干部打分占25%，高级职称人员打分占20%，本部门职工打分占20%，最后综合每个人测评得分，按照总分数排名，推荐拟优秀人选。经院班子研究，确定干部本年度的考核等次。

2015年以后，疗养院对副科以上管理干部考核测评进行了调整。一是年度考核分院领导、中层干部和本部门职工三种方式进行测评，综合每个人测评得分，按照总分数排名，推荐拟优秀人选，经院班子研究，确定干部本年度的考核等次。二是干部任职试用期满考核，应全面准确地了解所聘干部在试用期间的现实表现，保证选人用人质量。2013—2014年疗养院加强了干部任职试用期满考核力度，成立了由院领导和办公室（人事部）等有关人员组成的考核工作领导小组，通过采取个人述职、民主测评、个别听取意见等方式，全面、客观地考察试用期内中层干部的德、能、勤、绩、廉等方面情况，为试用期满干部转正提供可靠依据，努力建设一支有较高素质的干部队伍，通过考核试用期满的干部均达到合格标准。三是任职期满考核，对任职期满需要继续聘任的干部，对任职期间的德、能、勤、绩、廉5个方面进行考核。考核采用由干部本人写出书面述职报告，在本部门范围内和中层以上干部范围内进行述职述廉并测评，同时采用个别谈话征求群众意见，对考核合格的可继续聘用。

1996—2019年疗养院干部职工考核结果统计见表6-3-5。

四、干部培养

从20世纪80年代起，先后选送干部到党校参加学习培训，通过参加讲座、学习交流等形式，广泛开展干部的政策水平、理论知识和业务能力的学习培训工作，有效地促进了干部学习的自觉性和整体素质的提高。注重技术人员培养，疗养院对专业技术人才的培养教育，重点放在疗养院留得住、用得上的中青年急需人才。一是鼓励在职医疗技术人员攻读硕士学位，部分参加了华北煤炭医学院（现华北理工大学）在职硕士学位的学习，不断增加高层次人才数量。二是拓宽人才培养渠道，结合疗养院医疗业务发展需要，每年选派中青年技术人员到外地医院进修学习。三是组织开展技术人员继续教育工作，不断更新知识。四是鼓励高层技术人员参加学术交流。

表6-3-5 1996—2019年疗养院干部职工考核结果统计表

年份	考核结果			
	参加人数	优秀人数	合格人数	不合格人数
1995	207	32	175	
1999	158	25	133	
2000	161	25	136	
2001	152	24	127	1
2002	158	26	132	
2003	150	19	131	
2004	141	22	119	
2005	132	21	111	
2006	127	20	107	
2007	131	21	110	
2008	131	21	110	
2009	130	21	109	
2010	128	24	104	
2011	124	24	100	
2012	127	26	101	
2013	138	29	109	
2014	137	29	108	
2015	134	31	103	
2016	133	28	105	
2017	127	28	99	
2018	117	24	93	
2019	112	22	90	

从2019年起,根据《中共应急管理部党组关于印发贯彻落实〈2018—2022年全国干部教育培训规划〉实施意见的通知》(应急党〔2019〕40号)精神,按照应急管理部政治部部署,全院所有干部均在"应急管理干部网络学院"进行注册(网址:https://yjgb.sset.org.cn)。按照学习要求,深入学习贯彻习近平新时代中国特色社会主义思想和应急管理知识,参加相应的专题培训班,2019年度全院85名干部均按要求完成年度50学时的学习任务。

第四章 文明单位创建

第一节 文明规范

1980年前后,疗养院管理较乱、纪律较差、服务质量不高、环境卫生不好。

1982年春天,职工在疗养院内养鸡200多只,开垦的菜地见缝插针,菜窖也挖到了楼下,被称为煤炭工业部不满意、疗养员不满意、大多数职工不满意的"三不满意"疗养院。在北戴河区卫生评比中的"脏乱差"问题,院领导在全区卫生奖惩大会上主席台领到了一面绿旗。疗养院为整治卫生,首先,在当年开展的"五讲四美"活动中,狠抓整顿、选准突破口,10天之内就处理了全部的鸡、鸡窝和菜窖,在原菜地上栽树种花,修复花池,调整充实爱卫会,划分卫生责任区,疗养院很快被评为北戴河区卫生甲级单位。其次,建立健全了全院76个工种的岗位责任制,严格执行考勤、查岗和岗位责任"三大制度",突出整顿劳动纪律,广泛开展"学雷锋、树新风、做好事、送温暖"和"三优一学"(优质服务、优良秩序、优美环境,学雷锋做好事)活动,收到疗养员表扬信60多封。1982年3月,在第一次全国开展的"文明礼貌月"活动中,疗养院制定了文明礼貌守则七条,广泛开展了赛服务态度、赛团结协作、赛纪律、赛卫生的劳动竞赛活动。

1984年,疗养院配合北戴河区文明区的建设,开展创建文明岗位、文明班组、文明疗区、文明科室的活动。

1986—1987年,疗养院组织开展"做高尚北戴河人"的活动,抓以医德为主的职业道德、全心全意为疗养员服务的公德建设,突出一条龙服务。疗养员们感慨地说:"到北戴河就像到了家,疗养院处处是亲人。"九十四岁高龄的"工矿泰斗"孙越崎老人赞扬疗养院是"矿工的乐园"。

1987年6月2日,疗养院应邀在北戴河区委、区政府召开的有1200多人参加的"深化做高尚北戴河人活动动员大会"上作了发言。

1988年,疗养院首次被评为北戴河区文明单位。

1990年,首次被评为秦皇岛市级文明单位。

1996年,在休疗旅游系统开展"优质服务竞赛"活动中,疗养院制定了优质服务达标活动实施办法。将1997年定为疗养院的服务质量年,成立了优质服务达标领导小组,对全院岗位逐一制定了优质服务达标标准,为提高医疗及服务人员素质，对职工进行了授课达20多个学时的业务培训和外语学习，对服务人员聘请燕山大学讲师进行了上岗前培训。每年暑期前举办医疗和客房、餐厅经营区服务竞赛活动，评出技术能手进行奖励，并选派竞赛优胜者参加了国家机关事务管理局在北戴河举办的"优质服务竞赛"。在每年评比中，疗养院在服务质量、文明用语、绿化、卫生等项目评比中，得分常列200多家参评单位前列，年年评为优质服务优胜单位。

此后，在每年的文明单位建设中，疗养院以经济发展促精神文明建设为主线，围绕安全、秩序、质量、效益四统一的目标开展工作，近30年来连续保持了市级、区级文明单位的光荣称号。

第二节　社会综合治理

一、组织机构

1. 治安保卫

1951年，疗养院编制警卫人员两名。

1954年，疗养院成立了保密委员会，疗养院党支部成立了保密小组。

1955年，疗养院成立了保卫委员会（也称治保委员会），安排了专职保卫干部。

1956年，在疗养院党支部领导下，对治保委员会委员进行了一次审查和补充，健全和充实了保卫组织力量。

1957年，疗养院保卫委员会下设了保卫小组、事故防范小组、海浴安全保卫小组和防火组织。

1966年"文化大革命"开始，治保组织被解体。

1973年，恢复建院，治保委员会随即恢复建立。

1975年，疗养院加强了治保组织的再建工作，疗养院治保委员会由原来1个增设到5个，成立了医务科治保会、行政管理科治保会、基建治保会和3个疗区治保会。

1983年，疗养院进一步调整和加强了治保组织，由24人增加到32人。同年3月，疗养院成立了保卫科。

2. 各委员会的建立

1989年，根据疗养院行政机构和工作人员人事变动，对保密委员会和治保委员会成员进行了调整。

1990年3月，疗养院对治保委员会成员进行了调整，并于6月份成立了安全工作委员会。

1991年4月，根据北戴河区社会治安综合治理"五年规划"要求，成立了以疗养院党委书记任组长的社会治安综合治理领导小组，下设治安保卫委员会、消防安全委员会（下设义务消防队）、交通安全委员会。

1992年，疗养院成立了民事调解委员会和禁赌委员会。

1997年5月，疗养院成立了国家安全领导小组，具体负责涉外接待工作。1999年变更为疗养院涉外安全保卫领导小组。

1998年，疗养院成立了警院共建安全文明领导小组。

2004年7月，疗养院成立安全生产委员会。

2005年开始，疗养院建立了完善的综合治理委员会系统，其成员根据院领导分工和部门人员变动随时调整，委员会下设治安保卫委员会，由党委书记担任主任，保卫科长任副主任，具体负责全院的安全保卫工作。在院区治安管理方面，设置有三道安全防线，一是由保卫科领导的门卫，二是院内保安员，三是以各部门负责人为主的辖区防范，三道防线联防互动，形成严密的院区安全管理网络。

二、规章制度

1954年，疗养院第一次大规模改扩建基本结束。由于院区较大，疗养院从加强管理和保证安全出发，首先制定了严格的会客制度。

1955年，随着保密、保卫组织的建立，随即建立了保密制度和保卫制度以及保密文件的传阅手续。

1956年，疗养院对调入人员事前建立了审查档案手续，对外来客人建立了来客登记制度。

1957年，为了保证首长、国家和个人财产安全，做好暑期保卫工作，疗养院建立了保卫委员会工作制度、首长保卫注意事项及防范措施。

1958年，疗养院为建成"四无院"，进一步制定了治保委员会工作制度。

1960年，根据区委"一切工作为中央、为暑期服务"的指示，疗养院制定了保卫计划和保卫值班制度、安全检查制度。

1961年，根据暑期保卫计划，疗养院建立了值班巡逻制度，夜间娱乐场所、海域专人负责值班制度。

1975年，恢复建院后迅速建立健全了各种有关安全保卫的规章制度。

1983年，疗养院对门卫和警卫值班、值宿工作，车辆管理工作，餐厅压火、汽油和液汽化防火工作，陆续作出了具体规定。

1986年，疗养院建立了院领导昼夜值班制度和由各科负责人轮流担任总值班的制度。

1988年，疗养院建立与完善了安全防范责任制。

1996年，疗养院对全院70多个岗位都制定了安全防范责任制。

2002年，疗养院制定了《中国煤矿工人北戴河疗养院治安和消防安全考核奖惩办法（试行）》。

2004年，疗养院开始将各部门主要负责人确定为消防安全第一责任人，并建立了逐级和岗位消防安全责任制。为应对各类突发事故，快速有效地进行抢险救灾工作，同年制定了重大事故应急处理预案。

2004—2005年，疗养院建立了"六查"制度，对家属院区的消防和治安安全也加大了管理检查力度，建立了安全检查巡视和夜间锁大门开小门的制度。

2012年，疗养院印发了《关于加强安全管理工作的通知》。在全院贯彻"隐患就是事故"理念，进一步提高疗养院安全管理水平，严防各类事故发生。

2014年，疗养院对安全生产管理制度、安全生产岗位职责和事故综合应急预案等"三项制度"进行修订，各委员会成员根据人事变动及时进行调整。

三、治理与防范

1950年，建院之初，疗养院把防火、防盗、防丢失及防溺水作为治安防范工作重点，加强对休疗养员和职工进行保卫安全教育，严密组织休疗养员集体游山、集体海浴并派专人在深水进行保护，细致地对职工档案进行审查、对临时工进行历史了解，严防坏人混入。

1954年，疗养院对档案有重点进行再审查。

1955年，疗养院强化了对"四防"（防火、防盗、防破坏、防自然灾害事故）的宣传教育。

1956年，在人员调动方面，保卫配合人事内清外堵。

1958年，疗养院开展了创建"四无院"（无破坏事故、无火灾、无盗窃、无暴密失密）的活动。

1960年，疗养院开展了"百日无事故"安全运动。

1961年，疗养院的奋斗口号与要求是"坚持政治挂帅，大搞群众运动，人人要搞保卫，个个要搞'四防'"。加强对要害部门，尤其是炊管人员和为首长服务人员的严格审查。定期进行检查和评比，坚持保卫委员会半月一次，保卫小组会半月一次，检查评比会每月一次。

1973年，恢复建院后，疗养院继续贯彻了内审外堵、先审后来的原则，严格控制不符合条件人员进入。加强治保组织再建工作，由1个治保会增建成6个治保会。

1983年，疗养院调整和加强了治保组织，扩大了治保队伍，成立了保卫科，使治保工作有了专门的管理职能部门。

1986年，疗养院推行了两个合同。一是单位与警卫人员安全防范承包合同，二是疗区安全防范承包合同。暑期前在全体职工中集中进行了法制教育。

1989年，疗养院将治安工作承包给保卫科，并与保卫科签订了承包协议书。

2008年，疗养院进行消防安全人员培训和设施检修，切实落实安全生产责任制。外事安全方面，牢记外事无小事，认真审查护照，并按时填报户口。

2012年，疗养院对保卫工作进行了强化，按照预防为主、防微杜渐的方针，认真落实安全工作责任制，院保卫科与全院各部门签订防盗、防火责任书。一是治安安全方面，坚持人防、技防相结合，加强监督检查，多年未发生过宾馆客房被盗案件。二是消防安全方面，加强检查管理，确保设施完好和消防通道畅通。三是外事安全方面，强化"外事无小事"的认识，避免因小失大，每年数千名外宾的接待中，内宾、外宾同住一个院，未发生与安全有关的任何问题。四是在家属院安全方面，增设门卫和巡逻人员，安装楼宇防盗门。五是治安投入方面，安装监控设备，在院重要地段和楼内安装了数百个摄像头和红外线报警探头，实行24小时监控。六是人员管理方面，统一着装，为保卫科职工和安全督察员统一配备内保服装，既改善了保卫人员形象，也强化了对不法分子的威慑力；同时，在门前设立咨询台，门卫由原来在屋里看门到走出来管事。通过以上措施改革，保障了疗养院治安和消防安全。

2016年，疗养院继续做好员工安全培训、消防知识讲座、灭火逃生演练、临时工政审、各部门签订安全协议书等工作，全院未发生安全事件。

2017年，疗养院按照谁主管、谁负责的原则，对各项安全的防范重点进行认真部署、责任到人，层层抓好各项安全管理措施的落实。邀请交管部门来院开展交通安全培训、组织消防演练、设立微型消防站等措施，进一步强化安全意识，进一步完善安全生产管理制度、安全生产岗位职责和事故综合应急预案三项制度，全年未发生安全事件。

2018—2019年，疗养院每年邀请片区派出所和消防科警官来院给全院职工开展安全与消防培训，并组织开展治安和消防演练，提高了全体职工的安全意识，全院多年未发生安全事件。

四、荣誉

1958年，疗养院被评为"无破坏事故、无火灾、无盗窃、无暴密失密"的"四无院"。

1960年，疗养院两次被评比为北戴河区安全红旗单位，5人获保卫标兵。

1983—1987年，疗养院连续5年被秦皇岛市公安局评为安全保卫工作先进集体。

1991年，疗养院被评为北戴河区社会治安综合治理达标单位、社会治安综合治理先进单位。

1993年，疗养院被评为北戴河区综合治理先进单位。

1995年，疗养院被评为北戴河区综合治理先进单位。

1996年，疗养院被评为秦皇岛市、北戴河区综合治理先进单位（北戴河仅有两家）。1994—1996年，疗养院连续三年被评为北戴河区交通安全先进单位。

1997年，疗养院被评为煤炭工业部机关先进保卫科和交通安全先进集体。

1997年，疗养院被评为北戴河区食品卫生先进单位，交通安全先进单位。

1999年，疗养院被评为北戴河区综合治理先进单位、北戴河区计划生育先进单位、北戴河区公安局安全保卫先进单位。

2000年，疗养院被评为北戴河区社会治安综合治理先进单位，受到北戴河区、秦皇岛市有关主管部门的表彰。

2001—2004年，疗养院连续被评为北戴河区社会治安综合治理先进单位。

2005—2006年，疗养院连续被评为秦皇岛市、北戴河区社会治安综合治理先进单位。

2009年，疗养院被评为北戴河区平安建设先进单位。

1999—2011年，疗养院连续13年被评为涉外接待安全单位、平安建设先进单位。

2012年，疗养院被评为北戴河区涉外安保先进单位、平安建设先进单位。

2014年，疗养院被评为北戴河区暑期反恐防暴群防工作先进单位、北戴河区涉外安全保卫工作先进单位、平安建设先进单位。

2015年，疗养院被评为北戴河区暑期反恐防暴群防工作先进单位。

2016年，疗养院被评为北戴河区平安建设先进单位。

2017年，疗养院被评为北戴河区平安建设先进单位和旅游旺季安保维稳先进单位。

第七篇
后勤保障与多种经营

本篇主要介绍1950年以来疗养院后勤保障科室、餐饮、爱国卫生运动、院区修缮与洗涤、锅炉及供热、车辆与电影电视空调设备购置情况，以及1981年以来多种经营等。

第一章 后勤科室

第一节 科室设置

1950—1952年，疗养院设行政科，下设总务组、伙食组，负责后勤、伙食、汽车管理、财务。

1952年，行政科下设的总务组归新成立的休养办公室领导。

1953年，疗养院行政科和伙食科负责后勤保障。行政科下设总务组和服务组，伙食科下设伙食组和供应组，归院长领导。

1954—1955年，疗养院设总务科，下设事务组、会计组和保卫组；伙食科改称生活管理科，下设伙食组和服务组。从1954年开始，后勤机构虽经过多次变动但基本确定了其职责和功能。

1956—1958年，会计组从总务科分离出去成立了会计室，生活管理科改称营养室。

1958年8月，住院处、会计室和营养室合并到总务科。

1960—1965年，住院处、会计室、营养室又分别由总务科分离出去。

1968年，疗养院成立革委会，下设政工组、办事组和后勤组3个组。后勤组负责全院的维修管理、服务保障、伙食工作直至1969年停院。

1973年，恢复建院，筹备开院期间，全院只设有办公室、医务室和食堂3个部门。

1974年，疗养院设立总务科，负责维修保障后勤管理和财务工作；设立食堂科负责餐饮工作，直至1982年。

1981年，根据疗养院基本建设工作需要，成立了疗养院基建办公室。

1983年，疗养院设立财务科，总务科不再承担财务工作。成立青年服务社，负责安置院内职工子女的就业，主要从事商品销售服务和小工厂，划归总务科领导。食堂科负责全院的餐饮工作，基建科负责基本建设。

1984年，食堂科更名为膳养科，汽车班从总务科划归办公室管理。

1985年，总务科、膳养科合并成行政科；青年服务社由总务科分离，并以此为基础成立了夏都劳动服务公司。

1987年，疗养院探索进行后勤工作社会化改革，将维修工作，上、下水，电、暖、木工、锅炉房，维修材料库从行政科划归夏都劳动服务公司管理，被品库归医疗科管理。行政科只负责房地产、煤水电费、液化气、职工住宅的管理工作。绿化组单独承包，行政工作由行政科兼管。膳养科从行政科分离成为单独科室。

1988年，疗养院成立职工生活组，负责职工副食品采买和供应，归办公室领导，1989年归行政科领导。同年，疗养院分离到夏都劳动服务公司管理的后勤业务，重新划归行政科管理。

1993年，行政科改称总务科；基建科撤销，基建业务划归总务科；被品服务库由医疗科室重归总务科。

1997年，疗养院升格为副局单位，设立二级部门后勤部（副处级），下辖总务科和膳养科。

1995年，电器维修组由医疗部划归院办公室，1998年划归后勤部领导。

2017年，疗养院成立物业中心，归后勤部管理。

第二节 工作职责

一、总务科

20世纪五六十年代主要承担：①物品的供应、采购及全部财产修缮、保管工作（食品、药品除外）；②编制各种采购、修缮等预、决算；③车辆管理及分配使用工作；④负责对外联系及办理来客食宿；⑤管理疗养院环境卫生；⑥房屋修缮、管理及分配职工、家属宿舍；⑦疗养院水、电、燃料供应及管理工作；⑧消防设备检查修理及补充；⑨植树、养花工作；此外，疗养院财务管理和膳食供应曾短暂时间划归总务科领导。

1974年恢复建院后，总务科工作职责基本与上述相同，只有车辆管理于1984年划归办公室，消防设备管理划归保卫科。

二、生活管理科（营养室）

在20世纪五六十年代设立，生活管理科下设的服务组主要承担：①负责办理休养员出入院手续及接送工作；②休养员及来客住宿招待工作；③负责休养员出入院过磅统计数目工作。服务组1956年后单独成立住院处。生活管理科下设的伙食组主要承担：①休养员、职工及来客膳食供应工作；②负责伙食财务管理及食品供应保管工作；③保管休养员及客人、个人之一切财务工作；④休养房间及厨房、食堂卫生工作；⑤休养楼食堂、厨房、浴室等设备保管及检查使用工作；⑥组织管理休养员理发及沐浴工作；⑦负责劳模游山时的饮水供应工作；伙食组1956年开始，称为营养室。

三、膳养科

1974年后设立，当时叫食堂科。1984年更名为膳养科。主要职责是为疗养员和医疗患者提供餐饮服务，同时保障职工用餐。

四、物业中心

物业中心主要负责院区环境卫生清扫保洁，管理楼道卫生及卫生工作人员。自2017年成立以来，积极发挥作用，保障了院区卫生环境，为秦皇岛创建全国文明城市、国家卫生城市、国家森林城市作出了较大的贡献。

第二章 后 勤 保 障

第一节 餐 饮

一、建院初期（1950—1960年）

1950年，筹备建院，炊事人员有两名，主要是保障工作人员就餐。

1951年至1952年6月，接待结核病人疗养，病人一日四餐，伙食标准是每人每天8000元（旧币）。因结核病系传染病需要隔离，所以就餐由专人送到病房，还要根据病人的病情进行合理配餐。患者来自全国各地，生活习惯和口味各不相同，特别是有的特殊病人还需要单做。当时物资供应不充足，还有生活标准有限、炊事员少等实际问题。院长亲自主持会议，请患者、医生、炊事员等参加讨论研究，院决定：①成立营养室，设立营养师负责病人、休养员的营养配餐工作；②成立伙食组，增配炊管人员，解决人员不足问题；③做好物资供应的保障体系，设立采购员，跑市场走出去，多跑、多问多比较，购买价廉质优物资；④制定食谱，做到主副食一周不重样，坚决遏制浪费。

1954年后，随疗养院第一次翻修建完成，伙食管理逐步规范，制定了《伙食工作制度》《炊事员工作细则》。伙食组设立营养室，由营养室掌握伙食标准，保证膳食平衡，每半个月给休养员、疗养员计算一次进食营养配给以便改进；疗养员饮食分为4种：普通饭、软饭、半流、全流。成立了伙食管理委员会，由疗养员、病房医生、炊事班长和营养室组成，每半个月开一次伙食委员会，研究改进工作中存在的问题。成立了食物检查小组，由炊事员和营养室组成，以加强饮食配备和检查工作。伙食组在营养员的配合下，对休养员伙食实行经济核算制，每天订有食谱。将休养员体重增加作为休养效果的重要标准，每顿饭要有鸡鸭或鱼肉，考虑基层来的肠胃适应问题，在伙食供应上还规定入院后三天基本以素食为主，以后陆续增加荤菜。休养员体重由专人负责称量。

1957年，全体疗养员赠送一面由疗养员们自己题字"待我如家"的大镜子，并赠送厨师和工作人员每人一件背心、一条毛巾、一块香皂，以示慰问感谢。

疗养员和休养员就餐模式，1956年前为聚餐制，后改为分餐预约制。

二、自然灾害困难时期（1960—1965年）

时逢我国三年自然灾害，在物资供应困难的情况下，疗养院为搞好疗养员的伙食，贯彻落实"右手抓生活，左手抓工作"的方针，开始自行办农牧渔业来增加供应，建立了副业管理专业队，开展无闲地运动，职工和疗养员新开垦沙荒150亩，分别种植了高粱、玉米、粳米、白豆、花生等农作物。自产粮1万多斤，种植了秋菜10多亩，收蔬菜1万1千多斤，还自制2艘小渔船，配渔网4块出海捕鱼，有力地改善了职工和疗养员生活。在粮食供应最困难时期，还成立了采集树叶专业队，把能吃的树叶、野菜收集起来，与粮混吃，保证疗养员和职工吃饱。1962

年2月14日，疗养院院务会议研究了农副业生产问题，决定在136亩土地中，疗养院集体种72.3亩，其余划给个人进行耕种。

1960—1963年，在物质供应紧张的情况下，疗养院做到主、副食十天不重样。实行了食堂分区供应，三级管理，以人定量和小粮票等办法；粮食管理实行日清日结，建立健全了食堂仓库管理制度和支、领验收手续，堵塞了漏洞。

1964—1965年，疗养院重点提高餐饮质量，改大锅熬菜为小边锅炒菜，每餐由一菜增为二菜。主食花样由米饭、包子、馒头老三样增加到十多种，吃上了饺子、水煎包和烤面包等。

三、恢复建院（1973—1984年）

恢复建院后，组建了食堂科，扩建了食堂，下设南一、南二、高干、回民四个餐厅。为改善疗养员生活，购置了压面机、包饺子机、冷冻机，新建了冷冻室，配备了生活车。炊事员由部里向各矿务局借调，试用后留下一批炊事员，为提高餐饮质量，组织食堂参观了开滦赵各庄煤矿食堂。使餐饮配合了治疗，改善了生活，增加了品种提高了饭菜质量。食堂科由科长、副科长、食堂财务、食品库保管、冷库、采购、保管、文书及炊事员、服务员50多人组成。

就餐模式实行聚餐制，10人一桌，每桌8～10个菜，主食随便吃。伙食标准：疗养员1.2元、每人每天1斤粮票；高干1.4～1.8元、每人每天1斤粮票，入院时直接交食堂财务。根据按病种划分疗区的情况，也按病种划分了食堂，具体分为普食、治疗饮食两个食堂，适应了疾病患者的饮食需要，同时提高食堂机械化程度，增添了电烤炉、馒头机、和面机、饺子机、压面机、切菜机等。

1983年，疗养食堂实行了联产计酬，伙食管理费包干办法。根据天津医学院、北京工业大学食堂改革经验，膳食科按每月伙食收入总额30%计提管理费，拨给膳食科包干使用，膳食科再按定员定额包给疗养食堂，超定额按8%提奖，包干后允许食堂之间进行竞争，疗养员有选择就餐食堂的权利。经过改革承包两个疗养大食堂比过去少用20人，接待就餐人员7000多人次。管理开支5.2万元，同比节约9000多元。

1984年，每个疗养大食堂定员10人，营业额第一、二期和最后一期为650元，中间各期为700元，超额部分按8%提奖。

由于当时物资供应匮乏，疗养院为改善疗养生活做了多方面努力。1976年，疗养院建立副业基地。在抚宁县圈里大队建了一个农场，为搞好农业生产还购买了拖拉机用于农业生产；疗养院还通过求援协作，搞到了多种副食品，如与抚宁、昌黎两县建立了协作关系，由抚宁、昌黎提供肉食、鸡蛋、蔬菜等，仅1976年抚宁县就支援猪肉和鸡蛋2万余斤；协调淮南矿务局支援荤油5000斤，海军后勤部秦皇岛罐头厂也在副食上给了大力支持。1978年，疗养院自制45马力渔船一艘。同年9月下水，2个月就捕大虾1000斤，各种小杂鱼、螃蟹1000斤。1978年后，疗养院还通过煤炭工业部，每年拨给1.1万吨（后调至1.8万吨）计划内煤炭指标，通过江苏濉宁县物资局、抚宁粮食局置换粮油等食品，按照米、面0.18元/斤给餐厅（当时市场的米、面已调到0.9元/斤），油按计划内价格供餐厅。1979年和1980年疗养院支援江苏省睢宁县煤炭18000吨，支援河北省抚宁县4000吨，睢宁县两年支援疗养院豆油14653斤、香油1636斤、黄豆7100斤、绿豆2475斤、花生 2656 斤、花生米 1700 斤以及一小部分小豆和芝麻。抚宁县支援了疗养院少量的猪油和大米。1981 年将给抚宁县的 1500 吨协作煤调整变更给睢宁县，睢宁县当年支援豆油 10000 斤、香油 700 斤、黄豆 8000 斤、绿豆 1000 斤、花生米 2000 斤、芝麻 200 斤、大米 60000 斤。保证了疗养员伙食供应。20 世纪 80 年代后期，随着物资供应不断丰富，疗养院逐渐把地归还给农民，渔船也在 1983 年 6 月送给了大连疗养院，结束了农、渔业生产。

四、第二次翻改建后(1985—1992 年)

第二次疗养院翻建改造后，疗养餐厅条件有了较大提升，原高干餐厅转移至新建的北餐厅，设南一、南二、北餐厅、回民餐厅、职工餐厅。1985 年疗养院成立行政科，一名副科长主管膳食。1987 年疗养院成立膳养科，就餐方式实行灵活多样的"点菜分餐制"，疗养人员入院后预交伙食费 60 元，粮票 40 斤，疗期 1 个月，每天餐厅把菜谱定出来，每餐热炒 6 个菜、凉菜 4 个，就餐者自己点菜。1988 年，由疗养员点主食改为每人每日交 1 斤粮票、0.2 元，主食随便吃。疗养员出院时核算后钱、粮票多退少补。餐厅实行宾馆化服务，饭店化操作，炒菜用小扁锅，主食每餐都在四样以上；改变了过去疗养员游览中午带面包的办法，采用保温饭盒，专车送到游览点，让疗养员吃上了热乎乎可口饭菜。

1989 年，膳养工作进一步完善了就餐方式，实行了定伙分食制和点菜分餐制相结合的办法。1990 年，膳养服务千方百计降低成本，将摘剩下的芹菜叶、菜根、青椒心都制成小菜，供疗养员早餐食用。暑期由于就餐人员多，餐厅每餐都要翻 2~3 次桌，餐厅师傅每天工作十几个小时。

1992 年，针对各种副食价格大幅度上涨因素，为保证伙食质量，疗养院对餐厅实行补贴政策，对煤、水、电、气及人工等费用均不计入伙食成本，并设法调拨平价粮油，以满足疗养员的需要。

五、改革发展时期 (1993—2005 年)

1992 年，计划煤和市场煤并轨，原使用煤炭工业部计划内煤炭指标置换粮油也彻底取消，疗养员主副食的补贴失去了来源。面对市场物价不断调整，为了做好疗养员的膳食工作，采取了四项措施。一是适当调整了疗养员的伙食标准。二是加大内部改革，把条件较好的北餐厅拿出来实行内部承包、对外经营，经过招投标，以 9 万元的上交指标承包给职工自主经营，同时保证老部长的疗养就餐。三是南一、南二、回民餐厅主要是接待疗养员，按接待人员的多少由疗养院支付人员工资；职工餐厅按照职工餐券计工资。四是疗养院第一次放开了可以对外的政策，膳养科在保证疗养院正常疗养工作的情况下，利用技术和硬件优势开始对社会经营，北餐厅接待了包括当时最高法院院长任建新等在内的国家、省、部级领导和旅游者。膳养科自我消化了过去每年近 30 万元粮油副食补贴差价。

1994 年，进一步深化改革，疗养院要求膳养科在首先做好疗养员的餐饮工作同时，可以对外接待创收，疗养院不再支付 15.5 万元/年的人员工资。按接待疗养员人数，以每人每天 0.15 元上交煤水电费。膳养科当年实现了自给自足有余，账面有了节余。职工餐厅还制售主食卖给职工和周边单位人员，增加收入，"煤矿馒头"正是这时以较响的声誉走向社会。

1995 年 9 月至 1996 年 7 月，南餐厅翻改建，职工餐厅停止运营。疗养员大部分集中到康乐部就餐，利用康乐部东侧房为临时操作间加工主食，职工餐厅做副食送到康乐部大厅给疗养员就餐；北餐厅仍然接待老部长、北疗区疗养员。

金海酒楼竣工后，膳养科工作方针为经营和服务并存，酒楼二楼和北餐厅实行承包，主要对外经营；一楼接待疗养员、专科病人，以服务为主。餐厅早晨去海阳等批发市场，购粮、油、菜等副食，回来后以低于市场价格售给餐厅和职工，弥补了科室经费不足问题；利用南餐厅面积大的优势，开办婚宴，当年接待婚宴500多桌，是北戴河最早开办婚宴接待单位，创造了非常可观的经济效益，解决了科室人员和南餐厅人员的工资、劳务以及科室经费问题。

1997年，膳养科还自办了豆腐房，供应三个餐厅豆制品。

1998年，疗养院北餐厅、酒楼继续承包。年中酒楼因故终止承包，一楼、二楼合并经营，当年勉强完成上缴任务，但职工没有兑现奖金。

1999年，疗养院再一次进行承包改革，为了加大改革力度，把北餐厅、金海酒楼二楼拿出来向全院职工承包（也可同外来经营客房的联合）。经过招投标，北餐厅承包费22.6万元（超出标底7.6万元），金海酒楼和门面24.6万元，计47.2万元全部上缴疗养院。科室人员、南餐厅人员和两名不满58岁内退职工的工资劳务、科室经费由南餐厅的经营创收来解决。南餐厅在首先保证专科病人、疗养员就餐的同时，针对疗养客源越来越少现状，加大对外餐饮接待，利用疗养院给的有限资金，自己买材料制作了60多张圆桌面，用于接待婚宴，每周都要接待2~3次婚宴，当年取得了很好的效益，年终兑现人均8000多元。

2000年，疗养院为了解决旅行社吃住一条龙服务问题，北餐厅交由旅行社与北区统一经营。金海酒楼上下合为一体，除一楼继续做好对疗养员和专科病人服务外，对外经营目的是想解决上下争客源的问题；尽管经营上仍实行分组负责，但由于利益和个人挂钩不紧密，造成一些工作积极性不高，工作推着干，当年仅保证了疗养院的上缴指标和职工基本工资。

2001年后，北餐厅重新划归膳养科，重点为旅游、专科病人和疗养员，以及上级部门会议等提供餐饮服务；继续采用目标管理责任制，由膳养科向院承包，封存档案工资，预交30%的风险抵押金，膳养科内再进行招投标，确保完成上交，剩下的按比例分成，经营者拿大头，当年不但超额完成上交任务，年终兑现人均近万元。

2002—2003年，疗养院餐厅继续采取目标管理责任制承包。

2004—2005年，随着安培楼的建成，疗养院的主要工作又增加了安全培训。为了做好国家安全生产监督管理总局会议的接待工作，在认真总结了以往餐厅经营的经验教训后，膳养科采取了由科里统一管理集体承包的内部目标管理责任制，实行分层管理、各负其责。做到放得开、收得住，既要完成经济指标，又要完成政治任务。

六、近年来餐饮工作（2006—2019年）

1. 主要餐饮工作

2005年，在国家安全生产监管总局夏训结束后，总局领导对餐厅的饭菜及服务进行批评。在院入住的俄罗斯团队也提出，以后光住不吃。2005年底，院班子对膳养科进行调整。

2006年初，疗养院主要领导带队前往北京西郊宾馆、万寿宾馆（中联部直属）、部职工食堂、盔甲厂招待所进行调研学习，回来又进行深入座谈，重新制定了工作方向。金海大酒楼由膳养科直接经营，实行目标管理，疗养院财务负责统一收支，一楼二楼不得分包，实行绝对利润额，超额分成。服务和饭菜质量要达到上级满意。恢复职工餐厅，为确保膳养科整体上缴，职工刷卡就餐。金海酒楼由科经营后，饭菜质量和服务水平很快达到了三星以上水平，重要会议、重要客人招待，俄罗斯团队都非常满意。尤其是2006年国家安全生产监管总局会议结束后，局长李毅中在最后总结中特别提到，感谢疗养院，感谢疗养院餐厅，为会议提供了良好的服务；并在餐后亲自率领与会的副部长、党组成员到餐厅后厨，对餐厅工作人员表示感谢。从2006年开始，膳养科不管有多么困难，对重要会议、重要客人接待服务，没有一次失误，并多次受到来院领导高度赞扬。

2010年，疗养院领导班子换届后，由于没有国家安全生产监督管理总局会议，院主要领导对膳养科工作提出新的要求：要加大创收力度利润最大化，多创效益支持疗养院工作，并在2011年、2012年大幅提高膳养科目标管理指标。按照疗养院要求，膳养科竭力创收。

2011—2012年，膳养科扣除职工工资和所有费用后，上缴纯利润均突破百万元大关。

2013年开始，受国内、国际经济形势影响，国内旅游团体、俄罗斯团队大幅度减少，金海大酒楼依靠散客、团队收入，收入忽高忽低，陷入低谷。2013—2016年除完成经济指标外，勉强开足正式职工的工资和奖金。

2015年，为解决尘肺自费困难病人就餐，骨病病人就餐不便的困难，又开始送餐到床头的工作。根据不同病人的情况，列出高中低档，每人每天48元、28元、18元的标准。特别是每人每天18元标准管吃饱，解决了贫困病人的就餐问题，为专科医疗提供了膳养后勤保障。

2017年3月，疗养院领导班子对膳养科进行调整，重新组建餐厅人马，改变经营模式。一是抓饭菜质量，二是抓服务质量，三是抓餐饮卫生，积极对外创收，回头客数量增加；同年，接待婚宴3批次。

2018年，在疗养院领导大力支持下，组织餐厅服务人员和厨师前往北京西郊宾馆学习进修，开阔眼界，增强服务意识，为下一步提升团队服务质量打下了基础。

2019年11月，疗养院派遣4位膳养科职工前往北京人大机关服务局进行餐饮管理和服务知识学习，不断提高院餐饮服务质量。

2. 北餐厅工作

2006年，北餐厅由膳养科对科内职工实行目标管理。

2007年，为解决大量俄罗斯游客口味，在不影响酒楼客源的情况下，疗养院将北餐厅经营权承包给来自赤塔的俄国人。由于经营理念的问题，俄方经营惨淡，没到经营结束就放弃了。

2008年，为解决由于金海酒楼客源不足和疗养院没有特色餐厅丰富俄罗斯游客的就餐，膳养科将北餐厅改为西餐厅，主要经营烧烤和俄式西餐。自己经营，虽然有良好的社会效益，但由于饮食习惯差异，没有原有的俄式口味，经济效益不佳。

2009年，按照疗养院的要求和满洲里合作经营，膳养科负责日常管理，经营权大包给对方，解决了金海酒楼的客源问题，同时疗养院有一个特色餐厅，还能确保一定的经济收入。一直到2016年底结束合作。

2017—2018年，疗养院北餐厅暂停使用。

2019年，在院班子推动下，重新启用北餐厅，暑期主要为部劳模英模及各煤炭系统集团公司疗养员提供自助餐服务。同年11月，将职工用餐转至北餐厅，较大的改善了菜品质量和用餐环境，获得了职工的高度认可。

第二节 爱国卫生运动

一、建院初期（1950—1957年）

疗养院建院时，以接收患肺结核病的疗养员为主。1952年，开始大批量地接收煤炭系统的劳动模范、先进工作者来院休养。为了避免感染，上级对疗养院卫生工作有严格指示要求，疗养院领导也十分重视，在休养员入院前，疗养院一方面将室内外打扫得干干净净；另一方面认真做好卫生设施的完善工作，完善纱窗、纱门，厨房纱柜、纱罩等设施，水井加上井盖，宿舍配上卫生设备及蚊帐，各室配上痰桶，院内设置垃圾箱，职工每人发苍蝇拍一个，建煮沸用的大消毒锅，以便衣服、被单进行消毒。在每期休养员入院之后，对休养员进行一次卫生常识宣讲，要求他们注意个人卫生，并要积极配合协助疗养院搞好环境卫生。同时，疗养院制定了建立正常疗休秩序、防止相互传染发生的具体规定。

为了加强对卫生工作的领导，疗养院于1952年成立了清洁卫生检查委员会，并授予卫委会监督批评之权。为落实防御细菌会议精神，1952年，疗养院成立了海滨防疫委员会煤矿疗养院分会，由7人组成，院长任分会组长。为了搞好卫生工作，疗养院把职工分成5个小组，把全院划分成9个区域，实行专人负责、分片包干负责制；建立卫生工作制度，坚持经常检查，清洁卫生检查委员会一周检查一次。1950—1957年，疗养院的卫生工作，平时的清除打扫都是由卫生员或清洁员、服务员负责，如遇上级检查、召开重要会议、疗养院组织全院性的大检查时，都发动休疗养员全体职工进行突击大扫除。1953年，荣获北戴河区机关卫生第一名。

1954年，暑期前完成食堂周围脏水沟下钢管，井盖及时补修。疗养院荣获了本年度北戴河区卫生模范单位称号。

1955年，第一季度开展了有计划、有领导的"三化运动月"（家具陈设条理化、卫生经常化、节约经常化），要求总务科彻底解决多年来渗水井使用不灵的问题。

1957年，疗养院开展了"先进工作者运动"，把搞好室内外卫生和个人卫生作为评先内容之一。

建院初期，卫生工作取得很大成绩。

二、"除四害"爱国卫生运动（1958—1965年）

1958—1965年，疗养院重点开展了以"除四害"为中心的爱国卫生运动。

1958—1959年，疗养院成立了"除四害、讲卫生"委员会。院长申守银亲任主任，下设疗养员、职工2个大队，把全院楼房（包括家属区）卫生划分成若干片段，实行分片包干。组织了3次"除四害战役"，全院各楼房、暖气管道进行2次普遍666烟熏，消灭过冬蚊蝇；组成3个扑麻雀小组，2个灭鼠大队；共清除垃圾120吨、鼠164只、麻雀1339只、挖蛹3.6斤、堵全部鼠洞、麻雀窝5000个、捕蝇10000只。扑打熏消灭蚊蝇用药100斤，使疗养院提前成为"四无院"。

1959年，疗养院被评为市级、省级卫生模范单位。

1960年，疗养院开展"除四害讲卫

生、灭疾病运动"，发动工疗人员2万人次，（其中帮助草厂、刘庄打扫，拆猪圈15次），铲除杂草4万平方米，打蝇约21822990个，挖蛹15斤，垃圾80吨，消毒面积4160平方米，清扫面积1570249平方米，烟熏地沟十几次113500立方米。同年，被评为北戴河卫生红旗单位，保持了无蝇食堂和"三无院"光荣称号。

1964年，疗养院突击开展春夏秋冬季三次大规模的爱国卫生运动和经常卫生活动，动员约10300人次参加劳动，折合3850个劳动日，完成除草、平整地段道路、填土方、清除垃圾、疏通水沟等美化环境工程。填土方320立方米，清除院内1933延长米柏树墙下杂草污物，疏通排水沟2435延长米，新栽植风景花树650棵，捕抓老鼠510只，对全院1780多棵树刷石灰，使院内无杂草、无污物垃圾，室内无尘、基本上无蚊蝇，完成了北戴河爱国卫生运动委员会在院召开的现场会任务。

1964年，疗养院被评为北戴河区卫生红旗单位，疗养院食堂、治疗区被评为秦皇岛市先进集体。

1965年4月，疗养院职工挖水沟270立方米，挖土20立方米，垫地100平方米，清除垃圾184立方米，填挖了3个污水井和一个大土坑，秦皇岛市和北戴河区领导机关在院召开卫生工作现场会。

1965年，在北戴河几次卫生大检查评比中，疗养院均被评为优胜单位，并接待了外省市卫生部门的参观。

三、恢复建院后卫生工作（1976—1989年）

1976年，唐山发生特大地震灾害，为避免随震而来的瘟疫流行，疗养院组织职工用一个星期时间，锄草4万平方米，疏通排水沟1500米，将全院卫生彻底打扫一遍，喷洒药物，使蚊蝇大大减少；同时，用10天左右时间，拆洗全院被褥，洗涤床单，全部晾晒入库，较好配合了当地防疫工作。

1979年8月，辽源矿务局职工方正（女，49岁）在院疗养期间出现乙脑症状，送秦皇岛市传染病院住院17天，治疗无效于9月6日死亡。由于1978年、1979年两年发生两次乙脑，为此，北戴河区发了通报，对疗养院卫生、防疫工作造成一定影响。

1980年，由于恢复建院后卫生工作一直搞得不够好，市、区多次检查不合格，受到通报批评。秦皇岛市决定疗养院作为对外开放单位，对卫生工作也提出新要求。疗养院决心以外事促内事，打一场卫生工作翻身仗；当年经市、区爱卫会联合检查，评为96分。第一季度荣获北戴河区卫生红旗单位称号，并在院召开全区卫生现场会，8月份又被评为北戴河卫生甲级单位，年终被评为区卫生先进单位。

1982年7月26日，疗养院成立了爱国卫生运动委员会。

1983年，疗养院开始大规模地翻改建，由于翻改建和其他原因，卫生工作未能达标，北戴河区为疗养院发了卫生绿旗。

1986年，疗养院以绿旗为警示，决心打一个翻身仗。疗养院调整充实了院爱卫会组织，建立了卫生制度，开展了卫生保达标、争优秀活动，在全院掀起卫生清扫高潮。

1987年1月22日上午，市、区爱卫会领导在疗养院东大门处举行了授匾仪式，将一块刻有"市爱国卫生先进单位"的门匾镶挂在东大门上。

1988年，疗养院净化工作受到省卫生检查团表扬。

1989年，疗养院制定了《中国煤矿工人北戴河疗养院爱卫会职责》，被评为河北省卫生先进单位。

四、爱国卫生工作（1990—2019年）

1990年开始，疗养院爱国卫生工作步入了良性循环与发展提高阶段。在北戴河区以卫生净化工作为主要内容之一的一系列评比竞赛达标活动中，疗养院都取得优异成绩和崇高荣誉。疗养院被评为市、区文明单位，省爱国卫生先进单位。

疗养院一名副院级领导担任爱国卫生运动委员会主任，主抓卫生工作，安排一名科级干部担任常务副主任，专职从事爱国卫生运动委员会工作，爱国卫生运动委员会委员都是由各部门的主要领导担任。

1991年，疗养院党委经常号召组织党员利用义务奉献日，进行清理垃圾、污物、杂草、栽种草坪等。

1993年，疗养院新建化粪池3个，疏通下水井155个，使院内污水处理得到根本解决。

1995年，疗养院投资4万元，改造中餐厅、北餐厅操作间，完善卫生设施。

2001年，疗养院从行政费用中支配给爱国卫生运动委员会一定数额的活动经费。

2002年，疗养院对东南部臭水沟、西南区水池进行了环境改造。

2017—2018年，疗养院领导带队，全院职工分组每天定时在院内捡拾烟头等垃圾。

2019年，在疗养院院内配备垃圾分类箱。

五、爱国卫生运动制度化、规范化

每月一次全院卫生联查，联查后编发爱国卫生运动委员会通报，奖罚严明。从1996年开始将卫生工作纳入承包工作之中，根据院机构编制和经营机制变动，及时划分责任区，基本保持以楼划片原则。

1991年，疗养院被评为河北省卫生先进单位、区食品卫生先进单位。

1992年，疗养院被评为省级卫生先进单位、区食品卫生先进单位。

1993年，疗养院被评为省级卫生先进单位、市级园林化单位。

1994年，疗养院被评为省级卫生先进单位、区食品卫生先进单位。

1995年，疗养院被评为省级卫生先进单位、市级园林化单位。

1996年，疗养院被评为省级卫生先进单位、省级绿化先进单位。

1997年，疗养院被评为市创建国家卫生城先进单位、省园林式单位、市花园式单位、市食品卫生先进单位。

1998年，疗养院被评为市食品卫生先进单位。

1999年，在秦皇岛市争创国家卫生城、国家园林化城市等评比中，疗养院都被推荐为受检单位之一。

2000年，北戴河区旅游局组织以创优美环境、优良秩序、优质服务为主要内容的"创三优"活动，疗养院以"三优"标准规范各项服务工作，并加强了对服务质量、卫生状况的监督与管理。

2002年，疗养院参加了市容貌环境星级达标竞赛活动，荣获了市区两级文明单位，区"创三优"先进单位。

2003年，疗养院荣获了北戴河区卫生系统抗击"非典"先进单位、河北省园林式单位、秦皇岛市首批容貌环境五星级单位、北戴河区城市亮化工作先进单位。

2004年，疗养院积极支持北戴河区亮化工程、垃圾不落地工程，被评为河北省级卫生先进单位、河北省绿化美化先进单位，市级五星级园林化单位。

2005年，疗养院被评为区旅游精细化服务达标单位。

2006年，在"创建绿色小区，单位庭院绿化达标"竞赛活动中，疗养院荣获"单位庭院绿化改造活动"银杯奖，受到市委和市政府的表彰。

2007年，疗养院被评为秦皇岛市创建全国绿化模范城市先进单位、爱国卫生先进单位、北戴河区"食品卫生信得过单位"。

2008年，疗养院被评为秦皇岛市全国绿化模范城市先进单位、区食品卫生先进单位。

2009年，疗养院被评为河北省卫生单位。

2010年，疗养院被评为北戴河区绿化先进单位，被河北省爱国卫生运动委员会授予省卫生单位称号。

2011年，疗养院被评为河北省省级卫生单位。

2012年，疗养院被评为北戴河区绿化先进单位。

2016年，新任院领导班子重点抓卫生工作，通过开展环境整治，强化卫生督查，进行专业消杀，配备电动清扫车等措施，卫生工作有很大改善。

2017年7月16日，为助力秦皇岛市创建全国文明城市和配合北戴河区开展"烟头革命促创城"工作，疗养院举行"创建无烟头疗养院"活动启动仪式，秦皇岛市和北戴河区领导现场观摩，院领导带头，全院职工进行分组，全年坚持开展烟头垃圾捡拾活动、打扫环境卫生活动。此后，院区环境明显改善，形成"越干净越没有人乱扔"的良性循环。

2018年，为响应北戴河区继续开展"烟头革命在行动"活动，疗养院全体职工分成10个志愿服务队，每天在院内及周边捡拾烟头、垃圾，为营造疗养院干净整洁的院容环境发挥了重要作用，成为中海滩及老虎石公园的一面旗帜，受到秦皇岛市委、市政府，北戴河区委、区政府各方面好评，地方政府派出大型园林设备支持疗养院绿化美化工作。

2019年，为配合北戴河区创建卫生城，疗养院在院区和家属院内配备垃圾箱，开始实行垃圾分类，美化院内和家属院环境，硬化部分地面，种植花卉，张贴宣传壁画等。

第三节 修缮与洗涤

一、修缮

1. 房屋

疗养院房屋除日常维护修缮外，比较大的修缮主要有三次。

一是建院初期，对1950年购买的，因战乱，久未住人，年久失修，门窗损害严重，上下水基本瘫痪的同福饭店，同年7月28日，由王树林、刘静周等五人在北戴河正式开始筹备修建房屋。同年8月，选定锦州条陈建筑公司负责修缮房屋，自来水及照明设施则由疗养院自购材料，包于北戴河地方修建队施工。因原同福饭店只在夏季营业，未有供暖设施，因此，修缮同时修建暖气管网。修缮费用由上级拨付，据记载仅1951年，支付修缮购房12亿6000万元（旧币），至1981年底，恢复床位120张，餐厅1个。疗养院购置同福饭店后，又先后租借、购买房屋用于疗休养，1950年3座、1952年12座，接受的这些房屋不是敌产就是主人已逃亡，均衰败不堪，因此疗养院在上级的支持下，又陆续支出大笔修缮费用于修缮这部分房产。主要是做房屋翻顶、补修、粉刷，修理，油漆全部家具、更换纱窗，改造厕所等。仅1950—1954年的修缮费用支出就达 2246709372 元（旧币）。

二是 20 世纪 70 年代初恢复建院，修缮已停业 6 年的疗养院，维修房屋、翻修楼顶，修补更新柱子、栏杆、门窗、地板，油漆铁板屋顶，共维修房屋 8000 平方米。

三是 1976 年唐山地震对疗养院楼房造成较大损坏，1977 年在黑龙江、吉林、辽宁、河北、山西等省矿务局派出的 300 多名边疗养、边施工的土建、维修技术工人帮助下，修缮、加固和翻修了地震损坏房屋。1980 年，又完成抗震加固 3300 平方米主体工程。在日常修缮中，近二十年来用防水材料对全院房屋屋面更换防水也是修缮重点工作，如 1990 年用新型材料做防水 7340.02 平方米，旧式防水 1197.37 平方米；1991 年做防水 2815.74 平方米；1995 年应用新型防水材料对康乐部、16 号楼、办公楼等做防水 1100 平方米；1996 年做防水 634 平方米；1997 年油漆楼屋顶铁瓦 8600 平方米，做屋面防水 3332 平方米；2000 年为院区和家属区做屋面防水 2161 平方米。另外，由于疗养院地处海边，锈蚀和因潮湿引墙体霉变较严重，因此每年的日常修缮还要重点油漆楼面屋顶铁瓦、粉刷内外墙、更换纱窗等。

2. 管网

1951 年，疗养院更换了原同福饭店水管线。

1955 年，疗养院检修了全部下水道和管道。

1958 年，因暖气管道潮湿，修理暖气通风口，疗养院更换了俱乐部至锅炉房、南楼至北楼 80 米回水管，并对地沟暖气管道进行了修理。

1959 年，在维修的过程中通过技术革新，疗养院研制成功了水泵自动关闭器。

1974 年，恢复建院，疗养院维修供暖外管路 1010 米，室内暖气改造 6000 平方米，恢复自来水管路 1000 延长米，下水道 500 米。

1976 年月 1 月 20 日至 3 月 15 日，疗养院对工字楼气暖改水暖，更换 150 米地沟管线和 5 个自动排气阀。

1979 年，疗养院改造和维修暖气管道 2960 延长米，疏通下水井 155 个。

1980 年，疗养院改造浴室取暖管路。

1989 年，疗养院对锅炉房进行改造，同时维修更换院内供暖管道 2000 多延长米，同时更换了西家属院暖气主管线 300 多延长米；维修水泵 14 台。

1990 年，疗养院更换北餐厅蒸气管线 50 余米，更新 1～5 号疗养楼楼内暖气片，更换了小白楼自来水管线。

1991 年，疗养院更换西家属院 1 号、2 号住宅楼楼内及各户供暖管线。

1993—1996 年，疗养院对 30 个疗养房间、90 个卫生间更新了暖气片，更新了家属院地下暖气管道。

1994 年，疗养院对地下管网进行了大修，铺设用水管线 340 米，更新地沟管线 1200 米，安装有线电视系统，挖掘电缆沟 800 米。

1998 年，疗养院完成的 10 项大中修工程，大修地下管网 4518 米。

2001 年，疗养院冲洗下水管线 100 米，清理化粪池 12 个，铺设更换了 1 号、4 号、5 号楼热水管线，更换西区电源电缆 350 米。

2003 年，疗养院购买了 966 米 YJV223×50 平方毫米铜芯交联高压电缆，更换了从文化宫变电站经美都宾馆、乐峰路、疗养院北区、西区至西变电室的供电线路（含东、西变电室之间电缆），废除了原文化宫变电站经过院内至西变电室的铝芯电缆。

3. 电器维修

1993年以前，疗养院医疗仪器设备设1人进行维修，电视、电话、空调由办公室管理代维护、修理。到1993年，疗养院有电视200台，电话140多部，中继线6条，空调36台。同时，因专科医疗迅速发展，大量的理疗仪器和诊疗设备需要维护，为此1993年专设了电器维修组。电器维修组由两人组成，负责管理、维修电视、电话和空调，以及医疗仪器、设备的维修。最初由医疗科领导，两名维修人员先后进行了有关业务的维修学习。

1995年，电器维修组改由疗养院办公室领导。

1998年，电器维修组划归后勤部管理，同时将膳养科负责炊事机械和制冷的一人划入电器维修组，增加了对空调和冰箱的维修项目。

至2017年底，电器维修组3名维修人员陆续全部退休，疗养院电器维修工作进行了外包。

二、洗涤

建院初，疗养院洗涤工作主要是洗涤床上用品和部分休疗养员衣物。因当时没有设备和洗衣房，主要是靠职工家属来洗，到1954年随洗涤量加大，在疗区建立了洗衣处，由疗养员、休养员到疗区送洗。

1973年，疗养院恢复建院，成立了洗衣房。

1976年，疗养院购置安装了洗衣机，添置了其他附属设备，由一名正式工人带领几名临时工进行洗涤工作。因当时洗衣房设备简陋，只有一台大型洗衣机，因此只能满足疗养员每10天换1次床单，每月换1次被罩的洗涤工作，同时送洗时还需疗区护士人工背送洗衣房。随着疗养院的发展，洗涤设备不断更新，洗涤能力不断增强。

1987年，疗养院购置洗衣房洗衣机、脱水机，对洗衣房进行了整体扩建。

1997年，疗养院购置了全自动洗脱机、烫平机、烘干机各一台，翻修了洗衣房、增设了封闭式晒台，洗涤能力有了较大提升，能满足接待床位被品每日一换的洗涤要求。为加强卧具洗涤工作，缩短卧具更换时间，洗衣房烘干室的兴建洗衣房提高了洗涤质量，随交随洗，对被套、褥单洗后烫平。医护人员定期给疗养员更换卧具，并亲自铺上套好；疗养员出院后，抓紧进行卧具更换，清扫卫生。同年，疗养院大修洗衣房，建筑面积88平方米，更新了洗涤设备，提高了洗涤能力，使过去每床半月换一次被品改为平均1.7天换一次，大大提高了工作效率和服务质量，为疗养院步入市场创造了条件。

2002年，疗养院购置100公斤半自动洗衣机一台。

2008年，疗养院购置35公斤半自动洗衣机一台。

2009年，疗养院购置50公斤干衣机一台。

2010年，疗养院购置烫衣机一台。洗涤组曾经尝试了短期的自负盈亏管理，但因疗养院的洗涤价格与市场价差距较大、对外洗涤设备能力不足，2010年起由院负责收支。

2011年，疗养院购置100公斤全自动洗衣机一台。

2012年，疗养院购置92公斤脱水机一台、100公斤干衣机一台。

第四节 锅炉及供热

一、锅炉及供热修缮

1966年，疗养院对7台锅炉进行了改造，由烧烟煤改造成烧无烟煤。

1975年，疗养院6号楼暖气由气暖

改水暖，锅炉房自制了自动提煤渣机。

1976年1月20日至3月15日，疗养院对工字楼气暖改水暖，共改装211组暖气。

1980年，疗养院改造浴室取暖管路，完成锅炉机械化上煤系统，增加了医技楼取暖面积500平方米和俱乐部前厅取暖。

1989年，疗养院锅炉房大修锅炉6台，安装了天窗，在烟囱和水塔壁加装了避雷针。

1990年，疗养院检修了全部锅炉。

1995年，疗养院投资9万元大修蒸气锅炉1台。

1997年，疗养院对1台汽炉、2台水炉大修，对部分主管线进行了维修更换。

1998年，疗养院大修2台供暖水炉。

1999年开始，疗养院陆续为客房区购置柴油炉5台，以满足洗澡水供应。

2001年，疗养院检修锅炉4台。

2002年，根据环保部门的要求，疗养院投资5万多元，将旋风式干除尘器改造成回旋式水除尘器。

2003年，疗养院投资1.8万元，安装了同力达的软化水处制器一套，解决了两台蒸气炉的使用软化水问题。

2003年，疗养院从5号楼开始，逐步改造安装太阳能热水供应系统，至2011年，完成全部楼体的太阳能供热改造。

2015年，疗养院淘汰燃煤锅炉，选用电热锅炉，对锅炉房设备和管线进行了改造升级。

二、锅炉及供暖管理

1974年，恢复建院后，疗养院从各矿务局抽调了锅炉管理、维修、软化水、司炉人员，后期将新上班的职工子女、复员军人充实到司炉操作与维修岗位。

1984—1985年，疗养院停止疗养翻改建期间，部分炊管人员也补充到司炉岗位。

1986—1987年，疗养院经请示煤炭工业部办公厅同意，将锅炉的供暖系统承包给抚顺矿务局暖气厂，借助他们的专业技术及管理经验，加强和提高维修管理水平，延长设备的使用寿命，减少不必要的浪费，日常业务实行横向经济合作。

1987年，抚顺暖气厂结束锅炉房供暖维修承包工作，由疗养院服务公司管理，设立锅炉班，有班长、软化水工、维修工、司炉工（两班12人），计18人组成。由于1987年锅炉房由抚顺暖气厂承包，原有正式司炉工全部改为维修工，后因维修工作需要，未再从事司炉工作，因此锅炉房司炉工基本由社会上招聘具有资质的临时工承担。

1989年初，疗养院锅炉房管理工作转归行政科领导。

1993年，行政科更名为总务科后，锅炉房管理工作由总务科长直接管理，维修工作由总务科水暖维修班负责。锅炉房主要任务是供应餐厅、骨科、洗衣房蒸气，冬季部分楼房供暖。

第五节 车辆与电气设备

一、车辆

建院初期疗养院就配有汽车，是北戴河休疗养院有车最早的单位之一。

1951年，购入疗养院第一台日本尼桑式载重汽车，燃料使用木炭。

1954年，疗养院修建了汽车库。为满足休养员游览需要，由上级部门调拨了1台布拉格大客车（50人），这是疗养院拥有的第一部大客车。

1957年，疗养院接中华全国总工会

北戴河事业管理处通知,各疗养院大汽车上交统一管理,司机工资、汽车油耗等由管理处统一支付,但产权仍属疗养院。疗养院汽车于1958年上交。

1960年,煤炭工业部调给疗养院价款6826.08元的华沙牌载重汽车一辆。

1974年,恢复建院。1973—1977年,疗养院先后购买了212吉普、北京130、北京大客车、丰田轿车、解放卡车,并于1976年修建了汽车库和停车场(现东门南侧)。

1979年,疗养院给煤炭工业部办公厅报告:因疗养院技术状况不佳,请求将02牌照的河北大客车换为部准备外调的北京大客车。

1983年4月20日,疗养院经上级批准将车号为31-10295的"212"型汽车支援给北戴河区房产管理科长期无偿使用。

1989年,根据河北省关于1975年出厂的解放卡车一律报废和不准上路的精神,疗养院对1975年购入的解放卡车进行了报废处理。

1993年3月6日,疗养院以10万元价格将车号河北02-02243(灰色,5.5万元)和河北02-02244(黑色,4.5万元)两辆伏尔加轿车出售给秦皇岛输油公司司机许洪海。

1993年4月,疗养院经申请将东风EQ140大货车,牌号河北02-05273,改装成油罐车。

1993年4月30日,疗养院将无牌照的北京630型面包车以1700元出售给吉林外贸驻秦皇岛办事处王少石,将无牌照的天津双排座车(原牌号河北02-03081)以3500元出售给河南省浚县城关乡杨宝兴。

1995年3月24日,疗养院以32000元价格将日产丰田工具车出售给珲春边境经济技术合作区对外贸易总公司北京分公司。

1997年9月6日,疗养院以每台32500元价格将车号冀C20145和冀C20148的两台广州大客车出售给蒋小宁。

1993年4月至1997年9月,疗养院先后处理报废天津双排座车、日产丰田工具车、两台广州大客车和安源牌双排座货车。

2002年,疗养院购置了奥迪A6。

2002年,疗养院购置了松花江面包。

2006年,疗养院购置了别克旅行车和长安面包。

2010年,疗养院购置了尼桑天籁。

2011年,疗养院购置了丰田汉兰达、依维柯和东风面包车。

2015年,疗养院购置了体检车。

至2019年底,疗养院在用车辆有奥迪A6小轿车、别克旅行车、丰田汉兰达、东风面包车、依维柯、尼桑天籁、体检车。1951—2015年疗养院车辆购置与价值见表7-2-1。

表7-2-1 1951—2015年疗养院历年车辆购置与价值表

序号	车辆名称	购置年份	价值(元)	备注
1	日本尼桑式载重木炭汽车	1951	81865300	旧币
2	匈牙利6轮大卡车	1953	26000	旧币
3	吉普车	1953	8500	旧币
4	布拉格大轿车(50人)	1954	50000	旧币(上级调拨)
5	华河载重汽车	1960	6826.08	部调来
6	212吉普	1973	14560	

表7-2-1（续）

序号	车 辆 名 称	购置年份	价值（元）	备 注
7	北京130	1974	15000	
8	北京大轿	1974	31000	
9	丰田轿车	1974	29064	调部车队
10	解放卡车	1977	16932	
11	丰田旅行车	1982	27040	
12	安源大轿	1983	47175	
13	上海轿车	1983	20812.4	
14	沈阳旅行车	1984	24675	
15	伏尔加（黑）	1984	26670	
16	皇冠	1984	78000	冀C20429（小卧报废在库）
17	皇冠	1984	78000	冀C20505（小卧2007年处理）
18	伏尔加（灰）	1985	26985	
19	天津133	1986	22537.2	
20	广州大客	1987	74000	冀C20146（50座2002年报废）
21	广州大客	1987	74000	冀C20145（50座1997年转买）
22	广州大客	1987	74000	冀C20148（50座1997年转买）
23	双排座	1993	57000	冀C20427（货车2002年报废）
24	道奇	1993	317000	京AX2121（7座2006年送报废厂）
25	解放面包	1994	87000	冀C20217
26	北旅	1994	87000	冀C20215（15座2002年报废）
27	黄海大客	1997	485000	京A87090（52座在库停驶）
28	奥迪A6	2002	399800	京EM4585
29	松花江面包	2002	32000	冀C21884（餐厅用）
30	别克旅行车	2006	325641	京JG2561
31	长安面包	2006	48000	冀CV0126（益通公司）
32	尼桑天籁	2010	281735	冀CA5512
33	丰田汉兰达	2011	324170	冀CA5238
34	东风面包	2011	46729	冀CA5513（餐厅用）
35	依维柯	2011	255085	冀C22229
36	体检车	2015	671145.64	冀CB8150（体检用）

二、电影、电视

1. 电影

1956年，煤炭工业部拨给疗养院日本产罗拉牌放映机2台，由俱乐部负责管理。

1977年6月，国家计委，商业部批给疗养院一套松花江牌电影放映机，将原有2台日产放映机上交地方电影部门处理。

1987年，因电视的发展，看电影人员减少，在康乐部改造时，取消了电影放映。

2. 电视

1975年，疗养院第一次购入2台20英寸金星牌黑白电视机放在俱乐部供大家共同收看，后陆续购买大电视，开始逐步配置到各疗养楼的大厅里，因没有电视网络，只能使用空间射频室内天线供疗养员集体收看，可以看2~3个电视台的节目。

1983年，疗养院新购一台录像机，一台投影电视，每天晚上在俱乐部录像厅播放，给每个疗区和疗养小楼都配上了1台电视。

1986年，随着同通信电缆井及管道的建设，安装了闭路电视网络，疗养院在俱乐部楼上建了电视信号接收塔，形成的闭路电视系统可以收看6套电视节目，同时设立了疗养院自己的电视录像节目。

1990年，疗养院的电视机数量发展到90台，疗区房间进行了闭路电视系统安装，电视机开始进入疗养房间，可以收看12个频道的电视节目。

1992年，疗养院利用自有资金23万元购置了110台彩电。为了增加电视收视节目数量和质量，1994年疗养院投资8万元安装了有线电视系统。由于1986年建的通信管井不能满足使用，有线电视电缆是从阜新购买的铠装同轴电视电缆，采用直铺形式由康乐部前端到各楼的，一次安装电视终端200户。

1997年后，随着疗养院对疗养楼改客房楼的改造，逐步对房间电视进行更新，并进行了有线电视终端安装。

2000年，疗养院全部客房和病房都安装了有线电视终端，并配备25英寸以上电视，电视节目可以收看近40套。

1975—2018年疗养院电视购入统计见表7-2-2。

表7-2-2 1975—2018年疗养院电视购入统计表

年份	型号	台数	合计
1975	20英寸（黑白）	2	2
1980—1985		20	20
1987		8	8
1990	14英寸	20	20
1992	14英寸	110	110
1995	18英寸	66	66
1997	18英寸	67	73
1997	21英寸	2	73
1997	47C7	4	73
1998	21英寸	37	37
2000	R2117A	56	56
2001	高路华2528	2	126
2001	康力28	4	126
2001	TCL2120	106	126
2001	TCL2502	5	126
2001	TCL2977E	8	126
2001	TCL38英寸	1	126

表 7-2-2（续）

年　份	型　号	台数	合计
2003	TCL2102	58	212
	TCL21 英寸	144	
	TCL25 英寸	3	
	TCL-AT21S135	7	
2004	TCL-LCD2026	6	18
	TCL-LCD2726	6	
	TCL-HID29286H	6	
2005	TCL21228	15	15
2006	TCL 液晶电视 55 英寸	1	2
	TCL 彩色电视机 AT21S135	1	
2007	TCL 液晶电视 32 英寸	1	2
	TCL 液晶电视 32 英寸	1	
2008	TCL 彩色电视机 AT21S135	1	2
	TCL 彩色电视机 AT21S135	1	
2009	飞利浦彩电 39PHF5459	1	6
	飞利浦彩电 32PHF5282	1	
	创维彩电 50F5A	1	
	长虹彩色电视机 21 英寸	1	
	TCL 彩色电视机 21 英寸	1	
	TCL 彩电视机 38 英寸	1	
2010	TCL 液晶电视 55 英寸	2	2
2011	TCL 液晶电视 65 英寸	1	85
	TCL 电视 40 英寸	59	
	TCL 电视 40 英寸	1	
	TCL 电视 48 英寸	2	
	康佳电视 LED40M3000A	1	
	LED 电视 TCL42 英寸	1	
	TCL 液晶电视 32 英寸	4	
	TCL 液晶电视 48 英寸	16	
2012	LED 电视 TCL42 英寸	1	52
	TCL 液晶电视 32 英寸	35	
	创维彩电 32E320W	14	
	创维彩电 32E320W	2	
2013	创维彩电 32E320W	3	107
	创维彩电 32E320W	42	
	创维彩电 32E320W	13	

表7-2-2（续）

年份	型号	台数	合计
2013	液晶电视42英寸	1	107
	液晶电视32英寸	20	
	TCL液晶电视32英寸	1	
	TCL液晶电视32英寸	1	
	TCL液晶电视32英寸	2	
	TCL液晶电视32英寸	6	
	TCL液晶电视32英寸	16	
	TCL液晶电视48英寸	2	
2014	创维彩电42E61RH	1	35
	TCL彩电L42C12	6	
	TCL彩色电视机TCL21英寸	1	
	TCL彩色电视机TCL21英寸	1	
	TCL彩色电视机TCL21英寸	1	
	TCL彩色电视机TCL21英寸	1	
	TCL彩色电视机TCL21英寸	1	
	TCL彩色电视机TCL21英寸	1	
	TCL彩色电视机TCL21英寸	1	
	TCL彩色电视机NT25228	4	
	TCL彩色电视机AT2565A	1	
	TCL彩色电视机LCD37B66-P	1	
	王牌彩电	4	
	TCL彩电L32E10	4	
	TCL彩电L32E10	3	
	康佳彩电LED55IS988PD	1	
	创维彩电32E320W	1	
	创维彩电32E320W	1	
	创维彩电32E320W	1	
2015	TCL彩色电视机TCL21英寸	3	53
	TCL彩电L32E10	49	
	TCL彩电L47C19	1	
2016	TCL彩电L32E10	94	192
	TCL彩电L32E10	26	
	TCL彩电L47C19	1	
	TCL彩电L26M90	71	
2017	TCL彩电NT29M95	83	83
2018	TCL彩色NT29M95	60	61
	TCL彩色29英寸	1	

三、空调

1985年，疗养院12号楼和松荫斋餐厅（北餐厅）建设完成，12号楼安装空调15台，北餐厅安装空调7台，疗养院开始有了空调。

1988年，疗养院南一、南二餐厅改造安装5P柜式空调4台。

1989年，疗养院10号楼（老部长疗养用楼）由中国统配煤矿总公司调入旧的窗式空调10台。

1996—1997年，疗养院金海酒楼和8号楼建成，同时安装空调。

1997年后，疗养院为适应旅游接待需求，对疗养房间、客房、病房、餐厅随改造装修的完成，逐步安装了空调。

1998—1999年，疗养院为北区13号、14号、15号楼安装空调。

2000年，疗养院为金海宾馆安装空调。

2001年，疗养院为南区1号、2号、3号、4号、5号、7号楼安装空调，美都饭店建成时安装空调。

2004年，疗养院为9号楼安装空调。至此，全院所有疗养房间、客房、病房、餐厅的空调均安装到位。

1985—2019年疗养院空调购入统计见表7-2-3。

表7-2-3　1985—2019年疗养院空调购入统计表

年　份	名　　称	台数	合计
1985	空调	22	22
1986	三菱10P	1	1
1988	5P柜式	4	4
1989	窗式（旧的由部调入）	10	10
1993	华宝	1	1
1995	三菱	3	3
1997	春兰	67	67
1998	春兰	4	4
1999	LG空调	51	67
1999	春兰	16	67
2000	LG空调	42	65
2000	惠康	2	65
2000	长虹	21	65
2001	惠康	212	222
2001	春兰	10	222
2002	惠康	34	34
2003	LG空调	1	76
2003	惠康	73	76
2003	金港	2	76

表 7-2-3（续）

年份	名称	台数	合计
2004	空调 KFR-32	1	129
	格力	126	
	惠康	1	
	金港	1	
2005	格力	6	7
	金港空调	1	
2006	格力空调	3	3
2007	格力柜式空调	1	10
	格力 1.5P 空调	1	
	格力空调	8	
2008	格力空调	9	9
2009	格力空调	147	147
2010	格力空调	35	35
2011	格力空调	231	240
	格力小金豆挂机	5	
	格力柜机	4	
2012	格力空调	229	229
2013	格力空调	12	12
2014	格力空调	113	113
2015	格力空调	127	127
2016	格力空调	12	12
2018	格力空调	45	45
2019	格力空调	5	5

四、其他保障

1. 物资管理

1950 年，疗养院设资产管理员（资产会计）1 人，负责全院的物资管理及资产账目；设保管员 2 名，1 名负责被品、1 名负责维修材料；设采购员 1 名负责全院的物资采购供应工作（药品除外）。在计划经济时期，尤其是物资紧缺期间，采购供应工作十分重要，物资采购与管理工作一直由后勤部门负责。随着计划经济向市场经济的转化，市场物资供应越来越好，疗养院改革不断深化，物资管理工作也随之发生变化。

1987 年，维修材料库随着维修工作转到疗养院服务公司，被品库随后转到了医疗科，资产会计及资产账转到了财务科。

1989 年，维修材料库、被品库又相继归属总务科。

1998 年，资产会计归总务科，账务及资产账归财务部管理。

随着物资供应的好转，采购员由专职变为兼职，编制自动取消。现在做资产管理的为两人，资产会计、保管各一人。较大批量物资采购，采取后勤、财务、办公室和使用部门集体招标或洽谈采购。

2005—2018年，由后勤部负责大库物资管理，设保管员2名，1名负责账务，1人负责物品管理。

2019年10月开始，财务部接手总务维修材料库会计核算工作，保管工作仍由后勤部负责。

2. 车队管理

建院初期，疗养院陆续购入或调拨了5辆汽车，车辆主要由行政科（总务科）管理，负责接送疗养院和购买运输生活用品。

1954年，疗养院修建了汽车库。

1957年，疗养院接中华全国总工会北戴河事业管理处通知，各疗养院大汽车上交统一管理，司机工资、汽车油耗等由管理处统一支付，但产权仍属疗养院；小汽车也于1958年上交事业管理处统一调配。

1959年，车辆全部返回疗养院。

1969年，随疗养院南迁关院，车辆随之调离。

1974年，恢复建院后，疗养院陆续购入车辆，由总务科下设汽车班进行车辆管理，于1976年修建了汽车库和停车场。

1984年，疗养院第二次翻改建时，新建1栋车库，楼下为5个车库、1个材料库、1个值班室；楼上为司机值班宿舍和活动室，以及其他部门单身宿舍。

1985年，汽车班转由疗养院办公室领导。

1993年，汽车班升格为汽车队，队长享受副科级待遇。

2011年，在新建粉尘危害监测治疗中心楼底层建车库，共设4个车库；此外还在8号楼西侧建依维柯车型专用库，9号楼西侧建体检车专用车库。

第三章　多　种　经　营

第一节　经　营　管　理

多种经营也称疗养院的第三产业（简称三产），曾与疗养、专科并成为疗养院的三大支柱产业。疗养院三产起步于1981年，当时为了安置待业青年就业成立了中国煤矿工人北戴河疗养院青年服务社（简称青年服务社）。青年服务社主要经营项目有办招待所，代卖清凉饮料，承担院内维修、卫生保洁、洗衣房洗涤服务，提供照相、浴池、理发服务等。初始成立，安置待业青年16人，当年营业结余6800元。疗养院开发三产，一是安置待业青年，二是解决职工子女及职工家属就业，三是安排富余人员，四是弥补经费不足。

1985年3月27日，根据中央27号文件精神和煤炭工业部办公厅领导指示，疗养院成立了中国煤矿工人北戴河疗养院夏都劳动服务公司（简称服务公司），将地处闹市适宜于经营旅馆、饮食、日用百货的托儿所房屋和小白楼，移交给服务公司使用。

1987年，服务公司安置19名职工子女就业，并转成大集体固定工。

1990年，服务公司又安置7名职工子女就业，并转为大集体合同制工人。

1992年，疗养院购置保二路3086.72平方米商业用房，成立了保二路开发办。

1993年，疗养院将保二路开发办与服务公司合并成立了北戴河益通工贸总公司（简称益通公司），并把保二路商业房交由益通公司管理经营，保二路开发办的4名全民职工转入益通公司。益通公司成立时，有全民职工12人、集体和集体合同制职工28人，最多时公司职工人数达42人。

2000年11月，原托儿所收回院内拆除后，在该址上建美都饭店。到2005年，还有全民和全民合同制职工2人，集体和集体合同制职工22人，经营场地仅剩西经路白楼招待所一处。

2001年1月，保二路商业用房由疗养院收回经营。

2009年以后，益通公司基本停止运营。

一、经营投资

一是疗养院直接投资或借资于益通公司，给予资金保障，提供房产及设施场所给予经营所用；二是益通公司自筹；三是向职工集资做资金不足的补充或自营项目的投资。自1981年以来，疗养院借资46万余元。1993—2000年，基本建设和固定资产等投入有86万余元。1993年，益通公司向职工集资4.2万元。

二、行政管理

疗养院是益通公司的主管单位，益通公司是院下属法人单位。疗养院一名副院长分工主管益通公司，益通公司实行自主经营、自负盈亏、单独承担法律责任的经营承包责任制。

三、经营模式

1981—1985年，由负责人安排集体经营。1985—1992年，益通公司与疗养院脱钩以法人身份集体经营为主，零星对外出租为铺。1992年以后，保二路以出租为主，其他以职工承包为主、对外出租为辅进行经营。

四、主要经营项目

主要根据市场需求，场地所处环境，建筑设施条件，人才技术因素，资金实力大小，经营效益等前提确定，经营项目有：商贸经营，开办小加工厂，旅馆、餐饮、商店、服务业，商业房租赁，院内小型工程和维修等。

第二节 商贸经营

一、日杂商店

日杂商店建于1981年，位于疗养院西南角（现3号楼处），液化气库房改造而成，名称为青年服务社商店，面积30多平方米，摆放柜台4~5个。主要销售日用百货、小食品、饮料、烟酒茶糖、毛线、电池、胶卷等。服务对象是面向院内，为休疗养员服务，同时也为院外社会服务。至1984年10月，因疗养院全面翻改建，商店于1985年搬迁至西经路托儿所西北角临街临建房内，划归服务公司，更名为京东商店，经营面积约60平方米，以面向社会服务为主。经营项目在原有的基础上又增加了五金管件、土建材料的代购代售。到1994年，因商店所在地方需要改造而停业。1997年，益通公司对西经路局部进行改造，将原来的冷饮大棚拆除改建成益通综合商店，恢复了原商店的经营业务，并增添了化妆品、工艺品、旅馆床上用品、针织品、旅游纪念品等。至1998年10月，因商店部分出租给山东友兴饮具,部分改做建材商店仓库最终停业。

二、安居装饰建材商店

1999年,益通公司在西经路原京东饭店开办了装饰装修建材商店。自筹资金从天津、丰润、玉田、鸦鸿桥、秦皇岛的厂家及批发市场进货。其规模和品种较齐全,取得一定经营效益,当年的经营额达到24万元。2000年11月,建材商店所在地段因疗养院要新建美都饭店,建材商店停业。建材商店经营2年,除解决了公司6名职工的工作问题外,商店纯利润有5万多元。

三、长途贩运水产品

1994年,益通公司投资7万多元购买了解放牌加长双排座汽车一辆,用于长途贩运水产品螃蟹、海螺等。这是益通公司在对北戴河螃蟹海鲜产品市场的调查,对货源地辽宁省丹东市东沟海货市场及渔船码头考察基础上作出的决策。从6月5日开始第一次贩运,当年暑期共跑14趟。每次都跑1600多千米路,平均3~4天往返一次。因效益未达到预期,加上司机工作调动,第二年不再继续坚持。

四、院内照相

1981年,青年服务社成立时的三大任务之一,就是院内照相。从业人员两名。最早有海鸥4A照相机两部,主要是为院内休疗养员提供照相服务。1985年后,院内照相划归服务公司,服务公司购置2台彩色照相机,由照黑白影像改为彩色。在经营管理上,1985年之前,照相收入归疗养院,1985年之后,服务公司采取照相提成的方法对从业人员进行奖励,主要收入归服务公司。1993年开始,益通公司将照相业务进行投标竞争,承包给职工。1997年后,因散客增多,疗养员减少,而且自带相机多,需要摄影服务的少,照相服务业务终止。

五、白糖出口贸易

1995年,益通公司与锦西化机厂绥芬河贸易公司联营向俄罗斯出口白糖120吨。益通公司负责从秦皇岛糖酒公司购买白糖,并联系火车皮将白糖运至绥芬河,再由锦西化机厂绥芬河贸易公司将白糖出口俄罗斯,从而益通公司对出口商品贸易进行了一次有益的尝试。

第三节 小加工厂

一、北戴河海口食品厂

1988年4月8日,北戴河橡胶坝管理站(区农委下属单位)(简称甲方)与中国煤矿工人北戴河疗养院(简称乙方),签订了《合作创建经营罐头食品厂协议》,1988年4月11日北戴河区公证处对协议进行了公证。厂名北戴河海口食品厂,以兔肉为主,生产野味罐头,同时兼营鸡肉、鹌鹑肉、鹿肉及水果罐头,总投资24万元,双方投资12万元。甲方投入橡胶坝管理站院内房10间(180平方米),动力电,自来水设备折合价值6万元,再投入现金6万元。盈利亏损按投资比例进行分配。双方派员组成董事会,甲方任董事长,乙方任厂长。加工厂实行独立经营核算,自立账号,自负盈亏。协议签字公证后,疗养院派出1名干部任厂长。1989年,疗养院将海口食品厂划归劳动服务公司管理,厂长改由劳动服务公司委派1名副经理出任。因产品销路不畅,1990年合作中止,海口食品厂随之倒闭。

二、淮南煤矿电器厂北戴河分厂(北戴河煤矿电器设备厂)

1989年服务公司与淮南矿务局多种经营总公司草签了《生产煤电钻综合保

护器电子插件协议》，同时疗养院为支持服务公司办厂向中国统配煤矿总公司集体企业局申请借贷了办厂资金。1990年北戴河煤矿电器设备厂购置设备、培训技术，1991年开始正式生产。除安置了待业子女10人外，当年销售250块产品，创收5万余元，纯利润获1.5万元。1992年，北戴河煤矿电器设备厂订货销售1250块电子插件，纯利润获3.9万元。1993年，北戴河煤矿电器设备厂完成了上年合同任务外，又为抚顺矿务局试生产了一种新的技术含量更高的煤井专用电子插件。1994—1998年，益通公司将北戴河煤矿电器设备厂承包给段志文，每年向公司缴纳1.5万~2万元承包费，益通公司提供场地及设备，北戴河煤矿电器设备厂须带3~5名职工，一切支出费用、人员工资、材料成本、差旅费、税金费等，全部由承包人负担。1999年，段志文退出承包，工厂关闭。

三、木地板块厂

1993年12月，疗养院与隶属于市民政局双拥办公室的施达木地板块厂商议合作办厂事宜。对方出设备、厂房和技术，疗养院提供部分流动资金，利润按一定比例分成。成立董事会，疗养院1名院领导参加董事会，1名干部担任负责原料采购的副厂长，1名会计；对方出任厂长和销售副厂长。1994年2月，双方开始实行合作办厂，疗养院派人赴东北购原料110立方米，后因产品销售不畅和原料紧缺价高，我方退出，投资收回。

四、装饰瓦厂

1995年7月18日，煤炭工业部派遣1名处长带领北京超伦公司来院商谈生产装饰瓦事宜。经过与疗养院领导及益通公司谈判，于1995年7月20日益通公司与超伦公司签订了《合作兴办新型建筑装饰瓦厂合同》。同时，疗养院将西家属院锅炉房交给益通公司做建厂场地。益通公司对锅炉房进行改造并新建临建平房4间。新型建筑装饰瓦厂投资设备6.5万元，技术转让费1万元。8月13日设备从北京运到北戴河，8月18日学做装饰瓦。技术转让完成后，益通公司组织开始正式生产。装饰瓦是利用电厂粉煤灰与石英砂、水泥和添加剂配合制成屋顶装饰瓦，属于国家扶持的废物应用项目。经过半年正式生产，于1996年3月，将20吨成品瓦用火车集装箱发往湖北武汉市新三洲县。1996年6月以后，由于没有市场需求停产。

第四节　商业房租赁

一、保二路商业房租赁

保二路是北戴河最繁华的商业街。1992年，北戴河区政府对保二路实施了统一规划改造，疗养院在当时的中国统配煤矿总公司支持下，出资1004.53万元，买下占用疗养院部分土地兴建的一幢3086.72平方米的二层商业楼房。购买后，疗养院成立了保二路开发办，并对社会进行保二路商业用房招租。同年6月21日，进行了招投标，大部商业用房以高出标底价出租，对未租出的少量房间与柜台，派人到北京、顺义、唐山、天津、白沟等地联系商展。1993年，在二层大厅举办了全国乡镇优秀企业产品展销。1994年，轻工大厦在二层大厅开办了轻工大厦北戴河分店。1995年，二层全部房屋出租给个体户实行旅馆改造，疗养院保二路商业用房形成了二层经营旅馆饭店、一层经营商店、饭店和彩扩的经营格局。1993年，疗养院将保二路划归益通公司经营。1994年冬,益通公司自筹资金9万余元,在疗养院保二路商业房西新建5间面积为179.17平方米的商业用平房。1996年,根据市场需求,益通公司自筹资金,把一层廊道扩大成商店,把地下室出口直通马路道边,变成能经营的场所。经过改造,扩大经营面积240多平方米。保二路商业房从1992年以来一直以租赁经营为主。1992年,由疗养院开发办负责。1993—2000年,租赁经营由益通公司实施对院承包。2001—2005年,租赁经营由疗养院直接外租,其管理服务工作先由益通公司后由总务科负责。

二、其他租赁

1985—1992年,服务公司在夏都旅馆的北侧和东北角,北临西经路的边上,利用空地建临时商业房租赁,开设了京东商店(后为温州饭店)、镇江商店、制冷维修门市部、煤电钻综合保护电子插件厂、冷饮大棚、京东饭店和冰棍加工间等,每年都产生较好的经济效益。

第五节 自营业务

一、夏都旅馆

夏都旅馆地处西经路、乐丰路和保一路交叉口,占地3.08亩,建筑面积374.75平方米,是一幢新中国成立前的别墅楼。1985年前,疗养院在此开办托儿所,因此也称老托儿所。1986年,托儿所停办,交由原夏都劳动服务公司将它改造成夏都旅馆。1988年,服务公司在旅馆南侧加建一排简易平房,使旅馆床位增达100张。旅馆原有床上用品大都是疗养院淘汰品,彩电也只有1台。1993年开始,益通公司逐步对室内卧具和被品进行更新,还增添了台扇或落地扇每屋1个,二人房间增添了电视,旅馆条件相对有所改善和提高。

二、美都饭店

2000年11月,疗养院对夏都旅馆进行翻改建,建成3555平方米的美都饭店,有71个标间、3个套房、9间地下室、可容纳100多人就餐另加4个雅间的餐厅。2001—2002年,疗养院将美都饭店交由益通公司经营,2003年后疗养院将美都饭店对全院职工公开招标经营。

三、小白楼招待所

小白楼招待所原为职工宿舍,建筑面积307.51平方米。地处西经路与保二路交叉口百货公司西侧。1985年,疗养院将小白楼划归服务公司,作为疗养院住宿接待招待所,对内对外经营。内部设施十分简易,大部分为5人间,还有部分3人间,共有床位60张。因原有房屋设施简陋,1993年益通公司向疗养院借资8万元,向职工集资4.2万元,公司自筹6万多元,对白楼进行了内部结构、设施改造和设备、卧具、被品更换。把白楼改成18个两人间和2个三人间,每个房间都有卫生间、淋浴、彩电、台灯、壁灯、电扇、床头柜、行李架、写字台、衣服架、包箱木床,新蚊帐、新被褥、新被罩、新床单、新浴巾。同时,在后院新建6间平房,2间做公司办公室,4间做4人间客房。屋顶上改成晾晒场,还在白楼东侧临街空地上新建40多平方米的劲松餐厅。1998年春,白楼后院单身职工宿舍的两排平房交给益通公司,益通公司立即自筹资金进行了结构和内部设施的改造,增加床位16张。白楼招待所的经营模式:一是公司集体经营,二是职工承包经营。劲松饭店则采取职工承包经营与对外出租两种经营模式。

四、其他经营

1998年，保二路租赁经营遇到困难，租金下调，甚至一层还剩下三间未租出去，益通公司就组织职工自己经营。益通公司自筹资金购置了餐饮设备，上马了吉利快餐和馨香饭店两个饭店，并把快餐车也利用起来到鸽子窝卖早点。还购买了柜台货架、工艺品、日用品、泳装、泳具等商品开办了益通商行。

1996年，益通公司拆掉冷饮大棚新建了168平方米的益通综合商店和办公室，并扩建和装修了京东饭店，由益通公司自己经营龙珠烤全羊饭店。1999年，益通公司将京东饭店和益通商店合并，开设了安居装饰建材商店，直至2000年因疗养院改造停止经营。

第六节 小型工程

一、院内维修工作

1987年4月1日至1989年3月18日，疗养院提出试行后勤工作社会化，将总务科维修工作作为试点，划分给服务公司，维修人员一并划归服务公司管理。全院33000平方米房屋，上下水，照明供电，水、汽、暖管线，道路土建，6台水、汽锅炉，3台开水茶炉的维修及供暖、供汽、软化水材料劳务，以264456元承包给服务公司，其中维修费实行全额承包5万元。疗养院确定服务公司的两项工作任务，一是面向院内搞好服务，二是面向社会搞活经营。试行2年后维修工作并有关人员、设备返回疗养院管理。

二、铝合金门窗安装

1997年，益通公司承接了疗养院新建的8号楼全部铝合金门窗和不锈钢玻璃自动大门的安装工程，另为疗养院制作安装了两个长3.5米宽2.4米的铝合金门窗。

三、防水材料销售与防水工程施工

1990年，服务公司成立了防水施工队，应用APP新型防水材料开展防治屋顶漏雨工程。1990年，服务公司和行政科一起为疗养院的疗养楼、餐厅、康乐部做了治漏防水工程，还为本区、市多家单位做了防水工程。

四、院内地毯和木地板的铺设、地毯清洗与房屋粉刷

2001年，益通公司投入资金2万余元，购置了清洗设备，成立了益通清洁服务部。开展了清洗地毯、室内粉刷等业务，截至2005年底，完成粉刷4.55万平方米，清洗地毯4.25万平方米，铺装地板700多平方米，营业收入达69.15万元。益通公司自收自支，同时经过5年的发展增值12.5万多元。

中国煤矿工人北戴河疗养院志

第八篇
职工生活

本篇主要介绍疗养院不同时期职工的生活福利和文化生活情况，其中生活福利包括住宅、医疗、餐饮、节日、离退休及计划生育等，文化生活包括精神文明、文化和体育生活及获奖荣誉等。

第一章 生活福利

第一节 职工住宅

一、职工住房制度与改革

1. 住房制度

1955年5月13日，疗养院制定了《房屋居住收租试行办法》；5月27日，进行了补充修订并上报全国煤矿工会集体劳动保险事业管理处；6月10日，中国煤矿工会全国委员会集体劳动保险事业管理处批复同意。

1959年，疗养院在对规章制度进行修订和完善时，《职工家属接待制度》规定：工作人员家属来探望，系直系亲属（包括经济没有独立的兄弟姐妹）者，在规定期间内住招待所免费。《宿舍管理办法》规定：凡本院正式职工之爱人、子女与雇佣的保姆，经过申请批准后可分配给住房（但保姆不能单独自占一间，可与同邻保姆合居）。房屋分配标准，单身职工以住集体宿舍为原则。每人不超过4平方米左右（包括中级医护人员）；医师和护士长级的每人5平方米左右；正副科长及18级以上的干部每人6平方米左右（包括组织医生）；正副院长或15级以上干部每人12平方米左右；7周岁以上的按成人计算（计4平方米），以下者按2平方米计算，如7周岁有3个以上者可另加2~4平方米，以上人员如住家属宿舍，享受5平方米的增加1平方米，6平方米的增加2平方米，享受12平方米的增加1倍。

1983年5月21日，疗养院首届一次职工代表大会通过了《中国煤矿工人北戴河疗养院职工宿舍管理暂行办法》，办法规定家属宿舍申请对象：凡疗养院已婚正式工现在册的和有本人供养有北戴河区城镇户口在一起随居的无工作的父母及子女。办法还对分配家属宿舍原则和标准、职工子女住房问题、单身职工住房问题等作出了具体规定。

1983年底，分配新建职工住宅时，为了搞好分调房工作，疗养院成立分房委员会和调房委员会，并制定了家属住宅楼分配办法。

为了建立与社会主义市场经济体制相适应的新的城镇住房制度，实现住房商品化、社会化，加快住房建设，满足疗养院职工不断增长的住房需求，疗养院从1993年开始实行住房制度改革。

1993年，家属住宅3号楼竣工，根据《秦皇岛市住房改革实施方案》的精神和煤炭工业部住房分配的有关规定，6月23日，全院职工大会通过了《疗养院住房制度改革及分配方案》，分配新建西家属院3号职工住宅楼。依据方案规定：凡疗养院已婚正式职工，离退休职工，合同制工人与其配偶都具有北戴河和秦皇岛市区正式城镇户口，均有资格申请购买或承租职工家属住房，房改及分配原则是售租结合、先售后租，分调结合，先分后调。西院新建3号楼只售不租，其售价按建筑面积暂收280元/平方米，最后以市区房改办评估价格为准，其他腾出的旧住房先售后租，西院1号、2号楼售价按建筑面积200元/平方米，东院1号、2号楼按建筑面积160元/平方米，石头楼按建筑面积130元/平方米暂收，最后按市区房改办评估价格为准。50户职工迁往新居，116户职工搬迁，人均居住面积达到10.15平方米。

1996年，为进一步加强对职工住房分配和调整工作的管理，深化住房制度改革，疗养院对院职工分房委员会进行了调整，进一步向职工出售东西家属院住宅楼，共售出168套。

2. 住房制度改革

1997年，根据秦皇岛市秦政（1996）203号文件精神，疗养院研究制定了《出售自管产公有住房的暂行规定》，疗养院已分配居住的职工住房由租改售，在自愿前提下，向职工出售住房175套，总面积1.1万平方米，售房数占全院总产数83.7%，回收购房款223.9万元，保证购房职工享受到了5项优惠政策。

1998年，为分配新建西家属院4号职工住宅楼，疗养院10月成立了调房售房委员会，制定了新的调售房方案和规定。

1999年，家属西院4号楼建成后，再次进行了职工调售房工作，共有114户参与，受益率达57.8%，至此疗养院职工住房成套率达到了100%，彻底结束了无房户。共有107户职工参与了调售房，

受益率达到57.8%，疗养院基本消灭了无房户。

二、家属区设施

1974年，疗养院在东家属院建立锅炉房，家属住宅楼开始冬季统一供暖。

1979年，疗养院为家属楼各户安装了分户电表。

1980年，疗养院对家属院锅炉进行了改造，进一步保证了家属院冬季供暖。

1981年，疗养院给东家属院每户盖小下房1间。

1982年，改善职工居住条件，疗养院为东家属院3栋石头楼每户增建了厕所。

1987年，疗养院出资11.7万为职工办集体福利事业。封闭家属院各户阳台130个，为170户安装闭路电视天线和厨房排风扇，并为每户职工投保了家庭财产保险，东、西家属院各建1个浴室，1个自行车棚。家属区日常维修列5万元维修金，由服务公司承包该项工作；

1988年，疗养院投入40724元，对东家属院住宅楼上下水管道进行了更新。

1989年，疗养院为东家属院3栋石头楼更新单元门沙门，为两个家属院住户更换了纱窗并粉刷了油漆、安装了室外晾晒衣物架、部分更换了暖气主管线、重做了屋面防水，对东家属院职工浴室进行了改造。

1991年，疗养院投入资金为东家属院3栋石头楼更换了上下水管线，暖气管线及部分电线，屋顶增做了岩棉保温层。为东院1号、2号楼更换阳台钢窗和外墙粉刷及整体加固，为西院家属院进行了室内暖气管线更新及暖气清洗，为在东、西家属住宅区内的职工安装了排油烟机。

1992年，疗养院拆除了西家属院的

旧阳台窗台，全部换上了钢窗，为每户住宅都安装了防盗门，解决了职工的后顾之忧。

1993年，疗养院针对西家属院三号楼建成后一直无下房，新建下房50个，共450平方米。

1996年，为解决青年职工住房困难，疗养院拿出资金修缮了与原平水桥家属房兑换的300平方米住房，解决了13户青年职工的住房问题，并在冬季之前为这部分住房安装了土暖气。为解决西院3号楼住户无下房问题，疗养院改造下房50间，计450平方米。

1997年9月，疗养院为东家属院5栋住宅楼的窗户由木质改为钢窗，每平方米由疗养院支付费用200元，共67户；愿意改装铝合金窗户的，费用自付，疗养院按每平方米200元补贴。

1998年，积极筹措资金对东家属院5栋家属楼进行了抗震加固和外墙粉刷工程，对西院1号、2号楼和东院1号、2号楼更新了保温层和层面防水。

2000年，疗养院对家属区住宅楼进行抗震加固，工程面积6320平方米；新做家属区屋面防水2161平方米。

2001年入冬前，疗养院为东、西家属院8栋住宅楼各用户更换了暖气片，解决了上年暖气爆炸和不热的问题。

2004年，疗养院更换了东家属院自来水主管线。

2005年，疗养院修建东、西家属院路面2517平方米，修建改造离退休职工活动室2个，建筑面积272平方米，修停车场2处，占地626平方米。

2006年，为加强家属院的安全防范，疗养院为东、西家属院31个单元安装了楼宇防盗门，并承担了大部分资金。防盗门安装完后，院区的安全状况明显改善，楼道电缆被盗事件也得到杜绝。

2012年10月，申请住房维修基金26.5万元为东、西家属院更换了屋面防水，同时拆除了东家属院3栋石头楼屋顶的烟囱，屋面全部进行了油漆粉刷，消除了安全隐患。

2018年，疗养院投资为东、西家属区安装了智能防盗门，安排专人负责物业管理和保卫工作。

三、物业管理

2020年11月起，按照秦皇岛市政策，为全院在职职工、离退休人员发放职工住宅物业补贴，在职人均192元，离退休人均196元。同时开始对东、西两个家属院区实行物业外包管理。

第二节 职工医疗

一、职工医疗制度

1951年9月7日，煤炭管理总局批复，《关于职工家属医药补助》（煤办字〔1951〕4354号）规定：查劳保条例第13条丁项，工人与职员供养的直系亲属疾病时得在该企业医疗所、医院或特约医院免费诊治，普通药费减半。贵重药费、就医路费、住院费、住院时的膳费及其他一切费用均由本人自理。你院自应按本条例由管理费、医药卫生费5%内补助。

1963年6月11日，疗养院务会议决定：职工药费和疗养员药费要分开，职工药费可以按范围实报实销。

1980年，职工门诊和住院治疗费全额报销，医药费按规定的范围予以报销。如需转院治疗，只报销往返的车船费、宿费和按规定可报销的医药费。关于内部职工疗养问题，煤炭工业部办公厅煤办便字〔1980〕3号批复：关于疗养院职工疗养问题，正式职工因身体有病，需进行疗养者；劳动模范，先进工作者，有发明创造作出一定贡献者，因身体不好需要恢复健康可进行疗养。但要分批分期进行，不能影响疗养院的正常工作，上述人员的疗养要以本疗养院为主。在本院疗养者，经医生提出建议，院领导批准报办公厅备案，少数因特殊情况，必须去外地疗养者，由院领导提出意见，报办公厅批准。去外单位疗养，可给报销床位费，往返车船费和路途补助费。疗养期间对工资在100元以下的，每人每天补助5角。按规定报销医疗费。

1982年，疗养院制定了《关于去外地转诊看病问题的规定》，主要就外地就诊的条件、外出就医费用的报销作出规定。

1983年，疗养院制定了《关于到市内医院就诊和外出期间看病报销问题的补充规定》，对到市内医院就诊的审批、外出期间看病报销作出规定。

1984年11月30日，为了加强医药费的管理，保证职工身体健康，根据有关文件规定，疗养院制定了《职工医药费包干管理暂行办法》。《职工医药费包干管理暂行办法》规定：职工医药费由疗养院按每人每月3.5元，每年42元标准预支付。使用方法，每个职工每年所提42元，其中25元归个人使用，节约归己，其余部分由院里统一掌握使用，医药费包干后费用如超过25元，其超过的医药费应由职工个人负担一部分，超过1元以上，50元以下院给报销80%，超过51～150元，疗养院给报销70%，超过151元以上的疗养院给报销60%，具有30年以上工龄的职工按以上3个档次分别提高10%报销医药费。职工因患重病住院，除使用包干医药费外，不足时其超出部分由院里承担，对新中国前参加工作的离休干部、工人安排专人送医送药上门，在医药费包干部分不足时，所超部分全部由疗养院承担，在工作时间做本职工作过程中负伤的，诊治所需药费由疗养院承担。

1985年11月29日，疗养院印发了《职工就诊及医药费使用暂行办法》。《职工就诊及医药费使用暂行办法》规定：医药费实行个人包干和院方统一掌握使用相结合的办法，每人每月随工资发给1.5元，全年共有18元归个人使用，其余部分由院方统一掌握使用。药费包干后报销标准分为二个档次，50周岁以上职工（包括退休职工）报销80%，49周岁以下职工报销70%，职工在院内就诊发生的药费、X光摄片费、换药费等费用按报销标准收费，即职工50周岁以上者个人缴纳20%，49周岁以下者个人缴纳30%；职工保健工作由专人负责，定期检查身体并记录于保健手册。疗养院14级以上离休干部不实行医药费包干，医药费全部报销。工伤职工就诊医药费全部报销，劳保待遇按国家规定办。

1986年，疗养院制定了《关于一孩化女职工人工流产营养补助暂行规定》。

1993年，对公费医疗制度进行改革，疗养院成立了保健小组，设立保健室职工病房，严格控制外购药和职工的转诊转院，当年又印发了《职工公费医疗管理办法（暂行规定）》及《职工公费医疗管理办法（暂行规定）补充规定》，对医疗费报销制度又进一步做了完善与修改。《职工公费医疗管理办法（暂行规定）补充规定》规定：疗养院在册正式职工和退休职工的医药费使用采取部分个人支配和不足部分院方统一管理相结合的办法，50周岁以上在册正式职工和退休职工每人每月随工资发放医药费10元，49周岁以下在册正式职工每人每月随工资发放医药费8元,全年分别有120元,96元归个人使用,节约归己,不足部分由院方统一掌握使用,门诊医药费报销标准退休职工按70%报销,50周岁以上在职职工报销60%,49周岁以下在职职工报销50%,离休干部实报实销,工伤治疗医药费全部报销。职工在院内就诊后进行的各项辅助检查,即理疗、体疗、浴疗等按现行收费标准的30%收费。院内住院由保健室医生开入院通知单,有专科部承担职工病房治疗护理任务,院内住院全部报销,院外住院的医药费报销95%,危重症经保健组长审批后可100%报销。

1997年,为加强职工公费医疗管理,疗养院制定了《关于离岗人员再就业期间发生意外伤害有关医疗费处理的暂行规定》,规定了离岗人员再就业医疗费不予报销。

1998年,疗养院印发了《职工医疗、医药费管理的规定(暂行)》的通知,规定:凡在本院住院治疗院方报销95%,院外治疗报销90%;门诊医疗费每半年报销一次,住院医药费每季度报销一次;严格控制转诊、贵重医疗设备检查,对外购药作出严格限定。

2001年,为规范独生子女医药费的报销,疗养院制定了《关于独生子女医药费报销的有关规定》,规定了报销的范围、时间、审批。

2003年6月14日,为保证离休干部医疗费按时足额报销,同时加强医疗费用的管理,疗养院制定了《关于离休干部医疗费管理的有关规定》,决定继续执行每半年报销一次医疗费制度,加强对离休干部的保健工作,定期安排对每位离休干部进行全面体检。

二、职工体检与治疗

1952年,疗养院对职工进行了鼠疫、霍乱、伤寒、大脑炎、牛痘、卡介苗、胎盘球蛋白预防接种,防止疫病发生;建立了医疗制度,职工及家属有病时,医护人员随时诊断治疗。

1956年初,疗养院对全体职工进行了全面身体检查。6月18日,疗养院党政工团(扩大)联席会议决定:如职工发生疾病时不能来院可外找医生诊断,持单据疗养院报销;关于职工贵重药品的使用,不必主治医师和负责人批准才能使用,但应严格加以控制合理使用,各位医生应注意掌控。

1957年第一季度,疗养院对职工和家属进行了胸部健康检查。根据季节不同,和有关部门联系疫苗,及时进行防疫注射。针对每个季度易发生的流行疾病,在职工和家属中进行宣传教育。1957年,发生世界性甲型流感,波及北戴河,3月15日至4月17日,全区发病1386人,疗养院有近百名疗养员发病,疗养院对全体职工进行了体检与预防。

1958年,疗养院要求门诊除做好对职工的卫生宣传外,要监督检查职工吃、住卫生及健康情况,发现有病积极设法予以治疗。

1959年3月16日,疗养院院务会议决定:职工患病在治疗上和伙食上应给予照顾,并确定专人负责治疗,患病的职工在职工食堂就餐,食堂要给做软饭吃,所需细粮问题和供应站联系解决。

1960年,疗养院完成职工家属的浮肿检查及注射防疫疫苗任务,全年对职工进行了两次体检。11月14日,总支会研究决定:从职工身体健康出发,成立了职工健康检查领导小组。对患有较严重的慢性病的职工,疗养院为了使他们尽快恢复健康,有的送到外地或者外单位去疗养,有的被安排在院内进行疗养,并组成疗养小组,指派专人担任疗养组长,负责他们的疗养生活。

1961年，疗养院对全院职工进行了3次健康检查及防疫注射。

1962年上半年，在全体职工中普遍投服了钙克斯片，对职工及家属进行了预防流感、小儿麻疹、天花等防疫注射；上半年和下半年分两次对职工及家属儿童进行了全面体检。

1963年，疗养院对全体职工约80人体检一次，对托儿所幼儿体检2次，对院职工防疫注射：副霍乱60人，种痘40人，百白破疫苗46人（3次），伤寒、副伤寒80人。

1964年8月4日，为预防霍乱病在职工、家属和疗养员中发生，疗养院成立了以总支书记为组长的"02"病预防小组，加强了对职工家属和疗养员的宣传教育，采取了有效的预防和控制措施，加强了来往人员的严格管理，使霍乱病没有在疗养院发生。

1965年，北戴河发生"02病"疫情，疗养院对全体职工进行了体检。

1983年5月9日，疗养院院务会议决定：保健医生要定期到老干部家为老干部检查身体，总务科要保证用车，"六一"儿童节要组织有关医生对职工儿童进行身体检查。

1993年，疗养院成立职工保健小组，设立保健室（含处置室）和职工病房，保健室建立完善了职工门诊病历和健康档案，每年对全院职工进行一次体检，老干部或高龄退休职工随诊随访，必要时可建立家庭病房。实行公费医疗制度改革，医药费支出同比减少25%。

2000年10月，疗养院为中老职工进行了一次全面系统的身体检查，并为职工开办了医学保健讲座。

2001年，为了贯彻落实《国务院关于建立城镇职工基本医疗保险制度的决定》，根据秦皇岛人民政府印发《秦皇岛市城镇职工基本医疗保险制度改革实施方案》和《秦皇岛市企业职工补充医疗保险暂行办法》，疗养院在职和退休人员均参加秦皇岛市城镇职工基本医疗保险和公务员补充保险，保险费用交纳，职工个人占21%，单位占79%。职工个人拥有了基本医疗账户。

2003年3月，为搞好疗养院职工医疗保险及秦皇岛市城镇职工基本医疗保险定点医疗服务工作，决定成立疗养院医保小组。

2003年，"非典"肆虐，疗养院对职工加大预防力度，制定了《预防控制传染性非典型肺炎实施方案及应急预案》。为每个职工免费发放预防"非典"中药10副，购置了一批非接触式测温仪，对外来住宿人员进行体温监测（后根据地方政府要求关院，不再对外接待），严格落实卫生、消毒、通风等项工作。除在院区抗击"非典"外，对家属区也及时制定了"防非"措施，成立了家属院管理委员会，下设各住宅楼楼长，具体落实市、区有关"防非"要求，疗养院职工及家属未被传染。

2004年，经协调地方有关部门同意，参加秦皇岛城镇职工医疗保险的疗养院职工的两年一次体检工作，由疗养院医护人员及自有医疗设备进行，疗养院定期组织医疗人员和设备落实职工体检工作。

2005年4月，疗养院利用在用医疗设备为全院230余名职工进行了全身系统全面的体检工作。

2006年，疗养院在购进部分高档医疗设备后，拿出5万余元资金，免费为全院268名职工进行了一次全面体检。此后，每年都安排职工进行职业健康体检。

2013年，职业健康体检中心成立，疗养院也可以对参保职工进行每年一次的健康体检，除了医保规定的体检费用，疗养院给每位职工补贴体检费，增加了体检项目。

2016年，疗养院出资20余万元，在秦皇岛第一医院体检中心为全院在职、离退休职工进行体检健康普查。

2018年开始，在CT、DR等大型医疗体检设备安装到位后，每年均在院内为全体职工（含离退休）进行全面的健康检查。

第三节　职工福利

一、托儿所

1958年9月15日，总支扩大会议决定，由疗养院工会主办，开始筹备开办托儿所（位置在西经路，现美都饭店位置）编制设保育员1名。

1960年，加强了对托儿所的管理和领导，实施了整托，全院64名小孩全部入托。为方便哺乳，设立了哺乳室，并规定了哺乳时间。5月，总支会议决定为托儿所拨1000元经费。7月13日，总支会议决定，托儿所为院部附属单位，由院部管理，支部生活委员会加强领导，托儿所伙食、财经事宜由总务科代管。10月，托儿所搬到5号楼（现3号楼位置）。

1961年，托儿所经费执行报批制度，按月结算。托儿费按年龄收费。

1962年3月，托儿所增加编制定员6人。9月15日，托儿所由5号楼搬回西经路。10月12日，总支扩大会议决定托儿所粮食供给问题，由院领导直接掌握进行调剂。

20世纪70年代恢复建院后，为解决职工孩子入托问题，于1978年初恢复疗养院托儿所，地点设在小白楼。

1980年，为了改善托儿所的环境，疗养院更换了托儿所由小白楼搬至13号楼（现车库位置）并购买了儿童读物和玩具，解决了中午接送孩子的问题。

1983年4月20日，为了更好地办好托幼事业，解决好职工子女入托问题，调动托儿所职工的积极性，疗养院制定了《托儿所经费包干办法》。对疗养院托儿所在经济上实行定额补贴以收抵支节余留用的管理办法，确定补贴标准，每个儿童每月补助18元（限本院职工独生子女），实行定额补贴后，向入托家长收取托儿费的标准：日托每月收费3元，杂费1.5元。托儿所职工个人奖励：小班（2周岁以下）每带一个孩子奖金为4元/月，大班（2周岁以上包括2周岁）每带一个孩子奖金为2.5元/月。午间值班人员每天加班费0.2元（下午照常工作），解决了孩子的就餐问题。

1984年，疗养院整体改造，涉及托儿所所在13号楼，托儿所移至西经路原托儿所位置。

1986年，疗养院成立夏都劳动服务公司，需要经营场地，同时北戴河区也正式开办了幼儿园，以及其他多种因素，疗养院幼儿园停办。

二、职工餐厅

1950年建院时，职工与疗养员在同一个食堂就餐。

1951年10月1日起，根据上级指示，职工与疗养员实行了分伙就餐。

1953年，疗养院第一次翻改建时，分别修建了疗养餐厅和职工餐厅。

1957年11月21日，疗养院制定了《职工食堂暂行管理制度》，以加强职工食堂的管理，保证职工的合法权益。

1974年初，职工人数不断增加，疗

养院研究决定另扩建一座职工食堂,建筑面积236.24平方米,共需经费2.1万元,并就此事于3月19日向燃料化学工业部办事组进行了请示报告,3月25日被批准。

1977年,由于缺少高干疗养餐厅,新建职工食堂转而接待局级以上高级干部就餐,职工调整回原职工餐厅就餐。

1985年,随着疗养院第二次翻改建的完成,疗养员高干餐厅转至新建的北餐厅,职工餐厅转回,直至1998年。

1992年3月24日,根据国务院文件及地方政府关于粮食购销同价粮食销货价格进行调整的有关规定,疗养院召开了党政联合办公会议,就粮食调价有关问题作出安排意见,职工餐厅从4月1日起主食调整价格,每斤粮食售价0.85元不再收取粮票。对职工餐厅的补贴由暗补改成明补,对就餐职工(包括临时工)实行就餐补贴,其标准是单身职工(粮食关系在膳养科的)每人每月补助15元,其他在籍职工(包括在职职工、离退休职工)每人每月补助10元;在疗养院工作的临时工每人每月补助5元。此项补贴以主食券形式由膳养科发放,不发现金。每年就餐补贴为10个月(3—12月)。

1996年始,为职工发放误餐补贴,其中部分以职工餐厅饭票形式发放,职工既可就餐,也可购买主副食。

1998年,疗养院职工餐厅与南餐厅合并。

2006年,疗养院恢复职工餐厅,职工餐厅用餐由饭票就餐改为刷卡就餐。为维护稳定,疗养院要求正餐要有两道1元以下的菜品,免费喝粥及汤,要低于成品价格出售,便宜、实惠是当时职工餐厅的招牌。但由于制度不完善,有的职工一人多卡,提供给住院病人及亲属甚至商贩,结果附近商贩都持有疗养院餐卡,职工餐厅成为当地的便宜餐厅,膳养科不堪重负,经院领导批准,从2008年开始,全部饭菜按照成本价出售,膳养科负责人工费及水油费的支出。

2011年,疗养院为稳定临时用工队伍,给经营区临时工提供每人每天8元包伙就餐、管饱。

2013年开始,临时工餐补提高到每人每天10元。

2019年6月1日开始,对职工餐厅进行改革,转变过去专人打饭打菜模式,更改为自助餐。餐品种类更为丰富,饭菜质量有了明显的提升;同时降低了职工就餐成本,早中晚用餐分别仅需刷卡支付2元、4元、4元,疗养院补助2元、6元、4元,个人支付和疗养院补助全部用于采购食材,人工、水电等费用院统一进行支付;改革后极大地提高了职工用餐的热情。11月开始,因南区改造,职工用餐迁至北餐厅,饭菜质量进一步得到改善,用餐人数再次增加。

三、液化气供应

1975年,刚恢复建院不久的疗养院,就在煤炭工业部办公厅的支持下,由锦西石油五厂供应,解决了职工液化气供应问题。当时全院有液化气灶具93个、液化气罐139个,周转罐46个。职工使用液化气,由院补贴部分费用,并免费提供灶具。疗养院在北戴河是解决液化气最早的单位。

1982年1月,疗养院制定了《液化气使用管理制度》。规定液化气供应本院职工使用,每户固定罐两个,独身职工家属来探亲借给液化气炉具一套。一户四口人以上每20天,三口人以下每30天供应一罐气。

1983年,疗养院对液化气由暗补变明补,实行定额补助的办法,每罐气补助

1.5元，减少了液化气的外流，保证了职工用气。

1983年，疗养院又先后与天津和锦州石油化工公司、秦皇岛航五联系解决职工使用液化气问题。

1985年，石油工业部批下了25吨液化气计划内指标给疗养院，从此彻底解决了烧气问题。疗养院专门安排1台解放牌汽车用于往返锦西化机厂或天津炼油厂拉液化气。

1989年1月，疗养院为每户职工购买了不锈钢液化气灶具，并将灶具和液化气罐一次性收费折价给职工，每户灶具款50元；液化气瓶2个，老户每个25元，新户每个10元。

1995年3月21日，疗养院制定了《关于液化气管理的暂行规定》：一是核定了平价气的数量，二口人以下户（含二口人）每户每年6罐平价气；三口人以上（含三口人）每户每年9罐平价气；二是确定了气价，平价气28元/罐，议价气40元/罐；三是确定了职工用气补贴标准，凡疗养院正式职工每月由院补贴每人12元。

随着液化气市场不断放开，北戴河液化气公司成立，为北戴河政府所属部门提供计划内液化气。

2000年3月，疗养院同北戴河液化气公司协商将疗养院25吨液化气指标转给北戴河液化气公司，疗养院的职工享有同北戴河政府所属单位职工的同等待遇，由北戴河液化气公司送气上门，疗养院为每户职工办理了液化石油气使用证，每户两个罐（即疗养院当时使用的周转罐）每个罐50元的入户费，由疗养院承担费用。

四、生活补贴及实物的发放

1952年12月31日，煤炭管理总局印发煤行字〔1952〕225号文件规定：国庆、新年、春节，每次每人发给3分（供给制的婴儿和保姆及工资制的工作人员亦照发）。自1953年度开始可按规定发给过节费。

1952年，对房租补贴按每人每月4万5千元（旧币，下同）；用煤补贴每人每年1吨煤折合27万元；职工子弟学习补助，每人每年10万元，还发放了书报费，每人每月4600元。

1960—1962年，三年自然灾害，疗养院积极组织全院职工开荒生产。疗养院成立了职工生活委员会，院务会议决定分给每个职工三分地，自己种植；职工养鸡由总务科负责购买小鸡1100只，每只鸡收粮票0.5斤。

1963年6月25日，疗养院院务会议通过了职工家具配制、收费办法。

1981年，在整顿财产管理工作中，疗养院对每户家属按定额分配了个人所用家具，每户原则上配备两凳一桌。

1964年1月20日，疗养院院务会议研究了勃利农场给疗养院的4万斤粮食的分配问题，其中给每个职工黄豆70斤，红小豆20斤。每个职工可以自愿购买玉米，数量不限，但不准外售。对参加勃利农场劳动的5名人员每人奖励玉米300斤，黄豆50斤。

1976年，唐山发生地震以后，波及北戴河，为了妥善安排职工生活，使全院职工迅速转移室外，疗养院购买了席子、油毡、苇帘、塑料布等物品，搭盖了1500多平方米的棚子，为职工积极投入防震工作，为抓革命促生产创造了条件。

1979年，通过煤炭工业部拨给煤炭指标，从江苏睢宁、河北抚宁置换了大批的粮油等食品，除绝大多数供疗养食堂外，适量的补助了职工，提高和改善了职工生活。

1987年，疗养院为职工制作了1套院服。

1989年3月，职工生活福利归口行政科统一管理，并成立生活组，安排2名专职从事职工生活福利工作，同时将院双排座小货车划归生活组及行政科使用。由生活组员负责为全院职工拉液化气，购买猪、牛、羊肉，家禽，鸡蛋，蔬菜及副食品等。职工生活组在北戴河物价较高的情况下，多方联系为职工代购蔬菜瓜果，肉蛋禽米面油等副食品。

1991年，疗养院决定职工生活福利划归膳养科，要求为职工每人每月解决5斤鸡蛋、5斤肉、5斤豆腐。此后逢年过节，疗养院为职工福利分发了米、面、油、花生、鸡蛋、肉等食品。

1991年2月，疗养院为每户职工购置抽油烟机，年底为每个职工做了一套新院服。

1992年2月，疗养院为职工办理了家庭财产保险。

1996年后，疗养院院工会在每年中秋、国庆、元旦、春节，除个别食品外，多以货币形式给予职工过年过节福利补贴。

2006年，疗养院为在岗职工制作工作服。为规范职工着装，提高服务档次，疗养院投入近7万元为138位在岗职工制作了工作服，这是疗养院过去为职工制作服装档次最高的一次。

2008年，疗养院进一步丰富了职工福利内容。一是发放降温费，7—8月份给每位职工发放每日10元的降温费，给在职人员每个工作日另发放10元暑补；二是发放节日慰问金，端午、中秋两个传统节日分别给职工发放了300元和200元超市购物卡；三是发放慰问品，中秋节前给职工发放院专门订制的月饼；四是制作工作服，暑期前为全院在职职工制作了一套工作服；五是组织职工外出考察，三次集体活动分别考察了泰山、野三坡和北京奥运场馆等景点；六是发放住房补贴。

2012年以后，基本停发职工福利。

2016年开始，恢复职工福利，根据河北省基础工会经费收支管理规定，疗养院工会在每年端午、中秋和春节前发放米、面、油等家庭食用物品，发放物资总价值每人每年不超过1200元，2018年7月起调整为每人每年不超过1800元。

2017年7月，疗养院通过招标确定广州名裳服饰发展有限公司、大杨创世股份有限公司为供货商，为全院职工订制工作服。192名在编和合同制员工制作了西服等正装，为餐厅、客房、工程等部门制作了502套工服，投入资金102.4347万元。这是疗养院建院以来为职工制作工作服装投入最大的一次。

2020年10月，为全体在编在岗正式职工、合同制职工以及在院工作一年以上的临时工发放劳保用品，发放标准为每人发放安利洗衣液、洗头膏各2桶，安利香皂2块、毛巾1条。

五、职工家属子女就业

1951年，为解决职工家属就业，经疗养院请示，2月28日燃料工业部煤炭管理总局批复：关于职工家属请求投考看护练习生一节可根据实际工作需要情形及条件按正当手续严格审查，酌行采用并将采用情形详细报查。

1958年8月18日，总支召开扩大会议，研究了家属办合作社的问题，并决定同意成立家属合作社，家属合作社可以开办家属食堂、家属小卖店、成立洗衣组。疗养院要求总务科抽出一名炊事员，一名采购员帮助家属食堂，至家属学会再回原单位。疗养院从物质上给予支援，在账物资要收款，不在账物资不收款。同时还决定，从家属中抽取三人从事疗养院卫生工作，工资每人每月30元；再抽出三名家属，负责全院卫生间的清洁工作。疗养院出售肥料的收入归家属合作社，用于三名家属的工资，不足部分由院行政费补足。

1960年，疗养院组织家属成立了服务站，主要从事疗养院被品洗涤和卫生清扫，使10多名职工家属被安排了就业。

1981年，为安置职工子女就业，疗养院成立了青年服务社，安置职工子女16人。主要从事商店、照相、维修等工作。在20世纪80年代中期，国家清理整顿青年服务社时，疗养院通过与北戴河区有关领导做工作，将这部分职工子女全部转为集体工，并为此成立了夏都劳动服务公司。

1991年，根据疗养院指示，夏都劳动服务公司继续安排了职工待业子女10人，主要在院内从事话务员、财务、维修等工作。

1992年5月，益通公司成立后，夏都劳动服务公司撤销并入益通公司，原集体工转入益通公司，此后基本不再安排职工子女就业问题。

2019年，益通工贸公司注销。

六、职工困难救济

1957年，疗养院对生活困难的职工给予了适当的照顾，共救济了57人次，总支出1659元，其中药费补助（家属）250元左右，生活困难补助1400元。

1961年9月27日，疗养院院务会议决定：对困难职工分别给予35元、20元补助。

1962年5月10日，疗养院总支会议讨论了职工粮食补助问题，确立了补助数量和补助名单。第一等甲30斤，10人，乙20斤，6人；第二等15斤，30人。根据上级对老年体弱干部在生活上予以照顾的指示，研究确立了15名享受吃营养灶待遇；疗养院院务会还研究了7名职工的困难补助问题，使他们分别享受10~50元的补助。

七、冬季取暖

1955年11月30日，根据秦皇岛财政局印发《关于秦皇岛市国家机关工作人员宿舍取暖补贴暂行办法》，对疗养院符合条件的职工按标准发放了取暖补贴费。

1956年11月6日，北戴河区人民委员会《关于1957年冬季烤火费标准规定》，烤火期135天，自11月15日起至明年3月末止，市区党政机关等每人每天10斤煤。

1960年10月30日，疗养院总支会决定：为解决冬季取暖问题，每户解决1吨煤。

1961年11月7日，疗养院院务会议决定：冬季职工用煤，每户2吨，分4次发，包括合同工。

1964年9月1日，疗养院院务会议决定：职工用煤每年冬季集中由总务科卖煤一次，由北戴河煤建公司搞指标进煤给职工分配，煤款根据情况分期扣清，其余零星用煤自己解决。

1974年，疗养院家属院建立锅炉房，结束了住家属院职工各自烧煤取暖问题，职工住宅实施统一供暖。对住院外的职工，继续卖给2吨煤。

1991年，北戴河对住宅区实行集中供热，疗养院家属院供暖系统并入北戴河区大管网。

1998年10月，疗养院制定了《关于职工住宅冬季供暖费缴纳及补贴管理暂行规定》。对职工个人的供暖费过去由职工工资中的冬季烤火费中列支，不足由疗养院补贴，改为补贴由暗补变为明补，实现补贴货币化。1998年，在册职工每人补贴550元，司局级离休干部供暖补贴按职工补贴金额的2.0倍发放，处级以下离休干部按职工补贴的1.5倍发放，无生活来源，由疗养院发生活费的职工遗孀按在册职工标准发放供暖补贴。供暖补贴属福利性补贴，视疗养院经济效益情况逐年审核标准发放，住疗养院单身宿舍的职工不承担供暖费用，不发放供暖补贴。

1999年10月，疗养院西院4号住宅楼竣工交付使用后，相继有117户职工搬迁，近60%是在取暖期间搬迁的，其间大部分住户占用二套住房，且搬迁日期具有不确定性。因此，院里决定1999年11月5日至2000年4月5日取暖费的收缴由个人负担20%，其余由疗养院支付。

2016—2020年，疗养院每年为单身宿舍职工代扣代缴冬季取暖费，收取后统一缴北戴河区热力公司，同时每年按国家政策发放供暖补贴。

第四节 职工离退休管理

一、离退休制度及执行

疗养院建院以来，在不同时期的人事管理上一直执行国家的离退休相关制度。在提前内部退养和延长退休年龄方面，根据国家相关政策和疗养院情况制定了疗养院内部规定。

1966年3月7日和5月9日，疗养院党委会建院后首次研究干部和职工退休问题，包括老院长申守银在内的6名成为疗养院建院后第一批退休人员。

1982年，《国务院关于发布老干部离职休养制度的几项规定的通知》印发后，1983年朱昌武、王友三、卢章等6名成为疗养院建院后办理的第一批离休人员。

1988年1月，疗养院制定了《内部职工退休暂行办法》。《内部职工退休暂行办法》规定：男满55周岁，女满50周岁，本人自愿申请要求内部退休的，经院批准可以办理内退手续。同时，对内退的待遇等作出明确的规定。

1992年6月30日，疗养院制定了《关于聘用本院离退休干部的暂行规定》。根据工作需要，疗养院聘用本院离退休干部，应与被聘用人员签订聘用合同书。合同书每年签订一次，被聘用人员男不超65周岁，女不超60周岁，实行日薪工资制，具有高级专业技术职称者日工资6元，中级职称的日工资5元。

1994年10月，根据国务院国发〔1983〕141号、142号文件和人事部人退发〔1990〕5号文件，对具有高级专业技术职称人员延长退休年龄作出规定，按国家统一规定的退休年龄一般可延长1~5年，延长后的退休年龄，女最长不得超过60周岁，男最长不得超过65周岁。

1998年，疗养院人事制度改革，制定了《内部退养管理办法》。《内部退养管理办法》规定：内部退养人员范围为男年龄58周岁，女干部53周岁、工人48周岁以上，均应办理内部退养手续（不含高级职称的专业技术人员和获省、部级以上劳模者）；如本人自愿申请，年龄可放宽至男55~57周岁，女干部50~52周岁、女工人45周岁。内退人员工资及福利待遇除岗位补贴、保健费、暑期补助和误餐外，与在岗职工相同。

2003年3月15日，疗养院制定了

《关于职工内部退养的补充规定（试行）》对女干部内部退养的年龄和办理内退的时间进行了调整，即由过去可申请内退的年龄由50周岁调整为48周岁，每年1月统一办理手续。

2012年，是干部离退休制度建立30周年，疗养院按照"六个老有"的要求，认真落实离退休人员的各项待遇；坚持了走访、重大节日慰问、重要通报情况和老生病住院看望等系列制度，并充分发挥离退休党支部的桥梁纽带作用，及时了解、耐心听取老的思想和要求，帮助他们解决生活中遇到的实际困难，确保了离退休职工队伍的和谐稳定。同年，在国家安全生产监督管理总局的指导下调整了内退政策，决定对已执行14年的疗养院职工内部退养政策进行调整，不再强制要求职工距法定退休年龄差两年时必须内退，同时满足不同职工需求，保留个人自愿可以申请的内退政策。

二、离退休组织管理

1985年，疗养院成立离退休党小组。

1995年，疗养院增设离退休党支部来加强对离退休党员的管理和思想作风建设。设有专人或兼职负责老干部的管理和服务，并在西家属院建立、装修了离退休人员阅览室和活动室，订阅多种政治、经济、文化、娱乐等书籍和报纸、画报、杂志，还提供象棋、跳棋、扑克娱乐用品。

2001年，对离退休职工活动室进行了维修粉刷，配备了报刊书籍和娱乐用品并安排了专人进行管理。

2004年4月，疗养院被评为2003年度老龄工作先进单位。

2005年，疗养院一次性投资14.4万元，改扩建了两个家属院的离退休人员活动室，建筑面积达272平方米，还安排了专人进行管理，并制定了有关规定。12月28日起，设立离退休职工服务科，具体负责离退休老的工作。

2014年，疗养院为两个家属院活动室配备了健身器材和必要的活动设施，同时免费为两个家属院的住宅进行了暖气片冲洗，提高室内供暖效果。

三、离退休政治及生活待遇

1966年5月9日，疗养院院务会议决定，办公室要组织老干部看文件，可以请老干部到院看，也可把文件送到家里，并要求各科室对老干部的关心照顾要在位与不在位一个样。

1986年，根据上级关于离休干部待遇问题的规定，结合院里实际情况，疗养院制定了《离休干部费用管理办法》。对不同时期参加革命的老干部离休后工资和生活待遇，以及离休干部住房标准、参观、医疗、健康休养、探亲等问题作出规定。

1992年11月21日，疗养院根据上级意见，按照中国统配煤矿总公司总公司发放标准，提高离退休人员生活待遇5%~10%，涉及离退休人员43人。

1995年6月18日，根据煤炭工业部人事司煤人劳字〔1995〕341号文件，对疗养院符合文件规定的离休人员增加了离休费和护理费。根据上级离退休人员工资改革文件和相关政策，完成了离退休人员工资改革工作，并全部兑现了政策，给离退休人员补发工资15万元。

1996年10月2日，根据煤炭工业部文件，结合疗养院具体情况，疗养院党政办公会研究决定：自1996年1月1日起适当增加离退休人员生活补贴。具体标准：1985年工资制度改革以前离休每月33元，退休每月30元；1985年工资制度改革以后至1993年9月30日离休每月30

元，退休每月 28 元；1993 年 10 月 1 日至 1996 年 12 月 31 日离休每月 28 元，退休每月 25 元。

1999 年，按照国家政策，疗养院调整了离退休人员生活费，并及时足额发放。

2001 年，按照国务院和上级文件，疗养院两次为离退休职工增加了离退休费，并足额按时发放。年末按照规定标准增发一个月离退休费。

2003 年，发生"非典"疫情，疗养院经济收入锐减，在职职工每月只发一半工资，而离退休人员的工资则全部足额发放。

2005 年 1 月 28 日，邀请全部离退休职工举办了新春团拜会。

1988—2005 年，每年元旦、春节，疗养院班子成员和部分中层干部都要分别组成走访小组，到离退休人员家中慰问、送去慰问金、征求老意见。

2007 年，离退休人员人均年收入 2.16 万元，比 2006 年增加 10.5%。

2009 年，离退休职工人均年收入达 28696 元，比 2008 年增加 6796 元，增幅达 31%。

2011 年，离退休人员退休金全部发放到位，规范津贴补后人均增收 1100 元/月。

2015 年，离退休人员待遇全部发放到位，离休职工人均年收入 87775 元，退休职工人均年收入 52299 元。

2016 年，离退休人员费用按时足额发放，离休职工人均年收入 96845 元，退休职工人均年收入 60056 元。

多年来，疗养院领导班子十分重视离退休老的生活保障，虽然当前退休职工养老金和退休金和医疗保险已纳入河北省和秦皇岛市社保统筹，可仍然十分关心老生活。一是政治上关心，为离退休职工活动室订阅报刊、配备物品，将活动室改造工作列入重要日程。二是生活上照顾，在发放福利时仍然优先考虑老，节庆时只给离退休职工发放慰问品；重阳节时，院召开老座谈会，听取老意见建议，以便改进工作方法，最大限度满足老需求。三是搞好服务，疗养院志愿服务队和团总支几次到家属院为老清理居住环境，疗养院班子成员对东西两个家属院分工负责，每个单元都有党团员专人负责，极大地改善了家属院老生活环境，让老老有所养、老有所依、老有所乐。

第五节 计 划 生 育

一、计划生育政策

1980 年 4 月，根据秦皇岛市革命委员会 20 号文件规定，疗养院制定了《计划生育奖励政策》。从 4 月 1 日起，对终身只生一个孩子的夫妇按月发放独生子女奖励性保健费，男 3 元，女 2 元。

1981 年 5 月 18 日，疗养院制定了《关于一孩化女职工人工流产营养补助的规定》，对符合规定避孕失败人工流产休假期间给 10 元以内的营养品，不影响评奖和发卫生补贴。

1986 年 6 月 27 日，根据秦计生办和秦卫财的文件，疗养院制定了《关于一孩化女职工人工流产营养补助暂行规定》。①一孩化女职工长效避孕失败在人工流产休假期间每月从增收节支奖中提取 7 元作为一孩化的奖励发给，卫生补贴照发，同时发给 15 元营养补助费。②一孩化女职工身体不适合采取长效措施避孕，在人工流产休假期间奖励办法同第一条，卫生补贴照发，发给 8 元营养费，进行第三次人流时不再发给卫生补贴及营养费。③积极实行绝育手术，女扎、引产（3 个月以上）发给20元营养补助费。男扎，上节育环发5元营养补助费，休息期间奖励办法同第一条。

2001年12月6日，疗养院制定了《关于独生子女医药费报销的有关规定》，决定继续执行省、市有关医药费报销的有关规定，独生子女医药费报销至独生子女14周岁止，独生子女医药费每年在6月中旬、12月中旬报销两次。

二、计划生育工作

1963年11月28日，疗养院总支会议研究了疗养院计划生育问题，并要求做好宣传教育工作，区里布置后统一组织讨论执行。

1965年，疗养院在家属中开展计划生育的宣传教育活动。

1977年，疗养院党委成立后，向全院职工提出了搞好晚婚和计划生育的号召。

1978年，国家实施计划生育政策，开始在全国范围内提倡一孩化。为了坚决贯彻落实党和国家的号召，疗养院党委立即召开党团会议，向全体党员、团员发出号召提出要求，号召党员、团员要做计划生育的带头人。

1979年，疗养院有10对夫妇实行了一孩化，领取了独生子女光荣证，占一孩夫妇的83%。

1980年，有15名职工报了一孩化，全院仅剩2人没报。

1981年，疗养院100%实现了一孩化。

至2015年底，除个别经批准给予二胎指标外，疗养院未发生一起违反计划生育政策的。

疗养院计划生育委员会成立于1982年，主要抓以下四方面工作：一是抓一孩化，这是实现少生的根本举措，也是疗养院计划生育工作的重中之重和根本目标。二是抓晚婚，教育和鼓励广大青年在达到法定结婚年龄的基础上，适当推迟实际结婚年龄。三是抓晚育，疗养院对已婚青年提出严格要求希望，必须按照地方政府规定要求，在有指标的前提下生育。四是抓节育，落实避孕措施。

疗养院计划生育委员会成立后，安排专人或兼职人员具体抓职工的计划生育工作，建立健全了各种统计、登记表格和情况现状排查记录，建档备查，归档进行管理；建立长效预警机制，经常监督检查，发动群众、依靠群众提供信息，及时排除隐情。对从事计生工作的给予经济补助；坚决实行计生工作一票否决，计生工作与工资、奖金、福利连带制；由于疗养院抓计生工作措施得力，计划生育的一孩率100%、节育率100%、长效率100%、晚婚率100%，成为全区"放心"单位之一。1999年，疗养院被北戴河区评为计划生育先进单位。

1995年3月18日，疗养院根据人员变化，重新调整了计划生育委员会成员。

三、计划生育奖励政策的落实

疗养院认真执行国家有关政策，如节育假、晚婚晚育假等；同时，又陆续制定了一些具体规定，对实行一孩化的发给奖金，对独生子女家庭给予奖励、发给保健费；在儿童入托、就医、入学、招工、住房等方面都给予优惠的照顾。

1993年和1998年，疗养院两次调售职工住宅时，都制定了给予独生子女父母加分的政策，使独生子女家庭在同等条件下得到优先选调选购的优惠。

2005年6月，根据河北省有关规定，疗养院制定了《关于独生子女父母奖励与家庭待遇的管理办法（暂行）》，及时延长了独生子女医药费报销年限（14周岁延长到18周岁或到高中及相当高中的中专、中技毕业）。

疗养院还认真落实了河北省计划生育条例两项政策：一是从2003年10月1日起，对符合规定可以生育第二个子女而自愿不再生育的夫妻，在其领取光荣证后，分别给予1000元的一次性奖励；二是1972年8月15日实行计划生育政策以来，持有光荣证的，达到国家法定退休年龄时，分别发给3000元的一次性奖励。落实兑现这两项政策，在北戴河休疗单位中，疗养院是第一家。

第二章 文 化 生 活

第一节 精 神 文 明

一、职工学习教育

1. 理想道德教育

建院初期，针对工作上出现的被动、散漫、不负责的情形和态度，以及不团结等现象，1952年，疗养院进行了改进工作作风的教育。

1953年，疗养院开展了全心全意为休疗养员服务的思想教育。

1955年，针对评级中暴露的思想问题，疗养院开展对不良倾向、闹个人主义、闹宗派活动及自由主义等问题的教育。

1957年，疗养院进行了增产节约、爱护公共财物和共产主义道德教育。

1958年，疗养院开展适应社会主义"大跃进"发展的教育。

1960年，配合院中心工作，进行了共产主义理想教育。

1974年，恢复建院，职工来自四面八方，疗养院开展了"五湖四海"和为人民服务的思想教育。

1980年后，围绕办院方针，配合教育活动，疗养院多次对职工进行了主人翁思想教育，树立全心全意为煤矿工人服务宗旨的教育。

1982年和1984年，疗养院组织职工分别到秦皇岛柳江煤矿井下体验煤矿生活，到开滦矿务局总医院和省级文明单位秦皇岛商业服务楼参观学习。

20世纪90年代，疗养院主要配合改革开展对职工的思想教育。为了进行革命历史和光荣传统的教育，疗养院分两批组织包括离退休老在内的职工到锦州参观了辽沈战役纪念馆。

1996年，在北戴河区直工委举办的学习知识竞赛中，疗养院代表队在19支参赛队的激烈角逐中一举夺魁。

进入21世纪，疗养院重点开展全面推进疗养院文明建设的教育，深入开展了社会公德、职业道德和诚信教育。

2. 法制教育

1951年，疗养院在进行民主改革和民主建设教育中，组织学习《中华人民共和国土地改革法》《婚姻法》。

1955年，学习《中华人民共和国宪法》。

1980年，学习《中华人民共和国宪法》，同时针对市委决定疗养院对外开放要求，组织学习了外事知识与纪律。

1982年，在疗养院进行的"四个整

顿"过程中，加强了法制与具体各项规章制度的教育。

1986—1988年，配合中央在全体公民中普及法律常识的安排，疗养院组织学习了新颁布的11部法规、条例。

1989年，疗养院进行了社会主义民主与法制建设的必要性的学习教育。

1993年和1997年，配合北戴河区"二五""三五"普法，疗养院组织学习有关法律法规。

2004年以后，随着疗养院接待俄罗斯游客人数逐年增多，对职工进行外事纪律和涉外接待的法律、法规教育，提高"外事无小事"的责任意识。

3. 先进典型教育

1952年4月10日和1953年5月29日，分别邀请志愿军归国代表一等功臣马玉华、朝鲜功臣年松纳和其他三名志愿军来疗养院作英雄事迹报告。

1986年，邀请在疗养院疗养的邢台矿务局高级工程师、全国六届人大代表脱师禄作报告。

1991年5月，由中统煤总公司组织的优秀青年知识分子事迹报告团一行六人专程来秦皇岛市为煤校师生作演讲报告，并应邀来疗养院作报告。全院职工及在院的疗养员共500余人参加报告会。

1995年7月29日，在疗养院康乐部召开全国煤炭特等劳模事迹报告会，邀请在院疗养的鸡西矿务局全国煤炭特等劳模李德和焦作矿务局全国煤炭特等劳模吕茂盛，分别作了题为《献身煤炭事业终生无悔》和《为煤炭事业当好主人翁》的报告。

2010年，疗养院宋瑜因积极参与营救跳海自杀的海港区居民，被海港区政府授予"见义勇为先进分子"荣誉称号。

2017年5月20日，疗养院丛乃霞在青岛出差期间拾金不昧，捡拾钱包归还失主，失主给国家煤矿安全监察局办公室、秦皇岛报社和疗养院寄来三封感谢信，疗养院号召全体职工认真向丛乃霞学习拾金不昧传统美德。

4. 文化教育

1952年，根据市委及区干校统一规定，疗养院组织了护士学习班，每周上文化课四堂，政治课二堂，使护士班的文化程度普遍提高到初中一年级水平。

1953—1954年，疗养院组织90%以上的职工参加了文化学习，经过两年的学习，使原来初小和文盲的职工普遍达到了高小以上的文化程度。

1981—1982年，疗养院部分青年职工参加了北戴河职工高中培训，取得了高中毕业证书。

二、职工活动

1. 献爱心活动

1950年，疗养院向灾民募捐寒衣和货币。

1951年5—6月，疗养院完成两次抗美援朝捐献任务。全院23人，第一次捐献了33.8万元（旧币），第二次捐献了487万元（旧币），共计520.8万元（旧币）。

1953年，疗养院为灾民捐献御寒衣物200多件、钱款119万元（旧币）。

1989年10月，响应市委市政府的号召，疗养院发动全院职工，为引青济秦水利工程及教育进行了捐款，疗养院及全院职工共捐款71500元。

1991年7月，百年不遇的洪水灾害给安徽、江苏、河南等地人民群众的生命财产和国家经济造成巨大损失，疗养院开展了支援灾区人民抗洪救灾的募捐活动。

1994年6月，参加北戴河"捐资助学、献爱心"活动，疗养院院领导平均捐款50元以上，中层干部平均25元以上，职工踊跃捐款。全院共捐款5526元，其中疗养院捐款3000元，职工捐款2526元。

1995年，在河北省委等单位联合开展的"为贫困失学儿童献爱心交纳特殊党团费"活动中，80名党员和40名团员共交纳1571元特殊党团费，交纳率达100%，受到区直工委好评。

1996年，疗养院组织职工积极响应北戴河区"向灾区人民献温暖"活动，全院共捐款2235元。

1996年，疗养院专科职工向病人献爱心，为一名来自内蒙古农村的贫困小患者捐款1100元，骨科为其减免医疗费4600元，《秦皇岛晚报》《内蒙古工人报》对此进行了报道。

1997年，参加北戴河区捐资助教活动，疗养院共计捐款2153元。

1998年，我国长江流域和东北嫩江、松花江流域发生百年不遇特大洪涝灾害。疗养院党委发出为灾区捐款号召后，两天之内全院职工个人捐款包括一些离退休老的捐款就达3453元，疗养院领导和劳模关海杰每人捐款100元。为东北灾区捐御寒衣物、被褥共计436件。

2008年5月，为支援四川汶川地震灾区人民，疗养院举行向灾区捐款仪式，疗养院职工累计向灾区捐款4次，捐款金额共达6万多元。在各部委驻北戴河区单位中，捐款额两次排名第一。

2012年8月3—4日，受第10号强热带风暴"达维"影响，北戴河区出现历史罕见的特大暴雨，造成城区局部洪涝，农田大面积受淹。疗养院职工踊跃为受灾群众进行捐款，两天时间里，共有120多位职工进行了爱心捐赠，包括20多名离退休老的捐款，捐款合计7530元。

2018年9月，疗养院组织"99公益日捐赠活动"，全体职工参与活动，共向中国煤矿尘肺病防治基金会捐款19695.80元。

2019年9月，疗养院组织"99公益日捐赠活动"，187名职工参与活动，共向中国煤矿尘肺病防治基金会捐款15398.26元。

2. 劳动与奉献

1959—1960年，干部参加体力劳动锻炼，开展无闲地运动，义务种植蔬菜。

1961—1964年，修旧利废，为国家节约开支。疗养院职工参加了修床铺、缝床垫、补椅垫、自做墩布、栽树造林、清扫卫生、糊信封等义务劳动。

1965年，坚持勤俭办院，疗养院职工参加义务除草、平整道路、清除垃圾、疏通水沟、栽植风景花树、美化环境等约2590人次，节省开支2213.6元；医务人员利用业余时间拆洗被褥、枕头、床单、枕巾等5200余件；总务部门业余时间拉煤、抬炉灰、筛炉灰捡煤核、捡石头、平管沟等。开展生产能手、技术能手、节约能手评选活动，仅1965年全院就评出生产能手16人、技术能手2人、节约能手1人。

1976年7月28日，唐山发生强烈大地震，波及北戴河，600多疗养员和全院职工在撤离时，团结友爱、互敬互让、先人后己；在建设防震房时，奋不顾身争先恐后。对灾区送来的46名伤病员，疗养院组织奋力抢救、无私救治，还涌现了为伤员送衣服、背着伤员去厕所等好人好事。

1990年，疗养院组织广大职工积极参加了迎亚运会的各种活动，如清理污水沟、海浴场、粉刷围墙。

2004年7月1日，北戴河邀请中国煤矿文工团到老虎石演出，疗养院拨专款为文工团近80人解决了两天的食宿；在"驻访帮解"活动中，疗养院还为对口的苏庄村修路捐款1.5万元,并被评为该年度北戴河区"驻访帮解"先进休疗单位。

2008年,北京奥运圣火在秦皇岛进行传递,为保障奥运圣火传递的顺利进行,疗养院派出26名党员参加了市委、市政府组织的安保执勤,并出色地完成任务。

2017—2018年,疗养院积极参与秦皇岛市全国文明城、北戴河区河北省文明城创建工作,多次派遣职工参与老虎石海上公园、保一路、保二路及周边地区垃圾捡拾工作。

3. 无偿献血与义诊

1960年,北京工人休养所休养员病危需输血,响应疗养院的号召,全院有10多名踊跃报名,总务科张智麟副科长第一个献血200毫升,成为疗养院第一个义务献血者。疗养院梁恩朴因胃溃疡穿孔,需要动手术,全院职工共献血1400多毫升,挽救了他的生命。

1994—2002年,疗养院先后有10多名职工参加了义务或无偿献血活动。

2015年,疗养院16名职工参与秦皇岛市中心血站组织的义务献血。

2016年,疗养院13名职工参与秦皇岛市中心血站组织的义务献血。

2017年,疗养院14名职工参与秦皇岛市中心血站组织的义务献血。

多年来,疗养院医疗党支部坚持"七一"建党节前夕组织党员医务工作者到院南门开展义诊活动,为北戴河广大游客和群众进行健康检查、提供医疗咨询服务。

4. 精细化服务

2005年,疗养院的精神文明建设以开展精细化服务活动为主。响应北戴河区开展精细化服务的号召,疗养院制定并实施了《精细化服务活动实施方案》和《精细化服务基本标准》,被评为北戴河区2005年度旅游精细化服务达标单位。

2006年6月,疗养院举办第一届服务技能竞赛,进一步推行《精细化服务标准》。竞赛活动有效带动了全院各岗位服务水平的提高,并受到地方旅游管理部门和新闻媒体的关注,被评为2006年度北戴河旅游精细化服务达标单位和北戴河旅游行业诚信单位。

2007年,疗养院客房服务员参加中央国家机关职业技能比赛并获北戴河区三等奖。

2007年6月,疗养院在金海大酒楼和安全培训楼举行了第二届"安康杯"专业技能比赛,客房、医疗和餐饮3个系列近80名选手参赛。

2008—2012年,连续五年举办"安康杯"业务技能比赛,疗养院总体服务水平和道德水平逐年提高,获得了各方面好评。

5. 创文明城

2017年7月16日,为助力配合秦皇岛市创建全国文明城市,疗养院隆重举行"创建无烟头疗养院"活动启动仪式,秦皇岛市和北戴河区领导现场观摩,全院200多名在岗职工进行秦皇岛市文明公约的签字,同时向100多名离退休职工发放了北戴河区《创建文明城市倡议书》,组织精神文明知识考试。斥资数万元,在全院所有服务窗口设立学雷锋志愿服务岗、文明引导员,张贴文明公约等宣传海报、宣传牌,在院内和两个家属院设置了"讲文明树新风""社会主义核心价值观""十九大主题""烟头垃圾不落地 北戴河因你而美丽"等公益广告。

第二节 文体生活

1. 文艺活动

疗养院职工文化生活是与疗休养生活紧密相连的。自20世纪50年代建院始，疗养院职工普遍学会唱歌跳舞，每周都要参与疗休养员的联欢晚会、舞会和娱乐游戏。

1953年，疗养院成立了业余文工团，团员发展很快，到1957年时，团员达到了40人。为了活跃疗休养生活和职工文化生活，很多职工自己编写和演唱快板、大鼓、相声及一些戏剧，演出的戏剧节目有《三不愿意》《刘巧儿》《小二黑结婚》《小女婿》《柜中缘》《苏三起解》《偷瓜》《王三打鸟》等；舞蹈有新疆舞、蒙古舞、朝鲜族舞，还有《打猪草》《康定情舞》《抓舌头》《二人摔》；曲艺节目有费德春的口技、徐凤的绕口令、乔忠元王德兴的相声、李玉岩的小魔术；表演形式有表演唱、小合唱、独唱、乐器小合奏、手风琴、二胡独奏等。为了充分挖掘职工和疗养员中的文艺人才，疗养院成立了俱乐部管理委员会，根据个人爱好与自愿设立若干小组培养积极分子。20世纪80年代恢复建院后，疗养院继续秉承了职工文艺演出传统，组织职工业余演出队，排练了大批文艺节目。

1964年，疗养院购置了部分文体设备，职工排练演出热情高涨，自编自演节目15个，全年演出35次。

1986年，疗养院花几千元购置了各种乐器。

1987年，疗养院职工组织了业余小乐队和业余演出队两支队伍。同年，为疗养员和煤炭工业部会议演出11场，还两次赴京参加了部机关组织的文艺调演，并取得好成绩，获得一等奖2个，三等奖1个。

1990年5月，疗养院参加北戴河区"迎暑期、迎亚运"文化活动月活动，有2个节目分获一、二等奖，区文艺汇演获得总分第一名，获文化活动月先进单位称号。一直到20世纪90年代末，职工业余演出队自编自演、自行伴奏，每年都要为疗养员、来院贵宾上演10多台丰富多彩的节目，为疗养员舞会伴奏等，还经常应邀参加北戴河区重要活动和兄弟单位的演出。为活跃疗养生活，每期疗养员入院后，除观看疗养院演出队演出外，各疗区医护人员都要自行排演节目，在疗期中与疗养员进行联欢。

1989年9月22日，疗养院举办新中国成立四十周年革命歌曲演唱会。

1993年10月13日，疗养院举办纪念毛泽东主席诞辰100周年演唱会，5个支部200多名职工全部参加演唱，从区文化馆邀请了有关专业人员出任评委，评出了一、二、三等奖。10月16日，疗养院职工还组队参加了北戴河区休疗工委举办的演唱会并荣获优秀奖。

1995年，疗养院组织院文艺演出队和部分职工先后两次参加了北戴河区纪念抗战胜利50周年演出等活动。

1996年，庆祝"五一"国际劳动节，疗养院组织职工举办了联欢会和游艺会。

2001年，疗养院职工编排节目参加了北戴河区"庆祝建党80周年文艺汇演"。

2009年7月，疗养院组织庆"七一"表彰大会和红歌献给党歌咏比赛，全院职工及离退休职工全部参加。

2017年，疗养院组织开展"五四青年"演讲比赛、庆"七一"歌咏比赛等系列活动，全院职工和离退休职工全部参加。

2019年12月30日，疗养院派遣职工代表团100余人参加北戴河区新年晚会，并出演合唱节目《歌唱祖国》。

2. 文化生活

1960年，疗养院开辟了职工疗养员

壁报园地和工艺展览、诗坛，成立了创作组，采用学、写、讲、用相结合的办法，年内掀起写文章、写诗高潮4次，全年写文章147篇，写诗32600首，在新年、春节、"五一""七一""十一"等节日举行了赛诗比武会。

1980年后，为了提高职工文化素养，疗养院俱乐部阅览室、图书室定时向职工开放、借阅，职工撰写的的文章多次登载在各类报刊上。仅1997年，骨科、尘肺科职工撰写的科普文章、经验总结、新闻报道等稿件就达40余篇，相继在《人民日报》《健康报》《煤炭报》《工人日报》等十几个国家、省、市级报刊上刊登。

3. 体育运动

1955年，疗养院成立了职工男、女篮球队，男、女排球队及男、女锻炼小组。坚持每周不少于3小时的技能训练和体育锻炼。增加了跳绳、羽毛球、康乐器、单双杠、标枪、铁饼、握力、手榴弹等项目。

1956年，疗养院成立体育协会，经常组织职工篮球队、排球队与休养员或院外单位进行比赛。

1987年，疗养院举办了两次小型运动会，派出羽毛球队参加了北戴河区的羽毛球比赛，获男、女团体和女子单打三项冠军。

1990年，疗养院参加北戴河区举办的春季运动会，获团体总分第二名，女子乒乓球团体第二名。

1995—1998年，每年春季、秋季组织职工开展了拔河、乒乓球、篮球、象棋等项比赛或趣味运动会。

1996—1998年，3年内疗养院组织职工参加了煤炭工业部机关服务局职工运动会，分别获得团体总分第二名、第三名、第一名的好成绩。

2004年，疗养院组织了登山比赛。

2006年5月，疗养院组织庆"五一"趣味运动会。全院职工积极参与。比赛项目有捡豆、投球、保龄球、推手、推汽车轱辘等。

2012年10月，疗养院组织职工运动会，比赛项目有象棋、围棋、扑克、乒乓球等。在传统比赛项目的基础上，新增了CS真人拓展训练，增强了团队意识和协作精神。

2013年，疗养院组织第六届"安康杯"专业技能系列比赛。4月，疗养院组织离退休职工运动会。项目有夹黄豆、推瓶子、拼图、投球入盆、跳棋等。

2014年6月，在安培楼一楼，疗养院举行离退休职工趣味运动会。

2016年，疗养院举办春季职工室内趣味运动会。

2017年，疗养院举办职工趣味运动会和登山活动。

2018年7月开始，每天早晨7点，疗养院职工在安培楼前学做导引保健操。9月，疗养院组织全院职工举行秋季健步走竞赛。

2019年4月，疗养院组织全院职工开展春季健步走活动。

第三节　荣　誉

1996年，疗养院连续第六年被评为市级文明单位、八年省级卫生先进单位、四年暑期优质服务优胜单位、三年北戴河区社会治安综合治理先进单位、十年市级园林化单位，新被评为省级绿化先进单位。

1997年，疗养院被评为秦皇岛市文明单位、北戴河区暑期优质服务优胜单位、河北省园林式单位、秦皇岛市花园式单位、秦皇岛市创建国家卫生城先进单位、秦皇岛市食品卫生先进单位、秦皇岛市交通安全先进单位。

1998年，疗养院被评为秦皇岛市文明单位、北戴河区文明单位，北戴河区暑期优质服务优胜单位、河北省园林式单位、秦皇岛市花园式单位、秦皇岛市食品卫生先进单位、秦皇岛市交通安全先进单位。

1999年，疗养院被评为秦皇岛市、北戴河区文明单位，北戴河区暑期"创三优"优胜单位、北戴河区社会治安综合治理先进单位，被北戴河区公安局评为安全保卫先进单位、计划生育先进单位、市级优秀旅行社。

2000年，疗养院被评为市区两级文明单位，北戴河区"创三优"先进单位，北戴河区社会治安综合治理先进单位。

2001—2005年，疗养院连续五年被评为北戴河区法制宣传教育先进集体。

2001年，疗养院再次被评为市区两级文明单位，北戴河区"创三优"先进单位。8月，疗养院首次被中共秦皇岛市北戴河区委、区政府区人武部评为拥军优属先进集体。

2002—2009年，疗养院被评为秦皇岛市市级文明单位。

2004年，疗养院被评为河北省园林式单位、秦皇岛市首批容貌环境五星级达标单位、北戴河区暑期"创三优"先进单位、北戴河区城市亮化工作先进单位、北戴河区社会治安综合治理先进单位。

2005年，疗养院被中共秦皇岛市北戴河区委、区政府评为社会治安综合治理先进单位、北戴河旅游精细化服务达标单位。

2006年，疗养院被评为旅游工作先进单位，秦皇岛市人民政府授予疗养院刻有"卫生先进单位"字样的牌匾，对疗养院2006年度的爱国卫生运动所取得显著成绩给予高度评价。因疗养院精细化服务和规范化经营搞得好，秦皇岛市北戴河区人民政府发文表彰，同时被评为北戴河旅游精细化服务达标单位和北戴河旅游行业诚信单位。

2007年，疗养院被评为平安建设先进单位、秦皇岛市交通安全先进单位、秦皇岛市创建全国绿化模范城市先进单位，北戴河区旅游行业先进单位、爱国卫生先进单位、食品卫生信得过单位、精细化服务达标单位、基础设施建设工作先进单位、市场开发先进单位、旅游安全与市场秩序规范工作先进单位。

2008年，疗养院被评为秦皇岛市交通安全先进单位、秦皇岛市旅游市场开发先进单位、北戴河区平安建设先进单位、美国白蛾防治和垂直绿化工作先进单位、北戴河区文明单位、秦皇岛市创建全国绿化模范城市先进单位、秦皇岛市旅游市场开放先进单位。

2009年，疗养院被评为秦皇岛市交通安全先进单位、秦皇岛市旅游市场开发先进单位、北戴河旅游精细化服务达标单位、河北省卫生单位、秦皇岛市市级文明单位。

2010年，疗养院被评为北戴河区暑期工作先进单位、北戴河区节水管理先进单位，被北戴河区公安分局评为涉外安全保卫工作先进单位。疗养院被评为北戴河区绿化先进单位、北戴河区平安建设先进单位、北戴河区安全生产管理先进单位，被评为秦皇岛市交通安全先进单位。疗养院被河北省爱国卫生运动委员会评为省卫生单位，这是继1997年疗养院被评为河北省园林式单位以来再次获得的省级荣誉，秦皇岛市共有12家单位获得了该项称号，在北戴河区200多家休疗单位中仅有2家获此殊荣，是唯一一家获奖的休疗单位。

2010—2017年，疗养院连续多年被

评为秦皇岛市车辆管理先进单位。

2011年，北戴河区委、区政府联合发文表彰2011年度平安建设先进单位和先进个人，疗养院再次被评为北戴河区平安建设先进单位，这是疗养院连续第13年获此殊荣，也是疗养院2011年度继被评为秦皇岛市交通安全竞赛先进单位、北戴河区安全生产工作先进单位、涉外接待安全单位后，在安全工作方面获得的第四项荣誉。同年，被评为北省省级卫生单位、秦皇岛市旅游饭店节能降耗先进单位、节水先进单位。

2012年，疗养院被秦皇岛市公安局交通警察支队评为2012年度交通安全先进单位，疗养院被评为秦皇岛市市级文明单位、市绿化先进单位、节水先进单位、北戴河区级文明单位。7月，疗养院被评为秦皇岛市旅游饭店节能降耗先进单位，全市旅游饭店行业共有10家单位获此殊荣。

2013年，疗养院被评为秦皇岛市市级文明单位、北戴河区涉外安全保卫工作先进单位、北戴河区平安建设先进单位。疗养院被秦皇岛市人民政府节水办评为2013年度市级节水先进单位。疗养院被秦皇岛市公安局交通警察支队、秦皇岛市机动车驾驶员协会评为2013年度交通安全竞赛先进单位。

2014年，疗养院被秦皇岛市公安局交通警察支队评为2014年度交通安全竞赛先进单位，疗养院被评为北戴河区暑期工作先进单位、北戴河区暑期反恐防暴群防群治工作先进单位。

2015年，疗养院被评为北戴河区暑期工作先进单位、北戴河区暑期反恐防暴群防工作先进单位和秦皇岛市交通安全竞赛先进单位、市级节水先进单位。

2017年，疗养院被评为北戴河区平安建设先进单位、北戴河旅游旺季安保维稳先进单位。

2017—2018年，疗养院被评为河北省文明单位、秦皇岛市文明单位。

中国煤矿工人北戴河疗养院志

第九篇
党群组织

本篇主要介绍1950年以来疗养院党组织发展建设、宣传教育、纪律检查以及工会和共青团组织建设发展情况。

第一章　中国共产党组织

第一节　组织建设

一、党组织的建立与发展

疗养院党组织始建于1950年，1950年至1958年5月设为党支部，1958年5月至1965年9月设为党总支，1965年9月至1969年设为党委，1973年至1977年10月设为临时党支部，1977年10月20日起设为党委。

1. 建院初期

疗养院党组织为支部委员会，支部委员和书记由党员民主选举产生。

1950年，疗养院成立党支部时，因只有党员3人，开始时只设支部书记1人，未设支委，后随着党员人数增加，增设了组织委员1人。

1951年11月23日，由党员民主选举产生了支部委员会，疗养院支部委员会由支部书记、组织委员、宣传委员和保卫委员4名支委组成。

1952—1956年，疗养院党支部增设了青工委员，由5名支委组成。

1957年，疗养院党支部增设了纪律监察委员和工会委员，支委也由5人增加到9人，党支部每年改选一次。

2. 疗养员临时党支部的建立

1953年开始，疗养院就在休养员党员中选举支委1人，参加院支部工作。到1957年，由于疗养员中的党员比重很大，为了发挥疗养员中党员的作用，督促完成疗养任务，根据中共全国总工会北戴河事业管理处委员会《关于疗养院在疗养员中建立党的临时支部委员会的意见》，在疗养员中建立了临时党支部。由管理处党委委员、疗养院申守银院长分工负责领导，日常工作由疗养院做政治工作的干部和临时支部书记共同研究贯彻执行。

3. 党总支和党委的建立

1958年6月5日，经中共中华全国总工会北戴河事业处委员会批准，疗养院党总支成立，总支书记为一正二副。疗养院党总支下设1个机关支部和1个疗养员临时支部，选举产生了机关支部委员会，支部设书记和组织委员、保卫委员、宣传委员、工会委员、青年委员5名支委。1959年，机关支部撤销工会委员，增设生活委员。1960年，将生活委员改称为生产生活委员，另增设卫生委员，机关支部每年改选一次。对疗养员临时支部，则坚持组织健全，做到骨干随缺随补，保证不间断对疗养员进行组织领导和思想教育工作。

1961年，经上级批准，将疗养院总支下设的原机关支部改设行政、医务两个支部，各设支部书记、组织委员、宣传委员、保卫委员、生活委员，支部由3人组成（有兼职委员）。1963年，支部改选时，支部增设了副书记和监察委员，支部委员会由5名支委组成。

1965年9月，经煤炭工业部党委批准，疗养院成立党委。1966年，疗养院党委下设10个支部，其中疗养员临时支部8个。1961—1966年，行政、医务支部每两年改选一次。

1965年12月后，疗养院党委在疗养员中设立临时支部，是根据工作需要和党员人数，由党委研究决定的，其产生是由支部党员大会选举产生报党委批准的。

"文化大革命"期间，疗养院党组织停止工作活动。1969年，疗养院闭院。

4. 恢复建院

1973年，疗养院恢复建院，建院伊始设临时党支部；1973年至1974年8月，党支部设书记1名、委员4名；1974年9月至1977年10月，党支部设书记、副书记各1名，委员6名。

1977年10月26日，选举产生中国共产党中国煤矿工人北戴河疗养院委员会。党委由5名组成，选出3名委员，暂空留2名不选，设党委副书记2人。

1978年7月25日，经疗养院党委研究，煤炭工业部同意，报北戴河区委批准，成立了医务科党总支，下设6个支部：疗区疗养员5个支部和医务科支部。疗养院还另设总务科、食堂科、机关3个支部。医务科党总支设副书记1名、委员6名；总务科、食堂科支部各设副书记1名、委员2名；机关支部设书记1名、委员3名；医务科支部设书记1名、委员2名。

1983年6月，对疗养院支部进行换届改选，取消了疗养员支部，党委下设5个支部，其中膳食科、机关、总务科3个支部，各设书记1名、委员2名；基建办公室支部只设书记1名；医务科支部设书记1名、委员4名。各支部委员分工一般为：组织委员、宣传委员、纪律检查委员。

1985年4月，支部改选，膳食科、总务科支部合并为行政科支部，党委下设机关、医务科、行政科和基建办公室4个支部。

1987年，党委下设4个支部，分别是机关支部、行政科支部、医务科支部和劳动服务公司支部。

1989年，党委下设5个支部，分别是机关支部、医务科支部、行政科支部、膳养科支部和劳动服务公司支部。

1991年，召开中国煤矿工人北戴河疗养院第一次党员大会，选举产生了新一届疗养院党委委员、纪委委员。

1992年，支部换届选举，疗养院党委下设5个支部，第一支部（机关）、第二支部（医务科）、第三支部（行政科）、第四支部（膳养科）、第五支部（劳动服务公司）。其中第一、第三、第四支部委员会由3人组成，第二支部委员会由5人组成，第五支部只设书记1人。

1995年4月，对任期已满的各支部进行了改选，并根据需要增设了专科部和离退休人员两个支部，全院共有7个支部。

1998年4月，对基层支部进行了调整，并任命了5位新支部书记；将第一至第五支部改称为机关支部、医疗科支部、后勤支部、旅行社保卫支部、益通公司支部。

2001年5月9日，疗养院党委调整了基层支部设置和支部书记的任免，撤销了旅行社保卫支部和益通支部，设立了旅行社支部和保卫支部、益通支部，机关支部、医疗支部、后勤支部不变；离退休支部5月19日换届改选，任命了新的支部书记。疗养院共有6个支部。

2002年,撤销旅行社支部,设立保卫旅行益通支部,保留机关支部、医疗支部、后勤支部、离退休支部。

2004年,疗养院党委下设5个支部,分别是机关支部、医疗支部、后勤支部、保卫和客房支部、离退休支部。

2016年12月16日后,疗养院党委下设6个支部,分别是机关一支部、机关二支部、医疗支部、后勤支部、客房支部、离退休支部,并按规定进行了支部委员换届选举。

2017年3月21日,疗养院党委召开第二次委员会换届选举党员大会,选举产生了新一届院党委委员和纪委委员。

2018年11月,疗养院党委设立党群工作部(纪检监察室)。

2020年10月,疗养院党委下属各支部分别召开党员大会,选举产生了新一届支部委员和党支部书记。

1950—2020年疗养院党支部、总支、党委成员名单见表9-1-1。

表9-1-1　1950—2020年疗养院党支部、总支、党委成员名单

时　间	院级党组织	书记	委　员
1950年至1951年11月	党支部	申守银	
1951年11月至1952年9月	党支部	申守银	冯树森、吴贵生、王　禾
1952年9月至1954年4月	党支部	郝泽远	曹梦日、吴贵生
1954年4月至1954年9月	党支部	申守银	费德春、郭万江、王　禾、王志远
1954年9月至1957年3月	党支部	申守银	郭万江、费德春、霍正义、孙云钊、王　禾、张继宗
1957年3月至1958年5月	党支部	申守银	王文铎(1958年3月免职)、沙金声(1958年3月任职)、谢力强、曹梦日、丛亚兰、郭万江、霍正义,1957年8月增补：田勇仁、吴贵生
1958年5月至1963年6月	党总支	申守银(1962年1月至1963年6月任总支第一书记)刘硕人(1962年1月任第二书记)	沙金声、谢力强、孙云钊、吴贵生、王景隆(1962年1月增补)
1963年6月至1964年5月	党总支	韩义山	孙云钊、谢力强、刘硕人、吴贵生、王景隆、沙金声、申守银
1964年5月至1965年5月	党总支	韩义山	刘硕人、王景隆、曹梦日、吴贵生
1965年5月至1965年11月	党总支	刘硕人	邢志均、王景隆、吴贵生、郭万江

表 9-1-1（续）

时间	院级党组织	书记	委员
1965年11月至1967年8月	党委	刘硕人	邢志均（到1969年南迁）、王景隆、吴贵生、郭万江（到1969年南迁）
1973年3月至1974年8月	临时支部	杨景芳	李润、范永希
1974年9月至1977年10月	临时支部	李子彬	朱昌武、李之芳、陈跃东、腾炳恒
1977年10月至1982年7月	党委	王友三（1978年5月任职）	卢章、刘茵、李福（1979年11月任职）、于佩江（1981年任职）、于长志
1982年7月至1984年10月	党委	于佩江	朱子桥、李福、张禹琦、丁伟
1984年10月至1990年1月	党委	贺钧	朱子桥（1985年7月调走）、李福、张禹琦（1987年11月调走）、李玉环（1984年9月任职）、丁伟（1986年5月免职）、贺宏记（1986年5月任职）
1990年1月至1997年5月	党委	贺宏记	李玉环、梁云鹏、于陆军（1991年10月任职）、丁伟（1995年3月退休）
1997年5月至1998年1月	党委	柴久茂	贺宏记、梁云鹏、李玉环、于陆军
1998年1月至2006年6月	党委	贺宏记	李玉环、梁云鹏、于陆军、陈志远（2001年10月增补）、张振国（2001年10月增补）、王蕾（2004年10月增补）
2006年6月至2010年5月	党委	张振国	李玉环（2010年5月退休）、于陆军、王蕾、张志浩（2006年8月增补）
2010年5月至2014年3月	党委	于陆军	张振国、王蕾、张志浩（2011年4月退休）、陈刚（2012年9月增补）
2016年5月至2020年5月	党委	高寿峰	郭玉梅、王蕾、陈刚、冯星辰（2017年3月增补）

二、党组织沿革

1950年10月7日，国营煤矿职工疗养院党支部成立，由于当时只有3名正式党员，上级委任申守银为支部书记，不另设支委。

1951年11月23日，支部大会投票选举产生中共国营煤矿职工疗养院支部委员会。支委会由4名组成，设书记1人。

1953年2月23日，疗养院更名为中国煤矿工人北戴河疗养院，疗养院党支部随即更名为中共中国煤矿工人北戴河疗养院支部委员会。

1958年5月27日，选举产生中共中

国煤矿工人北戴河疗养院总支部委员会。党总支由5名组成，设总支书记、副书记各1人。

1965年9月17日，煤炭工业部党组批复同意疗养院成立党委和政治工作机关。同年10月27日，中国共产党中国煤矿工人北戴河疗养院委员会与中共中国煤矿工人北戴河疗养院政治处印章启用。同年11月10日，选举产生中国共产党中国煤矿工人北戴河疗养院委员会。疗养院党委由5名组成，设党委书记、副书记各1人。

1966年8月，疗养院"文化大革命"开始，党委停止工作活动。

1968年，中国煤矿工人北戴河疗养院革命委员会建立，为党政联合机构。革委会由5人组成，革委会主任1人、副主任2人。

1969年，疗养院南迁停院。

1973年，根据燃料化学工业部《关于恢复中国煤矿工人北戴河疗养院的指示》，疗养院由北京矿务局代管恢复。恢复筹备期间，由京西党委书记杨景芳代理院临时支部书记。

1974年8月，疗养院临时党支部正式成立，由5名支委组成，设书记1名，副书记1名。

1977年10月20日，经煤炭工业部政治部与秦皇岛市委共同商议，决定恢复建立疗养院党委。

2004年8月31日，中国共产党中国煤矿工人北戴河疗养院委员会同称中国共产党国家安全生产监督管理局（国家煤矿安全监察局）职业安全技术培训中心北戴河中心委员会。

2005年2月，国家安全生产监督管理局升格为总局；同年8月18日，院党委名称变更为中国共产党中国煤矿工人北戴河疗养院（国家安全生产监督管理总局培训中心北戴河中心）委员会。

2012年10月，疗养院加挂国家安全生产监督管理总局北戴河职业病防治院牌子，疗养院党委更名为中国共产党中国煤矿工人北戴河疗养院（国家安全生产监督管理总局北戴河职业病防治院）委员会。

2018年12月4日，根据应急管理部办公厅文件要求，疗养院党委更名为中国共产党应急管理部北戴河康复院（中国煤矿工人北戴河疗养院）委员会。

三、地方党组织隶属沿革

1950—1952年，疗养院党支部隶属于中共秦皇岛市委领导。

1953年，疗养院党支部隶属于中共秦皇岛市海滨区委员会领导。

1954年，中共海滨区委员会改名为中共北戴河区委员会，疗养院党支部隶属于中共北戴河区委员会领导。

1955年10月11日，中华全国总工会设立北戴河集体劳动保险事业管理处，院长申守银任北戴河集体劳动保险事业管理处第二处长和中国共产党全国总工会北戴河事业管理处委员会委员，疗养院党支部隶属于中共北戴河集体劳动保险事业管理处党委和中共北戴河区委员会领导。

1958年10月，撤销中共北戴河区委员会，同时将北戴河区各部门，包括休疗养单位与海滨人民公社合并建立北戴河人民公社，公社成立党委。公社下设休疗养事业管理部负责休疗单位工作，原中华全国总工会北戴河集体劳动保险事业管理处及集体劳动保险事业管理处党委一并撤销，处长徐有根和第二处长申守银任公社书记处书记。因此，疗养院党总支直接隶属于北戴河人民公社党委领导。

1959年4月20日，恢复建立中共河北省总工会北戴河事业管理处委员会（原中华全国总工会事业管理处委员会）疗养院党总支即隶属于北戴河人民公社党委和河北省总工会事业管理处党委领导。

1961年12月，撤销北戴河人民公社，恢复北戴河人民委员会，同时撤销北戴河人民公社委员会，恢复中共北戴河区委员会，疗养院党总支亦即隶属于中共北戴河区委员会和河北省总工会事业管理处党委领导。

1963年7月1日，河北省总工会事业管理处变更为中华全国总工会事业管理处，河北省总工会事业管理处党委相应变更为中华全国总工会事业管理处党委，疗养院党总支即隶属于中华全国总工会事业管理处党委领导。

1964年3月，中华全国总工会北戴河事业管理处委员会通知：根据中华全国总工会撤销北戴河事业管理处的指示，经研究决定，中共全国总工会北戴河事业管理处委员会亦即相应撤销。经请示北戴河区委员会，管委会于1964年4月1日正式停止办公，并将各单位党的关系直接介绍给区委员会。今后有关党委方面的工作可直接与中共北戴河区委员会联系。同年9月，中华全国总工会北戴河管理处党委撤销。

1966—1973年，因"文化大革命"，地方党组织停止工作活动。

1974—1989年，疗养院党组织直接隶属于中共北戴河区委员会领导。

1990年1月，中共北戴河区委成立中共北戴河区休疗工作委员会，疗养院党委由原来隶属于区委变更为隶属于中共北戴河休疗工作委员会直接领导。

1995年6月，中共北戴河区委将疗养院党委隶属关系变更为北戴河区直属工委直接领导。

1998年4月，疗养院党委地方隶属关系变更为北戴河区休疗旅游局工委直接领导。

2019年3月29日，疗养院党委地方隶属关系变更为中共北戴河区旅游和文化广电局直属机关委员会。

四、党员队伍建设

20世纪50年代，疗养院遵循"积极慎重、稳步发展"和"积极慎重、巩固向前"的党员发展方针，在广泛听取群众意见和共青团输送的基础上，支委会进行研究调查，对历史清楚、成分好、工作表现突出者吸收为入党积极分子，党内再进一步加强培养教育。支部具体分配党员专人负责重点培养、定期汇报，对积极分子在各个运动中进行考验，两个月进行一次鉴定。对候补党员，三天要向党小组长汇报一次，党小组每季做一次鉴定。

20世纪60年代，疗养院加强了对预备党员的严格管理，实行全党动手，分片包干。支委有分工，介绍人和小组负责到底；总支书记和委员做不定期谈话，定期作出鉴定。

20世纪80年代初期，疗养院新一届党委成立后，加强了对非党积极分子的培养教育工作，党委多次开会研究并和支部一起研究制定培养计划。同时，加强考察工作，建立了考察登记制度，有力调动了要求进步的人们靠近组织的积极性，很快改变了十年未发展一名党员的局面。

20世纪90年代以后，疗养院遵循"坚持标准、保证质量、改善结构、慎重发展"的方针，重视在生产、工作第一线和青年中发展党员工作。支部一年一报重点培养和发展对象计划，党委进行全面衡量，确定重点发展对象，送北戴河区组织部学习班进行培训，一年后视情况履行发展手续，其过程是一年着力培养、两年重点培训、三年成熟发展。

2005—2019年疗养院党员人数和发展情况统计见表9-1-2。

表9-1-2 2005—2019年疗养院党员人数和发展情况统计表

年份	发展人数	党员总数（含离退休）
2005	1	95
2006	6	95
2007	4	108
2008	3	116
2009	4	114
2011	2	124
2012	2	118
2014	5	127
2016	2	129
2017	3	129
2018	0	129
2019	3	127

第二节 宣传教育

一、党员学习教育

1. 学习教育

建院初期，针对许多新老党员对共产党的纲领、章程了解很少，且存在着旧社会思想意识，组织党员参加了中共北戴河区委于1951年12月至1952年2月，对全区党员进行的集中整训；围绕"三反""五反"运动、党在过渡时期总路线的学习。

1955年1—4月，疗养院以反对资产阶级思想、反对追求名利地位为主要内容对党员进行培训。

1956年，利用上党课和生活会，疗养院对党员进行"十项标准"和"革命接班人五项条件"教育。

1960年，疗养院组织党员学习《矛盾论》《实践论》《正确处理人民内部矛盾问题》等，党总支建立了理论学习小组，成立了毛主席著作图书馆，号召大家踊跃献书。

1963—1965年，疗养院成立了三个自学毛主席著作小组和一个读报小组，召开全院范围内学毛主席著作经验交流会，并选派人员参加区组织的唐山地区学毛著积极分子经验交流会，评选出市文教系统学毛主席著作积极分子3名、先进小组1个。

1977年，疗养院组织学习《毛泽东选集（第五卷）》。

1978年，党的十一届三中全会后，疗养院组织党员开展"检验真理标准"的大讨论。

1983—1985年，疗养院组织党员学习《邓小平文选》和邓小平五篇重要讲话。

1985年，为了从根本上增强党员党性观念，提高党的战斗力，疗养院对党员进行了理想和纪律教育。

1990年，疗养院组织党员学习哲学，并结合学习雷锋、学习石圪节的双学活动，开展对党员的艰苦奋斗和无私奉献精神教育，建立了党员奉献纪事考核制度。

1991年，在全体党员中开展了党内法规教育，组织学习了毛泽东、邓小平、江泽民重要论述以及江泽民建党七十周年重要讲话。

1992年，根据中共北戴河区委员会部署，疗养院进行了党史和党建理论的学习教育，在全院范围内广泛深入开展了一次解放思想、加快改革步伐的大讨论。

1993年，疗养院组织学习《邓小平文选（第三卷）》。

1995年，疗养院党委组织学习了孔繁森事迹，倡导全心全意为人民服务的"公仆"本色。

1996年，疗养院学习了《邓小平论社会主义精神文明》。同年10月，为贯彻"十五大"精神，疗养院进行了"初级阶段"理论的学习教育。

1998年，疗养院进行了讲学习、讲政治、讲正气三讲教育。

1999年，贯彻落实《中共中央关于共产党员不准修炼"法轮大法"的通知》，学习人民日报评论员文章《坚持从严治党》，疗养院党委教育党员坚持唯物论和无神论，增强政治敏锐性和鉴别力，不断提高思想建设素质。

2000年，疗养院党委认真组织了"三个代表"重要思想的学习和反腐倡廉警示教育。

2000年6月，分别组织党员和职工到李大钊纪念馆及其故居进行了参观学习，对党员、职工进行了革命理想和不怕牺牲、勇于献身精神的教育。

2001年，疗养院组织员工学习了江泽民在建党80周年大会上的讲话。在庆祝党的80华诞活动中，积极组队参加了北戴河区休疗旅游工委组织的"建党80周年知识竞赛"荣获了三等奖，在庆祝建党80周年征文比赛中，疗养院选送的稿件获得一等奖。

2003年，疗养院继续组织学习"三个代表"重要思想的学习。

2004年，疗养院组织学习贯彻《中国共产党党内监督条例（试行）》和《中国共产党纪律处分条例》。

2005年，疗养院组织党员参加了保持共产党员先进性教育活动。

2006年6月初，疗养院组织开展了以"八荣八耻"为主要内容的社会主义荣辱观教育宣传活动。8月底，在全院范围组织开展学习《江泽民文选》和中央有关文件。9月，在全院开展了向张剑峰学习活动。10月18日至12月30日，组织开展了深入学习贯彻党的十六届六中全会精神活动。

2007年5月，疗养院党委组织全院党员群众开展了"学党章、守党规、做合格的好党员""学宪法、守法律、做合格好公民"活动。10月，疗养院党委组织党员认真开展了学习活动，认真学习贯彻党的十七大精神。

2009年3—9月，疗养院开展了深入学习实践科学发展观活动。

2010年6月，疗养院深入开展创建先进基层党组织、争当优秀共产党员活动，成立了创先争优活动领导小组，制定实施方案并召开动员大会对活动进行了动员部署。暑期期间，疗养院组织全体党员和入党积极分子开展了"七个一"系列活动，即组织党员进行一次党性分析、上一次党课、开展一次党组织活动、组织一次公开承诺、进行一次走访慰问、开展一次共建活动、宣传一批先进典型。

2011年7月，疗养院党委组织全体党员认真学习贯彻胡锦涛总书记在庆祝中国共产党成立90周年大会上的讲话。

2012年5月，疗养院党委组织全体党员和入党积极分子开展了学雷锋活动。7月，开展了保持党的纯洁性学习教育活动，疗养院党委以"保持队伍纯洁，促进个人廉洁"为主题，为全体党员和入党积极分子上了一次党课。11月20日，为提高党员干部理论水平，贯彻宣传学习好党的十八大会议精神，疗养院党委举行中心组（扩大）专题会议，对十八大会议精神进行了传达学习，疗养院党政班子成员、各部门副科级以上中层干部参加学习。

2013年6月，为深入学习贯彻党的十八大精神，疗养院党委举办了学习党的十八大暨党史知识竞赛。7月，按照中央和国家安全生产监督管理总局党组关于开展党的群众路线教育实践活动的总要求部署，制定了《教育实践活动的实施方案》，成立了教育实践活动领导小组。7

月15日上午，召开了教育实践活动动员大会，国家安全生产监督管理总局第一督导组赴会进行指导，全院在职党员、副科以上干部、近期退出院班子的老及部分离退休党员代表等60多人参加会议。

2014年6月，为深入学习贯彻党的十八届三中全会精神，疗养院党委举办了学习党的十八届三中全会精神知识竞赛。

2015年4—6月，疗养院在全院党员中开展"守纪律、讲规矩、作表率"主题教育活动。

2016年，疗养院在全院范围内开展"两学一做"学习教育，成立了院"两学一做"学习教育工作领导小组，重点学习党章党规、习近平总书记系列讲话精神和做合格党员，党委中心组和各支部多次组织了集中学习和讨论。

2017年5月，疗养院认真贯彻落实党中央《关于推进"两学一做"学习教育常态化制度化的意见》和习近平总书记对推进"两学一做"学习教育常态化制度化的重要指示精神，通过学习研讨、主题党日活动等方式，在全院党员范围内进行"两学一做"学习教育常态化制度化教育。

2017年12月，疗养院组织全院中层领导干部前往国家安全生产监督管理总局党校进行党的十九大精神专题培训，并在全院党员干部中开展党的十九大精神学习宣贯，全面加强党的建设，为新时代疗养院高质量发展提供坚强政治保证。

2018年1月，疗养院开展处级以上党员领导干部学习贯彻党的十九大精神集中轮训工作研讨。

2019年3月开始，疗养院向全院党员推广"学习强国"学习平台，学习习近平新时代中国特色社会主义思想和党的十九大精神等。

2019年6—9月，根据《中共中央关于在全党开展"不忘初心、牢记使命"主题教育的意见》和习近平总书记重要讲话精神、应急管理部党组关于开展"不忘初心、牢记使命"主题教育工作部署。6月11日，疗养院党委组织召开了"不忘初心、牢记使命"主题教育动员会，传达贯彻应急管理系统动员部署会议精神，迅速在全院掀起主题教育学习高潮。主题教育期间，疗养院党委班子按照学习教育、调查研究、检视问题、整改落实4个贯穿始终要求，共列出70条专项整治问题，制定整改措施73条，修订了《党支部学习制度（试行）》。

2019年11月19—20日，疗养院组织全体党员和干部职工进行培训，学习党的十九届四中全会精神、共产党员要做到对党忠诚、工作中不可不懂的礼仪形象等课程。

2019年12月，疗养院以党支部为单位开展红色教育党建活动。医疗党支部参观革命圣地韶山，机关一支部和机关二支部参观革命圣地井冈山，后勤支部和客房支部参观一大会址嘉兴南湖。

疗养院每年都定期开展党员干部的学习教育活动，疗养院党委都在年初制定学习计划，印发学习通知，对学习的指导思想、学习内容、学习目的及时间安排等提出要求，召开有关领导会议动员部署安排、听取学习汇报、组织讨论、总结学习经验，必要时还要召开学习经验交流会进行学习交流，加深理解。党的十八大以来，疗养院进一步丰富了学习方式方法，结合"学习强国""应急管理网络学院"等网上学习平台开展党员教育活动。另外，疗养院在历年的党员学习教育中，对凡是党的全国代表大会、中央全会通过的重要决议、决定、准则等都会及时组织党委中心组、支部书记、全体党员进行学习和讨论。

2. 整党整风

1950—1951年，进行了整党整风运动。为了搞好此项工作，疗养院成立了专项领导小组，制定了专项计划。

1954年10月，疗养院利用休疗淡季，开展了为巩固和纯洁党的组织，以提高革命警惕性、划清敌我界线、密切联系群众、扩大提高党的威信为目的的整党运动，历时一个多月。

1957年10月，根据党中央的统一部署，对党员进行集中整风，发动群众帮助整顿党的作风，给党组织和党员提意见。

1958年12月，根据北戴河人民公社党委组织部指示"重点整顿、普遍教育、本着有啥整啥"精神，进行了适应社会主义"大跃进"的发展需要，提高党员的思想觉悟、纯洁党的组织、端正干部工作作风的整党整顿。

1959年11月至1960年2月，疗养院开展了以反对"右倾"机会主义、鼓足革命干劲为内容的党内整风运动。

1965年1月，疗养院结合社会主义教育运动，整顿党的基层组织。主要学习《农村社会主义教育运动中目前提出的一些问题》和毛主席著作，对基层组织进行了整顿。

1984年12月25日至1985年5月20日，疗养院按照中央和北戴河区统一部署，对党员进行全面整顿。方针是：提高认识、统一思想、加强纪律、纯洁组织。分四步进行：第一步是学习文件，提高认识；第二步，对照文件和党章要求检查自己的错误和不足，同时开展批评和自我批评；第三步，集中整顿和提出改进意见；第四步，对党员进行登记和总结整党经验及收获。对在"文化大革命"中，对犯一般性错误的党员，主要是批评教育；对犯有打人、砸毁建筑物和其他物品、抢东西等严重错误的党员，除批评教育外，给予适当的组织处分。其间，煤炭工业部整顿党员联络组进驻疗养院帮助工作。

2013年11月21日，疗养院召开以"坚决反对'四风'，密切联系群众，转变工作作风"为主题的领导班子专题民主生活会。国家安全生产监督管理总局第一督导组全体成员在组长魏振宽的带领下赴会进行监督指导，会议对领导班子及班子成员存在的"四风"方面问题进行了认真查找和深刻剖析，查找出的"四风"方面突出问题有11条，随后院班子成员深入分析原因，以整风精神开展了批评和自我批评，班子成员之间的相互批评意见共达27条。

2015年1月，按照《中共中央办公厅关于深化"四风"整治、巩固和拓展党的群众路线教育实践活动成果的指导意见》《中央教育实践活动领导小组办公室关于对教育实践活动整改落实情况进行"回头看"的通知》和国家安全生产监督管理总局教育实践活动领导小组有关要求，疗养院领导班子召开年度民主生活会和年终述职，对整改落实情况进行回顾盘点，按照"回头看"重点内容，逐项梳理整改落实情况，对领导班子整改方案落实情况进行集体研究，对存在问题进行分析，提出深化整改的具体措施。

3. 争先创优活动

多年来，疗养院坚持在全院范围内开展岗位争先创优等活动，深入开展过纪念建党、"全面对标、夺旗争星""支部党员星级管理""学雷锋""两树两促"暑期先锋行动和"警示教育周"等主题实践活动，同时通过设立党员先锋岗、党员示范服务窗口，引导广大党员干部立足岗位，带动全院职工的工作作风不断改进。

4. 民主评议党员

根据中央部署，自1988年开始，每年6月进行民主评议党员活动。活动分5

个阶段进行,即学习教育阶段、自我评价阶段、党内评议阶段、党外群众评议阶段、组织考察阶段。每年民主评议结束,都要对每名党员做出优秀、合格、基本合格、基本不合格、不合格结论。

1989年,采取"坚持标准、立足教育、区别对待、综合治理"的方针,开展了民主评议党员和妥善处置不合格党员的工作。

1992年,民主评议党员主要采取评两头的办法,即上评出优秀、下评出基本不合格和不合格党员,优秀名额占总党员数的10%~15%。

1993年,民主评议党员是结合党员目标管理考核工作一起进行,制定了《党员目标管理考核7条标准》,并作为评议的依据,到1998年将7条浓缩为5条作为评议内容。每年一次的民主评议党员活动一直延续到2015年。

2016年开始,疗养院以党支部为单位召开全体党员会议,组织党员开展民主评议。对照党员标准,按照个人自评、党员互评、民主测评、组织评定的程序,对党员进行评议。党员人数较多的党支部,个人自评和党员互评可分党小组进行。结合民主评议,支部班子成员要与每名党员谈心谈话。党支部要综合民主评议情况和党员日常表现,确定评议等次,对优秀党员予以表扬;对有不合格表现的党员,要按照党章和党内有关规定,区别不同情况,稳妥慎重给予组织处置。

二、宣传工作

疗养院宣传工作在20世纪80年代以前,先后分别由俱乐部、文工团、工会、政治处、办公室的相关人员来完成;20世纪90年代后,由于宣传主体、内容、对象、渠道、手段、方式、方法发生巨大变迁,从事宣传工作的人员也发生了较大变化,形成了书记、院长挂帅,多层次、全方位、立体型的宣传结构体系。

1. 宣传内容

把宣传各种政治运动、重大事件活动,作为宣传工作在不同时期不同阶段的中心任务。把宣传国家颁发施行的法律、法令、条例,作为宣传工作的基本任务。把宣传疗养院的办院宗旨、奋斗目标和疗养院整体功能,作为宣传工作的主要任务。

2. 政治宣传

改革开放前,把宣传英雄模范、先进典型和疗养院好人好事、先进经验,作为宣传工作的经常性任务。20世纪50年代,宣传了志愿军战斗英雄的事迹,煤炭战线全国劳动模范的事迹和疗养院职工先进事迹。20世纪七八十年代,宣传了雷锋、张海迪、孔繁森和石圪节的精神。20世纪90年代树立疗养院先进典型王锡亭、关海杰、王世雄,进行广泛宣传。

3. 对外宣传

自20世纪90年代,随着疗养院步入市场经济,全面对外开放,疗养院对外宣传重点主要放在专科医疗及科研成果、康复疗养、旅游、培训等一系列宣传,以树立疗养院的整体形象、建设成就和发展前景。

4. 新闻报道

1952年《人民日报》《人民画报》《工人日报》先后报道劳模在院休养情况。1952年8月,中央新闻电影制片厂来疗养院摄制煤矿工人休养生活片段,内容包括休养员入院欢迎仪式,张子富、马六孩、曲福明等6名全国著名劳模的休养生活片段,以及疗养院文工团"集体农庄舞"演出片段。还摄制了在疗养院休养的劳模给志愿军、毛主席写信的镜头,上述内容除以编号52-17-2中央新闻简报播发外,还制定了专题片,在全国发行放映。

1982年,中央电视台以《采掘者的

乐园》为题，专题报道疗养院煤矿工人疗养院生活。

1990年，秦皇岛电视台以《风光这边独好》报道疗养院。

1990年，录像片《天涯海角》在疗养院拍摄。

1992年8月，中央电视台在《神州风采》栏目中专题报道疗养院工作。河北电视台、《中国青年报》《工人日报》《中国煤炭报》等也对疗养院工作进行报道。

2002年4月29日上午，中央电视台二套《健康之路》栏目直播疗养院开展双肺同期大容量灌洗治疗煤工尘肺临床治疗和科学研究。

2011年2月20日，中央电视台《看见》栏目报道的甘肃古浪尘肺病患者来疗养院治疗尘肺病。2月25日，甘肃《武威日报》报道的甘肃古浪尘肺病患者在疗养院接受肺灌洗手术。

三、制度建设

1951年，疗养院制定了《组织生活制度》，要求定期召开党支部委员会、支部党员大会和党小组会。1951年开始，支部一直坚持每月召开一次支部党员大会，半月一次支委会，两周一次小组会。1953年前，应用党章教材进行党的基本知识和党员条件等的学习教育，统称为党内学习，并把听讲解、辅导报告叫作上大课，把分组讨论叫作上课，规定每周上大课一次。1954年，疗养院把这种学习教育称为党的建设学习，规定每周进行一次。1955年，疗养院第一次提出党课概念，规定学习制度，即党课半月一次。

1960年，疗养院党总支研究决定推行"一二三"制领导方法，即每周一天时间学习（半天学习理论、半天学习业务），二天时间开会研究工作，三天（每周四、五、六日）到各疗区和食堂等基层单位参加实际工作，走向生产劳动第一线。

1960年，疗养院党总支办公制度：①总支委员会每周一次，星期一上午召开，书记召集主持，全委参加。②总支生活检讨会每月召开一次，月末的第四周周四上午召开，书记主持，全委参加。③统一会议制度，凡召开各科室负责干部与疗区支部书记会议和职工大会、疗养员大会，必须经书记、院长批准，一定要严加控制。④民主检查领导制度每季一次，季末月中旬举行，由书记主持，吸收机关支部书记、委员和科室党员负责人参加。⑤学习制度：一是总支、支部和科室有关组成一个理论学习领导小组，组长由书记担任，每周星期二下午、晚上学习；二是各总支委员每星期一下午，集体阅读上级党的指示文件，由办公室组织，地点在总支办公室，执行签字与摘录制度，严防失密；三是文化、业务、时事学习及写作，总支委员带头参加，学习时间严守不办公、不会客、不接电话。⑥请示报告制度：一是涉及全院工作或重大问题，需要总支作出指示、决议等，必须交总支讨论，然后上报下达；二是总支年季度作总结、计划，经总支会议通过后，再上报或分发各有关部门。

1965年，疗养院提出建立定期党课学习制度，每两周一次，团员和群众可自愿参加，在此之前只要求积极分子参加。

1965年，疗养院党总支提出要坚持"三会一课"制度。

1982年，疗养院党委制定了规范化的"三会一课"制度，即定期召开党支部委员会、支部党员大会和党小组会，"一课"即上好党课。

1979年，疗养院党委制定了《改进领导作风的七项措施》和《党委工作制度》。一是党委会议制度，二是政治处会议制度，三是政治工作制度。

1980年，疗养院党委制定了《加强集体领导，改进领导作风的八条措施》。

1982年，疗养院建立党委中心学习组学习制度、党员联系群众制度；各科室分别建立学习组织，负责本科室工人、干部学习，各支部书记为组长。

1990年，疗养院党委制定了《加强党员干部同群众联系的规定》，要求中层以上干部都要建立联系群众点，坚持每周2天到联系点跟班劳动。

1991年，通过党员大会选举产生的新一届党委，为了贯彻落实党员大会决议，全面加强党的建设，完成大会提出的奋斗目标和工作任务，疗养院作出了5条"关于加强党委建设的决定"。

1993年，为了更好地进行党员目标管理考核和民主评议党员，疗养院党委制定了《党员目标管理考核七条标准》。

1995年，疗养院党委研究作出了5个方面19条"关于搞好党的建设、强化管理工作的决定"。

1999年，根据《中共中央、国务院印发〈关于实行党风廉政建设责任制的规定〉的通知》和地方党组织要求，结合院实际，疗养院党委制定了《党风廉政建设责任制实施细则》。

2001年，根据多年实践，疗养院编制了包含党的领导分工负责制度、党政联席会制度、请示报告制度等内容的《疗养院工作规则》。

2005年，为实现院党风廉政建设和经济工作良性互动和同步发展，疗养院初步建立起与形势发展相适应的教育、制度、监督并重的惩防体系，制定了《反腐倡廉教育规划》《干部选拔任用的公开公示制度》《干部廉政制度》等。

2007年4月，疗养院党委制定下发了《中国煤矿工人北戴河疗养院关于加强党内监督的若干规定（暂行）》《中国煤矿工人北戴河疗养院关于建立党风廉政建设谈话制度的实施办法（试行）》和《中共中国煤矿工人北戴河疗养院委员会关于领导干部办理婚丧事宜有关问题的暂行规定》。

2012年3月，为进一步加强政治纪律，消除和化解不稳定因素，稳定职工队伍，促进疗养院和谐稳定发展，疗养院党委制定了《关于加强职工队伍建设维护稳定团结促进和谐发展的意见》。

2013年3月18日，为认真贯彻、准确把握改进工作作风的新部署、新举措和新要求，进一步加强和改进作风建设，疗养院党政班子按照中央八项规定精神和国家安全生产监督管理总局党组的实施办法，制定了《疗养院实施意见》。在全体党员干部中开展了学习活动，并修订了相关制度，取消了2次例行的聚餐活动、职工外出考察和对在职职工的节庆慰问，同时公务招待费也同比大幅下降。

2014年5月，为深入贯彻中央教育实践活动领导小组《关于开展"四风"突出问题专项整治和加强制度建设的通知》（群组发〔2013〕23号）和国家安全生产监督管理总局教育实践活动领导小组办公室《关于反"四风"改作风加强制度建设的通知》要求，以制度机制巩固作风建设成果，实现反对"四风"、改进作风制度化、规范化、常态化，疗养院领导班子和教育实践活动领导小组对涉及"四风"方面的45项制度进行了一次全面梳理。对于不适应密切联系群众、加强作风建设要求的1项制度予以废止；对于与新形势、新任务要求不相适应的18项制度，进行了修订完善；同时，针对活动中查摆出的"四风"方面问题，对制度缺位或不适应新要求的，新建了12项相关制度。疗养院教育实践活动办公室对30项制度进行了集中印发，各部门分别组织职工进行了专题学习。

2018年9—10月,疗养院对相关制度进行了修订完善,制修订了《贯彻落实中央八项规定精神实施细则》《党委理论学习中心组学习制度》《党支部学习制度》《干部选拔任用办法》等制度。

2019年8月,根据"不忘初心、牢记使命"主题教育工作安排,以党中央关于党员学习的最新文件为指导,疗养院修订了《党支部学习制度》。要求年初制定学习计划,开展专题学习研讨,做到每月至少组织集体学习一次,同时增加了对"学习强国"App学习和考核要求,更符合新时代党建工作需要。

第三节 纪律检查

一、纪检组织

疗养院纪律检查委员会主要任务是在党委和上级纪委领导下,维护党的章程和其他党内法规,检查党的路线、方针、政策、决议和疗养院各项规章制度的执行情况,协助院党委抓好党风廉政建设和组织协调反腐败工作,开展党性、党风、党纪教育,对党内违纪问题坚决进行查处,不断提高全体党员遵纪守法自觉性。

1956年,疗养院党支部首次提出加强党的纪律检查工作问题。

1957年,疗养院党支部设立了纪律监察委员,由谢立强担任。

1958年5月27日,疗养院成立党总支。沙金生为副书记兼纪检监察、统战委员。

1977年10月26日,疗养院选举党委,提出加强党的纪律监察工作。

1983年6月,疗养院党委决定成立纪律检查委员会,党委副书记丁伟兼纪检书记,朱子桥、郝治文为纪检委员。

1986年6月19日,疗养院党委副书记贺宏记兼纪委书记,田勇仁为专职副书记。

1990年1月13日,疗养院工会主席丁伟兼纪委书记。

1991年10月27日,党员大会选举产生新的纪律检查委员会委员5人,丁伟当选为纪律检查委员会书记。

1995年2月25日,疗养院副院长李玉环兼纪委书记。

2001年9月11日,疗养院党委书记贺宏记兼纪委书记。

2004年8月31日起,王蕾任纪委书记。

二、工作开展

1956年,疗养院纪律检查委员会处理违纪党员1名,受留党察看处分1年。

1962年,疗养院纪律检查委员会撤销了4名党员的处分决定,为8名党员恢复了名誉。

1985年,疗养院纪律检查委员会制定了《建立健全党风责任制和党风规划》,开展了理想和纪律教育。

1986年,根据北戴河区委端正党风工作会议和煤炭工业部纪检工作会议精神,疗养院纪律检查委员会举办了端正党风党员学习班。

1988年,疗养院纪律检查委员会开展了端正党风、做合格党员活动,对党员进行了党性、党风、党纪教育,协助党委制定了廉政措施。

1991年,疗养院纪律检查委员会开展了党内法规教育,学习了中纪委颁发的有关党纪处分规定。

1992年,疗养院纪律检查委员会组织开展了以秦皇岛市纪委教研室编印的《党的纪律教育讲座》为教材的政治、组织、人事、宣传、外事、群众、财经纪律七项教育。

1998年，疗养院纪律检查委员会对个别部门存在的小金库问题进行了全院通报批评。

1999年，贯彻落实《中共中央、国务院关于实行党风廉政建设责任制的规定》，疗养院纪律检查委员会协助党委制定了党委党风廉政建设责任制实施细则。

2001年，疗养院纪律检查委员会进一步深化了反腐败三项工作，协助北戴河区纪检委查处两名党员。

2004年，疗养院纪律检查委员会进一步加强了党风廉政建设和反腐败工作，开始参与疗养院大宗设备和物资采购。

2005年，根据上级有关规定，疗养院纪律检查委员会制定了《中国煤矿工人北戴河疗养院关于贯彻＜建立健全教育、制度、监督并重的惩治和预防腐败体系实施纲要＞的具体实施意见》和《中国煤矿工人北戴河疗养院领导干部、党员党风廉政"九条纪律"》。

2006年5月，疗养院党委中心组对全国安全监管和煤矿安全监察系统党风廉政建设工作会议会议精神进行了传达学习，并研究部署了2006年疗养院党风廉政建设工作重点。之后，国家安全生产监督管理总局每年都要在年初召开廉政建设工作会议，对全年党风廉政建设和反腐败工作进行部署，疗养院党委和纪委都会认真学习、研究和部署了当年的党风廉政建设和反腐败工作。

2009年11月16日，对2009年作风建设工作进行了认真总结，并上报中央纪委驻国家安全生产监督管理总局纪检组，报告坚持从实际出发，结合正在开展的学习实践科学发展观活动，对一年来查找纠正党员干部作风存在的问题，进一步转变作风情况做出全面总结。

2011年7月，组织党员干部认真开展了"警示教育周"活动。活动采取自学、集中学习和观看警示教育片等形式进行了学习；按照"一查两找"的要求，召开了专题组织生活会，开展了自查自纠和"廉政隐患风险点"的排查。这是全国安全监管监察系统第一次组织开展警示教育活动，此后每年都在7月份开展"警示教育周"活动。同年8月，组织领导干部开展了《廉政准则》贯彻执行情况专项检查活动，领导干部对照《廉政准则》和国家安全生产监督管理总局党组"九条纪律"，认真进行了学习和自查自纠，并将活动情况专题上报。

2013年4月，根据疗养院纪委人员变动和工作需要，调整了纪委委员。同年5月，疗养院党委研究制定了《2013年党风廉政建设责任制责任范围和内容》和《责任分工表》，对本年度的党风廉政建设工作进一步作出了明确细致的规定。

2014年1月起，每年疗养院党委都组织全体副科级以上干部、关键岗位负责人开展了党风廉政承诺践诺活动，疗养院全体党员按照要求，在廉洁自律方面做出了郑重承诺，并报院纪委存档和承诺公开。同年5月，为加强疗养院惩治和预防腐败体系建设，推进党风廉政建设和反腐败工作的深入开展，经院党政班子研究制定了《疗养院建立健全惩治和预防腐败体系2013—2017年的实施意见》。

2020年11月10日，根据应急管理部党委安排，召开全体党员警示教育大会，通报应急管理系统违法违纪典型案例，观看《叩问初心——贪欲之害》警示教育片。

第四节 活动与荣誉

一、党员活动

1. 镇压反革命运动

1951年2月21日，中央人民政府颁布了《中华人民共和国惩治反革命条例》，规定了具体的原则和方法。疗养院"镇压反革命"运动于1951年5月进行，经过发动群众，检举出一名混入疗养院的反革命分子，交公安局处理。

2. "三反"运动

1951年12月，党和国家机关内部开展的反贪污、反浪费、反官僚主义运动。疗养院1951年12月26日选举出精简节约检查委员会，运动自1951年12月开始至1952年6月4日基本结束，42人参加。揭出3个贪污分子、8个贪污者、贪污钱款8200余万元（旧币）。

3. 审干和肃反

疗养院肃反工作从1953年7月开始到1956年4月15日结束，制定了审干计划。成立了审干委员会，全院131人参加。

4. 整风运动

疗养院整风运动从1957年10月开始到1958年底结束。有129人参加，其中党员23人、团员25人、群众81人。党内整风运动自1959年11月至1960年2月，33名党员每天下午参加整风活动。

5. 粮食整风运动

1960年第四季度，院开展了旨在揭发粮食工作中存在的贪污、盗窃、浪费等不良行为，堵塞漏洞。运动经历两个多月时间，参加运动人数531人，其中职工102人、学员29人、疗养员400人。根据上级党委关于粮食整风运动指示，成立了粮食整风领导小组和粮食整风办公室。

6. "四清"运动

1963年4月至1964年1月16日，7个多月的时间，开展了清政治、清经济、清思想、清组织"四清"运动。运动分三个阶段。第一阶段集中进行反对铺张浪费、分散主义和官僚主义；第二阶段组织进行了账目和库存物资三清三查工作；第三阶段建立健全各项制度，共修改各项制度75项计510条款。

7. "学大庆、赶开滦，学兰化兰炼、赶十面红旗"群众运动

1974年7月，疗养院有两名工作人员参加燃化部组织的到兰化兰炼参观学习。同年8月，疗养院组织80名职工，分两批用四天时间到开滦参观学习。同年11月，全国召开了煤炭采掘队长会议，树立了十面红旗。根据上级统一部署，疗养院用两个月时间，分四个步骤，在全院掀起了"学大庆、赶开滦，学兰化兰炼、赶十面红旗"的群众运动。

8. 打击经济犯罪活动

1982年4月起，根据中央指示，在秦皇岛市委和北戴河区委的统一部署下，开展了打击经济犯罪活动的斗争。疗养院成立了打击经济犯罪活动领导小组和打击经济犯罪活动办公室，抽调7名专职从事"经打"，查获一起倒卖汽车、投机倒把、非法运输牟取暴利和贪污案件。加强对职工的学习教育，从抓公物还家入手，查漏洞、搞整顿、建立完善的规章制度。

9. "双学"（学石圪节、学雷锋）活动

1990年3月，开展了"学雷锋、比奉献月"活动；同年7月，响应中国统配煤矿总公司号召，开展了"双学"（学石圪节、学雷锋）活动。各科室召开了深入"双学"誓师大会。医务人员为病人和疗养员打水送饭、缝洗衣物、代取包裹、修理手表、邮寄药品和信件、打扫居室、擦玻璃、晾晒被褥、谈心聊天、做思想工作，关心照顾行动不便的病人和疗养员，大夫用手为便秘病人抠大便解除病痛。餐厅主厨师傅亲自擀制长寿面和烤制生日蛋糕，为17名疗养员过了生日。同年10月，中国统配煤矿总公司行政事务

局举办"学石圪节、学雷锋知识竞赛"活动,疗养院参赛队伍一举夺魁,受到局领导表扬。同年12月,疗养院举办了学雷锋、学石圪节优质服务知识竞赛,以支部为单位组成了6支参赛队参赛,区总工会、精神文明建设办公室、休疗工委的领导专程参加活动,市广播电台、电视台分别在市新闻节目作了报道。1990年,《人民日报》以"煤矿工人的福音"为题,《工人日报》以"这里也是乐园"为题,报道了疗养院康复疗养工作的事迹和喜讯,市电视台、广播电台也予以采访报道。

10. 建党建国庆典活动

建院以来,每逢建党节或国庆节,疗养院党委均会组织开展庆"七一"和"两优一先"表彰、重温入党誓词和党的光辉史、向国旗敬礼、座谈会、歌唱党和祖国等活动,以庆祝建党或国庆。1997年6月30日,特别召开"迎回归、迎七一座谈联欢会",喜庆香港回归和党的76岁华诞,疗养院党政领导、优秀党员、中层干部、民主党派人士、共青团、副高级职称以上各方代表参加。1999年,为庆祝新中国成立50周年和澳门回归,召开科室有代表性职工座谈会,举办新中国成立50年、疗养院49年发展变化图表。2019年9月29日,为庆祝新中国成立70周年,疗养院组织全体职工开展"庆祝建国70周年快闪MV拍摄活动",活动主要内容为歌唱《我和我的祖国》。

11. 建院庆典活动

1990年,疗养院建院40周年,4月30日至5月1日,院举行庆典活动,邀请了煤炭工业部行政事务局和市、区领导及相关部门和有关休疗养院所的领导参加。庆祝大会上,院长兼党委书记贺钧致祝词,事务局董哲主任宣读了事务局的贺信,市、区领导讲了话,职工代表发了言;召开了老、知识分子、优秀党团员和积极分子、各支部和中层领导代表座谈会;举行了歌唱会、联欢会、舞会和茶话会;举办了院史展览厅和荣誉参观室,制作展板20个、大型疗养院建筑主体模型沙盘1个、大型生日蛋糕1个;展出了各种奖状、奖牌、锦旗、赠品等。特制了纪念盘、磁水杯和疗养院徽章,发给每个职工留作永久纪念;保存全院职工签名册。2010年,疗养院建院60周年,为传承疗养院60年文化历史,疗养院在"五一"前举办了60年院庆系列纪念活动。

12. "三迎"活动

1997年,响应北戴河区直工委和区委组织部开展"迎七一,迎回归,迎十五大"三迎系列活动的号召,疗养院组织开展了"讲文明树新风"和争创"党员先锋岗,文明职工,青年岗位能手"等活动,多次组织党员进行了"义务奉献日"劳动和组织医务人员进行了下乡义诊。

13. 反"法轮功"邪教的斗争

1999年8月,疗养院党委印发《关于针对"法轮功"问题在全院党员、干部、职工中集中开展学习教育活动的通知》,并于8月18—30日对党员、干部、职工进行全面教育学习,协助北戴河区"6·10"办公室对疗养院两名"法轮功"初学者做了帮助转化工作,使他们很快停止练功,划清界限、脱离其组织,填报了《转化、解脱审批表》。

14. 圣火传递活动

2008年7月30日,2008年北京奥运圣火在秦皇岛进行传递,为保障奥运圣火传递的顺利进行,疗养院派出26名党员参加了市委、市政府组织的安保执勤,并出色地完成任务。

15. 保持共产党员先进性教育活动

2005年,根据中央和地方党委的统

一部署及国家安全生产监督管理局党组要求，参加了第一批保持共产党员先进性教育活动，开展了"弘扬雷锋精神，驻访帮解见真情"活动，组织党员、专业技术人员到疗养院帮扶对象苏庄村为农民群众义诊，送医送药上门；组织党员和入党积极分子到北京参观了毛主席纪念堂及老一辈无产阶级革命家生平事迹馆，接受了深刻的革命优传和党性教育。2013年1月，院党委组织全体党员开展了承诺践诺活动；同年6月，开展了深入实施"为民服务先锋工程"，推进"四强四有"服务型党组织创建活动，开展亮牌示范、义诊、义务劳动等系列活动。2014年6月，按照中共北戴河区委和区休疗工委部署，疗养院开展了深入开展"服务暑期先锋行动"，设立党员先锋岗，参加了"港城先锋 红色义工"志愿服务等系列活动。

多年来，疗养院医疗党支部坚持"七一"前夕组织党员医务工作者到院南门开展义诊活动，为北戴河广大游客和群众进行健康检查、提供医疗咨询服务。

16. 扶贫

2012年8月，疗养院组织职工向北戴河特大暴雨受灾区捐款合计7530元，区休疗工委与疗养院领导在戴河镇有关领导的陪同下，赴帮扶对象苏庄村进行探望和慰问，并将捐款交到村支部，苏庄村支部书记代表全体村民对疗养院职工的慷慨解囊表示感谢。为贯彻国家扶贫政策，疗养院每年接受一个扶贫定点村，进行一定的帮扶和善款捐赠。2016—2019年，定点扶贫点为青龙县草碾乡高碾庄村。2016年，疗养院捐款高碾庄村4万元；2017年，在扶贫点采购小米1.38万元；2018年，疗养院捐赠0.87万元；2019年11月，疗养院给定点扶贫点青龙县草碾乡高碾庄村捐赠款4万元。

17. 巡视

2018年7月中旬至8月上旬，应急管理部党组第二巡视组对疗养院党委进行了为期近一个月的政治巡视，疗养院党委对巡视反馈意见高度重视，召开党委专题会议和民主生活会，对照问题深入剖析、深挖思想根源，严肃开展批评和自我批评，对问题整改认真进行研究部署，制定了《整改方案》及《整改清单》，明确了责任领导、责任部门和责任人、完成时限等。

18. 弘扬爱国奋斗精神、建功立业新时代活动

2018年8月，疗养院党委按应急管理部办公厅要求，在全院知识分子（管理和专业技术人员）中开展弘扬爱国奋斗精神、建功立业新时代活动，突出中青年知识分子为活动主体，通过集中宣传解读、学习研讨、选树典型、专题培训、岗位践行活动等方式进行。

二、荣誉

1996年，疗养院连续五年被评为北戴河区先进党组织，有5名优秀党员、3名服务标兵、1名优秀管理者、1名党务工作者受到了地方党政机关的表彰。

1997年，疗养院被评为北戴河先进基层党组织，并有4名优秀共产党员、3名服务标兵、1名优秀管理者、2名党务工作者受到地方党政机关的表彰。

1998年，疗养院被评为北戴河先进基层党组织，并有4名优秀共产党员、2名党务工作者、1名优秀管理者、1名十佳服务员、1名服务标兵受到地方党政机关的表彰。

1999年，疗养院4名优秀共产党员、1名服务标兵、1名优秀管理者、2名优秀党务工作者、1名安全保卫先进个人受到地方党政机关的表彰。

2000年，疗养院被评为北戴河区休

疗旅游工委先进基层党组织，职工中有5名优秀党员，2名党务工作者，1名优秀管理者，1名服务标兵受到地方党政机关表彰。

2001年，疗养院被评为北戴河区先进基层党组织及北戴河休疗旅游工委红旗党组织。另有2名党员分别被授予区级优秀共产党员、优秀党务工作者光荣称号，5名党员分别授予工委优秀党员、优秀党务工作者光荣称号。

2004年，疗养院积极参加了北戴河区为期两个月的第二期"驻千村、访万户、帮民富、解民忧，推进农村小康建设"活动，出资1.5万元为苏庄村修建道路，被评为北戴河区"驻访帮解"先进休疗单位、北戴河区先进基层党组织、北戴河拥军优属先进单位、北戴河老龄工作先进单位。

2006年，疗养院党委被秦皇岛市、北戴河区、休疗工委三级党委分别评为先进基层党组织称号，这是疗养院党委第一次获市级先进称号，贺宏记荣获优秀党务工作者光荣称号。

2007年，疗养院被北戴河区休疗旅游工委评为2007年度先进基层党组织，疗养院2名党员被评为优秀党务工作者，疗养院8名党员被评为优秀共产党员。

2008年，北京奥运圣火在秦皇岛进行传递，为保障奥运圣火传递的顺利进行，疗养院派出26名党员参加了市委、市政府组织的安保执勤，并出色地完成任务。同年，疗养院党委被评为市级先进基层党组织，被北戴河区休疗旅游工委评为2008年度先进基层党组织；疗养院2名党员被评为优秀党务工作者，6名党员被评为先进个人。

2009年，疗养院被北戴河区休疗旅游工委评为先进基层党组织，疗养院3名党员被评为优秀党务工作者，5名党员被评为优秀共产党员。国家安全生产监督管理总局开展了创建"五型机关"活动，评选先进集体和先进个人，疗养院办公室被评为先进集体，4名党员被评为先进个人。

2017年，疗养院1名党员被评为秦皇岛市先锋大道共产党员，2名党员被评为北戴河最美共产党员。

第二章　群　团　组　织

第一节　工　会

一、工会组织

1. 院工会组织

疗养院工会始建于1951年5月，冯树森为第一任工会主任。

1951年11月26日，疗养院工会第六次会议进行工会干部改选，曹梦日当选工会主任。

1952年8月1日，中国煤矿工会秦皇岛市海滨区疗养院委员会被批准成立，工会主席为曹梦日。

1953—1955年，疗养院工会主席为王志远。

1956年，疗养院工会改选，霍正义被选为工会主席。

1958年，根据上级指示，国家机关、行政事业单位工会组织撤销，会员保留会籍，停止缴纳会费，疗养院工会组织活动停止。

1983年2月7日，根据北戴河区工会关于恢复疗养院工会的要求，疗养院召开了恢复建院后的首次职工代表大会，经代表选举产生了9名工会委员，工会主席由副院长李福兼任。

1983年，根据疗养院决定，俱乐部划归工会下属单位。

1985年4月12日，高云茹任专职工会副主席（副科级）。

1986年5月，上级任命丁伟为工会主席。

1994年4月18日，疗养院党委研究决定，纪委书记丁伟兼工会主席、江申东任工会副主席。

1995年2月5日，煤炭工业部机关服务局任命王新华任工会主席。

1998年3月26日，疗养院党委研究决定，高汉卿任工会副主席。

2004年10月17日，王保山任工会副主席。

2005年12月28日，王志权任工会副主席。

2011年5月，王志权退休后，疗养院工会不再设工会主席、副主席，由院领导直接分管，分管领导为纪委书记王蕾。

2. 各分会组织

疗养院工会委员会下设的分会组织和工会小组，一般情况下以行政科室为单位或分片设置。

1993年4月，疗养院基层分会进行改选，共分为6个分会：机关分会，疗养部分会，专科部分会，医技部分会，膳养科分会，总务科分会，益通公司分会。

2002年，根据行政机构调整，疗养院工会基层分会改为4个分会：机关分会，医疗分会，后勤分会，客房、益通公司分会。

2013年4月，经疗养院工会研究，并报党委同意，决定对工会委员会及部分分会主席进行调整，工会基层分会改为4个分会：机关分会（院办公室、财务部、爱卫会、疗养办及基金会秘书处工作人员）、医疗分会（医疗部、杂志社）、后勤分会（后勤部）、客房保卫分会（客房一科、客房二科、保卫科、美都饭店、白楼宾馆）。经民主选举等程序，产生了相关分会主席人选。

二、职工代表大会

1983年5月20—21日，疗养院召开了首届一次职工代表大会。出席大会的代表47名，列席人员7名。北戴河区委常委、副区长范文华，北戴河区工会办事处主任孙桂林，以及兄弟休疗养单位的领导参加会议。职工代表大会主席团成员9人，提案审查小组5人，工作人员2人。

大会是在深入学习贯彻党的十二大，全面落实煤炭疗养工作会议精神，努力开创疗养工作新局面的形势下召开的。

大会议程：听取和审查疗养院工作报告；审议和通过提案审查小组关于提案的审查报告；审议和通过疗养院职工代表大会制度的实施细则；审议和通过疗养院开创疗养工作新局面的规划；审议和通过疗养院有关责任制和各项制度。

疗养院党委副书记丁伟致开幕词，北戴河区委常委副区长范文华作重要讲话，院长于佩江作疗养院工作报告，副院长、提案审查小组组长张禹琦作提案审查报告，田勇仁致闭幕词。

会议讨论和通过了于佩江《认真贯彻执行办院方针，为开创疗养工作新局面而奋斗》的工作报告的决议；审议和通过了《贯彻落实十二大精神，努力开创疗养工作新局面规划》《职工代表大会制度的实施细则》《劳动管理制度》《职工宿舍管理暂行办法》《财产管理制度》《财务管理实施细则》《各科室职责范围及个人岗位责任制度》。

2009年3月，疗养院召开职工代表大会，通过了关于向职工借款用于翻改建工程的决议。

2011年6月，疗养院召开职工代表专题大会，通过了职工保密工作的决定，与所有职工签订《技术和商业保密协议》。

2013年5月，疗养院召开职工代表大会，进行事业单位改革分类申报专题会议，会议通过了申报疗养院为公益二类事业单位的决定。

三、工会活动

1950年，疗养院筹建之初，职工人数不多，工会组织未建立。

1951年5月份，依据《中华人民共和国工会法》自愿原则规定，职工自愿参加工会者即入会，试用职工除外。全院47名职工有36人成为工会会员，随后民主选举产生了工会干部及负责人。根据疗养院工作要求，工会选出代表，参加了审干委员会和评薪委员会。

1952年，疗养院成立了文艺组，由工会具体领导。文艺组负责编写节目和组织领导休养员的日常文娱活动，组织休养员游览名胜，洗海水浴，进行各种球类、棋类、牌类、舞会晚会活动，提供阅览书籍、报纸、画报等。

1953年，疗养院领导分工一名副院长分管工会工作，对工会活动时间确定为每星期三下午为工会小组活动日。在安排活动内容时，将包括疗养院工作计划安排在内的一些疗养院重要事项提交工会小组讨论，征求建议。

1953—1957年，疗养院成立了业余文工队（团），并划入工会管理。业余文工队（团）有团员40人，文工团精心编排的各种文艺节目，在休疗养员入院、出院时演出，每次演出时间2个小时。演出的节目包括戏剧、舞蹈、口技、相声、小魔术及表演唱、独唱、乐器演奏等，还经常与兄弟休疗养院所举行联欢活动。

1954年，俱乐部建成后，俱乐部纳入疗养院常设编制，归工会管理，主要组织疗休养员的文娱活动。

1954年10月，在工会的号召和组织下，圆满完成捐献寒衣任务。11月，疗养院安排由工会组织全院职工分期分批外出参观学习，每期三天。

1955年，工会成立了男、女篮球队，男、女排球队及男、女锻炼小组。坚持每周不少于3小时的技能训练和体育锻炼。增加了跳绳、羽毛球、板毛球、康乐器、单双杠、标枪、铁饼、握力、手榴弹等。文娱组负责休疗养员的体疗工作，全年共组织集体活动754次，休疗养员参加人数达90%以上。

1956年，工会开展"先进工作者"运动，使先进工作者达到占全院总人数的三分之一。第三季度成立了体育协会。

1957年，工会在家属中开展"五好"等为主要内容的"先进工作者"运动，年底评出先进给予表彰奖励。

1958年6月，工会参与疗养院奖金分配方案制定。

1958年，北戴河区工会工作现场会在疗养院召开。

1958年，接上级通知，疗养院工会组织停止活动，其工作任务由新成立的生活委员会担负。

1983年2月，恢复建立工会组织，举办了恢复建院以来的第一次职工小型运动会，100多名职工参加了各种比赛。为做好新建职工住房的分配工作，11月2日召开了工会分会会议，选举产生了分房委员会，后又组织召开职代会，通过了职工住房分配方案。

1984年，俱乐部在工会的领导下，在配合疗养院开展"四好"之一的"玩好"方面，组织开展了丰富多彩的疗养生活。

1986年，工会组织职工参加北戴河区法制知识考试，获平均90分以上成绩，取得优秀奖；妇女知识竞赛100分，取得一等奖。

1987—1995年，工会的主要工作之一是组织每期的疗委会，负责召开疗委主任座谈会，为劳模休养度假提供组织服务。

1996年，工会组织职工参加了北戴河区纪念抗战胜利五十周年会演，参加了北戴河区工会"职工风采"演讲活动。

1996—1998年，工会组织职工连续参加了煤炭工业部机关服务局组织召开的职工运动会，分别获得团体总分第二、第三、第一名的好成绩。

1996—2005年，工会不再参与疗养工作。工会每年在"五一""十一"组织开展联欢会、游艺会、文体比赛等活动，有时也邀请在院的骨科、尘肺科病人参加。

2002年，根据《秦皇岛市职工自学成才奖励条例》，工会向市、区推荐了4名自学成才个人，推荐尘肺科为市、区职工读书自学先进集体。同年，工会还组织职工参加了北戴河区总工会举办了庆"五一"职工才艺展活动，疗养院选送的职工书法作品获得一等奖，膳养科厨艺雕塑表演比赛获好评。同年9月，工会组织职工参加庆"十一"金秋三球比赛。

2003年6月，工会组织职工参加了北戴河区开展的"革除陋习、树立新风、争做文明职工"活动，被评为先进单位。

2004年，秦皇岛市总工会等单位在全市进行职工先进工作法评比，工会推荐了疗养院的《大容量尘肺灌洗术医疗护理常规及操作规程》作为先进工作法进行了申报，被评为优秀工作法，填补了北戴河区获评先进工作法空白。同年9月，在欢度国庆55周年纪念日和传统佳节中秋节，举行全院职工文体娱乐竞技活动。

2006年，工会开展"职工体育年"活动，以开展形式多样、科学、文明、有效的体育健身方法，增强广大职工体育健身意识，丰富群众性体育健身活动，举行了职工登山比赛、职工趣味运动会、篮球、排球、乒乓球等球类比赛、秋季职工长跑比赛、以各分会为单位每日定时、定点做广播体操，职工游泳比赛等。为配合职工健身运动，安培楼健身室、台球室、乒乓球室等体育设施非暑期周日对职工开放。同年9月，工会举行迎接国庆和中秋佳节，文体活动。

2008年5月，为迎"五一"，工会组织职工春游。

2010年4月，为庆祝中国煤矿工人北戴河疗养院建院60周年，工会举办迎建院60周年职工趣味运动会。

2011年6月，工会举办职工趣味运动会。

2012年5月，工会举办职工趣味运动会。

2013年4月，工会举办离退休职工趣味运动会，共计10个项目，分别为：飞镖、象棋、跳棋、拼图、夹黄豆（颗粒归仓）、投筷直瓶、投球入盆、模拟保龄球、推瓶子、猜谜（30条）。同年5月，工会组织户外集体活动，目的地为紧邻青龙县的龙潭大峡谷。

2014年5月，北戴河区总工会"幸福帮帮团"困难职工体检中心在疗养院正式挂牌成立，区总工会有关领导出席了揭牌仪式；举办全体职工（含离退休）

趣味运动会。

2016年5月，工会组织户外集体活动，地点为卢龙县刘家营乡桃林口水库，活动项目有：登山、团队拓展。

2017年，工会民主推荐"三八红旗集体"和"三八红旗手"，工会各分会分别进行民主投票，产生1个"三八红旗集体"，2名"三八红旗手标兵"，10名"三八红旗手"。

2018年5月，在全院范围内评选出劳动模范5名，工作标兵5名，其中：学习标兵1名、创城标兵1名、安全标兵1名、服务标兵1名、护理标兵1名。同年9月，工会开展秋季健步走活动。

2019年4月，工会举办职工春季健步走活动。同年5月，工会组织职工开展宽城潘家口水库春游活动。同年10月，工会组织职工开展户外拓展活动，活动项目有：真人CS、登山寻宝。

四、获奖与荣誉

1. 文体方面

1956年和1957年，北戴河区举办大型文艺会演时，节目《三不愿意》荣获一等奖，并代表北戴河区出席了秦皇岛市文艺汇演大会。

乒乓球 1954—1956年，连续三年获秦皇岛市和北戴河区女团冠军；1983年、1984年和1985年，获区女团冠军；1954—1958年，职工个人连续四次获市、区女单冠军；1959年，职工个人分获市、区女单冠军；1984年，两名职工分获区女单冠、亚军；1985年，获女单冠军。

羽毛球 1955年、1956年、1983年和1984年，男、女分获区团体冠军；1983年、1984年，职工个人连续获区男单冠军；1983年、1984年，获区女单冠军；1986年，获区男团冠军。

排球 1983年，获区男团冠军。

篮球 1983年，获区女团冠军；1984年、1985年，获区男团冠军。

围棋 1983年、1984年、1985年，获区个人冠军；

其他活动 1983年，北戴河区游泳赛获团体第三名。

1984年，北戴河区职工体育运动会获总分第一名。

2005年，参加北戴河区总工会"展时代风采、共筑和谐北戴河有奖征稿"活动，疗养院选送的职工创作的散文《爱在脚下延伸》和诗歌《泪》分获三等奖。

2. 先进单位和个人

1983年、2002—2004年，疗养院工会共有4人次获得秦皇岛市优秀工会积极分子。

1991年，疗养院工会俱乐部工会小组获区级先进工会小组。

1993年、1996年、2002—2005年，疗养院工会共有6人次获得北戴河区优秀工会工作者。

1993年，财务科工会小组获区级先进职工小家。

2001年，结石科工会小组获市级先进职工小家。

2002—2005年，疗养院获市级先进职工之家。

2002年，结石科和总务科工会小组获区级先进职工小家。

2003年，办公室工会小组获区级先进工会小组。

2004年，疗养院被评为北戴河区"革除陋习、树立新风、争做文明职工活动"先进单位。

2004年，财务部工会小组获区级先进职工小家。

2005年，疗养院工会1人获秦皇岛市优秀工会工作者。

2005年，尘肺科工会小组获区级先进职工小家。

2006年，疗养院工会被北戴河区总工会评为"先进职工之家"（市级），1人被评为优秀工会工作者。

2007年，疗养院工会被评为市先进职工之家，结石科工会小组首次荣获了市级先进职工小家。

第二节 共青团

一、共青团组织

1. 团支部、团总支组织

1951年，随着国营煤矿职工疗养院的组织机构的建立与健全，成立了中国新民主主义青年团国营煤矿职工疗养院支部。

1953年，更名为中国新民主主义青年团中国煤矿工人北戴河疗养院支部。

1957年，中国新民主主义青年团（简称青年团）更名为中国共产主义青年团（简称共青团），疗养院团支部随即也更名为共青团中国煤矿工人北戴河疗养院支部。1958年院党支部转为党总支。

1961年，疗养院总党支下设了行政、医务2个党支部，疗养院团支部亦随之调整划分了行政、医务2个团支部，加上疗养员2个临时团支部和护训班的团支部，全院共有5个团支部，由此成立了团总支，至1969年南迁。

1973年，恢复建院，1974年团支部恢复建立。

1985年4月，鉴于疗养院团员青年人数不断增加，为便于工作，成立了疗养院团总支。

2. 历任团支部、团总支书记

1951—1952年，团支部书记为张继宗。

1953年至1958年4月，团支部书记为田勇仁。

1958年5月至1961年，团支部书记为贾文彬。

1961—1962年，团总支书记为曾艳华。

1962—1966年，团总支书记为胡兆玉。

1966年以后，因"文化大革命"，团的活动停止。

1974年1月，恢复团的组织和活动，团支部书记为商树春。

1974年7月至1976年，团支部书记为赵乃存。

1977—1978年，团支部书记为田勇仁。

1979年至1985年4月，团支部书记为任福春。

1985年4月至1992年3月，团总支书记为于芃芃。

1992年4月至1995年4月，团总支书记为赵论。

1995年5月至2013年5月，团总支书记为陈刚。

2013年5月28日至2014年5月，团总支书记为宋瑜。

2014年5月14日起，团总支书记为曹兴。

二、团员活动

1951年，团支部成立，活动内容：一是完成修建任务；二是组织时事政治的学习，提高团员青年思想；三是搞好文娱宣传。

20世纪五六十年代，疗养院团组织在完成团员青年思想教育和配合行政工作外，主要是与疗养院工会一起，组织团员青年积极开展文娱宣传活动，活跃疗休养员生活和职工文化生活。

1957年，根据疗养院党支部要求，团支部对团员进行共产主义教育，整顿、批判了团员中存在的各种错误思想，提高了共产主义觉悟。每月评选一次优秀青年工作者。

1959年，响应号召，团支部成立了以团支书为首的青年突击队，利用中午和星期日的休息时间，为疗养院农副业生产积肥、抬土、挖地，发挥了突击队作用。

1960年，开展了以学习毛主席著作和大闹技术革新、技术革命为主要内容的活动，提出"干劲超徐水，服务态度越天桥"口号；俱乐部、医务人员中的团员青年也提出"事事为疗养，处处为治疗，人人皆医生"的行动口号，给病人送饭、洗衣服，晚上给患者做蜡疗，改善了工疗关系，提高了治愈率；秦皇岛市和北戴河区有关部门在疗养院召开了现场会，团支部获得北戴河区团的流动红旗；贯彻中医政策，团支部成立了宣传、访贤和求贤3个小组，到街头、文化宫公共场所宣传，到各个机关、农村公社和老中医家登门拜访，搜集秘方、验方、中医书，在俱乐部举办中医秘方验方展览馆，每天都吸引了很多病人；团员青年还研发了30～40种新疗法，把技术革新和技术革命推向高潮。

1961—1963年，团支部一是抓革命知识和思想教育，提高阶级觉悟和青年修养，组成学习毛主席著作小组和读报小组，为农村青年学习捐书30本；二是组织开展学习雷锋活动，积极储蓄、支援国家建设，全体团员储蓄1500元；修旧利废，为国家节约开支，修俱乐部座椅垫200个、糊信封6500个、做药袋1000个、翻新复用药垫和补蜡疗垫1000个；迎暑期利用休息时间大搞院内环境卫生；三是积极完成各项业务工作和农副业生产任务，组织团员开展积肥活动。四是在文娱活动、工疗联欢、板报宣传等方面发挥了突出作用。

1964年，结合具体情况先后开展和推广了先进疗法十多种，团支部组织青年和团员积极参加修床铺、缝床垫、补椅垫、自做墩布、栽树造林、清扫卫生、糊信封等义务劳动。团支部有团员28人，9人被评为疗养院的先进工作者。

1965年，为推动学习毛主席著作深入开展，响应党委号召，先后在团内召开了两次小型学习毛主席著作经验交流会。增产节约方面，组成了业余洗衣组，为疗养员主动清洗床单、枕巾，拆洗被褥、枕头等。

1973—1978年，广大共青团员在恢复建院、备战备荒、抗震救灾等工作和开展"学大庆，赶开滦"活动中，发挥了应有的作用。

1979年8月18日，团支部召开了团员大会，选举了新的团支部委员会。

1981—1982年，团支部进行了改选，自办了疗养院团刊，组织团员供稿，每月一期，自行印刷出版；组织团员去清东陵、莲蓬山公园等地开展活动。

1983年，开展"向张海迪学习"活动，并组织成立了3个学雷锋小组，开展了植树造林、清扫卫生、帮助离休老干部做家务等活动，配合工会开展了文体工作，组织团员青年学习科学文化。

1986年，团总支发挥团组织宣传队的作用，办板报，给老干部老工人送年画，组织团员参加了区法制竞赛、书法比赛和羽毛球比赛，均取得较好成绩，同时响应区团委号召，开展了采集树籽活动。

1992年3月31日，团总支召开了团员大会，改选团总支，选举了3名新的总支委员会委员。新一届团总支加强对团员青年的教育，配合组织疗养院宣传队的文艺演出，同时每年"五四"青年节都要组织团员和青年开展院内座谈、外出踏青等活动。

1995年4月28日，团总支改选，选举出5名新的团总支委员。团总支改选后，组织团员祭扫烈士墓，瞻仰李大钊故居；参观北大营部队内务、观看战士操练、与部队官兵分别进行了演讲表演，并进行了坦克实弹射击。

1996年，团总支积极响应团北戴河区委发起的"青年文明号"暑期优质服务竞赛活动，专科支部团员青年奉献爱心，为来自平顶山矿务局的尘肺患者送去生日蛋糕，为来自陕西韩城矿务局家境贫寒的病人自发捐款购买衣物，为来自内蒙古赤峰市农村的骨病患者捐款600余元。

1997—1999年，团总支认真组织开展了"讲文明、树新风""青年岗位能手"和"争创市级青年文明号"等活动。

2000—2013年，疗养院团总支成员和大部分团员超龄离团，适龄团员青年职工仅2~3个，共青团活动基本停止。

2013年，团员人数逐渐增多，举行了团员选举大会，选出了新一届院团总支委员会。

2017年5月4日，团总支积极组织动员团员青年职工参加院"五四"青年节演讲比赛，共11名团员青年参赛。

2017—2018年，团总支响应疗养院党委号召，全体团员青年分组参加"烟头垃圾不落地"捡拾活动。

2018年，"五四"青年节组织团员青年参观李大钊纪念馆。

三、获奖与荣誉

1983年，团支部被评为北戴河区和秦皇岛市的先进团支部。

1996年，专科团支部被团区委评为青年文明号，团总支被团市委评为先进基层团组织。在团区委举办的"纪念红军长征六十周年知识竞赛"中疗养院团支部获得第二名好成绩。

1999年8月17日，专科团支部被团市委评为青年文明号，团总支被评为市级青年岗位能手。

2010年4月28日，疗养院团委1名团员因积极参与营救跳海自杀的海港区居民，被海港区政府授予了"见义勇为先进分子"荣誉称号。

2011年，疗养院团总支被共青团秦皇岛市委评为五四红旗团支部。

2012年，疗养院团总支、医疗支部被共青团河北省委青年文明号活动组委会评为2012年度省级青年文明号。

2015年5月，疗养院团总支被评为秦皇岛市五四红旗团支部。

2018年，医疗团支部再次被评为省级青年文明号。

第十篇

申办中国煤矿尘肺病防治基金会工作

本篇主要介绍20世纪90年代以来，疗养院在中国煤矿尘肺病防治基金会（简称基金会）申报过程中所做工作和承担秘书处部分工作情况，并将基金会对疗养院的帮助进行梳理载录。

第一章　申报建立基金会

第一节　设立基金会的背景

一、20世纪90年代前我国尘肺病发病及治疗状况

尘肺病是危害我国工人健康最为严重的职业病。据《卫生部关于2005年全国职业卫生情况的通报》，截至2005年，我国尘肺病累计病例60.75万例，存活47万例。据其他资料报告，全国有60万左右的可疑尘肺（0$^+$）病人（不含没有统计在内的散落在社会上的尘肺病患者），总数量已达百万之众。近年平均每年新增病例1万余例。每年尘肺病造成的直接经济损失达280多亿元，间接损失高达400亿元，同时在国内外造成不良影响。我国始终没有停止对尘肺病的治疗与科研工作，几十年来，煤炭系统各矿务局都建有自己的职业病防治院，一直研究探索尘肺病的治疗。

尘肺病治疗经历了20世纪50年代对症治疗、疗养、呼吸体操；20世纪60年代中医中药、广泛药物筛选；20世纪七八十年代抗纤维化药物治疗等，先后研究出克矽平、汉防己甲等一批中西药物，改善了一般临床症状，但疗效不理想，尚无国家准字号的专项治疗药物。

二、疗养院开辟治疗尘肺病新领域

疗养院自1991年3月采用双肺同期大容量全肺灌洗术治疗煤工尘肺病及其他呼吸系统疾病以后，接受治疗者均获得满意疗效，无一例外发生。1991年12月，由原中国统配煤矿总公司技术发展局主持召开由全国著名职业病、呼吸内科和麻醉科专家组成的专家鉴定会，鉴定意见：该项技术居国内领先，该项技术在技术方法上处于国际领先水平。1993年该项目荣获煤炭工业部科技进步二等奖，1995年荣获国家科技进步三等奖。

三、尘肺病人灌洗治疗经费补贴

双肺同期大容量全肺灌洗术治疗煤工尘肺项目取得成功后，财政部、劳动部、中国统配煤矿总公司及后来的煤炭工业部，先后拨专款为疗养院购置用于肺灌洗治疗的进口医疗设备。但是正值全国煤炭企业经济陷入低谷，企业拿不出钱为矿工治疗。至于下岗散在社会上的患病职工，就更无条件治疗了。

曾于1979—1985年担任煤炭工业部部长的高扬文，对煤矿工人怀有很深的感情，据他本人多次讲，他下基层到矿区，经常看到一堆堆年轻人，蹲在地上晒太阳，他问为什么不下井，矿区领导痛心

地说："这些人都得了尘肺病，干不了活了。"高扬文说："听到这里我很心痛，当时是没有好的方法治疗的，年纪轻轻就得上这病，今后怎么生活。"

1991年暑期，高扬文在北戴河休息期间，视察了疗养院开展大容量肺灌洗治疗尘肺的工作。在手术室详细了解手术治疗情况，并到病房看望了已灌洗治疗后的病人，当得到病人对治疗效果一致肯定后，高扬文非常高兴。他高度赞扬了疗养院不畏困难、勇于探索，与兄弟单位一起首创双肺同期大容量肺灌洗技术，为广大患尘肺病矿工找到了一种有效治疗方法。

1991年10月7日，高扬文以一名老矿山工作者的名义，给能源部部长黄毅诚写信，信中谈到对疗养院用肺灌洗技术治疗尘肺，"我看在眼里，喜在心中，欢呼众多尘肺患者从此可以得救了"，信中希望能源部组织专人到疗养院考察，并在资金和医疗设备上给予支持。10月11日，黄毅诚部长在信上批示："富国：看了扬文的信，很高兴，若能真的找到一种治疗尘肺的办法，花多少钱也应把此事推广开，拯救千百万工人阶级兄弟的生命，解除痛苦，希望指定专人抓，一定要抓出成果来。"10月17日，能源部副部长胡富国批示："高扬文老部长同时寄给我和中统公司党组的信已阅，感谢他对煤矿工人的关心，但是对此问题的意见不一致，所以我已批示总公司党组传阅，进行专家讨论，如可行，给予积极支持，造福于矿工。"

《人民日报》记者刘建林在疗养院采访期间，获知肺灌洗治疗的困境，采写了《具有国际水平的治疗尘肺病新法难以推广》的调查报告。1992年12月22日，登载在专供中央领导阅读的《〈人民日报〉情况汇编》第744期上，国务院相关领导和中国统配煤矿总公司王森浩总经理进行了的专项批示。

1993年1月18日，《工人日报》以《原煤炭工业部部长高扬文给本报写信，呼吁推广治疗尘肺新法》为题，摘要刊登了高扬文的信函。

1993年2月9日，为了落实国务院领导批示精神，煤炭工业部办公厅董哲召集办公厅孙勇、劳资局钟明、安全局金佩粕、技术发展局苏振东、煤炭报社顾环宇和疗养院院长梁云鹏、书记贺宏记等进行研究，提出了有计划组织病员、给予适当补贴、加强宣传、积极稳妥推广，认真总结经验和加强基础理论研究等7点落实意见；并于2月10日形成书面报告报国务院领导并王森浩总经理。报告认为当时情况下从吨煤销售中提取治疗费用难度较大，决定按王森浩总经理批示，对少数局矿经费确有困难的，给予适当补助。经费由中国统配煤矿总公司财务局拨付，治疗任务由北戴河疗养院承担。

1994年，煤炭工业部副部长濮洪九首次批准给予困难局矿肺灌洗治疗补贴60万元，1995年补贴改为50万元，自1996年开始，每年治疗补贴为20万元直至2002年。共补贴资金250万元，为23个省市自治区、101个单位、1103人进行了肺灌洗治疗。

煤炭工业部划拨的肺灌洗治疗补贴经费，随着1998年3月煤炭工业部撤销，煤炭企业陆续划给地方，资金来源渠道也逐渐减少。新成立的国家煤炭工业局从自有资金中每年又继续拨付了部分经费，至2002年停止。深受患者欢迎的大容量肺灌洗治疗尘肺病项目再次面临经费窘况。

第二节　基金会的发起

1997年暑期，正在疗养院休息的原煤炭工业部部长高扬文，对他一直关注的尘肺灌洗治疗项目遇到治疗经费困境，率先提出了创建一个专门的基金会，用以解决煤炭企业患尘肺病矿工的治疗经费，也为疗养院的肺灌洗治疗解决病员不足问题。根据高扬文的建议，1997 年 9 月 3 日和 1999 年 3 月 12 日，疗养院分别向煤炭工业部机关服务局并部党组和新组建的国家煤炭工业局提出《关于成立中国煤矿尘肺灌洗治疗基金会的请示》（煤疗发（97）行字第 18 号）、（煤疗发（99）行字第 3 号）。当时正值煤炭工业部撤并为国家煤炭工业局，煤炭企业下放各省，此事暂时搁置。

2001 年末，疗养院重新开始酝酿申报成立基金会。

一、全国人大常委会委员及人大教科文卫委员的热情关注与卫生部对大容量肺灌洗技术的重新审核

成立基金会的初衷是推广应用大容量肺灌洗技术，扩大治疗量，因此说大容量肺灌洗技术作为中国煤矿尘肺病治疗基金会的技术支撑，要首先取得卫生部的支持与肯定。双肺灌洗技术实施以来，虽然已获国家科技进步奖，但在学术界还有一定的争议，疗养院通过全国人大及人大教科文卫委员会来促成对大容量肺灌洗技术的再审定。

全国人大常委会委员、民革中央副主席，原煤炭规划设计总院副院长胡敏，曾为疗养院第一次、第二次翻改建设作出过重要贡献。胡敏长期在煤炭系统工作，深知患尘肺病矿工的痛苦，为此在参与《中华人民共和国职业病防治法》审定时作了专题发言。历经十几年上上下下多次反复论证，终于在 2001 年 10 月 27 日经全国人大常委会审议通过。2001 年 11 月 24 日至 26 日，在《中华人民共和国职业病防治法》即将颁布实施之际，胡敏邀请全国人大教科文卫委员会委员、医学专家徐静博士，李宏规教授，北京市职业病防治所雍爱伦研究员，与《人民日报》人民论坛记者一起，专程到疗养院视察肺灌洗工作，对此项工作的开展和推广提出了非常重要的意见。全程观看了两位尘肺患者接受双肺同期大容量灌洗治疗的全过程，历时近 3 个小时；在看望病人时，辽宁西马矿务局尘肺患者王明厚谈了治疗后感到呼吸通畅，很有效果，对国家煤矿安全监察局在经费十分紧张的情况下，仍然拨出专款用于煤矿工人肺灌洗治疗表示万分感谢。专家们还了解到因资金有限，许多人是享受不到这种补贴的，特别是见到河北青龙县一名曾在个体小窑打工染上尘肺的患者哽咽地诉说他本人的经历时，专家们的眼睛湿润了，他们安慰病人说，我们要呼吁，要让你和你的工友以及类似的尘肺患者有人管。在随后的座谈会上，专家们表示要在全国人大教科文委员会进行呼吁，与卫生行政主管部门进行沟通，建议更多的有关领导关注此事，让全社会的人都来重视矿工尘肺病的防治问题。返京后，徐静等专家又咨询了当年参加国家科技进步奖该项目评审的辛育龄等资深专家，得到了对肺灌洗技术进一步肯定的答复。

经徐静等专家向卫生部建议，2002 年 1 月 11 日，卫生部法制与监督司副司长苏志、公共卫生处处长陈锐在北京建信宾馆 503 会议室听取了疗养院副院长陈志远关于开展大容量全肺灌洗术治疗尘肺病十一年来的工作情况汇报。全国人大常委会委员、民革中央副主席胡敏，全国人大教科文卫委员会委员徐静博士，中国预防医学科学院劳动卫生研究所副所长李德鸿研究员（尘肺病专家）也参加了汇报会。苏志副司长在总结讲话中，对尘肺病康复中心在比较艰苦的条件下，开展尘肺肺灌

洗治疗2000多例所做的工作表示赞赏和感谢。苏志副司长指出，对远期疗效的随访科学论证，以及在规范化、标准化等方面，劳动卫生研究所要给予全力支持，在科学论证的基础上积极稳妥推广。他要与医政司协调，按照医疗准入制度来确定推广单位。《中华人民共和国职业病防治法》中有一条，即国家鼓励职业病防治新技术、新方法，怎样落实国家鼓励政策，要请何厚生院士向国家科技部申请科研项目，集中人力和物力，使这项技术更加完善，更好地造福矿工。关于尘肺治疗基金会的成立，需要卫生部协助的地方将给予全力配合。苏志副司长表示，近期要请尘肺专家一同到北戴河去考察肺灌洗治疗工作，并尽快把人大各位领导和这次汇报会的情况向马晓伟副部长汇报。

2002年2月4—5日，苏志副司长、陈锐处长等组织邀请了中国疾病预防控制中心职业卫生研究所所长周安寿，研究员邹昌淇、张翠娟，北京大学第三医院史志澄，北京市预防医学研究中心刘慕珍等专家教授和胡敏、徐静、李宏规、雍爱伦一起，再次到疗养院现场考察调研，对肺灌洗技术的肯定和赞扬。

根据上述反复调研的结果，2002年3月5—10日在九届全国人大五次会议上，胡敏等68位代表提出了《关于积极扶持、推广尘肺病治疗新技术》的建议案。全国政协10位委员也联名向政协会议提交了一份提案，呼吁创立中国煤矿尘肺病治疗基金会。

疗养院再次通过新闻媒体进行呼吁报道，2002年4月10日，在《〈人民日报〉情况汇编》第190期上登载了记者撰写的《原煤炭工业部部长高扬文建议：创立中国煤矿尘肺病治疗基金会》。

2002年4月15日，高扬文致函国务院总理朱镕基，说明尘肺病对矿工的危害及灌洗方法治疗尘肺病的良好效果，建议成立中国煤矿尘肺治疗基金会。此函由国家安全生产监督管理局办公厅主任刘玉华联系，原办公厅主任孙勇亲自送往朱镕基总理秘书处。5月2日，朱镕基总理进行了相应的批示。

2002年6月，高扬文为疗养院的肺灌洗工作题词：煤尘肆狂、兄弟遭殃，染上尘肺、痛苦异常，挽救生命、不要观望，双肺灌洗、还我健康。

2002年7月15日，为了回复朱镕基总理的批示和落实68位人大代表的议案，卫生部国家疾病预防控制中心职业卫生与中毒研究所主持召开了肺灌洗治疗尘肺病研讨会，专门听取了疗养院工作汇报，形成了《对大容量肺灌洗治疗尘肺技术的评估》。针对会议上部分专家对大容量肺灌洗治疗尘肺技术提出的质疑，8月5日，疗养院写出申诉意见上报卫生部；同时，疗养院也将《关于大容量全肺灌洗治疗尘肺病的几点说明》报送了全国人大教科文卫委员会徐静委员。

2002年8月8日，全国人大常委会常委胡敏，教科文卫委员会委员徐静、李宏规等三位人大代表向卫生部提交《关于对2002年7月15日部分专家的对大容量肺灌洗术治疗尘肺技术的评估的质疑——关于积极扶持、推广尘肺病治疗新技术的再建议》。

2002年9月28日，为了对大容量肺灌洗技术进行更广泛、更权威的论证，卫生部重新组织由40位全国著名的尘肺病、呼吸内科专家研讨会，同时邀请全国人大常委会常委胡敏、教科文卫委员会委员徐静等与会，再次论证肺灌洗技术，经论证，大容量肺灌洗技术得到大多数专家的认可。

2002年10月29日，卫生部上报国务院《卫生部关于肺灌洗治疗尘肺病方法有关情况的报告》（卫报法监发〔2002〕132号文件），提出三条结论：肺灌洗技术本身是成熟的，符合临床治疗技术的一般安全性要求；肺灌洗技术可以作为尘肺病治疗方法之一；专家们一致认为，应建立一个专门的基金会，以帮助广大尘肺患者康复，推动尘肺病防治适宜技术的研究和推广，推进尘肺病防治工作。至此，因肺灌洗技术而建立一个基金会，在技术层面上得到卫生部认可。

二、高扬文的再呼吁和国家领导人、国家安全生产监督管理局王显政局长的关注与支持

2003年1月31日，高扬文再次就成立基金会一事致函朱镕基总理，并抄送国家安全生产监督管理局王显政局长。

2003年4月2日，高扬文致函温家宝总理：建议建立中国煤矿尘肺病治疗基金会。该函由疗养院时任院长李玉环通过中国储备粮管理总公司总经理林军送到温总理办公室。4月4日，温家宝总理在致函上进行了批示。

2003年4月9日，国家安全生产监督管理局局长王显政在落实温家宝总理批示的文件上批示：工作中注意听取高部长意见。

2003年4月29日，在高扬文《我对成立基金会的几点意见》上，王显政局长批示："在充分考虑高部长意见的基础上，加快进度"；赵铁锤副局长批示："基金会的筹建由北戴河疗养院全面负责，将来机构可设在北戴河疗养院，要加快进度"。

2003年6月4日，国家安全生产监督管理局党组会议专题研究决定：①要从"三个代表"的高度认识和加强煤矿尘肺病人的治疗和康复工作，并要与国家安全生产监督管理局未来"三定"规定赋予的职业危害场所监测等工作职能有机结合起来。②尽快成立中国煤矿尘肺病治疗基金会筹备组，并抓紧开展向有关部门申报设立基金会的相关工作。请濮洪九任筹备组组长，赵铁锤任副组长，办事机构设在北戴河疗养院；筹备组成员单位范围可稍大些，可以包括相关煤炭企事业单位、社团组织。③国家安全生产监督管理局安排300万元预算外资金，专项用于煤矿尘肺病治疗项目。由办公厅（财务司）负责落实，并要保证专款专用。同时，要组织研究制定基金的管理和使用办法。④由办公厅负责，将已开展工作情况按程序书面报告国务院领导。

2003年6月17日，温家宝总理在国家安全生产监督管理局局长王显政呈批《关于成立基金会的报告》上批示。

三、基金会的正式登记注册

2003年6月22日，疗养院向国家安全生产监督管理局（国家煤矿安全监察局）报送《关于成立中国煤矿尘肺病治疗基金会的请示》（煤安监尘字〔2003〕2号）。

2003年6月27日，国家煤矿安全监察局致函民政部《关于同意成立中国煤矿尘肺病治疗基金会的函》（煤安监函字〔2003〕19号），函告民政部同意由国家煤矿安全监察局尘肺病康复中心（疗养院）作为发起单位，成立中国煤矿尘肺病治疗基金会；国家煤矿安全监察局为基金会的业务主管单位。

2003年6月27日，国家煤矿安全监察局致函卫生部《关于征求对成立中国煤矿尘肺病治疗基金会意见的函》（煤安监函字〔2003〕20号），征求卫生部对国家煤矿安全监察局作为中国煤矿尘肺病治疗基金会的业务主管单位的意见。

2003年7月4日，卫生部函复国家

煤矿安全监察局《卫生部关于对成立中国煤矿尘肺病治疗基金会有关问题的复函》（卫法监函〔2003〕155号）经研究，卫生部对国家煤矿安全监察局作为中国煤矿尘肺病治疗基金会的业务主管单位无不同意见。

2003年10月30日，民政部向国家煤矿安全监察局尘肺病康复中心（疗养院）复函《关于中国煤矿尘肺病治疗基金会成立登记的批复》（民函〔2003〕231号），复函中指出，国家煤矿安全监察局尘肺病康复中心（疗养院）发起成立的中国煤矿尘肺病治疗基金会，准予登记。

2003年10月31日，中国煤矿尘肺病治疗基金会法人登记证书由中华人民共和国民政部正式颁发（民函〔2003〕231号），中国煤矿尘肺病治疗基金会正式建立。

2004年11月12日，中国煤矿尘肺病治疗基金会第一次理事会议在北京召开。

2011年4月22日，中国煤矿尘肺病治疗基金会第一届理事会第十一次会议在北京举行，会议决定将中国煤矿尘肺病治疗基金会更名为中国煤矿尘肺病防治基金会。

第二章　承办秘书处工作

2003年10月，中国煤矿尘肺病治疗基金会登记管理机关为民政部，业务主管单位为国家安全生产监督管理局（国家煤矿安全监察局），国家安全生产监督管理局（国家煤矿安全监察局）为基金会拨付原始注册资金300万元。2006年7月，全国基金会换证登记，基金会业务主管单位改为国家安全生产监督管理总局，原始注册资金由300万元增至800万元。（500万由基金会募集的善款垫付，2013年在常务副理事长吴晓煜的推动下国家安全生产监督管理总局拨付500万作为追加注册资金）

根据2003年6月4日国家安全生产监督管理局党组会议决定，基金会办事机构（即秘书处）设在疗养院。

2013年11月27日，第一届十五次理事会召开，会议选举刘桂勇为基金会秘书长，基金会部分秘书处工作移至北京，但疗养院继续承担基金会综合部大部业务和资产财务部、研发部工作。

第一节　基金会成立前筹备工作

一、成立筹备小组

2003年10月23日，为了做好基金会一届理事会前筹备工作，疗养院印发《关于疗养院做好"中国煤矿尘肺病治疗基金会"有关筹备工作的通知》（中煤北疗行发〔2003〕38号），成立了基金会筹备工作办事小组，院长李玉环为组长，党委书记贺宏记为副组长。

购置计算机3台、传真一体机、摄录像机、打印机、电话3台等设备，网络与疗养院内联网，电话外线1部。确定了基金会办事地点暂设在疗养院办公楼三楼。

二、学习政策，掌握全国基金会情况

2003年11月4—5日，疗养院基金

会筹备工作办事小组一行6人对中国发展研究基金会、中国初级卫生保健基金会、中国肝炎防治基金会三家基金会进行了实地考察，考察归来后，根据具体情况，制定了具体实施方案。

三、提交方案送审

2003年11月6日，院长李玉环向王显政局长提交了《中国煤矿尘肺病治疗基金会成立大会筹备工作意见（草案）》，王显政局长批示："请铁锤商濮部长共同研究，提出意见"。赵铁锤副局长和濮洪九部长分别与11月7日和11月10日做了圈阅。

四、中国煤矿尘肺病治疗基金会会徽的选定

2004年1月16日，在《中国煤炭报》上刊登了征集中国煤矿尘肺病治疗基金会会徽的启事。共收到稿件8份，经国家安全生产监督管理局和基金会筹备组有关领导审定，其中秦皇岛广告公司的"太阳·人体肺·双手·浪花"被选中，后经第一届理事会通过确定为本会会徽。

五、学习培训

2004年3月8日，国务院新颁布了《基金会管理条例》。秘书处派员参加了民政部举办的学习班，根据新的《基金会管理条例》，2004年6月，制定了《中国煤矿尘肺病治疗基金会章程》《中国煤矿尘肺病治疗基金会基金管理办法》《中国煤矿尘肺病治疗基金会募捐管理办法》《基金会换发登记证书方案》等。

六、推荐基金会专家组成员

疗养院经与当时国内尘肺职业病科、呼吸内科、麻醉科等有关学科知名权威专家多次沟通、征求意见，于2004年2月向基金会筹备组推荐了中国人民解放军总医院老年病研究所教授、院士王士雯（双肺灌洗成果获国家奖专家评审组组长）、北京协和医院呼吸内科教授罗慰慈（中华内科杂志主编、《大容量全肺灌洗术医疗护理常规及操作规程》主审专家），南京胸科医院呼吸内科教授谈光新（双肺灌洗第一完成人、合作伙伴），北京大学医学部麻醉科教授金清尘（原中华麻醉学会主任），中国疾病预防控制中心职业卫生与中毒研究所尘肺病专业研究员李德鸿（原所长），中国疾病预防控制中心职业卫生与中毒研究所尘肺病专业研究员张翠娟（我国尘肺病X线诊断标准制订者），北京大学医学部职业病科教授史志澄，南京胸科医院呼吸内科教授黄怡真，浙江大学医学部尘肺病教授张琪凤9位专家为基金会专家组成员，经筹备组审核批准后，2月10日向各位专家寄发了聘书。

根据国家安全生产监督管理局分工，由赵铁锤副局长分管基金会工作。2004年7月26日，疗养院向赵铁锤副局长提交《中国煤矿尘肺病治疗基金会成立大会及第一次理事（扩大）会议筹备工作安排意见》（讨论稿），对一届理事会会议议程、时间、地点、基金会组织机构及组成人员推荐名单，基金会办事机构秘书处机构设置、工作职责、人员安排提出讨论意见。7月28日，赵铁锤副局长批示："请办公室阅研"；7月29日，局办公室田玉章主任书面提出对筹备工作安排的意见：一是关于理事会的组成建议增设名誉理事长，请王显政局长、赵铁锤副局长担任。二是建议增设企业方面副理事长，如捐款数额大的企业负责人。三是建议减少国家安全生产监督管理局司局长担任理事，可担任名誉理事，留出名额由捐款较多的企业负责人担任理事。四是当前急需

将担任理事或副理事长的煤炭企业确定下来，才能按时召开会议。

2004年8—9月，为筹备召开基金会第一届理事会，受中国煤矿尘肺病治疗基金会筹备组领导委托，院长李玉环、副院长张振国等院领导持国家安全生产监督管理局办公室出具的《关于支持中国煤矿尘肺病治疗基金会募集资金的函》，组成基金会2个走访小组，历时29天，行程13000多千米，分别走访了山西、河南、河北、辽宁、黑龙江、内蒙古东部、安徽、江苏、山东等42家煤炭企业，向煤炭企业主要领导汇报有关基金会情况，宣传基金会宗旨，使煤炭企业加深对基金会的了解，同时也获得了煤炭企业众多信息材料。

七、会议材料准备

2004年8—9月，疗养院先后草拟了《国家煤矿安全监察局、中国煤炭工业协会关于召开中国煤矿尘肺病治疗基金会成立大会的通知》《基金会致各煤炭企业领导的一封信》《筹备会工作报告》《一届理事会会议议程》《基金会捐赠协议》等一届理事会会议所需材料供领导审定。

八、会务准备

2004年10月12日，向王显政局长，赵铁锤副局长提交了《关于召开中国煤矿尘肺病治疗基金会第一届理事会及有关事宜的请示》，制定了《中国煤矿尘肺病治疗基金会第一次理事会及成立大会筹备与实施意见》，汇总全国煤炭系统46家大中型企业基本情况，从企业规模及影响力考虑，推荐了20家煤炭企业作为副理事长和理事单位候选。同时提交了拟邀请参会的煤炭企业名单。10月15日，向有关煤炭企业寄发了《关于召开中国煤矿尘肺病治疗基金会第一届理事大会的通知》，就会议召开进行说明。

2004年10月，为做好会议准备工作，疗养院基金会筹备组办事人员在人事司干部一处、局办公室体改处，用电话、传真与候选的理事单位和其他一些煤炭企业联系，寄发一届理事会会议通知、中国煤矿尘肺病治疗基金会简介、基金会章程、基金会理事征求意见函等，确认了出席理事会议的企业具体副理事长、理事人选及其他会议代表。

上级领导对基金会的成立给予了热情关注和大力支持。第一届理事会筹备期间，国家安全生产监督管理局（国家煤矿安全监察局）王显政局长、赵铁锤副局长和基金会理事长、煤炭工业协会第一副会长濮洪九多次听取疗养院筹备工作汇报，对每项工作开展做出重要指导，协调有关司局解决筹备工作中的问题。基金会副理事长、原政策法规司吴晓煜司长除对筹备工作进行具体指导外，还对基金会每篇文稿都认真阅改、把关。

2004年11月，基金会成立之时，原煤炭工业部副部长、中国煤炭工业协会第一副会长、中国煤矿尘肺病治疗基金会筹备组组长濮洪九题词"关注煤矿工人的健康 启动尘肺病康复工程"；国家煤矿安全监察局局长赵铁锤题词"慈善事业天长地久 助人为乐永远快乐"；副局长王德学题词"献爱心 为矿工"；纪检组组长赵岸青题词"伸出深情之手 救我尘肺矿工"；副局长孙华山题词"弘扬中华传统美德 积极参与公益事业"；副局长梁嘉琨题词"增强慈善理念 弘扬中华民族传统美德 鼓励民众参与慈善公益事业"。

2004年11月12日，中国煤矿尘肺病治疗基金会成立大会即一届一次理事会在北京西郊宾馆召开。提名的基金会19名理事、3名监事、14名名誉理事，以及刚参加完全国煤矿安全工作座谈会的近30家煤炭企业负责参加了会议。

会议由名誉理事长赵铁锤主持。名誉理事长王显政在会上作了重要讲话，会议听取了中国煤矿尘肺病治疗基金会筹备组组长濮洪九所作的《关于中国煤矿尘肺病治疗基金会筹建情况及今后工作的报告》。国家安全生产监督管理局人事培训司黄玉治司长宣布了局党组对基金会第一届理事会19名理事、3名监事的提名。经过举手表决，会议选举产生了中国煤矿尘肺病治疗基金会第一届理事会理事长、副理事长、理事、秘书长、副秘书长及监事会监事，选举濮洪九为基金会理事长。经过认真审议，会议还通过了《中国煤矿尘肺病治疗基金会章程》和《中国煤矿尘肺病治疗基金会基金管理办法》。

理事会议决定聘请王显政、高扬文、赵铁锤为中国煤矿尘肺病治疗基金会名誉理事长；国家安全生产监督管理局有关司局、中国煤炭工业协会的领导及社会知名人士共14人被聘为名誉理事；聘请国内医学界9位知名专家为基金会专家组成员。

会议在自愿的基础上，进行了现场认捐。在王显政、赵铁锤两位名誉理事长和濮洪九理事长的积极倡导下，与会的企业代表纷纷表示了捐款意向，并当场签下捐赠意向书。山西焦煤集团有限责任公司董事长杜复新、中国中煤能源集团有限责任公司董事长经天亮、大同煤矿集团有限责任公司董事长彭建勋、晋城无烟煤矿业集团有限责任公司总经理朱晓明、平顶山煤业（集团）有限责任公司董事长陈建生、淮南矿业（集团）有限责任公司总经理孔祥喜，分别代表本企业向中国煤矿尘肺病治疗基金会各捐款500万元人民币；开滦（集团）有限责任公司总经理钟亚平代表公司捐款200万元人民币，铁法煤业（集团）有限责任公司、淮北矿业（集团）有限责任公司各捐款200万元；阳泉煤业（集团）有限责任公司捐款180万元；陕西煤业化工集团有限责任公司代表、徐州矿务集团有限公司代表、宁夏煤业集团有限公司、江西省煤炭集团有限责任公司总经理易光景、邢台矿业集团有限责任公司董事长郑存良、北京京煤集团有限责任公司董事长倪文驹也代表本企业向中国煤矿尘肺病治疗基金会各捐款100万元人民币，此外，新汶矿业集团有限责任公司、兖矿集团有限公司等煤矿企业的负责人也热情地表示了捐赠意向。截至2005年12月，第一届理事会认捐的款项到账4380万元。

第二节　基金会捐赠款免税申请

为了享受国家对基金会捐赠所得税优惠政策，使更多善款用于尘肺病矿工，基金会注册后，即开始申请免税事宜。当时国家对基金会免税申请严格控制，而尘肺病治疗这样的行业基金会，办理捐赠款免税还没有先例，难度很大，疗养院作为基金会办事机构，主要承担了基金会捐赠所得税优惠政策的申请。

2003年12月29日，中国煤矿尘肺病治疗基金会致国家税务总局《关于我基金会捐赠人享受所得税优惠政策的请示》，请求对我基金会捐赠的纳税人享受所得税前全额扣除的优惠政策。

国家安全生产监督管理局和基金会领导对基金会免税的审批也给予了高度重视与支持，除在工作中给予指导外，还亲自发函联系。2004年3月29日，国家安全生产监督管理局（国家煤矿安全监察局）局长王显政就基金会免税事宜致函财政部金人庆部长，2003年12月30日，基金会筹备组组长濮洪九也致函国家税务总局谢旭人局长，希望予以尽快解决。

2003年12月中旬至2004年4月中旬，院长李玉环和副院长陈志远多次拜访国家税务总局所得税司、财政部，向负责此工作的有关部门领导汇报基金会状况，就基金会免税事宜进行沟通协商。

为使更多人了解尘肺病人的发病现状和疾苦，促成基金会免税政策的尽快审批，由疗养院策划，2004年3月21日至4月22日，新华社记者屈维英在疗养院医疗部主任张志浩的陪同下，历时31天，走访了山西大同、阳泉、陕西韩城、铜川，河南郑州，河北峰峰，北京门头沟等省市的局、矿、医院和职业病防治机构以及尘肺病矿工家庭，撰写了《大量煤矿工人受到尘肺病的威胁》，并在《国内动态清样》第1485期上报中央。文章得到了党和国家领导人的高度重视。2004年5月18日，中共中央总书记胡锦涛在新华社《国内动态清样》第1485期《大量煤矿工人受到尘肺病的威胁》一文上进行了批示。2004年5月19日，国务院总理温家宝在新华社《国内动态清样》第1485期上进行了批示。2004年5月21日，国务院副总理黄菊对此文进行了批示。2004年5月21日，国务院副总理吴仪对此文进行了批示。

2004年10月15日，经国务院批准，财政部、国家税务总局联合发文（财税〔2004〕172号），批准企业、事业单位、社会团体和个人等社会力量向中国煤矿尘肺病治疗基金会的捐赠，准予在缴纳企业所得税和个人所得税前全额扣除。同时，得到批复的其他五家基金会是宋庆龄基金会、中国福利会、中国残疾人福利基金会、中国扶贫基金会和中国环境保护基金会。

第三节　秘书处组织机构和制度建设

一、疗养院人员在基金会的任职情况

2004年11月12日至2011年4月，经国家安全生产监督管理局（国家煤矿安全监察局）人事司提名，一届理事会选举疗养院院长李玉环为基金会秘书长；李玉环退休后，于2011年4月至2015年2月担任基金会副理事长。

2004年11月12日至2015年2月，疗养院副院长陈志远兼任基金会副秘书长。

2004年11月12日至2010年12月，经中国煤矿尘肺病治疗基金会第一届理事会全体会议表决通过，副院长张振国任基金会监事。2011年4月22日至2013年11月，中国煤矿尘肺病治疗基金会第一届理事会第十一次会议在北京举行，院长张振国当选秘书长。2016年6月，院长张振国退休后，秘书长由国家安全生产监督管理总局任命北京籍担任，秘书处分为北京、北戴河两地办公。

2005年5月，疗养院纪委书记王蕾任基金会副秘书长。

2007年4月至2011年12月，疗养院原党委书记贺宏记任基金会副秘书长。

2011年4月，疗养院党委书记于陆军任基金会顾问；2012年3月，任基金会监事。

2013年2月，疗养院副院长陈刚兼任基金会副秘书长。

2017年2月10日，疗养院院长郭玉梅当选基金会副理事长。

2019年4月，疗养院张桂丽任基金会副秘书长。

二、北戴河秘书处组织机构

1. 第一届理事会秘书处部门人员组成（2003年至2011年4月）

一届理事会确定秘书处设综合部（宣传办公室、国际合作部）、研发部、资产财务部，疗养院人员在基金会秘书处兼职情况：

综 合 部：主　任　王　蕾（兼）
　　　　　　副主任　王　成
研 发 部：主　任　张志浩
资产财务部：主　任　冯星辰
　　　　　　成　员　杨海东

2. 第一届理事会十一次会议后秘书处部门人员组成（2011年4月至2015年2月）

一届理事会十一次会议后研发部更名为治疗与研发部，资产财务部更名为财务部，疗养院人员在基金会秘书处兼职情况：

综 合 部：主　任　王　蕾
　　　　　　副主任　王　成
　　　　　　　　　　张桂丽
　　　　　　　　　　（专职）
治疗与科研部：主　任　陈志远
　　　　　　　　副主任　陈　刚
财 务 部：主　任　冯星辰
　　　　　　副主任　杨海东
　　　　　　　　　　（专职）

3. 第二届理事会秘书处部门人员组成（2015年2月至2020年8月）

疗养院人员在基金会秘书处兼职情况：

综 合 部：主　任　王　蕾
　　　　　　副主任　王　成
　　　　　　　　　　张桂丽
治疗与科研部：主　任　陈　刚
　　　　　　　　副主任　袁　扬
财 务 部：主　任　冯星辰
　　　　　　副主任　杨海东

三、制度建设

基金会2003年10月31日成立，根据《中华人民共和国公益捐赠法》和《基金会管理条例》制定了《中国煤矿尘肺病治疗基金会章程》《中国煤矿尘肺病治疗基金会基金管理办法》《中国煤矿尘肺病治疗基金会捐赠管理办法》。

2005年3月，根据国务院颁布《基金会管理条例》，按照民政部的基金会章程规范范本，将《基金管理办法》和《捐赠管理办法》归纳其中，重新制定了《中国煤矿尘肺病治疗基金会章程》。

2005年5月，制定了基金会秘书处《工作规则》和《各部门职责》。

2005年10月，制定《监事会工作规则》《关于募集资金的若干意见》《财务管理制度》。

2005年12月，制定了《救助尘肺病人补贴标准和结算方法》。

2017年9月，全面制修订了基金会的基本工作制度，新增党建工作制度，并形成完善的募集管理、行政、宣传、人事、薪酬、培训、财务、党建等27项规章制度。经理事长办公会审核通过后，印刷成册。

第四节　理事会议组织和服务

根据《中国煤矿尘肺病治疗基金会管理条例》要求基金会每年至少召开两次会议，自2003年成立至2019年底，基金会共召开理事会议24次，其中现场形式召开18次，信函形式召开6次。疗养院秘书处综合部承担主要材料撰写及会议筹备组织。

1. 理事会现场会议

基金会综合部负责会议筹备工作，会前通过邮箱、微信、传真和邮寄方式确保参会人员准时参加会议；草拟会议稿件、布置会场；会中做好会议记录，安排好投票等会议程序环节；会后整理会议总结、会议纪要，领导讲话稿，做好新闻报道资料，印发简报；并对所有印发材料逐一把关，严格审核，确保每次理事会会议圆满召开。

2. 函审会议

基金会综合部人员函审前做好资料的统计和总结，草拟稿件，审核稿件；做到做好及时联络，通过邮箱、传真和邮寄等方式确保信函寄发到位，并统计反馈意见，做好归纳总结。

2004—2019年中国煤矿尘肺病治疗基金会理事会议召开情况见表10-2-1。疗养院承担了基金会多次重要会议的服务工作，其中2003年10月至2019年12月，在北戴河疗养院召开秘书长级别以上的会议27次。

表10-2-1 2004—2019年中国煤矿尘肺病治疗基金会理事会议统计表

序号	会议名称	召开时间	召开地点	召开形式
1	一届一次理事会	2004年11月12日	北京	现场会议
2	一届二次理事会	2005年10月31日	北京	现场会议
3	一届三次理事会	2007年5月16日	北戴河	现场会议
4	一届四次理事会	2007年12月16日	北京	现场会议
5	一届五次理事会	2008年6月26日	—	函审会议
6	一届六次理事会	2008年10月31日	北戴河	现场会议
7	一届七次理事会	2009年7月30日	—	函审会议
8	一届八次理事会	2009年12月8日	—	函审会议
9	一届九次理事会	2010年8月30日	北戴河	现场会议
10	一届十次理事会	2010年12月28日	—	函审会议
11	一届十一次理事会	2011年3月22日	北京	现场会议
12	一届十二次理事会	2011年12月12日	—	函审会议
13	一届十三次理事会	2012年8月9日	—	函审会议
14	一届十四理事会	2013年1月12日	北京	现场会议
15	一届十五次理事会	2013年7月26日	北戴河	现场会议
16	一届十六次理事会	2014年7月17日	北戴河	现场会议
17	二届一次理事会	2015年2月3日	北京	现场会议
18	二届二次理事会	2015年10月16日	北京	现场会议
19	二届三次理事会	2016年1月12日	北京	现场会议
20	二届四次理事会	2016年7月26日	北戴河	现场会议
21	二届五次理事会	2017年2月22日	北京	现场会议
22	二届六次理事会	2017年10月17日	北戴河	现场会议
23	二届七次理事会	2018年4月13日	北京	现场会议
24	二届八次理事会	2018年11月29日	长沙	现场会议
25	二届九次理事会	2019年7月30日	北戴河	现场会议

第五节　媒体网络宣传和资金募集

中国煤矿尘肺病防治基金会为了不断扩大社会影响，为煤矿尘肺病防治事业提供舆论支持，基金会开通官网、微博、微信等新媒体，及时更新基金会工作动态；定期对善款捐赠和使用进行公示，接受社会监督；宣传基金会宗旨；宣传尘肺病防治知识等。按照基金会理事长办公会安排，基金会网站由北戴河疗养院基金会专职人员负责管理。

一、线下媒体宣传

1. 广泛联络媒体宣传报道基金会

基金会第一届一次理事会召开时，经国家安全生产监督管理局政策法规司协助，新华社、《人民日报》、中央电视台、中央人民广播电台、《工人日报》《健康报》《中国煤炭报》等国内和行业主流媒体都到场予以报道，中央电视台还专门电视采访了濮洪九理事长。2004—2005年，基金会建立伊始，组织邀请媒体对基金会进行专题报道共66次，扩大基金会社会知名度。

2. 与媒体合作进行宣传

经吴晓煜副理事长等与《当代矿工》杂志社商定，2005年2月26日基金会与《当代矿工》杂志合作开辟基金会和尘肺病防治专栏。此后，秘书处每期都要组织文章和报道在专栏中宣传。2005年3月16日，基金会与疗养院签署五年协议（2005—2010年）合办《中国疗养医学》杂志，另发行专刊1期。《中国疗养医学》杂志每期也要为基金会发彩页和专稿进行宣传。

3. 制作宣传品

2004年8月，委托煤炭工业出版社制作了基金会的《伸出关爱之手　救助尘肺矿工》DVD宣传光盘。2005年3月，与北京科教电影制片厂共同制作了科教电影《尘肺病防治》。

2005年12月，请《劳动保护》杂志社设计、制作15块流动宣传展板。

4. 聘任基金会爱心形象大使

2005年10月31日，中国煤矿文工团团长瞿弦和为基金会爱心形象大使；2005年10月31日，李玉环秘书长专程前往中央电视台，经与有关领导协商，聘请中央电视台著名主持人敬一丹为基金会爱心形象大使，并同基金会常务副理事长吴晓煜一起为敬一丹颁发了聘书。

二、新媒体宣传

2005年7月1日，正式开通基金会官方网站，网址：http://www.cfbjjh.org.cn。

2011年6月21日，基金会网站进行第一次改版，对网站板块进行重新梳理，栏目与功能进一步完善。

2012年3月19日，基金会注册官方微博，并通过认证，拓宽了基金会宣传渠道，成为广大网民可以及时获取基金会动态并参与交流互动的重要平台。

2015年9月21日，基金会开通支付宝公益平台，利用互联网平台募集资金，将"互联网+"技术运用到尘肺病防治工作中来。10月10日，注册微信服务号，微信用户可以通过公众号了解基金会最新动态、项目进展、善款使用等方面，进一步提高基金会公益慈善的传播速度和广度，利用腾讯公众平台进行微信线上捐赠使"指尖上的公益"成为可能。10月16日，基金会网站进行第二次全面升级改版，对页面布局进行了重新排版，新增了项目板块，丰富了网站内容，开通了实时滚动捐赠人名单。

2016年2月9日，基金会在支付宝公益平台开通"尘肺病人家庭氧疗救助项目"的子项目。对陕西省山阳县石佛寺镇40名贫困尘肺病人发放40台医疗级制氧机,目标是募集善款8万元;到截止时间,共4627位社会各界人士奉献爱心,圆满完成了项目募集任务。3月3日,基金会成功注册上线轻松筹公益众筹平台。6月21日,基金会在腾讯公益募捐平台已通过审核,通过微信公益捐款通道,爱心人士的捐赠也将变得更为便捷高效,动动手指,便可参与公益捐助活动。6月29日,基金会成功开通公益机构官方淘宝网店并成功入驻公益类项目。拓展了社会募集渠道,推动基金会慈善事业健康发展。

2017年7月28日,基金会上线京东公益募捐平台,捐赠平台更加多样化,使更多的人可以看到慈善项目。

2018年1月1日,基金会在线爱心捐助窗口增加微信支付功能,丰富了捐赠渠道,同时在宁夏能源协会网站上线爱心捐助窗口。12月3日,基金会网站进行第三次改版,对功能模块进行了重新梳理,对相关栏目再充实和调整,新增了6个项目专题页面,增加尘肺故事滚动栏目,将基金会网站主体颜色由蓝色系变更为绿色系。

三、慈善募集

1. 新媒体网络募集

基金会北戴河办公室设计制作了支付宝公益平台、腾讯公益平台、轻松筹公益平台、京东公益平台等新媒体网络募集平台,开辟了新的募集渠道。截至2019年年底,基金会通过新媒体网络共募集资金26236872.60元,2012—2019年中国煤矿尘肺病治疗基金会募集金额明细见表10-2-2。

表10-2-2 2012—2019年中国煤矿尘肺病治疗基金会新媒体网络募集金额明细表 元

年份	官网募集	支付宝公益平台	腾讯公益平台	轻松筹公益平台	京东公益	合计
2012	119.55	0	0	0	0	119.55
2013	5648.81	0	0	0	0	5648.81
2014	110.18	0	0	0	0	110.18
2015	14193.82	6261.92	0	0	0	20455.74
2016	12480.00	89358.06	111720.06	1750.00	846.27	216154.39
2017	10561.21	28846.30	61042.65	0	0	100450.16
2018	9785.63	5148.11	185056.57	0	0	199990.31
2019	22765.91	6142.21	2546628.55	0	0	2575536.67
合计	75665.11	135756.6	2904447.83	1750.00	846.27	3118465.81

2. "99公益日"网络募集

"99公益日"是腾讯公司创立、全民参与慈善事业的重大公益活动。2016年9月9日,基金会首次参加"99公益日"活动,设计推出"救助尘肺病农民工"和"救助尘肺病劳模"两个项目,共有526人次参与捐赠,募集资金5万余元。

2017年9月9日,基金会第二次参加"99公益日"活动,推出"救助尘肺病农民工"和"救助尘肺病劳模"两个项目,网络捐赠人数807人,募集资金7万余元,疗养院共有37人捐款0.69万元。另外,同年4月28日,在"职业病宣传周"活动中,募集捐赠善款1.50万元。

2018年9月9日,基金会第三次参与"99公益日"活动,经过前期积极筹备，甄选出"洗肺清尘"——尘肺病救助项目、"尘肺康复"——尘肺病救治项目、"共祝愿 同呼吸"——家庭氧疗项目、"大手牵小手"——关爱尘肺病子女项目等9个公益项目上线，腾讯公益平台共有4483位爱心人士参与捐赠，募集资金11万余元。疗养院组织全院202名职工参与捐款，募集金额1.97万元。

2019年9月9日，基金会第四次参与"99公益日"活动，经基金会北戴河办公室设计、上线的洗肺清尘救助项目募集善款1957325.48元，尘肺病子女助学项目募集善款44141.87元，两项目累计募集2359064.03元，参与人数达112115人，获腾讯公益非限定性配捐81600元。其中，募捐金额、参与人数、获得配捐均创历史新高。其中，河南化工能源集团积极响应、组织得当，总计捐款1846851.46元，占募捐总金额的92%。疗养院组织全院187名职工进行了捐款，募集金额18046.16元。

第六节 科 研 工 作

基金会的科研工作属于治疗与科研部工作范畴，治疗与科研部的前身为研发部，2011年6月更名。基金会治疗与科研工作按照理事会决定，由疗养院承担具体工作。

基金会自成立以来先后资助科研课题24项，包括尘肺病基础研究2项，预防研究1项，肺灌洗治疗研究10项，尘肺病临床及综合治疗方面研究11项；总计资助科研经费272.6万元，疗养院承担8项课题，资助科研经费97.50万元。

2005—2013年，"大容量肺灌洗治疗煤工尘肺远期疗效临床研究"课题获基金会经费支持10万元。2013年8月，接受课题函审，通过评审结题。发表论文1篇。

2005—2013年，"大容量肺灌洗术中肺泡表面活性物质（PS）丢失、提取、回输研究"课题获基金会经费支持10万元。2013年8月，进行课题函审，通过评审结果。获得国家发明专利两项，其中支付华北煤炭医学院1万元完成肺灌洗回收液中尘细胞数量形态与机体免疫功能的研究，发表论文2篇。

2008—2013年，"采用膜分离方法在大容量肺灌洗回收液中快速提取肺泡表面活性物质（PS）的临床应用研究"课题获基金会经费支持11万元。2013年8月，通过函审结果。发表论文6篇。

2008—2011年，"桑树坪矿尘肺大容量肺灌洗远期效果的回顾性研究"课题获得基金会经费支持5万元。在2011年6月28日第三次科研会议上通过评审，完成结题。发表论文4篇。

2011—2015年，"大容量肺灌洗术中PS恢复与肺顺应性关系的研究"课题获得基金会经费支持5万元，此课题在2015年12月12日科研评审会上通过评审，完成结题。发表论文2篇。

2011—2015年，"采用复方电解质溶液（勃脉力A）进行肺灌洗的研究"课题获得基金会经费支持10万元，在2015年12月12日科研评审会通过评审，结题。发表论文1篇。

2016—2017年，中国煤矿工人北戴河疗养院牵头，6家单位共同承担"岩盐气溶胶疗法在尘肺病治疗康复中作用的临床研究"课题研究，基金会资助科研经费39万元。课题在2017年11月24日通过评审验收，完成结题。发表论文9篇。

2018年6月，中国煤矿工人北戴河疗养院等6家单位共同承担"不同临床治疗路径治疗各期职业性尘肺病临床效果与工伤保险基金支付成本分析的研究"课题，获得基金会经费支持7.5万元。

2019年2月28日,"不同临床治疗路径治疗各期职业性尘肺病临床效果与工伤保险基金支付成本分析的研究"通过审查验收结题。

2019年12月19日,中国煤矿尘肺病防治基金会2019年科研课题开题报告会在武汉召开,基金会遴选出的17项课题的课题负责人做开题报告,专家组对课题进行了评议,提出了修改完善意见。应急管理部北戴河康复院"全肺灌洗对尘肺患者病情晋级(DR胸片表现)及生存质量影响的研究"和"尘肺患者合并COPD危险因素及其交互作用的病例对照研究"两项课题在此次报告中。

第七节 财务管理与年度审计

基金会财务部工作始终坚持规范管理和诚信办基金会原则,协调构建基金会在社会的良好形象,认真执行《民间非营利组织会计制度》和《基金会管理条例》,依法运作,坚持勤俭办会,主动财务公开,自觉接受各界监督,财务工作总体运行良好。

一、年度财务审计

基金会财务核算执行民政部颁发的《民间非营利组织会计制度》。每年筹备理事会的召开,将资金使用等情况向捐赠人汇报。基金会年度检查工作报告每年都要经过地方会计师事务所的审计、上级财务部门的初审,民政部的终审,截至2020年,每年年审均为合格。

因基金会换届,王显政理事长离任,按照民政部要求,对王显政理事长2011年4月1日至2015年11月任职期间财务工作进行离任审计,于2016年1月28日出具审计报告(冀衡会民检字〔2016〕005号),审计结论是:王显政在任职期间能够认真履行职责,积极有效地开展各项工作;财务工作能够执行《民间非营利组织会计制度》,财务信息准确、透明并按规定披露各项财务信息。

二、项目专项财务审计

2014—2017年,基金会申报的《尘肺病农民工洗肺清尘救助项目》连续4年通过民政部中央财政支持社会组织参与社会服务项目评审,获得中央财政资金支持。根据民政部项目管理要求,执行项目完毕需接受其委派的会计师事务所的专项审计,作为项目验收的依据之一,2014—2017年基金会分别接受北京兴中海会计师事务所有限公司1次、中通会计师事务所有限公司3次项目专项审计,对项目主要内容、项目实施地域及受益对象、项目完成情况、项目预算、实际收支情况及存在的问题及建议进行了报告。

三、信息公开工作

2005年,基金会开通网站后,基金会募集资金和救助情况都坚持公开、透明的原则,定期通过基金会网站、报纸、杂志等媒体向社会公布,同时接受广大捐赠人、受益人、新闻媒体和社会各界的监督。对于每一个捐赠者,基金会都颁发捐赠证书和发票,并合影留念。10月30日,基金会一届二次理事会议,财务部提交财务工作报告,会议审议通过。基金会网站将一届理事会议第一次会议煤炭企业捐赠名录公布。

2006年开始,基金会网站公布捐赠人、捐赠金额等信息,并将受助人、受助金额等情况,接受社会监督。

2009年4月,基金会按照一届一次理事会煤炭企业捐赠金额,向中国中煤能源集团有限公司、淮南矿业(集团)有限责任公司、晋城无烟煤矿业集团有限责任公司等22家捐赠单位发函《关于贵集团捐赠资金使用情况的汇报》,将捐赠单位截至上年底的资金使用及结存情况向捐赠单位进行报告。

2011年1月,基金会按照一届一次理事会煤炭企业捐赠资金结存金额,向神华集团有限责任公司、中国中煤能源集团有限公司、淮南矿业(集团)有限责任公司、晋城无烟煤矿业集团有限责任公司等16家捐赠单位发函,将截至上年底的捐赠资金使用及结存情况向捐赠单位进行报告,同时要求捐赠单位按照基金会的治疗计划,选派尘肺病矿工赴疗养院开展大容量肺灌洗治疗和综合康复治疗。2月24日,应国家安全生产监督管理总局要求,基金会向总局领导进行了汇报,作为内部管理的一部分,财务部拟订了《基金会成立以来的财务工作报告(2006—2010)》。3月22日,基金会在北京召开一届理事会十一次会议(换届会议),财务部向大会报告一届理事会(2004年10月至2010年12月)6年来财务状况和收支情况,大会审议通过。11月,依据民政部《基金会信息公布办法》和基金会《信息公开管理办法(试行)》要求,在网站公布了经民政部审查通过的年度工作报告、会计师事务所审计的年度财务报告,组织募捐活动及募捐活动取得的捐赠收入,公益资助项目,资助金额、受助人基本情况等,基金会工作动态等信息,从此以后该信息公布常态化,每年均在网站上公示,接受社会各界的监督。

2012年12月,基金会按照煤炭企业捐赠资金结存情况,基金会向中国中煤能源集团有限公司、大同煤矿集团有限责任公司、淮南矿业(集团)有限责任公司、晋城无烟煤矿业集团有限责任公司等10家捐赠单位发函《关于捐赠资金使用情况的报告》,将截至上年底的捐赠资金使用及结存情况向捐赠单位报告。6月16日,基金会召开理事会议,听取、审议了2011年财务工作报告,与会代表充分肯定了财务工作所取得的成绩,一致同意批准该报告。8月9日,基金会以通信形式召开一届十三次理事会,代表审议通过了《基金会2012年上半年工作总结和下半年工作计划》和《基金会2011年财务收支情况报告》。

2014年1月,基金会向神华集团有限责任公司、中国中煤能源集团有限公司、大同煤矿集团有限责任公司、山西焦煤集团有限责任公司、山东能源集团有限公司等6家捐赠单位发函《关于捐赠资金使用情况的函》,将捐赠协议到账金额、规定比例、用途及截至上年底的资金使用及结存情况向捐赠单位报告。

2015年2月4日,基金会二届一次理事会议在北京西郊宾馆召开,马骏副理事长受理事会委托,向大会做中国煤矿尘肺病防治基金会2003年10月至2014年12月成立11年来的财务工作报告及2015年预算报告,代表审议一致通过。5月10日,根据国家安全生产监督管理总局财务检查动员部署视频会议精神,对照国家安全生产监督管理总局办公厅印发的《财务检查内容指导清单》(安监总厅财函〔2015〕56号),财务部对基金会2013年1月至2015年3月财务凭证、账簿进行全面对照检查和整改工作,向国家安全生产监督管理总局财务司上报了自查情况与整改办法报告。9月25日,根据《国家安全生产监督管理总局关于财务检查情况的通报》(安监总财〔2015〕94号)和《国家安全生产监督管理总局办公厅关于整改财务自查和重点抽查发现问题的通知》(安监总厅财函〔2015〕136号)要求,向国家安全生产监督管理总局上报了整改落实基金会财务检查发现的问题和整改意见。

2016年6月，中央驻国家安全生产监督管理总局巡视组要求各单位填报下发的有关执行八项规定的表格材料，基金会财务部按要求进行了填报上报工作。

2017年2月16日，基金会二届五次会议，财务部向大会提交《基金会2016年财务决算和2017年财务预算报告》，经大会讨论通过。7月，基金会向国家煤矿安全监察局局长黄玉治作专门汇报，财务部提交《基金会2017年上半年财务工作报告》。10月，基金会二届六次理事会议上，财务部提交2017年1—9月财务工作报告，代表审议通过。

2018年4月13日，基金会二届理事会第七次会议，财务部作基金会2017年财务报告、2017年预算报告，2个报告经会议审议通过。

2019年11月，基金会向国家煤矿安全监察局作工作汇报，财务部提交了2019年1—10月财务工作报告。

四、配合监事会完成工作

2004年10月13日，经国家安全生产监管局（国家煤矿安全监察局）党组会议审定，人事司批准，国家安全生产监督管理局监察专员赵红、国家安全生产监督管理局办公室（财务司）处长、高级会计师毕树柏与疗养院副院长、高级会计师张振国共同组成基金会监事会。

2005年7月21—22日，根据国家安全生产监督管理总局领导的指示，并按照中国煤矿尘肺病治疗基金会章程的要求，在基金会监事长赵红专员的率领下，监事毕树柏、国家安全生产监督管理总局财务司孙国建处长一行3人对基金会成立以来的工作进行了检查。听取了基金会秘书长李玉环的工作汇报，并对基金会成立以来的会计账簿、会计凭证以及与经济责任有关的资料进行了检查，出具了监事会报告报国家安全生产监督管理总局领导。10月31日，监事长赵红向基金会一届二次理事会议作了监事会工作报告，并经理事会表决通过。

2006年10月31日，财务部向监事会就基金会2006年1—10月财务工作作出书面报告。

2007年4月25—26日，受国家安全生产监督管理总局领导的委托，根据《基金会管理条例》和《中国煤矿尘肺病治疗基金会章程》有关规定，以薄书平为领队，国家安全生产监督管理总局财务司许太谊处长一行2人对基金会的2005年、2006年工作情况和财务活动进行了审计，监事们听取了秘书长李玉环工作汇报，检查了2005年、2006年财务账簿、凭证、报表，并对此次检查的基金会一届二次会议以来的主要工作及财务收支情况形成监事会工作报告报国家安全生产监督管理总局有关领导。5月15日，监事会监事长毕树柏向基金会一届三次理事会议作监事会工作报告，并经理事会表决通过。

2015年11月5日，应监事会要求，秘书长刘桂勇带领财务部工作人员在北京国家安全生产监督管理总局向监事长李书清、监事井希春（中国中煤能源集团有限公司）汇报了2012年1月至2015年9月财务收支情况和资产状况，及财务开展的重点工作和存在的问题不足，同时还汇报了今后财务工作要点，监事长提出相应的改进意见。

2016年3月2—3日，监事长李书清、监事于陆军、国家安全生产监督管理总局财务司梁卓处长、辽宁煤矿安全监察局财务处马忠宝处长一行4人在北戴河疗养院听取了基金会工作汇报，并实点检查了2015年会计凭证、会计账簿、报表以及与经济责任有关的资料,就下一步做好财务工作,发挥财务管理作用作出要求。

2017年4月16日,财务部向监事会就基金会2016年财务工作作了书面汇报。

2019年7月30日,新任监事长、应急管理部规划财务司王士杰司长向基金会第二届理事会九次会议作监事会工作报告并经理事会议表决通过。报告认为:2018年以来,基金会监事会依照《中华人民共和国慈善法》《基金会管理条例》《中国煤矿尘肺病防治基金会章程》等有关规定,依法对基金会开展的各项活动、财务状况、制度建立及执行情况等进行了监督检查,基金会依法依规有序运行,取得了很好的效果。

第八节 年审及社会组织评估申报

一、年审

根据《基金会管理条例》有关规定,民政部要求2005年开始,全国性基金会向民政部申报年度检查材料。基金会在北戴河的综合部和财务部等工作人员2005—2018年连续14年负责申报年检工作,遵循报告真实、内容详尽、数据翔实的原则,每年3月申报包括基础信息、机构建设情况、业务活动开展情况、财务会计报告、接受监督情况、接受管理的情况、保值增值投资活动情况、信息公开情况,对捐赠人和救助人的反馈十大类别、38项、100余页内容,对组织运作机制、内部管理、项目运作和公信力等方面都作了详细报告。

2005—2018年,民政部给予基金会年检全部认定为合格(年检认定结果分为合格、基本合格和不合格3个类别),确保基金会捐赠人享受税收优惠政策,资金正常募集,提高了基金会的影响力和公信力,使基金会能够健康发展。

二、社会组织等级评估

社会组织等级评估是民政部依法对社会组织实施监督管理的重要手段,具有引导、识别、监督三大功能,也是国家对基金会各项工作最权威的评价,其评估结果是基金会及捐赠人享受税收优惠政策的重要依据,对社会组织运作机制、内部管理、项目运作和公信力等方面具有规范、发展和提升作用。《社会组织评估管理办法》规定,社会组织评估等级有效期为5年。基金会北戴河办公室为此项工作做了大量具体工作。

1. 2007年度社会组织评估

全国性公募性基金会首次等级评估工作自2007年10月正式启动,于2008年2月结束。根据民政部要求,先后准备了包括72项自评、25项报送材料,59名各类人员的社会评价调查表等书面申报材料。

2008年1月3日,由民政部有关部门、研究机构、会计师事务所和基金会负责人组成的评估小组,到北戴河进行实地考察,对基金会内部建设,项目运作,财务工作等情况进行了检查。基金会评估委员会依照评估指标和评估工作程序,对基金会的基础条件、内部治理、工作绩效和社会评价共4个方面进行了综合评判,基金会最终取得705.57分,获得3A等级称号。实地考察期间,民政部代表对基金会的工作给予了充分肯定,同时也对"尘肺病康复工程"项目运作等方面提出了一些意见和建议。基金会理事长濮洪九在《基金会评估结果通知书》上作出批示:"基金会成立不久,能评上3A也属不易,希望继续努力"。

2. 2012年度社会组织评估

基金会于2012年度再次参加了民政部组织的社会组织评估。此次评估内容包括基金会近五年来基础条件、内部治理、工作绩效、社会评价4个方面124项内容的综合指标。

基金会北戴河办公室按时向民政部上报了基金会组织机构、工作绩效、工作制度、财务报表四大类别，共计252页的申报材料，并递交了受助人、捐赠人、理事会成员、监事会成员、青年志愿者等名单，供民政部评估组审核。

2012年12月初，以民政部民间组织服务中心贾卫处长为首的评估专家小组分别对基金会开展的尘肺病康复工程项目、财务工作、内部治理和基础条件进行实地考察验收，查阅了大量原始档案和相关资料，同时对有关情况现场提问。在完成考察总结时，评估组对基金会工作给予高度评价：行事规范，财务清晰，公开透明，绩效良好。

2013年6月，民政部公布了2012年全国性社会组织评估结果，基金会荣获4A级基金会的称号。

3. 2017年度社会组织评估

2017年10月，按照民政部的要求，认真填报评估申报书，对基金会简介、内部治理、绩效项目及财务基本情况进行了重新整理并将纸质材料上报。在之后近半年的工作中，将北京、北戴河两地档案全部集中到北戴河，严格按照评估标准和现场评估材料目录检查档案；为确保通过，还邀请部分专家进行指导，提出建设性意见，整改补充多达20多项的材料。通过对2015年、2016年、2017年全部档案及时查缺补漏、补充完善、追踪整理、归纳入档等涉及基础条件、内部治理、工作绩效、社会评价四大类别，共计归纳组织建设、制度建设、内部治理、社会监督、财务审计、项目、宣传材料、信息公开等68个档案盒，500余份材料，10余万字的资料。12月，基金会邀请原中国残疾人福利基金会副理事长邢建绪先生对基金会本次评估工作开展了宣讲。

2018年3月，为确保社会组织评估工作万无一失，副理事长兼秘书长杨庆生牵头到北戴河对基金会进行了预评估。4月18—19日，民政部社会组织管理局评估管理处选派民政部社会组织服务中心张成刚处长为政府监督方代表，中国社会组织促进会副秘书长贾卫、中国社会组织促进会评估主任邢晓辉等组成的评估小组到基金会进行实地评估。在近10小时现场评估后，专家组一致认为基金会内部治理总体较好，项目运作规范，财务制度健全操作规范，希望在当前和今后一个时期，基金会应坚持培训发展与管理监督并重，充分发挥基金会关注民生、构建和谐社会中的重要作用。

2018年11月27日，民政部《2017年度全国性社会组织评估等级结果公告（第445号）》，中国煤矿尘肺病防治基金会在2017年度社会组织等级评估工作中再次被评为4A级。

4. 参评全国先进社会组织

2015年3月24日，民政部下发了《关于开展"全国先进社会组织"评选表彰活动的通知》（民发〔2015〕63号）。民政部要求每个主管单位只允许申报一家社会组织的原则，经国家安全生产监督管理总局、国家煤矿安全监察局同意，给予基金会申报"全国先进社会组织"推荐指标。5月，准备基金会项目开展及基金会内部治理情况等多项材料，并填写"全国先进社会组织推荐审批表"上报上级主管单位国家安全生产监督管理总局初审，初审通过后上报民政部评审。12月，民政部发布《民政部关于表彰全国先进社会组织的决定（民发〔2015〕232）号》，基金会被民政部授予"全国先进社会组织"荣誉称号。

第三章 协助基金会实施尘肺病康复工程

第一节 尘肺病康复工程项目定义

经中国煤矿尘肺病治疗基金会一届一次理事会通过,基金会在全国启动尘肺病康复工程项目。尘肺病康复工程内容:

(1) 尘肺病患者肺灌洗治疗:依托基金会定点医院对尘肺病患者,重点是国有煤矿的尘肺病患者分期分批开展以肺灌洗为主的综合治疗工作。

(2) 尘肺病患者康复综合疗养:对因病情严重或患有各种合并症而不能接受肺灌洗治疗的尘肺病人,安排康复治疗,为他们减轻痛苦,提高生活质量。对个别特别困难尘肺病患者进行现金与实物资助。

(3) 尘肺病治疗技术的推广应用。计划在3年内,将大容量肺灌洗技术在全国推广应用到20家医院,内科康复治疗推广10家医院,建立基金会定点医院30家,争取每年治疗人数达万人。

(4) 尘肺病科研工作。资助与尘肺病治疗技术有关的科学研究工作。

(5) 宣传工作:在矿区宣传和普及尘肺病防治知识,宣传《中华人民共和国职业病防治法》等法律法规。

尘肺病康复工作是基金会第一个慈善项目,基金会定点医院每年在全国范围内救助尘肺病人,减轻患者痛苦、提高生活质量、缓解经济压力、保护劳动能力,让他们重拾生活的信心和生命的尊严,让他们的家庭重新拥有爱与希望,最终达到"救治一个病人,挽救一个家庭"的目的。

2004年8月12日,基金会向各煤业集团(公司)、职业病防治院(所)下达《关于选送首批煤矿尘肺病人免费进行肺灌洗治疗的通知》。

2005年1月,根据捐款企业和基金会捐赠协议书中关于捐赠款的60%用于本单位尘肺病人的有关条款。基金会向各捐资企业下达《2005年尘肺病人免费灌洗治疗计划通知书》。

2005年12月,基金会制定了《关于尘肺病人肺灌洗治疗补贴标准和结算方法的规定》,双肺同期灌洗治疗平均每人补贴1万元,单肺分期肺灌洗治疗平均每人补贴1.3万元。针对少部分尘肺病人因为病情严重或患有各种各样的合并症而不能接受肺灌洗治疗,进行疗养康复治疗,每人补贴3000元。

第二节 疗养院协助开展的尘肺病康复工程项目

一、尘肺病治疗与康复

1. 2004年尘肺病治疗与康复

2004年11月12日,尘肺病康复工程在北戴河正式启动。

大同煤矿集团等7家煤炭企业57名尘肺病矿工、综合康复治疗7人,农民工尘肺病患者22人接受治疗,合计86人。其中,大容量肺灌洗79人,综合康复治疗7人,基金会资助治疗60.59万元。

2004年基金会尘肺病治疗与康复资助情况统计见表10-3-1。

表10-3-1 2004年基金会尘肺病治疗与康复资助情况统计表

序号	单位	大容量肺灌洗治疗（人）	综合康复治疗（人）	合计（人）	基金会资助治疗（万元）
1	大同煤矿集团	41	6	47	44.33
2	晋城无烟煤矿业集团	5	1	6	1.74
3	神东煤炭集团	6	0	6	3.50
4	甘肃靖远矿务局	1	0	1	0.20
5	峰峰集团	2	0	2	2.35
6	鸡西矿业集团	1	0	1	0.55
7	双鸭山矿业集团	1	0	1	0.92
8	农民工	22	0	22	7.00
	合计	79	7	86	60.59

2. 2005年尘肺病治疗与康复

中国中煤能源集团等17家煤炭企业348名尘肺病矿工接受治疗。其中，大容量肺灌洗238人，综合康复治疗110人，基金会资助治疗260.68万元，

2005年基金会尘肺病治疗与康复资助情况统计见表10-3-2。

3. 2006年尘肺病治疗与康复

中国中煤能源集团、大同煤矿集团等33家煤炭企业554名尘肺病矿工，农民工尘肺病患者34人接受治疗，合计588人。其中，大容量肺灌洗治疗422人，综合康复治疗166人，基金会资助治疗438.32万元。

2006年基金会尘肺病治疗与康复资助情况统计见表10-3-3。

表10-3-2 2005年基金会尘肺病治疗与康复资助情况统计表

序号	单位	大容量肺灌洗治疗（人）	综合康复治疗（人）	合计（人）	基金会资助治疗（万元）
1	中国中煤能源集团	5	9	14	7.70
2	山西焦煤集团	25	15	40	29.10
3	西山煤电（集团）	6	2	8	6.40
4	山西汾西矿业（集团）	9	9	18	11.70
5	霍州煤电集团	10	4	14	11.00
6	大同煤矿集团	71	11	82	69.70
7	晋城无烟煤矿业集团	12	12	24	15.00
8	平顶山煤业（集团）	15	12	27	18.20
9	淮南矿业（集团）	18	10	28	20.40
10	铁法煤业（集团）	6	5	11	7.50
11	淮北矿业（集团）	32	4	36	32.60

表10-3-2（续）

序号	单位	大容量肺灌洗治疗（人）	综合康复治疗（人）	合计（人）	基金会资助治疗（万元）
12	阳泉煤业（集团）	8	5	13	9.40
13	邢台矿业集团	13	5	18	14.10
14	宁夏煤业集团	11		11	11.00
15	徐州矿务集团	9	9	18	11.70
16	北京京煤集团	2	5	7	3.50
17	新汶矿业集团	2		2	1.80
18	郑州煤电股份	3	3	6	2.33
19	黑龙江龙煤鹤岗矿业	5	4	9	6.00
20	内蒙古平庄煤业（集团）	1	1	2	0.65
	合计	238	110	348	260.68

表10-3-3　2006年基金会尘肺病治疗与康复资助情况统计表

序号	单位	大容量肺灌洗治疗（人）	综合康复治疗（人）	合计（人）	基金会资助治疗（万元）
1	中国中煤能源集团	23	10	33	26.50
2	山西焦煤集团	30	8	38	31.90
3	西山煤电（集团）	22	4	26	22.90
4	山西汾西矿业（集团）	3	4	7	4.00
5	霍州煤电集团	5	0	5	5.00
6	大同煤矿集团	9	0	9	7.20
7	平顶山煤业（集团）	48	7	55	49.88
8	淮南矿业（集团）	16	10	26	18.90
9	淮北矿业（集团）	25	3	28	25.40
10	开滦（集团）	28	31	59	34.64
11	阳泉煤业（集团）	27	9	36	28.28
12	邢台矿业集团	9	10	19	11.80
13	宁夏煤业集团	7	7	14	9.30
14	徐州矿务集团	13	13	26	17.07
15	北京京煤集团	5	5	10	6.50
16	陕西煤业化工集团	20	1	21	20.68
17	福建煤电股份	5	2	7	5.40
18	河南大峪沟煤业集团	34	7	41	34.56
19	阳泉南庄煤炭集团	26	8	34	28.00

表10-3-3（续）

序号	单位	大容量肺灌洗治疗（人）	综合康复治疗（人）	合计（人）	基金会资助治疗（万元）
20	兖州煤业集团	6	1	7	5.88
21	新汶矿业集团	4	4	8	4.56
22	江西省煤炭集团	6	6	12	6.48
23	龙口矿业集团	12	3	15	11.84
24	华亭煤业集团	6	4	10	6.12
25	窑街煤电集团	3	1	4	2.88
26	扎赉诺尔煤业	5	3	8	5.24
27	神华集团海勃湾矿业	0	1	1	0.08
28	通化矿业（集团）	6	1	7	6.30
29	辽源矿业（集团）	2	0	2	1.80
30	黑龙江龙煤鹤岗矿业	7	3	10	6.84
31	新疆乌鲁木齐矿业（集团）	3	2	5	3.16
32	河南神火集团	2	5	7	2.40
33	贵州林东矿业集团	2	0	2	2.00
34	农民工	33	1	34	16.74
	合计	422	166	588	438.32

4. 2007年尘肺病治疗与康复

中国中煤能源集团、大同煤矿集团、平顶山煤业（集团）等37家煤炭企业672名尘肺病矿工，农民工尘肺病患者47人接受治疗，合计719人。其中，大容量肺灌洗治疗562人，综合康复治疗157人，基金会资助治疗551.38万元。

2007年基金会尘肺病治疗与康复资助情况统计见表10-3-4。

表10-3-4 2007年基金会尘肺病治疗与康复资助情况统计表

序号	受助单位	大容量肺灌洗治疗（人）	综合康复治疗（人）	合计（人）	基金会资助治疗（万元）
1	平顶山煤业（集团）	38	12	50	40.34
2	中国中煤能源集团	19	8	27	20.20
3	山西汾西矿业（集团）	14	7	21	16.10
4	山西西山煤电（集团）	9	6	15	10.38
5	霍州煤电集团	4		4	4.00
6	淮南矿业（集团）	9	2	11	9.00
7	神华集团海勃湾矿业	15	2	17	21.86
8	神华集团乌达黄白茨矿业	22	4	26	15.50

表10-3-4（续）

序号	受助单位	大容量肺灌洗治疗（人）	综合康复治疗（人）	合计（人）	基金会资助治疗（万元）
9	神华宝日希勒能源	2	1	3	1.08
10	开滦（集团）	1	1	2	1.30
11	铁法煤业（集团）	19	9	28	21.60
12	淮北煤业（集团）	34	3	37	33.26
13	大同煤矿集团	2	1	3	2.30
14	阳泉煤业（集团）	33	19	52	37.58
15	北京京煤集团	8	2	10	7.55
16	徐州矿务集团	12	18	30	15.95
17	宁夏煤业集团	9	1	10	8.63
18	河南大峪沟煤业集团	42	9	51	43.48
19	丰城矿业	17	3	20	12.2
20	萍乡矿业集团	8		8	12.70
21	邢台矿业集团	1	1	2	1.30
22	韩城矿业		1	1	0.08
23	鹤壁煤电股份	9		9	9.00
24	淄博矿业集团	19	2	21	19.00
25	新汶矿业集团	3	4	7	3.80
26	内蒙古大雁矿业集团	18	1	19	17.48
27	扎赉诺尔煤业	4		4	3.80
28	焦作煤业集团	34	4	38	32.92
29	冀中能源峰峰矿业集团	16	6	22	16.28
30	冀中能源邯郸矿业集团	9	3	12	9.24
31	抚顺矿业集团	14	2	16	13.76
32	鸡西矿业集团	1		1	1.00
33	双鸭山矿业集团	8	8	16	8.24
34	黑龙江龙煤鹤岗矿业	6	2	8	5.56
35	吉林煤业集团	6		6	6.00
36	龙口矿业集团	27	5	32	26.86
37	皖北煤电集团	23	10	33	24.20
38	农民工	47		47	17.85
	合计	562	157	719	551.38

5. 2008 年尘肺病治疗与康复

中国中煤能源集团、山西焦煤集团、平顶山煤业（集团）等 27 家煤炭企业 545 名尘肺病矿工，农民工尘肺病患者 49 人接受治疗，合计 594 人。其中，大容量肺灌洗治疗 482 人，综合康复治疗 112 人，基金会资助治疗费 473.77 万元。

2008 年基金会尘肺病治疗与康复资助情况统计见表 10-3-5。

表 10-3-5　2008 年基金会尘肺病治疗与康复资助情况统计表

序号	受助单位	大容量肺灌洗治疗（人）	综合康复治疗（人）	合计（人）	基金会资助治疗（万元）
1	中国中煤能源集团	23	13	36	26.30
2	大同煤矿集团	1		1	1.00
3	山西汾西矿业（集团）	10	1	11	10.40
4	淮南矿业（集团）	24	6	30	25.30
5	平顶山煤业（集团）	84	17	101	88.40
6	神华集团	1		1	0.80
7	铁法煤业（集团）	11	4	15	12.30
8	淮北矿业（集团）	22	4	26	24.10
9	江西省煤炭集团	10		10	9.40
10	邢台矿业集团	4	1	5	4.08
11	北京京煤集团	5	2	7	5.18
12	宁夏煤业集团	56	6	62	56.96
13	阳泉煤业（集团）	19	5	24	21.10
14	徐州矿务集团	19	16	35	23.70
15	新汶矿业集团	1	3	4	1.68
16	四川省煤炭产业集团	10		10	10.00
17	内蒙古大雁矿业集团	19	1	20	18.68
18	皖北煤电集团	54	28	82	59.69
19	黑龙江龙煤矿业集团	35	4	39	35.22
20	抚顺矿业集团	4		4	3.40
21	华亭煤业集团	4		4	4.00
22	焦作煤业集团	2		2	2.00
23	辽源矿业（集团）	2		2	1.80
24	潞安矿业（集团）	4		4	4.00
25	申家庄煤矿	2		2	1.80
26	窑街煤电集团	3		3	3.00
27	扎赉诺尔煤业	5		5	4.80
28	农民工	48	1	49	14.68
	合计	482	112	594	473.77

6. 2009年尘肺病治疗与康复

中国中煤能源集团、平顶山煤业（集团）、山西汾西矿业（集团）等18家煤炭企业402名尘肺病矿工，农民工尘肺病患者83人接受治疗，合计485人。其中，大容量肺灌洗治疗407人，综合康复治疗78人，基金会资助治疗355.27万元。

2009年基金会尘肺病治疗与康复资助情况统计见表10-3-6。

表10-3-6 2009年基金会尘肺病治疗与康复资助情况统计表

序号	受助单位	大容量肺灌洗治疗（人）	综合康复治疗（人）	合计（人）	基金会资助治疗（万元）
1	中国中煤能源集团	18	5	23	19.28
2	平顶山煤业（集团）	56	15	71	59.68
3	山西汾西矿业（集团）	10	2	12	10.40
4	大同煤矿集团	35	4	39	35.58
5	阳泉煤业（集团）	56	12	68	59.08
6	淮南矿业（集团）	21	9	30	23.48
7	淮北矿业（集团）	43	2	45	43.60
8	徐州矿务集团	27	10	37	30.90
9	铁法煤业（集团）	2	2	4	2.60
10	北京京煤集团	3	6	9	4.60
11	河北金牛能源集团	10	1	11	10.30
12	江西省煤炭集团	9		9	8.40
13	黑龙江龙煤矿业集团	13	1	14	12.48
14	通化矿业（集团）	6	1	7	6.08
15	内蒙古大雁矿业集团	9	0	9	8.60
16	窑街煤业集团	1	2	3	1.16
17	华亭煤电集团	0	1	1	0.08
18	潞安新疆煤化工（集团）	7	3	10	6.84
19	农民工	81	2	83	12.13
	合计	407	78	485	355.27

7. 2010年尘肺病治疗与康复

中国中煤能源集团、平顶山煤业（集团）、山西焦煤集团等15家煤炭企业465名尘肺病矿工，农民工尘肺病患者42人接受治疗，合计507人。其中大容量肺灌洗治疗415人，综合康复治疗92人，基金会资助治疗391.11万元。

2010年基金会尘肺病治疗与康复资助情况统计见表10-3-7。

8. 2011年尘肺病治疗与康复

表10-3-7 2010年基金会尘肺病治疗与康复资助情况统计表

序号	受助单位	大容量肺灌洗治疗（人）	综合康复治疗（人）	合计（人）	基金会资助治疗（万元）
1	中国中煤能源集团	7	1	8	6.88
2	平顶山煤业（集团）	61	30	91	67.65
3	山西汾西矿业（集团）	7	4	11	8.2
4	霍州集团	44	6	50	44.68
5	大同煤矿集团	57	9	66	57.43
6	阳泉煤业（集团）	20	5	25	20.02
7	淮南矿业（集团）	9	2	11	9.41
8	神华乌海能源	1	0	1	1
9	淮北矿业（集团）	41	6	47	42.97
10	宁夏矿业集团	72	5	77	70.7
11	北京京煤集团	5	0	5	4.8
12	晋城无烟煤矿业集团	14	15	29	18.5
13	江西省煤炭集团	19	4	23	19.38
14	徐州矿务集团	14	5	19	14.79
15	龙口矿业集团	2	0	2	2
16	农民工	42	0	42	2.7
	合计	415	92	507	391.11

平顶山煤业集团、山西焦煤集团等10家煤炭企业508人，农民工患者232人接受治疗，合计740人。其中，大容量肺灌洗治疗624人，综合康复治疗116人，基金会资助治疗433.87万元。

2011年基金会尘肺病治疗与康复资助情况统计见表10-3-8。

9. 2012年尘肺病治疗与康复

表10-3-8 2011年基金会尘肺病治疗与康复资助情况统计表

序号	受助单位	大容量肺灌洗治疗（人）	综合康复治疗（人）	合计（人）	基金会资助治疗（万元）
1	平顶山煤业集团	64	30	94	69.575
2	山西焦煤集团	99	15	114	101.235
3	西山煤电（集团）	6	3	9	6.22
4	山西汾西矿业（集团）	6	6	12	7.26
5	霍州煤电集团	87	6	93	87.755
6	大同煤矿集团	55	14	69	55.19
7	神华集团	143	29	172	147.96

表10-3-8（续）

序号	受助单位	大容量肺灌洗治疗（人）	综合康复治疗（人）	合计（人）	基金会资助治疗（万元）
8	神华宁夏煤业集团	118	14	132	121.06
9	神华神东煤炭集团	19	13	32	20.68
10	神华乌海能源	6	2	8	6.22
11	中国中煤能源集团	6		6	5.8
12	铁法煤业（集团）	8	3	11	8.825
13	淮南矿业（集团）	10	7	17	11.66
14	江西省煤炭集团	8	1	9	8.21
15	北京京煤集团	4	6	10	5.8
16	邢台矿业集团	1	5	6	2.035
17	农民工	226	6	232	17.58
	总计	624	116	740	433.872

神华集团、中国中煤能源集团、平顶山煤业（集团）等9家煤炭企业489名尘肺病矿工，农民工尘肺病患者136人接受治疗，合计625人。其中，大容量肺灌洗540人，综合康复治疗85人，基金会资助治疗418.93万元。

2012年基金会尘肺病治疗与康复资助情况统计见表10-3-9。

表10-3-9　2012年基金会尘肺病治疗与康复资助情况统计表

序号	受助单位	大容量肺灌洗治疗（人）	综合康复治疗（人）	合计（人）	基金会资助治疗（万元）
1	中国中煤能源集团	23	22	45	24.81
2	平顶山煤业集团	67	24	91	71.32
3	西山煤电（集团）	14	0	14	14
4	大同煤矿集团	140	16	156	139.37
5	铁法煤业（集团）	12	2	14	11.58
6	淮南矿业（集团）	18	2	20	18.4
7	神华乌海能源	12	1	13	11.22
8	神华宁夏煤业集团	118	17	135	121.79
9	冀中能源集团	1	0	1	0.8
10	农民工	135	1	136	6.34
	总计	540	85	625	418.93

10. 2013年尘肺病治疗与康复

中国中煤能源集团、山西焦煤集团、大同煤矿集团等8家煤炭企业221名尘肺病矿工，农民工尘肺病患者269人接受治疗，合计490人。其中，大容量肺灌洗治疗446人，综合康复治疗44人，基金会资助治疗244.50万元。

2013年基金会尘肺病治疗与康复资助情况统计见表10-3-10。

11. 2014年尘肺病治疗与康复

表10-3-10 2013年基金会尘肺病治疗与康复资助情况统计表

序号	受助单位	大容量肺灌洗治疗（人）	综合康复治疗（人）	合计（人）	基金会资助治疗（万元）
1	中国中煤能源集团	35	19	54	36.55
2	西山煤电集团	21	1	22	20.87
3	山西汾西矿业集团	13	3	16	13.42
4	大同煤矿集团	41	5	46	40.42
5	铁法煤业（集团）	12	5	17	12.96
6	淮南矿业（集团）	45	3	48	44.61
7	神华神东煤炭集团	64	6	70	51.33
8	北京京煤集团	10	8	18	11.33
9	农民工	269	0	269	13.01
	总计	446	44	490	244.50

中国中煤能源集团、铁法煤业（集团）等6家煤炭企业105名，尘肺病矿工农民工尘肺病患者171人接受治疗，合计276人。其中，大容量肺灌洗治疗244人，综合康复治疗32人，基金会资助治疗86.815万元。

2014年基金会尘肺病治疗与康复资助情况统计见表10-3-11。

表10-3-11 2014年基金会尘肺病治疗与康复资助情况统计表

序号	受助单位	大容量肺灌洗治疗（人）	综合康复治疗（人）	合计（人）	基金会资助治疗（万元）
1	中国中煤能源集团	10	11	21	11.405
2	西山煤电（集团）	3	0	3	2.8
3	山西汾西矿业（集团）	7	0	7	7.3
4	铁法煤业（集团）	14	11	25	17.03
5	淮南矿业（集团）	36	3	39	36.2
6	北京京煤集团	3	7	10	4.89
7	农民工	171	0	171	7.19
	总计	244	32	276	86.815

12. 2015年尘肺病治疗与康复

中国中煤能源集团、铁法煤业（集团）等4家煤炭企业62名尘肺病矿工，农民工患者182人接受治疗，合计244

人。其中，大容量肺灌洗治疗 226 人，综合康复治疗 18 人，基金会资助治疗 55.71 万元。

2015 年基金会尘肺病治疗与康复资助情况统计见表 10-3-12。

13. 2016 年尘肺病治疗与康复

表 10-3-12　2015 年基金会尘肺病治疗与康复资助情况统计表

序号	受助单位	大容量肺灌洗治疗（人）	综合康复治疗（人）	合计（人）	基金会资助治疗（万元）
1	中国中煤能源集团	25	15	40	28.84
2	铁法煤业（集团）	7	2	9	7.60
3	陕西煤业化工集团	8		8	7.80
4	北京京煤集团	4	1	5	4.10
5	农民工	182		182	7.37
	总计	226	18	244	55.71

中国中煤能源集团、铁法煤业（集团）等 4 家煤炭企业 64 名尘肺病矿工，农民工患者 101 人接受治疗，合计 165 人。其中，大容量肺灌洗治疗 150 人，综合康复治疗 15 人，基金会资助治疗 54.33 万元。

2016 年基金会尘肺病治疗与康复资助情况统计见表 10-3-13。

表 10-3-13　2016 年基金会尘肺病治疗与康复资助情况统计表

序号	受助单位	大容量肺灌洗治疗（人）	综合康复治疗（人）	合计（人）	基金会资助治疗（万元）
1	中国中煤能源集团	23	12	35	23.89
2	铁法煤业（集团）	7	3	10	7.70
3	陕西煤业化工集团	5		5	5.00
4	淮南矿业（集团）	14		14	13.70
5	农民工	101		101	4.04
	总计	150	15	165	54.33

14. 2017 年尘肺病治疗与康复

中国中煤能源集团、淮南矿业（集团）2 家煤炭企业 38 名尘肺病矿工，农民工患者 128 人接受治疗，合计 166 人。其中，大容量肺灌洗治疗 162 人，综合康复治疗 4 人，基金会资助治疗 40.73 万元。

2017 年基金会尘肺病治疗与康复资助情况统计见表 10-3-14。

15. 2018 年尘肺病治疗与康复

表10-3-14　2017年基金会尘肺病治疗与康复资助情况统计表

序号	受助单位	大容量肺灌洗治疗（人）	综合康复治疗（人）	合计（人）	基金会资助治疗（万元）
1	中国中煤能源集团	25	4	29	26.410
2	淮南矿业集团	9		9	9.000
3	农民工	128		128	5.320
	总计	162	4	166	40.73

中国中煤能源集团、晋城无烟煤矿业集团等3家煤炭企业52名尘肺病矿工，农民工患者139人接受治疗，合计191人。其中，大容量肺灌洗治疗184人，综合康复治疗7人，基金会资助治疗55.70万元。

2018年基金会尘肺病治疗与康复资助情况统计见表10-3-15。

表10-3-15　2018年基金会尘肺病治疗与康复资助情况统计表

序号	受助单位	大容量肺灌洗治疗（人）	综合康复治疗（人）	合计（人）	基金会资助治疗（万元）
1	中国中煤能源集团	23		23	22.800
2	晋城无烟煤矿业集团	25	1	26	24.700
3	淮南矿业（集团）	3		3	2.600
4	农民工	133	6	139	5.600
	总计	184	7	191	55.70

截至2019年12月31日，疗养院通过基金会的资助补贴款，共治疗27省（市）自治区7373位尘肺病人。其中，肺灌洗治疗6210名，康复治疗1163名。每名病人康复出院时，都获赠"五小工程"纪念品，具体包括：一个相册、一个手提袋、一支笔、一件背心、一瓶肺灌洗回收液（带盒）。

二、推广肺灌洗技术

为解决各地尘肺病人肺灌洗治疗问题，基金会一届一次理事会提出计划在3年内，将大容量肺灌洗技术在全国推广应用到20家医院。会后又确定了基金会设立定点医院应遵循的原则，即"合理布局，病人就近治疗，严格条件，治疗万无一失"的原则，制定了《定点医院的申请程序和管理办法》，保证患者的安全治疗和善款的规范使用。

2005年3月，基金会确定中国煤矿工人北戴河疗养院为基金会首家定点医院和肺灌洗技术推广培训基地。委托中国煤矿工人北戴河疗养院对申请成为定点医院的单位进行肺灌洗技术培训。

疗养院对参加肺灌洗技术培训人员通过专家授课、理论学习和技术操作、业务答辩等程序后，考核全部合格可回原单位开展大容量肺灌洗治疗尘肺病工作。疗养院派出专家组现场指导，待能独立操作完成肺灌洗手术，经基金会组织专家验收合格后，将挂牌基金会定点医院。

2005年6月10日至7月8日，疗养

院首次开展的技术转让培训是对晋城无烟煤矿业集团总医院的医护人员进行培训，历时30余天，参加培训的10名医护人员经过严格理论学习、实践操作、考试答辩，由疗养院颁发了培训合格证。完成培训返回后，即全面展开了大容量肺灌洗治疗尘肺病工作，疗养院派出专家组两次到晋城无烟煤矿业集团总医院现场辅导，直至能独立操作完成肺灌洗手术，经基金会组织专家验收合格后，已挂牌基金会定点医院。

2007年，受基金会委托对大同煤矿集团总医院、鹤壁煤业集团总医院、淄博矿业集团总医院3家单位进行大容量肺灌洗治疗尘肺病技术培训推广，基金会资助培训费95万元。

2008年，受基金会委托对西山煤电职工总医院、丰城矿务局总医院、青海大通红十字医院、宜宾市矿山急救医院4家单位进行大容量肺灌洗治疗尘肺病技术培训推广，基金会资助培训费130万元。

2010年，受基金会委托对淮北矿业（集团）职防院进行大容量肺灌洗治疗尘肺病技术培训推广，基金会资助培训费35万元。

2014年，受基金会委托对重庆煤炭职业病医院、淮南矿业（集团）职防院开展大容量肺灌洗治疗尘肺病技术培训推广，基金会资助培训费70万元。

2005—2014年底，基金会委托疗养院推广应用全肺大容量肺灌洗技术培训13个省、市共计16家医院103名医务人员，具体情况见表10-3-16。另外，2006年12月，河南大峪沟煤业集团职工医院6名医务人员来疗养院进行了大容量肺灌洗技术学习。

表10-3-16 2005—2014年基金会委托疗养院培训灌洗定点医院统计表

序号	培训时间	定点医院名称	参加培训（人）	基金会资助培训费（万元）
1	2005年2月	开滦集团职业病防治院	10	25
2	2005年6月	晋城无烟煤矿业集团总医院	4	25
3	2006年3月	中国平煤神马能源化工集团职业病防治院	7	25
4	2006年7月	福建省能源集团总医院	7	35
5	2006年8月	铜川矿务局中心医院	8	25
6	2006年10月	新疆煤矿总医院	2	10
7	2007年1月	鹤壁煤业集团总医院	7	25
8	2007年3月	西山煤电集团公司职工总医院	4	35
9	2007年4月	丰城矿务局总医院	5	35
10	2007年5月	大同煤矿集团总医院	6	35
11	2007年8月	淄博矿业集团总医院	9	35
12	2008年10月	青海大通红十字医院	3	25
13	2008年11月	川煤集团芙蓉公司总医院	5	35
14	2010年5月	淮北矿业（集团）职业病防治院	7	35
15	2014年7月	重庆煤炭职业病医院	12	35
16	2014年12月	淮南矿业（集团）职业病防治院	7	35
	合计	16家	103	475

三、基金会对疗养院尘肺病治疗工作的支持

1. 拨付治疗、培训、科研经费等

2005年3月16日，中国煤矿尘肺病治疗基金会与疗养院合作协议签字仪式，基金会常务副理事长吴晓煜与疗养院院长李玉环签署3份协议。一是中国煤矿尘肺病治疗基金会为了实施煤矿尘肺病康复工程，实现基金会的宗旨，委托疗养院完成2005年煤矿尘肺病人肺灌洗320例计划任务。二是为了对大容量灌洗技术治疗尘肺病进行深层次研究，使之更加完善、易于推广应用，以救助更多煤矿尘肺病患者，基金会根据其宗旨，无偿资助疗养院"规范的大容量肺灌洗术治疗煤工尘肺远期疗效的临床研究"和"大容量肺灌洗术中肺泡表面活性物质（PS）的丢失、提取及回输的研究"两项科研课题费，先预付10万元，视科研课题开展情况再适度追加。三是为了实现2005年煤矿尘肺病人肺灌洗320例任务目标，及今后顺利地实施尘肺病康复工程，基金会借款给予尘肺病康复中心支持其购置医疗设备，装备手术间，扩大灌洗治疗能力。这3份合作协议的签署，对肺灌洗治疗尘肺病这一技术的可持续发展和更广泛地造福于矿工，对进一步提升肺灌洗科技含量，扩大肺灌洗和尘肺病康复中心的知名度；对疗养院和尘肺病康复中心更好地依靠自身资源和优势开拓业务、增加收入，无疑是有着极其重要的意义。

2005年，根据委托治疗协议，由基金会组织捐赠单位和贫困的尘肺病矿工到疗养院进行肺灌洗治疗，治疗费用由基金补贴。同年，尘肺病康复中心共进行肺灌洗手术380例次，其中受基金补贴患者238名，对不适合进行手术治疗的患者，安排进行康复疗养。2005年，疗养院实现了肺灌洗治疗人数的突破性增长，比2004年增加近200%，在当时达到了历史最高位。

2006年3月24日，疗养院作为中国煤矿尘肺病治疗基金会首家定点医院揭牌暨合作协议签字仪式在北戴河召开。常务副理事长吴晓煜代表基金会与疗养院院长李玉环签署了《2006年肺灌洗治疗委托协议书》和《委托技术推广协议书》。

2007年8月1日，受基金会邀请，著名书法家柳国庆在疗养院为来自全国的10名尘肺病矿工赠送"福"字，并祝福早日康复，平安幸福。柳国庆成为第一个向基金会捐赠艺术品的艺术家。此外，柳国庆还为基金会题写了一些其他艺术品，这些艺术品在拍卖后，所得善款全部用于基金会尘肺病康复工程项目。

基金会自2003年成立以来，截至2019年底，向疗养院拨付的肺灌洗和康复治疗费4334.88万元，技术转让培训费495万元，尘肺病治疗设备款403万元，科研经费73.75万元，向《中国疗养医学》杂志社拨付费用21.30万元，其他68.18万元，合计5396.11万元。

2. 出借或资助设备款

2005年，来疗养院治疗的尘肺病人猛增，需装备第三台手术室。为解决疗养院经费紧张问题，理事长濮洪九、常务副理事长吴晓煜签批，基金会借给疗养院479万元，用于购置第三台手术室医疗设备，疗养院偿还140万元，其余由基金会捐赠疗养院。

2008年，基金会资助疗养院医疗设备购置款169万元。

2009年，基金会资助疗养院医疗设备购置款170万元。

2016年，基金会捐赠疗养院医疗设备岩盐气溶胶治疗仪ACA-01.3型1台，价值64万元。

2019年7月12日，中国煤矿尘肺病防治基金会和中新智库（北京）文化发展中心共同设立的健康中国爱心基金向疗养院捐赠了一批价值总计55.3万元的霍山石斛、虾青素、叶黄素、固体饮料等六大种类医疗保健品，用于支持疗养院开展尘肺病康复事业。

3. 共同组织相关会议，扩大肺灌洗治疗项目社会知名度

2005年10月31日，基金会召开专家组会议，基金会部分专家组成员和11家煤炭企业医院、职防院院长等30余人参加了会议。秘书长李玉环向与会专家作了关于肺灌洗治疗康复及技术推广工作汇报，会议审议了疗养院"规范的大容量肺灌洗术治疗煤工尘肺远期疗效的临床研究""大容量肺灌洗术中肺泡表面活性物质（PS）丢失、提取及回输的研究"两项课题，对肺灌洗技术推广中的有关事宜进行了讨论。

2006年6月21日，基金会在国家煤矿安全监察局尘肺病康复中心举行座谈会，热烈祝贺尘肺病康复中心肺灌洗治疗尘肺病达3000例。吴晓煜常务副理事长出席座谈会并与与会者一起座谈，来自开滦（集团）、鹤岗矿业正在进行肺灌洗治疗的尘肺病矿工及尘肺病康复中心的部分医务人员、基金会秘书处工作人员出席了座谈会。

2006年9月7日，情系尘肺病矿工作家笔会在疗养院召开，作家协会刘庆邦等来自全国各地的20余位作家到会。会上，基金会副理事长吴晓煜向各位参会代表介绍了尘肺病的危害及贫困患者现状，会就尘肺病及尘肺病矿工的问题展开了热烈的讨论。会后，大家一起参观了肺灌洗手术现场，并与在疗养院康复中心治疗的矿工进行了座谈。

2007年6月7日，中国煤矿尘肺病治疗基金会在疗养院举行各煤业集团尘肺病人选送工作座谈会。12家煤炭企业负责医疗、职业病相关部门的负责人参加了会议。

2014年3月26日，基金会首家定点医院——疗养院召开大容量全肺灌洗治疗尘肺病10000例座谈会。国家安全生产监督管理总局副局长杨元元、中国煤矿尘肺病防治基金会理事长王显政等70人参加了会议。

2014年9月28日，中国（2014）尘肺病防治国际研讨会在北京召开。中国煤矿尘肺病防治基金会理事长王显政、国家安全生产监督管理总局副局长杨元元，美国劳工部副部长大卫·麦克，国际劳工组织职业健康高级专家牛胜利，美国工业卫生协会主席克里斯·劳伦左分别为开幕式作了致辞，基金会常务副理事长金磊夫主持开幕式。10余名国内外著名专家学者作主题发言，介绍并交流了尘肺病防治方面的最新成果。来自国内外250余名医学代表参加了本次会议。中国（2014）尘肺病防治国际研讨会由中国煤矿尘肺病防治基金会主办，中国煤矿工人北戴河疗养院、国家安全监督管理总局国际合作交流中心和河北联合大学承办。

2017年10月17日，由中国煤矿尘肺病防治基金会和疗养院共同举办的"用好工伤保险政策推进尘肺病防治工作"座谈会在疗养院召开，会议由基金会副理事长兼秘书长杨庆生主持，人力资源和社会保障部工伤保险司副巡视员邱明月与疗养院院长郭玉梅签署了《"不同临床治疗路径治疗各期职业性尘肺病临床效果与工伤保险基金支付成本分析的研究"课题合作协议》；参会代表共同观看了基金会宣传短片《呼吸之痛》和《同一片蓝天下》。会后，各参会代表到北戴河疗养院手术室参观了大容量肺灌洗手术。

2018年7月6日,在中国社会组织促进会贾卫副秘书长牵头组织下,基金会邀请北京相关社会组织到北戴河参加了"情暖尘肺、同心圆梦"公益座谈会,会议由基金会副理事长兼秘书长杨庆生主持,各社会组织代表就中国尘肺病现状和中国煤矿尘肺病防治基金会开展实施尘肺病患者救助的9个项目及公益事业发展问题发表各自看法,中国煤矿尘肺病防治基金会理事长黄毅在总结讲话中强调:要动员社会的力量群策群力为中国尘肺病防治贡献自己的力量。中国红十字基金会、中国扶贫基金会、中国儿童少年基金会等30多家基金会、协会,尘肺病医务人员,尘肺病患者代表,北京大学志愿者等90余人参加会议。基金会还与北京润合公益基金会达成协议,共同出资委托中国煤矿工人北戴河疗养院和青海大通红十字医院共同开展洗肺清尘——尘肺病救助项目公益救助活动。

第四章　协助开展专项救助

第一节　申请国家农民工洗肺清尘救助项目

为了充分调动社会组织参与社会服务的积极性,发挥社会组织在创新社会管理和构建社会主义和谐社会中的积极作用,自2012年起,中央财政安排专项资金,用于支持社会组织参与社会服务。

2014—2017年,基金会参加中央财政支持项目,按照基金会领导的要求由基金会北戴河办公室人员负责,申报农民工洗肺清尘救助项目。

一、2014年度中央财政支持

2013年12月25日,基金会北戴河办公室向民政部上报了申请2014年尘肺病农民工洗肺清尘救助项目申报书。

2014年1月29日,经专家委员会评审和项目管理工作领导小组批准,根据《民政部关于印发〈2014年中央财政支持社会组织参与社会服务项目实施方案〉的通知》(民函〔2013〕340号),基金会申请的尘肺病农民工洗肺清尘救助项目获批立项。中央财政出资180万元,基金会预计配套资金100万元,预计救治贫困尘肺病患者690人,由中国煤矿工人北戴河疗养院、青海大通红十字医院、淮南矿业(集团)职防院、淮北矿业(集团)职防院、福建能源集团总医院、重庆煤炭职业病医院等9家定点医院开展救治工作,基金会北戴河办公室负责项目管理。

2014年11月25日,采用全肺灌洗和综合康复治疗等方法,累计救治763名贫困农民工尘肺病患者,间接受益人数3810人,基金会实际配套资金94.18万元,受益人群100%是贫困患者、弱势群体。其中,389人在中国煤矿工人北戴河疗养院救治,基金会补贴18.12万元。基金会在尘肺病高发行业,如煤炭企业,开展尘肺病防治宣传并发行农民工清肺清尘救助项目启动简报270份,同时通过《当代矿工》等杂志、期刊开展项目宣传。

二、2015年度中央财政支持

2014年10月29日,基金会在接到《民政部关于印发〈2015年中央财政支持社会组织参与社会服务项目实施方案〉的通知》(民函〔2014〕320号)后,基金会北戴河办公室进行项目申报。12月12日,向民政部提交电子申报书进行初审。

2015年2月1日,民政部在官网公示《民政部关于2015年中央财政支持社会组织参与社会服务项目立项的通知》(民函〔2015〕28号),基金会申请的尘肺病农民工洗肺清尘救助项目获批立项,中央财政出资100万元,基金会预计配套资金70.50万元,预计救助470名西部贫困尘肺病矿工。由中国煤矿工人北戴河疗养院、青海大通红十字医院、重庆煤炭职业病医院、宜宾市矿山急救医院、四川广元市第二人民医院、铜川矿务局中心医院6家参与本次项目实施工作。

2015年11月27日,项目全部完成,共救治10个省市自治区包括汉、回、土、满等民族贫困农民工481人,中央财政出资100万元,基金会实际配套资金70.66万元。其中,220人在中国煤矿工人北戴河疗养院接受救治,补贴88.00万元。该项目发放项目宣传光盘40张,向尘肺病高发行业,如煤炭企业,发行项目简报270份。

三、2016年度中央财政支持

2015年12月,基金会北戴河办公室继续向民政部申报2016年尘肺病农民工洗肺清尘救助项目。

2016年1月18日,根据民政部项目要求,基金会派人赴北京进行项目答辩。2月6日,经民政部终审,基金会申报的民政部公益示范项目——尘肺病农民工洗肺清尘救助项目获批立项(B005号),中央财政出资120万元,基金会预计配套资金61.80万元,预计救助550名贫困农民工尘肺病患者。由中国煤矿工人北戴河疗养院、宜宾市矿山急救医院、广元市第二人民医院、重庆煤炭职业病医院、青海大通红十字医院、铜川矿务局中心医院6家定点医院参与救助西部12个省市自治区包括汉、回、土、满等民族农民工患者555人,中央财政拨款120万元,基金会实际配套资金63.27万元。其中,242人在中国煤矿工人北戴河疗养院接受救治,补贴88.80万元。该项目推动了很多省份首次将肺灌洗治疗尘肺病纳入新农合报销范围,解决患者的治疗经费,起到示范推广作用。

四、2017年度中央财政支持

2017年,民政部制定《2017年中央财政支持社会组织参与社会服务项目实施方案》,根据民政部、财政部要求,2017年全国性社会组织改为向地方省份申报,项目要求实施地域、受益对象倾向于西部地区。基金会项目领导小组在研究了2015年、2016年的立项报告,结合2017年民政部对项目的新要求,通过对往年项目数据资料、财务审计报告以及项目答辩要求等科学分析,制定了申报预案,有针对性地填写了项目申报书,通过了青海省初审。

2017年3月2日,按照民政部项目要求,基金会派人赴青海省西宁市答辩,最终在青海省B类19个申请项目取得了第三名。

2017年5月5日,民政部公布了中央财政支持社会组织参与社会服务试点项目立项名单,基金会申报的尘肺病患者洗肺清尘救助试点项目获批立项(项目编号B125号),资助经费50万元(最高资助额度)。该项目基金会委托青海大通红十字医院,计划救助青海地区未纳入工伤保险报销范围的尘肺病患者200人,并对符合肺灌洗适应症进行肺灌洗治疗补贴4500元;不适合肺灌洗的,综合康复治疗补贴2000元。截至2017年11月30日,该项目实际直接救助203人,间接受益1100余人,基金会配套资金7.27万元。

此项目填补了使用中央财政资金开展医疗服务,救助贫困农民工尘肺患者弱势群体的空白,受到患者及大欢迎者自发送来锦旗,实现了多渠道救助贫困农民工尘肺病患者目的,是国家提出的"健康中国"和"精准扶贫"战略的具体体现。

五、农民工洗肺清尘救助项目所获荣誉

尘肺病农民工洗肺清尘救助项目自2014年以来已连续开展4年,累计救治包括汉、回、土、侗、苗、藏、壮、蒙古族8个民族2020名尘肺病农民工患者,为重症患者发放家庭制氧机44台,在尘肺病高发地区发放宣传材料2000余份,累计公益支出600多万元。项目的实施,有效减轻尘肺病患者痛苦,延缓病情升级,提高患者生活质量。

2018年2月,青海省民和县民政局授予基金会"精准扶贫突出贡献奖",该项目实施挽救了许多西部边远贫困地区饱受尘肺病痛折磨的弱势农民工家庭,得到了当地受助患者及青海民政部门的大力支持与肯定。

2018年9月13日,第十届中华慈善奖颁奖仪式在北京人民大会堂举行,基金会尘肺病农民工洗肺清尘救助项目被民政部授予第十届中华慈善奖,该奖为当前我国慈善类最高奖项。

2018年,基金会申报的农民工洗肺清尘救助项目获得"2018年度公益项目奖"、基金会荣获"2018年度公益集体奖"和"2018年度公益组织奖"三项公益奖。

2019年,基金会申报的农民工洗肺清尘救助项目荣获"2019年度公益项目奖"和"2019年度公益组织奖"两项公益奖。

第二节 专项救治项目

一、救助"开胸验肺"张海超

2009年7月31日,基金会副秘书长陈志远等3人赴郑州看望"开胸验肺"农民工患者张海超,并诊断病情,为其来定点医院中国煤矿工人北戴河疗养院行肺灌洗治疗做前期工作。

2009年9月22日至11月6日,疗养院在基金会全额资助下,为张海超行全肺大容量灌洗治疗。住院期间,医护人员在两次左右分期的肺灌洗中用了总计为22000毫升的灌洗液,从张海超的双侧肺脏中清洗出了2.712×10^9个吞噬了粉尘而中毒的巨噬细胞(AM),还有这些细胞所释放出来的各种导致肺脏纤维化的有害因子。术后,张海超体重(饭前)已净增6千克。尤其是肺脏的弥散功能(DL-CO)和最大通气量(FVV)较术前分别提高了22%和6%(占预计值),其他各项重要生理指标也有了明显改善。

二、救助甘肃古浪"尘肺门"患者

2010年12月,甘肃省古浪县被报发现大批尘肺病人。2011年初,北京网民"北京厨子"发起网上募捐准备救助古浪县尘肺病人到疗养院进行肺灌洗治疗,引起媒体广泛关注。

2011年1月7—10日,疗养院应邀

派出医疗小组 3 人赶赴古浪县,对确诊的 146 名农民工尘肺病患者进行体检筛查,对符合肺灌洗适应症的送疗养院进行肺灌洗治疗。1 月 12—21 日和 2 月 22 日至 3 月 16 日,由古浪县政府分别选送了 3 名和 16 名农民工尘肺病患者在疗养院治疗,除 1 人因身体不适应灌洗外,其他 18 人顺利完成了肺灌洗手术。经与古浪县政府带队领导进行沟通,鉴于古浪县为贫困县,基金会为每名患者补贴治疗费 1000 元,疗养院对每名患者减免手术治疗费 1000 元,同时疗养院还免去了 3 名带队领导的食宿费用。

三、"情暖尘肺、同心圆梦"公益救助项目

2018 年 7 月 6 日,疗养院召开"情暖尘肺、同心圆梦"公益座谈会,北京 30 多家公益组织 50 余名代表参会,听取了基金会报告和专家讲解,现场观摩了大容量肺灌洗手术及其他治疗方法,最终基金会与北京润合公益基金会达成协议。为减轻患者家庭负担,对贫困尘肺病患者共同开展洗肺清尘—尘肺病救助项目,共同计划出资 60 万元,救治 100 名尘肺病矿工并为贫困重症尘肺病患者发放 30 台制氧机,该项目是落实党中央精准扶贫政策的重要体现。

疗养院参与救治病人 52 人,获基金会补贴 27.00 万元。

四、救助三期矽肺合并肺结核的农民工徐德铨

2005 年 3 月 10 日,浙江卫视《帮助》栏目播出《山道弯弯》节目,报道了温州市泰顺县大安乡洪岭头村男孩徐建威的故事:父亲在福建做打石工作患上了矽肺病,花光了家里所有积蓄,徐建威的妈妈带着大女儿偷偷离开了家,徐建威为了给爸爸治病,就在洪岭头村方圆几里的密林,山沟采摘草药。《帮助》栏目想通过节目报道获得社会关注,资助他继续学业和他父亲的后期治疗的费用。

基金会秘书处得知此信息后,经请示吴晓煜副理事长,通过浙江卫视《帮助》栏目的大力协作,于 2005 年 5 月 23 日派出以副秘书长、主任医师陈志远为领队的医疗专家组到浙江为三期矽肺合并肺结核的农民工徐德铨进行了全面体检,赠送一部分矽肺宁等治疗尘肺病的药品,并联系当地结核病防治所免费治疗肺结核病。鉴于徐德铨身体状况已不适应肺灌洗治疗,基金会资助徐德铨 1 万元人民币和价值 2000 余元的吸氧机一台。5 月 29 日,基金会委托浙江卫视向徐德铨的捐赠仪式在北京举行。浙江卫视有关编导还专程到北戴河参观了手术并与治疗后的病人进行了座谈。6 月 9 日,浙江卫视《帮助》栏目又进行了后续报道。

五、省部级劳模尘肺病人公益救助项目

2015 年 7 月 22 日,在疗养院举行"省、部级以上劳模尘肺病人公益救助活动"开幕仪式,召开承接"省、部级劳模尘肺病人公益救助活动"任务的定点医院院长、代表处(联络办)主任座谈会。

2015 年,疗养院承接了基金会选派的福建省能源集团、陕西煤业化工集团等煤炭企业 25 名省、部级劳模尘肺病患者治疗工作。其中,大容量肺灌洗治疗 5 人,综合康复治疗 20 人,基金会资助住院治疗费用 19.98 万元。

2016 年,疗养院承接基金会选派的神华神东煤炭集团、阳泉煤业集团等煤炭企业 4 位省、部级劳模尘肺病患者治疗。其中,大容量肺灌洗治疗 1 人,综合康复

治疗3人，基金会资助住院治疗费用3.20万元。

2017年，疗养院承接基金会选派大同煤矿集团、江西省乐平矿务局沿沟煤矿、贵州盘江精煤股份3家煤炭企业3位省、部级劳模尘肺病患者行大容量肺灌洗治疗，基金会资助住院治疗费用4.26万元。

2019年，疗养院承接基金会选派重庆能源投资集团1位省部级劳模尘肺病患者综合康复治疗，基金会资助住院治疗费用0.6万元。

编 后 记

《中国煤矿工人北戴河疗养院志》（简称院志）较为客观真实地反映了疗养院70年的历史，较为全面准确的总结了历史经验与教训。院志的信息采集原则以文件和权威材料为准，以距事件发生最近的材料为准，以能够交叉印证的材料为准，以当事人的记述为准，大大提高了信息资料的可靠性与准确性。

1986年，响应地方政府修志号召，疗养院简编了院志，虽未付印，但对后来院志编纂起到一定借鉴作用。

2006年5月，开始筹备院志编写工作，成立了史志办，抽调了人员，拟定了编写大纲，搜集了大量1950年建院后资料，对疗养院1950—2005年的史料进行了全面系统梳理，于2008年5月完成第一稿，20余万字，并邀请中煤史志委专家进行指导。

2013年，重新启动院志编纂工作，进一步完善文稿，核实史实，补充资料，按照横分门类，纵向记述的要求，补全相关要素，在煤炭工业文献委专家指导下，进一步完善确定了总纂纲目，力求翔实规范，重点突出，体现疗养院特色。

2019年9月，为向建院70周年献礼，开始对院志内容进行全面的梳理编修。全院各部门均参与了本轮院志修订工作，提供了一手资料，承担部分编写任务，冬去春来，数易其稿，最终使《中国煤矿工人北戴河疗养院志》得以付梓奉世。

本院志由序、凡例、概述、大事记和正文组成，共计10篇31章60余万字。院志编纂委员会统筹推进和整体协调，院志办公室撰稿和落实具体工作，多个部门分工合作、合力编写，最终形成院志送审稿，并于2020年9月2日送《中国煤炭工业志》编委会专家审阅。

院志的编写历经了四任院领导班子，志书的编纂得到各位领导的大力支持，多次召开会议对编写过程中遇到的关键问题进行专项研究、布置和安排，提出指导和修改意见。疗养院各部门、各科室人员对此也都给予极大支持，提供许多资料。许多离退休的老领导、老职工给予热忱亲切的关爱，无保留的提供资料和线索，有的亲自撰写回忆材料提供参考，有的将珍藏几十年的实物、证件、照片毫不吝啬地奉献出来。

因档案资料缺失，为做好志书编修，追溯相关史实材料，我们还多次派人前往北京煤炭工业档案馆查询建院相关史实资料，召开老同志座谈会，前往家中访问病榻中的老同志，收集历史资料和历史文物。为了解建院选址具体情况，核实有关历史事件，前往北京建国门外原煤炭部家属区找到了参与筹建疗养院的王树林老人。为补充1969年至1971年疗养院南迁至湖南涟邵矿务局帮助组建职工医院和部分职工又集体转至唐山开滦矿务局基建处的具体情况，前往唐山拜访了疗养院原副院长谢力强、赵桂芳夫妇等。

2020年9月13日，《中国煤矿工人北戴河疗养院志》终审会在北戴河召开，参加终审会的5位专家对院志内容进行全面的审查，并提出了修改和完善意见建议。各位专家在评审中表示：疗养院领导高度重视文化建设和修志工作，编纂人员抓紧落实，精准推进，克服疫情影响，如期完成院志编纂；该院志内容全面翔实、客观细致地记录了疗养院七十年的发展历史和现状；内容较为全面，脉络清晰；语言文通字顺，行文规范，基本符合志书的编写要求。最终专家组一致同意《中国煤矿工人北戴河疗养院志》（送审稿）通过终审。

尽管我们在编纂过程中倾其所能，付出良多，但由于编写水平受限，外加史料的缺乏，我们驾驭、裁剪史料也不尽如人意，院志中难免有疏漏、不足之处，恳请读者给予批评指正，以期在今后修志工作中再充实完善。

《中国煤矿工人北戴河疗养院志》编纂委员会办公室
2020年12月

致谢（以姓氏笔画为序）

丁 伟	王世兴	王树林	车审言	乔中元	乔玉亮
刘预达	刘德樵	闫秀贞	孙 勇	李国宾	李景瑞
杨树发	张禹琦	张彦荣	张智麟	陈志远	程志友
赵桂芳	胡 敏	高贵裕	曹梦日	常树清	韩芝鸾
谢力强	谢俊华	薛俊山			

图书在版编目（CIP）数据

中国煤炭工业志．中国煤矿工人北戴河疗养院志：1950－2020／《中国煤矿工人北戴河疗养院志》编纂委员会编．－－北京：应急管理出版社，2021
（《中国煤炭工业志》事业单位志系列）
ISBN 978－7－5020－8010－5

Ⅰ．①中… Ⅱ．①中… Ⅲ．①煤炭工业—工业史—中国 ②煤炭工业—疗养院—概况—北戴河—1950－2020 Ⅳ．①F426.21 ②R197.7

中国版本图书馆 CIP 数据核字（2021）第 003983 号

中国煤炭工业志·中国煤矿工人北戴河疗养院志（1950—2020）

（《中国煤炭工业志》事业单位志系列）

编　　者	《中国煤矿工人北戴河疗养院志》编纂委员会
责任编辑	曲光宇
编　　辑	王　晨　李世丰
责任校对	邢蕾严
封面设计	王　滨　于春颖　安德馨
出版发行	应急管理出版社（北京市朝阳区芍药居35号　100029）
电　　话	010－84657898（总编室）　010－84657880（读者服务部）
网　　址	www.cciph.com.cn
印　　刷	北京玥实印刷有限公司
经　　销	全国新华书店
开　　本	787mm×1092mm $^1/_{16}$　印张 27　插页 52　字数 644 千字
版　　次	2021年1月第1版　2021年1月第1次印刷
社内编号	20201405　　　　　　　　定价　198.00元

版权所有　违者必究

本书如有缺页、倒页、脱页等质量问题，本社负责调换，电话:010－84657880